제3판

영리한 아이가 학습이 부진한 이유 그리고 치료

부모와 교사들을 위한 6단계 전략

학생 학습 · 행동 문제 예방 치료(매뉴얼)

Sylvia Rimm 지음 | 윤만석 옮김

제3판

영리한 아이가 학습이 부진한 이유 그리고 치료

부모와 교사들을 위한 6단계 전략

학생 학습 · 행동 문제 예방 치료(매뉴얼)

Sylvia Rimm 지음 | 윤만석 옮김

Σ 시그마프레스

영리한 아이가 학습이 부진한 이유 그리고 치료 : 부모와 교사들을 위한 6단계 전략, 제3판

발행일 | 2013년 1월 10일 1쇄 발행

저자 | Sylvia Rimm
역자 | 윤만석
발행인 | 강학경
발행처 | (주) 시그마프레스
편집 | 김보라
교정 · 교열 | 안진숙

등록번호 | 제10－2642호
주소 | 서울시 영등포구 양평로 22길 21 선유도코오롱디지털타워 A401~403호
전자우편 | sigma@spress.co.kr
홈페이지 | http://www.sigmapress.co.kr
전화 | (02)323－4845, (02)2062－5184～8
팩스 | (02)323－4197

ISBN | 978－89－97927－72－2

Why Bright Kids Get Poor Grades And What You Can Do About It: A Six-Step Program for Parents and Teachers, 3rd Edition

＊ 책값은 책 뒤표지에 있습니다.

역자 서문

나는 초등학교 교사로서 학습부진에 관한 논문과 연구에 관심을 갖고 학습부진의 원인과 치료에 관한 자료들을 찾아왔다. 하지만 국내 논문과 서적들에서 만족할 만한 해답을 줄 수 있는 적절한 자료를 찾기 어려웠다. 그래서 외국 서적들을 참고하던 중 가장 실제적으로 유용한 책을 하나 찾았다. 그것이 바로 이 책이다. 사실, 나는 번역자의 가장 중요한 일은 번역을 얼마나 잘하느냐로 생각했지만, 그보다 독자에게 유용한 책을 얼마나 잘 고르느냐가 먼저임을 체험하였다. 더욱 놀라운 체험은, 이 책이 학습부진의 원인과 치료뿐 아니라 작금 또 다시 초 · 중 · 고등학교 교실에서 보통 아이들까지 확산적으로 고집스럽게 문제행동을 보이며 제2의 교실붕괴가 멀지 않았다는 불안을 주기 시작한 교육현장에 밀려오는 문제행동들의 예방과 치료에도 동일하게 해답을 줄 수 있다는 확신을 얻게 되었다는 점이다. 이 책은 유아부터 대학까지 교실에서 아이들을 다루는 교육가들, 가정에서 아이들을 양육하는 부모들, 학원과 대안학교 및 종교기관의 교육자들, 또한 앞으로 이런 곳에서 아이들을 가르칠 예비 교사들과 앞으로 아이를 양육하게 될 예비 부모들까지 그리고 모든 교육관계자들이 책상 한쪽에 사전처럼 올려놓고 양육의 고민이 있을 때마다 해답의 정보를 찾기 위해 사전처럼 수시로 들여다 볼 만한 책이라고 소개하고 싶다. 어른들에게 성취하는 아이들로 키우는 것 이상 바랄 것이 또 어디 있겠는가?

이 책이 나올 때까지 기도로 도와주신 양가의 부모님과 인내하며 격려로 기다려 준 아내와 딸 세라, 아들 도헌에게 감사한다. 또한 이름을 밝히지는 않지만 도움을 준 여러 동료들과 학부모님들께도 감사를 드린다. 특별히 이 책의 출판을 허락해 주신 (주)시그마프레스 강학경 사장님과 주선하고 편집에 도움을 주신 편집자 분들, 특별히 안진숙님에게 감사드린다.

마지막으로 이 책을 접하는 모든 유치원, 초 · 중 · 고등학교, 대학교와 교육기관의 교육가님들에게 직접 그리고 다음의 길을 개척하는 데 반가운 책이길 기대한다.

윤만석

저자 서문

이번『영리한 아이가 학습이 부진한 이유 그리고 치료 : 부모와 교사를 위한 6단계 전략, 제3판』은 학교에서 그들의 능력만큼 공부하지 않는, 할 수 있는 아이들의 학습부진 증후군을 역전시키기 위하여 삼중초점모델을 개발하고 사용한 30년을 기념한다. 이 글을 쓰는 현재, 이 책은 135,000부가 팔렸다. 이 모델의 뼈대는 1986년에 처음으로 출판되었고 제목은『학습부진 증후군 : 원인과 치료(Underachievement Syndrame: Causes and Cures)』였다. 1989년에는『학교를 위한 삼중초점 학습부진 프로그램 시행 지침』이 추가되었다. 1995년 내가 NBC 방송 〈Today〉 쇼의 상담 통신원과 공공 라디오 방송인 'Sylvia와의 가족 대화'의 호스트가 된 이후, Crown 출판사는 현재의 이름을 사용하여 최신판이며 원본인 제2판을 출간했다.

이 책은 제2판을 다시 업데이트한 것이다. 이 신간은 수천 명의 아이들의 학습부진을 역전시켜왔던 동일한 원리를 계속 제공하는 한편, 나의 임상 경험, 나의 연구, 타인들의 연구 그리고 다른 교육가와 부모들의 성공적인 경험들로부터 얻은 정보를 반영하는 부분을 추가하였다. 성차 문제, 완벽주의, 차별화 교육과정, 회복력, 또래 압력 그리고 친화–성취 균형에 관한 새로운 부분들이 포함되어왔다. 나는 또한 주의력장애, 체계화 문제, 이중 예외성 그리고 처리 속도와 듣기 기능 결핍을 가진 아이들에 대하여 추가적인 제안들을 가미하였다.

늘 그래왔듯이 교사나 부모들은 나의 책이 읽기 쉽고 실제적이라는 것을 발견할 것이다. 그들은 자신의 아동기에서 동기에 기여하였거나 산만하게 하였던 패턴들을 확인할 것이다. 그리고 그들은 교실의 학생들과 가정의 아이들에게서 이 패턴들을 확인하게 될 것이다.

가족들 그리고 교육자들과 직접 일해온 심리학자로서, 나는 발표회나 워크숍을 할 때마다 적어도 한 명 — 종종 두 명 이상 — 의 교사나 부모가 나를 살짝 한쪽으로 데리고 가서 그들의 아이나 학생에게 영향을 주었다고 감사해하는 것을 발견한다. 또한 성취 진척에 관한 정보를 알려주는 편지나 이메일들이 성장한 아이들이나 그들의 부모들로부터 도착한다. 성공하고 행복한 사람들이 나에게 그 결과들을 알리고 싶을 가능성이 더 있다는 점에서는 나의 표본은 편향적이긴 하다. 내가 조력하려고 시도한 모든 아이들을 도울 수 없었다는 것을 나는 안다. 내가 실패해온 아이들은 대개 마약 의존 또는 중독으로 탈선했다.

내가 가장 좋아하는 편지는 위스콘신에서 내담자로서 나와 함께했던, 그 당시 초등학교 4학년에서 5학년이었던 한 젊은이에게서 온 것이다. 그는 자신감이 거의 없었고 사회적 기술이 부족하고 슬프고, 외로우며 비체계적인 학습부진학생이었다. 그는 창의적이고 상상력이 풍부하였지만, 아버지, 형제, 급우들로부터 소원함을 느꼈다. 그의 성적은 형편없었다. 그의 IQ와 성취 검사점수는 평균 이상이었지만 영재 범위에 있지는 않았다. 그가 얼마만큼의 잠재력을 가지고 있는지 알기가 어려웠고, 그래서 그의 가족, 학교, 사회적 · 정서적 기술들과 관련해 해야 할 것들이 많았다. 이 젊은이가 수천 명의 아이들에게 그 동안 내가 주었던 그런 메시지들을 아주 잘 회상시켜주기 때문에, 나는 이 편지를 선택했다.

> Rimm 박사님께
> 저는 최근 〈Today〉 쇼에 나온 당신을 보고 바로 편지를 써야 했어요. 당신은 옛날 제가 학교에 다닐 때 저의 심리학자셨어요. 저는 80년대 초에 위스콘신에서 학교를 다녔지요. 당신은 저의 학업과 사교적 성공을 힘들게 하는 저의 학습부진 문제를 완결하도록 도와주셨어요. 제가 지금 누리는 성공의 대부분은 당신 덕택이에요. 당신은 제가 저의 껍질을 깨고 벗어나 스스로 성장하도록 허용하는 데 반드시 필요한 자신감을 제 안에 한 방울씩 스며들게 도와주셨어요. "절대로 오답을 말하는 것을 두려워하지 말아라. 왜냐하면 그것이 배우는 방법이기 때문이다."라고 하신 말씀도 기억나요. "글쓰기와 실연을 통해서 계

속 너의 창의력을 개발하라. 왜냐하면 그것이 진정으로 너의 강점들을 발견하는 방법이기 때문이야."라고 하신 말씀도 기억나요. 당신은 어떻게 제가 저의 삶을 전략적으로 이끌어 가야 할지에 대하여 가르쳐주셨어요. 이것이 저의 혼란과 닥치는 대로의 불일치하는 행동을 도와주었기 때문에 기억해요. 마지막으로, 당신이 저에게 하신 말씀이 기억나요. "다른 사람들이 어떻게 생각하든 나 자신을 표현하는 것을 절대로 두려워하지 말아라."

Rimm 박사님, 지난 15년 동안 당신은 여러 면에서 제 안에 있어주었어요. 당신이 저에게 가르쳐주신 것 때문이에요. 저는 결코 유명한 작가가 되지는 않았고, 브로드웨이의 스타가 되지는 않았지만, 저는 곧 위스콘신대학교에서 학위를 받을 거예요. 매디슨 경주(보통 며칠에 걸쳐, 한 팀을 이루는 여러 명이 릴레이식으로 달리는 자전거 경주) 그리고 법학과에 출석할 거예요. 저는 고등학교 이후 저를 하나의 리더라고 생각해왔어요. 저는 지난 10년에 걸쳐 제가 관련했던 모든 곳에서 리더 역할을 해왔어요. 저는 누구라도 원하는 몇 명의 가장 좋은 친구들을 가지는 복을 받았어요. 당신이 저에게 도와주셨던 확인하고, 찾아내고, 유지하는, 유익하고 강한 관계로 말입니다. 저는 지금 부모님과 형제를 저의 가장 좋은 친구이자 가장 가까운 벗이라고 생각하고, 제가 영향을 주게 될 세상을 타협 없는 자신감으로 직면하고 있어요. Rimm 박사님, 제 꿈이 실현되게 하는 도구를 저에게 주셔서 감사합니다.

나는 셀 수 없을 정도의 많은 아이들의 학습부진을 성공적으로 역전시키기 위해 부모, 교사들과 함께 참호 속에서 일해왔다. 나의 삼중초점모델은 학습부진 증후군을 역전시킬 아이들과 부모들 그리고 교사들을 대상으로 한 것이다. 나는 이 모델을 위스콘신에 있는 나의 가족성취클리닉에서 개발하여, 그것을 Metro Health Medical Center의 가족성취클리닉, Cleveland 클리닉에서 사용하였으며, 지금은 오하이오와 위스콘신에 있는 나의 가족성취클리닉에서 쓰고 있다. 또한 나의 삼중초점모델은 많은 학교와 상담센터에서 사용된다. 이것은 실제 생활 문제들에 기초한 현실적 모델이다.

부모들은 잘 양육하고 싶어 하고, 교사들은 잘 가르치고 싶어 한다는 것을 우리는 안다. 그러나 그들의 이러한 우수한 의도에도 불구하고, 문제들은 뜻하지 않게 영속된다. 왜냐하면, 그것은 아이들의 행동 혼란 혹은 대립되는 생활 사건들이 빈번하게 비생산적인 패턴을 강화하는 방식으로 아이들에게 반응하도록 어른들을 압박하기 때문이다. 나의 책에서 기술된 일부 시나리오들이 당신에게 불편함이나 죄책감을 느끼도록 한다면, 우수한 부모나 교사들조차도 실수한다는 것을 기억하라.

완벽한 부모나 교사는 없다. 문제 영역들을 개선하기 위한 기술들을 찾을 때는, 당신이 해보았던 모든 바르고 유익한 것들을 되새겨보아라.

이 책은 아이들의 성취에 가치를 두는 부모들을 위한 것이며, 모든 학생들을 동기화하기 위해 도전하는 교사들을 위한 것이다. 나의 목적은 영리하고 중요하게 되기를 그렇게도 많이 원하지만 성취로 가는 길과 개인의 학습 통제력은 임무감과 인내 그리고 회복력을 포함한다는 것을 배워오지 않은 많은 아이들과 청소년들을 인도함에 있어 부모와 교사들을 조력하기 위한 것이다.

이 책의 제1편은 학습부진 증후군의 증상과 원인을 기술한다. 제2편은 부모, 교사 그리고 상담원들에 의해 성공적으로 사용될 수 있는 실제적인 기술들을 기록한다. 당신은 부모와 교사로서 의심할 바 없이 이 모델의 기본적 단계들을 시행하는 추가적 기법들을 발명하게 될 것이다.

나의 경험은 또한 Rimm의 성취 법칙이라고 부르는 것을 만들어냈다. 나는 이 책을 관통하는 이 원리들을 참조할 것이며 그것들은 제14장에서 충분히 더 설명될 것이지만, 그것들을 처음에도 배치할 것이다. 왜냐하면 그것들은 성공적으로 가르치고 양육하는 데 바탕이 되는 기본 원리이기 때문이다.

그렇다. 학습부진 증후군은 전염된다. 그것은 계속 무수히 많은 교실들과 가정들에 들어간다. 그러나 당신의 도움과 지식으로, 우리는 아이들에게 동기를 부여하고 영감을 불어넣을 수 있고, 자신에 대하여 좋게 느끼도록 할 수 있고 그리고 우리의 기여를 필요로 하는 사회를 개선할 수 있다.

Rimm의 성취법칙

Rimm의 법칙 #1 : 만약 부모가 함께 학업에 대한 노력과 기대에 관하여 동일하고 분명하게 긍정적인 메시지를 주기 위해 연합한다면, 아이들은 성취자가 될 가능성이 높다.

Rimm의 법칙 #2 : 아이들은 모방할 효과적인 모델이 있을 때, 적절한 행동을 더 쉽게 배울 것이다.

Rimm의 법칙 #3 : 아이들이 들을 수 있는 반경 내에서, 어른들이 그들에 대하여 서로 주고받는 말은 극적으로 아이들의 행동과 자기지각에 영향을 준다.

Rimm의 법칙 #4 : 아이들의 성공과 실패에 대한 부모와 교사들의 과잉반응은 성공에 대한 강한 압력이나, 실패를 다루는 데 절망과 낙담을 느끼도록 한다.

Rimm의 법칙 #5 : 아이들은 일을 하고 있을 때보다 일에 대하여 걱정을 하고 있을 때, 더 긴장을 느낀다.

Rimm의 법칙 #6 : 아이들은 분투를 통해서 자신감과 회복력을 개발한다.

Rimm의 법칙 #7 : 결핍과 과잉은 종종 같은 증상을 보여준다.

Rimm의 법칙 #8 : 아이들이 성숙과 책임감을 보임에 따라 힘이 점진적으로 조금씩 증가하도록 주어진다면, 그들은 자신감과 내적 통제력을 개발한다.

Rimm의 법칙 #9 : 만약 한 어른이 한 부모나 교사에 대항하여 아이들과 동맹하면, 그들은 어른보다 더 강력하게 되면서 반항적이 된다.

Rimm의 법칙 #10 : 어른들은 합리적으로 결과를 통제할 수 있다는 확신이 들지 않으면, 아이들과의 대결을 피해야 한다.

Rimm의 법칙 #11 : 아이들은 경쟁에 기능하는 것을 배울 때만 성취자가 될 것이다.

Rimm의 법칙 #12 : 만일 아이들이 학습과정과 그 결과 사이의 관계를 평소에 본다면, 그들은 계속해서 성취할 것이다.

이 책에서 최선의 것을 얻는 방법

당신이 부모, 교사 또는 당신의 아이들(또는 학생들)과 당신 자신의 아동기 때 학습부진 패턴을 이해하려고 노력하고 있는 성인이라면, 이 책은 당신에게 도움을 줄 수 있다.

이 책의 제1편은 학습부진의 원인에 집중되어 있다. 각 장 전의 질문들은 그 장에서 기술된 요인들이 당신의 아이들, 학생들 또는 당신 자신에게 어떻게 영향을 주었는지를 결정할 수 있게 해주는 간단한 평가를 허용한다. 그 질문들에 대한 당신의 점수가 높으면, 그 장을 철저하게 읽는다. 점수가 낮다면, 당신은 단지 예방 목적으로 그 자료를 훑어보기만 하여도 좋다.

이 책의 제1편에는 몇 가지 부모 포인터와 교사 팁들이 있는데, 이것들은 최소한의 언급으로 지시된 것이다. 이것들은 제2편에 도달하기 전이라도 어떤 변화를 촉발시키도록 당신을 도울 수 있다. 제2편은 학습부진 증후군을 역전하기 위한 실제적인 기술들을 상세하게 설명한다.

또한 제2편은 부모와 교사들을 위한 단계별 권고사항들을 포함한다. 다양한 학습부진의 유형이 있기 때문에, 당신은 손에 형광펜을 들고 이 부분을 읽고 싶을 것이다. 만일 당신 아이의 한쪽 부모나 부모들이 당신 책을 빌려 읽고 싶어 한다면, 그들이 형광펜을 사용할 때 다른 색깔을 사용하기를 제안하라. 그로 인해 내용이 형형색색을 띠게 될지는 몰라도, 그 색칠은 당신 아이의 생활 속의 중요한 어른들이 취할 특별한 조치들에 집중하는 데 사용될 수 있다.

이 책에 있는 다량의 권고사항에 휩싸이지 말아야 한다. 어떤 아이도 이 책장에 나열된 모든 변화를 필요로 하지 않는다. 당신은 단지 아이들이나 학생들에게 적용할 것들만 선택할 필요가 있다.

만일 당신이 다른 매체를 선호한다면, 이 방법들을 전달하고 시행할 수 있도록 돕는 사용 가능한 테스트, 비디오, CD 그리고 DVD들이 있다. 나의 웹사이트 www.sylviarimm.com은 사용하기 쉽고, 당신에게 추가적인 정보를 제공할 수 있다.

당신이 더 질문이 있다면, 나와 소통하는 것을 주저하지 말아야 한다. 당신은 나의 웹사이트에서 나에게 편지를 쓸 수 있다. 답장을 기다리는 인내가 필요할 수 있지만, 결국 나는 모든 질문에 답을 한다. 나는 당신의 아이들이나 학생들의 학습부진의 역전이 상호적인 경험이 되도록 갖은 노력을 기울일 것이다.

차례

제 1 편 영리한 아이가 학습이 부진한 이유

제 1 편

영리한 아이가 학습이 부진한 이유

제1장을 읽기 전, 다음 질문에 스스로 답해보세요. (만일 당신이 교사라면, '내 아이' 대신에 '이 학생'으로 하여 읽어보세요.)

1. 내 아이는 숙제하는 것을 잊어버립니까?
2. 내 아이는 쉽게 포기합니까?
3. 내 아이는 이길 거라고 확신하지 않는다면, 경쟁 활동을 피합니까?
4. 내 아이는 매일 밤 뒤늦게 숙제를 시작합니까?
5. 내 아이는 학교에 다니는 주중 저녁에 2시간 이상 TV(비디오 게임)를 봅니까?

각 '예' 응답에 1점의 점수를 주고 총점을 계산하세요. 얻은 점수에 대한 설명이 아래에 있습니다.

총점	
4~5	내 아이는 매우 심각한 학습부진 문제를 지시하는 특징들이 있다.
2~3	내 아이는 좀 심각한 학습부진 문제를 지시하는 특징들이 있다.
1	내 아이는 단지 적은 학습부진 문제를 지시하는 특징들이 있다.
0	내 아이는 학습부진 증후군의 특징들이 없다.

학습부진 증후군을 이해하기 위하여 다음 장을 읽어보세요.

제 1 장

학습부진이란 무엇인가

우리나라는 계속적으로 아이들을 교육하는 더 좋은 방법들을 찾고 있다. 국내와 국제 연구들은 통상 고교 이후의 교육과 노동력에 대한 준비의 부족 외에, 미국 아이들의 기초 기능의 부족, 부적절한 과학 지식, 평균 이하의 수학 기능, 서툰 비판적 사고 그리고 저조한 문제해결 능력에 관하여 우울한 통계들을 보고한다. 미 교육부가 수행하여 2001년에 마친 한 연구는 4년제 기관에 들어간 학생의 53%만이 실제로 학사학위를 얻는다고 보고했다(Horn & Berger, 2004).

이런 문제는 텔레비전, 영화, 폭력 컴퓨터와 비디오 게임, 경제, 가족 붕괴, 과밀 학급, 인터넷, 불충분한 수업시간, 자금의 부족 그리고 열악한 훈육과 같은 악당들에게 비난을 돌려왔다. 교육 전문가들은 '문화 실조', '학습장애', '능력별 학급편성', '시험의 편견', '뒤처진 아이 없는 교육', '표제 Ⅰ(초중등교육법)', '빈부격차의 시정'과 같은 내적인 용어들을 사용하여 토론을 복잡하게 만든다. 아이들은 학습장애, 실행 기능장애, 주의력결핍 과잉행동장애, 아스퍼거 증후군, 양극성장애, 과잉불안장애, 우울반응으로 진단된다(Many very bright children are incorrectly labeled as having a disorder. For an excellent discussion of this topic, refer to Misdiagnosis and Dual Diagnoses of Gifted Children and Adult: ADHD, Bipolar, OCD, Asperger's, Depression, and Other Disorders by Webb, Amend, Webb, Goerss & Olenchak, 2005). 이런 끝없는 논쟁은 진실로 아이를 가르치고 싶어 하는 교육자

뿐만 아니라 교육자가 아닌 보통 부모에게도 혼란을 준다.

이 모든 것들은 미국의 아이들이 왜 가장 기본적인 문제를 무시해야만 하는지 뿐 아니라, 왜 미국의 아이들이 공부하지 않는지에 관하여 토론한다. 우리가 학업 시간을 늘리고, 연방자금에 새로운 타이틀을 부여하고, 교사의 봉급을 올리고, 학급 규모를 줄이고, 특별한 필요를 가진 아이들을 위한 교육에 자금을 지원하고, 문화적 환경과 학습양식의 차이를 반영하도록 시험을 바꾼다 할지라도, 여전히 우리는 학교에 있는 핵심적인 문제를 바라보고 있는 것은 아니다.

학습에 영향을 줄 만한 실질적인 진단적 장애가 전혀 없는 수백만 명의 아이들 — 교육이 중요하다고 보는 가정의 아이들을 포함하여 평균, 평균 이상, 심지어 영재의 지적 능력을 가진 아이들 — 이 단순히 그들의 능력 수준만큼 수행하지 않고 있다(Whitney & Hirsch, 2007). 이런 아이들은 아주 창의적이거나 언어 또는 수학적으로 조숙할 수 있다. 그러나 그들은 그런 능력에도 불구하고, 학교에서 잘 수행하지 못한다. 사회 · 정서적 요인들이 그 장본인이며, 바로 심리학적 전략들이 그들의 학습부진을 예방하고 역전시키기 위해 사용되어야만 한다.

학습부진학생은 실상 모든 교실에 다 있으며 많은 가정에 살고 있다. 그들은 교육적 자원을 낭비하며 심지어 가장 유능한 교사의 인내를 시험하고, 그들의 가정을 조종하여 혼란에 빠뜨리며, 자기 자신의 자신감과 개인적 통제력을 파괴한다.

이 문제는 당황스럽게도 크게 퍼져 있다. 내가 영리한 학습부진학생을 주제로 다루는 NBC 방송 〈Today〉 쇼의 5분 인터뷰에 나왔을 때, 그 짧은 단락은 전국의 고민하는 부모들로부터 2만 통 이상의 전화와 수천 통의 편지를 끌어 들였다(그림 1.1을 보라). 나는 아이들 속에서 학습부진 증후군의 증상을 인식한 수만 가정의 아픈 곳을 때렸던 것 같다.

학습부진 증후군이란 무엇이며 그 원인은 무엇인가? 학습부진 유전자가 있는 것도 아니며, 능력이 있는 아이들의 부적절한 학업수행에 대하여 신경학적 또는 생물학적인 설명이 있는 것도 아니다. 교육 제도 속에서도 학습부진의 특별한 원인을 찾을 수 없다. 왜냐하면, 동일한 교실에서 비슷한 능력을 가지고 있는데도 잘 성취하는 아이들이 많이 있기 때문이다. 대신에, 학습부진학생들은 성취의 과정을 배우지 못한 것 같다. 사실, 그들은 학습부진을 학습했다. 만일 그들이 수업 중이나 방과 후에 듣거나, 읽거나, 탐구하거나, 과제를 완성하지 않는다면, 어떻게 그들이

그림 1.1 〈Today〉 쇼 시청자 편지 중 발췌 부분

뉴욕 : 저의 막내 아들은 수니오스위고대학의 신입생인데 아주 어려운 시기를 겪고 있어요. 그는 정서적으로 저조한 상태에 있고 도와달라는 전화를 해왔어요. 우리는 그를 위해서 무엇을 해야 할지 모르겠어요.

노스캐롤라이나 : 저의 아들은 고등학교 2학년으로 영재 학생인데 금년에 많은 문제를 일으키고 있어요. 난 그 애가 미래를 위한 모든 기회를 내던지고 있는 것 같아요.

플로리다 : Zachary는 5살이며 유치원에 다녀요. 그는 2살 때부터 책을 읽고 있어요. 그러나 저는 그의 행동이 염려돼요. 그는 아주 쉽게 포기해요. 언젠가 연필을 놓을 거예요. Zachary는 또한 주목 끌기와 지나치게 칭찬을 요구해요. 스물일곱 명의 아이들이 있는데, 그것을 한 아이에게 전달하기란 쉽지 않아요.

테네시 : 제 아들 Kevin은 Academic Olympic에 출전할 거라고 얘기를 들었어요. 그러나 그는 자신의 할 일을 하고 있지 않기 때문에, 선생님은 그 대신 다른 사람을 내보낼걸 고려하고 있어요. Kevin은 이 올림픽의 입상을 아주 원하기 때문에 많이 울었어요. 그는 자신이 노력하는 거라고 주장했지만, 그는 도대체 과제물을 제출할 것처럼 보이지 않아요.

아이오와 : 우리 아들은 분명히 당신이 언급한 모든 문제를 갖고 있어요. Jarrod는 16살이고 모든 기초기능검사에서 90%의 점수를 받았어요. 그러나 그는 모든 주지 교과에서 D와 F를 받고 있어요. 그는 바로 과제물을 제출하지 않곤 하였기 때문에, 중학교 2학년 영어를 재수강해야 했어요. 그는 숙제를 전혀 하지 않아요.

텍사스 : 저는 대학생인 아이가 있어요. 그녀는 전미 고교 학력 장학생이었지만, 공부에 무엇이 수반되어야 하는지, 단서를 알지 못해, 지금은 성적 저조로 근신 처분을 받고 있어요. 그녀는 고교 내내 떠돌며 지냈기 때문에, 현 과정은 그녀와 맞지 않아요. 그녀는 아주 비탄에 빠져 있고, 우리는 그녀에게 어떻게 공부하도록 가르쳐야 할지 정말로 모르겠어요.

펜실베이니아 : 저의 딸은 18살인데, SAT학력검사에서 1340점을 받았고 대학원에서 C와 D학점을 받고 있어요.

아이다호주 : 저는 과제물을 제출하지 않고, 대학 같은 데서 수업에 들어가지 않는 영재 아이들에 관한 주제를 어디서 더 많이 읽을 수 있는지에 관심이 쏠려요. 당신이 들려준 얘기는 그의 '마지막 기회'로서 최근 미들베리대학(VT)에 재입학허가를 받은 제 아들에게 맞는 말 같아요.

성취할 수가 있을까?

보통 학습부진학생은 눈에 띄게 명석하고, 흔히 말을 매우 잘하는 유치원 아동으로서 출발한다. 그러나 어떤 지점에서 그들의 학습에 대한 열정과 그들의 만족스러운 학업수행이 바뀐다. 어떤 아이들은 점진적으로, 다른 아이들은 갑작스럽고 급격하게 바뀐다. 성취양태의 변화는 매년 성취도검사를 비교함으로써 쉽게 눈에 띈다. 아이가 성취의 양태를 보이는 동안에 백분위점수는 안정적이다. 그러나 아동이 학

습부진의 양태로 들어갈 때는 계속 하향한다. 또 다른 더 분명한 지시자가 있다. 가장 분명한 경고는 그들이 능력만큼 일하고 있지 않다는 교사로부터의 직접적인 의사전달이다. 부모 역시 자녀가 학교 학습과정에 무관심하고 그것에서 분리된 것을 알아차리게 된다.

학습부진 증후군이 있는 아이들의 특징은 무엇인가? 학습부진아이들은 비체계적인 경향이 있다. 그들은 꾸물거리며, 과제를 잃어버리며, 책을 제자리에 두지 않는다. 그들은 백일몽을 꾸거나, 경청하지 않으며, 창밖을 보거나 다른 아이들에게 말을 많이 건다. 그들은 학습기술이 별로 없거나, 전혀 없다. 그들은 TV를 보거나 음악을 들으면서 침대에 누워서 자료를 간단히 읽었다면, 자신이 공부를 했다고 간주한다.

어떤 학습부진학생들은 느리고 완벽주의이다. 만일 그들이 일을 마친다면, 아마도 그것에는 어떤 잘못이 있을 거라고 말할 수 있다. 반대로, 어떤 아이들은 일을 빨리 완성하지만, 일의 질보다 리포트를 끝내는 것에 훨씬 더 신경을 쓸 것이다. 그들의 리포트는 그 안에 매우 많은 부주의한 실수들이 있어서, 우리는 그 과제에 정말 어떠한 생각을 제시하였는지 의아하다.

학습이 부진한 어떤 아이들은 외롭고 내향적이다. 그들은 어떠한 친구도 원하지 않는 것 같다. 그들은 울고, 징징거리고, 불평하고 또는 놀림을 받고 친구들에게 괴롭힘을 받을 수 있다. 다른 아이들은 우두머리 행세를 하고 화를 잘 낸다. 어떤 아이들은 공격적이고 운동장에서 싸움을 걸기도 한다. 만일 학습부진학생들이 학교에 어떠한 관심을 보여준다면, 그것은 사교와 관련된 생활이나 스포츠와 관련된 것이다. 그들은 좋아하는 과목이나 교사를 찾을 수는 있지만, 일반적으로 그들은 학교를 지루하다고 기술한다.

어떤 아이들은 전혀 책을 읽지 않는가 하면, 다른 아이들은 일종의 도피처로서 독서에 몰두한다. 그들은 특별히 숙제나 집안일을 하기로 되어 있을 때, 책 읽기를 좋아한다. TV, 컴퓨터 또는 비디오게임은 대안적인 도피처로서의 역할을 할 수 있다. 그리고 이런 아이들은 TV나 컴퓨터를 응시하거나 비디오게임을 하고 있을 때, 그들의 부모가 부르는 소리를 거의 듣지 못한다.

학습부진학생들의 일부는 융통성이 없는, 구체적 수준의 사고를 하며 분명히 추상적 문제를 전혀 해결할 수 없는가 하면, 다른 일부는 아주 창의적이고 비상한 사고를 보여준다. 창의적인 학습부진학생들은 비상한 아이디어를 많이 가질 수도 있지만, 그들의 아이디어를 거의 종결짓지 못한다. 그들은 자신이 시작한 것을 완성할 수 없는 것처럼 보인다. 어떤 창의적인 학습부진학생은 선택한 프로젝트에 완전히 빠져서, 다른 것에는 거의 참여하지 않아 다른 모든 학교 책임에서 뒤처진다.

이러한 학습부진학생들의 특징의 차이에도 불구하고, 그들은 아주 중요한 공통적인 특질을 가지고 있다. 분명히 개인적 차이는 있지만, **학습부진학생들은 무의식적으로 조종술을 쓴다.** 그들은 공공연하게 부모가 부모를, 교사가 부모를, 부모가 교사를, 친구가 친구를 적대시하도록 조종하는 시도를 할 수 있다. 암암리에 그들은 부모를 조종하여 그들의 많은 숙제를 하도록 하거나, 교사들을 조종하여 제출기한을 미루거나 더 많은 도움을 주도록 하거나 덜 도전적인 과제를 주도록 조종할 수 있다.

학습부진학생들은 그들의 학교 문제에 대하여 어떻게 말하고 있는가? 그들은 무수한 방어술이 있다. 어릴 때 학교는 지루하다고 말하고, 나이가 좀 들었을 때 학교는 관련성이 없다고 말한다. 이 지루함이나 무관성은 바뀌지 않으며, 실제적인 과제에 관련하지 않으려는 경향이 있다. 그들은 자신의 낮은 성적을 중요하지 않다고 하며 '끔직한 교사들' 때문이라고 비난한다. 그들은 연극, 스포츠, 음악 또는 사교적 생활을 하는 것이 학업보다 더 중요하다고 생각한다. 그들은 "어쨌든 누가 괴짜가 되고 싶겠어?"라고 쏘아 붙인다. 그들은 종종 더 잘할 수 있는 능력이 없고, 그들의 지능이나 능력검사점수는 틀림없이 잘못된 것이라고 주장한다. 그들은 종종 성취가 부모의 목표이고 자신들의 것이 아니라고 하며, 그들의 문제는 누이들이나 형제들과의 불공평한 비교 또는 그들 부모에 의한 불공정한 압력 때문이라고 비난한다. 그들은 일을 하는 데 완벽하지 못할 바에는 차라리 그것을 하고 싶지 않다고 말함으로써 노력하는 것을 면제받는다. 종종 그들은 자신이 너무 큰 압력하에 있고, 자신들에게 많이 기대하지는 말아야 할 것이라고 불평한다.

이런 아이들의 열등한 공부습관, 열악한 기능, 무체계성 그리고 방어 밑에는 그들의 교육적 성공에 대한 개인적 통제력의 부족이란 감정이 깔려 있다. 학습부진학생들은 그들이 열심히 일한다 하더라도, 목표를 성취할 수 있을 거라고는 믿지 않는다. 그들은 자신의 노력 부족이 문제의 근원이라는 것을 쉽게 인정할 수 있다. 그리고 높은 목표를 성취하기 위하여 더 많은 노력을 기울일 필요가 있다는 것도 인정할 가능성이 있다. 그러나 그다음, 그들은 그것을 성취할 수 있을 거라는 것이 확실하지 않다. 노력이 약간의 영향을 줄 수 있을지는 모르지만, 작은 차이로서는 충분하지 않으며 투자와 위험을 감수할 만큼의 가치가 없다.

이런 아이들은 목표를 너무 높게 세우거나 너무 낮게 세워서 실패를 보장하게 된다. 그들은 백만장자, 전문 축구선수, 컴퓨터게임 발명가, 록 스타, 올림픽 경기자, 대통령이 되기를 원한다. 그리고 이런 비현실적인 목표에 도달하는 데 필요한 노력에 대하여 마술적인 생각을 갖고 있다. 그들은 "만일 나의 어머니가 내가 원하는 만큼 오랫동안 컴퓨터를 하도록 해주기만 한다면, 나는 6자리 숫자의 봉급을 받을 수 있을 거야." 또는 "만일 나의 부모가 수학에 내 시간을 낭비하는 대신 기타 연습을 하게 해주면, 나는 성공할 거야."와 같은 말을 할 수 있다. 그들은 일이 실제로 의미하는 것을 아직 발견하지 못했다. 그들은 일을 성취에 필요한 끈기 있는 노력보다는 재미와 액션에 더 가까운, 낭만적이고 신비로운 분위기를 가지고 있는 것으로 이해한다. 그들은 노력의 진정한 의미를 배운 적이 없기 때문에, 확고한 자신감을 형성할 수가 없었다.

아이들은 쉬운 과업만 완수해서는 자신감을 형성할 수 없다. 그들은 누구라도 이런 과업을 완수할 수 있다는 것을 이미 알고 있다. 아이들이 자신감을 형성하기 시작하는 것은 고투의 모험을 수용하고 그들이 가능하다고 생각하지 않았던 것을 완수할 수 있다고 발견한 때이다. 사람이 강한 자아개념을 개발하는 것은 실제적인 성취로부터 온다. 학습부진학생들은 자신의 에너지 방향을 과정과 결과, 노력과 성취 사이의 관계를 회피하는 것에 두기 때문에 자신감을 형성할 기회를 스스로 거부한다.

우리가 있는 사회는 경쟁적이다. 가정과 학교는 경쟁적 속성이 있다. 학습부진학생들은 매우 경쟁적인 감정들을 갖고 있으나, 그것들이 겉으로 표시나지 않을 수 있다. 그들은 승자가 되기를 열망하는 가련한 패배자들이다. 그들이 승리할 수 있다고 믿지 않는다면, 그들은 시작하기 전에 멈추거나 그렇지 않으면 승리가 확실한 경험만을 선정할지도 모른다. 그들은 경쟁적이며 내적으로 압력을 받고 패배에 대처하는 것을 학습하지 않은 아이들이다.

사람이 경쟁에 대처하는 것을 학습하고서야 비로소 사회나 우리의 학교에서 생산적일 수 있게 된다. 승리와 패배는 항상 잠정적인 것임을 이해하는 것이 필요하다. 부모와 교사들은 아이들이 항상 성공할 수 있는 가정과 학교 환경을 만들 수 있다고 믿는 것은 오류이다. 정말로 그들이 이런 환경을 만들 수 있다고 하더라도 그것은 과잉보호적이고, 그래서 아이들에게 건강하지 못한 곳이 될 것이다. 충격을 받지 않고 패배하는 것을 배우고, 성장을 위해 실패 경험을 사용하는 것을 배운 아이들은 교실과 사회에서 성취를 할 것이다. 패배자처럼 느끼지 않고 질 수 있는 아이들은 좌절을 딛고 일어서는 회복력을 발견할 것이다. 이것이 바로 긍정적 성장의 열쇠이다. 우리의 목표는 실패가 없는 학교가 되어야 한다는 것이 아니고, 오직 실패자처럼 느끼는 아이들이 없는 학교가 되어야 한다는 것이다.

학교가 교실을 더 협동적이도록 하기 위해 노력할지라도, 사회에 만연해 있는 근본적인 경쟁적 동기를 소멸시킬 수는 없을 것이다. 아이들은 확실히 협동하는 것을 배워야 한다. 그러나 또한 자비롭게 승리하고 용감하게 지는 것을 배워야 한다.

경쟁의 개념은 너무 자주 부정적인 것으로 간주된다. 그러나 만약 우리가 복원력이라는 용어를 생존이나 경쟁에 대처하는 데 적용한다면, 아마도 부모와 교사들이 경쟁을 수용하는 것이 더 쉬울 것이다. 1천여 명의 성공한 여성의 어린 시절에 관한 연구에서, 여성들이 가장 자주 열거한 긍정적인 경험은 경쟁에서 승리하는 것이었다(Rimm, Rimm-Kaufman & Rimm, 1999). 승리한다는 것은 의기양양하게 하며 성취를 고무시킨다. 그러나 작은 패배들로부터 다시 일어나는 것은 모든 아이들이 성인생활에 필요로 할 회복력과 강인한 기개를 형성한다(Sapolsky, 2004).

부모나 교사들이 경쟁에 대하여 개인적으로 어떻게 느끼는지와 무관하게, 아이들은 그들의 수행과 다른 아이들의 수행을 끊임없이 비교한다. 이와 같이 효과적으로 경쟁하는 것을 학습하는 것은 학교에서 성취의 중심이다. 학습부진학생들은 이 기본적인 경쟁의 메시지를 내면화하지 않았다. 그 대신 그들은 실패에 대한 두려움으로 가족과 학교 환경을 조종한다. 그들은 승리할 수 없다면 경쟁을 피하는 것을 학습한다. 그리고 이런 과정에서 중요한 기능들을 잃게 된다. 학습부진 사이클이 계속되면서, 그들은 점점 더 능력이 줄어드는 것을 느낀다. 실패의 두려움은 증가하고, 효능감은 줄어든다. 그들과 부모는 현재의 자리와 그들이 당연히 있어야 할 자리의 간격이 벌어지면서, 점점 더 무력함을 느낀다. 그 사이클은 문제를 영속화하며 계속적으로 하강회전을 한다. 학습부진 증후군은 아이와 흔히 가족 전체에게 악영향을 준다. 그것은 무엇이나 누군가가 의도적으로나 자발적으로 그 사이클을 역전시키기 위해서 개입할 때까지 스스로 먹으며 자란다.

계획하지 않은 개입으로, 교사, 친구, 멘토 또는 다른 중요한 사람들은 학습부진학생들이 그들의 문제를 역전시키는 것을 돕는 기폭제가 될 수 있다. 어떤 경우, 이들은 학습부진학생들을 위한 모델로서의 역할을 한다. 다른 경우, 가장 중대한 것은 바로 그들의 지지이다. 학습부진학생들은 흔히 높은 성취를 위한 잠재능력을 가지고 있기 때문에, 새로운 역할을 위해 개발하는 기능들에서 큰 도약을 할 수도 있다. '거물급 성취자'로 바뀐 학습부진학생의 예를 보면, 그들은 고등학교의 기억상으로 인상적인 급우가 아니었지만, 이후 상위 대학의 학위나 인상적인 경력을 가지고 10년 만에 고등학교 동창회에 나타나는 경우가 있다. 그들은 자신감이 있고 성공적이며, 그래서 우리는 상위 능력이 부족한 것으로 보였던 인물이 어떻게 그렇게도 크게 성취할 수 있는지 의아하게 된다. 그들은 흔히 대기만성형의 사람(late bloomer)이라고 불린다.

불행히도, 단지 몇 퍼센트의 대기만성형만이 잠복된 상태에서 벗어나 재능을 개발한다. 대부분 하향선회를 계속하여 고등학교와 대학의 중퇴자가 된다. 그들이 졸업 때까지 학교에 남아 있게 된다면, 그들은 단지 최소한의 성취만을 보이고 학습에 거의 흥미를 갖지 않는다. 그들은 학습부진한 자들의 인력에 가입하고, 그들의 능력을 대폭 적게 이용하는 삶을 이끌어간다 — 자신의 좌절과 사회적 손실로. 그들은 '쉬운 길을 택하는' 삶의 양식을 띠거나 다른 삶을 살았어야 했는데 라고 깨달으며 성인 시절을 보내지만 바꾸기에는 무력하다는 것을 느낀다.

당신은 부모와 교사로서 학습부진에 관하여 뭔가를 할 수 있다. 당신이 왜 영리한 아이들이 낮은 성적을 받는가를 배운다면 이것을 더 잘 할 수 있을 것이다. 더욱이 당신들이 서로 함께 일한다면 더 많은 것을 성취할 수 있다. 만일 당신의 가정과 교실에 학습부진학생이 있다고 의심된다면, 이 책은 당신이 학습부진학생의 문제를 인식하고 다룰 수 있도록 도와줄 것이다.

우선, 당신의 학습부진학생의 유형을 확인하려고 노력해야 한다. 그다음에 더 나아가서 그 학습부진 양식을 조형했을 법한 가정이나 학교의 패턴을 찾는다. 마지막으로 당신이 가정과 학교에서 학습부진 사이클을 역전시키도록 도와줄 권고들을 시도해봐야 한다. 현실을 직시한다. 당신의 학습부진학생과 가정 · 학교의 패턴을 확인하는 것이 그것들을 바꾸는 것보다 더 쉽다. 그러므로 인내와 끈기를 위한 대책을 세운다. 당신은 당신이 발견한 모든 잘못을 바꾸거나 그러길 바랄 수는 없을 것이다. 하지만, 조그마한 개선들에서 만족을 얻게 될 것이다. 당신의 교실에 있는 아이들과 학습부진학생들을 위한 성취감은 당신의 자신감을 형성해줄 것이다. 학교와 성적에 대하여 관심이 없어 보이는 아이들은, 문제들의 기저의 원인들을 이해하는 부모와 교사들에 의해, 배우고 성취하도록 동기화될 수 있다. 학습부진학생들은 우리 사회의 경쟁에 대처할 수 있게 해주는 기능들을 마스터할 수 있고, 그러므로 자유롭게 자기동기화된 학습과 성취의 기쁨을 경험할 수 있다.

학습부진학생들은 어떤 모습일까?

학습부진학생들은 다양한 모습을 띠며, 개별적이지만, 흔히 그들은 기본형인 범주들에 꼭 들어맞는다. 실제 생활에서는 이 기본형들이 어떤 한 아이 안에 순수하게 있지 않고 섞여 있다. 이 장의 설명들은 당신의 아이나 학생이 학습부진 증후군을 가지고 있는지를 결정하는 데 도움을 줄 것이다. 〈그림 1.2〉는 아이의 원형적 범주를 상상하는 데 도움을 줄 것이다.

만일 아이가 학습부진학생이라는 것이 확실하다면, 당신이 참석한 마지막 교사-부모 회의에 대하여 생각해보아라. 가정에서 당신의 아이를 볼 때를 생각하라. 당신의 아이와 다음에 기술되는 아이들과 비교했을 때, 만일 이 기술의 어떤 것들이 가정의 당신 아이나 교실의 학생을 떠오르게 한다면, 그들은 학습부진 증후군을 가지고 있을 가능성이 크다.

학습부진의 범주

완벽주의자 Pearl

단정하고, 깔끔한 과제물. 정돈되고, 깔끔한 책상.
완벽주의자 Pearl은 항상 최선을 다한다.
손글씨는 A급, 철자법은 좋지만,
Pearl은 오늘 그녀의 일을 마칠 수가 없다.

초등학교 2학년 교사인 Jones 부인은 한 편의 독창적 이야기를 과제로 냈다. 다른 아이들은 20분 전에 시작했지만, Pearl은 종이에 한마디도, 심지어 제목조차 쓰

그림 1.2 성취자들의 내면세계

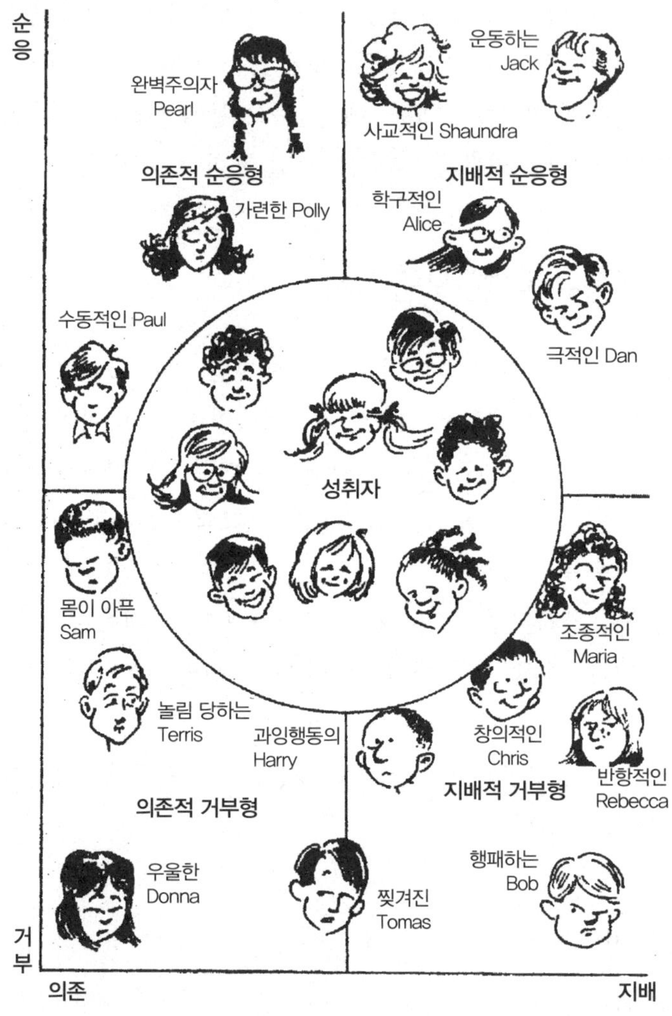

지 못했다. 마침내 그녀는 겁에 질려 손을 들었다. "Jones 선생님, 저는 무엇에 대하여 써야 할지 모르겠어요."하고 울먹인다. Jones 부인은 당황했다. 아주 영리하고, 연습교재를 아주 완벽하게 완성하고 그리고 흠 없는 문법을 사용하는 Pearl이 왜 한 장짜리 논제를 생각해낼 수 없는 것일까? 그녀는 눈물을 글썽거리며, "Jones 선생님, 저는 완벽한 논제를 찾지 못하면 어떻게 이야기를 써야 할지 모르겠어요!"

라고 설명했다.

Pearl의 문제는 막 시작되었다. 초등학교 3학년이 되면서 그녀는 여전히 아주 훌륭한 학생일 수 있다. 그녀의 과제가 구체적이고 상세하다면, 그녀는 잘 수행한다. 그러나 그녀가 추상적으로 생각하거나 논리에 근거하여 결론을 낼 때, 자신의 아이디어를 창출하고 또는 작은 모험을 해야 할 때, 그녀는 실패의 두려움으로 마비된다. 그녀의 성적과 자신감은 중학교에서 하향하기 시작한다. 최상에서 학교공부를 시작한 영재 Pearl은 교실의 평범함으로 꾸준하게 이동한다.

가정에서 Pearl의 방은 깔끔하다. 그녀는 순종적이고, 어떤 문제도 일으키지 않는다. 그녀는 청소년기가 될 때까지 완벽한 아이이다. 청소년기는 이상한 반항을 불러온다. 분노, 섭식장애 그리고 우울감이 나타난다. Pearl에게 완벽의 대체물은 실패이기 때문에, 그녀는 생의 사소한 부분을 완벽하게 통제할 방법들을 찾는다. 그녀는 스스로 불가능하게 높은 기준을 세우고, 성공을 추구하며 무력감을 느낀다.

가련한 Polly

이 슬픈 아이는 부모, 교사 그리고 마침내 그녀의 십 대 친구들 중에서 동정 어린 귀를 찾는다. 학교공부는 어렵고, 친구들은 그녀를 수용하지 않는다고 주장하며, 새로운 경험의 시도를 두려워한다. 그녀는 부정적인 결과를 예견하거나, 그녀의 환경에 성인들을 설득하여 그녀의 지능, 사회적 기술들 또는 자신감을 자신에게 재확증하기 위하여 살아가는 것처럼 보인다. 초기에 많은 재확증을 해준 부모와 교사들은 Polly의 낮은 자존감에 대하여 조언을 하지만, 그녀의 회피 기술들에 아주 많은 관심을 줌으로써 그들은 그녀의 자신감 개발을 방해하고 있음을 깨닫지 못한다.

Polly의 부정적인 예견에 이런 계속적인 관심은 두 가지 문제를 야기한다. 첫째, 잦은, 성실한 그리고 친절한 관심은 Polly에게 자기의심과 자신에 대한 가련한 느낌은 지지와 사랑의 확신을 인출하는 효과적인 방법들이라는 것을 가르친다. 둘째, 관심은 흔히 그녀에게 자신감을 형성하는 데 도움을 주는 모험적 활동을 시도하지 못하도록 막는다. 세심하게 배려하는 성인들은 그녀에게 친절한 도움을 제공하려고 진정으로 시도하고 있지만, 그 도움은 자신감의 성장을 방해하고 Polly의 학습부진을 유지하는 회피 행동을 촉진한다.

가장 중요하게 여길만한데, 부모와 교사들은 이런 부류의 아이들을 성숙하지 않다고 기술하는 경향이 있다. 1년 후에 입학시키거나, 그들을 유급시키거나 또는 개인 교습을 하게 하라는 권고들이 대표적이다. 그러나 이것은 아이들을 불필요하게 후퇴시키는 결과를 낳을 수 있고, 너무 큰 압력에 놓이는 것을 피하기 위해, 보통 그들은 할 수 있는 것만큼 기대되지 않는다.

수동적인 Paul

Paul은 책상에 구부정하게 앉아 있다. 그는 하품을 하고, 백일몽을 꾸며, 수학을 헤매고 있다. 그의 과제는 거의 완성되지 않고, 만일 그렇다 하더라도 결코 잘 완성되지 않는다. 그는 질문하기 위해 손을 들지만, 대답하는 데는 그렇지 않다. 지명이 될 때, 그는 "모르겠어요.", "확실하지가 않아요.", "이해가 안 돼요." 또는 "잊었어요."처럼 답을 주지 않는다. 그는 자기 일을 완성하지 않지만 걱정이 없는 것처럼 보이는, 호감이 가고 쾌활한 착한 아이이다. "그는 집중할 수 없는 것처럼 보여요."라고 교사들은 말한다. "아마도 Paul은 약이 필요해요." 그의 부모는 그가 주의력장애가 있는 게 아닌가 의심한다.

> "엄마, 저는 지금 훨씬 더 잘하고 있어요."라고 Paul은 자신 있게 말한다.
> "네, 저는 모든 숙제를 다 했어요."라고 그는 진실을 왜곡하면서 확신 있게 말을 한다.
> "에이, 죄송해요. F를 받았어요. 다음번에 더 잘 할 거예요."라고 그는 눈물을 흘리며 사과한다. "정신이 정말 나갔어요."

Paul의 숙제는 거의 완성되지 않는다. 책과 과제는 공부를 위해 집에 오지 않고, 성적은 계속 실패를 향해 끊임없이 곤두박질치며 하향한다.

Paul은 주변을 의식하지 않고 슬그머니 텔레비전 화면으로 침잠한다. 그의 어머니가 숙제를 하라고 부를 때, 그는 움직임도 반응도 없다. 어머니의 일상적인 조용한 목소리가 커질 때 오로지 TV를 응시한다. 어머니의 고함소리가 방 안에 울려 퍼질 때 그는 눈을 껌벅인다. 마침내 어머니가 필사적으로 비명을 지를 때, 그는 못 들은 것에 대하여 사과하고 무엇을 원하는지 묻는다. 그녀가 숙제를 제안할 때, 그는 확실하게 그의 숙제가 모두 완성되었다고 거짓말을 하고, TV 화면에 더 몰입한다.

좌절하고 낙담한 어머니는 틀림없이 확실하게 Paul이 숙제를 완성했을 거라고 확신하는 아버지에 의해 안심이 된다. 그런데 왜 TV를 보게 하지 않겠는가? 이와 같이 그들은 또 다음 교사회의 때까지 TV 화면 앞에 안락하게 정착한다.

몸이 아픈 Sam

엄마 : Sam, 이제 일어났니? 일어날 시간이야. 학교 갈 시간이라구.

Sam : (조용함)

엄마 : (5분 후) Sam, 일어날 시간이 지났어. 버스 놓치겠어.

Sam : (약하게) 엄마...

엄마 : 그래, 애야, 무슨 일이니?

Sam : 엄마, 아주 좋지 않아요... 배가 아파요.

엄마 : Sam, 배가 또 아프니? 글쎄, 피자를 먹지 말았어야 했는데. 일어나서 좀 걸어봐. 나아질 거야.

Sam : (더 병약하게) 그런데 엄마, 움직일 수 없을 정도로 아파요!

엄마 : 알았어. 자리에 눕는 게 낫겠다. 가서 자. 분명 알레르기야.

Sam은 그의 잠자리에서 아침을 보내지만, 11시경 일어나 훨씬 더 좋아진다. 엄마는 그에게 건강한 점심 요리를 해주고, 식탁에 앉을 땐 그의 곁에 있어준다. 그들은 수다를 떨고 킥킥거리며, 그녀는 그가 훌륭하고 재능 있는 소년이라고 확언하고, 잘 유지하기만 하면 A학점 학생이 될 수 있다고 확신한다. Sam은 그가 학교를 많이 빠졌기 때문에, 학교공부를 따라가는 것이 얼마나 어려운가에 동의하고 한탄한다. 그는 어머니에게, "선생님들이 모든 보충과제를 쌓이도록 내주시는 것은 공정하지 않은 것 같아요. 그들은 어떻게 제가 기어이 따라잡을 거라고 기대하시나요?"라고 항의한다. 엄마는 Sam을 동정하고 그녀가 그 문제를 교사들에게 말할 거라고 그를 안심시킨다. "걱정 마, Sam."하며 그녀는 위로한다. "단지 유지하기만 해. 자, 거실로 가서 안정하고 TV를 보지 않겠니?" 그리고 Sam은 그렇게 한다.

2시에 전화벨이 울린다. 교장인 Smart 부인의 전화이다. 그녀는 Sam의 잦은 결석에 대한 걱정을 표현한다. 어머니는 Sam의 질병, 알레르기, 천식 발작 그리고 소화기 문제를 상술한다. Smart 부인은 Sam의 어머니에게 어떻게 이런 질병이 긴장에 의해 유발될 수 있는지를 설명한다. 그녀는 Sam의 압력의 원인을 찾으라고 제안한다. Sam은 텔레비전 쇼를 시청하고 이불 속으로 파고들면서, 혼자서 히죽히죽 웃고는 엄마의 반응에 귀를 기울인다.

"Smart 부인, 만일 교사들이 Sam에게 많은 숙제를 내주는 것을 멈춘다면, 아마 그는 좀 더 이완되고 더 회복될 수 있을 거예요."라고 그녀는 엄포를 놓는다. 엄마는 전화상으로 확신하는 것처럼 들리지만, 그녀는 Sam이 정말 아픈지 의구심을 떨칠 수 없다.

놀림 당하는 Terris

Terris는 동성애자,
Terris는 게이,
그 애를 밀어뜨려, 그 애를 두들겨 패,
놀지 못하게 해!

운동장의 Terris는 혼자 다니고, 공놀이를 구경하며, 다른 아이들에게 말을 걸지만, 보통 놀림을 받거나 조롱당한 다음 집단을 떠난다.

Terris는 비만이다. 그는 게이일 수도 아닐 수도 있다. 정말, 그는 소녀나 소년들과 성에 대하여 많이 생각한 적이 없다. 그러나 소년들은 계속 놀린다. 그는 어떤 친구도 없다고 말하지만, 그는 정말로 어떤 친구도 원하지 않는다. 매일 방과 후, 그는 어머니와 식탁에 앉아 징징거리며, 학교에 비열한 아이들에 대하여 불평한다. 엄마는 이해하고, 교사들이 가엾은 Terris를 보호하였으면 또는 그 아이들이 그렇게 비열하게 굴지 않았으면 하고 바란다.

아빠는 Terris가 야구를 배울 필요가 있다고 말한다. 그는 Terris에게 스포츠를 가르치려 하지만 매번 시도는 성난 꾸짖음으로 끝난다. 이 의식은 "아빠는 저를 이해하지 못해요."라는 불평과 함께 엄마에게 돌아가는 Terris에 의해 마치게 된다. 엄마-아빠 소동은 대부분 아빠-아들 활동으로 종결된다. 아빠는 포기하고, 엄마는 왜 남편이 아들에게 좀 더 잘 해주지 못하는지 의아해한다. 그녀는 Terris의 진정한 문제는 아빠, 학교 또는 다른 아이들에 의해 야기되었다고 확신한다.

학교에서 Terris는 숙제를 완성하지 않는다. 그는 느리게 일하고, 백일몽을 꾸며, 종종 그는 엄마의 도움으로 끝내려고 과제를 집으로 가지고 온다. 그는 엄마의 수프 젓기를 자신의 숙제를 대신 하는 것으로 바꾸도록 부엌 식탁에서 과제를 한다. Terris는 스스로 몇 개의 문제를 해내지만, 어머니 없이 일하는 방법을 알지 못한다. 그녀가 집에 없을 때, 그는 시작조차 못한다. "어떻게 해." 그는 혼자서 생각한다. 그는 도움이 필요하다. 어떻게 해야 할지를 엄마가 말해주어야 한다. 큰누나가 그를 학교에서 아이들로부터 보호해야 한다. 왜 아이들은 항상 그를 못살게 구는 걸까? 왜 그렇게 유약하고 작은가? 왜 그는 스스로 어떤 것도 할 수 없을까?

"포기하지 마, Terris. 컴퓨터를 해봐." 그리고 Terris는 한다. Terris는 컴퓨터를 좋아하게 된다. 그리고 키보드는 사회적 대화가 필요 없다. Terris는 컴퓨터를 통제할 수 있다. 그것은 예상대로 반응한다. 모두가 Terris는 컴퓨터에 훌륭하다고 알고 있다. 그리고 그가 좀 괴상하다는 데 모두가 동의하지만, Terris는 적어도 한 영웅이다. 그의 숙제는 컴퓨터 기능과 관련되지 않으면, 결코 완성되지 않는다.

우울한 Donna

Donna의 아동기와 청소년기의 슬픔은 보통 위에서 기술한 어떤 의존적 패턴의 좀 더 극단적인 형태의 결과이다. 우울은 지배적인 아이들이 힘을 잃었다고 느낄 때쯤 올 수 있다. 우울한 아이들의 주요 특징은 무효능감이다. 스트레스와 노력으로부터 아주 많이 도피해온 수동적인 아이들은 극단적인 부적절감으로 우울해질 수 있고, 완전한 목표들을 성취하는 방법을 알지 못하는 완벽주의자들도 똑같이 우울해질 수 있다. 그들의 환경을 지배할 때만 통제력을 느끼는 아이들은 그들이 부모, 교사 또는 친구들을 그들의 관점으로 설득할 수 없다면, 우울해지거나 통제력의 상실을 느낄 수 있다. 우울의 특정한 원인이 무엇이든, 그 증상은 비슷하다. 슬픔, 눈물, 잦은 졸음이나 잠, 폭식이나 거식, 비활동성 그리고 슬픈 주제나 자살에의 몰입은 모두 도움을 청하는 아이들의 외침을 알리는 증상들이다.

우울한 청소년들은 흔히 밤에 잠을 자지 않는다. 그들은 TV를 시청하거나, 비디오게임을 하거나 또는 컴퓨터 모뎀을 통해 친구들에게 말을 건다. 마침내 그들은 이른 아침 시간에 잠들고 너무 지쳐서 학교에 가기 위해 일어날 수가 없다. 그들은 대부분의 낮 시간 내내 자거나 졸며, 학교에서 돌아오면 바로 낮잠을 잔다. 밤이 오고 가족이 잠을 자지만, Donna는 다시 잠을 잘 수가 없다. 그녀는 자신을 '야간형 생활자'라고 부른다. 불행히도, 그녀가 출석할 '한밤중' 학교는 없다.

우울한 아이들은 전문적인 도움을 받아야 한다. 그들은 부모나 교사들이 혼자서 그들을 다룰 수 있는 그 이상의 단계에 도달하였다. 증상들을 확인하는 것과 도움을 권고하는 것은 부모와 교사 모두에게 중요한 과제이다. 왜냐하면 증상들은 가정이나 학교에서 나타날 수 있지만, 반드시 두 환경 모두에 나타나는 것은 아니기 때문이다.

찢겨진 Tomas

오늘은 화요일이다. Tomas는 지난밤에 아버지의 집에 있었다. 그는 좀 졸려 보이고, 어제보다 좀 더 헝클어져 보인다. 수요일은 또 다른 나쁜 날이 되겠지만, 목요일과 금요일은 좀 더 좋은 날이 될 것이다. 다음 주, Tomas는 또한 이틀의 졸리는 날이 있겠지만, 우리는 어느 날인지 확실하지 않다. 이틀의 방문날이 매주 바뀐다.

> Tomas에게 다른 것들도 또한 바뀐다.
> 아빠의 집에서는, 가족이 재미있다. 엄마의 집에서는, 그는 숙제와 잡일을 해야 한다.
> 아빠의 집에서는, TV 앞에서 숙제를 한다. 엄마의 집에서는, 그의 방 책상에서 숙제를 해야 한다.
> 아빠의 집에서는 그는 지칠 때까지 자지 않고 아빠와 아빠 여자 친구와 함께 있을 수 있다. 엄마의 집에서는, 그의 취침시각이 8시 30분이다.
> 아빠의 집에서는, 흥분되는 휴가여행이 있다. 엄마의 집에서는, 따분하다.
> 아빠의 집에서는, 아무도 공부하라고 시키지 않는다. 엄마의 집에서는, 학업의 중요성에 관한 끊임없는 설교를 듣는다.

아빠는 자주 엄마에게 전화를 한다. 그들은 전화로 논쟁한다. Tomas는 크리스마스 때 그가 어디 있고 싶은지를 묻는 것이 아주 싫다. 그가 아빠를 선택한다면, 선물들은 더 크겠지만 엄마는 슬플 것이다. 그가 엄마를 선택한다면, 아빠는 화내지 않을 거라고 하지만, 속으로는 화날 거라는 것을 Tomas는 안다. Tomas는 그가 선택해야 할 필요가 없기를 소망한다.

Tomas는 그의 어머니와 아버지를 사랑하며, 그래서 매일 밤 그들이 재회하기를 기도한다. 만일 그들이 그렇게 하지 않는다면, 그는 아마도 아빠와 함께 살아야 할 것 같은 생각이 든다. 결국 그는 장성하였을 때, 그의 아빠와 같은 남자가 되고 재미있기를 원한다. 어쨌든 **공부, 공부, 공부**에는 큰 의미가 없다. 이제야 모든 것을 알았다고 생각하고 이사하고 싶다고 엄마에게 막 말하려 할 때, 부엌에서 울고 있는 엄마를 발견한다. 엄마는 아주 외로우며 Tomas가 엄마의 집에서 행복하길 바란다고 말한다. 그때, Tomas는 슬프고 엄마에게 미안함을 느끼며, 떠날 수 없다는 것을 안다. 그는 선량하고 엄마를 돕기 위해 노력할 거라고 확약한다. 그는 발을 끌며 방으로 걸어가, 책상에 비스듬히 엎드려, 멀리 그의 수학 책을 응시하며 다른 아이들도 이만큼 혼란함을 느낄까 생각한다.

운동하는 Jack, 사교적인 Shaundra 그리고 극적인 Dan

축구팀 주장, 최고의 수영선수, 수석 트럼펫 연주가, 학교 연극 스타 또는 학생자치위원회 의장. Jack, Shaundra, Dan은 비슷한 특징들을 공유한다. 그들은 경쟁적인 활동 속에서 번영하고, 또한 매력적이고 사교적으로도 능숙하다. 그들은 천부적인 운동선수, 카리스마 있는 배우, 재능 있는 음악가 또는 우수한 리더들이다.

이런 아이들은 성공을 향한 프로펠러가 있는 것 같다. 고등학교 3학년 때, 그들은 부모에게 기쁨을 선사한다. 운동, 음악 또는 연극 시상식 연회에서 팀, 연극단, 밴드 또는 학생 위원회에 그들이 기여한 큰 공헌으로 상을 받는 기쁨을 경험할 때, 부모와 아이들은 똑같이 긍지를 느낀다. 왜 이것이 문제인가? 실제로 아닐 수도 있지만, 우리는 주의 깊게 봐야 한다. 왜냐하면 고등학교 3학년 시상식 연회는 이 젊은이들의 진로에 성취의 정점을 의미할 수 있기 때문이다.

왜 Jack, Shaundra, Dan은 학습부진학생인가? 그들 팀과 가족의 긍지인 이들 십대들은 그들에게 많은 도움을 주었던 특수한 재능과 경쟁적 정신에도 불구하고, 3학년 연회에서 그들 삶의 최고점에 도달한 것일 수 있다. 만일 당신이 주의 깊게 그들이 선택한 활동들을 본다면, 당신은 그들이 승자가 되는 활동에만 참여한다는 것을 발견할 수 있을 것이다. 그들은 주장이 될 거라면 스포츠를, 스타가 될 거라면 연극을, 수석 주자가 될 거라면 공연을 그리고 리더가 될 수 있다면 사회적 활동들을 선택한다. 실제로 우수한 학문적 잠재력을 가지고 있을지라도(그들은 틀림없이 영리하다. 어떤 방법으로 그들은 연극의 모든 대사들을 외울 수 있을까?), 그들은 학교공부가 결코 만족할 만한 경쟁적 도전을 제공한 적이 없다고 주장한다. 그러나 그것은 실제로 아주 많은 경쟁적 도전을 제공하였을 것이다. 부모에 의해 먼저 격려되고 그다음 내면화된 승리의 추진력은 자동적으로 첫 장소에서 달성할 수 없었던 활동들을 배제시켰다. 그들은 공부에서 자신들을 승자로 보지 않았기 때문에 단지 평범한 아이가 되었다.

이제 졸업을 하여 고등학교 이후의 삶으로 가면서, 그들이 유랑 극단에 가입하건, 음악 그룹을 조직하건 또는 축구를 하기 위하여 대학으로 가거나 할 수 있지만,

그들은 수백 명의 스타들이 그들과 경쟁하고, 그들이 더 이상 특출하지 않다는 것을 발견할 것이다. 더 나쁜 것은, 그들의 학문적 학습부진의 역사는 그들의 진로 선택을 좁게 하였다. 그들은 방황하며 찾을 것이다. 만일 그들이 운이 좋다면, 다시 스타가 될 수 있는 지역사회, 직업분야, 학교 환경을 찾을 수 있다. 만일 그들이 그런 피난처를 찾는다면 성공적일 수 있다. 하지만 그들의 리더십을 수용하는 틈새를 찾지 못한다면, 그들은 방황하다가 많은 미개발된 재능들을 소멸시킬 것이다. 그들은 어떻게 고등학교 시절이 그들 생애의 최고의 해를 대표하는지 항상 기억할 것이다.

학구적인 Alice

Alice는 IQ 150으로 특별하게 재능이 있다. 그녀는 3살 때 자발적으로 읽는 것을 배웠다. 그녀는 4살 때 암산으로 두 자리 수 덧셈을 했다. 그녀의 광범위한 어휘와 높은 논리력은 어른들과 친척들을 매료시켰고 즐겁게 하였다. "분명 그녀는 천재이다."라고 그들은 공언했다.

평점 4.0에, 우등반 수업 그리고 작은 마을 졸업반 200명의 수석 자리는 Alice를 한 성취자로서 확고히 해주었다. 졸업식에서 그녀는 포상, 우등상 그리고 장학금을 받았다. Alice의 밝은 미래에 대하여는 의심할 바 없었다. 그녀는 당연히 대학에 가야 했고 의학으로 진로를 계획했다.

Alice는 학습부진 증후군의 어떠한 징후도 보여주지 않았다. 어떻게 그녀는 이 책에 들어오게 되었을까? 지금 그녀는 이름 있는 동부의 대학 1학년 신입생이며 예비 의학 강좌를 수강하고 있다. 화학, 미적분학, 생물학 그리고 영문학을 공부한다. 그녀가 수강하는 각 강의에는 400명에서 500명의 학생들이 있고, 그들 중 많은 사람들은 또한 그들의 졸업반에서 수석을 했다. 그 일부는 대학에 입학하기 전에 화학, 미적분학 그리고 고급 생물학을 2년 했다. Alice는 "어떻게 그들은 그렇게 많이 알까? 그들은 나보다 아주 크게 영리한 것 같다. 어떻게 나는 경쟁하지?" 그녀의 공포는 그녀의 첫 시험 성적으로 확증되었다. 그것은 지금까지 보통 받아온 A학점이 아닌 B학점이었다.

"나는 왜 이렇게 우울하지?" 그녀는 의아하다. "결국 B 하나는 좋은 점수인데, 그래도 A로 끌어올릴 시간 여유는 아주 많아." Alice는 더 열심히 공부하기로 결심한다. 그녀는 두 번째 시험을 준비하는 데 많은 시간을 쓴다. 그러나 그녀는 학습내용에 집중하는 것이 어렵다는 것을 발견한다. 그녀는 그 시험 생각으로 긴장을 느끼고, 어떻게 수행할까 하는 걱정으로 강박관념에 시달린다. 그럼에도 불구하고, 그녀는 시험 당일 아침까지 그 정보를 정복했다고 적절한 자신감을 갖는다. 그녀가 첫 문제를 쳐다볼 때, 단어들이 흐릿해진다. 그녀는 구역질을 느끼고, 그 개념을 보았는지조차 기억할 수가 없다. 그녀가 그것을 완전히 빠뜨릴 수 있었을까? "긴장을 풀어, Alice"하고 스스로 말하면서, 다른 문제들을 보기 위하여 건너뛰고 그 페이지 아래쪽으로 향한다. 어떤 것에 대해선 자신이 있다. 다른 것들은 그녀가 공부했다는 것은 알지만, 정답을 확신할 수가 없다.

15분이 흘렀고, Alice는 그녀의 답안지에 단 하나의 답도 표시하지 못했다. "내가 얼마나 불안한지 누가 알 수 있을까?"하고 그녀는 생각한다. "그래, 이게 시험 불안이야."라고 결론짓고 결연히 자신이 할 수 있는 최선의 방법으로 반응하기 시작한다. 그러나 그녀는 다섯 문제를 더 해야 하는데 시간이 다 흐른다. "에이 참!" 그녀는 의자에서 푹 쓰러진다. "그것은 아마도 다시 B학점이다. 아, 대학에서 나는 B 학생이구나."

5일 후, 시험점수가 돌아온다. 그녀는 C학점이다. 그녀의 전 학업 역사에서 첫 C 학점이다. 그녀는 A학점 또는 적어도 B^+학점을 기대했다. 그녀는 엄마에게 어떻게 이것을 이야기할 수 있을까? 어떻게 의예과에 들어갈 수 있을까? 아마도 그녀는 그들이 그녀에게 말한 만큼 영리하지 않다. 그녀의 친구들은 A학점을 받고 있다. 무슨 일이 일어난 걸까? 그녀는 다음번에 더 열심히 공부할 것이다. 자료는 아주 복잡하다. 그것은 아주 무관한 것처럼 보인다. "어떻게 미적분이 나를 좋은 의사로 만들 것인가?"라고 그녀는 스스로 질문한다. "의사의 길을 선택하는 것이 정말 어리석지! 왜 내가 여기 있지? 그만 둬야 하나? 나의 전공을 바꾸어야 하나? 나의 부모님은 정말 실망하실 거야. 그들은 결코 이해하지 못하실 거야. 어떻게 해서 내가 실패자가 되었는지? 실패... 실패... 실패..."

긴장이 쌓이면서 Alice에게 무슨 일이 일어날까? 어떻게 그녀가 창의적으로 자신의 딜레마를 다루는가에 따라서, 어떤 것은 긍정적이고 어떤 것은 부정적인, 확실히 많은 가능한 결과들이 있다. 그녀는 그 긴장에 적응하고 성적을 A학점으로 회복할 수도 있다. 그녀는 B 학생으로 살아가는 것을 배우고 계속 그녀의 의학계열로 갈 수도 있다. 그녀는 심리학이나 문학에서 A 학생임을 발견할 수도 있고, 그녀가 원래 선택했던 것과 전혀 다른 진로를 선호할 수도 있다. 또한 대학 중퇴, 우울 그리고 드문 사례로 가장 괴로움을 주는 마지막 결정, 자살과 같은 별로 좋지 않은 결과들이 있을 수 있다.

Alice는 성취자였지만, 그녀의 학습부진 증후군이 그녀의 교육 후기에 왔다. 성인 초기는 경쟁과 첫 패배 경험을 다루는 어려운 시기이다. Alice는 문제를 혼자서 느끼고 있다.

조종적인 Maria

Maria : Smith 선생님, 수학에서 저에게 D를 주신 거 아시죠? 선생님, 조금만 높여 주실 수 있으세요? 전 집으로 돌아갈까 봐요. 저는 전에 D를 받아본 적이 없어요. 저의 아버지는 저를 죽일 거예요! 다음 학기에 열심히 더 열심히 공부하기로 약속할게요.

Ms. Smith : (생각에 잠겨 'Maria는 심하게 걱정하고 겁에 질려 있는 거 같아. 나는 그녀의 아버지가 그녀를 때릴 것인지 의아해. 그녀는 다음 학기에 더 잘하기로 약속했어. 그녀에게 한 번의 기회는 줄 수 있는 거야.') (Maria에게) 만일 다음 학기에 네가 모든 숙제를 확실히 한다면, 나는 그것을 C로 바꿀 수 있다고 생각해.

Maria : 약속해요! 정말 감사합니다, Smith 선생님! 저는 정말 선생님 호의에 감사드려요. 네, 저는 더 열심히 노력할 거예요. 와, 선생님께서 정말 저를 구해주셨어요!

다음 학기, Maria는 반복된 수행을 한다. 그녀의 아버지가 정말 그렇게 비열할 수 있을까? 그러나 사실 Maria는 아버지도 마음대로 조종한다. 가끔 그와 엄마는 그녀의 허를 찌르기도 하지만, 그들은 오히려 그녀의 매력 있는 설득력을 즐기며 '아니'라고 말하지 못한다. 그녀는 도움이 되고 친절한, 착하고 상냥한 아이이며, 그들이 인정하듯, 그들은 그녀를 너무 귀여워하여 약간 버린 것 같다. 그녀는 항상 많은 장난감과 옷을 가졌다. 아니, 그녀가 원하는데 받지 못한 것은 정말 어떤 것도 생각할 수 없다. Maria의 소유에 대한 요구는 끝이 없으며, 유명 디자이너 상품에 대한 그녀의 특별한 욕구는 엄청나다.

학교에서 Maria의 사교생활은 그녀의 학습습관에 비해 뚜렷이 우선순위이다. 그녀는 끊임없이 담소하고 친구들마다 만나며 운동장을 돌아다닌다. 그녀의 눈에 띄는 대화술과 세련된 외모에도 불구하고 그녀의 친구 세계는 불안정하다. 그녀의 또래들은 압도당하고 조종당하는 것에서 자신들을 보호하기 위하여 가까이 있기를 피한다.

Smith 씨는 왜 Maria가 그렇게 불안정한지 의아하다. 틀림없이 그녀의 부모가 비열할 거라고 추리한다. 엄마는 왜 Maria가 그렇게 불안정한지 의아하다. 틀림없이 다른 아이들이 질투한다고 믿는다. 아빠는 왜 Maria가 그렇게 불안정한지 의아하다. 틀림없이 학교공부가 너무 벅차다고 결론짓는다.

그들은 모두 그녀의 자아개념을 보상하기 위해 Maria에게 추가적으로 애정을 더 공급하기로 결심한다. Maria는 조종을 계속한다.

창의적인 Chris

"학교는 따분하다. 나는 그 이상의 읽기능력이 있는데, 이런 단순한 수준으로 나에게 읽기와 연습 페이지를 가르치는 목적이 뭐지?" Chris는 그의 3학년 교사에게 도전한다. 여교사는 그가 문제가 될 것이라는 것을 알 수 있다. 그녀는 그를 바쁘게 만들어야 한다. 그녀는 더 많은 연습지를 준다. Chris는 책략을 꾸미고 계획을 짠다. "어떻게 내가 이 모든 따분한 자료들을 피할 수 있을까?" 그는 일을 천천히 하고, 백일몽을 꾼다. 왜 이렇게 많은 과제를 받지 말아야 하는지 이유를 만들어낸다. 그의 이유를 엄마에게 가지고 와서, 그를 위해 학교에 가서 논쟁하도록 그녀를 설득한다. 그녀는 그의 옹호자가 된다. 그는 이제 그의 과제를 면제받게 된다. 그는 대신 도서관 책을 한 권 읽을 수 있지만 말썽을 부리지는 말아야 한다. 이것은 Chris와 엄마가 학문적 도전을 위해 생각했던 바는 아니지만, 시간 때우기 과제보다는 더 나은 것 같다.

Chris는 광범위하게 계속 읽는다. 집에서 집안일이 있을 때, Chris는 책을 읽고 있다. 교사가 수학을 설명할 때, Chris 무릎 위의 책은 그의 주의력 반을 흡수해가기 때문에, 그는 그 수업의 단지 반만을 듣는다. 그의 문학 교사는 매년 8번의 독후감을 기대한다. Chris는 30권을 읽었지만, 독후감을 하나도 완성하지 않는다.

"Chris." 엄마가 캐묻는다. "너 책을 아주 많이 즐겨 읽었잖아. 왜 이 독후감들을 쓰려고 하지 않니?"

"엄마, 왜냐하면요!" Chris는 쏘아붙인다. "그거 너무 뻔해요. 그걸 쓰느라 유익한 독서 시간을 낭비하지는 말아야 해요. 선생님은 제가 책을 다 읽었다는 것을 알아요. 그 분에게 증거서류를 제출할 이유가 없잖아요."

"그래, 그것이 맞는 것 같구나." 엄마는 인정한다.

6학년이 되어서 Chris와 교사들은 격론이 붙는다. Chris는 과제를 하지 않았고, 교사들은 그에게 낮은 점수를 주자고 주장한다. Chris는 그 과제를 알고 모든 시험을 통과할 수 있다고 주장한다. 그래서 그는 그렇게 된다. 그의 시험 성적은 노력하지 않고 B와 C학점으로 나왔다. 교사는 그의 과제 미제출을 F로 하여 평균을 낸다. 그래서 그의 성적표는 C와 D학점들로 나타난다.

Chris의 심리학자로서 나는 묻는다. "Chris, 너는 그렇게 능력 있고 학습에 관심이 있는데, 왜 학교에서 그렇게 열등하게 하고 있는지 설명할 수 있겠니?"

"제가 노력을 했더라면, A학점을 받을 수 있었을 거예요. 저는 학점 같은 거 신경쓰지 않아요."라고 자신을 방어한다.

"Chris, 네가 노력을 쏟는다면, A학점을 받을 수 있다고 확신해?"라고 나는 더 묻는다.

침묵이 잠시 흐른다. "아니요, 확실하진 않아요. 아마 B학점들뿐. 저는 선생님이 수학을 설명하시는 것에 귀를 기울이는 것으로 시작해요. 그러면, 그것은 아주 쉽고 따분하게 보여서, 저는 다시 저의 책으로 되돌아가게 되요. 그다음 저는 틀림없이 몇 가지 사소한 설명을 놓칠 거예요. 그래서 집에서 숙제를 들여다볼 때, 그것을 이해하지 못할 게 확실해요. 아마도 제가 책을 읽는 동안 선생님께서 그것을 설명하셨기 때문에, 다시 질문을 하기엔 너무 바보스러울 거 같아요. 그래서 단순히 수학을 하지 않아요. 지금은 큰 차이가 생긴 거 같아요. 그래서 단지 B학점만을 받을 수 있을 것 같아요. 저는 보통 공부하지 않고서 C학점을 받고 있는데, 왜 괴로움을 겪어야 해요? 제가 노력할 때조차, 선생님은 눈여겨보지 않아요. C학점이면 충분히 좋은 것 같아요. 어쨌든 좋은 점수를 받는 것보다 배우고 창의적인 것이 더 중요해요."

그리고 엄마는 동의한다. Chris는 일반 학교를 다니기에는 재능이 있고 창의적이다.

Chris의 방대한 독서 경험에 더하여, 그는 시와 단편 소설을 쓴다. 그는 학급 토론에 독특한 논평을 덧붙이고 독창적인 만화를 즐긴다. 그러나 그는 따르지 않기로 결심하며, 그래서 그의 창의적인 공헌에 대하여 학문적 인정은 거의 받지 못한다. 고등학생이 되어서, Chris는 그의 독특한 옷과 그의 독특한 음악 그리고 그의 독특한 친구들을 자랑한다. 중학교 때, 결코 하지 않을 거라고 그리고 시도한다면 정말 바보일 거라고 맹세한 바로 그 동일한 약물이 그의 사교 경험의 독특성에 더해진다. 그의 어머니는 "그는 항상 다른 드럼 연주자의 박자에 맞추어 걸어 왔어요."라고 말한다.

반항적인 Rebecca

Rebecca의 방문은 잠겨 있다. 그녀는 자신을 부모로부터 분리하여 닫아왔다. 그녀는 더 이상 그들의 꾸지람, 질책 또는 계속적인 비난을 듣고 싶지 않다. 결심한 듯이 지저분한 그녀의 방에서 전화, 스테레오 그리고 일기 쓰기는 그녀가 부모, 교사, 상담사 그리고 나머지 성인세계에 대하여 느끼는 분노의 출구들이다. 종종 그녀는 목표와 목적이 없는 것처럼, 우울하고 외로움을 느낀다. 그녀의 친구들, 흡연 그리고 음주는 그녀의 공허감을 일시적으로 밀어버리는 것을 도와줄 수 있다. 그녀는 무엇을 위해서인지는 몰라도, 무엇에 반대하는지는 확실히 안다. 그녀는 부모의 생활방식을 좁고, 공허하고 그리고 위선적이라고 딱지를 붙인다. "당신은 그들의 진정한 길을 보아야 해요."라고 그들이 그녀를 보낸 심리학자에게 불평을 한다.

학교에서, 한때 변함없이 좋았던 그녀의 성적은 A학점과 F학점 사이에서 요동친다. 그녀는 생활지도 카운슬러에게 학교는 무관하다고 말하며 "왜 사용하지도 않을 건데, 영어 문법을 공부하느라 고생해야 하나요?"라고 묻는다. 그녀는 대학에 가는 목적을 알지 못한다. 그녀가 좋아하는 교사들을 위해서는 잘 공부하지만, "저는 스페인어 선생님인 Smith 씨와 잘 어울릴 수 없어요. 그녀는 내가 하는 것이면 무엇이든 좋아하지 않거든요. 그래서 스페인어를 공부하는 것은 큰 의미가 없어요."라고 선언한다. Rebecca가 싫어하는 교사들의 수는 해마다 증가한다.

마지막 댄스파티에서 Rebecca는 술에 취한 것 같았다. 그녀는 학생 자치위원회 회장인 사교적인 Sam과 있었다. 그들은 잘 어울리는 커플이고 서로 잘 맞는 것처럼 보인다. 왜 그녀의 부모는 그들의 관계에 대하여 불편하게 느낄까? Rebecca는 드디어 그녀를 정말 사랑하는 사람을 찾았다고 말한다. 고등학교 2학년에 그녀는 임신을 한다. 결혼, 한 부모 양육 또는 아마 낙태로 이어질 가능성이 있다. 흡연, 음주, 약물 그리고 여러 남자와 성관계를 갖는 일은 그녀에게 개성과 자포자기의 표현처럼 느껴진다. 그녀의 학습부진 증후군은 아주 크게 어려운 문제들의 별자리들 속에서 사소한 것처럼 보인다.

과잉행동의 Harry

Harry는 비체계적이고, 엉성하고 그리고 휴식 없는 높은 에너지를 가지고 있다. 학교에서 그는 자리에 없고, 계속 다른 아이들을 건드리거나, 톡톡 치거나 또는 세게 때린다. 그의 학교공부는 완성되지 않는다. 어떤 리포트들은 집에서 이루어진다. 다른 것들은 불가사의하게도 지저분한 학교 책상, 지저분한 사물함 또는 지저분한 책가방 속으로 사라진다. 그는 산발적으로 교사의 말에 귀를 기울이고 설명, 규칙 그리고 위협과 경고들을 듣지 않는다. 불가사의하게도 그는 칭찬과 보상들 그리고 음식과 쉬는 시간과 관련된 메시지들은 명확하게 듣는다. 그의 손글씨는 읽기가 어렵고, 그의 수학 문제들은 엉성하게 얼버무려진 채 미완성이다. 모순이 만연하다. 성적은 A학점과 F학점으로 다양하고, 그 다양성에 대한 분명한 설명이 없다. Harry의 교사는 과잉행동에 대한 약이 제공되어야 한다고 권고했다. 왜냐하면, 확실히 무언가 크게 잘못된 것이 있기 때문이다.

가정에서 Harry의 방은 혼돈 상태이다. 지난주에는 속옷이 매트리스와 박스 스프링 사이에 끼어 있고, 지난달, 어제 그리고 지난해의 빵부스러기가 그의 책, 장난감 그리고 책장의 서류들 사이에 부스러져 있다. 그의 행동도 똑같이 혼돈스럽다. 종종 그는 말 한 마디 없이 사라졌다가 몇 시간 후에 나타나서 사과한다. 엄마는 두려움으로 제정신이 아니다. 그녀는 애정으로 그를 끌어안으면서, 한 달 동안 나가지 못하게 하겠다고 노발대발 위협하면서 꾸중과 사랑을 혼합하지만, 한 시간 정도 진정된 다음, 그는 또 나갔다 돌아와서는 꾸지람과 포옹의 동일한 의례를 치른다. 식사하는 동안, 그는 정상 의자를 한 다리 흔들의자로 전환하고, 적어도 네 차례의 질책 없이는 식사 자리를 떠나지 못한다. 집에서 그의 행동 패턴은 계속된다. 계속적인 변경, 계속적인 어지럽힘, 계속적인 시끄러움 그리고 계속적인 소동이다.

"얘야, 오늘은 좀 조용한 것 같구나. Harry야, 어디 있니?"
"네, 아주 잘 하고 조용해요. Harry는 할머니 방에 있어요."
"오, 그래!"

행패하는 Bob

Bob의 울화통은 '소름끼치는 2살배기' 이후, 그 가족을 통제해왔다. Bob은 그가 바닥에 누워 그가 새파래질 때까지 발을 차거나 숨을 헐떡이는 즉시, 정확하게 그가 원하는 것을 받을 수 있다는 것을 배웠다. 슈퍼마켓의 사탕, 누이의 장난감 또는 엄마와 함께 시내에 가는 것은 모두 그가 충분히 큰 소리로 저항한다면, 모두 그의 수하에 있다. 그래서 그는 그렇게 한다. 아빠는 엄마에게, 그녀가 그의 아들을 버려놓고 있다고 말한다. 그녀는 아빠가 어린 Bob에게 정말 너무 매정하게 하고, 아빠는 더 이해해야 할 필요가 있다고 주장한다. 그래서 아빠는 노력한다.

7살이 되어, Bob의 고함이 효과가 없을 때, 그는 물건 던지는 것을 시도한다. 처음에는 베개와 부드러운 물건들이지만 그다음엔 병과 접시이다. 그것은 엄마와 아빠에게, 그가 진지하다는 것을 보여준다. 꽃병을 부수는 것은 시키는 대로 하도록 겁을 주게 된다. 그 가족은 Bob을 화내지 않도록 보살피는 훈련이 되었다. 그래서 그는 자주 던지는 것에 의지할 필요가 없다. 언어적 위협은 그의 부모와 형제자매들을 그의 통제하에 잡아둔다. 숙제? 공부? 왜 Bob이 숙제를 해야 할까? 근데 누가 그에게 그 따분한 수학을 하게 하지? 그의 부모는 확실히 아니다. 그가 낮은 성적을 받을까 봐 그가 왜 신경 써야 할까? 온갖 공부를 하지 않아도 그 쉬운 자료를 할 수 있다고 그는 안다. 왜 교사들은 그렇게도 많은 과제를 내주는 걸까? Bob의 성적이 낮은 것은 뻔하다.

Bob은 불평을 하나 가지고 있다. 아이들이 그를 좋아하지 않고, 그들이 그를 항상 놀리고, 친구가 없다고 말한다. 운동장의 교사들은 거의 매일 Bob의 싸움을 말린다. 그는 사람들이 자신의 방식대로 놀지 않으면, 화를 내고, 그가 스트라이크 아웃이 된다면, 방망이를 내던진다. "심판이 볼이라고 불렀어야 해."라고 그는 성내며 소리친다. 아이들이 그를 행패하는 사람이라고 부르면, "그 애들이 먼저 시작했어요. 그들은 정말 저를 싫어해요."라고 응수한다.

당신의 아이가 학습부진 증후군이 있는지를 결정하는 방법

내가 기술해온 아이들은 눈에 익숙할 수 있다. 그들은 당신이 아는 누군가와 닮았을 수 있다. 당신이 학습부진학생으로 의심하는 아이는 이런 기술들의 혼합형일 가능성이 더 크다. 예를 들면, 반항적인 Rebecca는 흔히 조종적인 Maria인 아이의 청소년기이다. 몸이 아픈 Sam과 놀림당하는 Terris의 특징들이 한 아이 내에 섞여 있을 수 있다. 부언하면, 수동적인 Paul과 완벽주의자 Pearl인 많은 아이들은 여기에서 기술한 아이들보다 더하거나 덜할 수 있고 극단적일 수도 있다.

당신의 아이가 여기에 기술된 몇 가지의 습관들과 행동들을 보이고 있다는 것을 발견할 것이다. 그러나 이들이 문제를 지시하는지 아닌지에 관하여는 확실하지 않다. 성취하고 있는 행복한 아이들도 학습부진학생들이 보여주는 것과 동일한 많은 특징들을 보여주는 것이 사실이다. 그 주요한 차이는 그들이 보여주는 정도에 있어서의 차이이다. 모든 아이들 — 모든 사람들 — 은 어느 땐가 그들이 할 수 있는 것보다 덜 성취한다. 학습부진이 바로 심각한 관심사가 되어야 하는 때는 학습부진이 학교에서 습관적 반응양식이 되는 그때이다.

제2장을 읽기 전, 다음 질문에 스스로 답해보세요. (만일 당신이 교사라면, '내 아이' 대신에 '이 학생'으로 하여 읽어보세요.)

1. 내 아이는 생후 첫 3년 동안 특이할 정도로 관심의 중심이었습니까?
2. 내 아이의 부모는 그가 십 대 이전에 이혼하였습니까?
3. 내 아이는 취학 이전에 많은 건강 문제가 있었습니까?
4. 내 아이는 3년 차가 안 나는 동성의 손위 또는 손아래 형제자매가 있습니까?
5. 내 아이는 일대일 관심을 많이 원합니까?

각 '예' 응답에 1점의 점수를 주고 총점을 계산하세요. 얻은 점수에 대한 설명이 아래에 있습니다.

총점	
4~5	내 아이는 매우 심각한 학습부진 위험요인들을 접하였다.
2~3	내 아이는 좀 심각한 학습부진 위험요인들을 접하였다.
1	내 아이는 단지 적은 학습부진 위험요인들을 접하였다.
0	내 아이는 학습부진 위험요인들이 없다.

학습부진 증후군에 빠질 수 있는 위험 요인들에 관하여 배우기 위해서 다음 장을 읽어보세요.

제 2 장

초기의 위험요소

심리학자와 교육가들은 지능의 자연적 · 양육적 기초 — 유전과 환경이 인지적 능력에 미치는 범위 — 에 대해서 끝없이 논쟁한다. 그러나 학습부진이 유전된 것임을 암시하는 심리학 또는 교육학 문헌은 없다. 분명히 높은 능력을 가진 많은 아이들이 왜 학교에서 잘 수행하지 못하는가를 설명하는 유전 이론은 없다. 그러므로 학습부진의 원인을 확인함에 있어서, 우리는 학습된 행동으로 눈을 돌려보아야 한다.

아이들의 학습부진은 학습된 것이며, 그 습관은 학교에 입학하기 전처럼 매우 일찍 시작될 수 있다. 그들의 첫 교사는 부모, 조부모, 형제, 보모 또는 유아기와 아동 초기 그들 삶의 일부인 중요한 타인들이다. 학습부진을 초래할 가능성이 있는 행동들은 이런 초기에는 문제로 비춰지지 않는다. 종종 그 행동들은 가정에서 특정 아이에 대한 특별한 환경조직 때문에 시작되기도 하지만, 어떤 경우에는 부모의 일반적인 자녀 양육 접근방식에서도 나온다. 이 처음의 환경에서는 형제자매 중 단 한 명만이 나쁘게 영향을 받을 수 있다. 후자의 조건하에서는 반드시 똑같은 정도는 아니지만, 아이들 중 여러 명이 영향을 받을 수 있다.

나중에 문제가 될 초기의 이런 위험성을 살펴보자. 아이들이 학습부진 증후군에 빠지는 경향이 있는 입학 전 환경들을 몇 가지 범주로 나누어보면, 환영받지 못한 아이, 지나치게 환영받은 아이, 초기의 건강 문제, 특별한 형제 구성, 특별한 부부

관계의 문제, 영재성을 포함할 수 있다. 이것들은 각기 구분하여 설명될 것이다. 어느 것도 반드시 학습부진아동을 초래하는 것은 아닐지라도, 이런 환경들은 학습부진의 발생 가능성을 증가시킨다.

너무 일찍 얻은 아이

우리는 환영받지 못했거나 거부된 아이가 부적응이나 정서적 문제를 가질 가능성이 있다는 것을 오랫동안 인식해오고 있다. 그러나 우리는 단지 청소년에 불과한 어머니나 양육에 관여하고 싶지 않은 아버지에게서 태어난 아이들의 수가 계속 증가하고 있는 사실을 무시할 수 없다. 일부는 결혼을 하고, 일부는 하지 않는다. 그들이 처음에는 신생아를 환영할지라도, 그들은 자주 자신들의 정상적인 청소년 발달을 방해하는 책임감에 지친다.

비록 아이에 대한 사랑이 있을 때라도 적절한 양육에 필요한 성숙과 일관성이 없을 수 있다. 부모가 아이를 이끌기보다는 그 반대일 경우가 자주 있다. 아이에 대한 제한사항들은 계속적인 고함과 엉덩이 때림으로써 설정될 수 있으며, 학습을 위한 영감은 거의 없다. 생의 초기에 학습을 촉진하는 구조는 전혀 존재하지 않을지도 모른다. 독서나 아이들과 노는 것은 텔레비전과 소란으로 대치될 것이다. 온종일 일하는 부모는 밤에 아이를 가르칠 힘, 동기, 헌신을 가질 수가 없다. 만일 이 아이들이 종일 돌봄 센터나 조부모와 지내는 좋은 환경을 발견한다면, 그 환경은 자신의 부모와 함께함으로 경험하는, 문화적으로 박탈된 환경보다는 실제로 더 성취에 도움이 될 수도 있다.

지나치게 환영받는 아이

부모가 아이를 지나친 관심으로 휩싸고 있다고 하여 비난을 받는 경우는 드물다. 어떤 사람들은 부모가 그들의 아이를 망치지 말아야 한다고 제안하면서도, 부모의 자녀에 대한 지나친 사랑의 표현에 대해서는 걱정하지 말라는 말이 더 유행한다. 현재의 전통문화는 아이에 대한 사람의 사랑은 아무리 많이 주어져도 지나칠 수는 없는 것이라고 주장한다. 특별한 사랑 그 자체는 해롭지 않을지라도, 지나친 관심은 나중에 학습부진이나 정서적 문제의 위험요소가 될 수 있다. 현 세대의 많은 아이들은 지나친 환대의 부류로 범주화될 수 있다.

학습부진아이의 부모에 의해 제공된 다음 문단의 설명들은 위기에 처한 지나치게 환영받은 아이들에 대한 예이다.

> 우리들은 Allison을 오랫동안 기다렸다. 우리는 그녀가 완벽한 아이가 될 걸로 알았다. 나의 임신은 어려웠다. 나는 이전에 세 번의 유산을 했다. 아주 감사하게도 Allison은 건강하고 활발하였다. 그녀는 모든 우리의 사고의 중심이 되었다. 그녀가 우리 가족의 첫 손녀이기 때문에 조부모, 이모와 삼촌들은 모두 우리가 그녀에게 찬사를 보내고 그녀를 돌봐주는 것을 도왔다.
>
> 우리는 아이를 갖기 위해 10년 동안 노력했었다. 그다음 우리는 모든 입양 서류가 수락되기까지 3년 이상을 더 기다렸다. Latoya를 보았을 때, 우리는 반했다. 심지어 그녀가 분만아보다 더 보배롭다고 알았다.
>
> 나는 Amon을 완벽히 행복하게 해주기를 무척 원했다. 그가 훌쩍일 때, 나는 그를 위로하고 안아주거나, 그를 흔들어주거나 먹여주었다. 나는 그가 찡찡거리기 전에 기저귀를 갈아주었다. 기저귀 발진이 생기지 않도록 확실히 하기를 원했다. 내가 어머니가 되다니 아주 기뻤다. 나는 회사를 그만두고 Amon의 잠재능력이 허용하는 것이면 어떤 것이든 개발하도록 돕는 데 나의 모든 날을 바치기로 결심했다.
>
> Luke은 잠을 잘 수가 없었다. 그래서 우리는 그가 우리의 팔에서 잘 때까지 번갈아가며 그를 안고 흔들어주었다. 그는 우리가 돌아올 때까지 울곤 했기 때문에, 우리는 그를 베이비시터와 함께 내버려둘 수 없었다. 우리가 그를 얼마나 사랑하는지 그가 알았을 법하다.
>
> 나는 초기 유아 자극에 관한 연구 자료를 읽고, 나는 Brady의 능력을 촉진시키기로 결심했다. 나는 그와 함께 아기 놀이울를 넘어가서 그에게 말도 걸고 유아용 장난감을 가지고 노는 방법을 가르치곤 했다. 나는 결코 그가 혼자서 놀도록 하지 않았다.
>
> Erin은 조숙아로서 그녀의 첫 4주를 병원 인큐베이터에서 보냈다. 마침내 우리가 그녀를 집에 데려왔을 때, 나는 그녀를 보살피는 데 전념했다. 심지어 나는 그녀가 불편하게 느끼기 시작하기 전에 그녀의 필요를 지각했기 때문에, 그녀는 거의 울지 않았다. 그녀는 완벽한 아기였다.
>
> 남편과 나는 아주 어려운 아동기를 가졌다. 우리의 부모는 가난했고 우리는 아주 많은 형제자매를 가졌기 때문에, 물질이나 애정적 필요가 거의 충족되지 않았다. 우리의 아들

> Juan을 쳐다보면서, 우리 둘 다 우리 아동기에 부족했다고 느끼는 애정과 물질 소유물 둘 다를 제공하기 위한 책임감을 함께 느꼈다. 우리는 많이 가졌고, 우리는 그 예쁜 새 아기에게 모든 것을 주고 싶었다.

새 아기에 대한 비범한 책임감에 따라 붙는 원천적 위험은 그것이 방종과 과보호를 포함한 다른 부모 행동들을 미리 소개하는 것이다. 어떠한 노력도 행사되기 전에 모든 것이 달성되는 아이는 솔선할 필요가 없다. 이런 부모는 아기의 성공이 그들 자신의 포부 확장이 되기 때문에, 비현실적으로 높은 기대에 자신의 강한 투자를 연결시킬 가능성이 있다. 출생 시부터 아기는 부모 자신의 삶과 부모 자신의 성취감에 의미를 부여하는 부모에 의해 오래 기다리던 정답으로서 비춰진다.

물론 아기들은 환영과 사랑을 받아야 한다. 부모들은 확실히 그들이 창조한 놀라운 존재에 확대된 책임을 져야 한다. 위험은 과장과 그들의 효능감과 능력감을 훔칠 수 있는 부모의 개인적 투자가 극단적일 때 온다. 맹목적으로 사랑하는 부모들은 아이들이 그와 같은 힘을 휘두를 만한 지식, 지혜 그리고 성숙함을 가지기 전에, 성인세계를 조종할 대규모의 힘을 그들의 아이들에게 부여한다. 이런 아이들은 중요한 사람들이 그들의 명령에 따르도록 하는 방법을 매우 일찍 배운다. 그들은 타인에 의해 필요가 즉시 만족될 것으로 기대하며, 말 그대로 계속적이고 즉각적인 어른들의 관심에 중독된다. 그들은 초기 아동기의 개인적인 도전을 성취하기 위한 분투가 허용되지 않는다.

초기의 건강 문제

알레르기, 천식, 선천성 결손증, 신체적 또는 정신적 장애들은 한 부모(보통은 어머니) 또는 부모 둘 다에 의해, 유아나 유치원 아이들의 자립성의 발달을 잠재적으로 약화시키는 결과를 야기하는 모종의 강한 관계와 임무로 이끌 수 있다.

아이들의 일시적 요구사항들은 부모에게 아주 많은 의무를 지게 할 수 있으므로 부모들은 아이들의 넘쳐나는 필요를 보살피기 위하여 자신의 개인적, 사회적, 지적 또는 직업적 관심사를 포기하라는 요구를 받는다. 이와 같이 그들은 자신의 모든 것을 투자하며 그들의 존재 이유를 아이들의 고통 경감, 모든 잠재력의 개발 또는 비장애 세계에의 적응으로 삼는다. 이런 아이들의 부모가 헌신하는 것들은 다음에 기술된 문단에 투영되어 있다.

> Jennifer는 생애 첫 4년 동안 12회를 입원했어요. 그녀는 걸을 수 있기 위하여 5회의 수술을 받았어요. 그다음 다른 비상사태가 있었고 – 폐렴 2회 그리고 1회의 일반 편도선 수술 – 이것들은 복잡했어요. 어느 것도 Jennifer에게는 간단하지 않은 것처럼 보였어요. 저는 여러 번 우리가 그녀를 잃을지도 모른다고 믿었어요. 저의 남편은 나머지 아이들을 돌보았고, 그렇지 않으면 그 아이들은 저의 동생과 머물었어요. 그러나 저는 그녀가 모든 병을 앓는 동안은 Jennifer 근처에 있었어요. 저는 죽음의 문으로부터 그녀를 지키며, Jennifer가 아파하는 만큼 아파하며 병원 의자에서 많은 밤을 보냈어요. 지금 저는 그녀가 아주 건강해진 것을 볼 때, 저의 노력이 가치가 있었다는 것을 알면서 마음이 편해져요. 이제 저는 단지 그녀가 학교공부를 따라가고, 사회적으로 더 잘 적응하는 것을 돕길 원할 뿐이에요.
>
> 소아과 의사가 우리의 예쁜 아기가 다운 증후군을 가졌다고 밝혔을 때, 그는 완전히 우리에게 충격을 주었어요. 남편과 저는 아기를 기관에 넣어야 할지 또는 집에서 그를 돌봐야 할지에 관한 결정을 가지고 싸웠어요. 시간이 허용하는 한, 많은 연구와 숙고를 한 후에, 우리는 아들이 정상 가정환경에서 발달하는 것이 가장 좋을 것이라고 결정을 했어요. 저는 저의 갓난 아기를 팔에 안고 흔들면서, 정상 아이에게 할 수 있는 만큼 그를 사랑하고, 그의 한계에도 불구하고 그가 할 수 있는 모든 것을 성취하도록 그를 돕는 데 저의 생을 바칠 것을 다짐했어요.
>
> Cody는 지속적으로 음식 알레르기 문제를 가지고 있었고, 저는 그의 식사를 주의 깊게 조사했어요. 저는 그가 두 살 반이 될 때까지 모유를 먹였어요. 그가 먹을 수 있는 것은 아주 적었기 때문이에요. 세 살에, 그는 천식 발작을 하기 시작했어요. 저는 그가 저를 원한다면 그와 가까이 있기 위해 그의 방에서 잠을 잤어요. 저의 남편인 Bob은 그가 너무 의존적이고, 버릇없고, 아기처럼 다루어진다고 말했어요. 그러나 저는 Bob이 Cody에게 너무 참을성이 없고 일찍 자라게 하려고 너무 압력을 주고 있다고 느꼈어요. Bob은 그가 운동을 많이 하는 사내아이가 되어야 한다고 생각했지만, Cody는 정말 너무 어렸고 운동하기엔 허약했어요. 저는 엄마로서 하고 싶은 것이 정확하게 있었지만, Bob은 제가 Cody를 돌보는 것을 원치 않았던 것 같아요.

이와 같은 사례들은 모두 아이의 비정상적인 생리적 또는 심리적 필요와 아이에게 총체적으로 반응하며 사랑하는 부모에서부터 비롯된다. 그러나 부모들이 그들의 자식을 구하기 위하여 자신들을 희생하면서 그들 자신의 삶을 좁히고 그들 자신의 목표에서 철수할 때, 아이들의 필요가 다른 모든 것을 대체한다. 그 관계는 공생적이며 상호의존적으로 된다. 아이들의 생물학적이며 교육적 필요조건이 충족될지라도, 행복의 감정은 즉시 만족과 부모에 의한 긍정적 피드백에 얽매여 있다. 결국 부모들은 자신들의 성공을 거의 전적으로 아이들의 건강과 학습 이익에 의해서 측정한다.

처음에는 관계가 상승적이고 상호유익이 있다. 아이들의 이익은 의사들이 예상한 것 이상이다. 부모의 만족은 기대했던 것을 초과하여, 그들의 큰 임무는 잘 보상을 받는다. 유치원 시기는 희생과 어렵게 얻어진 성공이 두드러진 특징이 된다. 이 패턴은 학교 초기까지 또는 장애 아이들의 요구가 합당하고 부모가 참아낼 수 있는 선에서 충족될 수 있는 한 이어질 수 있다. 그러나 조만간 아이들은 이런 의존으로부터 젖을 떼야 하며, 그렇지 않으면 그것은 병적 기생 관계가 될 것이다. 희생하는 부모들은 커지는 임무로 지치게 되며, 이제 곧 아이들이 절망스럽게도 힘들고, 반항적이고, 더 이상 자신들의 통제 안에 있다고 보지 않게 된다. 더욱이 그들은 개인적 성장을 위한 많은 기회를 잃을 정도로 자신의 삶을 제약해왔고, 그들의 결혼생활을 수리할 수 없을 정도로 혹사시켜왔을 수 있다.

부모들은 이제 더 큰 독립성을 키우는 새로운 목표를 착수하는 것이 중요하다는 것을 알지만, 그들은 조종적인 아이들의 특별한 요구와 자신의 죄책감으로 인해 한계점에 이른다. 그들은 스스로 아기에게 했던 임무를 자주 떠올리지만, 그들은 얼마나 오랫동안 포위하는 의무를 지속해야 하는지 의문이 든다. 만일 그들이 여전히 결혼 상태에 있다면, 두 부모는 아이들을 보살피는 것이 어떻게 온 힘을 다 빼앗아 갔으며, 아이들이 어떻게 가족을 지배하는지 자주 언급한다. 종종 관심 끌기의 욕구는 장애나 병이 사라진 후에도 계속된다.

성차 문제

생물학적 차이와 성 고정관념은 학습부진에 영향을 준다. 예를 들면, 수학의 경우, 소녀들이 생물학적으로 소년들보다 능력이 떨어진다고 여러 해 동안 여겨져 왔다. 소녀들은 이 가정을 기초로 급격하게 부진했다. 고급 수학 강좌는 거의 모든 소년들을 부르곤 하였고, 소녀들은 고등 수학 기능을 배울 수 없다는 믿음에 기초하여 이런 수업을 회피했다. 지금은 소녀들의 수학검사점수는 소년들의 것과 의미 있는 차이가 없으며, 극단적인 재능의 영역에서조차 소녀들은 크게 진보하고 있다. 1980년의 한 연구에서, Benbow와 Stanley는 SAT(미국대학수능시험)의 수학 검사에서 700점 이상의 점수를 성취한 14살 이하 학생들 중에서 남자 13명, 여자 1명의 비율을 발견했다(Benbow & Stanley, 1983). 1997년쯤 그 비율은 남자 4명, 여자 1명으로(Stanley, 1997), 그다음 2005년경 그것은 남자 2.8명, 여자 1명으로 더 변화했다(Monastersky, 2005). 이 비율이 시간의 흐름에 따라 급격하게 바뀌었기 때문에, 계속해서 더 바뀔 가능성이 있으며, 소녀들의 떨어지는 수행은 생물학적 차이에 기인할 가능성은 적다.

즉, 소년들은 우월한 공간 능력을 가지고 있는 것으로 발견되어왔으며, 공간 능력은 더 높은 수학 능력을 예언해준다. 뇌 성장이 빠를 때인 초기에 공간 능력을 증진할 수 있는 장난감을 더 가지고 노는 경향이 있다. 우리는 다른 관심사가 생물학적인 차이인지 아니면 소년과 소녀들의 성 고정관념에 의한 놀이 관심사와 관련이 있는지 확실하지 않다. 이와 무관하게, 연구는 공간 능력은 훈련을 통해 향상될 수 있다는 것을 발견한다(Shorrs, 2006). 시간과 연구만이 성별 차이에 영향을 주는 생물학과 환경 사이를 구분하도록 도와줄 것이지만, 소녀들에 대한 수학의 변화는 이미 급격하다.

초기에 성취동기나 그것의 부족에 영향을 주는 다른 성별 차이가 있다. 예를 들면, 초등학교 교실은 주로 여성 교사들에 의해 주도된다. 성공적인 여성의 아동기에 관한 나의 연구에서, 여성들은 어떻게 그들이 절대적으로 그들 학년의 학교 교사들을 사랑했는지에 관한 이야기를 빈번하게 공유했으며, 자주 그들처럼 되기를 원했다. 내가 좋아하는 한 예는 한 MIT의 교수에 관한 것이다. 즉, 1학년 때는 1학년 교사가 되기를, 2학년 때는 2학년 교사가 되기를, 3학년 때는 3학년 교사가 되기를 원했다. 마침내 그녀가 대학 교수가 되기로 결심할 때까지 이런 식으로 해왔다. 다른 한 가지 좋은 예는 자신의 교사들을 아주 좋아했기 때문에, 그들의 손글씨를 복사했던 한 성공적이고 행복한 초등학교 교사에 의해 공유되었다. 의심할 바 없이, 교사들에 대한 소녀들의 친밀한 동일시는 긍정적으로 그들의 초기 성취를 촉진시킨다.

소년들은 확실히 여성 교사들로부터 많이 배우며, 자주 그들의 초기 교사들과 사랑에 빠진다. 그러나 그들은 성 때문에 그들을 동일시할 가능성은 적으며, 무의식적으로 아버지가 매우 강한 교육 옹호자가 아니라면, 교육을 남성의 사업으로 간주할 가능성은 적게 된다. 아버지들보다는 어머니들이 자주 교사와 소통하는 데 앞장서면서, 특별히 초기에 재차 교육 사업의 여성성을 강조하고 소년들에 비하여 소녀들에게 유리하도록 한다.

별로 긍정적이지 않은 편에서 볼 때, 소년보다는 소녀들이 보이는 완벽주의 성향은 교사를 기쁘게 하려는 강한 시도들과 관련될 수 있다. 초등학교에서의 완벽주의자 특성들은 기본 기능을 배우는 초기에 도움이 되는 반면, 그것들은 창의성과 모험성을 감소할 수 있다. 또한 이것들이 아이들을 너무 엄격하고 자기비판적으로 되게 한다면, 생의 후기에 미루기와 학습부진을 야기할 수 있다.

극단적으로 다른 기질을 갖는 아이들의 유치원 적응에 관한 연구에서, Rimm-Kaufman은 대담한 소년들이 둘러앉는 시간에 빈번하게 소리를 높이는 경향이 있는 반면, 대담한 소녀들은 큰 소리를 작게 하여 행동을 빠르게 바꾸었다는 것을 발견했다(Rimm-Kaufman, 1996). 6주 후에, 대담한 소녀들의 구술 의견 참여는 수줍어하는 소녀들의 아주 적은 의견 참여와 닮을 정도로 감소한 반면, 대담한 소년들은 계속하여 소리를 높였고 또한 더 많은 행동 문제를 가졌다. 소녀들은 교사의 요구에 훨씬 더 순종적이었다. Rimm-Kaufman이 대담한 소녀들은 잠재적으로 문제 아이가 되는 것으로 교사들에 의해 논의된 반면, 대담한 소년들에 관한 교사들의 언급은 "소년들은 소년들일 것이다."란 결론을 반영하는 경향이 있다고 지적한 것처럼, 교사의 태도가 이것을 중재하였을 것이다.

소녀들보다 소년들에게 더 부정적으로 영향을 주는 것으로 보이는 또 하나의 성차 문제는 손글씨의 속도나 선명성과 관련된다. 이것들은 아이들의 손글씨가 읽기 어려울 때 그들은 자주 천천히 쓰라고 요청을 받고 너무 천천히(그리고 깔끔하게) 쓸 때 그들은 흔히 빨리 쓰라고 격려를 받기 때문에, 함께 묶인다. 초등학교 저학년에서, 아이들은 보통 제일 먼저 한 사람이 가장 똑똑하고, 마지막으로 한 사람은 전혀 똑똑하지 않다고 상상한다(Rimm, 2008). 손글씨에 영향을 주는 눈-손 협응과 씨름하는 문제는 공간 능력과 마찬가지로 유치원 아동들의 놀이 관심사에 대한 성차에서 그 기원을 찾는다. 소년보다는 소녀들이 쓰기에 사용되는 소근육을 발달시키는 색깔 칠하기, 쓰기, 공작을 즐긴다. 더욱이 손글씨와 씨름하는 즉, 내가 연필 불안으로 언급한 바로 그 소녀들은 흔히 레고와 드라이버와 관련된 소근육 협응에는 문제가 없는 소년들이다. 이 소년들은 그들의 소근육협응을 발달시키는 활동에 참여하지 않은 것이 아니다. 그들은 쓰기를 가능하게 해주는 특별한 협응을 발달시키는 활동에 충분히 참여하지 않은 것이다.

성차 문제는 또래 압력의 여파를 더 크게 받기 시작하는 중학교와 고등학교로 계속된다. 반지적인 또래 압력이 있을 때, 흔히 스포츠에 연관되는 학생들은 그 압력을 적게 받는다. 이와 같이 십 대 초반과 십 대에게, 스포츠에의 참여는 그들이 좋은 학생이건 아니건 그들의 인기를 올리도록 돕는다. 어느 정도 소녀보다는 소년들이 스포츠에 계속 참여하기 때문에, 소녀들보다는 소년들이 학습부진하라는 압력을 덜 받는다.

소녀들은 더 자주 그들의 성적표에 A학점을 얻음으로써 그들의 인기가 위태로워지는 것처럼 느낀다. 다음의 설명은 6학년 여학생에 의해 이루어졌고 많은 영리한 소녀들이 직면하는 압력의 완벽한 예이다. "나는 나를 위해 모두 A학점을 받고 싶고 또한 나의 부모와 교사들을 기쁘게 하고 싶지만, 만일 내가 그렇게 하면 인기 있는 아이들은 나를 배척할 것이며, 심지어 그것은 나의 친구들을 떠나가게 할 것이다(Rimm, 2005, p. 248)."

소녀들은 또한 계속 교사들과 직원들에 의한 무의식적인 편견에 직면한다. 정보가 남성이나 여성의 것으로 보일 때, 그것이 대학 에세이든, 구직 지원서든, 포트폴리오든 또는 재임 검토서든, 남성과 연관된 서류들은 일관적으로 여성 이름으로 첨부된 정확하게 동일한 정보보다 평가자들에 의해 더 높은 평가를 받는다(Linn, 2007).

더 많은 소년들은 자폐스펙트럼장애, 학습장애, 주의력장애 그리고 행동 문제를 갖고 있으며, 이 모든 것들은 성취에 대한 불이익과 학습부진의 위험을 제기한다.

요약하면, 오늘날 우리 교실의 학습부진에는 성차가 계속 하나의 문제가 된다. 때로는 소녀들이 지지를 받고, 다른 시간에는 소년들이 지지를 받는다. 성차 민감성이 있는 교사들은 모든 아이들에게 성취를 고무시켜줄 가능성이 더 크다.

특별한 형제자매 조합

출생 순위와 형제자매 경쟁은 모든 아이들에게 영향을 준다. 예를 들면, 연구들은 출생 순서와 성취는 물론, 출생 순서와 IQ점수 사이의 관계를 발견해왔다(Kristensen & Bjerkedal, 2007; Rimm, Rimm-Kaufman & Rimm, 1999). 다른 연구들은 장자, 중간 그리고 '가족의 아기' 위치의 전형적인 특징들을 설명한다. 가인과 아벨에서 시작하여, 역사와 문학은 빈번하게 극단적인 형제자매 경쟁의 사례를 기록한다.

아이들이 학습부진하는 성향을 갖게 하는 특수한 형제자매 조합이 있다. 이 특별한 조합들은 원천적으로 보통 이상으로 더 경쟁적이며, 한 명 이상의 형제자매가 이 경쟁에 의해 불이익을 받는다. 많은 가족은 형제자매 경쟁을 최소화하는 것을 배우거나, 적어도 그들이 비합리적인 경쟁을 다룰 때 조력을 한다. 그러나 이런 특수한 조합에서 양육하는 일은 극히 힘들다(Williams, Conger & Blozis, 2007).

비상하게 어려운 것처럼 보이는 조합은 다음을 내포한다. 나이차가 아주 적은 동성의 조합, 극히 영특한 한 아이가 있는 형제자매, 아주 나이 어린 한 아이가 있는 아이들이 많은 가족 그리고 극히 신체적이거나 정신적 건강 문제를 가진 한 아이가 있는 형제자매들이다. 이들 조합의 예를 보자.

> 우리 사내아이들은 단지 11개월 차가 있어요. 그들은 나이가 아주 가까워서, 우리는 그들에게 동일한 특권과 책임을 주려고 특별히 노력했어요. 그들은 방과 장난감 그리고 옷을 공유합니다. 우리가 그들을 대하는 방식이 비슷함에도 불구하고 동생은 항상 우리가 불공평하다고 불평을 해요. 그 사내아이들은 강하게 말싸움하고 거의 서로 미워하는 것처럼 보입니다.

나이가 근접하고, 성이 같은 형제자매가 비슷하게 대접을 받는 사례에서는, 두 아이 모두가 더 강한 경쟁적 압력을 느낄 가능성이 있다. 그들은 동일하게 행동할 것이 기대되기 때문에, 나이차는 흔히 동생에게 부적합성을 느끼게 하면서 형을 따라잡기 위한 스트레스를 준다. 형은 또한 나이에 따르는 특별한 특권을 받지 못하기 때문에 좌절을 느낄 수 있다.

손위의 형은 보통 동생보다 잘 수행하기 때문에, 그는 우월한 능력이 위협받지 않는다면 자신감을 보일 것이다. 그다음 이 아이는 동성이나 가장 강력한 부모와의 친밀한 관계를 위해 경쟁할 가능성이 있다. 나이의 특권과 관심사와 능력의 차이를 인식함으로써 개성을 인정하는 것은 어느 정도의 경쟁적 압력을 완화시켜주는 경향이 있다. 그러나 서로를 위해 아주 좋은 동반자가 되어야 함에도 불구하고, 경쟁하는 형제나 적대적인 자매를 부모들이 다루려고 노력할 때, 아마 좌절을 겪을 것이다.

> 우리의 손위 딸은 특수한 영재입니다. 그녀는 협동적이고, 쾌활하고 그리고 높은 성취를 하는 학생입니다. 그녀의 남동생은 똑같이 높은 IQ를 가지고 있지만, 우리는 결코 그가 학교에서 잘 성취하도록 다루질 못하였어요. 그는 모든 것을 빨리 배웠지만, 1학년 때부터 대충하고, 부주의하고, 반항적이었어요.

첫 아이가 비상한 재능을 보여줄 때, 그녀는 부모와 학교의 특별한 관심과 특수교육기회와, 많은 훈장과 상의 수령자가 될 가능성이 있다. 이 아이는 뒤따르는 형제자매의 선두주자가 된다. 높은 기준이 설정되고, 어린 동생들은 동일한 인정을 얻기 위하여 비슷한 성공 수준을 성취해야 한다. 그들이 아주 능력이 있을지라도, 첫 아이의 성취와 같은 성취란 아주 불가능한 것으로 볼 가능성이 있다. 그들은 가족 내에서 개인적인, 존경받는 지위를 세우기를 원하기 때문에 그리고 그들은 스스로 성공적으로 경쟁할 가능성은 없다고 보기 때문에, 그들은 성취와 관심을 끌기 위해 다른, 때로는 정반대의 방향을 선택한다.

만일 가족이 동생 아이의 고유한 지적 또는 예술적 활동을 지원할 수 있다면, 그는 능력과 자신감 둘 다를 발전시킬 수 있다. 그러나 장자의 성취가 두드러지게 크다면, 동생들에게 자신의 능력을 믿게 하는 것은 어렵다. 그와 같은 경우, 그들은 관심 끌기를 위해 성취회피에 의지할지도 모른다. 그들의 실패와 행동 문제들은 가족 인정을 얻는 길이 될 수 있다. 이런 것들이 그들에게 큰 보상이 안 될 수도 있지만, 그들은 가족 배려를 얻기 위한 다른 효과적인 방법을 찾을 수 없기 때문에, 다른 대안이 없다고 믿는다. 가족 구성원들이 그들의 문제에 주의를 기울이도록 조종하고, 학습부진 사이클을 움직임으로써 동등한 시간을 달성한다.

둘째 아이 또는 가운데 끼어 있는 아이가 사용할 수 있는 또 하나의 선택은 사교적 성공이다. 만일 지적 영재성이 있거나 성취지향적인 장자가 특별한 사회적 능력이 없다면, 중간의 아이들은 다정하고, 호감 가고, 눈부시게 사교적이 됨으로써 경쟁할 수 있다. 다음 Heather의 경우처럼 말이다.

> Heather는 우리의 사교적 나비이지만, 우리는 그녀에게 어떠한 공부를 하도록 동기화할 수 없는 것처럼 보입니다. 가장 나이 많은 오빠인 Aaron은 정말 과학 속에 들어가 있지만, 더 외로운 자이긴 하지요. 가족의 아기인 Pammy는 우수한 독서가이고, 훌륭한 음악가이고, 진지한 학생입니다. Heather는 그녀의 친구들에게 지나치게 사로잡혀 학교가 중요하다고 생각할 수 없는 것처럼 보입니다. 파티는 끊임없이 계속되지만, 공부는 결코 진정으로 시작되지 않아요. 우리가 학교공부의 중요성을 얼마나 강조하는지는 아랑곳하지 않고 말이에요.

불행히도, 아이들을 '사교성 있는', '운동선수 같은', '예술성 있는' 아이로 언급하는 것은 그들에게 지적인 영역에서 높은 성취자가 될 수 없다고 상상하게 할 수 있다. 그것은 또한 성취하는 아이에게 사교적이거나 운동을 잘 할 수 없다고 느끼게 하는 영향을 줄 수도 있다. 결과적으로 그것은 가족 내 경쟁을 가속화할 수 있다.

개인차와 관심사를 존중하지만 아이들에게 똑똑한 모든 가족을 가질 수 있고, 또한 모든 아이들이 적절히 사교적이고 창의적인 삶을 가질 수 있다는 것을 설명하는 것이 최선이다. 어떤 것을 잘하기 위하여, 가족 중에서 1등일 필요는 없다고 강조하는 것은 어느 정도 반복을 요하는 논제가 될 것이다.

막내를 '가족의 아기'로 부르는 형제자매 조합은 학습부진 증후군의 특별한 유형을 촉발시킬 수 있다. 막내가 항상 학습부진아이가 되지 않는 것은 결코 아니다. 사실상, 탁월성에 관한 연구는 막내가 성취자로서 장자 다음이라는 것을 발견한다(Rimm & Lowe, 1988; Rimm, Rimm-Kaufman & Rimm, 1999). 그러나 막내가 지나친 방종에 빠지거나 손위 형제들에 의해 지나치게 힘을 받는다면, 그들은 이미 논의된 것처럼 지나치게 환영받은 아이와 동일한 상황에 놓일 것이다.

손위 아이들은 손아래 형제자매를 거의 인형처럼 대하고 그들을 위해서 많은 것을 해주기 때문에 자신의 아이디어와 활동을 개발하지 못하도록 방해를 받을 수 있다. 이런 경우, 그들은 손위 형제자매의 긍정적인 피드백에 의존하게 되고, 책임을 띠는 것이나 창의적 활동을 시작하는 것을 끔찍하게 생각할 수 있다. 손아래 아이들은 손위 형제자매만큼 능력 있고 성공적으로 될 가능성을 거의 보지 못하며, 게다가 주변의 큰 사람들의 집단으로부터 필요한 것이면 어떤 것이든 도움을 얻는 것이 훨씬 더 쉽다.

도전이 되는 과제들을 시도하지 않는다면, 이런 아이들이 어떻게 자신감을 개발할 수 있겠는가? 실패의 두려움과 저항이 가장 적은 길을 택하는 습관은 그들이 교실에서 성취하고 노력하는 것을 방해한다.

> Anya는 오빠인 Brant보다 5살 어리고 언니인 Natalie보다는 6살 어려요. Anya는 항상 그녀의 오빠와 언니에 의해 애지중지되었고 버릇없게 키워졌습니다. 우리는 모두 Anya가 아마도 그녀가 원하는 것을 항상 얻고, 어떻게 해서든지 집안일과 책임을 회피하려 한다는 것을 인식하지만, 그녀를 아주 좋아합니다. 학교공부는 그녀에게 쉬운 것이었어요. 그녀는 매우 영리하지만, 성적은 낮고, 그래서 교사들은 항상 우리에게 그녀는 자신의 능력보다 아주 낮게 일을 하고 있다고 말합니다.

장애가 있거나 신체적으로 아픈 아이의 형제자매는 정말 친절을 배울 수도 있지만, 또한 비상한 경쟁의 어려움을 가질 수 있다. 예를 들면, Kim의 부모는 그녀의 행동 문제를 이렇게 기술한다.

> 우리는 결코 Kim을 만족시킬 수 없어요. 그녀는 항상 그녀의 남동생인 Lee가 그녀보다 더 특권을 가진다고 주장하거든요. Lee는 생의 대부분을 아파왔고, 다른 아주 많은 문제를 가지고 있기 때문에, 우리는 그를 돕기 위해 특별한 일을 합니다. Kim은 건강하고, 인기 있고, 영리하며 그리고 그녀가 요구하는 거의 모든 것을 얻고 있지만, 우리가 어떤 것에 대하여 아니라고 말하면, 그녀는 화를 내고 그녀의 문제를 Lee의 탓으로 돌려요. 우수한 능력에도 불구하고, 그녀의 학교공부는 형편없어요.

Kim의 문제는 특별한 영재아의 형제자매의 것과 유사하다. Lee의 계속적인 질병, 수술 그리고 입원은 그에게 부모와 친척들로부터의 끊임없는 동정을 주었다. Kim은 확실히 Lee의 신체적 고통을 알 수 있지만, 또한 그녀는 오직 그만이 받는 특별한 격려, 지원 그리고 칭찬도 의식한다.

이것이 어떻게 불공정한 경쟁일까? Lee가 받는 폭넓고 애정 어린 관심을 불러일으킬, Kim이 할 수 있는 긍정적인 것은 아무것도 없다. 그러므로 Kim이 부모에게 하는 계속적인 부적절한 요구는 그녀의 남동생이 받는 것과 동등한 관심을 받기 위한 경쟁을 반영한다. Lee의 건강 문제가 아주 많은 배려를 요구하기 때문에, Kim의 요구에 끝이 없을 것이다. 그녀의 부모는 Kim의 불쾌하고 배려심 없는 행동에 더 좌절하고 화가 나게 되어 꾸중의 형태로 이것을 표현하게 되면서, 그녀의 반항적 행동이 증가하고, 그녀의 부모는 칭찬할 만한 긍정적 행동이 거의 없다는 것을 알게 된다.

Kim의 불평은 그녀의 문제에 대한 정확한 설명이 된다. 부모는 그녀에 대하여 불공정하게 되고 적대적으로 되며, 그래서 그녀도 그들도 어떻게 가족생활이 이렇게 불쾌하게 되었는지 이해하지 못한다. Kim의 학습부진 증후군은 이와 같이 그녀의 부모 관심을 끌기 위한 노력의 결과인 것이다.

특별한 양육 관계

붕괴된 결혼생활이나 혼외 출산은 아이들이 그들의 어머니와 아주 밀접한 일대일 관계로 발전할 수 있는 상황을 만들며, 이것은 학습부진 증후군에 잘 걸리게 할 수 있다. 이런 환경의 어느 것이든 어머니는 보통 아주 스트레스받는 상황에 직면한다. 만일 그녀가 남편 없이 홀로 지낸다면, 그녀는 자주 자신과 아이가 세상과 맞서 있는 것처럼 느낀다. 만일 그녀의 결혼생활이 끝났다면, 그녀는 거부되었다는 느낌을 가질 수 있다. 생활방식과 때때로 삶이 정말로 살아갈 가치가 있는가에 의문을 가질 가능성도 있다. 그녀의 삶에서 상처받기 쉬운 시기에 어머니는 적어도 일시적으로 자신의 아이들이 오직 그녀의 삶의 목표라고 결심할 수 있다. 그녀가 아이들의 필요에 전념하게 되면서, 지나치게 환영받는 아이들의 경우와 같이 그들을 위해서 너무 많이 해주게 될 것이다. 이리하여 아이들은 솔선하지 못하도록 방해를 받는다.

대안적으로 그 어머니는 지금 없는 배우자나 더 이상 그녀의 삶의 한 부분이 아닌 남자친구에 의해 생긴 빈 공간을 채우려고 노력할 수 있다. 가령 그녀는 아이들의 한 명 — 보통 장자 — 을 거의 배우자처럼 대우할 수 있으며, 그리하여 그에게 너무 많은 힘을 주게 된다. 아이는 이 힘을 기대하는 것을 배우고, 또래들이나 학교의 요구사항들에 따르기 위하여 이것을 기꺼이 포기하지 않을 것이다.

한 부모에 대한 다른 위험요인들은 노동 시간 동안 대리 부모에의 의존이다. 또한 결혼은 하였지만, 그들이 일하는 동안 아이들을 친척이나 친구가 돌보도록 선택한 맞벌이 부모에게도 똑같은 위험은 있다. 이런 상황에서 조부모가 자주 아이 돌봄을 위해 방문하게 된다. 정기적인 조부모 양육은 자주 지나치게 환영받는 아이들과 비슷하다. 조부모들은 아이들에게 너무 많이 관심을 주고, 너무 많은 것을 해주고 그리고 너무 많이 사주는 데 부모보다 더 할 가능성이 있다. 아이들은 지나치게 의존적이거나 지나치게 지배적인 조종방식으로 성인과 관계하는 것을 배운다.

이와 같은 성인세계에 있는 아이들은 일찍 구술 능력이 발달하는 경향이 있고 자신을 구술로 잘 표현한다. 그들은 성인과 비슷한 어휘와 유추방식으로 성인 힘을 본뜰 수 있다. 그런데 부모와 조부모는 그들이 보는 것처럼 아이들을 작은 어른처럼 대우함으로써, 아이에게 더 많은 힘을 주는, 사이클을 영속화한다. 역으로 아이들은 조부모에 의해 애지중지되는 데 아주 익숙해져서 최소의 노력이 요구될 때조차 어른의 도움과 관심을 찾을 수 있다.

아이 돌봄을 조부모에 의지하는 부모들은 그들이 두 세대 부모의 세계에서 아이들을 키우는 것의 대안을 찾을 수 없을 때, 사회적으로 재정적으로 모두 속박되어 있다는 느낌을 가질 수 있다. 그들은 도움에 대한 감사를 느끼는 가운데 그들의 감정을 해칠 거라는 두려움으로 자신의 부모에게 변경에 대한 요청을 주저할 수 있다. 역으로 그들은 빈번하게 아이 양육에 대하여 부모에 동의하지 않으며 논쟁할 수 있다. 이것은 그다음에 돌보는 사람들 간 대립으로 이어져 아이들에게 혼란을 남길 수 있다.

구석구석 대립양식을 가진 결혼생활은 아이들에게 학습부진 증후군을 발달시킬 수 있다. 그런 결혼생활에서 부모들은 거의 모든 것에서 일치하지 않을 수 있으며, 아이 양육 기술의 화제도 예외는 아니다. 그런 가족에서 아이들은 계속 힘겨루기에 의해 둘러싸인다. 부모가 힘을 위해 싸울 때, 그들은 아이를 끌고 잡아당기게 되며, 아이들은 그들 사이에서 자꾸 생각이 바뀐다. 아이들은 좋아하는 부모를 선택하지만 보통 둘 다를 기쁘게 하려고 노력한다. 만일 당신이 한 아이의 한 팔을 잡아당기고, 다른 부모는 다른 팔을 반대 방향으로 잡아당기고 있는 부모를 연상할 수 있다면, 당신은 이 아이들을 측은히 여길 수 있을 것이고, 그들은 글자 그대로 공중에 매달려 있는 것처럼 느낄 수 있다. 그들은 어느 방향으로도 움직일 수 없고, 또한 어느 방향으로도 전진하지 않을 것이다.

이와 같은 결혼의 대립성이나 부모가 계속 싸울 경우 이혼의 대립성은 어느 연령의 아이들에게든 학습부진 증후군을 촉발시킬 가능성이 있다. 이전의 우수한 학생들이라도 고등학교 후반의 늦은 때에 갑자기 그들의 성취의 방향을 바꿀 수 있다. 이것은 그들이 더 이상 부모 중 어느 누구도 기쁘게 할 수 없다는 의식에 의해 또는 그들이 함께 살고 있지 않는 부모를 기쁘게 하기 위한 걱정에 의해 촉발될 수 있다. 이혼은 학습부진 패턴을 가속화시키고 학습부진의 원인까지 될 수 있다. 이혼이 더 적대적일수록, 아이의 붕괴는 더 정신적 외상을 초래할 수 있다.

> Ariel은 항상 높은 성취자였다. 그녀는 세 아이들 중의 독녀였다. 그녀는 부모의 격렬하고 성난 이혼 전 기간 동안, 어머니의 동맹자였다. 어머니는 그녀에게 거의 성인 동반자로서의 권한을 주고 아버지와 오빠들에 대하여 자신감을 공유했다. 또한 그녀의 어머니는 학교책임에 관한 주요한 소통자였다. 이혼 후에, Ariel의 아버지는 그녀와의 관심을 유지하는 데 새로운 관심을 보였고, 부인에 대하여 부정적인 견해를 딸과 공유했다. 그로 인해 Ariel은 어머니를 경멸하게 되었다. 소녀의 학습부진이 즉시 시작되지는 않았지만, 그 위험은 극적으로 증가했다.

영재아

고등학교 중퇴자 중 20%는 영재아이다(Goodkin, 2005; Whitney & Hirsch, 2007). 왜 영재아들은 학습부진에 그렇게 취약할까? 그들의 감수성은 아동 초기 가정환경과 그들의 학교경험, 둘 모두에서부터 기원했다. 영재아이들과 함께한 나의 상담 경험은 아이들의 영재성에 초기 환경의 영향이 중요하다는 것을 강하게 지지한다. 나의 가족성취클리닉에서 본 모든 영재아들은 그들의 사회경제적 배경에 상관없이, 적어도 아이들의 초기를 풍요롭게 하는 데 주요한 시간을 바쳐 헌신한 성인이 한 명은 있었다. 이것은 유전적 원인을 배제하는 것이 아니고 단지 지적 발달을 위하여 초기 풍요로움의 중요성을 강조한다(An excellent and very helpful book for parenting gifted children is A Parent's Guide to Gifted Children by Webb, Gore, Amend & DeVries, 2007).

초기의 풍요로운 과정 내에는 다른 밀접한 일대일 관계에 내포된 것과 동일한 위험요인들이 있다. 아이가 성인관계에 너무 의존하게 되거나, 그렇지 않으면 아이는 성인에 의해 부여된 권한 때문에 너무 강력하게 될 것이다. 영재 아동에게는 추가된 위험요인들이 있다. 큰 어휘력, 재치 있는 말, 외관상 성숙한 논리 또는 음악이나 다른 재능은 모두 주변 어른들로부터 보통 이상의 관심을 끌어들인다. 부모들은 빈번하게 영재아이들이 성인처럼 하는 대화를 듣고, 이에 상응하는 성숙한 지혜를 가지고 있다고 상상한다. 부모, 조부모, 친구, 교사들 그리고 낯선 사람들조차 계속 아이들의 비상한 능력에 박수갈채를 보낸다. 그 아이들은 청중의 격려를 즐길 뿐만 아니라, 그것에 중독된다.

영재아이의 초기 학교경험에서 빈번하게 일어나는 두 가지 상황이 있다. 일상의 공부는 도전적이지 않거나 또는 교사, 교장 그리고 부모들이 그들의 필요를 위해 특별하게 개별화된 프로그램을 제공할 조치를 취한다는 것을 발견한다. 첫 번째 상황은 노력을 요하지도 않고 정말 따분하기 때문에, 아이들의 진취성을 약화시킨다. 두 번째 상황에서 그들은 성인들이 관리하는 시스템의 변화를 허용할 정도로 충분히 비범하다고 믿도록 아첨한다. 이것은 대여섯 살배기(친구들 사이에 '두뇌'로까지 알려진 아이)에게는 장엄한 힘이다.

요약하면, 이런 영재아이에 대한 위험은 관심 끌기 중독과 지나친 힘 둘 다에서 온다. 그들은 중단 없는 박수갈채와 교육에서 완전한 선택의 자유를 기대하는 것을 배울 수 있지만, 그들의 재능과 무관하게, 어느 것도 계속적으로 가능하지 않다. 그들은 기본적으로 일찍이 왕좌에 앉고, 그래서 그들이 받아온 특별한 관심 끌기와 힘에 연관되고, 후에 학령기는 폐위된 것처럼 느낀다(Rimm, 1990).

결론 : 의존과 지배

학습부진 증후군이 시작될 수 있는 아동 초기의 학습에는 많은 고위험 조건들이 있지만, 분명히 그 상황에 노출된 모든 아이들이 학습부진아이가 되지는 않을 것이다. 이런 아이들에 의해 내면화된 동일한 압력은 극단적인 동기 아니면 학습부진으로 이끌어 갈 수 있다. 학교환경과 이후의 양육 기술들은 그 문제들을 제거하거나 악화시킬 수 있다. 그러나 환경과 좋은 의도의 양육의 실수, 둘 모두에 의해 야기된 초기의 상황들은 빈번하게 부모의 양육 리더십을 파괴하는 효과를 낸다. 대신에, 그 아이들은 특이하게 성인에 의존하거나 성인을 지배하는 의례(儀禮)들을 배운다. 어떤 아이들은 의존과 지배를 혼합하는 양식을 배운다.

보통 취학 전에는 어떤 패턴도 부모들에게 많은 문제를 야기하지 않는다. 그들은 의존적이거나 지배적인 관계에 익숙하게 된다. 가끔 부모들은 의존적인 아이들을 미성숙하다고 라벨을 붙이지만, 아이들이 자라면서 그 문제에서 빠져나올 것이라고 가정한다. 또한 부모들은 지나치게 지배적인 아이들이 버릇이 없다고 인정할 수 있다. 그러나 그들은 아이들이 학교에 입학함으로써 문제가 해결될 것이라는 타당한 자신감을 갖는다. 그들은 교사들과 학교제도가 아이들을 적응하도록 도울 것이라고 믿는다.

탁아소와 유치원은 종종 일찍 이런 문제들을 확인한다. 의존적인 아이들은 유치원 이전의 학교를 한 해 더 다닐 것을 권고받기도 하고, 지배적인 아이들은 유치원에서조차 행동 문제나 주의력결핍 과잉행동장애(ADHD)의 증상을 보이는 것으로 라벨이 붙여질 수 있다. 그러나 대부분 그 문제들은 단지 사소한 것으로 여겨진다.

아이들을 의존과 지배로 향하게 하는 위험요인들은 단지 위험요인일 뿐이며 절대적인 행동의 예언자는 아니다. 패턴들은 초기에 시작되지만, 돌판 위에 새겨진 것이나 변경될 수 없는 것이 아니다. 하지만 이런 패턴들은 아이들과 부모들에게 똑같이 자연스럽게 느껴지기 시작한다.

의존적이고 지배적인 아이들은 취학 전 몇 해 동안, 성인들과의 관계에서 자신들의 통제 패턴을 연습한다. 이런 양식들은 그들을 위해서 잘 작동하며, 그래서 그들은 다른 것들은 알지 못한다. 그들은 이 양식들을 교실로 옮기고 집에서 효과적이었던 동일한 방식으로 교사나 친구들과 관계할 것을 기대한다. 초기의 교사들은 이런 통제 패턴을 수정할 수 있다. 그러나 의존성과 지배성이 더 극단적일수록 수정은 더 어렵다. 더욱이, 의존적 패턴은 종종 불안, 미성숙, 수동성 또는 학습장애의 가면을 쓴다. 지배성은 영재성이나 창의성 또는 (아주 긍정적이지는 않지만) 행동이나 정서 문제로 보일 수 있다. 종종 지배적 패턴은 초등학교 저학년에서는 자신의 모습을 잘 나타내지 않을 수 있다. 왜냐하면 아이는 학업성취의 흥분과 힘에 의해 만족을 느낄 수도 있기 때문이다. 학교에서 일부 교사들이 이런 아이들을 잘 관리한다 할지라도, 기저의 패턴들은 동면하고 있다가 학교환경이 더 경쟁적으로 되고 그 아이들이 교실 환경에서 더 이상 지배력을 느낄 수 없을 때 비로소 나타날 수 있다.

제3장을 읽기 전 다음 질문에 스스로 답해보세요. (만일 당신이 교사라면, '내 아이'나 '이 아이' 대신에 '이 학생'으로 하여 읽어보세요.)

1. 이 아이 가족의 어머니나 아버지가 완벽주의자입니까?
2. 내 아이는 어머니, 아버지 또는 교사가 요청할 때, 무시하는 경향이 있습니까?
3. 이 아이 가족의 어머니나 아버지가 학교를 좋아하지 않았습니까?
4. 이 아이 가족의 어머니나 아버지가 그의 직업에 불만이 있습니까?
5. 이 아이 가족의 어머니나 아버지가 비체계적입니까?
6. 이 아이 가족의 어머니와 아버지는 아이 양육에 서로 아주 다른 접근법을 씁니까?
7. 이 아이 가족의 어머니와 아버지의 한쪽은 다른 쪽보다 더 엄격한 훈육자입니까?
8. 내 아이의 조부모는 가까이 살고 응석을 다 받아줍니까?

각 '예' 응답에 1점의 점수를 주고 총점을 계산하세요. 얻은 점수에 대한 설명이 아래에 있습니다.

총점	
5~8	내 아이는 가족 패턴의 모방과 관련한 매우 심각한 문제들이 있다.
3~4	내 아이는 가족 패턴의 모방과 관련한 좀 심각한 문제들이 있다.
1~2	내 아이는 가족 패턴의 모방과 관련한 작은 문제들이 있다.
0	내 아이는 가족 패턴의 모방과 관련한 문제가 없다.

당신의 아이나 학생이 어떻게 문제 부모의 태도나 행동들을 무의식적으로 모방하는지 이해하기 위하여 다음 장을 읽어보세요.

제 3 장

역할모델 부모

아이들은 부모를 복사함으로써 학습부진을 배울 수 있다. 그들의 부모가 성취자일지라도 마찬가지이다. 무의식적인 복사는 동일시라고 알려진 심리적 과정에 의해 2살과 3살 사이에 시작된다. 아이들은 부모의 한 명 또는 둘 모두를, 때로는 조부모나 손위 형제자매를 복사한다. 만일 당신의 아이들이 부모의 신발을 신고 부모인양 걸어다니는 것을 기억할 수 있다면, 당신은 동일시 과정을 보았다. 인형을 흔들고, 연결되지 않은 전화기에 '이야기하고', 자전거를 '몰고', '직장에' 가고 또는 진공청소기로 청소하는 척하는 것은 모두, 당신 자신의 아이들과 타인의 아이들에게서 당신이 관찰한 대표적인 동일시 활동이다.

효과적이고 성취하는 동성 부모의 동일시는 아이에게 성취를 (보장하지는 않지만) 북돋는다. 동일시에 관한 연구는 높은 성취의 중요한 가족요인으로서 아이들의 좋은 부모모델 동일시의 중대성을 분명하게 지지하며, 그 동일시의 부족, 즉 좋지 않은 부모모델 동일시는 학습부진의 위험을 증가시킨다. **만약 당신과 당신의 배우자가 자신의 삶을 재미있고 성공적이라고 보며, 공평하고 존중하는 배우자 관 계를 본뜬다면, 당신은 남녀 아이들 모두에게 최적의 역할모델을 제공할 것이며, 그렇게 하여 좋은 교육의 성취 가능성을 증가시키게 된다.** 부모 포인터

Mussen과 Rutherford(Mussen & Rutherford, 1963) 그리고 Hetherington과 Frankie(Hetherington & Frankie, 1967)에 의한 고전적 연구는 동일시와 모방을 위

해 아이들이 선택하는 부모모델은 주로 다음 세 가지 변인의 조합에 따른다고 지적한다. (1) 부모와 아이 사이의 유사성, (2) 양육 그리고 (3) 힘이다.

첫 번째 변인은 아이들이 자신들과 한 부모 사이에 보게 되는 유사성과 관련된다. 만약 양육과 부모의 힘이 동등하다면, 어머니와 딸 사이 그리고 아버지와 아들 사이의 높은 유사성은 강한 동성 부모 동일시를 지지해주게 된다. 그러나 아들과 어머니 또는 딸과 아버지 사이의 외모, 능력, 관심사 또는 성격에 있어 두드러진 유사점들은 교차 성 부모 동일시와 그리고 반대 성의 부모 모방에 기여한다.

양육 변인은 아이들은 단순히 따뜻하고 애정 어리다고 지각한 부모를 동일시하고, 그들의 행동을 복사하는 경향이 있다는 것을 암시한다. 일반적으로 볼 때 부모는 특별히 따뜻하고 애정 어리지 않을 수도 있으나, 그 가족에서 부모와 한 아이 또는 그 이상의 아이들 사이의 특별한 관계가 있을 수 있다. 만약 부모가 성취자라면, 아이들은 비슷하게 성취하는 태도를 채택할 수 있다.

동일시에 영향을 주는 힘은 아이들의 삶을 장악하는 부모의 힘을 지칭한다. 종종 한 부모가 정치나 금융에 대하여 결정을 하거나 노동인력의 명망 있는 위치에 있기 때문에, 외부인에게 강력한 것처럼 보일 수 있다. 그러나 아이들은 그 부모의 결정이 그들의 관심사, 필요 그리고 훈육에 얼마만큼의 영향력을 갖는가에 따라, 그를 강력하다고 지각하거나 그렇지 않다고 지각할 수 있다. 힘은 동일시에 영향을 주는 중요한 변인이기 때문에 그리고 한 가족에서 당신 자신의 가족에서조차 힘의 일상적인 관찰은 잘못된 길로 이끌 수 있기 때문에, 힘의 패턴은 이 장의 후반에서 더 자세하게 논의될 것이다.

당신의 아이들이나 학생들이 누구를 복사하는가를 관찰할 때, 세 가지 변인(유사성, 양육 그리고 힘) 모두에 민감한 것이 중요하다. 한 부모 동일시는 계속되지 않을 수도 있다. 그것은 아이들이 성장한 때보다는 어릴 때 달라질 수 있다. 출생 순위는 아이들의 동일시 형태에 영향을 줄 수 있다. 역할모델 동일시는 실제로 여러 번 변할 수 있고 조부모, 손위 형제자매 또는 가정, 학교, 지역사회의 다른 사람들을 포함할 수 있다. 또래 역시 역할모델이 될 수 있고, 후에는 텔레비전과 영화도 현실과 비현실의 역할모델을 모두 제공할 수 있다. 수많은 가용한 모델에도 불구하고, 부모는 아주 빈번히 아이들을 위한 가장 강력하고 효과적인 역할모델이다.

긍정적 그리고 부정적 모델

자신의 성취에 대하여 좋게 느끼는 아버지와 어머니들은 자녀에게 긍정적인 모델이 된다. 그들은 교육과 근면을 중요하게 여기고 자신들의 노력으로부터 얻는 외적 보상은 물론 내적 보상을 받는다. 그들은 서로 존경하고 높게 평가한다. 그리고 자녀들은 그들을 비경쟁적인 결혼 사업 안에서 서로 지지적인 파트너라고 보게 된다. 그들은 서로 독립적으로 성장하도록 돕고, 함께 하나의 삶을 형성하는 데 몫을 공유한다. 이것은 성취지향적인 가족활동을 포함한다. 어느 부모도 모든 힘을 갖고 있지 않으며 그들의 삶은 전체 가족의 그림을 만드는 맞춤 퍼즐 조각처럼 함께 잘 맞는다. 그들은 가족단위로서 진보의 감각을 갖고 있고, 교육의 가치를 존중하고, 이미 본이 떠진 분명한 그림을 제공하는 가족의 연대의식을 갖고 있다.

이상(理想)은 아주 클 수 있다. 우리의 사랑, 덕망 그리고 성취가 이상적인 그림처럼 결점 없이 계속되는 일은 드물다. 또한 문제가 있는 패턴들은 종종 의도적이기도 하지만 가족이 의식하지 못하게 일어날 가능성이 더 많다. 불행하게도 부모는 성인기 발달과 결혼생활의 다양한 시기에서 학습부진의 모델을 제공하는 방식으로 행동할 수 있다. 이런 행동 패턴들을 인식하는 것이 그것들을 바로잡는 첫 걸음이며, 이렇게 하여 학습부진의 반전은 시작된다.

부모로서 당신은 아이의 모델이다. 일부분의 시간일지 몰라도 아이와 함께 있는 모든 시간은 아이의 모델이다. 즉, 당신이 직장에서 하는 생산적인 일과 다른 사람이 없는 데서 배우자에게 발음하는 사랑스런 단어들은 아이들에게 관찰되지 않는다. 그러나 하루의 말미에 나오는 지친 한숨이나 배우자에게 하는 성난 요구는 매우 분명하게 들리게 된다. **당신의 첫 과제는 자녀들이 당신을 바라보는 시간들과 방식들을 더 의식하는 것이다.** 이것이 연극처럼 느껴질 수 있지만, 당신이 영향을 주고 있는 작은 사람들은 단지 당신이 집이라는 무대에 있을 때만 볼 수 있다.

부모 포인터

다음에 나오는 잠재적으로 해로운 모델 시나리오들에 당신이 가까이 있는지 조사해보아라. 만약 당신이 아이들의 성취에 해를 끼치는 부정적인 모델로 보인다면, 당신과 배우자는 죄책감을 느낄 수도 있다. 그러나 그 문제행동들을 인식함으로써, 당신은 그것들을 바꿀 수 있다. 당신이 일으키려는 변화는 모두 그렇게 어렵지는 않을 것이며, 그것은 실제로 당신으로 하여금 자신에 대하여 더 좋게 느끼게 해줄 것이다. 당신이 결혼한 사람이라면, 이런 변화는 결혼생활까지 향상시켜줄 수 있다.

나도 학교가 좋지 않았어

학교가 모든 아이들에게 긍정적인 경험은 아니다. 그래서 부모나 교사로서 당신 자신의 아동기 교육에 대하여 일부 나쁜 기억들을 가지고 있다. 당신의 힘겨운 아이들을 공감해주려는 노력에 있어, 당신의 불행한 기억을 그들과 공유하는 것이 도움이 될 거라고 생각할 수 있다. 당신은 학교에서 당신의 교사보다 한 수 앞섰던 재미난 시간들, 따분함으로 인한 비애, 부적절한 교육에 대한 비난이나 학습부진으로 야기된 문제들을 기술할 수 있다. 과거에 대한 이런 이야기를 털어놓는 것이 당신과 아이들을 더 가깝게 느끼도록 도울 수 있을지는 몰라도, 그것은 또한 기대에 대한 메시지를 전달한다. 1학년에서 겨우 이틀을 마친 영재이며 높은 에너지를 가진 한 여섯 살배기는 그것을 간결하게 요약했다. "할아버지도 학교를 싫어했구요, 아버지도 학교를 싫어했데요 그리고 저도 학교를 싫어해요." 분명히 가족 영향과 아버지에 대한 동일시는 학습에 대한 그의 태도에 긍정적으로 기여하지 않았다. 이 소년의 부정적인 말이 만약 교실에서 반복된다면, 확실히 가장 헌신적인 교사에게도 반감을 샀을 것이며, 그가 극히 지능이 높다고 할지라도, 그 가족이 그들의 부적절한 의사소통 유형을 바꾸지 않았더라면 학습부진의 운명에 처하였을 것이다.

당신의 아이들에게 당신과 그들 사이의 유사점에 대하여 말하는 것은 동일시를 증가시킨다. 그러나 반드시 긍정적인 모델을 제공하는 부분들을 강조하라. 나머지 것들과 좀 더 문제가 되는 세부사항은 그들이 개인의 정체성을 확립한 그 때인 나중을 위해서 남겨두는 것이 좋다. **만약 당신이 이미 아이들에게 모든 것을 말했다면, 당신의 긍정적인 성과들을 강조하고 진정으로 당신의 삶을 혼잡하게 했고 더 힘들게 했던 그 실수들을 그들이 반복하지 않기를 희망한다고 지적함으로써 그 손실을 복구하도록 노력해야 한다.**

부모 포인터

아이들은 당신의 강의보다는 당신 자신에 관하여 말하는 것에 더 귀를 기울이기 때문에, 전자를 줄이고 후자에 대한 긍정적인 모습만 제공하라. 학습부진하는 말썽꾸러기로서의 당신의 역사를 떠벌리는 것은 당신이든 아이들이든 모두에게 아무런 이익이 없다.

체계화되지 않은 가정

비체계성은 학습부진학생들의 대표적인 특징이다. 항상은 아닐지라도 종종 그들은 비체계성을 한 부모 혹은 그 이상의 부모들로부터 배운다. 어떤 부모들은 그들의 비체계적인 생활양식을 자랑스럽게 여긴다. 다른 부모들은 절망한 나머지 비체계성에 빠져든다. 기저귀를 차는 세 아이들과 학교에 다니는 두 아이를 둔 젊은 어머니는 아마도 그녀의 가정에 정리정돈을 유지하려는 것을 포기했을 수도 있으며, 연속극 시청으로의 도피에 만족할 수 있다. 두 가지 직업과 세 자녀 그리고 부양할 네 부모가 있는 아버지는 그의 바쁜 업무 스케줄을 지탱하는 틀을 위해 고생하며 지내고 있을 수도 있다.

가족들은 종종 그들의 아이들을 위해 광적인 생활양식을 선택한다. 예를 들면, 발레, 피아노, 테니스, 농구, 스카우트 그리고 대여섯 가지의 다른 활동들이 이에 포함된다. 관련된 것들 사이를 오가는 데 부모의 아이들과 자신들의 광기 어린 택시 수송은 체계화나 분명한 기대와 책임을 위한 시간을 거의 남기지 않는다. 과부하는 현재 부모와 아이 세대의 분명한 특징이다.

어떤 사람들은 무질서를 더 좋아한다고 말한다. 그들은 창의성이란 이름으로 그들의 선호를 변호한다. 창의적인 사람들은 혼돈 속에서 질서를 느낀다. 어떠한 체계나 설명이 이전에는 존재하지 않았던 장소에서 질서정연한 패턴과 설명을 발견하는 것이 창의성의 특징이다. 자신의 직장에서 성공적이고 개인적 공을 세운 사람들은 실제로 무질서를 체계화한다. 예술에서든, 경영 또는 과학에서든, 그들의 결과물은 개념들의 조직화를 나타낸다.

나는 아이들에 대하여 엄격성을 옹호하고 있는 것은 아니지만, 중간 정도의 구조와 유연성이 합리적인 타협점이다. **아이들은 어느 정도의 체계성을 가져야 한다. 즉, 그들은 자신의 한계를 이해하고 그 사이에 있는 공간을 탐색할 수 있도록 구조와 틀에 박힌 일상생활이 필요하다.** 그들은 정리된 책상, 적절하게 정리된 과제, 숙제의 마감시간 그리고 규율 규칙들을 요구하는 학교 프로그램의 체계화된 생활양식에 적응해야 한다. 어떤 틀에의 적응은 자녀들이 동일시하는 부모에 의해 가정환경에서 그 틀이 반영되어 있다면 더 쉽게 성취된다. **유연성은 틀 안에서 최상으로 작용하는 것 같다.**

부모 포인터

부모 포인터

수동적 공격의 양육

다음의 장면은 익숙할지도 모른다. 아버지는 긴 의자에 입을 푹푹거리며 안락하게 누워 잠자고 있다. 그의 수동적 자세는 자동적으로 힘의 의식을 방출하지 않는다. 어머니는 옆에 서서 분노와 좌절로 "망으로 된 문 좀 고쳐줄래요?"라고 (열 번은) 요구한다. 아버지는 꼼짝도 하지 않는다. 쿨쿨 소리는 계속 나온다. 어머니는 투덜거리고 다급히 소리치면서 방을 떠난다. 아버지는 수동적이지만, 또한 강력하다. 그는 그 상황을 아주 크게 장악하고 있다. 그래서 그는 아들이나 딸의 불행한 모델이다.

다음의 4학년 학습부진학생 LeShawn과 그리고 여러 해 동안의 학습부진에도 불구하고 막 대학을 향해 떠나려하는 젊은 여인 Martia의 대화에 주목하자.

LeShawn

Dr. Rimm : LeShawn, 엄마와 아빠 중에서 너는 누구와 가장 똑같다고 생각하니?

LeShawn : (주저하기 않고) 아빠요.

Dr. Rimm : 너는 아빠와 어떻게 똑같니, LeShawn?

LeShawn : 엄마가 집안일을 하라고 아빠를 부르실 때, 아빠는 대답하지 않아요. 그래서 엄마가 숙제를 하라고 저를 부를 때도, 저 역시 대답하지 않아요.

Martia

Dr. Rimm : Martia, 당신은 엄마나 아빠 중에서 누구와 가장 똑같다고 생각해요?

Martia : 분명 아빠죠. 그는 별로 조직적이지 않아요. 하지만 그는 모든 게 어디 있는지 알아요. 저는 제 물건들이 바닥에 온통 흩어져 있지만, 저 역시 모든 게 어디 있는지 알아요. 엄마는 아빠에게 물건들을 정리하라고 소리쳐요. 아빠는 하지 않거든요. 엄마는 저에게도 역시 소리치지만, 저는 이런 방식이 좋아요.

수동적 공격 행동은 많은 학습부진학생들의 특징이다. "전 잊었어요.", "전 몰라요." 그리고 "전 숙제가 없어요."와 같은 것들은 모두 수동적 공격 행동의 형태이다. 이 아이들은 외양적으로는 그렇게 보이지 않지만 강력하다. 그러나 부모와 교사들은 무력하다. 그들이 잊었다고 엄숙하게 인정하는 아이들에게 당신은 무어라고 말할 수 있겠는가? 아마도 당신은 그들이 학습장애를 가지고 있는 것이 아닐까라고 생각할 수 있다. 그러면 스포츠 통계에 관하여 그들에게 물어보아라. 그들이 얼마나 강한 선택적 기억을 가지고 있는지 알 것이다!

앞에서 기술된 상황들은 아내나 남편 중 어느 한 사람의 실수일 수 있다. 아내가 남편에게 집안일이나 집 주변의 정리 정돈을 시킬 수 없다는 것이 정말 진실이거나, 잔소리하는 아내들은 항상 그들의 남편의 경우에 관한 것일 수 있다. 비난이 어디로 떨어지든 상관없이, 만약 이 행동이 그 가정에서 대표적이라면, 그것은 아이들을 위하여 좋지 않은 모델이다.

배우자에게 수동적 공격 행동의 모델이 되는 것은 남성만은 아니다. 여성 또한 한몫을 하며, 그것은 강력한 행동이기 때문에, 남성의 아이들이든 여성의 아이들이든 어느 한쪽이 그것을 모방할 수 있다. 가장 흔한 여성 수동적 공격 행동은 결혼생활 중반에 전통적인 가족양식으로 변화가 생길 때 전개된다. 이런 가정에서 남녀평등주의자인 아내는 그녀가 고정관념화된 것으로 간주하는 책임들을 떠맡는 것을 회피하기 위해 수동적 공격 접근을 사용함으로써, 성 고정관념에 대항하여 싸운다. 예를 들면, 그녀의 남편이 6시에 저녁을 먹고 싶어 한다면, 그것이 6시 30분까지 결코 준비되지 않는다. 또한 만약 그가 즐기는 음식을 사달라고 그녀에게 특별히 요청했다면, 그녀는 항상 우연히도 그것을 사는 일을 잊는다. 실망한 남편이 그를 기쁘게 하려는 노력의 부족을 언급할 때, 그녀는 어깨를 들어 올리며 다음과 같은 몇 가지 합당하게 들리는 변명을 중얼거린다. “나 바빴어요.”, “나 잊었어요.”, “당신이 그것을 사지 그랬어요?” 또는 “그러면 당신이 저녁밥을 준비해 볼래요? 당신은 나만큼 할 수 있어요?” 그리고 이렇게 전쟁은 계속된다.

수동적 공격 행동은 결코 관계를 개선시키지 않고 단지 해롭게만 하고, 그것은 교정을 어렵게 할 수 있는 분명한 학습부진의 모델을 아이들에게 제공한다. 더욱이 그것은 용인된 행동양식으로서 빈번하게 한 세대에서 다음 세대로 대물림된다. 한 아버지는 나에게 이런 질문을 하였다. “아내의 잔소리 없이 집 주변의 일을 자발적으로 하기만 한다면, 그것이 제 아들의 학교공부에 차이를 낼 것이라는 것을 의미합니까?”

당신은 그 반응을 생각할 수 있다. **직접적인 전달과 공정한 협상은 수동 공격적인 역할모델을 제거하는 데 많은 일을 해준다.** 부모 포인터

과로하는 부모

만약 수동적이거나, 게으르거나, 체계적이지 않은 부모들이 부적절한 모델이라면,

확실히 열심히 일하고, 부지런한 부모는 긍정적인 모델임이 틀림없다. 하지만 반드시 그런 것만은 아니다. 지친 몸으로 집에 돌아와서, 회사 내 스트레스, 봉급의 불공정성 또는 상사의 부당성에 대하여 불평하는 과로하는 아버지와 어머니들은 직업 세계에 대한 부정적인 태도의 모델이 되고 있다. 더욱이 만약 한 배우자가 다른 배우자에게 너무 많은 일을 한다고 불평한다면 또는 만약 어느 한 사람이 놀이나 오락을 위한 시간을 찾지 못한다면, 그들은 일이란 아이들에 의해 피해야 할 영역이라는 이미지 모델이 되고 있는 것이다.

초등학교에서 이런 아이들은 교사들('상사들')이 그들에게 부여하는 모든 힘든 일에 대하여 단지 불평만을 할 것이다. 청소년 시기, 그들은 부모에게 일하는 것 외에는 아무것도 하지 않는다고 비난하며, 그것은 그들이 본받고 싶어 하는 삶의 방식이 확실히 아니라고 주장한다. 아들이 아버지에 대한 존경을 막는 거의 확실한 방법은 어머니가 아들의 전 아동기에 걸쳐 어떻게 아버지의 직업을 싫어하는지 또는 어떻게 그 직업이 그를 가정으로부터 이탈하도록 하여 왔는지에 관하여 불평하는 것이다. 만약 어느 부모이건 한 부모가 상위 학위를 위해 학교로 다시 돌아가 학습과부하에 대한 불평을 한다면 또는 한 배우자가 다른 배우자에게 대학공부를 시간낭비로 폄하한다면, 그 아이들 또한 학교공부 경험에 대하여 부정적으로 배울 가능성이 아주 높다.

열심히 일하는 부모들은 그들의 직업 여건이 가족시간을 아주 많이 소모할 때, 어떻게 그 아이들에게 그 모델을 바꾸어 갈 수 있을까? (이 문제에 대한 도움을 위한 더 많은 제안들이 제10장에 제공될 것이다.) 다음은 나 자신의 바쁜 생활양식에서 나온 예이다.

> 내가 통상 10시간 주간 근무로부터 한 부모 또는 두 부모 모두를 애타게 기다리는 나의 십 대에게로 집에 돌아왔을 때, 나는 (보통) 나의 모든 에너지와 긍정적인 그날의 기억을 모아 "Sara, 내가 오늘 얼마나 재미있는 시간을 보냈는지 정말 믿지 못할 걸!"하며 인사를 했다. 내가 도왔던 마지막 아이에 대한 설명으로 계속 이어가면서(물론 이름은 제시되지 않음), 우리는 우리의 사례에 대한 통찰을 공유하였다. 나는 우리의 사례라고 말한다. 왜냐하면 Sara는 자신의 친구들과 아기 돌봄이나 개인 과외를 하는 아이들에 대한 심리학적 통찰을 나와 공유하는 것을 배워왔기 때문이다. 나는 종종 그녀의 십 대 친구들에 대한 그녀의 통찰에 놀란다. Sara는 심리학에 대하여 그녀는 그쪽으로 가도록 태어났다

고 말하곤 했다.

Sara가 심리학자가 되기로 결심했는지 아닌지가 나에게 결코 정말로 중요한 것이 아니다. 나는 그녀가 나의 일에서 내가 찾은 만족이 얼마만큼인지 알기를 원했다. 흥미롭고 예상치 못한 부수효과는 내가 훨씬 덜 지쳐 있고 그날을 마칠 때 훨씬 더 만족스러움을 느낀다는 것이다. 그것은 우연히 상당히 좋은 습관이 되었다.

만일 이 엄마를 닮은 딸 이야기가 익숙하게 들린다면, 그것은 오로지 환자들을 방문할 때 그의 아들을 데리고 다녔던 구식의 시골의사를 상기시킨다. 그의 아들이 아버지의 발자취를 따라가고, 존경하도록 배웠던 의학을 직업으로 선택하는 것은 전혀 이상하지 않다. Sara의 말대로, 그는 그쪽으로 가도록 태어났다.

이혼 부모

이혼은 아동 동일시에 특별한 영향을 준다. 이혼 전후 상관없이 둘 다 부모나 아이들에게 모델 되기와 동일시에 딜레마를 제공한다. 이혼 전 문제들은 결혼생활 초기에 일어났을 것으로 보이는 대립적 관계의 확장과 과장이다. 예를 들면, 만일 한 소년이 공격적인 아버지를 동일시하고, 이혼 후에 아버지가 강력한 위치에 있고 더욱 더 전처를 분명하게 경멸한다면, 그 소년은 아버지를 복사할 것이며 또한 어머니에 대하여 호전적으로 될 수 있다. 그의 역할모델로서 바라보는 아버지의 공격적인 양식을 모방하면서, 일시적으로라도 가정과 학교에서 어떤 행동 문제가 있을 것이다. 실제적 행동은 아이의 나이, 모델이 되는 아버지 그리고 아이의 이전 경험에 따라 상당히 다양할 수 있다. 그렇긴 하지만 외부인들은 아들이 잘못된 부모의 모습을 지향하면서 호전성을 보인다고 보게 될 것이다.

만일 그 아들이 수동적 공격인 어머니를 동일시해왔다면, 그는 다른 남성모델을 발견할 때까지 또는 그의 어머니가 더욱 주장적으로 될 때까지 이런 양식을 계속할 수 있다. 만일 그가 어머니에 의해 기술된 대로 아버지의 행동을 부정적인 것으로 수용한다면, 질문을 받을 때 어머니와 더 비슷하다고 지적할 수 있다. 이런 경우에, 그는 '나쁜 사람'으로 기술되어온 아버지와의 어떠한 유사점도 부인하는 쪽을 선호할 것이다.

이혼 전 아버지가 특별히 비난받을 만했던 한 가정에서 두 소년은 각자 자기가 어머니와 더 비슷하다고 지적했다. 각기 그의 형제가 아버지와 비슷하다고 결론을 내렸지만. 어느 누구도 게으르고, 분별없고, 술 취하는 아버지를 적절한 모델로서 마음에 품지 않는 것이 분명했다.

어머니를 동일시하는 한 소녀에게 이혼 후에도 동일시는 계속될 가능성이 있으며, 이혼에 대한 그녀 어머니의 적응방식을 반영할 것이다. 그러나 만일 그녀의 어머니가 그녀 자신의 거절감을 그녀의 딸에게 기술한다면, 딸은 아버지에 의한 거절감을 느낄 수 있다. 만일 딸이 거절을 느낀다면, 그녀의 분노는 거절 감정의 원인으로서 볼 수 있는 어머니를 향하여 보내질 수 있다. 그녀는 거부당하는 것으로부터 자신을 보호하기 위하여 아버지와 함께 있는 것을 간절히 열망할 수도 있다. 그의 관심을 다시 얻기 위하여 어머니에게 매우 반항적으로 나올 수 있다.

각 부모는 다른 부모에 대한 분노로 인해 그리고 아이들의 사랑을 유지하기 위한 노력에서, 이런 부모들은 '아이들과의 정직하고 개방된 토론'이라고 말하는 대화를 가질 수 있다. 장남(녀)인 아이들은 다른 부모에 대한, 친밀하지만 편향된 견해의 주 수령자들이다. 부모와의 비정상적인 친밀감은 아이들에게 어른 만큼 강력한 존재로 느끼게 하거나 그들 자신이 부모의 한쪽이나 두쪽 모두와 동등한 존재로 생각하게 하거나, 일시적으로 그 부모에게 거의 배우자처럼 느끼게 할 수 있다. 여기 한 사례가 있다.

> 11살의 Molly는 반항과 우울 사이를 오락가락하였다. 그녀의 어머니는 너무 완벽한 남자친구가 있다고 말했다. 왜 그들은 저녁 행사를 계획을 하기 전에 그녀의 생각을 고려하지 않았으며, 왜 그녀는 항상 그들을 따라다녀야만 했는가? Molly의 어머니는 두 차례의 이혼을 경험했으며, 두 아버지는 Molly에게 '나쁜 사람'으로 한두 번 기술되어 왔었다. Molly의 가장 좋은 기억들은 그녀가 6살 때 그녀와 어머니가 홀로 살았던 때의 것들이었다. 실제로 그것들은 양육권 분쟁의 시기였으며, 그 때는 어머니와 Molly가 아버지를 대항하던 시기였다.

이혼 이후, 다른 힘든 동일시 패턴의 결과들이 있을 수 있다. 만일 부모들이 서로 가까이 살고 양육권을 공정하게 공유한다면, 아이들은 계속 이전에 그들이 동일시했던 부모를 계속하여 동일시할 가능성이 있다. 그러나 만일 아이들이 한 달에 단지 2회에서 4회만 한 부모를 방문한다면, 그 부모는 아주 흔히 아버지는 자주 아이들을 보지 못하기 때문에 보통 그 아이들을 위해 재미와 게임을 제공하는 역할을 띤다. 그는 만남을 즐겁게 만들기로 결심한다. 저녁식사, 영화 그리고 야구경기를 보기 위해 아이들을 밖으로 데리고 나간다. 한 소년의 말을 빌면, "방문은 호텔과 같다." 방문 부모는 흔히 그(그녀)의 양육방식을 바꾼다. 이것은 아이들에게, 학업 성취는 그가 이혼 전에 했던 만큼 중요한 고려사항이 아니라는 기저의 메시지를 전달할 수 있다.

재미와 게임은 좋은 것처럼 보이지만, 이런 아버지를 동일시하는 아이들에게 그들의 모델은 성취의 모습이 아니다. 아이들은 아버지를 결코 일하는 역할로 보지 않으며, 어머니는 자주 과부하로 일하는 역할로 본다. 만약 그들이 방문기간 동안 학교공부를 하도록 요구되지 않는다면, 아이들은 또한 아버지가 교육을 중요하게 여기지 않는다고 생각할 수 있다. 그들의 학교생활 주중에 함께 사는 어머니는 그들이 숙제하기를 기대한다. 그들이 계속 그들의 어머니와 학교 책임에 대하여 다투는 것은 놀라운 일일까?

물론 두 부모 모두가 이혼 이후 기간을 건설적으로 다룬다면, 아이들이 받는 메시지를 명료화할 수 있다. 아버지는 그의 학교공부 기대와 아이들의 성취와 공부습관에 대한 그의 관심을 아이들에게 전달할 수 있다. 그는 또한 아이들이 어머니를 존경해야 한다고 주장할 수 있다. 만일 부모가 그들이 전하고 있는 메시지를 의식하고, 만일 그들이 아이들에 대하여 충분히 관심을 기울여 자신의 힘겨루기를 버린다면, 아이들의 성취에 급격한 차이를 만들어낼 수 있다.

아버지가 아들에게 준 성취메시지가 명료화된 한 사례에서, 아들이 옛날의 어머니에 대한 반항적 행동으로 회귀한 몇 번의 경우가 있었지만, 아버지로부터 아들에게 공부의무를 상기시키는 데, 간단한 전화 한 통화만이 필요했다. 더욱이 독서를 거역했던 이 소년은 아빠가 자신이 어린 시절부터 좋아했던 책 한 세트를 크리스마스 선물로 준 이후 철저하게 책을 즐기는 습관을 붙였다.

아이들이 여러 차례의 별거와 이혼을 목격할 때, 그 메시지는 훨씬 더 혼란스럽게 된다. 여기 한 예가 있다.

> IQ가 135로 영재아인 초등학교 4학년 David는 학습부진을 하고 있었다. 그의 생에 중요한 어른의 무리는 그의 학문적 방향을 혼란스럽게 하고 있었다. 첫 번째, 그가 실제로 함께 살지는 않았지만 아주 정규적으로 방문하는 생부가 있었다. 두 번째, David는 출생 직후 그의 어머니가 재혼하여 유치원 기간과 초등학교 2학년이 될 때까지 아버지 역할을 맡은 남자가 있었다. 세 번째, 그의 어머니가 두 번째 아버지와 이혼한 후, 사귀게 된 아

버지와 같은 남자가 있었다. 마지막으로, 그의 생애 동안 항상 함께 머물렀던 그의 어머니가 있었다.

David는 독자였고 모두 4명의 어른으로부터 충돌되는 학교 관련된 메시지를 받아오고 있었다. David가 거의 한 달에 한 번은 방문한 첫 번째 아버지인 생부는 David가 열심히 공부하여 좋은 성적을 얻어야 한다고 믿었다. 그러나 다른 모든 어른들은 첫 번째 아버지를 경멸하였으며, 그는 '나쁜 사람'으로 간주되었다. 두 번째 아버지는 David의 동일시 인물이었다. David는 한 주에 2, 3회 그를 방문했다. 이 아버지는 학교가 중요하다고 느꼈지만, 그 또한 David에게 평균 학점을 얻는 한에서 만족한다는 메시지를 주었다. David는 이 아버지의 너무 낮은 기대를 쉽게 만족시키고 있었다. 세 번째 아버지는 아직 특별한 학업 메시지를 주고 있지 않았다. 어머니는 David가 학습부진을 하고 있다고 깨달았으며 그를 부추기려고 노력했다. 그러나 그녀는 너무 큰 학업 압력을 가하지 않기를 열망했다. 아마도 이것은 그가 조금만 더 열심히 일할 수 있을 뿐이라는 메시지를 David에게 전달했다.

여기서 핵심인 사람들은 분명히 처음의 두 아버지이다. David가 존경하지 않도록 가르쳐진 첫 번째는 적절한 학업 메시지를 주고 있었다. David는 정말로 학습부진 메시지의 하나를 준 두 번째 아버지의 충고를 듣고 따르고 있었다. David가 두 번째 아버지의 안내를 따르는 것은 충분하게 쉬웠지만, 그 과정에서 아주 나쁜 학습습관을 발전시키고 있었으며 일부 중요한 기능들을 배우려고 애쓰지 않고 있었다. 상황이 명료화되었고, 모든 어른들이 각자의 편에서 약간의 인내심을 갖고 일관적인 메시지를 기꺼이 주려고 하였을 때, David는 그의 학교기대와 성취를 올렸다.

부모 포인터

이혼 전이나 후에, **모든 중요한 어른들의 일관적인 학업 관련 메시지는 아이들의 학업 성취에 중차대하다. 이런 어른들은 말뿐 아니라 자신의 행동에 주의를 기울여야 한다.** 아이들을 통한 부모들 사이의 계속적인 힘겨루기는 결국 아이들에게 부모 모두를 기쁘게 하는 방식을 알지 못하게 하고 최소 저항의 길을 택하도록 할 것이다. 그들은 쉽게 학습부진학생이 된다. 이 문제는 아이의 절반이 더 이상 전통적인 두 부모 가족 — 특별히, 그들이 함께 시작했던 동일한 두 부모 — 이라고 부르는 곳에서 양육되고 있지 않는 우리 사회에서 그 중요성이 커지고 있다.

교차 성 동일시

교차 성 동일시는 소년들이 어머니를 또는 소녀들이 아버지를 동일시할 때 발생한다. 이것은 어떻게 학업 성취에 영향을 주는 걸까?

아버지에 대한 딸의 교차 성 동일시는 보통 학업 성취나 사회적 적응에 해롭지 않다. 아이들은 여자애 같은 남자보다는 주장적인 여자들을 훨씬 더 수용하고 있다. 오늘날, 소녀들이 스포츠에서 활동할 때, 그들은 거의 이전 세대에 있었던 것처럼 말괄량이로 불리지 않는다. 여성 수학자에 대한 한 고전적 연구에서, 나는 더 창의적인 수학자들이 아버지를 동일시한 장녀들이었다는 것을 발견했다(Helson, 1971; Rimm & Rimm-Kaufman, 2001; Rimm, Rimm-Kaufma & Rimm, 1999). 많은 성공한 여성들은 아버지가 자신의 역할모델이라고 여긴다(Rimm, Rimm-Kaufman & Rimm, 1999). 아버지들이 딸들에게 친학문적인 메시지를 주는 한, 그들을 동일시한 딸들은 학업이나 진로 문제들을 가질 가능성이 없을 것이다.

거꾸로, 만약 한 소녀가 거칠고 반학업 이미지를 보여주는 아버지를 동일시한다면, 그 소녀는 학업 관련과 (또는) 사회적 문제를 개발할 수 있다. 그녀는 가장 오래된 찢어진 청바지와 더러운 스웨터를 입고, 거친 언어를 사용하며, 소년들과 함께 노는 소녀가 될 가능성이 크다. 그녀는 어떠한 학업도 하지 않기로 결심할 수 있다. 이 패턴은 일찍 확인된다면 비교적 바꾸기 쉽다. 그러나 학습부진 증후군의 대부분의 사례에서와 마찬가지로, 그 패턴이 고등학교까지 발견되지 않는다면 변화되기 어렵다. 그때쯤 그녀의 대체된 옷, 거친 태도 그리고 흡연은 그녀를 '패배자'로 분류시킬 수 있으며, 학교란 필히 어떤 목적을 가진다고 그녀를 설득하는 것은 정말로 힘들 것이다. 만일 그녀의 부모가 지지적이라면, **의도적으로 긍정적인 학업 메시지를 제공하고 딸의 학습에 관심을 보여주는 아버지에 의하여 빠른 변화가 이루어질 수 있다.** 이것은 그녀의 학업 태도와 기능들을 개선시켜줄 것이다. 그야말로 약간의 **더 적절한 옷을 통해 소녀의 행동을 말끔히 씻어내려는 노력과 순한 언어를 가르치려는 시도는 세상에 그녀의 수용을 쉽게 해줄 것이며**, 그녀는 더 편안하게 사회적으로 수용될 것이다.

부모 포인터

부모 포인터

만약 한 소년이 어머니를 동일시한다면, 그것은 그의 학업 성취에 부정적인 영향을 미칠 수 있으며, 적어도 어느 정도의 일시적인 문제를 야기할 가능성이 있다. 이 위치에 있는 소년들은 더 적은 남성 고정관념적 행동과 더 전형적인 여성적 관심사를 보여주는 경향이 있다. 만일 그의 학교환경이 남성의 사내다운 이미지와 단체 스포츠와 육체적 위용에 대한 강조를 지지한다면 — 흔히 그렇듯이 — 그 소년이 또래들에 의해 수용될 가능성은 더 적다.

입학 전과 유치원 시절의 여러 해 동안, 이것은 어떤 문제도 야기하지 않는다. 그러나 거절의 감정은 보통 초등학교 2학년과 6학년 사이에 겉으로 드러난다. 이 발달 기간이 아이들의 행동에 주는 영향은 쉬는 시간 초등학교 운동장을 보면 쉽게 눈에 띈다. 대부분의 소녀들은 다른 소녀들과 놀거나, 줄넘기를 하고 또는 단지 서로 이야기를 하고 있다. 대부분의 소년들은 좀 더 거칠고 구르는 종류의 게임과 스포츠를 하며 놀고 있다. 다른 소년들에게 참여하지 않거나 충분하게 남성적으로 보이지 않는 이 소년은 소년들에 의해 '게이'라든가 좀 비슷하게 우스꽝스러운 용어로 딱지가 붙여질 수 있다. 한편 소녀들은 분명히 그를 그들 중 한 사람이 아니라고 보기 때문에, 그는 그들의 눈에서도 역시 외부인으로 남는다.

양성 모두의 아이들에 의해 외부인으로 보이는 것은 어머니를 동일시하는 소년들을 외롭고 고독하게 느끼게 한다. 친구에 대한 소망으로, 그는 달성할 수 있을 것라고 느껴지지 않는 더 긍정적인 관계의 대체물로서, 놀림이나 조롱을 요청하는 함정에 빠질 수 있다. 그렇지 않으면, 그 외로움을 예방할 비슷한 관심을 가진 두 세 명의 다른 사람을 친구로 할 정도의 충분한 행운이 없다면, 당신은 그가 혼자서 운동장을 걷고 있는 것을 볼 수 있을 것이다. 초등학교 5학년 한 소년은 다음과 같은 이질감을 나에게 전달했다.

> 만일 당신이 비행기로부터 우리의 운동장을 내려다볼 수 있다면, 당신은 제가 의미하는 것을 이해할 거예요. 소년들은 야구를 하고 소녀들은 줄넘기나 그네타기를 하고 있어요. 당신은 제가 두 친구들과 함께 이야기하면서 운동장 주변을 걷기만 하는 것을 발견할 거예요. 우리는 어떠한 집단이나 게임의 부분이 아니에요. 우리는 정말 달라요.

이질감과 수용되지 않음의 감각은 적어도 일시적일지라도 보통 성취를 저하시키는 결과를 준다. 아마도 사회적으로 소원해 있다고 느끼는 감각은 이런 아이들에게 스트레스와 와해된 느낌을 갖게 한다. 그들은 학과 과제를 수행하거나 숙제를 제출하지 않는 경향이 있으며, 수학과 작문에서 특별한 어려움을 발견하는 것처럼 보인다. 그들의 자존감은 낮고, 또래들에게 수용되지 않는다고 느낀다.

어머니를 동일시하는 소년들이 학습부진학생이 되는 다른 이유들이 있다. 이 소년들은 두 가지의 동일시 양식에 빠지며, 이 두 범주는 자주 겹쳐진다. 어머니를 동일시하는 한 소년 집단은 아주 의존적이다. 그들의 동일시는 조기 이혼, 빈번하게 집으로부터 떠나 있는 아버지 또는 그 아이를 어머니와 일대일 의존적 생활양식에 익숙하게 한 초기의 질병으로 발생한 아주 친밀한 일대일 관계에서 시작된다. 어머니 의존은 학습부진, 수동성 그리고 낮은 자존감의 원인이 된다. 종종 이런 의존양식은 학습장애로 보이는 양상을 야기한다.

어머니를 동일시하는 두 번째 양식은 대립적 결혼생활에서 발견된다. 여기서 어머니는 아버지의 지배를 벗어나기 위하여, 아버지를 향해 공격적이거나, 혹은 수동적 공격 행동을 한다. 두 번째 양식은, 만일 어머니가 소년의 아버지나 일반 남자를 향한 적대감을 보여준다면, 한 부모 가정에서 또한 발견될 수 있다. 소년은 아버지가 그에게 기대하는 학업을 하지 않음으로써, 이 패턴을 본뜬다. 또한 이렇게 함으로써 그는 아버지의 힘과 일반 권위에 도전한다. 어머니들은 빈번하게 그들이 이런 반권위 메시지의 모델이 되고 있다는 것을 알지 못한다. 이런 소년들은 그들의 십대 나이 동안에, 화내거나 폭력적으로 될 수 있으며, 어머니와 재혼한 남자가 그녀를 수용하지 않음에 대하여 특별히 분노한다.

소년들의 어머니에 대한 동일시는 그들에게 다른 정서적 문제를 야기하는데, 가령 그들 자신의 남성다움에 대한 불안 같은 것이다. 그러나 많은 소년들은 그들이 성장하면서 그들의 동일시 패턴을 바꾼다. 그들은 아버지의 모델을 따르거나 남자 교사들, 손위의 형들, 이웃들 또는 다른 의미 있는 남성들을 복사할 수 있다. 청소년기의 소년들은 그들의 남성다움의 감각을 확립하는 데 자포자기하게 되어 남성다움을 위한 모델로서 반항적인 또래 집단이나 범죄 집단을 채택할 수 있다. 범죄 집단은 그들에게 남성다움을 느끼게 해주고 권위와 싸우게 허용하기 때문에 그들의 가족이 된다. 불행히도 아들을 보호해온 어머니는 그가 잡은 방향을 더 이상 통제할 수 없게 되고, 아들은 청소년기를 지나며 자주 어머니와 사랑-증오 관계를 느낀다. 왜냐하면 그는 '나약한 남자' 혹은 너무 여자 같다고 여겨지는 것에 대한 무의식적인 두려움을 가질 가능성이 있기 때문이다. 사랑, 왜냐하면 그는 진솔하게 그녀를 사랑하기 때문이다.

만일 소년들이 양쪽 부모를 부분적으로 동일시한다면, 그것은 사회적 또는 정서적 문제를 야기하지 않을 것 같다. 소년들(그러나 소녀들은 아님)은 총체적으로 필요하지는 않지만, 어느 정도 남성 인물들을 동일시를 하는 것이 중요한 것 같다.

교차 성 동일시와 관련된 어떤 문제들은 우리 사회에서 지속되고 있는 성 고정관념과 관련이 있다. 어떤 것들은 성취와 더 직접적으로 관련된다. 사회가 성별차이에 더 관용적으로 되면서, 소년들의 동일시 문제들이 사려질 수 있다. **확실히 교실 교사와 부모들은 아이들이 개인 차이를 더 이해하는 것을 도울 수 있다.** 그러나 행동 문제의 다른 유형들 — 한 부모 의존형, 수동적 공격형, 반항적 행동형 그리고 학교 무가치형 — 은 계속적으로 성취문제를 야기할 것이다.

부모 포인터

교사 팁

부모 간 경쟁

아동 발달 서적들은 가정에서의 형제자매 경쟁에 대하여 자주 기술하고 있지만, 부모 역할 서적들은 좀처럼 부모 경쟁이란 주제에 대하여 논의하지 않고 있다. 그러나 이것은 많은 가정에서 발견될 수 있는 현상이며, 부모 자신들이 좀처럼 이 문제를 인정하거나 다루려고 하지 않는다. 이런 상황 속에서, 한 부모는 무의식적으로 다른 부모의 힘을 파괴하거나 무너뜨린다. 그 파괴자는 보통 자신의 행동들이 배우자나 아이들에게 해롭다고 보지 않고, 대신 그것들은 좋은 부모가 되기 위하여 적절한 것이라고 본다. 아이들의 사랑을 위한 부모 경쟁은 보통 이혼 부모들의 짓으로 돌려지지만, 실상 그것은 또한 빈번하게 두 부모 가정에서 더 교묘하게 일어난다.

경쟁적 상황에서는 승자와 패자가 있다. 이 경우, 패배한 부모는 아이에게 더 약하게 보인다. 그러므로 아이가 약한 모델을 동일시할 가능성은 적다. 경쟁적 파괴 의식(儀式)에서 한 부모는 '착한' 또는 '똑똑한' 부모의 역할을 배정하며, 그에 반해 다른 부모는 칭찬하는 용어가 아닌, 주로 '나쁜' 또는 '바보 같은'으로 보이게 한다. 그러므로 나는 이런 파괴 의식들을 〈괴물과 바보게임〉 이라고 부른다. 이것들은 어머니와 아버지에게 방향을 맞출 것이고, 그것들은 개별적으로 또는 서로 연결되어 수행될 것이다.

이런 의식들의 한 가지 중요하며 손상을 주는 결과는 이것들이 아이들의 동성 부모 동일시의 기회를 감소시킨다는 것이다. 비록 어린아이들이 동성의 부모를 동일시한다 하더라도, 청소년기에 그들은 보통 그 또는 그녀와 겨루려 할 것이다. 이 의식의 또 하나의 슬픈 결과는 그들이 '괴물'이나 '바보'로 기술된 사람을 부모로서 부적합하며 가족역동에서 '빠져야 할 괴상한 사람'으로 느끼도록 한다는 것이다.

의식 1 : 아버지는 괴물이다

가족의식에서 아버지는 성공적이고 강력한 외부인으로, 어머니는 친절하고 보살피는 자로 비친다. 그러나 그 가정생활을 가까이 들여다보면, 이마에 크게 '아니야'를 두르고 있는 아버지를 보게 된다. 즉, 그는 아이들이 추구하고 싶어 하는 많은 활동을 확고하게 금지한다. 그러나 아이들은 친절하고 이해심 많은 어머니에게 호소함으로써 그의 권위를 우회하는 것을 배운다. 엄마는 최초의 결정을 바꾸도록 아빠를 어떻게든 설득하거나 은밀히 아이에게 그들이 바라는 활동을 수행하도록 허락한다.

아이들은 빨리 필요한 조종술들을 습득한다. 그 의식은 아이들이 나이가 먹으면서 더 극단적으로 된다. 왜냐하면 아빠는 가족을 장악하는 힘의 부족을 인식하기 시작하기 때문이다. 그가 자신의 무력감에 대처하려고 노력하면서, 그는 더 권위적으로 된다. 그의 증가하는 권위주의에 대한 반응으로, 엄마는 훨씬 더 그녀의 아이들을 보호하고 방어하여야 한다는 의무감을 느낀다. 그녀는 자신이 아이들을 위해 최선의 것을 하고 있다고 믿으며, 필사적으로 남편의 힘을 파괴하려는 새로운 접근을 개발한다. 그녀는 정말 글자 그대로 그녀의 남편을 괴물이 되도록 강요한다.

그들은 어머니를 강력하다고 보기 때문에, 이 가정의 소녀들은 성취지향적으로 갈 가능성이 있다. 그러나 소년들은 학습부진을 하는 경향이 있다. 혼신을 다해 열심히 일함에도 불구하고, 비열하고 힘없게 보이는 아버지에게서, 그들은 어떠한 효과적인 모델도 보지 못한다. 그들은 그를 무서워하고 분을 품을 수 있고, 그래서 그를 모방하고 싶어 할 가능성이 없다.

우리가 결혼생활의 역사를 볼 때, 아버지는 보통 주 생계수입원으로서의 역할을 하고 모든 주요한 결정을 한다. 어머니는 처음에 이 패턴에 매료되었으며 아이들이 태어날 때까지 이것을 즐겼다. 엄마는 집 밖에서 시간제 일을 할 수는 있지만, 그녀는 의미 있게 직업을 추구할 가능성이 없다. 그녀는 주요한 역할을 아이들과 다른 집안일을 맡는 것으로 정의한다. 언뜻 보기에는, 아빠가 아이들에 대한 최후의 결정을 한다. 그러나 엄마의 무력감과 아이들에 대한 투자는 실제로 그녀가 아이들의 보호자이며 안내자가 되어야 한다는 개인적인 결정을 하도록 한다.

시나리오는 마치 이렇다. Julian은 어린 남자아이로 좀 장난기가 있다. 아빠는 아이가 몇 가지 그의 연장을 가지고 노는 것을 발견할 때, 쩌렁쩌렁한 목소리로 이 도구들은 그의 것이며 Julian은 그것들을 절대로 만지지 말아야 함을 아주 분명히 한다. 엄마는 Julian이 단지 호기심이 있을 뿐이며, 그러므로 아주 작은 문제에 그렇게 화를 내지 말아야 한다고 아빠를 안심시킨다. 다음날, Julian은 우연의 일치로 동일한 연장들을 가지고 놀고 있었다. 그러자 아빠는 몹시 화가 났다. 그는 순간 Julian을 꾸짖었는데 무시를 당하였고, 그래서 더 크게 꾸짖었다. 엄마는 아빠가 고함칠 때, 몹시 괴로워하며 바라보고 있다. Julian은 비명을 지르고 울면서 그의 방으로 간다.

제2장면은 Julian의 침실에서 벌어진다. 엄마는 그를 안고서 "괜찮아, 귀여운 녀석. 아빠는 화낼 작정은 아니었어. 그는 단지 너를 이해하지 못한 것뿐이야. 너는 아주 착한 소년이야. 난 네가 정말 호기심이 있다는 걸 알아."라고 안심시킨다.

이렇게 엄마는 커지는 남편의 분노로부터 아이를 보호하기 위해 필요한 조치로 생각되는 파괴 행위의 긴 선을 긋기 시작한다. 그녀는 그가 아주 쉽게 화를 내지 않기를 그리고 그가 아이들을 더욱 이해하기를 소망하다. 그러나 해가 갈수록 아버지-아들 관계는 악화된다. 아버지는 아들에게 거의 말을 하지 않고, Julian은 아버지에 대한 존경심을 느끼지 않는다. 단지 엄청난 두려움 그리고 성장하여 결코 아버지처럼 비열하지 않을 거라는 결심뿐이다.

아버지-아들 관계는 매우 경쟁적으로 될 수 있다. 그 소년은 어머니의 설명과 해석에 의해서만 아는 아버지를 향하여 굉장한 분노의 방향을 맞춘다. 그가 16살이 될 때까지, 그 괴물게임은 하나의 의식으로 굳어진다.

다음의 예를 보자. 그때는 Julian의 고등학교 동창회 주간이며, Julian은 데이트와 춤추기 전 식사를 계획해왔다. 당연히 그는 돈이 부족하다. 그는 항상 돈이 부족하였기 때문에 걱정하지 않는다. 그는 필요한 자금을 얻기 위하여 단지 다음 세 장면의 대본을 거쳐야 할 필요만 있다.

장면 1 : Julian은 엄마를 준비한다(친절한 엄마)

Julian : (자신감과 확신에 차서) 엄마, 토요일 밤 동창회 만찬과 춤에 쓸 건데 75달러를 빌려 주시겠어요? 다음 주에 돌려드릴게요.

엄마 : 얘야, 미안하다. 넌 그것이 아빠의 결정이라는 거 알지. 아빠에게 말씀드려. 확실하진 않지만, 가보렴.

Julian : 그러나 엄마, 아빠는 내가 그것을 모아 놓았어야 한다고 말씀하실 거예요.

엄마 : Julian, 미안해. 너는 어쨌든 꼭 아빠한테 요청해야 할 거야.

장면 2 : Julian은 아빠(괴물)에게 요청한다

Julian : (주저하다 어차피 해버려야 할 것처럼 빨리 말하며) 아빠, 동창회를 위해 75달러를 제발 빌려주시겠어요? 이자와 함께 갚아드릴 걸 약속할게요. 저녁식사가 그렇게 아주 비쌀 거라고 깨닫지 못해서 돈이 좀 부족해요. 그리고 곧 일자리를 얻어서 돈을 벌게요.

아빠 : (습관적인 쩌렁쩌렁한 목소리로) 절대 안 돼! 너는 정말 게을러. 일을 좀 하는 게 어때? 너는 용돈을 벌게 돼. 다음에 돈을 모아서 하는 게 좋을 거야. (아들에 대한 평상시의 역겨움으로 TV나 컴퓨터로 돌아선다.)

(Julian은 머리를 숙이고, 불쾌한 일을 완수했다고 안심하며 조용하게 물러선다.)

장면 3 : Julian은 모은다(멋있는 엄마)

Julian : (그의 볼에 알맞게 붙어 있는 눈물과 함께 여전히 머리를 숙이고) 엄마, 아빠는 정말 나를 이해 못 해. (엄마가 16년 동안 그에게 그렇게 말해왔기 때문에, 그는 확실히 이것을 알고 있다.) 제가 아빠에게 돈을 갚을 거라고 말했는데도, 아빠는 한 푼도 저에게 주지 않았어요. 아빠는 저에게 말조차도 비추지 않았어요. 무슨 일 있으신 거예요?

엄마 : (앞치마 주머니에서 돈을 꺼내어 부드러운 미소와 함께 그것을 Julian에게 준다.) 얘야, 잘됐구나. 여기 90달러가 있네. 네가 필요한 것보다 좀 더 즐거운 시간을 가져라. 그렇지만 아빠에게 말하지 마라. 너 Marianna 하우스에서 사진도 찍어야지? Julian, 아빠는 십 대를 이해하지 못하는 거 알지.

Julian : (간단하게 엄마를 안아준다.) 엄마, 멋져! 정말 고마워!

이 친절하고 상냥한 엄마는 무엇을 했는가? 그녀는 남편을 괴물로 만들었다. 그리고 무력한 존재로 만들었다. 왜 Julian이 아버지처럼 되고 싶겠는가? 어떤 아들이 부인의 존경조차 받지 못하는 비열한 아버지를 존경하겠는가?

Julian이 꼬마였을 때, 그는 엄마와 더 비슷하다고 말했다. 그가 더 나이 먹으며 그가 어머니와 비슷한 점을 인식하는 것이 불편해지면서, 그는 부모의 어느 누구와도 비슷하지 않다고 생각하는 것을 선호했다. "나는 정말 누구를 닮았는지 모르겠어."라고 그는 말한다. 사실상 그는 어떤 사람이 되고 싶은지, 어디로 학교를 가고 싶은지 또는 그가 무엇을 전공하고 싶은지를 정말 모른다. 그는 완전히 어떤 방향도 찾을 수 없을 것처럼 보인다. 그러나 괜찮다. 엄마가 아마도 도울 것이다!

물론 엄마가 '도우려고 노력'하지만, 무심코 아버지를 괴물로 만드는 방식에는 여러 경로가 있다. 예를 들면, 그녀는 아빠가 지나치게 열심히 일한다고 그녀의 아들에게 지적하면서, 그가 가족생활로 보낼 많은 부분을 일에 바쳐야 하는 이유를 알지 못한다. 이것이 그녀의 아들에게 주는 기저의 메시지는 "아빠처럼 되지 마라. 그렇게 열심히 일하지 마라. 그러한 일은 모두 하지 않고 지내는 삶이 더 의미 있는 것이란다."이다. 아들이 고등학생이 됐을 때쯤 또는 아마 더 일찍, 아들의 이 개념의 적용과 부모에 대한 그의 반응은 "왜 나는 학교에서 이 일을 해야 하는지 모르겠어. 정말 학업보다는 생활에 아주 더 많은 것이 있는데."이다.

당신은 이 소리가 친숙하게 들리는가? 당신은 아들에게 이 메시지를 준 일이 있는가? 불행히도 지금 당신이 그에게 숙제하라고 말할 때, 그는 더이상 당신의 말조차 듣지 않는다.

여기 동일한 괴물 파괴 의식의 또 다른 변형이 있다.

> 아빠는 아들이 도전적인 교과과정을 밟기를 원하며, 자기 자신의 진로의 방향대로 가도록 그를 격려하고 싶어 한다. 엄마는 아들이 자기 자신의 교과과정과 진로를 선택하고 자기 자신의 것들을 할 권리를 가지고 있다는 것에 반대한다. 더욱이 그녀는 남편의 직업을 너무 많은 여행, 너무 많이 집을 떠나 있는 시간 그리고 너무 많은 논쟁을 요구하며, 충분하게 봉급을 생산하지 못하는 것으로서 경멸하였다. 그녀의 아들에게 주는 그녀의 간접적인 메시지는 이렇다. "너의 아버지처럼 되지 마라. 그리고 그가 권하는 일들을 하지 마라."이다.
>
> 이 어머니의 사춘기 아들의 말은 "저는 저 자신의 것을 하고 싶어요."로 나온다. 그것이 무엇인지는 확실하지 않다. 그러나 그는 그것이 무엇인지 듣고 싶지 않다. 그는 스스로 찾아내고 싶다. 이들은 어머니가 확실히 무엇을 반대하는지 안다. 그의 아버지, 그의 아버지의 직업, 그의 아버지의 교과과정 선택 그리고 그의 아버지의 전 세계이다. 그는 자신의 유일성을 확립하기 위하여 다른 것을 선택해야 한다.
>
> 하나의 진공상태가 생긴다. 아들은 그가 삶을 경험해야만 한다고 말한다. 그는 (자기 자신의 일을 하고 있는 사람들. 또래나 유명인사들 외에는) 어느 누구의 충고도 받아들일 수 없다. 그래서 그는 머리를 길게 기르거나 삭발하거나, 약물이나 폭력을 실험하거나 또는 광신적 종교 단체에 가입하기도 한다. 만약 그가 사랑하는 사람들을 기쁘게 하도록 허락되지 않는다면, 틀림없이 그는 그를 수용하고 관심을 기울여주는 다른 사람이나 단체를 찾을 것이다.
>
> 이때쯤, 엄마 또한 행복하지 않다. 그러나 그녀는 부지중에 아들에게 하나의 이상적인 모델을 부인하여 왔다. 그녀가 사랑하고 결혼하고자 선택했던 그 남자, 그녀의 성공적인 남편, 그의 성공적인 아버지이다. 그녀는 남편이 아들에게 배움을 줄 수 있는 하나의 모

델이 되도록 하는 대신, 그를 반역해야 할 남자로 만들었고, 지금 엄마도 아빠도 그들의 아들을 이해할 수 없다.

의식 2 : 어머니는 괴물이다

여성을 위한 공평한 시간 할당! 여기에 남편이 아내를 괴물로 만드는 방식이 있다. 이 의식은 소년과 소녀들 둘 다를 학습부진학생으로 만든다. 이것은 가족 바깥에 있는 대부분의 여성들에게 완벽하게 보이는 친절하고 상냥한 남편을 포함한다. 그는 너그럽고, 다정하고, 따뜻하며, 심지어 감정에 대하여 논의하기를 좋아한다. 그는 양육하는 역할을 즐기고 자신을 좋은 공정한 아버지로 생각한다.

이 남자는 화를 거의 내지 않고 빈번하게 아이들과 의견 차이에 대하여 토론한다. 아이들은 일어나는 일들에 대하여 이야기를 나누고 그것들을 이해하기 위해 그를 의지할 수 있다는 것을 안다. 그와 아내 사이에 경쟁이 존재한다는 것은 결코 그에게 떠오르지 않는다. 그는 좋은 아버지처럼 느끼며 아내가 왜 그렇게도 지배적인지 이해할 수가 없다. 만일 이 이미지가 친숙하다면, 그것은 '어머니는 괴물이다' 의식이 빈번하게 텔레비전의 가족 시트콤에서 묘사되고 있기 때문이다. 인기 있고, 중요함으로 인증된 가족 쇼조차도 가족에게 극적으로 부정적인 영향을 줄 수 있다.

물론 가정에서 어느 정도 훈육이 있어야 한다. 아이들은 안내가 되어야 한다. 아빠가 '좋은 남자'이기 때문에, 그는 아내에게 아이들에 대한 규칙들을 맡긴다. 그는 규칙 만들기에 크게 신경을 쓰지 않는다. 그리고 엄마는 아이들을 위한 지침의 필요성을 분명하게 안다. 그러므로 그녀는 규칙들을 세운다. 자, 여기에 문제점이 있다. 그녀는 규칙을 만들고 그는 그 규칙을 어기거나, 그렇지 않으면 적어도 교활하게 그의 아이들에게 그녀의 규칙에서 빠져나갈 구멍을 발견하도록 안내한다. 한 예가 다음에 있다.

장면 1

아이들은 그들이 텔레비전을 보기 전, 숙제를 하기로 되어 있다. 엄마와 아빠는 이 규칙에 합의한다. 그 규칙은 일요일 가족회의에서 만들어지는데 그때 엄마는 주로 아버지와 아이들의 의지에 대항하여 이 규칙을 주장한다. 자, 오늘은 월요일이다. 엄마는 거실로 걸어 들어와 Matthew가 월요 야간 축구를 시청하는 것을 발견한다.

엄마 : Matthew야, 너 숙제 다 했니?

Matthew : (무반응)

엄마 : Matthew야, 벌써 숙제 다 했니? Matthew야, 우리가 지난밤 회의에서 만든 새로운 규칙을 기억하지?

Matthew : 아... 잠시만요. 이것은 중요한 경기예요.

엄마 : (그 방을 나갔다 잠시 후 다시 돌아온다) Matthew야, 그 경기 이제 끝났니? 너는 숙제를 해야 해.

Matthew : (잠시 올려다보며) 아빠가 말이에요, 이 경기 다 끝나고 숙제해도 된다고 하셨어요. 이것은 챔피언십 경기거든요.

엄마 : (힘이 빠져 방을 떠난다) 아빠가 말이에요, 아빠가 말이에요, 그러면 난 뭘 할 수 있단 말이야?

장면 2

그 게임이 끝났다. 아빠와 Matthew는 그 게임에 대하여 떠들며 소파에 앉아 있다.

엄마 : Matthew야, 너 그 게임 후에 숙제를 할 거라고 말했잖아. (남편에게) 여보, 우리가 어제 가족회의에서 세운 규칙 기억나요?

Matthew : 아빠와 저는 대화 중이에요. 우리는 이야기 나눌 시간을 가져본 일이 거의 없어요. 잠시 후에 할게요.

아빠 : (엄마에게) 여보, 이것은 예외가 되어야 해요. Matthew는 잠시 후에 숙제를 할 거예요. 우리는 그 경기에 대하여 좋은 이야기를 나누고 있었어요. 게임을 보는 것으로는 충분하지 않아요. 사람은 또한 그 후에 그것에 대하여 이야기를 나누어야 해요.

엄마 : (김빠지는 소리로 중얼거리며, 무력함을 느끼면서 방을 떠난다) 규칙은 뭐람!

장면 3

엄마 : (그 방에 들어와 더 이상 참지 못하고, 화가 나서, 크고 긴장된 목소리로) Matthew야, 숙제를 하는 편이 좋겠어! 넌 너의 과정에서 낙제할 거야. 지금 10시야. 밤새도록 이야기할 순 없어....

Matthew : 엄마, 뭐 때문에 소리 지르세요? 저 그거 해놓을 거예요. 지금은 너무 늦어서 집중이 안돼요. 제 생각엔, 자고 일찍 일어나서 아침에 그걸 하는 게 더 나을 것 같아요. (성나고 반항적인 음조로) 걱정 마세요. 그건 제 숙제예요. 그러니까 해 놓을 거예요! 엄만 이제 날 믿지도 않아.

아빠 : (아내에게) 여보, 괜찮아요. 화를 낼 이유가 없어요. Matthew는 아침에 그것을 할 거예요. 그는 해놓을 거예요. 그리고 밤잠을 잘 잔 후에는, 숙제가 더 빨리 될 거에요. (Matthew에게 참는 목소리로) 잘 자, 아들. 밤에 잘 쉬어. 아침에 꼭 숙제해.

Matthew는 어머니가 정말로 잔소리꾼이라고 생각하고 아침에 숙제를 할 결심을 하며 잠자리로 갔다. 아빠는 어떻게 아내가 그렇게도 잔소리가 심하게 되었을까 의아해하면서, TV 앞에 좌정한다. 어머니는 고갈되고, 분을 참지 못한 자신에게 화를 느끼며, 남편이 그녀를 돕게 되기를 바라고, 왜 그녀는 아이들을 듣게 할 수 없는지 의아해하면서, 그와 함께 TV 앞에 앉는다.

그녀는 Matthew가 숙제를 하지 않을 거라는 것을 확실히 알고 있다. 아침에 자명종이 울릴 때, 그는 다시 잠을 잘 것이다. 심지어 두 차례의 스누즈 종이 울리고 그녀가 서너 번 그를 부른 후에, 그는 간신히 잠자리에서 나올 것이다. 그리고 그가 후다닥 내려오지만 버스를 막 놓쳐버릴 때, 아빠는 그가 직장에 가는 도중에 그를 학교에 태워다줄 것이라고 제안할 것이다. 그녀는 격분을 느낀다. 그녀는 다음 교사-부모 회의 때, 남편 없이 출석할 것이고 또 다시 교사가 "Matthew는 아주 영리한 소년입니다. 만일 그의 머리를 학업을 회피하는 방법을 생각해내는 대신, 그의 학업을 하는 데 사용할 수만 있다면, 그는 훌륭한 학생이 될 것입니다."라고 말하는 것을 듣게 될 것이다. Matthew는 그의 교사, 그의 어머니 그리고 아주 나중에 그의 아버지에게조차 영리하지만 학습부진을 하는 수수께끼 같은 사람이 된다.

'어머니는 괴물이다' 이 게임은 소녀들에게도 학습부진 증후군을 키운다. 가정에서 소녀들은 어머니를 무력하기도 하고 괴물이기도 한 둘 다로 보기 때문에 학습부진을 한다. 확실히 적절한 모델은 아니다. 그들은 아빠의 귀여운 소녀가 되며, 노력 없이 아빠를 기쁘게 하는 것을 선호할 것이다. 이 가정의 소년들은 아버지를 동일시하는 것이 행복하다. 그들은 강력하고 친절한 것을 좋아한다. 불행히도, 아빠로부터 받는 메시지는 성취를 고무시키지 않는다. 그것은 엄마를 무시하고, 교사들을 무시하고 그리고 규칙을 무시하는 수동적 공격 메시지이다. 그것은 자기 마음에 꼭 드는 일을 하며 그들이 준비되었다고 느낄 때까지 미루라는 메시지이다. 그러나 그 준비상태는 거의 오지 않는다.

의식 3 : 아빠는 마네킹이다

이 의식은 괴물 연극의 경미한 수정이며 어머니가 심리학자, 교육자, 사회 복지사이거나 양육 수업을 받은 가정에서 주로 발견된다. 한편 그들의 남편은 의사, 엔지니어, 트럭 운전기사 그리고 양육 수업을 받은 적이 없을지도 모른다. 물론 주요 차이는 엄마는 아이들을 키우는 '바른' 방법을 배웠고, 아빠는 그렇지 않다. 그러므로 엄마는 아이들을 정확하게 키우는 방법에 대하여 아빠에게 방향을 제공하는 것이 그녀의 책임이라고 결정한다.

어머니는 소년들은 적절한 남자 역할모델로 그들의 아빠가 필요하다는 것을 확실히 안다. 그녀는 이것을 남편에게 설명한다. 그는 즐겁다. 그는 함께 낚시 여행을 떠나고 일요일마다 축구경기를 관전하는 자신과 아들의 미래상을 그린다. 처음에 그는 좋은 긍정적 관계로 출발하기 위해 그의 작은 소년과 함께 놀아야 한다고 듣는다. 그는 그렇게 한다. 그는 아들에게 달콤하게 속삭이고, 음식을 먹이고 그리고 기저귀까지 갈아 채운다. 아들은 재미있어! 여태까지는 일이 잘 풀리고 있는 것 같다. 아버지는 아내가 심리학에 대하여 모든 것을 안다는 것이 즐겁고 기쁘다. 그는 부모 역할의 안내를 그녀의 지식에 의지할 수 있다.

2살경에 문제는 시작된다. 아빠가 그날의 담당이다. 그는 아들 Lamar가 그의 책과 서류들을 찾아서 망가뜨리는 것을 발견한다. 그의 과업은 난장판이 되었다. 아빠는 냉정을 잃는다. 그는 아들을 들어올리며, 그를 꾸짖고, 비명을 지르고 소리치며 아이 침대로 가져다 놓는다. 엄마는 들어와서 거실이 서류로 흩어져 있고, 아빠는 흥분하여 완전 제정신이 아니고, 그녀의 천사 같은 아들은 침상에서 필사적으로 비명을 지르고 있는 것을 발견한다. 그녀는 '응급 처치 심리학'의 1단계를 시작하며, 바로 Lamar를 그의 구유에서 꺼내고, 그의 상처를 위로하며 그리고 모든 것이 잘될 것이고, 가련한 아빠가 그만 화가 난 것이라고 설명한다.

Lamar는 진정되고, 엄마는 2단계로 들어간다. 그래서 앞으로 이런 딜레마를 다룰 더 좋은 방법을 아빠에게 설명한다. 그녀는 그가 아들에게 적절한 행동을 설명해야 하고, 벌은 그의 자아개념을 해치고 아들로 하여금 아빠에게 분을 일으키도록 하기 때문에 항상 Lamar를 질책하는 것은 삼가라고 지시한다. 또한 그녀는 남편에게 긍정적 강화의 이점에 관하여 상기시킨다. 아빠는 그 응급처치법을 바닥을 뒤덮은 그의 흩어진 조각난 서류들에 적용하면서, 참을성 있게 듣는다. 그는 왜 그가 분을 참지 못했는지 궁금해한다. 그리고 아들에게 아마 해를 끼쳤을 것에 대해 끔찍하게 느낀다. 그는 기꺼이 다시 노력할 것이고 오직 긍정적 강화만을 사용하기로 결심한다. 그러나 이 상황에서 그가 긍정적 강화를 어떻게 사용했어야 했는지는 확실하지 않다. 반면 아내는 양육 학습과정을 밟았으며, 그래서 그녀는 당연히 알 것이다.

아빠는 또 다시 노력한다. 하지만 매번 그는 화가 나서 아들의 자아개념을 해치며 끝이 난다. 아마도 여자들이 아이들을 키우는 것에 더 능숙하다고 그는 생각하는 것 같기도 하다. 만일 Lamar가 다룰 수 있는 덩치가 될 때까지 그 애와 노는 것을 연기할 수만 있다면, 그는 아마 더 잘 할 수 있을 것이다. 아마 그는 학교로 돌아가 또 다른 학위를 받든가, 아니면 저녁 시간 더 많은 시간을 확실히 일에 바칠 것이다. 만일 그가 일요일에 일을 한다면, 그것은 확실히 승진의 기회를 높여줄 것이고, 그래서 더 많은 돈을 벌게 할 것이고, 결국 그는 아들에게 더 많은 것을 해줄 수 있을 것이다.

아빠의 결론 : 지금 나는 열심히 일할 것이고, Lamar가 나이가 더 들면 그와 놀겠다.

엄마의 결론 : 나는 내 남편이 그렇게 많이 일하지 않기를 바라지만, 어쨌든 그는 Lamar를 아주 잘 다루지 못한다. 그런데 나는 적어도 그 애를 바른 길로 돌이킬 수 있다.

Lamar의 결론 : 아빠는 결코 집은 아니야. 아빠가 하는 전부는 일이야. 나는 확실히 아빠 같은 사람은 안 될 거야.

대강 이때쯤, '아빠는 마네킹이다'의 색조는 '아빠는 괴물이다'의 곡조로 바뀐다. 그리고 이 노래는 오케스트라의 첫 연주곡인 양 울려나오게 될 것이다.

의식 4 : 어머니는 집안의 생쥐이다

반항적인 사춘기의 딸을 야기하는 '어머니는 마네킹이다' 의식은 아버지와 딸 사이의 공모하는 관계에서 시작된다. 그것은 아빠와 그의 완벽한 귀여운 딸이 서로 함께 짝이 되는 독특한 동맹이다. 그러나 정확히 말하자면 엄마는 '아주 영리하지 않은' 또는 어느 정도 '소외감이 있는' 인물의 배역을 맡는다.

아동 초기, 아빠는 결코 Lela에게 "안 돼." 라고 말할 필요가 없다. 그녀는 그를 마음대로 조종하는 특수한 방식을 갖고 있다. 어머니는 그 관계를 칭송하지만, 일찍부터 계속되어 온 이것을 전혀 이해하지 못한다. 아버지와 딸은 서로 경이롭게 바라보면서 손을 잡고 집을 나선다. 보는 사람마다 Lela는 완벽하다고 동의한다.

전사춘기가 도래하고 어머니는 그녀와 딸 사이에 교묘한 — 때로는 그렇게 교묘하지 않은 — 전쟁이 일어나고 있다는 것을 알아차린다. 그녀는 정확히 그 이유에 대한 확신이 없지만, Lela는 그녀로부터 최소한의 비난도 받아들이지 못하는 것 같다. 사실상 어머니가 "흑색."하면 Lela는 "흰색."이라고 말하고, 그 반대로 하기도 한다. Lela는 엄마와 말썽이 생기기 때문에, 자주 아빠에게 간다. 그는 중재를 하고 일을 부드럽게 넘기고, 그녀가 그의 무릎을 파고 앉아 어머니가 얼마나 통제적으로 되었는지 불평하는 동안, 그는 Lela가 더 좋은 느낌을 갖도록 돕는다.

Lela는 중학교에 입학하고, 신체적으로 성숙하다는 징표를 보여준다. 그래서 아빠는 갑자기 완벽한 딸에 대하여 걱정하기 시작한다. 그는 그가 십 대였을 때를 분명히 기억한다. 위험이 복도, 실험실, 학교 댄스파티 그리고 십 대 초반의 아이들 파티에 잠복해 있다.

그래서 아빠는 담배, 술, 마약 그리고 모든 것들, 소년들에 대한 유의점에 대한 장광설을 시작한다. 그는 완벽한 아이를 성장의 악들로부터 보호해야 하지만, Lela는 "아빠는 절 못 믿으세요?"라고 묻는다. 아빠는 그녀를 믿는다고 대답하지만, 그는 나머지 세상에 대하여 확신을 못한다. 그는 규정을 세울 때라고 결심한다.

규정은 "안 돼."를 의미한다. Lela는 결코 아빠로부터 "안 돼."를 받아본 적이 없어서, 이런 금지는 끔찍하게 느껴진다. 그녀는 엄마에게 호소한다. 그녀는 엄마에게 아빠가 중년기의 위기와 같은 것을 겪고 있는지를 묻는다. 우연의 일치로 그럴지도 모르지만, 그보다 더 중요한 것이다. 엄마는 그녀 딸과의 친밀감을 형성할 첫 기회를 본다. 그녀는 Lela가 성숙해가고 있기 때문에 그들이 더 친밀해질 것이라고 상상한다. 지금 새로운 동맹이 있다. 아빠를 대항한 어머니와 딸이다. 그것이 작용할 때, Lela는 행복하다. 그것이 작동하지 않을 때, 그녀는 아빠에게로 돌아간다. 뒤로 앞으로, Lela는 조종하는 것을 배운다. 그녀는 심지어 그녀의 부모 각자에 대한 요청들의 특별한 분류체계를 안다. 옷과 통행금지 해제는 엄마에게 스포츠와 여행은 아빠에게 요청한다.

이제 Lela는 고등학교에 다닌다. 그녀의 부모는 걱정이다. 그들은 갑자기 연합 전선의 때가 왔음을 깨닫는다. 엄마와 아빠는 지금 같은 팀에 있고, Lela는 그들에 맞서서 혼자 서 있다. 그들은 더 이상 자주 말하지 않을 것이며, 그녀가 최상의 조종술을 수행할 때조차, 그녀는 그들의 마음을 바꿀 수가 없다. 그녀는 절망을 느낀다. 그녀는 그들 중 누구도 자신을 이해하지 못한다고 생각한다. 그녀는 그들로 하여금 그녀가 하고 싶은 모든 것을 하도록 허락하게 할 수 없다. 그녀는 도움이 필요하다. 그래서 그녀는 또래들에게 손을 뻗는다. 그녀는 자신의 부모들과 비슷한 문제를 가지고 있는 몇몇 친구들을 발견한다. 그들은 일부 부모들은 정말 '유행에 맞지' 않는다고 그녀를 이해시킨다. Lela는 지금 그녀 자신의 팀을 갖고 있다. 그들은 함께 그들의 부모에 대항할 수 있다는 것을 증명할 것이다. Lela는 담배 피우기를 시도한다. 그녀가 강하게 끌렸던 모든 반항적인 친구들은 담배를 피운다.

지금 엄마와 아빠는 정말 불안하다. Lela는 패배자들에게 친근하게 굴고, 그들은 그녀의 방에서 담배를 발견했다. 어떻게 그들이 그녀를 믿을 수 있을까? 엄마는 그녀에게 말을 건네려 하지만, 그것은 별 소용이 없다. 아빠는 그들의 우려를 전달하려는 시도를 한다. 그건 좀 낫긴 하지만, 그녀에게 담배를 끊고 친구를 바꾸라는 원이기 때문에 진정으로 효과는 없다. 그녀는 그렇게 하지 않으려 할 것이다. 그녀는 자신이 되어야 하고, 그녀의 부모는 그녀에 대한 통제를 멈추어야 한다고 말한다. Lela의 부모는 그녀에게 동의

하지 않는다. 그녀는 그들이 더 엄격해질 것으로 믿는다. 그들은 야간 통행금지를 설정했고, 그래서 Lela는 창문으로 기어올라 밖으로 나간다. 지금 그녀는 골초다. 그들은 그녀가 마리화나 중독자와 함께 자고 있다고 생각한다.

엄마는 Lela가 책상 위에 놓고 간 그녀의 일기를 읽기 때문에, 이것을 발견했다. 또한 그들은 Lela가 그녀의 부모를 미워한다는 것을 그 일기를 통해 알게 된다. 그녀는 경멸에 차 있으며, 상스런 언어를 쓰고, 그들의 규정을 무시하고, 그녀의 이전의 A와 B학점들은 D와 F로 떨어졌다. 그녀는 수업을 빼먹고, 부모와 논쟁하며, 그녀가 가장 흔히 쓰는 말은 "저를 통제하려 하지 마세요!"가 된다. 진실로 그녀의 부모는 더 이상 Lela를 통제할 수 없고, 그들이 기억하는 상냥하고 귀여운 소녀에게 무슨 일이 일어난 것인지 이해할 수가 없다.

그녀의 부모는 Lela를 상담소로 데려간다. 그녀는 가고 싶어 하지 않는다. 그녀는 의자에 털썩 주저앉아, 심리학자가 그녀를 돕지 못할 거라고 작정하고, 업신여기는 목소리로 "저의 어머니는 우둔해요. 당신은 그녀가 백 년 전에 태어났다는 생각이 들 거예요."

"그러면 너의 아버지는?"하고 심리학자는 묻는다.

"그는 훨씬 낫지 않아요... 어, 아마 약간 나을 거예요. 둘 다 살아가는 방식을 몰라요. 저는 정말 그들을 참을 수 없어요. 저는 집을 나올 때까지 기다릴 수 없어요. 저는 그날들을 세고 있어요."

작은 아이일 때 너무 많은 힘을 가졌던, 아빠가 부지중에 그녀의 어머니와 경쟁하도록 부추겨졌던 그 반항적인 딸은 이제 거부되고, 사랑받지 못하고, 통제력이 없다고 느낀다. 이런 소녀들은 다양한 길을 택하지만, 그들 모두는 똑같이 힘의 부족감을 신호로 보낸다. 이것은 주로 그들이 아이일 때 너무 많은 힘이 주어졌기 때문이다. 어떤 아이들은 부모에 의한 거절감을 문란한 성관계의 형태로 달린다. 그들은 부모(특별히 아버지)가 그들을 사랑하지 않으며, 그래서 그들은 사랑을 가져야 한다고 말한다. 그와 같은 소녀는 남자의 팔에 안길 때, 그릇되게도 그가 그녀를 사랑한다고 믿으며 좋은 기분을 느낀다. 그가 다음 사람을 위해 그녀를 떠날 때, 그녀는 거부되었다는 쓰라림을 느끼고 적의를 품게 되고, 사랑처럼 느껴지는 다음의 초대를 쉽게 수용한다.

다른 소녀들은 조용하게 반항을 표출한다. 폭식증, 거식증, 우울 그리고 자살 시도는 지배력 상실감을 표출하는 강력한 방식들이다. 이런 질환은 부모들에게 무력감과 피차 탓하는 일을 남긴다. 이것들은 청소년들이나 어린 성인들이 그들의 부모를 통제하도록 해주지만, 자기 자신을 통제하게는 못한다. 어머니를 '집안의 생쥐'로 격하시키는 아빠와 귀염둥이 소녀 사이의 윙크는 후에 전청소년기 딸이 어머니를 보는 눈 놀림이 될 것이다. 아버지가 또한 아니라고 말할 때, 딸은 어머니와 아버지 모두에 의해 거부된다고 느끼며, 그녀가 느끼는 거절감의 대체물로 그녀는 사랑을 찾으며 바람을 피울 가능성이 있다.

어떤 반항적인 십 대들은 부모에 맞서 그들의 편이 되어주고 괴물과 마네킹게임에 포함할 친척 아줌마나 아저씨, 조부모 또는 친구들의 부모를 찾는다. 그들은 친척들에게 그들의 부모가 서로 사랑하면서 자기들은 사랑하지 않는다고 불평할 수 있다. 그들은 어머니에 맞서 아버지를 다시 자기편으로 하는 위안을 찾지만, 그때는 엄마와 아빠 모두가 포기를 했다. 순진하고 좋은 뜻을 가진 다른 어른들은 반항적인 청소년들에 대하여 안쓰럽게 느끼고, 그들을 자기 집으로 데리고 가고, 부지중 그들의 부모와 멀어지게 하는 것을 돕는다 — 때로는 영원히.

의식들의 조합

남편과 아내가 거의 항상 싸움에 휘말리는 일부 가정에서, 모두 네 가지의 파괴 의식이 동시에 발생할 수 있다. 그 부모가 결혼생활의 문제들을 인정할지라도, 그들이 보통 아이들에게 주는 파괴 효과는 확인하지 못한다. 그러나 그 아이들의 학업 성취와 행동 패턴들은 그들이 동일시해온 싸우는 부모를 반영할 것이다. 싸움에 휘말린 가족들은 승자와 패자들, 공격자와 수동 공격자들이 있다. 종종 가족이 심하게 전투적이라면, 아이들은 그들의 패배를 다르게 표현할지는 모르지만 모두가 패자이다.

양성 모두의 아이들이 패배하는 대립적 가족의 가장 흔한 예는, 반항적인 Rebecca가 된 딸이 아빠의 귀염둥이 소녀였던 경우와, 세심히 배려하고 친절한 어머니의 수동적 공격 행동을 동일시한 아들 Paul이 수동적이게 된 경우이다. 동성의 두 아이들이 있는, 싸움에 휘말린 가족에서 한 아이는 보통 한 부모의 역할을 띠고, 다른 형제자매들은 상대 부모의 역할을 띠도록 한다. 한 형제자매가 더 공격적으로 보이면, 다른 아이는 수동적으로 되거나 아마 수동 공격적이 될 가능성이 더 크다. 몇 가지 형제자매들의 예가 있다.

Trevor는 더 나이가 많은데 그의 어머니를 동일시했다. 그의 아버지는 자신의 경력을 쌓는 데 집중하고 있었기 때문에, 아이의 초기에 집에 거의 없었다. Jordan은 더 어린 소년인데 그의 모델로서 아빠를 선택했다. Jordan과 아빠는 열심히 일하는 사람이었다. 어머니에 의해 보호받는 Trevor는 집 안에 머물며 독서나 TV 시청을 더 좋아한 반면, Jordan은 밖에 나가 아버지를 돕는 것을 즐거워했다. 결혼생활이 파경에 이르렀을 때쯤, 소년들은 장성했다. 아버지는 성공적인 행정가가 되었다. 어머니는 불행했고 거부된 감정을 느꼈다. Jordan은 성공적인 사업가가 되었지만, Trevor는 학교를 중퇴했고, 직업을 잡을 수 없었으며, 심한 우울증을 앓게 되었다.

두 번째 가족으로, 가장 나이든 딸인 Felicia는 아빠의 귀여운 소녀였다. 그녀는 우수한 학생으로 시작했고, 음악적 재능이 있었다. 그녀의 가장 어린 여동생인 Cherise는 엄마를 동일시했다. Cherise 역시 우수한 학생이었으며, 똑같이 음악적 재능이 있었다. 청소년기, Felicia는 반항적인 Rebecca 패턴을 띠었다. 그녀의 성적은 떨어졌고, 그녀의 음악적 관심은 시들었다. Cherise는 우수한 학생이며, 좋은 음악가로서 노력을 계속했다. 이 가정의 아버지는 딸들이 대학에 다닐 때, 자동차 사고로 사망했다. 어머니는 독립적이고 성공적으로 계속 움직이고 특별하게 이 재난에 잘 대처했다. 아버지를 동일시했던 장녀인 딸은 여러 번의 결혼과 직업전환의 고비를 넘어왔다. 그러나 어린 여동생은 더 안정된 관계와 좋은 직업으로 성공을 계속했다.

여러 아이들이 있는 가정에서는, 대립하는 부모의 동일시는 좀 더 복잡해진다. 분명히 두 개의 대적하는 팀이 있기 때문에, 아이들은 편을 들 수밖에 없다. 그들 부모의 한 명과 싸워야 하는 아이들은 흔히 그 투쟁을 모든 권위와 싸우는 것으로 일반화한다. 그들의 습관적 접근은 전쟁의 하나이기 때문에, 그들은 학교에서 성취할 여지가 없다. 어떤 지점에서 그들은 확고한 반학교, 반권위 입장을 취해야 한다고 느낀다. 그들의 학습부진이 시작되는 때는 바로 이 지점이다.

학습부진 증후군의 한 가지 기본적인 기저의 이유는 가족 내의 힘겨루기이다. 힘겨루기의 정도와 방식은 아이들의 성취 패턴에 큰 영향을 준다. 그럼에도 불구하고 교사들은 이 패턴들이 비록 가정에서 시작되었을지라도, 아이들에게 차이를 낼 수 있다.

괴물과 마네킹 의식이 연출되고 있는 아이들에게 낮은 성적보다 훨씬 더 위태로운 것이 있다는 걸 강조할 필요가 있다. 만일 어머니가 남자들에게 화를 내거나 계속해서 아들을 남편보다 더 나은 남자로 만들려고 한다면, 그녀는 아들이 남편과 강하게 경쟁을 하도록 가르친다. 이것은 우울, 분노 그리고 심지어 폭력으로 이끌 수 있다.

더욱이, 소년은 어머니가 보는 데서 아버지를 능가하려 하기도 하고, 또한 한 남자가 되려는 시도를 하면서, 청소년기에 자신의 분노를 어머니에게 돌릴 수 있다. 그는 종종 느끼는 극단적인 분노를 이해하지 못할 테지만, 그것은 자신을 끊임없이 투자한 어머니에겐 엄청난 충격이다.

만일 아버지가 아내의 통제에 화를 내거나, 딸과 아내 사이의 관계를 중재하거나, 아내의 힘을 파괴한다면, 그는 부지중 더 이상 통제하거나 심지어 안내조차 할 수 없을지도 모를 강력한 청소년을 생산한다. 그는 좌절될 것이며, 딸은 거부되었다고 느끼게 될 것이다. 이것은 부지중에 그녀의 어머니가 가족 그림으로부터 배제되었을 때, 그녀가 자신의 아버지와 가졌던 만큼의 친밀하고 배타적인 관계를 한 남자와 가지려는 딸의 난잡한 추구를 시작하도록 한다.

괴물과 마네킹 의식들은 모든 가정에서 가끔씩 일어난다는 것을 명심해야 한다. 어린 아이들에게 문제가 생기는 것은 단지 이런 의식들의 지속적인 패턴이 있을 때이다. 그러나 정상적 청소년기의 젊은이들은 성인으로 가는 도상에서 그들의 역할을 정의하려 한다. 한 부모에 의한 단 하나의 파괴 사건조차 그들에게는 다른 부모를 무례하게 시험하도록 부추길 수 있다. 십 대에게 반항적인 행동을 하도록 밀어넣는 것은 단지 미량의 부모 파괴만을 필요로 하며, 이것은 다시 방향 잡기가 매우 어려워질 수 있다.

학습부진, 분노, 폭력 또는 성문란, 결과가 어떻든 지나친 힘의 추구는 쉽게 알코올과 마약으로 이끌리고, 물론 이것은 단지 사용자에게 일시적으로만 힘을 줄 뿐이다. **우리 사회의 남성과 여성은 긍정적인 방식으로 서로의 차이를 존중하도록 배울 때 그리고 배우자가 서로 전쟁하지 않을 때, 더욱 성취적이고, 긍정적이며, 정신적으로 건강한 아이들이 생겨날 것이다.**

부모 포인터

제4장을 읽기 전 의존성과 지배성에 대한 다음 질문에 스스로 답해보세요. (만일 당신이 교사라면, '내 아이'나 '이 아이' 대신에 '이 학생'으로 하여 읽어보세요.)

1. 다른 아이들이 내 아이를 집적거립니까?
2. 이 아이 가정에 어머니나 아버지가 과보호적입니까?
3. 내 아이는 숙제를 하는 데 많은 부모 도움을 필요로 합니까?
4. 내 아이는 자주 '학급 광대' 역할을 합니까?
5. 내 아이는 많이 울거나, 징징거리거나, 불평을 합니까?

각 '예' 응답에 1점의 점수를 주고 총점을 계산하세요. 얻은 점수에 대한 설명이 아래에 있습니다.

총점	
4~5	내 아이는 매우 심각한 의존 문제가 있다.
2~3	내 아이는 좀 심각한 의존 문제가 있다.
1	내 아이는 작은 의존 문제만 있다.
0	내 아이는 의존 문제가 없다.

6. 내 아이는 자신이 어떤 일을 잘 했을 때 크게 자랑합니까?
7. 내 아이는 자주 자신의 어머니, 아버지 또는 교사에게 불순종합니까?
8. 내 아이는 타인을 탓하거나 변명을 찾습니까?
9. 내 아이는 자주 한 부모나 교사에게 생각을 바꾸게 하려고 설득합니까?
10. 내 아이는 한 부모(또는 교사)가 "아니."라고 말한 후, 다른 부모(또는 교사)에게 "그래."라고 말하게 합니까?

각 '예' 응답에 1점의 점수를 주고 총점을 계산하세요. 얻은 점수에 대한 설명이 아래에 있습니다.

총점	
4~5	내 아이는 매우 심각한 지배 문제가 있다.
2~3	내 아이는 좀 심각한 지배 문제가 있다.
1	내 아이는 작은 지배 문제만 있다.
0	내 아이는 지배 문제가 없다.

당신의 아이가 의존적인지 또는 지배적인 학습부진학생인지 결정하기 위하여 다음 장을 읽어보세요.

제4장

의존성 그리고 지배성

부모들이 아이 양육 자격증을 취득하고 있는 경우는 드물다. 아이 양육을 위한 틀은 서적이나 잡지의 기사, 인터넷 또는 부모 역할교육을 통해서 발견한 정보에 의해 영향을 받을 수 있다. 그러나 가장 강력한 영향력은 그들의 부모가 그들을 양육한 방식에 대한 그들 자신의 평가일 것이다.

부모로서 당신은 처음으로 당신이 창조한 참으로 아름다운 새로운 존재를 경이롭게 응시할 때까지, 자녀를 양육하는 방법을 걱정하고 생각하는 데 이미 셀 수 없는 시간을 보내왔을 것이다. 당신과 배우자는 자신의 어린 시절을 검토하면서, 그 시절이 기본적으로 좋았고, 비슷한 가정환경을 당신의 자녀에게 제공하고 싶다고 결론내릴 수 있다. 그러나 만약 당신이나 배우자가 자신의 어린 시절이 부적절하다고 본다면, 결국 당신은 의심할 바 없이 더 좋은 부모가 될 수 있는 그리고 당신의 자녀가 당신이 어린 시절에 경험했을 법한 외상적인 경험이나 부적절감을 피하도록 많은 방법을 숙고하게 될 것이다.

종종 당신은 다른 부모들과 당신의 생각을 의논한다. 그러나 혼자서 더 자주 아이를 위한 당신의 계획을 생각한다. 당신은 자신의 초기 시절을 곰곰이 생각하고 자신의 정서적 경험을 당신의 품 안에 있는 아기의 삶에 투사하면서, 당신이 크나큰 사랑과 사명을 느끼는 아이에게 '양육을 제대로 잘 할 수 있을 것'을 희망한다. 이것은 당신이, 당신이 창조한 아이의 일부가 된 것과 거의 다름없다.

역동일시

당신이 자녀를 동일시하거나 자녀 속에서 '자신을 보는' 과정을 **역동일시**(counter-identification)라고 한다. 이 개념은 연구에서 철저하게 탐구되지는 않았지만, 역동일시는 긍정적으로 그리고 부정적으로 자녀의 성취에 영향을 주는 것으로 보인다. 당신이 자녀를 역동일시할 때, 당신은 자신을 자녀의 활동에 투자하고, 감정이입으로 자녀의 노력, 성공 그리고 실패를 공유한다. 자녀의 성취에 대한 긍정적인 공헌의 잠재력은 주로 당신의 시간을 투자하고 기술을 나누어주는 데서 온다. 재능이 있는 수학자, 피아니스트, 수영선수들의 어린 시절의 특징에 관한 고전적 연구에서, 이들은 한 부모나 때로는 부모 모두가 일찍이 영향력 있는 모델을 제공하였다고 언급하였다(Bloom & Sosniak, 1981). 그것 또한 부모에 의한 고도의 역동일시가 있었다고 결론내리는 것이 옳을 것이다.

친숙하면서도 덜 긍정적인 역동일시의 예는 Little League 농구 대회에서 공정하지 않게 '아웃'당한 자가 마치 자신인 양 필사적으로 논쟁하는 목청이 큰 아버지일 것이다. 또 한 예는 딸이 첫 남자친구에게 실연당할 때, 몹시 속상하여 속이 뒤집히는 어머니일 것이다. 이것은 어머니가 자기 자신이 고통과 거절을 경험하고 있는 것과 흡사하다.

대부분 부모는 적어도 한 자녀를 역동일시한다. 문제들을 일으키는 것은 그 과정 자체가 아니다. 부모가 자식에게 너무 많은 것을 해주어, 아이가 자기 자신의 자주성을 발달시키는 데 필요한 만큼의 충분한 독립성을 제공받지 못하거나 또는 부모가 아이에게 너무 많은 힘을 주어 자녀가 늘 주도하여야 한다면, 그때 역동일시는 학습부진 증후군으로 이끌어갈 가능성이 있다.

부모가 자녀에게 적절한 독립성을 키워줄 방법들은 널리 있다. 단지 부모가 피해야 할 것은 극단성이다. 부모가 아이였을 시, 자신에게 사용되었던 아이양육 기법들을 반영할 때, 부모가 양육되던 방식과 극단적인 반대의 방식으로 자녀를 키운다면, 자녀가 자신의 어린 시절보다 더 행복할 것이라고 그릇된 결론을 내릴 수 있다. 그래서 자녀를 다르게 키우려는 시도 속에서, 자녀는 반대방향으로 빗나갈 수 있다. 예를 들면, 물질적인 소유를 거의 갖지 못하고 자란 부모는 자주 자녀들에게 모든 것을 다 제공하기로 결심한다. 부모는 자녀에게 장난감과 옷가지를 퍼붓듯 사주어 대리적 기쁨을 받는다. 만약 부모가 엄격한 훈육 속에서 컸다면, 부모는 자녀에게 너무 많은 자유를 제공함으로써 자신의 노력을 과장할 수 있다. 만일 부모가 자신의 부모에게서 아주 적게 칭찬을 받았다고 생각한다면, 강한 자신감을 형성해주기 위해서 자녀에게 칭찬을 퍼부을 수 있다. 사례들은 더 나열될 수 있다. 그렇지만 어떠한 경우든 아이양육 기술들을 사용할 때 중용을 지키기보다는 반대의 극단지점으로 가며 역동일시를 하는 부모들은 자녀에게 문제들을 야기하도록 한다.

더욱이 부모들은, 일반적으로 그들이 어린아이일 때, 자신들이 어떻게 키워졌는지에 대해서는 아주 조금 기억한다. 그들이 가장 잘 기억하는 것은 청소년 시절인데, 이때는 자신의 어린 자녀를 안내할 때 회상할만한 최적의 시기는 아닐 것이다.

종종 역동일시를 하는 부모는 자신의 어린 시절의 소원을 성취하는 방식으로 그들의 아이들을 안내한다. 예를 들면, 음악에서 자신의 경력을 결코 충분히 실현하지 못한 재능을 가진 음악 전공자는 자녀의 흥미나 능력과 거의 무관하게 자녀가 음악적 재능을 개발하도록 도우려는 결심을 갖게 될 것이다. 축구선수가 되기를 소망했고 고등학교에서 축구하던 날들을 좋게 기억하는 엔지니어는 일찍이 그의 아들의 재능을 보고 그를 프로 축구선수가 되는 방향으로 훈련을 쌓도록 부추긴다.

부모 포인터

만일 부모가 자녀들에게 너무 많이 압력을 넣지 않는다면 그리고 그들에게 너무 많은 것을 해주지 않는다면, 이런 역동일시는 긍정적인 안내를 제공할 것이다. 그러나 극단적인 압력은 다시 아이들에게 학습부진 문제를 야기할 수도 있다. 역동일시가 아이들에게 문제를 야기하는 방식을 이해하는 것은 당신의 양육 기술을 적절하게 수정하도록 도와줄 수 있을 것이다.

의존성 키우기

역동일시가 자녀를 위해 너무 많은 것을 해주도록 부모를 부추길 때, 이것은 자녀의 의존성을 키운다. 역동일시에 의해 야기된 의존성은 다음의 세 가지 시나리오에 기술될 것이다. 나는 처음의 것을 '질식시키는 어머니 역'이라고 부른다.

Amy는 재능이 있는 미술 학생이다. Amy의 어머니는 대학에서 미술을 전공하였으며, 또한 매우 재능이 있었다. 그녀는 대학을 졸업하지 않고, 대신 결혼하여 가정을 가지기로 결정하였다. 어머니는 Amy가 유치원생이지만 그녀에게 많은 미술 자료와 풍부한 긍정적인 모델을 제공하였다. 그녀는 Amy를 지역 미술 박물관의 유치원 미술 교실에 등록시키고, 재능이 나타나자마자 딸의 재능을 격찬하였다. 그런데 이것은 그 엄마에 따르면, Amy가 크레용을 잡게 되자마자 거의 그때쯤의 일이었다.

Amy는 그녀의 미술에 대하여 열정적이고 재능을 자랑스럽게 여긴다. 그녀는 학교 미술 대회에서 우승을 하기 시작하고, 어머니와 딸은 기뻐 뛴다. 그들은 매 대회마다 함께 일하고, 열정적으로 아이디어와 제안을 제공하는 엄마가 있으며, Amy는 흥분되고 그것들을 그녀의 작품 속에 통합한다. Amy가 대회에서 더욱더 많이 우승하면서 그녀는 계속 우승해야 한다는 압력을 느낀다. Amy를 역동일시하는 엄마는 철저하게 딸의 영광을 즐겼고, 성취하지 못한 미술계를 향한 자신의 소망을 Amy에게 투사한다.

승리의 경험 자체는 Amy의 내면에서 계속 우수해야 하고, 심지어 엄마로부터의 외압이 없는데도 계속 인정을 얻어야 한다는 강한 압력을 일으킨다. 그러나 엄마와 교사들이 똑같이 Amy에게 위대한 미래를 투사하면서, 그녀는 특출해야 한다는 훨씬 더 큰 압력을 느낀다. 엄마는 딸의 스트레스를 쉽게 공감하기 때문에 Amy에게 압력을 가하려 하지 않는다. 그들은 Amy의 예술 작품에 대하여 협동을 하지만, 결국 Amy는 엄마의 아이디어와 도움 없이는 미술 대회에서 우승하지 못할 수도 있다고 걱정하기 시작한다. 이제 그녀는 고민과 혼란에 빠진다.

다음 대회는 중요하다. Amy는 혼자서 그림을 그려야 한다고 엄마에게 설명한다. 그녀는 시작할 준비는 되었지만, 좋은 아이디어가 생각나지 않을 것 같다. 그녀는 며칠 동안 노력해보지만, 아마 그녀의 어머니 없이는 아이디어가 생길 수 없을 거라는 당황스러운 두려움밖에는 어떤 생각도 떠오르지 않는다. 엄마는 간섭하려 하지 않지만, 걱정이 된다. 왜냐하면 Amy가 아직 작품을 시작하지도 않았기 때문이다. 아마도 엄마가 Amy에게 약간의 힌트를 주면, 그다음에 Amy는 자신의 힘으로 예술 작품을 완성할 수 있을 거라고 결론을 내린다. Amy는 그 힌트를 받아들이고, 어쨌든 그 아이디어가 대부분 그녀 자신의 것인 양 한다. 그녀는 잠시 그림을 그리는 작업을 하지만, 그 그림에 좀 잘못된 것이 있다. 그때 엄마는 단 몇 가지의 제안으로 도움을 줄 수 있다. 엄마는 이런 것들을 제공하고, Amy는 지금 더욱더 그녀의 그림에 만족을 느끼고, 그것을 대회에 가지고 들어간다. 만세! 환호의 소리와 함께 또 하나의 청색 리본이 Amy(그리고 그녀의 어머니)에게로 왔다. 그러나 이번에 Amy는 청색 리본을 얻은 사람이 자기인지 어머니인지 확실하지가 않다.

이어지는 대회에서 Amy는 더 망설이고 제안을 위해 어머니에게 더 의존하고, 자신의 능력에 자신감이 줄어들고, 더욱 창의적이지 못하게 될 수 있다. 그녀는 재능이 있는 기술자는 되었지만, 창의적인 예술가는 되지 못했다.

학습부진? 그렇다. Amy에 대한 엄마의 역동일시는 딸을 위하여 엄마가 너무 많은 것을 하도록 하였다. 그 과정에서 엄마는 Amy로부터 자신감과 창의성을 훔쳤으며, 어머니와 딸 누구도 왜 Amy의 초기의 재능이 단순한 기계적인 예술 능력을 넘어서 발전하지 못했는지 그리고 왜 Amy는 그런 재능에도 불구하고 그녀의 미술에서 자신감이 부족한지 전혀 이해하지 못한다.

두 번째 시나리오는 '성가신 아버지 역'이라고 불릴 수 있다.

Jeffrey는 분명히 지적으로 재능이 있었다. 그의 IQ점수는 약 150 정도였다. 그는 취학 전에 글을 읽었고 초등학교 2학년 때 분수와 소수를 이해하였다. 그의 서툰 손글씨에도 불구하고, 그는 A학점을 얻었으나 단지, 4학년 동안이었다. 5학년에서는 바뀌었다. Jeffrey는 정확하게 무슨 일이 생겼는지 확실하지 않았지만, 학습할 내용이 더 복잡해지고 있다는 것을 알았다. 작문이 더욱 따분해졌다. 종종 그는 실수를 했다. 종종 그는 단지 B학점을 하나만 받아오곤 했다. 그다음 그는 B 성적표는 집으로 가져오지 않기로 결심했다. 그의 엄마와 아빠는 그의 올 A를 매우 자랑스럽게 여겼다.

그는 아마도 더 천천히 과제를 하면 완전한 수행 ― 특히 수학에서 ― 을 할 수 있을 거라고 생각했다. 그는 너무 많이 부주의한 실수를 하고 있는 것처럼 보여, 속도를 늦추었다. 그는 매우 속도를 늦추어 학교에서 과제를 끝내지 못하고 그것을 숙제로서 집으로 가져와야 했다.

어느 날 그는 수학을 전혀 이해할 수 없어서, 아버지에게 설명해달라고 요청하였다. 아빠는 엔지니어였으며, 그는 Jeffrey에게 그 학습 자료를 좀 빠르게 설명하였다. Jeffrey는 자신이 이해했다고 생각했으나 확실하지 않았다. 그는 자신의 숙제가 확실히 잘되기를 원했다. 그래서 아빠는 그것을 다시 설명하였다. 이번엔 아빠가 Jeffrey와 함께 앉았고, 그들은 함께 수학을 하였다. 아빠는 인내심이 있었고 친절하였다. Jeffrey는 그의 과제를 모두 하게 되었고, 그와 아빠는 멋진 우정의 감정을 공유하였다.

다음날 밤, 더 많은 숙제를 집으로 가져왔고, Jeffrey와 그의 아빠는 더 많은 시간을 함께 보냈다. Jeffrey는 천천히 그리고 세심하게 수행하였다. 그는 자신의 점수가 계속해서 주로 A점수이지만, 반 아이들을 따라가기가 더욱더 어렵다는 것을 알게 되었다. 아빠는 Jeffrey의 숙제를 돕는 데 더욱더 많은 시간을 보냈다. 그는 이제 인내하기가 어려웠다. 그는 걱정했다.

그는 확실히 명석한 아들 Jeffrey가 낮은 점수를 집으로 가져오기를 원치 않았고, 아들이 왜 그렇게 천천히 수행하며 그리도 많은 도움을 원하는지 이해할 수 없었다. Jeffrey 편에서는 아빠와의 즐거운 우정으로서 시작했던 그것이 빠르게 Jeffrey가 기대고 지나

> 치게 의지하는 목발이 되었고, Jeffrey는 지금 그것 없이 지낼 수 있을까 의심하게 되었다. Jeffrey의 학습부진 증후군은 성적표에는 보이지 않았으나, 좋은 뜻을 가진 아버지는 Jeffrey의 의존성과 자신감의 부족을 밤마다 키우고 있었다.

Jeff는 특별히 명석하였고 그의 의존적인 학습부진 양식을 역전하기 위해 노력할 필요가 거의 없었다. 그러나 이것은 이례적인 일이다. 자녀를 위해 숙제하는, 염려하는 부모가 역전시키기 매우 어려울 수 있는 의존양식을 착수한 것이다.

충분히 이상하게도, 숙제 의존양식은 자주 초등학교에서 선의를 가진 교사들의 충고에서 시작된다. 학기 초, 교사-부모 회의에서 교사들은 부모에게 자녀들이 크게 뒤처지고 있으며 숙제를 도와줄 필요가 있다고 주의를 줄 수 있다. 아이들은 곧 학교에서 끝내지 못한 일은 무엇이든 집으로 가져갈 수 있고, 어머니와 아버지가 그들에게 전적인 관심과 도움을 줄 것이라는 것을 발견한다.

더 많은 일거리가 집에 온다. 부모는 더 많은 시간을 그들과 보낸다. 종종 아버지는 어머니가 자녀와 아주 많은 시간을 보내고 있는 것에 당황한다. 어머니와 아버지는 그들이 과연 이 모든 도움이 필요한지 논쟁한다. 아이들은 자신들이 과제를 이해하지 못하고 어머니의 친절한 감독이 없으면, 편지나 서류에 숫자 하나도 쓰지 못한다고 주장한다. 학교에서 이와 같은 아이들은 학습장애로 라벨이 붙을 수 있다. 왜냐하면 그들의 성취는 그들의 IQ검사점수로 예상되는 점수에 크게 못 미치기 때문이며, 또한 그들이 일대일 관계에서만 효과적으로 수행하기 때문이다. 여기 한 예가 있다.

> 한 치료 회기 동안, 초등학교 3학년인 Jamel이 인성 검사지를 읽을 때, 거의 모든 단어에 대하여 도움을 요청했다. 치료자는 아이에게 그녀가 커피 한 잔을 위해 나갈 것이고 그녀가 나가 있는 동안, 그가 이해할 수 없는 단어들을 써놓아야 한다고 설명했다. 5분 후, 그녀는 돌아와서 Jamel이 한 단어도 써놓지 않고 검사지를 완성한 것을 발견했다. 그는 모든 단어를 "이해했다."고 말했다.
>
> Jamel의 숙제 의존성을 역전시키는 과정에서, 비로소 Jamel이 스스로 숙제하는 것에 동의할 때까지, 어머니는 일주일 내내 아래층에서 참을성 있게 앉아 아들의 방에서 들려오는 도움의 울음소리를 들어야 했다. 지금 Jamel은 스스로 그의 숙제를 할 뿐만 아니라 훨씬 적게 집으로 가지고 온다. 왜냐하면 대부분의 할 일을 학교에서 마치기 때문이다.
>
> 대부분의 숙제 의존 아동의 숙제 처소는 부엌이다. 거기서 어머니는 아이의 수학 숙제를

내려다보면서 스프를 저을 수 있다. 아버지 의존의 숙제 처소는 텔레비전과 아주 멀리 떨어지지 않은 거실이나 방일 가능성이 크다.

세 번째의 시나리오는 '가련한 아이, 가련한 아이'라고 부를 수 있고 의존의 가장 극단적인 형태를 대표한다. 이들은 과보호를 받는 아이들이다. 즉, 그들이 중학교 2학년일 때 어머니가 머리를 감겨주고, 그들이 초등학교 6학년일 때 목욕하는 것을 도와주거나, 초등학교 1학년 때 학교에 다녀오면 안아 흔들어주었다. 왜냐하면, 어머니는 학교가 아이를 긴장하게 하고 불안하게 한다고 우려하기 때문이다. 이 아이들은 자기들의 빨래거리를 바닥에서 줍게 하고, 세탁하게 하고, 마법처럼 신기하게도 서랍장에 깔끔하게 놓이게 한다. 그들은 학교에서 돌아오면 그들의 힘든 하루에 대하여 불평을 하거나, 그들에게 비열했던 아이들, 공정하지 않았던 교사 또는 그들을 나무랐던 교장에 대하여 불평을 한다. 쿠키를 먹으며 이런 문제에 대한 설명을 한 후, 텔레비전으로 자리를 옮겨, 거기서 엄마에게 그들의 긴장된 하루를 풀어야만 한다고 설명을 한다. 그들은 너무 지쳐서 숙제를 할 수가 없다. 그들은 하루 종일 너무 힘들게 일해서 설거지를 도와줄 수도 없다. 그들은 거의 어떤 것이든 5분간의 노력 후엔 이완의 한숨을 쉰다.

이런 의존적 아이들은 긴장의 매우 실제적 증상 즉, 야뇨증, 손톱 물어뜯기, 반복적 하품, 한숨짓기, 쌕쌕거리며 숨쉬기, 복통, 두통 그리고 눈물짓기로 부모나 교사들을 당혹스럽게 한다. 부모와 교사들은 계속적으로 자기들이 이 아이들에게 너무 세게 압력을 주고 있는지 또는 너무 많은 것을 기대하고 있는지를 자문한다. 실제로 일어난 일은 이 아이들에게 아주 많은 것을 해주었기 때문에, 결코 그들은 어떠한 진정한 노력도 경험을 해보지 못한 것이다. **단순한 과제조차 독립적으로 수행하는 것을 전혀 배운 적이 없는 아이에겐 모든 일이 어렵게 느껴진다.** 이런 아이들은 어떤 활동에도 에너지를 투자하여 오는 만족감을 얻은 적이 없다. 더욱이 모든 일이 어렵게 느껴지기 때문에 그들은 항상 실패할 것이고, 또래들이 할 수 있을 것으로 보이는 단순한 과제조차 완성하지 못할 거라고 걱정한다.

부모 포인터

과제를 정복할 수 없을 거라는 걱정이 그 활동 자체를 대신한다. 이와 같이 긴장의 증상들이 나타난다. Rimm의 법칙 #5 — 아이들은 일을 하고 있을 때보다 일에 대하여 걱정을 하고 있을 때, 더 긴장을 느낀다 — 는 당신이 긴장의 증상들이 일어나는 이유를 이해하도록 도와준다.

내가 좋아하는 하나의 예는 나의 어린 시절의 경험담이다. 나는 부엌 싱크대 앞에 서서 닦아야 할 큰 접시 무더기를 바라보았다. 나는 결코 끝내지 못할 것이라고 생각했으며 앞에 놓인 이 거대한 일에 대하여 엄마에게 불평을 했다. 그녀는 나의 불평을 무시했고 단순히 "그것을 하라."고 말했다. 나는 했다. 처음엔 그 일이 끝이 없을 것처럼 보였다. 열 번째 설거지를 할 때까지 왜 내가 불평을 했었는지 의아하게 생각했다. 그것은 10분 정도 걸리는 일이었다. 나의 어머니가 나에게 미안하게 느끼고 그것을 대신 했다고 상상해보자.

의존적인 아이는 그들이 학급의 친구들을 따라가지 못하고 있다고 의식한다. 그들은 또한 도움 없이 학교과제를 완성할 자신감을 갖고 있지 않다. 이것이 스트레스를 야기한다. 그러나 그들이 실제로 과제에 몰입할 때, 긴장의 증상은 사라진다. 어른들이면 누구나, 많은 과업에 직면할 때 압도되어 있는 느낌을 확인할 수 있다. 당신은 경험으로 이런 증상들이 그 과제가 완성되기 시작하면서 사라지게 되는 것을 알고 있다.

의존적인 아이들은 끊임없이 인정, 안내, 도움, 지지 그리고 사랑을 찾는다. 교사들은 공통적으로 이런 증상들은 집에서 사랑, 관심 그리고 인정의 부족을 말해주는 지시자로 보고 있다. 교사들은 부모에게 (a) 이런 아이들에게 압력을 가하지 말라고 요청하며, (b) 이런 아이들에게 더 많은 애정과 관심을 주라고 요청한다. 이것은 정확하게 말해서, 부모에게 잘못된 의사전달을 하는 것이다. 왜냐하면 부모들은 이런 아이들에게 아주 적은 압력을 주었고 이미 사랑과 관심을 아낌없이 주었다.

프로이드학파의 전설은 불안과 긴장과 같은 의존성 증상들은 결핍을 나타낸다는 개념을 우리에게 주었다. 사실, 이것들은 자주 관심과 도움의 과잉을 가리킨다. 이것은 Rimm의 법칙 #7이 의미하는 것이다. 결핍과 과잉은 종종 같은 증상을 보여준다. 이들 의존적 아이들은 종종 관심, 애정 그리고 사랑의 확증에 중독되어 있다. 그들은 교실이나 집에서 이미 많이 받았지만, 지속적으로 더 많은 관심을 원한다. 이 역설은 교사들과 부모들이 이런 아동을 확인하고 치료하는 효과적인 접근법을 결정하는 데 어려움을 준다.

지배성 키우기

자신의 부모들이 그들에게 충분한 자유를 주지 않았다고 느끼는, 역동일시하는 어른들은 자녀에게 너무 많은 자유나 통제력을 부여하는 방향으로 실수를 범할 수 있다. 이런 부모들은 자녀들 속에 그들을 위해 길을 밝혀줄 타고난 자질이 있다고 상상한다. 그들이 자녀들에게 충분한 자유를 준다면, 아이들은 어떻게든 자신들의 방향을 감지할 것이라고 믿는다. 부모들은 자신의 역할이 적절한 독립적 성장을 촉진하고 허용하는 것 하나라고 본다. 더욱이 그들은 자신들이 친절하고, 배려심이 있고 세심하다고 생각한다.

그들의 자녀들은 안내나 방향을 위해 부모를 바라볼 때, 그들은 자신들의 선택을 하라는 말을 듣게 된다. 이들은 그들을 안내하는 대신에, 자녀의 방향을 따른다. 아이들은 어느 행동이 허용되고 허용되지 않는지를 결정하기 위하여 부모의 원칙들을 밀어붙일 때, 아이들은 명쾌한 한계를 발견하지 못한다. 그 대신에 한계는 아이들의 조종적 능력에 따라 그리고 부모의 특별한 분위기에 따라 달라진다. 이 아이들은 '창의적이어야 해'라는 메시지를 받을 수 있는데, 그들은 이것을 '달라야 해'라는 의미로 해석한다. 그들은 학교환경에서 충분한 흥미를 찾지 못한다면, 교사들이 요구하는 것을 할 필요가 없다고 생각할 수도 있다. 그들은 모든 것을 선택할 수 있다고 기대한다.

아이들은 부모를 통제하는 것에 매우 길들여져 있어, 친구들 그리고 다른 어른들과의 상호작용하는 그들의 습관적 방식은 그들을 통제하려고 시도하는 것이다. 이 통제와 지배의 극단적인 습관은 흔히 아이들에게 행동과 학습의 문제를 야기한다. 종종 오직 미세한 선을 그어볼 때만 보스기질, 강박, 경쟁, 괴롭힘으로 불리는 문제성이 있는 종류의 통제와 그리고 독립성, 리더십, 정치적 기민성, 창의성으로 알려진 긍정적인 형태의 지배성이 구분될 수 있다. 다음의 몇 사례 연구는 어떻게 역동일시가 문제가 될 정도의 지배성을 야기하는지를 보여줄 것이다.

> 3살 반의 외동딸인 Sonora가 가족성취클리닉에 왔다. 왜냐하면 그녀의 부모는 그녀가 몬테소리 유치원으로 돌아오지 말라는 요청을 받았기 때문이다. 그곳의 선생님은 그 아이가 하고 싶은 대로 하도록 허락하지 않을 때, 매우 울화통을 터뜨려 일을 못하게 한다고 기술했다. 울화통은 또한 집에서도 일어나고 있었으며 특별히 어머니가 목소리를 높

> 여 Sonora를 꾸짖으려고 할 때 일어났다. 어머니는 Sonora가 매우 영리하기 때문에, 마치 그녀가 어른인 양 항상 문제들을 그녀와 논의해왔었다고 설명하였다. 아빠는 그녀가 Sonora에게 목소리를 높이고 있을 때, 그가 아내에게 목소리를 낮추라는 신호에 보낸다고 설명했다.
>
> Sonora는 매우 영리하였기 때문에, 그녀에게 어른의 힘을 너무 일찍 부여하는 실수를 범하기가 쉬웠다. Sonora는 집에서 지배적이었고, 무대의 중심이 되고 책임자가 되려는 욕구 모두를 유치원 교실로 일반화하였다.

Sonora의 사례에서 보면, 어머니의 역동일시는 어머니에게 성인 대화양식을 일찍 상상하도록 하였다. Sonora는 단순히 그와 동일한 양식을 상상했다. 아빠는 단지 도움이 되려고 의도하였지만, 그의 아내에게 조용히 하라는 신호를 줌으로써 Sonora에게 지나치게 힘을 부여해주었다. 이 조그만 신호는 Sonora에게 어머니를 제압하는 힘을 부여하였다. 다행히 유치원 아동들에게 이러한 부류의 문제를 역전시키는 일은, 부모에게 일관적인 한계선을 세우는 방법뿐 아니라 서로 지지하는 방법을 가르침으로써, 극적으로 쉽게 이루어질 수 있다. Sonora는 또 다시 편안하고 안전한 아이로 되돌아왔다.

자신의 학교경험에서 좌절을 경험한 창의적인 부모는 자녀를 역동일시 할 수 있으며 그들에게 창의성의 이름으로 너무 많은 권한을 부여할 수 있다. 그들은 자녀들에게 상상력이 풍부한 아이디어, 이색적인 부류의 생각들, 질문하는 행동 그리고 일반적으로 특이한 행동방식들에 대하여 찬사를 보내고 보상을 한다. 그들의 부모는 자녀가 '다른 드럼의 박자에 맞추어 행진을 한다'고 자랑스럽게 지적한다. 창의성은 모든 부모와 교육가들이 동의하는 육성되어야 할 긍정적인 자질이기 때문에, 이것은 어떠한 어려움도 야기하지 않는 것처럼 보일 것이다. 그러나 그들의 자녀들은 교실에서 오직 창의적인 일만 하고자 결심하고, 창의성을 그들이 좋아하는 일만 선택하려는 변명으로 사용할 수 있다. 예를 들어, 창의적인 Chris는 자기 자신의 이야기나 희곡을 쓸 것이고, 드라마나 과학이나 수학의 실험에 참여할 것이다. 그러나 그는 교과 연습교재하기, 암기 과제 연습이나 암송을 거절하고, 이렇게 지루하고 무관한, 바쁘기만 할 뿐 쓸모없는 일을 하는 것은 이치에 맞지 않는다고 주장한다.

초등학교 1학년인 Chris가 배수량의 개념을 조사하기 위하여 큰 풀 항아리에 손을 넣을 때, 그의 교사는 무질서한 행위에 속이 상한다. Chris는 교사가 그의 실험을 방해한다고 주장하고, 어머니는 교사에게 그의 창의적 탐구를 존중해달라고 촉구한다.

초등학교 4학년인 Chris는 진로를 소방관으로 정하였기 때문에, 수학적 사실들을 배울 이유를 알지 못하며 단지 불을 끄는 화학만을 배울 필요가 있다고 주장한다.

초등학교 6학년인 Christine은 음악에서 A학점을 받았고 그것이 그녀의 직업 선택이기 때문에, 과학에서 F학점을 받은 것에 대하여는 걱정하지 않는다고 논박한다. 어른들이 다른 진로에 대한 준비에 관하여 문제를 제기하고 전공으로 수행하는 것에 대한 경쟁력에 관하여 지적할 때, Christine은 음악을 열심히 공부할 것이고, 사람이 한 분야에서 충분히 열심히 공부한다면, 성공은 확실히 오는 것이라고 주장한다.

고등학교 1학년인 Christine은 더 이상 학교성적으로 그녀의 성공을 측정하지 않을 것이고, 지금은 사회적 기술을 우선 사항의 첫 번째로 세웠다고 주장한다. 그녀는 사회생활에서 뛰어나려고 하기 때문에, 그녀의 창의력을 이 영역으로 옮기기로 결심하였고, 그녀는 정말로 매우 성공적이다. 그녀는 가장 특이한 옷을 입고 가장 독창적인 파티들을 주관한다.

고등학교 졸업자인 Chris는 우수한 대학의 장학금을 거절한다. 왜냐하면 그는 창의력을, 6개월도 지속하지 못할 테지만, 실험적 드라마 그룹이나 유랑 록 밴드에 적용하기로 결심하였기 때문이다.

창의적인 Chris와 Christine은 독창적이고, 비상하고, 창의적이고 그리고 특이하다는 메시지를 받아왔다. 그리고 그들의 독특성으로 관심을 끈다는 메시지를 받아왔다. 그들은 나이와 흥미에 따라 창의적인 전문 분야를 선택한다. 그들은 이런 전문 분야를 그들에게 기대된 일상적 과제를 회피하기 위한 변명으로 사용한다. 그리하여 진정한 도전이나 실패의 가능성을 포함하는 과제를 회피한다. 사실 전문영역에서조차 그들은 끈기, 훈육 그리고 성공적인 창의적 기업에서 요구되는 세부항목에 대한 관심을 보여주지 않는다. 그들은 실제로 교사들과 힘겨루기를 하고 비평을 수용하려 하지 않기 때문에, 전공영역의 수업에서 실패할 수 있다. 그들은 타인이 자신의 창의적인 생산물을 판단할 수 없다고 주장하며, 교사들이 지도하는 방식대로 색칠하기, 사진 찍기, 행동하기, 글쓰기를 거절한다. 그들은 그것이 자신의 창의적인 산물이 아닐 거라고 우려한다.

이와 같은 학생들은 창의적이긴 하지만, 긍정적으로 생산적이지 않다. 그들은 그들의 창의성에 관심을 불러 모으는 데 강력하다. 그러나 그들의 창의성은 성인에 대한 반발심으로 심하게 꼬여 있어서, 정체감은 그들이 반대하는 사람이나 반대하는 것에 의존하여 나타난다. 고등학생 때가 되어, 그들은 부모는 물론 대부분의 교사들에게 반대한다. 독특성의 추구 속에서, 자주 극도의 외로움을 느낀다. 그들은 누군가 창의적인 친구들이라면 자신들의 감정을 이해할 정도로 충분히 창의적일 수 있다는 사실을 인정하기 어려워하는 자신을 발견한다. 고등학교 연령에서 마약은 매우 창의적인 아이들에게 유혹적이게 된다. 왜냐하면 그것으로 생성된 달라진 상태가 그들에게 특별히 창의적인 경험을 허용할 것이라고 희망하기 때문이다.

지배적인 아이들은 다른 사람들이 마치 꼭두각시 인형인 양 그들과 관계할 수 있다. 그들의 전문성, 만족 그리고 자신감은 자주 붙어 있는 줄을 잡아당기는 것에 의존한다. 그들은 부모, 교사 그리고 친구들을 조종한다. 그리고 그들은 특별히 서로 반대하는 중요한 사람들을 자신의 이익에 맞게 조종하는 데 특별한 재능이 있다. 그들은 일찍이 학교문제에 대하여 교사들을 비난하는 것을 배우고 비난의 정확성을 부모에게 확신시킨다. 또한 교사들을 조종하여 부모에 반대하도록 할 수 있다. 그들은 한 부모를 자기편으로 동맹하여 다른 부모에 반대하는 전문가이다. 그들은 괴물과 꼭두각시게임이 이루어지는 집에서 번창한다. 왜냐하면, 그들의 조종기술이 시작되고, 격려되고, 그런 의식에 의해 지지되기 때문이다. 부모가 “아니.”라고 할 때 조부모는 “그래.”라고 말할 수도 있다는 것을 배우게 될 때, 조부모들, 이모들, 삼촌들이 그들의 조종기술에 취약해지게 된다.

또한 이 아이들은 일상에서 또래들을 조종하고, 친구들이 그들이 원하는 것을 하지 않을 때 좌절되고, 화가 나고, 사랑받지 못하고, 거부되었다고 느낀다. 그들은 우정을 완전히 통제하는 관계로 정의함으로써 친구관계에서 그들의 실망은 보장된 것이나 다름없다. 이런 우정의 희생양들은 그들이 ‘소유되거나 노리개’처럼 느껴진다고 말한다. 지배적인 조종자는 ‘신의’를 이러한 관계로 본다. 우정은 지배적인 아이들에겐 쉬운 것이 아니다. 왜냐하면 그들은 완전히 그들의 또래들을 통제할 때에만, 안정감을 느끼기 때문이다.

조종적인 유치원생인 Mark는 어머니와 함께 가게로 들어가서 아버지가 최근에 거절한 장난감을 사달라고 요청한다. 조종적인 초등학교 2학년인 Mary는 어머니가 야채를 먹지 않았기 때문에 후식을 먹을 수 없다고 말했지만, 아빠에게 어머니가 그녀에게 바나나 한 조각을 먹을 수 있도록 해달라고 설득한다. 중학생으로서 조종적인 Mark는 교사에게 그가 특별히 커다란 일을 하고 있으니 학교 프로젝트 제출마감일을 연장해달라고 설득한다. 그러나 마침내 그는 프로젝트를 절반정도 완성하여 2주일이나 늦게 제출하면서, 어머니가 너무 일이 바빠서 도서관에 그를 태워다주지 못하였다고 설명한다.

조종적인 고등학생인 Maria는 그녀가 가게에 가려는 요청을 했을 때, 아버지의 "아니, 나중에."라는 말씀을 수용하길 거부했다. 아버지는 그녀가 먼저 숙제를 할 것을 기대했다. 그녀는 언니에게 차를 태워달라고 하여 가게에 갔다 돌아와서 아버지가 그녀의 행동에 매우 불쾌해하는 것을 발견한다. 아버지는 화가 나서 그녀를 방으로 보냈다. 그녀는 똑같이 화가 났고 가기를 거절했다. 그는 그녀를 방을 향해서 밀었고 그녀는 그를 뒤로 밀었다. 그녀는 후에 상담사에게 아버지는 약하며, 그녀는 그에게 이래라 저래라 마구 말하길 좋아한다고 하였다. 그녀는 또한 어머니와는 잘 어울리지만, 아버지와는 잘 어울리지 못한다고 하였다.

조종적인 Maria의 엄마는 그녀를 전혀 통제하지 못하겠다고 하였으며, 아빠는 단지 가끔만 통제할 수 있다고 하였다. 그녀의 부모는 둘 다 그녀가 어릴 때 너무 자주 "그래."라고 하였으며, 지금 부모 둘 중 누구도 감히 "아니."라고 아주 자주 말하지 못한다. 그들이 노력했을 때, Maria는 어머니를 조종하여 아버지의 결정을 바꾸는 전문가였다. Maria는 그녀의 부모를 크게 통제하고 있었고, 그런 방식을 유지하려고 계획했다. 규칙을 세우기 위한 부모의 어떠한 갑작스런 노력도 Maria를 반항적인 Rebecca가 되는 방향으로 움직일 가능성을 보이곤 하였다. 그녀는 의심할 바 없이 그들을 비합리적이고 통제적이라고 부르곤 하였으며, 그다음에 이것을 부모의 허락 없이 그녀가 원했던 것을 하기 위한 변명으로 사용하곤 하였다.

종종 부모들은 자녀에게 너무 많은 힘을 생기게 함과 동시에 반항적인 기술들을 가르친다. 보통 이렇게 하는 부모들은 과거 자신들의 학교경험이 불쾌하고 부적절하다고 본다. 그럼으로 그들은 자신의 어린 시절을 회상할 때, 그들은 학교공부 게임에서 성공적이지 않았다고 느낄 뿐만 아니라, 교사와 교장은 그들을 바르지 못하게 가르쳤고 학교를 잘못 운영하였다고 확신한다. 그들은 아이들이 더 좋은 교육경 힘을 가지게 하리라 결심하고, 교사들이 자신들에게 했던 것과 똑같은 실수를 저지르지 않도록 보장하는 데 전념한다. 학교와 싸울 것이라는 메시지가 일찍이 자주 주어진다. 때로는 교묘하게 때로는 별로 교묘하지 않게, 때로는 적절한 이유로 때로는 아주 적절하지 않는 이유로 말이다. 이렇게 부모들은 아이들의 힘을 교사, 상담사, 교장들과의 격노한 논쟁을 불사하며 아빠나 엄마가 달성할 수 있는 것을 포함한 이미 초과된 수준을 넘은 곳까지 확장시킨다. 이런 반항적인 아이들에게, 권위와 싸우고 그들이 반대하는 것을 확립하는 일은 그들의 자아개념을 형성하는 토대가 된다.

반항적인 아이들은 완강한 불복종(일반적인 관행을 따르지 않음)을 위해 많은 지지를 찾는다. 그들의 불복종과 반항적 태도는 가정에서 괴물과 꼭두각시게임과 꼭 들어맞는다. '좋은' 엄마는 그들을 '비열한' 아빠에 대항하도록 세워놓는다. '호남아' 아빠는 '비열하고, 훈육적인' 엄마에 대항하여 그들을 보호한다. 그들은 계속되는 전쟁을 감지하고 그들이 원하는 것을 아주 자주 주는 부모의 편이 된다. 그다음 그들은 교사에 대항하며 부모의 도움을 요청한다. 그들은 종종 학급 앞에서 교사와 대항하고 자주 승리를 거둔다. 그들은 심지어 다른 친구의 부모를 그들의 편으로 삼는다. 그 마지막 승리는 Lopez 선생님이 Damien과 그 학급을 통제할 수 없기 때문에 파면당하는 때이다. 이런 아이들은 버럭 화를 내거나 실제로 싸움을 함으로써 또래와 부모들을 통제하지만 논쟁, 언쟁, '법에 맡기기'를 더 자주 한다.

거의 모든 규칙은 전쟁터의 고성을 울리게 하는 것 같다. 아이들의 부모 중 하나 또는 둘 다는 아이들과 청소년 시기까지 동맹을 맺는다. 이 시점에서 부모들이 절대적으로 모든 것에 "그래."라고 하지 않으면 거의 확실하게 적이 된다. 부모들은 지금 '권위자'이고, 반항적인 Rebecca 부류나 Robert 부류가 된 젊은 사람들은 다른 반학교 젊은이, 마리화나 상습자, 투석자, 갱, 반란자, 반전주의, 반학교, 반정부, 반빈곤, 어떤 반(反)하는 그룹들과 힘을 합친다.

말할 필요도 없이, 어떤 '반' 단체들은 나쁘며, 어떤 것들은 분명 진정한 가치를 갖는다. 그것은 문제가 아니다. 문제는 그 단체의 중요한 요소가 구성원들이 지지하는 것으로써가 아니라, 그들이 반대하는 것으로써 연합된다는 것이다. 그들은 자신들이 반대하는 것, 상해를 입힐 수 있는 것 그리고 화가 나는 것에 의해 자신들을 정의한다. 그들은 수년의 청소년기와 젊은 성인기를 세상에서 쓰라리게 지나갈 수 있다. 왜냐하면, 상황이 그들의 개인적인 노력이나 그룹의 희망에 대해 응답하지 않기 때문이다. 그들의 정체성 형성은 극도의 반란, 우울 그리고 화의 영향으로 늦어진다. 그들은 광장한 힘을 가져야만 한다고 믿으나, 힘이 없다고 느낀다. 만약 반대하는 원인이 사라진다면, 그들은 목적상실감을 느낄 것이다.

다행히, 이들 젊은 사람들의 일부는 전쟁으로부터 남겨진 잿더미로부터 긍정적인 정체성을 형성한다. 그러나 그렇다 하여도 전쟁은 파괴적이고 그들과 그들의 학교, 가족 그리고 사회에 큰 타격을 준다. 그들의 사춘기 정체감의 위기는 20대나 30대까지 지속될 수 있고, 일부는 결코 해결되지 않을 수도 있다.

반항은 청소년기의 필요한 패턴이라고 믿는 심리학자들이 많이 있다. 어느 정도의 제한사항을 밀어내고 반항을 하는 것은 정상적인 청소년 시기를 의미한다. 그러나 극단적이고 계속적인 반항 행동은 정상적인 청소년기는 아니다. 그것은 고가의 대가를 치를 정도로 비생산적이다. 이런 행동들은 정체성을 확립하는 발달과업을 지연시킨다. 이것은 주로 너무 일찍이, 너무 많은 힘을 아이들에게 준 것에 대한 응답이다. "만일 아이들이 우리의 가정을 운영하도록 할 셈이었다면, 하나님은 그들을 더 큼직하게… 창조하셨을 것이다(Rimm, 1984b)."

결론

부모와 교사들은 이런 의존과 지배의 패턴을 깰 수 없을 것 같기 때문에 좌절을 느낀다. 사실, 그들은 아이들이 말하는 것에 너무 곧이곧대로 귀를 기울이기 때문에 이들 양식을 강화한다. 아이들 그리고 청소년들조차도 부모에게 그들이 느끼고 있는 것 그리고 그 날과 그 주에 필요한 것들에 대하여는 말한다. 그러나 그들은 좀처럼 현실적으로 수개월 동안을 미리 계획하지 못한다 — 확실히 수년은 아니다. 어른들은 학습부진 아이들의 필요를 채우기 위하여 리더십과 안내를 위한 힘을 취하여야 한다. 그들은 아이들의 말에 확실히 귀를 기울여야 하지만, 약간의 일시적인 불편을 야기하더라도, 장기적으로 아이들에게 생산적일 것인가의 측면에서 그것을 해석할 필요가 있을 것이다.

부모들은 자녀들의 미래에 대하여 자신의 해석에 어느 정도 개인적인 자신감이 필요하다. 어른들은 아이들을 안내해야 할 사람들을 위해 남겨진 힘이 없을 정도로 아이들에게 많은 권한을 주지 않는 것이 중요하다. 만일 그들이 아이들의 메시지에 귀를 기울이고, 아이들에게 더 적절한 방향을 주기 위하여 아이들의 견해를 재구성한다면, 아이들은 성인 리더십을 수용하고 자신의 정체감을 확립하면서, 그들에게 선택권을 제공해 줄 기능들과 자신감을 개발할 것이다.

어른들은 많이 직관적으로 양육하고 가르친다. 직관은 어른들이 잘 양육되었고 가르침을 잘 받았다면 잘 작동한다. 직관은 긍정적이고, 학습하고 있으며, 성취하고 있는 아이들과 잘 맞는다. 그러나 어른들의 초기 가족생활이나 학교생활이 생산적이지 않다고 보는 이들에게는, 그들의 직관적 감각은 아이들에게 길을 잃게 할 것이다. 의존과 지배를 보이는 아이들에게 역직관적 반응이 정말로 더 효과적일 수 있다. 직관적 반응은 이미 비효과적이라고 증명되었다.

아이들은 도움이 필요할 때 도움을 받아야 하고, 부모는 그들의 감정에 민감해야 한다. 아이들은 독립성과 창의성을 개발하도록 격려되어야 한다. 의존과 지배로 이끌어가는 것은 오직 극단성이다. 아이들이 불평하고, 징징거리거나, 계속 부정적일 때 또는 아이들이 필요한 것보다 더 도움을 요청할 때, 그들은 너무 의존적인 관계의 증상들을 보이고 있는 것이다. 만일 아이들이 반대를 위한 목적에서만 창의적이라면 또는 그들이 타인의 권리를 존중하지 않고 힘을 휘두르기를 주장한다면, 그들은 매우 지배적이다. 이런 극단성은 어떤 수준에서든 학습부진을 낳을 것이다.

이 책의 주요 논지는 학습부진에 관한 것이지만, 이러한 아이들은 역시 다른 가족 그리고 관계 문제를 야기할 것이다. 학습부진 증후군은 치료될 수 있고, 아이들이 더욱 만족스럽고 생산적인 삶을 살도록 돕기 위해서, 아이들의 의존성 또는 극단적인 지배성도 교정될 수 있다.

동일시 그리고 역동일시는 아이들이 그들의 개인 환경과 관계하는 것을 배우는 방식을 제공한다. 만일 아이들이 너무 큰 의존성을 야기하는 방식으로 관계하는 것을 배운다면, 아이들은 자신감과 통제감이 부족할 것이다. 반대로 만일 아이들이 그들의 환경을 지배하도록 배운다면, 아이들은 자신이 월등하고 힘을 쥐는 곳에서만 기능할 것이다. 어떤 아이들은 이 두 힘의 양극 사이를 오갈 것이고, 어느 쪽이든 승자나 패자처럼 느끼는 경향을 갖는다. 성취자들은 틀림없이 인내를 배운다. 성취자들은 틀림없이 문제 해결사이다. 성취하는 일은 승리의 기쁨과 패자의 번민을 허락하지만, 개인들이 자신들을 실패자로 보지 않고 그러한 패배로부터 헤쳐나올 수 있어야 함을 요구한다. 모든 아이들은 이때든 저때든 실패를 한다. 성취자와 부진아를 구분해주는 것은 그들이 어떻게 실패경험을 다루는가의 차이이다.

제5장을 읽기 전 다음 질문에 스스로 답해보세요. (만일 당신이 교사라면, '내 아이'나 '이 아이' 대신에 '이 학생'으로 하여 읽어보세요.)

1. 내 아이는 학교공부를 따분해하는가?
2. 내 아이는 대부분의 아이들보다 교사의 도움을 더 요청하는가?
3. 내 아이는 학교에서 수업 과제를 완성하지 않는 경향이 있는가?
4. 내 아이는 너무 말을 많이 함으로써 수업을 방해하는가?
5. 내 아이는 학교공부가 너무 쉽다고 불평하는가?
6. 내 아이는 친구와 어울리는 것이 학교생활의 가장 중요한 부분인가?
7. 내 아이의 반은 거의 모든 것에서 경쟁을 강조하는가?
8. 내 아이의 반은 모든 경쟁을 제거하려고 시도하는가?

각 '예' 응답에 1점의 점수를 주고 총점을 계산하세요. 얻은 점수에 대한 설명이 아래에 있습니다.

총점	
5~8	내 아이는 교실에서 매우 심각한 문제가 있을 것이다.
3~4	내 아이는 교실에서 좀 심각한 문제가 있을 것이다.
1~2	내 아이는 교실에서 작은 문제가 있을 것이다.
0	내 아이는 교실에서 문제가 없을 것이다.

교실의 위험요인이 학습부진을 야기하는지를 발견하기 위하여 다음 장을 읽어보세요.

제 5 장

학습부진 증후군의 학교원인

학교와 교사들은 아이들의 성취에 극적인 차이를 낼 수 있다. 교사들은 다양한 교육철학을 성공적으로 따를 수 있지만, 학습부진하는 아이들에게 극히 문제가 되는 일부 교실환경들이 있다. 어떤 환경들은 학습부진 증후군을 예방하고 역전시키는 데 도움을 주는 반면, 어떤 환경들은 그것을 악화시키고 유지시킨다. 종종 학교환경은 실제로 학습부진 증후군을 촉발시키는 주요한 원인이 된다.

아이들을 가르치기 위한 적절한 방식들은 광범위하게 존재한다. 극단을 피하는 것 그리고 확고하고 긍정적인 교실분위기를 유지하는 것은 모든 교사들을 위한 생산적 지침이다. 여기 바람직하지 못하며, 해로운 교수 방식에 관한 몇 가지 구체적인 예들은 교사와 부모 모두에게 통찰을 제공할 수 있다.

구조

느슨한 Louise와 엄격한 Roger 두 교사는 정반대지만 교실에서 똑같이 비생산적인 학습환경을 제공한다. 구조를 제공하지 않는 느슨하게 조직된 교실은 이미 체계화 기능이 부족할 수 있는 학습부진학생들을 허둥대도록 한다. 그들은 스스로 훈육하지 않으며, 한계를 습관적으로 밀쳐낸다. 그들은 계속적으로 자리를 뜨고, 목적 없이 돌아다니며, 과제를 완성하지 않고, 말썽을 부린다. 주의력결핍장애가 있는 아이들, 특별히 과잉행동이나 초점 없이 높은 에너지를 가진 아이들은 구조화되지 않은 환경에서는 거의 성취하지 않는다. 그들은 움직임과 교실의 소음 수준에 의해 쉽게 산만해진다. 교사들은 흔히 이런 아이들은 돌아다니도록 자유가 주어져야 한다고 상상한다. 실제로 높은 에너지의 아이들은 다른 시간에 그들 에너지의 적절한 출구를 가지는 한, 과제를 완성할 때까지 자리에 굳게 앉아 있도록 기대될 수 있다.

또한 일대일 관심에 의존하는 아이들은 만약 교실에서 분명한 지침이 없다면 도움을 구하거나 질문을 하기 위해 계속 교사의 책상에 붙어 앉게 될 것이다. 나는 느슨하게 구조화된 초등학교 1학년 교실에서 한 고(高)에너지 아이를 관찰하고, 그가 계속 자리를 뜬다는 것을 확인한 일을 회상한다. 한 과제에 그가 머물렀던 가장 긴 시간은 70초였다. 내가 초등학교 3학년 교실에서 관찰한 의존형 아이는 30분 동안에 22번이나 교사나 친구에게 도움을 청하러 갔다. 이런 교실에서, 교사들은 끊임없이 읽기 그룹을 중단시키고 그들의 책상에서 일하고 있는 아이들에게 조용히 하라고 말한다. 그리고 너무 많은 소음과 움직임 그리고 소동의 전반적인 분위기가 있다. 교사들의 반복된 질책은 실제로 소란 수준을 증가시키는 데 기여하는데도, 그들은 빈번하게 꾸짖는 경향이 있다.

교사들은 이런 교실에서 통제력을 거의 갖지 못한다. 이런 환경에서 지배적인 아이들은 더 힘을 갖게 되고 교사들에게 성공적으로 도전을 한다. “선생님은 저에게 공부를 시킬 수 없을 거예요. 저의 아버지는 학교 이사예요.” 또는 “교실이 너무 시끄러워서 공부를 할 수가 없어요. 조용히 좀 시켜주시겠어요?” 이 마지막 언급은 아마 진정한 것이지만, 소동에만 기여할 뿐이다. 이전에 훈육 문제의 역사가 없는 아이들조차도 비체계적인 교실에서는 행동을 과시할 것이며 행동 문제를 보이기 시작하는 것도 당연하다.

엄격한 Roger는 학습을 위해 똑같이 좋지 않은 환경을 관장한다. 고에너지 아이들은 엄격한 Roger가 벌을 지나치게 사용하지 않는다면, 실제로 이런 학급에서 더 잘 기능할 수도 있을 것이다. 그러나 만약 이 아이들이 빈번하게 질책을 받는다면, 꾸중은 어른 관심 끌기의 한 형태가 될 수 있으며, 이런 관심 의존 아이들은 어떤 주목이라도 없는 것보다는 나은 것이다. 결국, 그들은 더 말썽을 부린다.

지배형으로서 창의적이거나 반항적으로 대항하는 아이들은 엄격한 교사들과 힘 대결을 벌인다. 아이들은 엄격한 통제를 응수하기로 결심한 선전포고로 본다. 지배형의 학생들은 가능할 때마다 교사들을 수정하고 당황하게 한다. 그들은 규칙들에 관하여 교사들과 논쟁할 것이며 관련이 없다고 주장하는 과제는 제출하지 않을 것이고, 교사들이 소년들(또는 소녀들)에게 불공정하다고 표명할 것이며, 질문을 위한 질문을 할 것이고, 교사와 부모와 교장들 사이에 힘 대결을 획책할 것이다. 흔히 아이들을 통제하기 위한 교사들의 유일한 길은 성적을 가지고 하는 것이다. 그러나 아이들은 보통 교사들에게 패배자로 인정하기보다는 스스로 낙제하는 것을 선호한다. 엄격한 교사들과의 전쟁에서 지배형의 학생들은 순응이 친구들과의 지위를 잃게 할 것이라고 느낄 것이다. 그들은 위협이나 성적에 관계없이 맡겨진 과제하기를 계속 거부한다.

엄격한 Roger 부류의 교사들과 학습부진 증후군이 있는 지배형의 아이들 사이의 힘겨루기에서는, 어느 누구도 승자로 나타나지 않는다. 여기에 한 사례가 있다.

> 지능이 영재의 범위에 있으며 특별히 수학에 강한 능력이 있는 중학교 1학년 Talicia는 수학에서 받은 F점수에 대하여 나에게 설명했다. 그녀는 개념을 이해했고 실제로 그녀는 시험을 잘 봤다. 그러나 교사는 이름, 날짜 그리고 수학문제들의 배열을 기재하라는 좀 독특한 양식을 고집하였다. 그는 학생들이 이 지시를 따르지 않았을 때, 성적을 감점했다. Talicia는 이 지시가 어떻게 불공정한지를 지적했고, 그녀는 항상 하나 이상의 지시를 잊는 경향이 있다고 설명을 진행했다. 그 결과 그녀의 성적은 언제나 감점되었다.
>
> 덧붙여, Talicia는 바쁘기만한 과제에 대하여 해야 할 이유를 알 수 없었고, 단지 적정하다고 생각하는 과제만을 제출하였고, 그녀가 그 과제를 이해했을 때 쉬운 것들은 하기를 거절하였다. 사실 그녀는 그 과목에 정통하였으며, 그래서 그녀는 교사보다 더 큰 힘을 가질 수 있는지를 알아보는 것이 더 흥미진진한 도전이었다. 그녀는 그의 엄격한 기준에 따르지 않기로 결심하였다.
>
> Talicia의 경우, 수학점수는 단지 1년 동안만 하락했다. 다음 해에 아주 유연한 한 교사는 이 재능 있는 소녀가 성취하는 위치를 회복하도록 영감을 불어넣었다.

경쟁

앞서 이미 언급한 대로, 학습부진학생들은 경쟁에 잘 대처하지 못한다. 그들은 잘 대처하지 못하는 패배자들이며, 승리할 거라고 거의 확신하지 않는다면, 그 활동에 연관되고 싶어 하지 않는다. 그들은 문제를 거의 인정하지 않고 때때로 그것을 이

해조차 못한다. 그들은 화내며 중단하거나, 토라지고 훌쩍이고, 변명을 찾고, 포기한다. 그들은 상황을 경쟁적인 틀로 보는 경향이 있지만 아주 필사적으로 승리하기를 원하기 때문에 실패를 두려워한다. 아주 경쟁적인 교실에서 그들의 상실은 그만큼 더욱 극명하다.

더 빈번하게, 아이들이 자신을 실패자로 보면 볼수록, 그들은 더 시도하지 않는다. 학습부진 증후군을 역전하기 시작한 아이들조차도 지나친 경쟁에 의해 위협을 받게 될 것이다.

경쟁적 교사인 Cassandra는 성취하는 아이들로부터의 긍정적인 피드백 때문에, 교실에서 높은 수준의 경쟁을 유지하도록 자극을 받는다. 아이들은 경쟁적인 도전으로 번창하고 그것이 있을 때 최상으로 수행한다. 학습부진학생들은 흔히 경쟁이 수행에 주는 효과를 충분히 알지 못한다. 그들은 오직 수업과 그들을 능가하는 학생들이 싫다는 것만을 언급할 것이다.

물론 교실에서 어느 정도의 경쟁은 있어야 한다. 과목에 따라 다양한 개인 그리고 그룹 대회나 게임은 모든 아이들에게 승리와 패배를 다룰 수 있도록 도울 것이다. 그러나 어떤 실천들은 절대적으로 피해야 한다. 개인 성적의 공개적 발표, 개별 아이들의 안 좋은 작품에 대한 공개적 비난, 여느 때 수행을 잘하지 못한 한 아이가 잘하였을 때의 갑작스런 발표 그리고 학급성적의 개인별 비교가 그것이다. 여기의 예는 교사의 경쟁에 대한 강조가 어떻게 멀리까지 영향을 미치는지에 관한 것이다.

> 지능이 우수 범주에 해당되는 5살 Emily는 그녀의 행동이 유치원 교실환경에 의해 매우 일찍이 조장된 학습부진아였다. Emily는 그녀의 유아 학교교실에서 자발적이고 열정적인 아이였다. 거기서 교사는 그녀가 매우 영리하고 행복하게 적응하였다고 기술하였다. 그러나 유치원에서는 Emily가 학교 가기를 좋아하지 않았다. 그녀의 유치원 교사는 배움 수행이 좋지 않았다고 기술한다. Emily는 거의 그녀의 과제를 완성하지 않았고, 행복한 것처럼 보이지 않았고, 교실활동에 참여하지 않으려는 경향을 보였다. 교실관찰은 Emily에게 실패감을 주고 그녀에게 학급에서 물러서도록 하는 경쟁적인 환경을 밝혀냈다.
>
> 학급에서 아이들은 글자쓰기 교습을 위해 칠판 주위의 바닥에 둘러앉았다. 교사는 쓰일 글자를 발표하고 몇 아이들은 열정적으로 그들의 손을 들었다. 선정된 아이가 칠판에 그 글자를 쓴 후에, 교사는 아이들에게 그것이 잘 써졌는지 물었다. 그것이 맞으면 그들은 열정적인 합창으로 "네."라고 외쳤으며, 그것이 잘못 수행되었으면 "아니요."라고 벌을 주듯 소리쳤다. 교사는 글자쓰기와 관련한 좋은 점이나 문제점을 지적하면서 아이들

에게 동의하거나 동의하지 않곤 했다.

손을 거의 들지 않는 Emily가 수행하도록 선정되었을 때, 부적절한 그녀의 글자 수행은 기대하지 않았던 "아니요!"를 불러왔다. 더욱이 이어진 제자리에 앉아서 하는 손 글씨 연습은 각 아이의 수행에 대하여 조언했던 교사에 의해 세심하게 점검되었다.

Emily의 매우 느린 수행과 그녀가 성취할 수 없는 완벽한 수준에서 성공하지 못하는 노력들을 관찰하는 것은 놀라운 것이 아니었다. 이렇게 매우 경쟁적인 유치원 교실에서 이미 Emily는 교실환경에서 성공을 할 수 없을 것이라는 가르침을 받고 있었다. 다행히, 초등학교 1학년이 되면서 Emily는 다시 자신감과 열정을 개발하는 덜 경쟁적인 환경을 키우는 지지적인 교사에게 배치되었다. 그녀의 학습부진 증후군은 한 해의 좋은 학교생활로 인해 역전되었다(Davis & Rimm, 2004).

규모가 큰 중학교에 대한 학습부진학생들의 반응은 경쟁에 대한 그들의 혐오적인 반응을 분명하게 보여준다. 초등학교에서 잘 수행하고 있던 아이들이 빈번하게 더 큰 학교환경에서 학습부진을 시작한다. 그들은 자신의 수행과 아주 많은 다른 학생들의 수행을 비교할 때, 자신들을 무능하다고 평가한다. 그리고 노력하는 것을 멈춘다. 큰 학교에는 성공 역할들이 극히 적고 실패 역할들은 너무 많을 수 있다. 예를 들면, 적은 퍼센트의 아이들만이 농구팀이나 연극 공연팀이 될 수 있다. 우리 사회는 매우 경쟁적이기 때문에, 학습부진학생들이 경쟁에 기능하는 것을 배우는 것은 중요하다. 매우 경쟁적인 학급이나 학교에서 학습부진학생은 공정한 기회를 가지지 못한다.

라벨 붙이기

한 아이가 학교에서 잘 성취하지 못할 때, 교사와 부모들은 빈번하게 도움을 요청한다. 아이는 분명히 다른 어떤 것의 필요를 갖는다. 그 다른 어떤 것은 특별한 수업이나 훈련된 전문가로부터 특별한 도움의 형태로 오게 될 것이다. 물론, 특별한 도움은 비용이 든다. 연방과 주정부는 종종 그런 자원을 제공할 수 있지만, 책임을 유지하기 위하여 자금제공은 어떤 규정된 조건을 따르게 된다. 아이는 측정되고 필요한 자금지원을 받기 위하여 라벨이 붙여져야 한다. 이런 라벨 붙이기는 상당히 다양하고 보통은 첫 글자로 축약된다. 예를 들면, 학습장애(LD), 정서장애(ED), 행동장애(BD), 주의력결핍 과잉행동장애(ADHD), 아스퍼거장애(AD) 또는 반항성장애(ODD)가 있다.

라벨을 붙이는 과정에 실제적인 위험요인이 있다. 학교 포함 지침까지 있지만, 그 라벨은 교사기대뿐 아니라 자기기대에 영향을 주며, 어떤 경우에 그것은 또래 거부를 야기한다. 이것은 더 큰 문제를 만든다.

Brad는 BD와 LD로 라벨이 붙여져 있었고, 초등학교에 다니는 동안 대부분 특수학급에 배치되었다. 그는 그 라벨을 아주 싫어했고, 다른 학생들과 단지 똑같이 되기를 필사적으로 원했다. 그는 학교에서 빈번하게 화를 냈고, 과제를 수행하지 않았으며, 또래들과도 잘 상호작용하지 않았다. 교사와 부모들은 그의 특수한 필요들을 충족시켜주기 위하여 지속적인 노력을 하였지만, 매년 이전보다 조금씩 악화되었다.

마침내, 그 결점을 줄이고 Brad가 적응하는 것을 돕기 위한 노력으로 그는 그날의 85%를 정규 학급에 포함되게 되었다. Brad의 과제는 그가 자료에 대처하는 것을 돕기 위해 줄여졌으며, 그는 정규 학급에 머물기 위하여 과제를 완성하도록 격려를 받았다. 그의 향상이 전적으로 일관적이고 순탄하지는 않았지만, 1년 안에 그는 또래와 더 좋은 관계를 하고 있었고, 더 자신감을 갖게 되었으며 그리고 훨씬 더 많은 과제를 완성하고 있었다. 그의 읽기와 수학 기능은 놀랍게 개선되었다. Brad는 그의 학습장애 때문에 계속 도움을 받았지만, 그 라벨이 떨어지고 특수 학급수업으로부터 제외되었을 때, 그는 정규 학급에서 훨씬 더 잘 기능할 수 있었다.

라벨 붙이기는 또한 교사기대에 영향을 미치는 방식으로, 순차적으로 성취에 영향을 준다. Rosenthal과 Jacobsen의 책 『교실에서의 피그말리온 효과(Pygmalion in the Classroom)』와 이 책으로 영감을 받은 후속 연구도 물론, 교사기대는 아이를 대하는 교사의 실제적 행동에 영향을 미친다는 것에 관하여 강한 지지를 발견했다(1968). 교사기대에 영향을 주는 하나의 LD 라벨은 한 아이의 성취와 자아개념에 지대한 영향을 줄 수 있다. 교사 기대 효과의 정도에 따라 추정치는 다양하지만, 성적의 15% 하락이 평균적인 영향력으로 간주되어왔다. 만일 15%가 평균이라면, 분명 교사기대는 그보다 훨씬 더 크게 영향을 미칠 수 있다. 어떤 종류건(소수인종 고정관념, 교육 범주 또는 성별 기대) 부정적 라벨 붙이기는 문제를 야기할 수 있다.

라틴아메리카 학생인 Carla는 적절한 성공의 기대를 갖고 대학에 입학했다. 그녀는 초등학교에서 성적이 나쁜 학생이었지만, 고등학교에서 열심히 공부하여 잘할 수 있다는 것을 보여주었다. 그녀의 고등학교 성적은 아주 좋았으며, 그래서 그녀는 대학 도전에 대하여 흥분을 느꼈다.

영어 입학시험을 기반으로 Carla의 대학은 그녀를 소규모의 보충 영어 학급에 배치했다. 그 학급의 대부분 학생들은 가입학(假入學) 기간 중에 있었으며, 그래서 영어 교사는 Carla 역시 성적이 낮은 학생이라고 가정했다. Carla가 도움을 청하러온 것은, 그녀가 최근에야 가지게 되었다고 믿게 된 그 능력을 혹시 가지고 있지 않는 것이 아닐까 하는 걱정 때문이었다. 영어 학급에서 그녀에게 전달된 기대는 그녀 자신의 능력에 대하여 위태롭게 유지되어온 긍정적 가정을 위협했다. 다행히도 한 교사가 Carla의 능력에 대하여 자신감을 가졌고, 그녀가 아주 능력 있는 학생이라는 것과 교육에서 일찍이 빠뜨린 일부 기술을 배우기 위하여 단지 조금의 보충적인 노력만이 필요할 따름이라고 그녀를 납득시켰다.

Carla를 부정적 고정관념으로써 보게 한 것은 어느 정도의 진정한 교육의 격차와 더불어 문화적 소수인종이라는 지위였다. 그녀의 자신감이 회복된 후, Carla는 필요한 영어 기능들을 쉽게 배웠으며, 매우 성공적인 학생으로서 대학을 졸업했다(Davis & Rimm, 2004).

교사기대의 두 번째 사례는 LD(학습장애) 라벨과 관련된다.

Jeff의 교사들은 이 중학교 2학년 소년에 대하여 당황해하면서 회의 테이블에 둘러앉았다. 그는 학습장애로 라벨이 붙여졌지만, 아무도 그에 대한 것을 확신하지 않았다. 그의 IQ점수는 121이었지만, 그의 하위 점수들 간 분포의 차이가 상당히 컸다. 어떤 것은 매우 높고, 다른 것들은 평균 이하였다. 교사 토론에서 발췌한 것들은 이런 이야기들이었다.

"그는 학습장애학생이므로, 저는 어떤 통과(낙제) 기준을 가지고 그의 성적을 매겨야 할까요?"

"그의 학습장애 때문에 저는 밴드에서 그를 빼고 싶어요."

"그는 지장을 주고 다른 학생들이 학습하는 것을 방해해요."

"그는 수학을 훌륭하게 하고 있어요. 저에겐 어떤 진정한 문제도 보이지 않아요. 만약 그가 LD라면 어떻게 그렇게 잘 할 수 있나요?"

"저는 그가 LD라는 것을 알고 있지만, 오늘 그는 독해검사에서 완벽한 점수를 얻었어요. 저는 그가 부정행위를 했다고 생각했어요. 그래서 다시 시험을 치르자고 요구했어요."

"사회과목에서 저의 관심은 그가 숙제를 제출하지 않는 거예요. 그는 왜 그것을 하지 않는지에 대한 비상한 이야기를 나에게 해주었는데, 저는 그를 믿어야 할지 믿지 말아야 할지 모르겠어요. 그는 성실한 것 같고 그의 변명은 상상력이 있지만, 결코 실행하지는 않아요."

"그의 성적은 낮아요. 그의 숙제는 산발적이고요. 우리는 그가 영리한지 느린지 모르겠어요. 언제가 그가 진실을 말하고 있는 때인지 우리는 확실하지 않아요. Jeff를 어떻게 할까요? 그는 LD, 행동 문제, 조종적인 아이, 부주의한 학생 그리고 이야기꾼으로 라벨이 붙여져 있어요. 그는 이 학교 프로그램에 맞지 않으므로, 그는 틀림없이 LD예요 (Rimm, 1984a)."

여기에 위의 것보다 더 빈번하게 일어나는 상황이 있다. 한 교사가 한 무리의 부모에게 그들의 아이가 영재가 아님을 납득시키기로 결정했다.

Amber의 IQ점수는 138이었다. 그녀의 어머니는 사건 당시에는 점수를 몰랐고, 그녀의 교사도 몰랐다. Amber는 초등학교 4학년 학생인데, 매우 성공적이었다. 3학년 내내 대부분 A학점인 학생이었다. 그러나 그녀는 학급에서 매우 조용했으며 토의 시간에는 자발적이지 않았다. 그녀의 어머니는 Amber가 더 높은 상급 독서반의 자료로부터 혜택을 받을 수 있을 거라는 생각을 하여, 그해 일찍이 그녀의 제안을 위해 교사를 만났다.

그해의 나머지는 Amber에게 재앙이었다. 그녀의 성적은 교사의 관점을 증명하기 위하여 B, C학점으로 갔을 뿐 아니라, 교사는 그녀 자신의 결론을 갖고 Amber를 대했다. 그녀는 그녀의 어머니가 생각하는 것만큼 정말로 똑똑하지 않다. Amber는 그해에 매우 열심히 공부 했지만, 성적을 향상하는 데 해결책을 결코 찾지 못했다. 그해 말, Amber와 어머니는 절망을 느꼈으며 어느 정도 겁을 먹게 되었다.

Amber의 어머니는 그녀를 우리의 상담소에 데려와서, 미안해하고 긴장된 마음으로 Amber에게 어떤 학교공부가 기대되어야 할지 결정하려고 검사를 받을 수 있는지 물었다. IQ점수는 일관적으로 높았다. Amber의 개인 성취검사는 그녀의 기능 수준이 성적 수준보다 훨씬 높다는 발견을 뒷받침해주었다. 그녀는 조용했고 상담소에 왔을 때 자신감이 부족하였으며, 그녀의 어머니가 그 제한적 라벨에 도전하지 않았더라면, 그녀의 성취는 의심할 바 없이 그해 말까지 계속 하향되었을 것이다.

이와 같은 이야기는 너무나도 흔하며 영재 교육을 강력하게 반대하는 많은 교사들 사이에서 빈번하게 일어난다.

아이의 수행에 대한 전망을 비현실적으로 좁히는 라벨은 어떤 것이든 해가 될 수 있다. 그 결과로 오는 또래 압력과 낮아진 부모와 교사기대는 아이들의 학교수행에 영원히 심신을 약화시키는 영향을 줄 수 있다. 교육적 지원을 얻기 위하여 그러한 지정이 절대적으로 필요한 어떤 환경들이 있을지라도, 아이에게 어떤 종류의 라벨이라도 지정하기 전, 그 후 일어날 가능성이 있는 모든 부정적 결과를 고려하라고 나는 당신에게 촉구한다.

부정적 관심 끌기

이전에 언급한 것처럼, 학습부진하는 아이들은 자주 관심 끌기에 의존한다. 그들의 초기 가정 패턴은 지나친 관심 끌기와 의존이나 지배적 조종의 하나이었다. 그들은 관심을 끄는 방식으로 사람들과 관계하는 데 익숙하다. 그들은 일대일 학습상황에서는 번창하지만, 관심이 박탈되었다고 느끼는 교실상황에서는 잘 적응하지 못한다. 그들은 생화학적 문제를 가지고 있지 않을 때라도 주의력결핍 장애의 증상을 보여줄 수 있다. 그들은 관심을 얻기 위한 방법을 끝까지 찾는다. 만약 올바른 종류의 관심 끌기가 쉽게 일어난다면 그들은 성취하겠지만, 이러한 많은 아이들은 부정적인 관심을 끄는 것이 더 쉽다는 것을 발견한다.

세심하게 배려하는 Sally형, 부정적인 Nellie형의 교사들은 부정적 관심을 후하게 베풀며, 그렇게 해서 무심코 학습부진하는 행동을 유지시킨다. 세심하게 배려하는 Sally형 교사는 일반적으로 매우 훌륭하고 헌신적인 교사이기 때문에, 둘 중에서 동일시하기가 더 까다롭다. 그러나 그녀는 아이들의 감정표현에 민감해서, 그들의 상처와 도움 요청에 과잉반응을 한다. 그녀는 너무 많이 그들을 도와주고 너무 많은 동정을 제공함으로써 자신이 학습부진 패턴을 강화하고 있다는 사실을 깨닫지 못하고 그렇게 보살피는 방식으로 하는 것이다.

> 보통의 능력을 가진 초등학교 3학년 Keisha는 그녀의 학급에서 최하위의 독서 그룹에 있다. 확인되는 학습장애나 그녀가 학년 수준보다 1년 반 밑의 읽기를 해야 할 뚜렷한 어떤 이유는 없었다. 그녀는 조용하고 수줍은 아이였고, 매일의 학교공부를 그녀 어머니의 도움에 의존하는 것을 이미 배웠다. 나는 그녀의 어머니에게 집에서 그녀의 독립성을 북돋아주는 방법을 설명한 후, 학교에서 그녀를 관찰했다. 교실에서 그녀는 또한 조용했고 질문이나 대답을 자원하기 위해 결코 그녀의 손을 들지 않았다. Keisha가 대부분의 아이들보다 더 도움을 요청하는지를 그녀의 교사에게 물어보았는데, 아니라고 했다. 그녀는 Keisha가 특별한 도움이 필요하다고 확신했기 때문에, 학급에서 과제에 대한 지시를 준

다음에는 항상 Keisha의 책상으로 가곤했다. Keisha도 그와 동일한 가정을 하고 그녀 스스로 공부를 시작하기 전에 교사가 도착할 것을 기다리도록 이미 배웠다. Keisha의 무력증에 매일같이 관심을 제공함으로써, 어머니와 교사 둘 모두는 무심결에 Keisha의 자신감을 잘라버렸다. 둘 모두는 세심하게 배려했고 친절하였지만, 누구도 그들이 소통하고 있는 자기충족적 예언을 깨닫지 못하였다. **바뀐 기대, 독립의 격려 그리고 약간의 가속적인 일대일 교습은 빠르게 Keisha의 공부를 학년 수준 이상으로 가게 해주었고 그 수준에서 성적은 유지되었다.** 그녀는 훨씬 더 자신 있고 독립적인 아이가 되었다.

부모 포인터

세심하게 배려하는 Sally가 빠졌던 두 번째 함정은 압력에 대한 아이들의 증상을 잘못 해석하고 있다는 것이다.

초등학교 1학년인 Jessica는 그녀가 지시사항을 즉시 이해하지 못할 것으로 보인다면, 그녀의 눈에 눈물을 보인다. 또한 그녀는 할 일을 끝내려 하지 않았으며, 교사 Sally가 그녀의 보고서에 수정을 하면 울음을 터뜨렸다. 세심하게 배려하는 Sally는 Jessica에게 스트레스를 주길 원하지 않았다. 그래서 그녀는 할 일을 너무 많이 주거나 그녀의 실수를 수정하는 것을 피하려는 데 아주 전념하며 노력했다. 그러나 Sally가 노력한 것과는 무관하게 Jessica는 스트레스를 받는 것처럼 보였다. 그녀는 급우들보다 더 뒤처지게 되었다.

첫 교사 회의에서, Sally는 Jessica의 부모에게 Jessica는 단지 초등학교 1학년의 학업을 다룰 만큼 충분히 성숙하지 않았든지 또는 그것이 그녀에게 너무 어려웠든지 한 것이라고 설명했다. Jessica의 검사점수는 그녀가 평균 이상의 능력을 가지고 있다는 것을 지시했으며, 그래서 그녀의 겉으로 보이는 스트레스는 설명될 수가 없었다. 그녀의 부모와의 토론을 더 해가면서, 나는 Jessica가 오랫동안 기다려왔던 아이이며 그녀의 생애 첫 5년 동안은 독자였다는 것을 발견했다. Jessica는 흠모에 흠모를 받았다. 그녀의 소망은 항상 충족되었으며, 그녀의 도움을 청하는 울음은 즉시 열의를 갖고 반응하는 어머니를 불러왔다. 만약 집에서 과제가 어렵다면, 그녀의 부모가 그녀를 위해 그것을 완성했다. 그들은 스트레스의 미약한 조짐을 목격했을 때 그녀를 돕기 위해 달려갔다. Jessica는 학교에서 이와 동일한 종류의 반응을 기대했다. 그녀의 문제의 원인을 설명한 후, 그녀의 부모는 접근법을 빨리 바꾸었으며, 그들은 딸에게서 거의 즉각적인 변화를 보았다.

그러나 세심하게 배려하는 Sally는 그녀가 아주 민감한 아이의 감정을 해치지 않을까 하는 우려를 진정으로 가지고 있었기 때문에 확신하기가 더 어려웠다. 교사가 Jessica에게 정말 차이를 볼 수 있다고 안심하며 인정하기까지, 몇 차례의 심리학자로부터의 지지 전화를 받으면서, 교사 인내심으로 3개월이 걸렸다. 그녀는 이전에 그 아이가 집에서 너무 많은 압력에 눌려 왔다고 절대적으로 확신을 했었다. 그때 실상은 정반대였다. 실제로 Jessica는 노력하는 데 아주 익숙하지 않기 때문에, 어떠한 학업도 그녀에게 스트레스를 야기했을 것이다. Rimm의 법칙 #7 — 결핍과 과잉은 종종 같은 증상을 보여준다 — 은 여기에 적용된다. **Jessica의 긴장 증상은 너무 큰 압력보다는 압력의 불충분한 경험의 표시였다.**

교사 팁

부적절한 동정심의 또 하나의 예는 초등학교 2학년인 Alonzo의 사례이다.

Alonzo의 가정에는 최근의 이혼과 다른 문제들이 있었다. 아이의 스트레스에 대하여 세심하게 배려하는 Sally의 걱정은 적절하였다. 그녀는 Alonzo에게 만일 그가 어떤 문제에 대하여 이야기할 필요가 있다면, 그녀는 기쁘게 그를 도울 거라고 설명했다. 매일 공부가 시작되기 전, 그는 조용한 고민 이야기와 눈물 그리고 개인적 관심 끌기로 아침을 시작했다. Alonzo는 몇 교시가 흘러서야 그의 문제를 제쳐놓고 학교공부를 할 수 있게 된다.

세심하게 배려하는 Sally는 심리학자가 개입하기 전에는 Alonzo에게 오랫동안 안쓰러움을 느꼈다. Sally는 그녀의 일상 일과를 바꾸었다. **행복하게 아침을 시작할 때마다 스티커 한 장을 Alonzo에게 줌으로써, 그녀는 쾌활하고 행복한 아이로 되돌려주었다.**

교사 팁

물론 이혼은 언제나 아이들에게 하나의 외상적인 사건이고, 그래서 그들은 감정에 대하여 이야기할 기회를 가져야 한다. 그러나 동정적 관심이 슬픈 감정에 대한 보상이 되지 않아야 하는 것은 중요하다. 교사에 의한 과잉반응은 아이들에게 그들이 슬프게 느끼고, 생각하고, 행동하도록 기대되어 있음을 감지하도록 하며, 그래서 그들은 실제로 그렇게 한다. 그 행동이 지속되면서, 그들은 공부에서 더욱더 뒤처지고 학문적으로 점점 더 부적합하다고 느낀다. 그들은 더욱 걱정하고, 학교 불안은 가족의 걱정거리가 된다. 스트레스 증상은 어른들의 관심 끌기의 기반이 된다. 그들은 빈번하게 슬프고 쉽게 운다. 그들의 조종술은 의도적인 것이 아니라 자발적인 것이다.

친절한 교사는 간단하게 동정의 메시지를 주어야 하지만, 또한 그 아이가 어려운 문제를 다룰 수 있다는 자신감을 전달해야 한다. 이것은 아이들에게 자신감을 형성하는 힘을 개발하도록 허용할 것이며, 결국 그들이 장애를 극복하고 다른 생의 문제들을 다루도록 도울 것이다.

요약하면, 세심하게 배려하는 Sally형들은 보통 훌륭하고 친절한 사람들이다. **그들의 민감성과 공감은 극단으로 가지 않을 때 긍정적이다.** 보살핌과 지나친 보살핌 사이의 정확한 선을 결정하는 것은 언제나 어렵다. 그러나 **어려움에도 불구하고 우**

교사 팁

교사 팁

리가 살아가면서 계속해야 할 이 메시지는 성취와 만족하는 삶을 살기 위해서 중대하다.

대부분의 부정적 Nellie형 교사들의 문제들은 더 분명하다. 그리고 당신은 부모 역할이나 심리학 강좌에서 그들에 관하여 듣거나 읽었을 수 있다. 부정주의는 많은 교실에 문제를 남기기 때문에 계속 강조할 필요가 있으며 학습부진, 행동 문제 그리고 낮은 사회적 관계와 관련된다. 부정주의는 교사들이 피하기 어렵고, 교사들은 부정적 관심 끌기가 일반적 교실의 문제를 야기하는 빈도를 의식하지 못할 수도 있다.

가장 분명한 형태의 부정적 관심은 교사에 의해 조용히 하라거나 주목하라고 하는 계속 반복되는 상기하는 말들이다. 일반적으로 상기하는 말의 빈도와 양은 아이들의 증가하는 소란과 직접적인 관련을 맺으며 증가한다. 이 상기하는 말들은 실제로 좋지 않은 행동을 강화한다는 믿음을 준다.

내가 많은 교실을 관찰해왔지만, 이런 종류의 혼란은 보통 일반 교실분위기의 통제를 아직 배우지 않은 신입 또는 임시 교사들이 있는 학급에 존재한다. 그러므로 나는 이런 종류의 부정적 관심은 큰 걱정거리라고 생각하지 않는다. 오히려 다른 부류의 것들이 덜 분명해 보여도 더 심각하다.

한 아이가 잘못된 행동을 할 때, 교사들은 일반적으로 학급 앞에서 아이를 크게 꾸중한다. 질책이나 벌을 받아야 할 사태를 조용하게 소통하기란 더 어렵다. 그러나 연구와 실제 경험은 공개적 질책은 부정적 행동을 증가시킨다는 것을 지시한다. 공개적 그리고 은밀한 꾸중은 둘 다 주목 끌기의 한 형태이지만, 학생들이 공개적 꾸중으로부터 얻는 또래 주목은 그들에게 잘못된 행동을 증가시키도록 동기화한다.

초등학교에서 교사에 의해 빈번하게 질책받는 아이를 따라다니며 괴롭히는 하나의 추가적 문제가 있다. 그는 학급에서 '나쁜 소년'이 된다. 그래서 다른 아이들은 그와 친구가 되고 싶어 하지 않는다. 이것은 물론 그에게 주목 끌기의 수단으로서 잘못된 행동을 하는 또 다른 이유를 제공한다. 아이와 교사가 그 행동이 친구 관계에 어떻게 영향을 주는지의 문제에 기민해 있고 **교사가 그 아이와 조용한 신호를 준비한다면, 행동과 친구 관계는 개선된다.** 진정한 의미에서, 부정적 주목 끌기는 긍정적 주목 끌기로 바뀌었으며, 교사와 학생은 지금 같은 팀으로서 동맹 맺고 있다. 아마 그 아이의 행동이 개선된 것은 놀라운 것이 아닐 것이다.

교사 팁

만일 당신이 자신의 초등학교 시절로 되돌아간다면, 아마 당신은 그 교실에서의 '나쁜 소년'의 문제를 간파할 수 있을 것이다. 나의 학교에서 Blair가 그런 아이였다. 그는 5년 동안 나의 학급에 있었다. 그는 연필을 씹었고, 자리에 붙어 있으려 하지 않았고, 그의 할 일을 하지 않았다. 그의 책상은 항상 교사의 책상 가까이나 앞자리에 놓여 있었고, 교실과 교장실 사이를 오가는 단골손님이었다. 아무도 Blair를 좋아하지 않았다. 우리는 감히 그와 친구가 되려하지 않았다. Blair는 독약이었다!

학교에 다니는 동안 할 일을 완성하지 않은 아이는 보통 부정적 관심 끌기에 의해 그것을 하지 않도록 고무된다. 몇몇 구체적 사례들은 몇 가지 주의할 점을 분명히 보여준다.

> Ricardo는 쉬는 시간이 되기까지 수학 숙제를 완성하지 않는다. 미완성 작업에 대한 학급의 벌은 쉬는 시간 동안 교실에 남는 것이었다. 이것은 다른 아이들에게 효과적이었기에, Ricardo 외에는 어느 누구도 머물 필요가 없었다. 그러나 두 가지 이유로 이 벌은 Ricardo에게 비효과적이었다.
>
> 첫째, Ricardo는 다른 아이들이 밖에 있는 동안 그가 받는 개인적 도움과 관심을 즐겼다. 둘째, Ricardo는 쉬는 시간에 어떤 식으로든 자주 놀림을 받았다. 그래서 쉬는 시간 교실에 머무는 것은 Ricardo에게는 크게 강화를 주는 피난처였다. 그는 벌이 바뀔 때까지 계속 수학 수제를 완성하지 않았다.
>
> Jackson은 지적으로 영재인 초등학교 4학년이었는데, 결코 학교에서 그의 할 일을 완성하지 않았다. 그는 나에게 "만일 내 일을 너무 일찍 끝낸다면, 선생님은 저를 비난할 거구요. 제가 나쁘게 일을 했다고 저에게 말할 거예요. 만일 제가 천천히 일하면, 그녀는 단지 둘러보며 나에게 어서 하라고 독촉해요."라고 했다. Jackson의 사례에서, 두 반응 모두 부정적 관심 끌기였다. 그러나 그는 가장 쉽고 가장 스트레스를 덜 야기하는 행동을 선택했다.

따분함

부모 포인터 / 교사 팁

학교생활과 관련하여 학습부진학생들로부터 우리가 가장 빈번하게 듣는 말은 따분함이다. **따분함이란 말이 사용되는 특정 아이에 따라 다르게 해석될 필요가 있다.** 어떤 아이들에게 이것은 작업이 너무 어렵다는 것을 의미한다. 다른 아이들에게, 이 말은 그것이 너무 쉽다는 것을 의미한다. 그것은 또한 "저는 경쟁하는 게 두려워요.", "선생님은 제 방식대로 해야 해요.", "저는 선생님과 힘겨루기를 해요.", "저는 이 과목을 싫어해요." 또는 "저는 차라리 사교적으로 지내거나 농구를 하거나 또는 TV를 보겠어요."라는 것을 의미할 수도 있다. 소수의 아이들에게, 그 일은 실제로 흥미 없다는 것을 의미한다.

물론, 일부 따분한 Barbara와 따분한 Bob과 같은 교사들이 있다. 교실활동이 다양하고 자극적이도록 주도하지 않는 교사들의 퍼센트가 아주 적기를 나는 희망한다. 이런 교사들은 성취학생이든 학습부진학생이든 모든 학생들에게 나쁜 영향을 준다. 그러나 학생들이 따분함이란 말을 학습부진의 변명으로서 사용할 때는, 단조로운 교사들이 문제가 아니다. 수업이 따분하다는 학생들의 기술은 과목, 내용 또는 교수방식과 상관없이 계속된다.

가장 빈번한 종류의 따분함은 너무 쉽거나 너무 어려운 자료를 지칭하며, 이것은 학습부진학생들에게 진정한 문제를 야기하고, 심지어 학습부진의 기원이 될 수 있다. **너무 어려운 자료는 학습부진의 분명한 이유이다.** 만일 아이들이 준비되지 않은 내용을 배우도록 기대된다면, 그들은 정당하게 패배를 느끼고 포기할 수 있다. 이것은 고르지 않은 능력을 가진 아이들에게 가장 빈번하게 일어나며, 그래서 어떤 과목은 상대적으로 쉬운 반면, 다른 과목은 정말 어렵다는 것을 발견한다. 아이들은 매우 능력 있다는 인상을 주기 때문에, 교사들이 모든 과제를 잘 다룰 수 있다고 흔히 상상한다. 불행히도, **한 기능 영역에서 쉽게 패배를 느낀 아이들은 그 회피양식을 그들이 잘 할 수 있는 다른 과목으로 확장시킨다.** 교사 팁

가족의 이동으로 학교를 빈번하게 바꾸어야 하는 아이들은, 학교의 차이 때문에 그들의 또래보다 계속 뒤처지는 자신들을 쉽게 발견한다. 각 새로운 학교는 기본 기능에 있어서 이전 학교에서 아이들이 배웠던 것에 비해 약간 앞선 것일 뿐이지만, 학교공부는 항상 너무 어려운 것이라는 발견과 함께 따라오는 무능력감은 학습부진 증후군을 촉발하는 패배의식을 만들어낼 수 있다.

너무 쉬운 학교공부는 또 다른 딜레마를 만들어낼 수 있다. 이것은 지적인 영재 아이들에게 학습부진 증후군의 빈번한 원인이다. 초등학교 1학년에 입학한 영재 아이들은 흔히 그 학년에 속한 대부분의 자료를 알고 있어서, 그들은 당연히 그리고 시종일관 학교의 첫 해 내내 따분하다. 어떤 아이들은(소녀보다 소년이 더 많이) 행동 문제를 개발한다. 다른 아이들은(소년보다 소녀가 더 많이) 완벽한 작업에서

오는 긍정적 관심 끌기의 진가를 느낄 수 있으며 철저하게 일찍이 쉬운 학교생활을 즐긴다. 불행히, 그들은 학교공부란 노력이 들어가지 않는 것이라고 배운다. 초등학교 5학년 또는 중학교 3학년 또는 대학에서, 교육과정이 처음으로 도전을 주게 될 때, 그들은 애써 공부하거나 인내하는 것을 배우지 않았다는 것을 알게 된다. 그들은 또한 A학점 밑으로는 성적을 받아본 경험이 없다. 그들은 지금 해야 하는 새로운 노력 의식과 B와 C학점에 따르는 실패 감정 때문에, 학교는 따분하다는 딱지를 붙일 수 있다. 그들의 문제의 원천은 그들의 학교생활 초기의 도전 부족으로 거슬러 올라간다.

지적인 영재 아이들의 몇 가지 흥미로운 사례가 예로 제공된다.

> 영리한 5살배기 Greg는 초등학교 3학년 수준을 읽으면서 유치원에 들어갔다. 그의 어머니는 그녀가 참견하기 좋아하는 부모로 비춰지는 것을 바라지 않았기 때문에 교사에게 그의 읽기 능력에 대하여 언급하기를 주저하였다.
>
> 4학기 중 첫 학기 회의에서, 주요 주제는 Greg의 잘못된 행동이었다. 그의 부모는 이 보고서에 의해 매우 불안하여, 그의 독서 기능에 대한 토론을 다시 연기하였다. Greg는 1년 내내 계속해서 행동 문제를 가지고 있었고, 봄에 교사는 유급을 권할 준비를 하였다. 그의 문제 행동에 더하여, Greg는 그의 독서 준비도 검사에서 낙제하였다! 충격을 받은 Greg의 부모가 마침내 그들의 아들이 1년 내내 독서를 해왔음을 표명한 것은 마지막 회의에서였다.
>
> Greg는 검사를 치를 때, 답안지의 글자나 모양이 정답의 글자와 정확하게 반대 형태로 보이는 검사 문항에서는 두 개의 답지에 동그라미를 칠 필요를 느꼈다고 나중에 설명했다. 물론 잘못된 해석은 낙제점수를 야기했다. 새로운 독서 기능 평가는 그가 초등학교 5학년 독서 수준으로 진보했음을 알려주었다. 따분한 Greg가 행동 문제가 된 것은 놀라운 일이 아니다.

확실히 교사는 Greg의 기능을 일찍 확인하지 않은 책임이 있지만, 부모 역시 소통하지 않은 책임이 있다. Greg의 사례에서 그의 독서 능력은 매우 좋기 때문에 지각 있는 교사라면 누구라도 그런 정보를 부모의 간섭이라고 해석하지 않았을 것이다.

고르지 않고 일관적이지 않은 속진은 영재 아이들에게 비슷한 문제를 야기할 수 있다. 예를 들면, Chantrelle는 독립적으로 공부함으로써 수학에서 1년을 속진하였다. 사실 그녀는 매우 영리하여서 6주 만에 초등학교 6학년 수학을 완성했다. 그러나 그녀가 다른 학구로 이사했을 때, 속진 규정이 없어서 그녀는 6학년 수학을 반복하였다. 또 다른 사례에서, 초등학교 1학년인 Eric은 적절한 수준에 맞추어, 2학년과 함께 읽기를 하도록 허락되었다. 그는 다음 해에 다른 학구로 옮겼을 때, 그 학교는 그를 2개의 다른 학년에서 공부하도록 허락하지 않았으며, 그는 2학년의 자료를 다시 읽어야 했다. 다른 아이들보다 더 빠르게 배운다는 것을 이미 보여준 이 두 아이들은 자료를 반복하도록 강요되었다. 자연히 그들은 따분했다.

일부 사례에서, 강요된 반복은 같은 구에서 심지어 같은 학교에서도 일어난다. 만일 한 교사는 속진을 적절하다고 보고 다음 교사는 예외 두기를 거부한다면, 이것이 발생할 수 있다. 그것은 또한 학교가 독서 그룹의 정책을 학급 전체 독서수업으로 바꾼다면 생길 수 있다. 이런 정책으로 저지당한 아이들과 부모들은 격분할 가능성이 있고, 이것은 이 둘을 학교와 반항적 관계에 놓이도록 한다.

이 반항은 쉽게 다른 과목과 성적으로 일반화될 수 있다. 따분함은 흔히 이런 아이들이 학교의 모든 것을 기술하기 위해 사용하기로 결심한 라벨이다. 그들은 확실히 부분적으로는 정당화된다. 연구는 지적으로 영재인 아이들은 보통 초등학교에 들어오기 전에 기본 기능 자료의 35%에서 50%를 배웠다는 것을 알아냈으며(Reis & Purcell, 1993), 비슷한 관찰이 계속 이루어지고 있다. 여기 한 사례가 있다.

> 수학에 중요한 문제를 갖고 있는 아주 영리한 초등학교 5학년인 Terrell은 그의 학습부진의 덫을 나에게 이렇게 설명했다. 그는 교사가 자료에 대하여 설명을 시작할 때는 듣지만 교사가 계속 설명할 때는 이미 이해했고 더 이상 들을 필요가 없기 때문에, 따분하게 느낀다고 말했다. 그의 마음은 배회했고, 다른 것들을 생각하곤 했다. 마침내 교사는 과제를 주곤 했으며, Terrel은 일을 시작하곤 했다. 나중에, 그는 아주 이해하지 못하는 부분에 도달하곤 했다. 그는 듣지 않았기 때문에, 교사가 이 자료를 설명했는지 아닌지를 알지 못하여, 그는 도움 요청하기가 두려웠다.
>
> Terrel의 선택은 좋지 않았다. 그는 일에 허세를 부리거나, 그것을 전혀 하지 않거나, 하여도 많은 실수를 하거나 또는 그가 경청하고 있지 않았다는 것을 인식할 수 있다. 그는 처음 세 가지 선택을 바꾸어가며 하였지만, 감히 그가 도움이 필요하다는 것은 인정하지 않곤 했다. 그는 자신의 함정을 인식했지만, 더욱더 수학에서 뒤처졌다. 기능의 격차는 자료에 대한 이해를 방해하고 있었고, '체면 세우기' 때문에 그는 문제를 교사나 부모에게 설명하지 않았다. 주로 그는 과제를 완성하지 않음으로써 직면을 회피했으며, 그렇게 해서 그는 계속 수학은 쉬워서 따분하다고 주장했다.

아이들은 노력과 결과 사이에 관계가 있다는 것을 일찍이 배워야 한다. 이 인식은 성취학생들을 학습부진학생들과 구별해주는 내적 통제감을 생성한다. 만일 학교공부가 너무 어렵다면, 그들의 노력은 성공적인 결과로 이끌지 못하고 단지 실패로만 이끌 것이다. 만일 일이 너무 쉽다면, 그들은 성공하는 것은 거의 노력이 필요하지 않다는 것을 배운다. 어떠한 개념도 적절하지 않으며 학습부진을 키울 수 있다. **교사들은 요구되는 도움이나 필요한 도전을 제공하기 위하여 학생들의 기능 수준에 기민해야 한다.** 우리는 학생들이 학교가 따분하다고 기술하는 것을 막을 수 있는 보증은 없지만, 적어도 교사들은 노력과 결과 사이의 적절한 맺음은 보장할 수 있다. 교사 팁

또래 압력

중간 학년쯤 되면, 인기 있어야 한다는 또래 압력이 흔히 하나의 우선 순위가 된다(Brown & Steinberg, 1990; Clasen & Clasen, 1995; Kinney, 1993; Rimm, 2005). 초등학교 3학년부터 중학교 1학년까지 5천 명 이상의 학생에 대한 최근의 조사에서, 인기는 그들의 걱정거리 중에서 최상위를 차지하였으며, 단지 테러의 공포하고만 동점을 이루었다(Rimm, 2005). 3학년 정도의 이른 시기에, 15%의 학생들이 이성에게 인기 있는 것에 관하여 많이 걱정하고, 걱정하는 학생의 퍼센트는 학년마다 증가한다는 것을 가리켜 주었다.

지능이 평균 이상이라고 느끼는 것은, 인기 있고, 충분히 예쁘고, 자신 있고, 멋진 옷을 입고 그리고 충분히 날씬한가에 대한 걱정을 조금 조정해주기는 하였지만, 충분히 똑똑하다는 것은 진술된 걱정거리들 중 순위가 아주 낮았다. 자신의 지능이 평균보다 훨씬 위라고 평가하는 것은 단지 평균 이상이라고 느끼는 것보다 이런 걱정들에 대하여 덜 효과적인 중재자였다.

표적 집단에서 중간 학년 학생들은 학교에서 열심히 공부하는 것이 그들을 인기 없는 '따분한 아이'의 부류로 들어가게 할까 봐서 그것에 대한 갈등을 느낀다고 빈번하게 말한다. 부모와 교사들은 그들이 평균 성적을 선호하기 때문에, 그들이 의도적으로 숙제를 제출하지 않거나 시험공부를 거부하는 학생들에 대하여 듣고는 자주 충격을 받는다. 분별 있는 어른은 종종 이것이 하나의 패턴이 되는 것을 막을

수 있지만, 일단 시작되면 '멋진' 것으로 보이는 학습부진은 살아 있기라도 하듯 저절로 작동할 수 있다. 학습부진이 하나의 습관이 될 때, 그것은 자기효능감을 파괴한다. 만일 학생들이 성숙하여 좋은 성적을 얻고, 학업상을 받고 그리고 우수한 대학에 허락되는 것들이 멋있게 해줄 수 있다고 결정한다면, 아마 그들이 일찍이 가능하다고 믿었던 것 이상을 달성할 가능성이 크다.

제 2 편

당신이 할 수 있는 것

제 6 장

성취를 위한 부모역할

성취지향의 육아와 훌륭한 육아는 동일한 과정을 기술하는 두 가지 방식이다. 대부분 부모들은 그들이 자녀들에게 가장 원하는 것은 건강, 행복 그리고 자존감이라는 데 동의한다. 많은 아이들이 학습부진을 하면서도 행복하고 그들의 태도와 행동을 바꿀 소망이 없다고 내비추지만, 그들의 패턴을 역전하고 더 좋은 성적을 성취하고 더 긍정적인 행동을 보여준 후, 그들은 업적이 있고 열심히 일하는 삶이 더 좋다는 것을 발견하고 그들은 새로운 행동 패턴이 더 좋다고 말한다.

학업 성취, 삶의 업적, 그 결과로서 오는 자신감과 자기충족은 모든 부모들이 그들의 자녀들에게서 바라는 결과이다. 부모들은 학교에서 성취하는 아이들에게 더 많은 기회가 열릴 것이라고 알고 있다. 물론 부모들이 가치 있게 생각하는 다른 것들도 있다. 많은 이들은 아이들이 사회적으로 수용되는 것을 열망한다. 일부는 그들이 스포츠, 미술, 연극 또는 특별한 재능 영역에서 활동하기를 원한다. 어떤 부모들은 창의성이나 친절을 강조하고 싶어 한다. 그 리스트는 무한정 계속될 수 있다. 그러나 나의 책의 초점은 학습부진 증후군을 예방하고 역전시키는 데 있기 때문에, 이 장에서는 성취목표들을 강조하는 일반적인 몇 가지 육아 지침들을 제공할 것이다.

성취모델 되기

Rimm의 법칙 #2는 아이들은 모방할 효과적인 모델이 있을 때, 적절한 행동을 더 쉽게 배울 것이다. 이것이 성취지향의 육아에 중대한 요소이다. 부모들 자신이 성취자가 되어야 할 뿐만 아니라, **자녀들과도 성취에 대한 현실적이고 긍정적인 견해들을 공유하여야 한다.** 아이들은 그들의 부모에게서 노력과 결과 사이의 관계를 관찰해야 한다. 그들은 부모가 종종 실패하고 실망을 느낀다는 것을 이해하여야 한다. 그러나 그들은 또한 부모가 또 다시 성공을 위해서 실패로부터 살아남는 것을 보아야 한다. 그들은 부모의 낙담과 환희를 경험해야 하며, 부모의 노력에 따라오는 내적 · 외적 보상을 볼 수 있어야 한다. 그들은 또한 부모에게서 창의성과 합리적 순응 둘 다를 보아야 한다. 부모의 견지에서 볼 때, 모델로서의 긍정적인 것과 부정적인 것의 균형이 어느 정도 맞아야 한다. 만약 부모가 성취자라면 아마도 이런 균형이 있을 테지만, 종종 부모들은 무심결에 그들 직장에 대하여 편견과 부정적인 시각을 아이들에게 준다.

부모 포인터

부모들은 또한 그들 배우자에 대하여 '성취자 상(像)'을 설계해야 한다. 이것을 함에 있어, 남편과 아내 모두가 알아야 할 몇 가지 흔히 빠지는 함정이 있다. 직장으로 인해 당신의 배우자가 집에 없는 것에 대하여 계속 불평하지 말아라. 아이들에게 배우자의 육아 부분이 박탈되고 있다는 걱정이 들게 될지라도 말이다. 피차의 직업에 관하여 나쁘게 기술하지 말고, 배우자의 자제심 상실을 직장 스트레스의 탓이라고 하지 말아라. 가족문제를 그의 직장 상사의 탓으로 돌리거나 결혼생활이나 경제적 문제를 그의 직장 탓으로 돌리지 말아라. **대신에, 배우자가 열심히 일한 것에서 오는 삶의 만족과 경제적 혜택을 당신의 아이들에게 설명하라.** 당신이 좋아하지 않는 배우자 직업의 어떤 부분에 대하여 정직할 수 있지만, 긍정적인 요소들을 강조하고 왜 엄마와 아빠가 도전이 되는 직업을 선택하였는지를 설명하는 것이 중요하다.

부모 포인터

어떤 환경에서 배우자의 경력을 쌓아올린다는 것은 극히 어렵거나 심지어 하찮은 것처럼 보일 수 있다. 그러나 직장에서의 당신과 배우자의 성취와 학교에서의 당신의 자녀들의 성취지향 사이에는 강한 유사점이 있다. 자기 자신과 배우자의 끔찍한 직장생활에 관하여 계속 장광설을 늘어놓는 부모들은 아이들로부터 학교에 대한 비슷한 태도에 관하여 들을 준비를 해야 한다. 아이들이 사춘기에 도달할 때, 그 비판들이 매우 참을 수 없다는 것을 발견할 것이다. 그 소리들은 이렇다.

- "내가 왜 학교공부를 해야 하는지 모르겠어. 나는 재미있는 시간이 필요해."
- "나는 아빠와 같은 존재는 아니야. 그리고 나는 그와 같은 직업은 결코 선택하지 않을 거야."
- "나는 무엇을 할지, 무엇이 될지 몰라. 줄곧 일할 필요가 없는 그런 곳."
- "낮은 성적은 나의 잘못이 아니야. 그 선생님은 정말 짠돌이야 그리고 너무 크게 기대해."
- "난 우리 엄마와 같은 직업을 원치 않아. 엄마는 가족을 위한 시간이 없어."

부모가 자신이나 배우자의 직업에 대하여 주는 모든 부정적인 메시지는 그들의 아이들로부터 학교에 대하여 비슷한 것을 듣게 할 것이다. 왜냐하면, 학교는 아이의 '직장'이기 때문이다. 종종 부정주의와 염세주의를 피하는 것은 불가능하다. 그러나 만약 부모가 그들의 직장에 대하여 좀 더 긍정적이고 균형 있는 시각을 제공하는 것을 배울 수 있다면, 그들은 확실히 아이들로부터 학교성취에 대하여 더 긍정적인 태도를 기대할 수 있다.

만약 어머니가 가정 밖에서 일하지 않는다면, 아버지는 아내의 일에 대하여 기술하는 방식에 민감할 필요가 있다. 남편이 가지는 흔한 문제는 아내가 직업이 없는 경우에 그 공헌을 낮추어 평가하는 경향이 있다는 것이다. "오늘 아무것도 안했어?" 또는 "당신이 한 모든 게 고작 돌아다니며 쇼핑한 거구나(어머니가 청소한 가정과 어머니가 세탁한 옷을 입고 맛있는 가정식 요리에 앉아 있을 때)."와 같은 논평은 봉급 없는 가정주부의 공헌은 무의미한 것으로 꼬리표를 붙인다.

노력, 리더십, 창의성 그리고 책임감을 요하며 지역사회나 아이들에게 중요한 자원봉사 활동들은 흔히 아버지들에 의해 목적 없는 사회 활동으로 기술된다. 만약 어머니가 공부를 계속 하기 위해 학교로 돌아가기로 결심한다면, 아버지가 그 교육을 바쁘기만한 일로 기술하거나 어머니의 학업이 가족의 식사와 활동을 방해하고 있다고 지적할 수 있다. 이것은 어머니의 교육은 불필요하고 무가치한 것이라고 아이들에게 말하는 것이다. 만약 어머니가 아이들이 성장하기를 기다려서 인생 후기에 직업을 시작한다면, 그녀는 늦은 출발, 덜 숙련된 훈련과 경험, 지리적 제한점 또는 일반적으로 여성에게 지불되는 낮은 봉급 관계로 봉급의 불이익을 받을 수 있다. 어떤 남성들은 여성들이 직장에서 갖는 낮은 지위는 물론이고 그들이 하는 재정적 공헌을 최소화한다. 종종 남자들은 아내의 새로운 성공에 위협을 느끼기까지 한다.

아버지로부터 오는 이런 종류의 논평의 위험은 아이들의 눈에 어머니를 낮추어 보게 하고 그녀의 영향력을 빼앗는 것이다. 흔히 아이들을 훈육하고, 학교와 소통하고, 교육적 안내를 제공하는 제일의 책임을 가진 사람은 어머니이다. 그녀는 배우자에 의해 영향력을 상실해왔기 때문에, 그녀 또한 아이들을 안내하고 훈육하는 데 무력하게 된다. 아버지가 아이들에게 어머니에게 복종하지 말라고 결코 직접 말하지 않았을지라도, 자신의 의사소통의 심각성을 알지 못하고 멸시의 모델이 되어왔다. 그는 아내를 낮추었을 뿐만 아니라, 또한 그녀가 한 모든 것을 과소평가해왔다. 즉, 아이들에 대한 공감과 애정 어린 보살핌, 교육과 학습에 대한 관심 그리고 교육이나 일을 가정관리와 결합하는 데 필요한 엄청난 진취성을 보지 못하였다. 아이들은 적어도 부분적으로는 그의 묘사와 어머니의 업적에 대한 그의 가치평가(또는 평가절하)를 통해서 어머니를 바라볼 것이다. 소년들은 어머니를 무시하고 얕보며, 또한 학습부진할 것이다. 소녀들은 그녀와 경쟁하고 논쟁하며, 또한 학습부진을 할 것이다. 부모 포인터 **그의 아들들이 어머니를 존중할 것을 기대하는 아버지는 어느 누구나 명백하게 그의 아내의 노력, 공헌, 만족 그리고 지역사회와 교육에 관한 책임을 맡는 것에 대하여 존중을 기술해야 한다.**

우리 사회에는 여전히 집에서 살림을 하는 남편들이 적지만, 지금은 많이 늘었다. 집 밖에서 일하지 않는 남자는 이웃과 다른 성인들에 의해 폄하당할 위험성이 있다. 부모 포인터 **일하는 아내는 남편의 업적에 대하여 명확히 지각하는 것이 더욱 중대하다.** 아버지와 어머니의 성역할 고정관념 때문에, 육아에 시간을 덜 바치는 데 죄책감을 느낄 수 있는 어머니는 아이들이 듣는 데서 배우자의 육아를 비난하는 자신을 발견할 수도 있다. 이것은 어머니가 전통 가정에서 폄하될 수 있는 것과 동일한 방식으로 육아에 혼신을 다하는 아버지를 무능하게 하고 무력화시킨다.

성취의 모델이 되는 것과 배우자의 성취를 기술하는 것은 아이들의 성취동기에 중대한 영향을 준다. 만약 이것이 관념적이거나 불가능한 것처럼 들린다면, 당신의 아이들이 학교에 대하여 말하고 있는 것에 귀를 기울여라. 당신은 그들이 당신을 바라보며 청취하고 있는 것들을 듣게 될 것이며, 당신의 직장과 배우자의 직장에 대하여 그들이 수령한 당신의 메시지를 듣게 될 것이다. 만약 당신이 그들의 노력과 태도를 바꾸길 기대한다면, 당신은 모델되기를 바꾸고 싶을 것이다. 긍정적 모델되기의 부가적 혜택은 당신의 직업에 대한 당신 자신의 더 긍정적인 평가일 것이다.

힘과 통제

부모는 아이들에 대한 책임을 맡고 있다. 아이들이 부모의 리더십에 익숙해졌다면, 그 방식을 따르며 그들은 안전감을 느낀다. 그들은 자유의 정도를 결정하기 위하여 산발적으로 한계를 밀어붙일 가능성이 있지만, 아니라는 말이 확고하고 정직하게 주어질 때 그들은 그것을 존중한다.

아동기에 제약을 수용하도록 배우지 않은 아이들은 확실히 청소년기에 그것을 수용하지 않을 것이다. *V*라는 글자를 아이들을 안내하는 모델로 상상하라. 아이들이 작을 때, 그들은 제한된 자유와 좁은 구조를 가진 *V*의 밑바닥에서 시작한다. 그들이 성숙하고 더 많은 자유를 책임 있게 다룰 수 있게 되면서, *V*의 제한하는 벽은 확고한 한계를 유지하는 반면 계속적으로 그들에게 더 많은 자유를 주면서 뻗쳐나간다. 청소년기 그들은 *V*의 꼭대기로 움직이면서 상당한 독립적 의사결정과 판단을 할 수 있게 되지만, 그들을 안내하는 성인이 있다는 것을 계속 인식해야 한다. 이와 같이하여 그들은 *V*에서 나와 성인 초기, 독립성 그리고 개인적 의사결정으로 이동할 준비가 된다.

이제 *V*를 이처럼 보이도록 거꾸로 놓아보자. *Λ*. 이 모양을 기반으로 키워진 아이들은 많은 자유와 많은 선택권이 주어진다. 그들은 이 자유를 책임 있게 다룰 수 있기 전에 독립적인 의사결정에 익숙해져 있다. 그들이 청소년기로 가면서, 부모들은 그들의 아이들이 이 자유를 오용할 수 있다는 것을 걱정하게 되면서, 그들은 학교와 지역사회에서 일어날 위험에 대하여 걱정한다. 대마초, 알코올, 마약, 성문란은 아이들이 보호되어야 하는 위협으로 지각되므로, 부모들은 제약을 설정하기 시작한다. 이제 자유가 박탈된다.

아동기 때 많은 지배력을 가진 청소년들은 부모에 의해서 지나치게 통제되고 있다고 느끼며, 그들의 진술은 제한의 감정을 반향한다. "우리 부모는 나를 통제하고 있어."라고 불평한다. 그들은 제한을 밀어내고 반사적으로 적대하며 반항한다. 그러면 걱정스런 부모는 지나치게 밀어붙이고 범위를 더욱 좁히고 결국 더욱더 반항적으로 된다. 학습부진을 동반한 성난 청소년들은 행복한 집을 적의에 찬 가정으로 빠르게 바꿀 수 있다. 이 아이들이 한때 가졌던 자유와 힘에 비례하여 그들은 무력함을 느낀다. 일단 자유가 주어지면, 그것은 쉽게 빼앗기지 않는다. **이 *V*모양 안내의 길이 청소년들과 부모에게도 훨씬 더 부드럽고 더 편안하다.**

부모 포인터

아이들에게 성인 의사결정을 기대하는 것은 지혜 없이 힘을 제공하는 것이다. 그것은 부모가 너무 일찍 주고 너무 늦게 되찾으려는 힘겨루기를 야기한다. 그로 인한 갈등은 청소년들을 지나치도록 고집스럽게 반항하게 하며, 부모들을 지나치게 부정적으로 반응하도록 하여, 이 둘은 아이들을 안내하는 데 아주 귀중한 긍정적인 가정분위기를 잃게 할 수 있다.

분명하고 긍정적인 메시지 주기

긍정적 기대로써 하는 양육은 학교 안에서든 밖에서든, 아이들을 안내하는 데 대단히 성공적일 수 있다. 만약 높은 성취, 긍정적 태도 그리고 건설적인 행동들이 부모에 의해 기대되고 강화된다면, 그것들은 아이들에 의해 내면화될 것이며, 벌의 필요는 보통 무시해도 좋을 것이다. 어떤 부모들은 벌 없이도 아이들을 잘 안내하는데, 다른 부모들은 어떻게 해서 그렇게도 빈번하게 벌을 사용하는 것처럼 보일까?

합당한 칭찬

뛰어나고 성공적인 사람들의 삶에 대한 연구들은 언제나 아동일 때 그들을 믿는 적어도 한 부모나 의미 있는 어른이 있었다는 것을 보여준다(Goertzel, Goertzel, Goertzel & Hansen, 2004; Rimm & Rimm-Kaufman, 2001; Rimm, Rimm-Kaufman & Rimm, 1999). 부모나 교육가들은 성취에 있어서 아이들의 자존감의 중요성을 인정하도록 배워왔다. 아이들이 자존감을 형성하기 위해서는, 그들을 둘러싼 어른들로부터 오는 칭찬 형식의 긍정적인 피드백이 어느 정도 필요하다. 사실상, 칭찬은 아이들에게 성인 가치를 전달해준다.

어느 정도의 칭찬은 아이들에게 매우 좋지만, 너무 많은 칭찬은 아이들이 그것에 의존하도록 한다. 칭찬은 아이들에게 가치를 전달하기 때문에, 지나친 칭찬은 실제로 압력으로 내면화될 수 있는 가치를 전달한다. "완벽해.", "총명해.", "천재야.", "화려해.", "가장 똑똑해." 그리고 "비범해."와 같은 칭찬 말들은, 만약 아이들에게 계속적으로 사용한다면, 아이들이 청소년기에 이를 때, 불가능한 기대로서 내면화될 가능성이 있다. 그러나 "좋은 생각이야.", "근면해.", "똑똑해.", "재능 있어.", "끈기 있어.", "매력적이야."와 같은 말은 압력 없이 동기를 부여하는 가치를 전달한다. 물론 가끔의 지나친 칭찬은 해롭지 않다. 그러나 많은 아이들은 그들의 부모가 단지 그들을 진정으로 격려하길 원할 때, 그들이 느끼는 부모 기대의 압력에 대한 이야기를 나와 공유해왔다.

칭찬을 거의 받지 않는 아이들은 또한 곤경에 처하게 될 것이다. 그들은 세상이 그들에게 별로 기대하지 않는다고 믿는다. 물론, "게을러.", "멍청해.", "어리석어." 그리고 "바보 같아."처럼 폄하하는 말만을 들은 아이들은 가장 심각한 문제를 가질 가능성이 있다. 그들은 일상에서 무가치하고 부적절하다고 느낀다.

부모가 제공해야 할 최상의 가치 있는 자원은 부모 자신의 주목하기이다. 아이들은 정상적으로 긍정적 주목받기를 더 좋아한다. 그러나 빈번하게 그들은 어떤 것이든 주목을 끌기 위해 나쁜 습관을 개발한다. 다른 말로 이런 습관들이 자신의 성장과 발달에 좋든 좋지 않든, 그들은 주목받기를 위한 효과적인 방식들을 배운다. 만약 문제 행동에 대한 주목받기가 아이들과 부모의 상호작용 시간을 독점한다면, 긍정적인 것에 주목받을 시간이 거의 남지 않는다. 이런 아이들은 바로 긍정적인 주목을 획득하는 능력에 자신감을 잃고, 정말로 긍정적인 부모 기대를 위하여 일하는 습관을 결코 형성하지 못한다. 한 명 이상의 낙담한 부모는 그들 아이들에게서 칭찬할만한 행동을 거의 찾을 수 없다고 보고해온다. 이런 경우에 부정적이며 벌하는 사이클이 지배하게 되고, 그래서 이런 아이들에게 건설적인 행동(즉, 성취)을 향하도록 동기를 부여하는 일은 극도로 어렵게 된다.

부모 간의 일관성

양 부모(셋 또는 네 부모)에 의해 합의되고 자녀에게 전송된 분명하고 일관적인 메시지가 긴요하다. 부모들은 예를 들어 다음과 같은 근간이 되는 가치에 합의해야 한다. (1) 연구, 학습, 학교, 일 그리고 책임의 우선순위, (2) 개성의 존중, (3) 어른들에 대한 존중 그리고 (4) 오락과 재미의 적정한 양과 균형에 대한 인정이다. 이 모든 것은 긍정적이고 성취지향분위기의 근간으로 보인다. Rimm의 법칙 #1 — 만약 부모가 함께 학업에 대한 노력과 기대에 관하여 동일하고 분명하게 긍정적인 메시지를 주기 위해 연합한다면, 아이들은 성취자가 될 가능성이 높다 — 은 연합 전선의 중요함을 요약한다.

이것은 실제보다 훨씬 더 하기 쉬운 것처럼 들린다. 일관성과 명료성의 문제들이 많은 장소에서 발생한다. 어느 부모라도 가끔 일관적이지 않을 수 있다. 즉, 부모는 그들이 마지막으로 말을 건넸던 이웃, 그들 자신의 변하는 기분 또는 그들에게 영향을 주는 개인적 압력에 따라 기대가 바뀔 수 있다. 부모들은 항상 분명한 메시지를 주지 못할 수 있다. 왜냐하면, 그들은 바빠서 분명히 할 시간을 내지 못하고, 그들은 그 메시지에 대하여 충분히 생각해보지 않았고, 또한 그들이 그것에 대하여 어떻게 느끼는지 스스로 확신할 수 없기 때문이다.

여기 한 예가 있다. 어머니는 아들이 과학 프로젝트에 아주 열심히 일하고 있는 것을 보고 무척 기뻤다고 말을 한다. 그다음 그녀는 신선한 봄바람을 스치며 밖을 걸을 때, 아들의 친구들이 농구하는 것을 보게 된다. 아들이 그 재미를 놓친 것에 대한 죄책감이 든 후, 바로 그녀는 집으로 돌아가 쉴 시간인 것 같다며 그렇게 심하게 자신을 밀어붙이지 말라고 제안한다. 그녀가 아들에게 준 메시지는 열심히 일하는 것의 가치에서 놀이의 가치로 바뀌었다. 이것은 양 부모가 아들에게 다른 메시지를 준다면 더욱더 복잡해질 것이다. 엄마는 열심히 일하는 아들을 칭찬하지만, 아빠는 친구들과의 게임을 놓치지 말고 과학 과목을 너무 진지하게 수강하는 것 같다고 제안한다.

이 혼선은 이혼이나 재혼 후에 가중될 수 있으며, 셋 또는 네 명의 부모가 있을 때 그 문제는 기하급수적으로 확대될 수 있다. 메시지가 점점 더 같지 않게 될수록, 아이들의 방향은 혼란스러워지게 된다.

제1장에서 본 찢겨진 Tomas는 이혼 후 주어진 대립 메시지의 희생양이다. 그러나 온전한 결혼 내에서조차 부모 기대는 서로 대립될 수 있으며, 셋 또는 네 명의 부모가 있는 상황에서는 거의 항상 모순이 있다. 만약 부모가 진실로 아이들에게

관심이 있다면, 그들은 비슷한 메시지를 전달하려고 노력해야 한다. 그렇지 않으면 아이들은 그들의 부모를 기쁘게 하고 긍정적인 행동을 위한 분명한 방향을 내면화하는 것이 불가능하다는 것을 발견할 것이다. 한 17살 아이는 그의 '찢겨진 Tomas' 감정을 이렇게 기술했다.

> Luis의 부모는 20년 동안 결혼생활을 했다. 그런데 그들은 자주 뜻이 맞지 않았고 논쟁을 하였지만, Luis는 지금에서야 문제의 심각성을 감지했다. 아버지는 어머니를 기쁘게 하기 위해 매우 열심히 노력하고 있는 것을 그는 느꼈다. 어머니는 결혼생활을 개선하기 위해 노력하고 있다고 말했지만, Luis는 아빠에 대항하고 엄마의 편이 되도록 교묘하게 조종되고 있다는 것을 스스로 느꼈다. 그는 학교에 차를 몰고 갈 수 있을지를 그의 부모에게 물었던 최근의 사건을 회상했다. 아버지는 허락하지 않았다. 그러나 어머니는 그를 옹호하였고 아빠를 설득하여 마음을 바꾸게 하였다. 아빠는 양보하였고 직장으로 떠났다. 그다음 어머니는 왜 아버지에 대하여 더 주장적이지 않았냐고 자신을 나무랐다. Luis는 역겨워하며 타이어 타는 소리를 내면서 핸들을 꺾어 집을 출발하였다. 그렇다. 그는 차를 원했다. 아니, 그는 엄마가 그를 위해 말할 것을 기대하지 않았다. 아니, 그는 엄마와 아빠가 문제를 가지고 있을지라도, 아버지에게 말대꾸를 시작할 계획이 없었다. 그는 절망하여 고개를 떨어뜨렸다. 그는 어떻게 모두를 기쁘게 할 수 있을까? 그는 어떻게 한 쪽에 대항하기 위해 다른 쪽에 조종당하는 것을 피할 수 있을까? 그는 부모의 결혼생활이 더 악화되어가는 것을 막을 수 있을까? 그는 하루 종일 교사들과 친구들이 말하고 있는 것이 들리지 않았고, 그날을 혼란 속에서 보냈다. 학업은 이 극복할 수 없는 문제(그가 사랑하는 두 사람을 다루는 것을 배우는 것)와 비교하면, 정말 아무것도 아닌 것처럼 보였다. 그 두 사람은 각기 상대에 대항하여 싸우도록 그를 부르고 있었다.

청소년 시기의 아이들은 그들의 감정을 기술하고, 모순되는 메시지를 다루기 위한 전략에 대하여 말하는 것을 배울 수 있다. 더 어린 아이들은 부모 중 한 사람이 확실히 속상하게 될 거라는 두려움 속에서, 진전할 수 없다는 감각에 의해 찢겨진 마음을 느낄 것이다. 그들은 단순히 더 이상 신경 쓰지 않을 거라고 말한다. 그들은 화나고 혼란스럽다.

한쪽 부모는 다른쪽 부모에 대하여 아이들에게 자신의 속마음을 털어놓는 것이 '정직하고 솔직한' 것이라고 느낄 수 있다. 흔히 이렇게 하는 부모는 배우자나 다른 어른과의 친밀성을 잃고, 그 순간 다른 누구보다도 아이들과 더 가까워지는 것을 느낀다. 이렇게 하여 아이들을 너무 일찍 성인시하는 덫에 걸리게 된다. 한편 아이들은 친밀성에 의해 권한을 받았다고 느끼고 그것을 쉽게 수용한다. 어머니가 아들이나 딸에게 아버지는 부도덕하고 애송이 같다고 말하거나, 아버지가 어머니를 너무 착한 체하고 지배적이라고 말할 때, 아이들은 그들이 성인에 대하여 새로운 더 성숙한 통찰력을 가지고 있다고 느낀다. 그들은 자유롭게 아버지를 '얼간이' 또는 어머니를 '마녀'라고 부를 수 있는 것을 느낀다. 이렇게 한 부모는 무심결에 다른 부모와 겨루도록 아이들을 가르치게 된 것이다.

한 부모가 다른 부모를 겨냥한 이러한 멸시하는 말을 들을 때, 그(그녀)는 아무 말도 하지 않을 수 있다. 만약 이런 부모들이 아이들에게 더 존경하라고 말을 한다 하더라도, 그들은 멸시하는 말이 정확하다고 믿을 것이다. 어머니는 "그는 얼간이야." 그리고 아버지는 "그녀는 마녀야."라고 혼자서 중얼거린다. 부모는 사실상 그들이 이런 말을 심었다는 것을 깨닫지 못하고, 대신 그들의 아이들이 자신과 일치하는 의견을 형성할 정도로 충분히 성숙하다고 상상한다. 그 멸시는 계속되고, 아이들은 성인 힘으로 곧 그들의 교사들을 얼간이 그리고 마녀로 호칭하는 것이 편안해지기 시작한다. 그들은 최종적으로 무심결에 멸시하는 것을 허락한 부모에게 분노를 돌리게 된다.

부모가 다른 성인을 향한 아이들의 멸시에 미묘하게라도 의견을 같이할 때, 그는 반항하고 도전하라는 분명한 메시지를 주는 것이다. 아이들의 말에 부모가 반대하지도 그리고 그 말을 재구성하지도 않고 아무 말도 하지 않을 때, 아이들은 부모가 동의한다고 상상한다. Rimm의 법칙 #9 — 만약 한 어른이 한 부모나 교사에 대항하여 아이들과 동맹하면, 그들은 어른보다 더 강력하게 되면서 반항적이 된다 — 는 이 개념을 요약한다.

당신은 아이에게 존경의 분명한 메시지를 주기 위해, 어떻게 당신의 행동을 재구성할 수 있을까? 헤어지려는 남편의 의도에 의해 거부되고 화난 어머니는 아들과 딸에게 소름끼친다고 말할 수 있다. 그녀는 남편의 행동을 이해하기 힘들지만, 이 문제가 그들이 아버지로부터 사랑받지 못한다고 느끼게 하고 싶지는 않다고 설명할 수 있다. 그의 아내나 이전 아내에게 지배당해 왔다고 느끼는 아버지는 아이들에게 그들의 어머니가 얼마나 효과적으로 그들을 안내해왔으며, 어떻게 이것이 그녀의 사랑과 관심을 증명하는지를 언급할 수 있다.

물론, 부모는 배우자의 행동이 실제로 미울 때, 아이들에게 그 행동을 좋아한다고 말하지는 말아야 한다. 그것은 부정직하고 위선적일 것이며, 아이들은 그 거짓을 통해서 바라볼 수 있다.

한 부모 내의 일관성

한 부모 내에서 비일관성의 예는 '그래 – 아니' 메시지로 발생한다. 이 혼란은 흔히 아이들에게 합리주의적이어야 한다고 결심한 부모들에게 일어난다. 그들은 질책에 대한 이유를 설명하지 않고 아이들을 꾸짖는 것은 잘못이라고 주장하며, 아이들이 그들을 이해할 것이라고 확신한다.

이런 부모들은 전기 콘센트에 장난감을 집어넣지 말아야 하는 정확한 이유를 에너지가 많은 2살배기에게 상세히 설명하는 불가능한 업적을 매우 일찍부터 시도한다. 아이들이 영리할 수 있고 우수한 2살의 어휘력을 가질 수 있다손 치더라도, 그들의 추리력은 엄마가 상상하는 추상적 수준보다 훨씬 밑에 있다. 그들의 집중 시간은 짧아서 확실히 엄마, 아빠가 설명에 투자하는 시간과 맞지 않다. 아이들은 잘못을 저질렀다는 것을 부모 목소리의 음조로 식별할 수 있지만, 여전히 사랑받고 있다는 것을 느낀다. 부모는 한두 번의 포옹을 함으로써 합리적인 설명의 효과를 중단시킨다. 아이들은 사랑받고 있음을 자신하며, 전기 콘센트에 그들의 장난감을 넣는 놀이나 재미있는 게임으로 되돌아간다. 엄마나 아빠는 다시 시도한다.

아이들이 나이가 더 들고 친절한 목소리와 포옹을 가져다주었던 말썽 행동들을 증가시키면서, 부모들은 참지 못하게 된다. 그들은 화를 참지 못하고, 꾸짖고, 소리 지르고, 때로는 흔들거나 엉덩이를 때린다. 그러나 그들은 합리적이어야 한다는 의도 때문에, 일시적인 자제력의 상실 후, 찡한 죄책감을 느낀다. 그래서 그들은 자제력을 잃거나 엉덩이 때린 것을 사과하고, 왜 부모가 비행을 하고 있는지를 설명한다.

이 지점에서, 아이들은 부모가 그들의 행동을 승인하는 것인지 또는 승인하지 않는 것인지 정말 알지 못한다. 그러나 그들은 자신이 한 것이 엄청난 양의 귀중한 온정과 관심을 쭉 끌어왔다는 것을 배우게 된다. 그들이 이 관심을 이루어낸 그런 부류의 바람직하지 않은 행동을 증가시킨다는 것은 충분히 이해할만하다. 벌의 효과는 포옹과 애정으로 중단되며, 아이들은 사랑에 대한 강력한 원초적인 소망에 의해 설득됨으로써 자기영속적이고, 가속적이며, 부정적인 의식행사를 통해 말썽 행동을 증가시킬 수 있다.

부모 포인터 **도움을 받기 위해 상담소를 방문한 모든 주의력결핍 과잉행동 아동들은 적어도 한 부모가 빈번하게 '그래 – 아니' 메시지를 준 가정환경 출신이었다.** 아마도 에너지가 큰 아이의 힘겨운 행동이 부모의 혼란한 메시지를 촉발케 했을 가능성이 있다. 그러나 이 모순된 메시지가 아이의 관심 끌기의 초점을 흩뜨려 놓았기 때문에, 그들은 한 부모로부터의 사랑과 관심을 끌어들이기 위하여 제한을 밀어붙이는 습관을 개발했다. 우연히도 그들은 말썽 행동들이 그들이 추구하는 온정을 제공한다는 점을 발견하게 되었다. 그들은 허용될 수 없는 것에 대하여 불분명한 한계를 배웠다. 불유쾌한 결과들이 유쾌한 결과들과 병합되어, 그들에게 부모의 관심을 끄는 것이면 무엇이든 충동적으로 시도하도록 허용했다.

때때로 아이들은 부모의 모순된 패턴을 자신의 것으로 채택하고 그것이 더 효과적임을 발견한다. 나이가 더 들면서 그들은 자신의 잘못된 행위에 대하여 빨리 사과하는 것을 배우고, 질책과 애정 사이의 시간을 단축한다. 이런 아이들은 거의 어떠한 행동(예 : 집안일 무시하기, 무례함 또는 무성의한 학업)이라도 수용될 수 있다는 것을 배운다. 그들은 가정에서 그리고 학교에서 상냥한 조종자가 될 수 있다. 가정에서 학습된 것과 동일한 조종적 의식(儀式)이 교실로 전이된다. 예를 들면, 매번 시험 준비에 실패한 후, 그들은 처음에 교사가 믿었던 변명과 사과를 한다. 그 상황의 역학관계는 부모, 교사 그리고 물론 자신까지 혼란에 빠뜨린다.

이런 뒤섞인 '그래 – 아니' 메시지의 산물인 아이들은 자신들과 타인들에게 심각한 문제를 야기할 때까지 그들의 비행과 조종술을 증가시킨다. 그들은 무책임한 행동을 하는 데 그리고 부정적 결과를 피하는 데 전문가가 된다.

'시스템을 공격하라'는 메시지

어른의 직업과 재정적 책무는 얼핏 보면 학습부진 증후군과 관련이 없을 것처럼 보인다. 그러나 그것은 학교에 대한 책임의 메시지를 전달하는 데 중요한 역할을 한다. 학교는 아이들을 위한 '시스템'이다. 그래서 만약 그들의 부모모델이 일을 회피함으로써 '시스템을 공격'하고 있다고 보게 되면, 그들 또한 학교에서 '시스템을 공격'하며 학업을 피하려 함으로써 부모를 모방할 것이다.

내가 치료로 함께했던 한 고등학교 영재 학생은 매력적이고, 영리하고, 여러 면에서 창의적이었다. 그리고 또한 과제를 회피하는 데 전문가이기도 하였다. 한 상담 회기 중에 그는 그저 대충 지나가는 것에 대하여 마치 그것을 게임으로 전환시킨 것같이 심하게 자랑하였다. 바로 그 상담 회기 중, 그의 아버지는 자신의 진로 목표를 재설정할 수 있는 기회들이 열려 있는데도 불구하고, 어떻게 그가 교활하게 실업 혜택을 모으고 있는가에 대하여 설명하였다. 아버지의 정당화와 합리화는 익숙하게 들렸다. 그것은 아들에게서 막 들었던 것과 동일한 변명들이었다. 만약 슬그머니 넘어가는 것이 한 부모의 가치관으로 보인다면, 그것은 아이들에 의해 학교에서 슬쩍 넘어가는 것으로 통역이 된다. 분명히 이것은 성취를 이끄는 기대를 소통하는 것 대신 아이들에게 비생산적인 메시지가 된다.

엿듣는 말

나는 아이들이 들을 수 있는 거리 내에서 그들에 대하여 어른들이 주고받는 대화를 기술하기 위하여 엿듣는 말이란 용어를 사용한다. 빈번하게 부모들은 마치 아이들이 듣고 있지 않으며, 그 대화가 끼칠 영향에 대하여 거의 개의치 않고 그들의 아이들에 대하여 말을 한다. 만약 아이에 대하여 당신이 하는 이야기가 그들에게 들린다면, 당신은 그들이 경청하며 주의를 집중하고 있을 거라고 확신할 수 있다. 부모는 서로 그리고 조부모, 친척, 이웃, 심지어 형제자매들과 이런 방식으로 대화한다. 엿듣는 말은 나쁘거나 좋거나 한 것이 아니지만, 긍정적으로든 부정적으로든 아이들에게 극적인 영향을 줄 가능성이 있다. 그러므로 그것은 당연히 많은 아이들에게 문제의 중대한 원인이 될 수 있다. 그것은 부모들이 무심코 그들의 자녀들에게 가치관을 심어주는 하나의 수단이 된다. 최악이라면, 그것은 아이들에게 꼬리표를 붙이는 것이고, 그들의 행동을 지배하는 개인적 통제감을 제한할 수 있다.

엿듣는 말은 아주 자연적이어서 대부분의 부모들은 자녀들에게 미치는 영향을 의식하지 못할 수 있다. 자녀들이 가까이에 있을 때, 당신이 다른 어른들에게 말하는 것에 관하여 아주 안목이 있어야 한다고 나는 당신에게 주의를 주고 싶다. 부모들은 아주 어린 아이들과 더 빈번하게 엿듣는 말에 연루되는 경향이 있다. **아주 어린 아이들일지라도 그들이 어른들의 대화 속에 언급된다면, 즉시 주파수를 맞춘다는 것을 당신은 깨달아야 한다.** 부모 포인터

만일 당신이 친절, 배려, 근면, 독립성 또는 노력과 같은 행동을 긍정적으로 언급

한다면, 당신은 아이들에게 그런 행동을 계속하라라고 격려하는 셈이다. 이런 기술은 강화를 주고 있는 것이다. 아이들의 업적과 성취에 대하여 토론하는 것은 또한 그들의 성취지향을 키워주는 데 효과적이다. 그러나 성취, 높은 성적 그리고 상에 대한 너무 잦은 언급은 아이들에게 성취에 대한 너무 큰 압력을 느끼게 할 수 있다. 예를 들면, 할머니에게 우수한 성적표에 대하여 자랑하는 것은 당신이 높은 성적을 중요하게 여기는 것을 전달할 것이며, 이것은 적절하다. 그러나 만일 그 자랑이 계속적인 A학점의 기록에 대한 설명을 내포한다면, 아이들은 그 불가능한 기준을 끊임없이 충족시켜야 한다고 느낄 수 있다. 그때 부모의 유일한 직접적인 메시지는 그들이 최선을 다하라는 의미였는데, 왜 아이들이 너무 큰 압력을 느끼는지 궁금할 것이다. 그 답은 물론 아이들의 삶에서 중요한 타인들에게 부모가 그들의 기대에 대한 엿듣는 메시지를 전할 때, 아이들이 듣고 있었다는 것이다.

가장 해로운 엿듣는 메시지는 부정적 의사소통이며, 이것은 많은 가정에서 빈번하게 발생한다. 여기 부모가 이웃 사람들에게 하는 대표적인 몇 가지 발췌문이 있다.

- "Peter는 아주 비체계적이어서 선생님조차도 그의 문제를 어떻게 할 수 없어요."
- "Devina는 아주 수줍어해서 저는 어떤 어른들과도 이야기를 붙일 수 없어요."
- "Stephen은 운동 외에 어떤 것에도 신경을 쓰지 않는 것 같아요."
- "Selena는 몇 주 동안 방청소를 하지 않았어요. 그 애는 정말 엉성해요. 그래서 저는 집안 책임을 진정으로 맡길 수 없어요."
- "Nick은 뭐든지 멋대로 하겠다고 주장해요. 그래서 저는 그 애하고 싸우는 것을 포기했어요."
- "Carly는 아주 폭식을 해요. 그 애는 먹는 걸 통제할 수 없을 것 같아요."
- "Jermain은 아무리 열심히 노력해도 정말 서툴러요."
- "Aaron은 그의 보모에게 아주 비열해요."

부모 포인터 **이런 부정적인 언급들은 아이들에게 자신의 부정적인 특징이나 행동을 통제할 수 없다고 상상하게 한다.**

부모 사이의 아주 흔하고 가장 해로운 엿듣는 메시지는 배우자가 직장이나 여행에서 집에 도착할 때, 한 부모의 절망적인 "글쎄 말이에요."이다. 지긋지긋한 날에 대한 한 부모의 장광설은 흔히 한 부모의 절망과 아이들의 훈육에 대한 무능력을 극화하면서, 아이들이 얼마나 불가능하였는가를 내포한다. 장광설은 단지 약한 한 부모에 대한 아이들의 지배를 부추기는 데 조력할 뿐이다. 그 부모는 배우자에게 아이들의 업적에 대하여 말하는 것이 더 좋았을 것이다. 그러면, 그들은 얼마만큼 좋아질 수 있는지를 보여줄 결심으로 엄마나 아빠를 반길 것이다.

한 부모가 여행 중이거나 늦게까지 일할 때, 부모 사이의 전화도 동일하게 강력한 영향을 미친다. 부모들은 (무력하다고 느낄 때라도) 아이들이 듣고 있을 가능성이 있을 때는, 그들의 무력감을 소통하지 말아야 한다. 그것은 보장된 악영향을 미친다. 종종 너무 많은 개방은 해로울 수 있다.

엿듣는 말의 형식들 중 가장 통제하기 어려운 것의 하나는 흔히 부모 외의 어른들에게서 비롯된다. 그것은 외모와 미에 관한 것이다. 우리 사회에서 크게 평가되는 속성이다. 예쁜 아이는 아이의 가청거리 내에서 그 아이에 관하여 부모에게 건네는 직접적인 언급들을 통해 잦은 찬사를 받는다. 이런 지속적인 미에 대한 메시지는 특별히 그것이 부모에 의해 인정되거나 부모나 친척들에 의해 시작되었다면, 쉽게 그 아이를 외모와 관련된 압력으로 이끌고 갈 수 있다.

신체적으로 아름다운 아이들이 반드시 신체적으로 아름다운 청소년이나 성인으로 반드시 성장하는 것은 아니다. 잘생김에 대한 사회의 강조를 다루는 일은 유명인사들의 화려함의 목표치에 맞지 않는 대부분의 사람들에게 좌절감을 준다. 그들의 외모에 대하여 엿듣는 묘사를 지속적으로 흡수한 예쁜 아이들은 청소년 시절 거식증, 완벽주의 그리고 패션과 쇼핑 강박의 문턱으로 이끌 수 있는 불가능한 짐을 지고 지장을 받는다. 이런 아이들은 학교와 업적에 대한 관심 또는 직업성취는 우선순위의 리스트에서 훨씬 뒤처지게 된다.

어른들 사이의 대화 엿듣기는 자발적이고 정상적이다. 부모들은 관심을 표하는 다른 어른들에게 아이들에 대하여 이야기하는 것을 즐긴다. 불행히도, 근처에서 놀고 있는 어린 아이들은 너무 바빠서 그 토론을 들을 수 없는 것처럼 보이지만, 어른의 대화에 관여하기란 너무 쉽다. 당신 조부모의 이런 말을 바로 회상해 보아라. “애들은 귀가 밝다.”

경쟁 : 승리와 패배

경쟁 속에서 기능하는 능력은 성취의 핵심이다. 학습부진학생들은 경쟁하는 기술들을 배우지 못했다. 그들은 기쁘게도 승리할 수도 있지만, 그들은 패배 후에 회복하는 것을 배우지 않았다. 그들은 자제력을 잃거나, 샐쭉하거나, 중단하거나, 승리가 확실하지 않으면 게임의 모험을 하지 않는다. 경쟁적 환경에서 기능하는 것은 성취한다는 것과 동일한 말이기 때문에, 부모들은 아이들에게 경쟁에 대처하는 방법을 가르쳐야 한다.

Gail Sheeby는 그녀의 책 『개척자들(Pathfinders)』에서, 성인들이 그들 자신의 발달 위기를 다룰 때 그들 사이의 다른 점에 대하여 논의하였다. 자신들은 성공했고 적절하게 성취한 삶을 이끌었다고 보는 이들과 그들의 삶이 좌절과 실패로 지배당하였다고 보는 이들을 비교하면서, 이 두 그룹의 중요한 차이는 성공한 성인들이 실패를 다루는 방식이었다고 그녀는 결론지었다. 그녀는 좀 더 만족하는 성인에게 사용하는 용어인 '개척자들'은 다른 사람들이 한 만큼 똑같이 많은 실패를 경험했다. 그러나 그들은 그들의 실패를 성장과 전진하기 위하여 사용할 수 있었다. 반대로, 덜 만족하는 사람들은 자신들을 실패자로 여기게 되었고 덜 만족한 삶의 위치에 머물렀다(Sheehy, 1982).

아이들도 비슷한 패턴을 확립한다. 창의적이고 성공지향적인 아이들은 그들의 실패와 패배들을 학습경험으로 본다(Covington & Beery, 1976; Whitney & Hirsch, 2007). 실패가 발생할 때, 그들은 그 문제를 확인하고 결손을 고치고, 목표를 재설정하고, 그 경험으로부터 성장한다. 실패는 단지 일시적인 후퇴일 뿐이기에, 그들은 실패를 노력의 부족, 과제의 비정상적인 어려움 또는 아마 다른 경쟁자의 특별한 기술의 탓으로 돌린다. 그들은 대처 전략으로서, 자신의 실수를 비웃고, 더 열심히 일하기로 결심하고 그리고(또는) 그들의 성취목표를 재설계할 수 있다. 가장 중요한 것은 자신을 목표에 도달하지 못한 것으로 보는 것이지, 사람으로서 부족하다고 보지 않는다는 것이다.

다른 아이들은 학습부진으로 이끄는 자기파괴적인 길을 택한다. 실패와 함께 그들은 실패지향적으로 된다(Covington & Beery, 1976). 그들은 학교공부를 그들이 이길 수 없는 경쟁의 게임으로 보게 된다. 그래서 논리적으로 그들은 게임할 목적이 거의 없다고 결심한다. 그들은 쉽게 포기하고 최소의 노력으로 그럭저럭 통과하는 것을 배운다. 그들의 기능 결핍은 증가하고, 아이들은 학교게임에서 성공적으로 기능할 수 있는 능력에 자신감이 거의 없거나 완전히 없는 학습부진학생이 된다.

아이들이 패배에 대처하는 것을 돕기 위하여, 부모들은 자신의 경쟁방식을 먼저 조사해야 한다. 아이들은 실패에 대한 부적응 반응을 집에서 배웠을 수 있다. 예를 들면, 만약 부모들이 어떤 문제가 어려워질 때 너무 빠르게 중단하거나, 어떠한 경쟁의 형태도 회피하거나, 자신의 결함이나 노력의 부족을 습관적으로 외적 자원의 탓으로 돌리는 태도를 보여줄 수 있다. 그러므로 부모들의 태도와 기대를 재구성하는 일은 학교에서 잘 성취하고 있지 않는 아이들을 돕기 위한 제일의 우선순위이다.

부모 포인터

아이들은 그들의 패배나 실패에 대하여 창의적인 반응을 찾도록 가르침을 받아야 한다. 예를 들면, 정상적인 사람들(매우 재능 있는 사람들조차도)은 모든 것에 '1위'일 수 없으며, 각 사람은 재능 있는 영역들을 가진다는 것을 인식해야 한다.

아이들은 가끔의 좌절로 불안이나 위협을 느끼지 말아야 하며, 그렇다고 너무 많은 동정도 받지 말아야 한다. 만일 당신의 아이들이 어떤 패배를 경험한다면, 그것에 대하여 토론하는 것은 그들의 방어적 반응을 피하기 위하여 감정적 긴장이 감소된 후까지 기다려야 할 필요가 있을 수 있다. 당신은 속상한 패배 직후에 이어지는 스트레스 기간 동안에는 합리적인 지각이나 논리적인 사고를 기대할 수 없다. 강의보다는 대화가 아이들이 다음을 이해하는 데 더 도움을 줄 수 있다. (1) 그들은 항상 승리할 수는 없다, (2) 실망은 그들이 실패자라는 것을 의미하지 않는다, (3) 이 특별한 경험은 단지 그들이 바랐던 만큼 성공적이지 않은 것뿐이다, (4) 모든 사람은 더 똑똑해지고(더 좋아지거나 더 빨라지는 등) 싶어 한다. 특별히 (5) 주요 목표는 경쟁적인 순위 매김과 상관없이 최선의 수행 수준으로 게임을 하는 것이다. 노력이 중요하다.

당신은 그들의 삶에서 학교학습이 담당하는 핵심적 역할에 대하여 아이들에게 분명하고 직접적인 메시지를 전달해야 한다. 만약 아이들이 그들의 모든 능력을 활용하는 방식으로 학문적으로 성공할 수 있고 최적으로 고등 교육을 위해 준비를 한다면, 그 학습게임은 모든 것들보다 우선해서 이루어져야 할 것이다. 만일 당신이 (그 게임과 상관없이) 승리가 가장 중요하다고 강조한다면, 테니스나 수영팀 또는 인기 대회에서 아이들에게 승리가 지나치게 중대해 질 수 있다. 생애 최절정의 성취가 졸업반의 학급회장이나 고등학교 농구 대표팀의 최고 선수로 뽑힌 것이었던 20대 또는 30대의 젊은이들은 아마도 성인의 기준으로는 만족을 느끼지 못할 것이다. 경쟁적 분투는 그들에게 최선으로 수행하도록 도왔지만, 지엽적인 영역이었다. 물론 고등학교는 단조롭고 쉬운 일만 있는 곳은 아니다. 그러나 학생들은 고등 교육을 겨냥하고 있어야 하고, 장기 목표를 성취하고 있어야 하고, 그들의 학문적 교육이 결코 사교나 육상보다 이차적인 것이 되지 말았어야 했다.

한편, 스포츠팀은 아이들에게 경쟁에 대하여 가르치는 어느 정도의 훌륭한 기회를 제공한다. 스포츠의 세계는 학교의 게임을 어떻게 해야 하는지를 잘 보여준다. 좋은 육상 선수들은 지고 있을 때라도, 경기장을 떠나지 않고 최선으로 경기한다. 그들은 스스로 훈육한다. 그들은 스포츠에 필요한 기능을 엄격한 규칙을 세워 연습한다. 교육은 이후 생애의 업적 그리고 미술 · 과학 · 경영 · 행정 분야에서의 창의적 공헌과 마찬가지로 힘든 구기경기이다. 그 경쟁은 치열하며, 포기자들을 위한 장소는 없다. 성취자 또는 학습부진학생이 되도록 하는 것은 바로 학교와 생활 속에서 아이들이 게임하는 방식인 것이다.

아이들은 경쟁에서 기능하는 것을 배워야 하고, 특별히 실패와 패배로부터 헤쳐나가는 것을 배워야 하지만, 또한 내적으로 강화를 주는 비경쟁적 활동(그들이 개인적이고 경쟁하지 않는 만족을 즐기는 관심사들)에도 연관되어야 한다. 만일 한 아이의 모든 활동이 인정과 경쟁에 묶여 있다면, 그는 이완을 위한 준비가 안 되어 있을 수 있다. 비경쟁적인 활동을 즐기는 것을 배우지 않았던 아이들은 목표를 향하여 전진하고 있지 않을 때, 따분하고 우울함을 느낄 것이다. 내적으로 동기화하는 비경쟁적인 활동들은 경쟁을 의미 있게 해주는 중요한 하나의 기분전환을 제공한다. 더욱이 그것들은 승리와 패배 둘 모두의 스트레스로부터 휴식을 제공한다. 성취를 위한 목표 이외에 아이들은 비경쟁적인 개인과 가족의 목표들도 가치 있게 여겨야 한다.

체계성

비체계성은 학습부진 증후군의 빈번한 증상이다. 대부분의 학습부진학생들은 고의적으로 비체계성을 보이는 것 같다. 어떤 아이들에게, 비체계성은 정돈되지 않은 책상, 정돈되지 않은 서류들 그리고 정돈되지 않는 방에서 그 모습을 보여준다. 다른 아이들은 그들의 시간을 계획할 수 없는 것처럼 보이며, 그래서 과제를 늦게 제출하거나 또는 전혀 제출하지 않는다. 게다가 또 다른 아이들은 그들의 말과 생각을 조직할 수 없는 것처럼 보이며, 의견을 강경하게 밝히지만 그들의 대화는 계속적으로 한 주제에서 다른 주제로 바뀐다.

비체계적 패턴에는 전적으로 정직하지는 않는 진술들이 수반된다. "저는 잊었어요.", "저는 어떠한 숙제도 있는지 몰랐어요.", "저는 오늘이 마감일인지 몰랐어요." 또는 "저는 이미 숙제를 완성했다고 생각했어요." 어떤 학생들은 이런 진술들이 변명이라는 것을 시인할 테지만, 다른 학생들은 그것들이 정직하며 정확하다고 주장할 것이다. 그것들은 체계화에 대한 반대의 선언이며, 불순종에 대한 언질처럼 보인다.

두 가지의 양육방식이 비체계성 패턴을 키우는 것처럼 보인다. 한 부류의 부모는 비체계적 생활양식을 옹호한다. 이들 부모들은 비체계성을 자유 그리고 창의성과 동의어로서 가치부여를 하고, 그것을 질서보다 더 선호한다고 주장한다. 그래서 아이들은 부모들을 본뜨며 단순히 체계화 기술을 결코 배우지 않는다. 비체계성은 자연스럽고, 옳고, 창의적인 것으로 느끼며, 그것이 전 가족에게 선호하는 일상생활 접근법으로 유지된다. 그러나 극단적인 비체계성은 학교에서 성취하는 데 해롭다.

두 번째 양육방식은 더 흔하며 확인하기가 좀 더 어렵다. 이 가족상황에서, 한 부모는 비체계성을 대립적 결혼생활에서 수동 공격적 힘겨루기로 사용한다. 흔히 다른 한 부모는 완벽주의자이거나 매우 구조적이며 분명 더 큰 힘을 가진 부모이다. 두 번째 부모에게 통제당하고 그래서 무력하다고 느끼는 첫 번째 부모는 주장적으로나 합리적으로 이 무력감을 다룰 수가 없다. 그래서 이 부모는 수동 공격적 기술들을 사용한다. 즉, 물건 잊어버리기, 시간에 맞추어 물건을 준비하지 않기, 요청된 과제를 완성하지 않기, 책임 무시하기 같은 것들이다. 아이들은 그 수동 공격적인 부모를 본뜰 수 있다. 더 요구적이고 구조화된 부모를 반대하거나 무시할 때, 이 수동 공격적 부모를 모방할 수 있다. 학교공부의 비체계성은 아이들의 강력한 무기가 될 수 있다.

소량의 혼란과 모호성에 대한 관용과 함께 살아가는 것은 건강한 것처럼 보이며 부모 포인터

창의성과 비강박적인 생활양식에 기여할 수 있다. 한편, 적당한 구조와 체계화는 성취를 위해 필수적이며, 또 다시 중용이 극단주의보다 더 효과적인 것처럼 생각된다. 부모들은 주도적으로 모델이 되어야 하고, 가정과 학교의 책임을 다루기 위한 적절한 체계화 기술들을 가르쳐야 한다.

부모 포인터

아이들의 체계화 기술에 대한 의식을 높이기 위해, 당신 자신의 체계화에 대하여 소리 높여 말하는 것을 시도하라. 부모들이 집안일과 책임에 있어서 효과적인 협동을 고양할 의사소통 시스템을 개발하면, 아이들은 부모의 요청을 따를 가능성이 더 있다. 부모들이 체계화하는 방식에 합의하는 것은 중요하다. **때때로 필기나 점검표를 통한 과제에 대한 의사소통은 어른과 아이들 모두에게 편한 느낌을 주는 하나의 접근법이다.**

부모 포인터

아이들에게 결여된 체계성 부분(들)을 확인하는 것은 중요하다. 많은 부모와 교사들은 아이들의 체계화 기능에 관하여 불평하며, 많은 아이들도 체계화 기능들이 학교에서 그들에게 문제를 야기하는 것을 인정한다. 비체계성이 주 범인으로 확인된다 할지라도, 부모, 교사 그리고 아이들 스스로 구체적으로 무엇이 잘못인지에 관하여는 명료하지가 않다. 아이들이 도움받을 필요가 있는 기능들을 확인하고 향상시키는 일은 체계화 기능의 요소들을 조사해봄으로써 더 쉬워질 것이다. 〈그림 6.1〉은 체계화 기능의 아홉 가지 핵심 요소들을 보여준다. 이것은 아이가 그것들을

그림 6.1 체계화 기능의 아홉 가지 핵심 요소

- 비슷한 물건 함께 놓기
- 시간 예상하기
- 시간표 짜기
- 기억하기
- 우선순위 정하기
- 제거하기
- 검토하기
- 좋은 습관 들이기
- 유연성 유지하기

출처 : Rimm, S. B. (2004). Sylvia Rimm *On Raising Kids Newsletter*, 15(1). Watertown, WI: Apple.

교정할 수 있도록, 그(녀)의 구체적인 문제들을 확인하는 데 도움을 줄 것이다. 나는 제11장에서 실습이 필요한 분야에 개선하기 위한 제안들을 담을 것이다.

숙제와 공부습관

체계화 기능이 부족한 학생들에게는, 숙제와 공부습관이 구조화되어야 한다. 그런 구조하의 도구들이 대부분 부모들에게 친숙해져야 한다.

부모 포인터

숙제장이나 어떤 과제를 기억하는 방법은 필수이다. 작은 공책보다는 큰 것을 사용한다. 작은 것은 잃어버리게 된다. 각 과목에 대하여 분리된 홀더와 공책을 갖는 것이 도움이 된다. 전날 밤에 준비된 등주머니나 학교 가방은 아이들의 체계화를 도울 것이다. 당신의 집 입구 통로 가까이에 학교 가방과 책을 놓아두는 장소는 책이나 가방으로 거실, 부엌, 침실 그리고 가족 공동 방이 어수선해지지 않도록 도울 것이며, 잔소리를 하지 않고서 체계화를 하나의 습관으로 되게 하는 데 도움을 줄 것이다. 공부는 혼자 조용한 장소에서 책상이나 테이블에서 이루어져야 함을 처음부터 강조한다. 할 일이 완성될 때까지 형제자매나 부모 그리고 텔레비전, 인터넷, 비디오게임 또는 스테레오 없이 말이다.

만일 아이들이 잘 성취하고 있다면, 조용한 음악은 허용될 수 있지만, TV 앞에서 공부하는 것은 결코 효과적이지 않다. 학교공부를 위한 독서는 바닥이나 침대에서 이루어지지 말아야 한다. 비스듬히 누운 자세는 아이들이 편안해서 더 좋다고 항변할지라도, 집중을 하는 데 좋지 않다. 만일 당신이 체계화된 공부를 주장한다면, 아이들은 그들이 학습하는 것을 도와줄 체계화 습관을 개발할 것이다.

부모 포인터

어떤 환경하에서도 아이들이 당신이나 배우자가 그들이 숙제하는 시간에 정규적으로 그들 옆에 앉을 것을 기대하지 않도록 한다. 그들이 당신 없이는 공부할 수 없다고 당신을 설득하지 않도록 한다. 당신의 주의는 과제의 완성에 방향이 맞추어져야 한다. 부모는 아이들에게 가끔 도움이나 설명을 제공하는 것이 확실히 적절하다. 그러나 이것은 간단해야 하고 오직 스스로 그 일을 이해하려고 시도해본 후에만 주어져야 한다. 만일 그들이 그 자료를 먼저 공부했다면, 부모는 그들에게 간단한 테스트를 하거나 모의 테스트를 제공할 수 있지만, 만일 그들의 수행이 저조하다면, 독립적인 공부를 위하여 책상으로 돌아가야 한다. 아이들을 위해 부모가 공부하도록 기대될 수는 없다. 그러나 부모는 특별한 상황에서 효과적일 수 있는 학습전략을 추천하거나 가르칠 수 있다.

당신이 이런 공부지침을 당신의 아이들에게 소개할 때, 그들은 틀림없이 당신에게 논쟁할 것이다. 당신의 지시는 확고해야 한다. 만약 그들이 잘 성취한다면, 그들은 자신의 방식대로 그것을 할 수 있다. 만일 그들이 자신의 방식을 사용하여 성공한 적이 없다면, 그들은 당신의 것으로 바꾸어야 한다. 적어도 1년 내내 분명히 성취할 때까지 말이다.

성적과 보상

부모 포인터

성적은 중요하다. 그리고 **부모들은 좋은 성적에 대한 그들의 관심을 소통해야 한다.** 성적은 항상 이런 저런 형태로 인생에서 수행을 평가하기 위해 사용될 것이다. 그것이 학교공부에 대한 문자 등급 성적이든, 말로 하는 논평이든, 글로 된 평가든 또는 직업 수행에 대한 봉급 인상이든 말이다. 그것들은 속기로 쓴 하나의 의사소통 방법이며 적절한 효과를 갖고 그 목적에 기여한다.

아이들은 항상 그들의 성적을 어느 정도까지는 통제할 수 있지만, 결코 완전히는 아니다. 교사와 평가자들의 변덕스러운 다른 기준들은 항상 결과에 영향을 준다. 예를 들면, 어떤 교사들은 거의 A학점을 주지 않는다. 다른 이들은 오직 A나 B학점을 준다. 당신과 아이들은 모두 문자 등급이나 단어들를 해석할 때, 이런 가변성을 명심해야 한다. 아이들은 그들이 획득할 수 있는 가장 좋은 성적을 얻도록 기대되어야 하지만, 교사와 능력의 차이를 감안해야 한다.

많은 부모들은 보통 좋은 성적 A학점에 대하여 아이들에게 용돈이나 보상을 주어야 하는지 궁금해한다. 그들의 좋은 성적에 대하여 돈을 지불하는 것은 성취하도록 그들에게 동기를 부여할 것이다. 만일 아이들이 A학점들을 성취할 수 있다고 믿는다면, 흔히 그것을 위해 일을 한다. 그러나 학습부진학생들은 열심히 공부하는 것이 그들에게 좋은 성적을 얻도록 도와줄 것이라고 진정으로 믿지 않는다. 만일 당신이 그들에게 어떤 성적을 얻고 싶은지 묻는다면, 많은 아이들은 올 A학점을 받고 싶다고 미소 지으며 인정한다. 당신이 더 캐물으면, 그들은 흔히 A는 그들의 손길이 닿지 않는 곳에 있다고 보며, 단지 B나 C학점을 성취하기 위해 열심히 일한다는 것은 진정으로 큰 가치가 있다고 보지 않음을 인정한다. 그러므로 그들이 달성할 수 없다고 보는 A학점에 대하여 추가적 보상을 거는 것은 그들을 동기화시키지 못한다. 달성할 수 없는 보상은 사실상 그들의 부적합성을 분명히 확인하게끔 할 수 있다. 이미 A학점을 성취하고 있는 아이들에게 금전적 보상은 어떠한 해가 될 가능성은 없다. 비록 그것이 어떠한 큰 혜택을 제공하지 않을지라도 말이다.

이것은 보상이 무의미하다는 것을 말하는 것이 아니다. 나는 이후의 장에서 보상의 중요한 자리에 대하여 말할 것이다.

방종의 덫

나는 몇 가지 가족 패턴이 학습부진 증후군을 초래하는 양상에 대하여 이미 기술하였다. 이런 특별한 상황에서 지나친 방종을 피하는 것부터 시작하여 위험을 줄이기 위하여 사용할 수 있는 몇 가지 전술이 있다. 아이들을 위해 너무 많이 해주는 것은 보통 문제를 야기한다. 그러나 얼마만큼이 너무 많은 것인지를 결정하는 것은 매우 어렵기 때문에, 부모들은 그들이 끼쳐왔던 해악을 깨닫지 못하고 쉽게 이 덫에 걸리게 된다.

만약 당신이 한 부모이고 아이들이 이 덫의 희생자라고 인식한다면, 당신이 이전에 너무 많이 주었고 너무 많이 해준 사랑의 실수가 있었다 하더라도, 당신은 그들에게 방향을 바꾸어줄 수 있다. 먼저, 당신은 많은 상황하에서, **"아니."라고 말하는 것이 "그래."라고 말하는 것보다 더 친절하고 더 사랑하는 것일 수 있다고 자신을 꼭 납득시켜야 한다.** 당신은 여태까지 사랑과 친절이란 당신의 아이들을 위해 많은 일을 해주고 그들에게 물건들을 안겨주는 것이라고 정의해왔기 때문에, 이것은 중요하다. 그들로부터 어떤 것이든 박탈하는 것은 당신에게 죄책감을 느끼게 하기 때문에, 당신은 할 수만 있다면 그것을 회피하려 하는 것이다. 한 아버지는 그것에 대하여 이렇게 말했다. "열심히 일해서 마침내 아들을 위해 넉넉히 제공할 충분한 돈을 벌어 제가 지금은 사줄 수 있게 되었고 그에게 사주고 싶은 장난감을 그가 요청했는데, 제가 그에게 '아니'라고 말해야 한다는 것을 의미하는 건가요?"

부모 포인터

이런 온정 있고 후한 아버지에게, 그의 아들에게 아주 많이 줌으로써 자신과 타인들이 그렇게도 중요하다고 여기는 바로 그 가치(무언가를 얻기 위해 일하려는 의지)를 그에게서 박탈하고 있었다고 설명하기란 어려웠다. 그는 아들에게서 스스로 성취하여 얻는 특권을 훔치고 있었다.

자녀들에게 아주 많이 주고 싶어 하는 이런 부모들은 노력과 맞추어봄으로써, 적량의 시혜를 측정할 수 있다. 이것은 너무 많이 해주는 것을 피하기 위하여 실제적인 기반을 제공한다. 예를 들면, 한 부모가 아이에게 다음과 같이 제안할 수 있을 것이다. "너의 방이 정말 지저분하기 때문에 같이 정리하면 어떨까. 하지만 일단 우리가 함께 정리하면, 너는 더 쉽게 깔끔하게 유지할 수 있을 거야." 또는 "나는 철자법(또는 스페인어나 역사)을 공부하기 위하여 몇 가지 정말 좋은 전략을 쓰곤 했어. 이 전략들을 너와 공유할 수 있어, 그러면 너는 스스로 그 공부가 더 쉽다는 것을 발견할 거야."

다른 부모들은 아이들의 주도성을 보상하며 동시에 노력과 맞추어본다. 부모는 그들을 안내하기 위하여 이것을 사용할 수 있다. 즉, 물건의 구입은 물론, 집안일과 학교공부에 대하여 아이들에게 준 도움의 양을 측정함으로써 말이다. 만일 아이들이 거의 동등한 노력을 쏟거나 돈을 내놓는다면, 그들은 부모의 노력뿐만 아니라 자신의 공헌에 대한 평가도 얻게 된다. 그들은 도전으로부터 자신감을 얻고, 부모는 시혜로부터 오는 기쁨을 얻는다. 예를 들면, 원하는 상품을 사기위하여 만약 그들의 아이가 반액을 얻기 위해 일을 하겠다면, 부모는 나머지 반액을 줄 것이라고 제안할 수 있다.

만약 부모가 너무 많이 준다면, 받는 사람은 아주 후한 물질적 소유물을 기대하는 데 익숙해져 있기 때문에, 그들의 선물은 거의 감사를 받지 못한다. 만일 부모가 그들의 이전의 관대함을 뒤집고 전혀 주지 않는다면, 아이들은 화내고 분개하고 박탈되었다고 느낄 가능성이 있다. 노력맞춤협상은 주도성에 대한 단계적 도입을 허용하고 아이들의 노력에 대한 부모의 자신감 표를 제공한다.

지나친 방종의 덫은 너무 많은 물질적인 것뿐 아니라, 너무 많은 칭찬과 주목을 주는 것도 포함한다. **아이들에게 그들이 가장 잘하거나 가장 똑똑하다는 것을 암시하는 칭찬은 가장 해롭다.** 아이들은 그들이 정말 가장 잘하거나 가장 똑똑하지는 않다는 것을 인식할 수 있다 하더라도, 이런 종류의 비교적 칭찬은 부모가 그들에게 경쟁적 목표를 설정했다는 것을 전달하는 것이다.

부모 포인터

칭찬의 양을 줄이는 것은, 아이들이 외적 강화에 대한 의존으로부터 과업의 달성과 개인적 성취감으로부터 오는 보상으로 이동할 수 있도록, 점진적으로 이루어져야 한다. **당신의 칭찬을 결코 전적으로 제거하지는 말아라.** 만일 당신이 아이들에게 너무 많은 칭찬을 퍼붓듯 한다고 느낀다면, 매일 그들에게 칭찬하는 횟수를 세어봄으로써 시작한다. 그리고 그 수의 반 정도를 목표로 세운다. 점차적으로 칭찬을 줄이는 것은 아이들에게 주목을 받으려는 부정적 연출을 막는다. 또한 당신의 칭찬이 과장되지 않고 긍정적이도록 칭찬의 어구를 바꿀 수 있다. **정확한 학습과정과 노력을 강조하고, 아이들이 노력을 거의 하지 않았을 때 그들을 칭찬하지 않도록 확실히 하라.** 그들은 당신의 칭찬을 얻어야 한다. 이것은 당신의 사랑을 얻어야 한다고 말하는 것이 아니다. 사랑은 물론 무조건적으로 제공되어야 한다.

부모 포인터

부모 포인터

얼마만큼이 충분하고 지나치지 않는 강화인지 측정하는 것은 어렵다. 대부분의 성인들은 계속 마구 칭찬을 쏟아내는 어른에 노출되어본 일을 회상할 수 있다. 그들은 처음에 계속적인 칭찬으로 인상 깊게 느껴지지만, 나중에 그들은 그 칭찬이 아주 공짜로 주어지며 노력이나 결과와는 무관하기 때문에 그 칭찬들이 무의미하였다는 것을 알게 되었다.

만약 아이들의 조부모들이 지나치게 방임적이라고 걱정된다면, 당신은 조부모에게 다음과 같이 〈조부모에게 드리는 공개서한〉을 띄울 수 있다. 그 편지를 조부모에게 제시하기 전, 당신은 그들이 손자손녀를 얼마만큼 사랑하고 있는지 알기 때문에 이것을 공유하려 한다는 것을 그들에게 상기시켜야 한다.

사랑하는 조부모님께

조부모 양육은 재미있는 일입니다! 당신은 부모들이 좀처럼 갖지 못하는 더 이완된 관점에서 아이들을 당신의 자식의 아이들로서 즐길 수 있을 것입니다. 당신은 참고, 사랑하고, 베풀 수 있지만, 친히 당신의 부모시절을 기억해보십시오. 당신은 자신의 규칙대로 키우고 싶어 했습니다. 당신은 확고한 훈육을 믿었고, 만일 당신이 일관적이고 항상 그들에게 항복하지 않았다면, 아이들을 다루기 더 쉬웠을 거라는 것을 아셨습니다. 당신의 아이들을 키우실 때, 당신은 그들에게 끝없는 물질적 소유물을 기대하지 말라고 가르치셨습니다. 당신은 그들에게 책임을 다하고, 노력을 보여주고, 지속성을 가지라고 기대하셨습니다. 당신이 양육한 아이들은 책임 있게 성장했습니다. 당신은 틀림없이 많은 것들을 올바르게 하셨습니다.

지금 우리는 당신의 자식이 자신의 방식과 기준으로 양육할 수 있도록 허용해달라고 당신에게 요청합니다. 당신의 자식들을 부모로서 지지하고 격려해주십시오. '좋은' 할머니나 할아버지 역을 하고 싶다는 유혹이 있으실 것입니다. 그러나 그것이 당신의 자식들을 나쁜 부모처럼 보이게 한다면 그렇게 하지 말아주십시오. 만약 당신이 당신 자녀의 자식에 대한 훈육을 무효화한다면, 당신의 손자손녀는 부모를 존경하지 않을 것이며, 결국 당신들도 존중하지 않게 될 것입니다. 일관적인 훈육은 당신의 손자손녀가 멋진 어른으로 성장하는 열쇠입니다. 사랑을 주시고 주목을 주시고 그리고 선물을 주십시오. 그러나 당신의 손자손녀로부터 그들의 주도성, 자기수련 그리고 자신감을 훔치는 이런 것들의 어느 것도 너무 많이는 주지 마십시오. 중용(당신이 주고 싶은 것보다 덜 주는 것)은 당신이 느끼는 관대함보다 더 좋은 안내자입니다. 우리는 당신이 손자손녀를 아주 사랑한다는 것을 알기 때문에, 이것은 당신에게 드리기 힘든 메시지지만, 우리는 당신 또한 부모였기 때문에, 이해하실 거라고 믿습니다.

가족구조의 고려

가족구조는 바뀌었으며, 우리가 전형적인 가족으로 생각해오곤 하였던 것(즉, 생모, 생부 그리고 그 부모 태생의 아이들)이 이제 많은 이웃에서 전형적이지 않은 것 같다. 홀 부모나 재혼 부모와 함께 사는 아이들은 더 이상 특이하지 않다. 그럼에도 불구하고, 내가 상담소에서 만나는 더 이상 두 부모 가족이 아닌 아이들은 그들의 원래의 흠이 없는, 두 부모 가족을 다시 갖는 소망을 피력했다. 그들은 흔히 '물론 싸움이 없이'라는 말을 삽입구로 덧붙였다.

우리는 새로운 가족구조에서 아이들과 부모들이 받는 특별한 요구와 압력을 무시하기 어렵다. 많은 아이들이 이런 압력에도 불구하고 생산적인 삶을 이끌어가고 있지만, 다른 많은 아이들은 심한 정서적인 외상을 경험한다. 학습부진은 그들 스트레스의 눈에 보이는 증상이다. 다음은 일부 전형적인 가족구조와 전형적인 함정을 피하기 위한 방법을 제시한다.

이혼 후

이혼은 아이들에게 항상 외상적이다. 많은 경우에, 안 좋은 결혼은 이혼보다 더 문제를 야기할 수 있지만, 만일 당신이 이혼 과정에 있다면 여기에 당신의 아이들이 그것에 대처하도록 돕는 당신이 취할 수 있는 몇 가지 단계가 있다.

- 이혼은 그들의 잘못이 아니었음을 아이들에게 강조한다.
- 아이들이 이 상황을 어떻게 보고, 이혼에 대하여 어떻게 느끼는지를 알아낸다.

- 그들이 부모 사이의 중간에 있다고 느낄 수 있는 방법을 찾는다.
- 이혼 전의 상황과 똑같은 것을 소망한다면 어떻게 될까에 대하여 그들이 모순 없이 자신을 표현하도록 허용한다.
- 그 상황이 어떻게 개선될 수 있다고 생각하는지 또는 그것에 대하여 그들이 좋지 않게 생각하는 것은 무엇인지를 그들에게서 끌어낸다. 예를 들면, 아빠가 할머니의 집에 살아서 그들이 거기서 안락하게 느끼지 못하기 때문에 그를 방문하는 것을 좋아하지 않는다.
- 그들이 자신의 감정을 표현하고 있는지 또는 당신을 기쁘게 할 거라고 믿는 것들을 표현하는지에 민감하도록 한다.
- 당신의 연민이 그들이 '안이한 길'을 찾기 위한 조종술을 키우지 않아야 함에 유의한다.
- 그들의 감정에 대하여 각 부모에게 말하도록 몇 가지 전략을 제공한다. 이혼 과정 중에 있는 어떤 부모는 스스로 아주 많은 어려움을 겪기 때문에, 그들은 아이들이 불가능한 갈등의 덫에 걸리는 것을 피할 수 없는 것으로 볼 수 있다.
- 적응은 시간과 함께 더 쉬워질 것이라고 확언한다. 당신은 심지어 이미 개선된 몇 가지를 그들에게 상기시킬 수 있다.
- 그들이 책무를 띠지 않기 위하여 이혼을 변명으로 사용하지 않는다.
- 그들이 간단하게라도 꼭 상담받을 기회를 갖는다. 그들은 어느 부모에게든 해가 될 것이라고 믿는 문제를 엄마나 아빠와 이야기하는 것을 두려워할 수도 있다.

한 부모 양육

혼자서 양육하는 것은 의심할 바 없이 아이 양육의 가장 어려운 형태이다. 어떤 부모들은 혼자서 양육하고 결코 배우자를 갖지 않기로 선택하지만, 혼자서 양육하는 일은 이혼이나 배우자의 죽음에서 올 수 있다. 한 부모 양육의 이상적인 조건은 한 부모가 긍정적인 직업 목표를 가질 때, 한 부모를 지원하는 두 번째 어른이 있을 때, 정규적인 믿을 만한 아동 돌봄 제공자가 가능할 때 그리고 한 부모가 자신의 긍정적인 성인 사회생활을 유지해나갈 때 존재한다.

위와 같은 환경을 가지고 있는 한 부모의 아이들은 일관적인 양육이 주어지고,

그들의 부모를 성취자로 보며, 적절한 양의 관심과 독립성을 가진 아이(성인이 아닌)로서 대접을 받는다. 흔히 이혼 후의 한 부모는 거부됨의 희생자이며, 거의 성취에 대한 자신감을 느끼지 못하고, 자신의 부모나 복지에 의존하거나 그렇지 않으면 직장이나 가정에서의 일로 과부하를 갖게 된다. 사별로 배우자를 잃은 후의 한 부모는 외로움과 우울을 느낄 수 있다. 어느 경우든, 아이들은 다양한 특성의 여러 양육자들(조부모, 가능한 보모 또는 주간 돌봄 센터)을 가질 수 있다. 그(녀)의 외로움이나 죄책감 속에 있는 한 부모는 아이를 살아가는 유일한 이유로서 보고, 아이에게 지나치게 의존적이 되게 하면서 쉽게 그 아이를 애정과 과보호로 질식시킬 수 있다.

그렇지 않다면, 한 부모들은 정반대의 접근을 취할 수 있다. 그들의 외로움 때문에 자신감과 지위, 때로는 성인 침대조차 공유하고, 그래서 너무 많은 힘을 부여하는 데서 오는 지배적 유형으로 아이를 전환시키면서, 아이를 성인으로 대우할 수 있다. 이런 한 부모의 아이들은 빈번하게 다양한 성인 양육자로 둘러싸이며, 바로 우수한 대인 민감성을 개발한다. 그러나 그들은 성인 기분과 감정을 감지하는 데 대하여 직관적이게 되는 반면, 한계를 밀어내는 습관은 교실에서 그들에게 문제를 일으킨다.

만일 당신이 한 부모라면, 당신의 아이는 학습부진의 문제를 갖고 있지 않을 수 있다. 그렇긴 하지만 당신은 당신의 일이 더 어렵다는 것을 인식할 필요가 있다. 다음에 당신을 안내할 몇 가지 단순한 규칙들이 있다. 단지 가지 수가 적고 복잡하지 않다는 점에서 단순하다. 실제로 이것들은 한 부모가 넘기엔 끔찍하게 어렵다. 성공한 날에는 당신의 등을 쓰다듬어준다. 여기 그 규칙들이 있다.

- 당신에게 목적의식을 주고 개인의 자신감을 형성하기 위하여 당신의 삶을 위한 직업적 방향을 찾는다. 아이들을 당신의 유일한 목적으로 삼는 것은 그들에게 너무 많은 힘을 주고 너무 스트레스가 커서 다룰 수 없는 압력을 그들에게 야기한다.
- 자신을 위한 성인 사교적 출구를 찾는다. 당신의 아이들과 떨어져 한 성인으로서 즐기는 것에 대하여 죄책감을 느끼지 말아라.
- 당신의 아이들을 위해 믿을 만한 보모나 주간 돌봄 시설을 찾는다. 양육과 주변 환경의 일관성은 어린아이들을 위해 매우 중요하다.

- 당신의 아이를 가지고 노는 장난감이나 의지할 어른이 아니라 한 아이로서 대우한다. 당신의 아이와 당신의 침대를 공유하지 않는다(천둥 치는 동안은 예외). 그것은 또 다른 어른을 위해 준비해야 할 장소이다.
- 다른 어느 누구보다도 더 영원히 그들을 사랑할 것이라고 아이들에게 말하지 않는다. 그렇지 않으면, 당신이 새로운 배우자를 맞이할 때 그것은 당신이 그들을 속였다고 믿게 할 것이다.
- 아이들이 그들의 다른 부모를 방문하고 집에 돌아와 무례하다면, 좋지 않은 행동에 대하여 다른 부모를 비난하지 말아라. 대신 당신은 그들이 좋은 시간을 보내어 기쁘다고 아이들에게 말하라. 그리고 만약 당신이 다른 부모에 대하여 멋진 언급을 해줄 수 있다면, 그들은 더 쉽게 안정될 것이다. 그들은 부모 둘 다를 사랑할 수 있다는 것을 알아야 한다.
- 아이들의 성취를 즐길 시간(시간이 별로 없을 때라도)을 가진다. 그래서 책임을 다하도록 격려하라.

여기에 소년들을 키우고 있는 편모들을 위한 몇 가지 특별한 규칙이 있다.

- 소년들은 그들의 삶에서 모델로서 도움을 줄 더 나이든 남성을 가져야 한다. 소년들을 위하여 효과적인 역할모델을 찾는다. 삼촌, 할아버지, 교사, 보이스카우트 지도자 그리고 빅 브라더스는 모두 남성성에 편해지는 것을 배우는 데 도움이 된다.
- 만약 아이들의 친 아버지가 효과적인 역할모델로 보이지 않는다면, 절대적으로 소년들에게 그들이 얼마나 많이 아버지를 닮았으며, 당신에게 그를 생각나게 하는지, 특별히 화났을 때, 말하지 말아라.
- 만약 당신이 아이들의 친 아버지가 효과적인 역할모델로 보인다면, 사례가 있을 때, 그들이 아버지와 비슷하다고 말해주라.
- 당신 아이들의 아버지와 힘겨루기를 피한다. 만약 그가 당신을 푸대접하고 공개적으로 멸시를 표시한다면, 당신의 아들들은 그의 행동을 모방할 가능성이 있다.
- 아버지의 재정 지원의 부족에 대하여 아이들에게 불평하지 않는다. 이것은 아이들에게 아버지가 강력한 것처럼 보이게 할 것이다. 아이들은 무의식적으로

강력한 모델을 복사한다.

이런 규칙들은 어떤 이들에게는 간단하게 들리고 다른 이들에게는 불가능한 것처럼 들릴 것이다. 그것들은 당신이 지키며 살기 어려울 수도 있지만, 한 부모 가정에서 당신의 아이들을 양육하는 데 효과적이다. 기억하라. 성공적이고 행복한 많은 아이들이 한 부모 가정에서 양육되었다.

혼합가족

재혼은 그와 함께 의붓부모, 의붓형제자매, 절반-형제자매, 새로운 규칙, 새로운 경쟁 그리고 새로운 관계를 가지고 온다. 한 부모와 함께 사는 데 익숙해 있는 아이들은 많은 새로운 적응과 감정에 직면하게 된다. 부모와 의붓부모는 어떤 방식으로 이 과도기적 변화를 더 부드럽게 할 수 있을까? 모든 부모가 그들이 학교에서 성취할 것을 기대하고 있음을 분명히 알도록 하기 위하여, 부모들은 어떻게 아이들에게 일관적인 메시지를 제공할 수 있을까? 부모들은 아이들이 그들을 조종하도록 하는 것을 어떻게 피할 수 있을까?

특별한 부모-아이 동지애가 한 부모와 새로운 결혼의 배우자와의 성인 관계에 의해 방해를 받는 혼합가족은 아이에게 갈등하는 정서를 이끌어낸다. 그들의 부모를 위해서 행복하게 느끼는 것이 적절하다고 인식하지만, 그들은 이전의, 모두 자기들의 것이던 관심의 상실로 자주 실망을 느낀다. 의붓부모에 대한 그들의 감정 또한 뒤섞인다. 그들은 확실히 부모가 그들의 생부모의 자리를 차지하는 것에 대하여 분개할 수 있지만, 반면에 가정에 어머니와 아버지 모두 있다는 것이 행복할 수 있다. 만약 한 부모가 아이들에게 너무 많은 힘을 부여하여 일관적인 훈육을 해낼 수 없었다면, 아이들은 새로운 부모를 침범자라고 보고 그들의 이전 힘이 사라지게 될 거라고 인식할 가능성이 있다. 아이들은 확실히 그 새로운 어른을 환영하지 않을 것이다.

부모 포인터

이런 새로운 가족환경에 도움이 되는 지침들이 있다. 예를 들면, 적응을 위한 부모역할에 있어, **정기적인 배우자 토론은 최우선순위의 하나이다.** 이것은 처음에는 매일 모든 아이들이 멀리 있거나 잘 때 해야 한다. 아이들은 이 담론에 연관되지 말아야 한다. 그들이 생부모를 조정하는 것은 너무 쉬워지므로, 매일 토론의 주목적은 그러한 조종을 피하기 위해서이다. 토론에서의 강조점은 공정성과 일관성에 주어져야 한다. 처음에 생부모는 주요한 훈육가가 되어야 한다. 만일 이런 특수한 어려움이 많은 스트레스가 된다면 '나의 아이들, 당신의 아이들' 문제를 중재하기 위하여 상담자를 만나봄으로써 혜택을 받을 수 있을 것이다.

또한 일부 또는 모든 아이들을 포함하는 가족회의들은 아이들이 공부장소와 시간, 집안일에 대한 책임 그리고 사교적 지침을 결정할 수 있도록 그들을 돕는 기회를 제공하기 위하여 마련될 수 있다. 이런 회의에서 아이들과 부모 사이의 통제에 대한 균형은 확실히 아이들의 나이와 책임 수준에 따라 다양해질 것이지만, 최종 결정은 다른 생부모나 의붓부모를 고려하여 부모들에 의해 이루어져야 한다.

혼합가족은 모든 활동에 함께 참여할 수 있을 것이라고 믿는 유혹이 있지만, 실상은 생부모가 자신의 아이들과만 계속 어느 정도의 시간을 갖은 것이 더 효과적인 것 같다. 또한 관심사의 개발을 위하여 그들의 아버지, 의붓아버지 또는 둘 다와 어느 정도 일대일 시간을 갖는 것은 소년들에겐 특히 중요하다. 학교 밖에서 그들의 부모와 공통된 관심사를 개발하는 것은 아이들이 학교성취에 대한 메시지를 수용하도록 도울 것이다. 의붓아버지는 확실히 아이들의 학교활동에 관련되어야 하지만, 비합리적인 기대를 설정하거나 의존적 행동을 강화하는 것은 피해야 한다.

혼합가족의 가장 큰 문제는 흔히 의붓부모를 무시함으로써 그들의 생부모와 밀접한 관계를 유지하려는 아이들의 소망에서 나온다. 그들은 의붓부모에 대하여 불평할 길을 찾으며, 생부모는 이 조종술에 아주 취약하다. 학교공부와 훈육의 문제들이 흔하게 생기며, 극적인 학습부진은 조종을 위한 흔하고 강력한 도구이다. 위기지향의 과잉반응보다 부모 사이의 매일의 의사소통이 가장 울화가 치미는 문제를 예방할 수 있을 것이다.

방문가족

이혼 후 아이들을 위한 대표적인 준비는 한 부모의 가정에서 사는 것과 주말에 그리고 휴일과 여름 방학에 오랫동안 다른 부모의 집을 방문하는 것을 포함한다. 대부분의 방과 후 시간은 양육권이 있는 부모의 가정에서 보내기 때문에, 그(녀)는 가정사를 감독하고 학교와의 연락을 유지하는 주요 책임을 진다. 그러므로 이 부모는 학교공부에 대한 메시지의 가장 중요한 소통자이다.

방문권이 있는 부모는 보통 재미, 게임, 여행 그리고 선물을 제공하는 일을 맡는다. 방문시간 동안 학교공부에 관한 토론의 시간은 거의 없을 것 같다. 그러나 **만약 아이들이 학교에서 성취해야 한다면, 그들은 방문가족으로부터 좋은 공부습관과 학교성취의 중요성에 대한 분명한 메시지를 받아야 한다.** 방문부모는 성적, 프로젝트 그리고 학교에서의 활동들에 대한 토론에 시간을 들여야 한다. 그들은 양육권이 있는 부모의 공부기대를 지원하기 위한 확대된 노력을 하여야 한다. 생부모가 그들의 이전 배우자에 대하여 느끼는 적대감정이 어떠하건, 두 부모는 학교기대에 대한 분명한 합의점에 도달해야 한다.

부모 포인터

부모들이 더 이상 함께 살고 있지 않는 아이들은 양측 부모 모두를 기쁘게 하는 방식으로 학교책임을 다룰 수 있을 때까지, 거의 학교에서 잘 성취하지 않는다. 방문부모는 적극적으로 아이들을 위한 성취기대를 설정하고 정기적으로 이것을 소통하는 데 관계해야 한다. 학교기대는 간단하고 행복한 체류와 잘 짝 맺어질 수 있기 때문에, 방문하는 동안 이런 메시지는 매우 효과적이다.

방문부모의 기대가 양육권을 가진 부모의 것보다 더 크고 현실적이라면, 어떤 일이 생길까? 분명 방문부모는 많은 좌절을 느낄 것이며, 가정을 관리하는 부모의 동의와 책임수용 없이는 그들이 달성할 수 있는 것에 제한을 받게 될 것이다. 만일 방문이 주말이나 격월이라면, 방문부모는 아이들에 대하여 주별 목표와 책임을 설정하고 주말에 긍정적인 활동으로 강화할 수도 있을 것이다. 진보를 조사하는 것이 어려울 테지만, 교사들은 부모가 정기적인 피드백을 요청한다면 협조할 수 있을 것이다.

어려울 경우 또한 상담적 도움이 서로 다른 성취메시지를 받는 학습부진 아이들을 돕는 데 효과적일 수 있다. 심리학자와 상담자는 학교성적 진보와 요구조건을 명료화하기 위하여 두 가족 사이의 효과적인 중재자가 될 수 있다.

여태까지 나는 성취를 격려하고 학습부진 증후군을 예방할 양육의 몇 가지 일반적인 형태를 강조하였다. 만약 당신이 이미 아이에게서 학습부진 증후군의 징후를 보고 있다면, 학습부진을 역전하기 위하여 취할 수 있는 구체적 단계들이 있다. 이것이 이후의 장에서 논의될 것이다.

제 7 장

성취지향 가르치기

교사들은 학습부진을 예방하고 역전시키는 데 거대한 영향을 끼칠 수 있다. 이후의 장에서 많은 특별한 전략들이 추천될 수 있지만, 이 장에서는 사회 · 정서적 관점이 소개된다.

차별화 교육과정

너무 쉽거나 너무 어려운 교육과정 자료들은 학생들에게 내적 통제소나 자기효능감을 형성시키지 못한다. 그것들은 아이들이 강한 노력으로써 성공을 찾는 경험에 기여하지 못한다. 〈그림 7.1〉은 노력과 결과 사이의 관계를 적절히 요약하며, 또한 학생들에게 자기효능감을 잃도록 하는 과도적 교실 교육과정을 보여준다.

Rimm의 법칙 #12는 자기효능감을 형성하기 위한 차별화된 교육과정의 중요성을 일깨워준다. 만일 아이들이 학습과정과 그 결과 사이의 관계를 평소에 본다면, 그들은 계속해서 성취할 것이다. 평소라는 단어에 주목하라. 아이들은 너무 쉽거나 너무 어려운 학교공부를 가끔이라면 완성하거나 시도해볼 정도로 충분한 회복력을 가지고 있다. 실제로 이런 경험들은 도움이 된다. 반복으로 인한 가끔의 지루함을 경험하는 일은 인생의 부분이다. 또한, 새로운 자료가 너무 어렵다고 인식하는 것은 아이들이 자신들의 능력에 대하여 건강하게 겸손해지도록 돕는다. 아이들의 자

그림 7.1 노력과 결과 사이의 관계

	+ 결과	-
+ 노력	1사분면 + + 성취 학생	2사분면 + - 부진 학생
-	3사분면 - + 부진 학생	4사분면 - - 부진 학생

출처: Rimm, S. B., Cornale M., Manos, R., & Behrend, J. (1989). *Guidebook: Underachievement Syndrome causes and cures* (p. 289). Watertown WI: Apple.

기효능감에 심각하게 해를 끼치는 것은 부적절한 교육과정이 지배적일 때이다. 아이들은 서로 다른 능력, 관심 그리고 학습양식을 갖기 때문에, 차별화된 교육과정이 동기와 성취를 북돋아주는 데 극히 중요하다(Karnes & Bean, 2005; Smutney, 2004; Tomlinson, 2004; Tomlinson, Kaplan, Renzulli, Purcell, Leppien & Burns, 2002; Van Tassel–Baska, J, 2003; Winebrenner, 2001).

〈그림 7.1〉의 사분면을 검토할 때, 내재적 · 외재적 성공 모두가 자기효능감을 형성시키는 점을 고려하라. 그러므로 좋은 성적 그리고 교사와 부모의 칭찬과 기뻐함은 외재적 보상을 제공하는 반면, 배움에 대한 사랑과 호기심은 내재적 보상을 제공한다. 만약 아이들의 강한 노력이 좋은 내적 · 외적 결과(1사분면)를 낳는다는 것을 배운다면, 그들은 계속 성취할 것이다. 아이들이 노력을 거의 하지 않을 때, 그들은 학습경험, 성적, 교사와 부모의 인정에 있어서는 실망을 하게 될 것이다(1사분면). 노력과 결과 사이엔 연결선이 있다. 그래서 그들은 강하게 노력하는 것은 의미가 있다는 것을 배운다.

4사분면은 아이들이 노력과 결과 사이의 연결을 경험하지 않은 학습부진학생들을 나타낸다. 학습부진학생들은 자신의 공부에 대한 기술을 할 때조차 그것은 보통 한가한 공부이다. 그들은 TV를 보거나 음악을 들으면서 동시에 어떤 자료를 가볍게 한 번 훑어볼 때, 공부를 했다고 주장할 수 있다. 또는 "나는 행운이 있고 그 교사가 나에게 A학점을 주었어." 또는 "공부하는 것은 나에게 효과가 없어. 항상 나는 공부하면 시험을 망치거든."이라고 말할 수 있다.

2와 3사분면은 부적절한 교육과정 환경을 나타내는데, 이것이 계속될 때 학습부진으로 이어진다. 2사분면에서 학생들은 처음에 노력은 좋았으나, 결과는 성공적이지 못하다(Baum, 2004; Renzulli, 2005; Schultz, 2000). 학습장애학생들, 특히 난독장애학생들은 이 시나리오에서 어려움을 겪는다. 그들은 여러 방면에서 총명하다고 느끼는 반면, 급우들과 비교하여 그들은 읽기와 관련된 실패자라고 느낀다. 읽기는 교육과정의 어느 곳에나 있기 때문에 대부분의 과목에서 이런 아이들이 성공적으로 결과를 산출하는 능력에 영향을 미친다.

손글씨나 처리 속도 문제를 갖고 있는 학생들은 또렷한 작품을 만들기가 어렵고 연습교재를 하거나 속도를 요하는 수학 시험을 완성하는 데 속도가 느리다. 이런 '연필 불안' 아이들은, 대부분 드라이버와 레고를 재빠르게 조작할 수 있는 소년들인데도, 비위 거슬리게 자신을 그들의 급우들과 비교하기 때문에 그들은 서툴고 '멍청하다'고 느낀다. 흔히 총명한 학생들은 그들의 작업을 먼저 마친 사람들이라고 정의한다. 한 청년이 그의 급우들과 비교하여 얼마나 똑똑하냐고 질문을 받았을 때, "나는 밑에서부터 다섯 번째."라고 하였다. 그가 작품을 완성했을 때는 항상 작품을 완성하지 못한 다른 아이들이 네 명 있었다. 일찍이 총명하다고 칭찬과 주목받는 데 익숙해왔던 장애를 가진 총명한 학생들은 뭔가 잘못되어온 것처럼 느끼고, 흥미를 잃고, 그들의 작품을 '따분한 것'으로 꼬리표를 붙인다.

또한 너무 경쟁적인 교실은 학생들에게 부족하다고 느끼도록 할 수 있고 또 하나의 2사분면의 예가 된다. 대부분의 학구적인 노력에서 실패자처럼 느끼는 것은 열심히 일하려는 동기를 약화시킨다. 내가 말한 '실패자처럼 느끼는 것'에 주목하자. 어떤 아이들에게는 3등이라는 느낌이 패배자가 된 것이라고 느낄 수 있다.

3사분면은 도전심이 없는 영재 학생들의 일반적인 딜레마를 나타낸다. 교육과정의 반복에 더하여 그들은 진정한 노력 없이도 좋은 성적과 의미 있는 칭찬을 성취할 수 있다는 것을 발견한다. 학생, 부모, 교사들은 똑같이 아이들이 어려운 자료를 얼마나 빠르고, 쉽게 배우는 것에 대하여 말한다. 저학년에서 노력이 최소인 반면, 결과는 거의 항상 성공적이다. 이 아이들은 더 낮은 능력을 가진 아이들에게 요구되는 노력을 경험하지 못한다. 이와 같이 노력이 거의 없는 성취는 성장보다는 고착된 사고방식으로 이끈다(Dweck, 2006).

만일 교육과정이 적절하게 차별화된다면, 영재 아이들은 도전이 될 것이다. 어떤 경우에, 그들은 더 많이 배우기 위하여 과목과 학년을 건너뛸 필요가 있을 것이다. 다른 경우에는, 한 교실 내에 영재 아이들 집단을 만드는 것도 충분히 새로운 교육과정을 제공할 수 있다. 불행히도 일부 학교는 아이들이 경쟁의 실패자로 느낄 것을 두려워하여 성취 수준에 따른 학생들의 집단을 만들지 않고 있다. 그러나 평균이나 평균 이하의 학생을 예외적인 아이들과 함께 경쟁 속에 집어넣는 것보다 더 패배자처럼 느끼게 하는 방법은 아마도 없을 것이다.

결국 영재 학생들은 도전을 받게 될 것이다. 어떤 아이들에겐, 중학교 무렵의 교육과정이 어려워지기 시작한다(Baker, 1996; Rimm, 1986b; Rimm, 2005). 다른 사람들에겐 고등학교 무렵인 반면에, 일부 극히 영재성을 가진 학생들은 대학이나 성인 시기까지 진정한 도전을 경험하지 못할 수도 있다. 그렇지만, 어떤 지점에서 아주 영재성을 가진 아이들조차도 '벽에 부딪친다'. 일부는 그들의 노력을 증가시키고 새로운 도전을 만나기 위하여 분투하는 반면, 다른 이들은 방어적이고 회피 행동들을 시작한다. 그들은 더 이상 총명하지 않다는 것을 두려워하여 부적절감을 감춘다. 그들은 어려운 일을 피하고 기능이 더 뒤떨어진다. 성적은 떨어지고 교사들과 부모의 실망과 벌은 증가한다. 일부에게는 부모와 교사의 사후대응이 학습부진의 역전을 위해 충분한 반면, 다른 아이들은 자기효능감을 잃게 되고 노력이 성공을 가져다줄 수 있다는 것을 더 이상 믿지 않는다.

이 학생들의 자기효능감의 평가는 다른 학생과의 비교로부터 오며, 교육과정의 복잡성 증가는 흔히 규모가 더 크고 더 경쟁적인 학교와 병행되어, 학생들에게 압력을 증배하게 된다. 영리한 아이들이 빠르고 노력하지 않고 배워야 한다고 가정하도록 하는 것은 이른 시기 도전의 부족이다. 무의식적으로 그들은 열심히 일하는 것은 총명하지 않다는 것을 지시하는 것이라고 우려한다. 그리고 이것은 그들의 학습부진 증후군을 이끄는 방어적 회피 패턴을 촉발시킨다.

자전거 타기에 관한 다음 이야기는 아이들이 노력과 결과 사이의 관계를 개발할 수 있도록 교육과정의 구별을 위한 집단 만들기의 중요성과 관련된 유추를 제공한다(Rimm, 1992).

> 봄에 체력을 향상하기 위한 관심에서, 남편과 나는 매일 자전거를 약간 타기로 결정하였다. 산악자전거는 경사진 곳을 오르는 '할머니 기어'를 포함한 21단을 제공하기 때문에

언덕이 많은 위스콘신 시골에서는 적절한 교통수단이다. 꽤 엄격한 왕복 수영 요법 후, 나는 새로운 활동을 시작했다. 나는 적절한 체력이 있다고 생각했다. 남편은 겨울엔 규칙적으로 운동을 해오지 않아서, 나는 좀 일찍 체력적 이점을 가지고 있었다.

우리는 아침 일찍 함께 자전거로 출발하여 적절한 기어 사용법을 배우고 우리 주위의 봄의 생기를 감상하였다. 이틀이나 사흘쯤, 우리는 잘 맞았고 자전거 타기는 적절한 사회적 활동처럼 느껴졌다. 그런데 일주일도 채 안 되서, 남편의 힘과 끈기는 나를 훨씬 초과하였다. 나의 느린 속도는 그에게 더 이상 충분한 육체적 도전을 제공하지 못하였다. 자전거 타기의 우선적 이유는 체력단련이었기 때문에, 나는 그의 속도로 자유롭게 앞서 갈 것을 제안했다. 5마일 코스는 나에게 충분한 도전을 제공해주었지만, 그는 곧 2마일을 추가했다. 우리는 서로 반대방향으로 지나갈 때 손을 흔들었다.

딸 Sara는 대학에서 나와 여러 번 주말에 방문하였다. 그녀는 우리와 연합하였고, 그녀의 젊음과 건강상태 덕택에, 그녀의 체력단련 체험은 남편이나 내가 원했던 것 이상의 도전을 요구하는 것이 아주 분명했다. 잠시 사교적으로 자전거를 탈 수 있었지만, 만일 우리가 진정으로 자신들에게 심혈관 운동을 제공하려면 요구되는 속도와 거리는 우리 각자에게 달라야 한다.

뒤처진다는 나의 감정과 체력단련을 위해 남편과 딸이 자전거를 앞서며 타야 할 필요를 반성하면서, 나는 우리의 자전거 타기 경험이 최근 우리들의 학교에서 교육의 집단 구성을 둘러싼 논란과 같다고 여겼다.

첫째, 나는 셋이 아니라, 스물세 명인 우리가 그 시골길에서 자전거를 타고 있다고 상상했다. 그다음에 스스로 나의 감정에 대하여 많은 질문을 하였다. 이것은 교실에서 교사들이 집단 구성에 관하여 스스로 해야 할 질문인 것 같다.

1. 우리의 자전거 타기의 주목적이 사교인가 또는 체력단련이었나?
2. 동일한 활동으로 우리 모두의 사교와 체력단련을 만족시키는 것이 가능했었을까?
3. 나는 가장 느리게 자전거를 탄다는 것을 어떻게 느꼈을까? 내 가까이에 느리게 자전거를 타는 몇 명의 다른 사람들이 있다면 더 좋게 느낄까?
4. 남편과 딸에게 나를 위해 그들의 속도를 늦추어달라고 하거나 내가 자전거를 더 잘 타도록 나를 가르치는 데 대부분의 시간을 써달라고 요청하였더라면 그들은 어떻게 느꼈을까?
5. 더 잘 탈 수 있는 사람들이 나를 가르치거나 나를 기다리기 위해 속도를 늦추는

데 그들의 시간을 대부분 사용한다면, 나는 나 자신에 대하여 어떻게 느낄까?

6. 더 자전거를 잘 타는 사람들은 비슷한 기능, 힘 그리고 끈기를 가진 사람들과 함께 자전거 타는 것을 즐길까?
7. 내가 가장 느릴지라도, 나는 나의 체력단련에 대하여 어떻게 좋게 느낄 수 있을까?
8. 만일 한 외부인이 더 빠른 사람을 따라잡아야 한다고 주장한다면, 나는 어떻게 느낄까?
9. 만일 다른 사람들이 나의 체력단련 활동의 가치를 알지 못한다면, 나는 어떻게 느낄까?
10. 만일 나의 체력과 힘이 개선되었지만 계속 똑같은 속도로 그리고 똑같은 거리를 타라고 강요당한다면, 나는 어떻게 느낄까?

만일 당신이 나의 자전거 타기 질문을 지나왔다면, 동일한 질문으로 되돌아가서, 당신은 어떤 교실의 한 학생이 되어보길 바란다. 각 질문에서, '체력단련'이란 의미 대신에 '배움 훈련'이란 뜻으로 바꾼다. '자전거 타기'란 의미를 '학교'라는 뜻으로 바꾸고, 지금 그것들이 교실집단구성과 관련이 될 때, 이런 질문에 답해보아라. 여기 나의 답변들이 있다.

1. 학교의 주목적은 사교가 아니라 배움을 위한 훈련이다. 우리는 사회적 측면을 무시할 수도 없고 무시해서도 안 되지만, 배움 훈련을 방해할 학교와 공동체 내의 사교생활의 기회들이 많이 있다.
2. 우리는 동일한 활동들로 모든 학생들의 사교와 배움 훈련을 위한 요구들을 충족시켜줄 수는 없다. 그것들은 교육과정의 어떤 부분에서는 아니지만, 다른 부분에서는 집단구성을 포함함으로써 더 잘 충족될 수 있다.
3. 어떤 학생도 교실에서 가장 느린 자로 여겨지는 것을 좋아하지 않는다. 읽기가 느린 두세 명으로 구성된 작은 그룹을 피하는 것은 패배자처럼 느끼는 감각을 예방할 것이다.
4. 더 많은 도전이 필요한 학생들은 그들의 학습과정을 느리게 하는 교사들과 다른 학생들에게 분개한다. 그들은 학급에서 당연히 지루함을 느끼고 배우기 대신 가르치기로 그들의 학교시간을 보낸다면 다른 아이들보다 우월하다고 느

끼는 경향을 나타낼 것이다.

5. 만일 느린 학생들이 다른 학생들을 느리게 하고 있다고 느낀다면, 그들은 질문하기, 자원하기 그리고 토론하기를 꺼린다. 이것은 그들의 자아개념에 좋지 않다.
6. 아주 능력 있는 학생들은 지적인 또래들과 함께 배우는 것을 즐기고, 흔히 또래들이 없을 때 자극을 잃는다.
7. 아이들은 그들이 전진하고 있다고 느낀다면, 학습의 감각을 즐긴다. 개인적 목표를 설정하고 달성하는 것은 모든 수준에서 아이들에게 중요하다.
8. 아이들은 그들의 능력 이상으로 떠밀려진다면 압력을 느낀다.
9. 부모나 교사들에 의해 성취자로 평가되지 않는 아이들은 자신에 대하여 좋게 느끼지 않는다. 모든 학생들은 성취감과 노력의 결실을 느껴야 한다.
10. 아이들에게 집단 간 이동을 위한 길, 특히 노력을 통한 상승 이동을 보여주는 것이 중요하다.

비교적 제한된 연구를 토대로 한 것이지만, 학문적 집단구성의 개념은 많은 교실에서 사라졌다. 아이들에게 경쟁의 패배자처럼 느끼지 않도록 노력하면서, 우리는 그들에게서 우리의 경쟁적 사회에서 필요할 몇 가지 중요한 대처 기능들을 빼앗고 있다(Kulik, 1992).

세계적 시각에서 보면 우리는 아주 영리한 아이들에게 그들 자신을 정신적으로 확장하지 말라고 요청하고 있으며, 실제로 그들 학창시절의 많은 기간 동안 중요한 학습을 막고 있다. 사교적으로 그들의 또래들과 잘 어울리도록 하기 위해 정신적 단련을 개발하지 못하도록 막혀 있는 아이들에 대하여 교육적 결과를 예측하기란 어렵다. 우리는 한 세대 전체가 대학에 들어간 후에만 그 손실을 인정할 수 있다.

성취를 중요하게 여기는 다른 나라들은 학생들에게 훨씬 더 많은 정신적 단련을 요구하고 있다. 그들의 학생들은 우리나라의 학생들이 따라잡도록 천천히 페달을 밟지는 않을 것이다. 자전거 타기는 모든 자전거 타는 사람들이 그들의 능력에 맞게 연습하도록 격려될 때만이 체력단련을 제공할 것이다. 마찬가지로 교육과정의 차별화는 모든 학생들에게 적절한(너무 많이도 너무 적게도 아닌)노력을 제공해줄 것이다.

과제 가치 형성하기

만일 학생들이 과제나 과제의 결과를 중요하게 여긴다면 학습부진할 가능성은 적다. 어떤 과제는 반복적이고 지루한 반면, 다른 과제는 내재적 흥미가 있을 수 있다. 예를 들면, 한 그룹과학실험은 재미있는 것으로 보일 가능성이 있지만, 곱하기 연산을 연습하거나 단어의 철자를 배우는 것처럼 반복을 기반으로 한 기초적인 기본 기능들은 대부분의 학생들에게 특별히 흥미로울 가능성은 없다. 학생들을 과학에 참여하도록 하는 것은 상대적으로 쉽지만, 후자의 과제에 참여하도록 학생들을 동기화하기 위해서는 이 기본 기능들이 그들에게 가치가 있다고 확신이 되어야 하거나, 그들이 공부를 하고 잘 수행한다면 그들의 노력이 좋은 성적 또는 부모와 교사들에게 인정받는 결과를 낳을 거라고 믿어야 한다. 그러나 성적과 인정은 그런 결과들을 가치 있게 여길 경우에만 그들을 동기화한다. 만일 그들이 이 결과를 소중하게 여기는 역할모델을 존중하거나 동일시한다면 그것들을 얻기 위해 일할 공산이 더 크다.

그 가치가 노력에서 오든 결과에서 오든, 모든 학생들이 동일한 과제에 가치를 부여하는 것은 아니다. 학습부진학생들에게 그들의 과제, 결과 또는 이 두 가지 모두를 가치 있게 여기도록 격려하는 것은 학습부진을 역전시키도록 동기화하는 한 부분이다. 교사들이 기본 교육과정의 가치에 대한 이유를 명백하게 지적할 때, 학생들은 노력을 투입할 가능성이 더 크다. 교사들이 교육과정에 대하여 매력적이고 다양한 접근을 제공할 때, 학생들은 동기화될 가능성이 더 크다.

건강한 경쟁 가르치기

모든 학생은 교실에서 협동하고 경쟁하는 둘 다를 배워야 한다. 그러나 아이들에게 협동하고 경쟁하는 기술들을 가르치는 것은 하나의 발달과정이다. 예를 들면, 대부분의 초등학생 아이들은 지는 것에 대하여 자애롭지 못하며, 그럴 때 금방 의욕이 꺾인다. 어린아이들은 함께 나누고 차례로 돌아가며 한다는 것이 어려울 수 있다. 성숙하면서 점차적으로 팀워크, 좋은 스포츠맨십, 쉽게 포기하는 사람 되지 않기 그리고 인내와 같은 개념의 이해가 발달한다. 그들은 계속해서 승리하는 것을 좋아하며 승리함으로써 동기화되고 사기가 고양되기도 하지만, 대부분 패배에 대처하는 것을 배우고 그들이 지속적으로 노력해야 한다는 것을 이해하게 된다. 그러므로 경쟁을 가르치는 것은 점차적으로, 발달상 적절한 방식으로 이루어져야 한다. 이상적으로 경쟁을 가르치기 위해서, 어릴 때의 교사들은 양육을 하는 것이어야 하며, 나중에 코치나 교사들이 경쟁에 대처하기 위해 더 높은 기준을 설정할 수 있다(Bloom & Sosniak, 1981).

학습부진하는 학생들은 흔히 매우 높은 경쟁심을 갖고 있지만, 경쟁에서의 패배를 다루는 데 필요한 회복력을 배우지 못했다. 그들은 좋은 스포츠맨십의 규칙을 암송할 수 있지만, 실패와 관련된 감정을 어떻게 다루어야 할지 거의 알지 못한다. 그들은 약한 도전자이기 때문에 경쟁적 감정을 부정함으로써 경쟁에 대처한다. 그들은 잘할 것이라고 생각되지 않는다는 뜻을 진정으로 의미할 때, 그들은 "신경 안 써요." 또는 "관심 없어요."라고 말한다. 그들은 비교함으로써 부적절하다고 느끼기 때문에 성공적인 아이들을 좋아하지 않는 경향이 있다. 그들은 경쟁에 대한 그들의 감정을 거의 통찰하지 못하고, 그것을 회피하는 이유를 밝히지 않는다. 그들은 흔히 경쟁이 좋다고 생각하지 않으며 그것을 즐기지 않는다고 말한다. 실제로 그들은 아주 심하게 경쟁적이어서 연관되고 패배하는 것을 두려워한다. 그들이 학습부진학생이 되게 하는 작업의 미완성과 학업에 대한 무관심은 적어도 부분적으로, 학업경쟁의 길을 따라가야 하는 두려움에 의해 가장 흔하게 야기된다.

일부 교육가들은 아이들이 잠시라도 뒤처져 있다고 느끼도록 하는 경쟁은 어떠한 것이라도 학교에 들어오면 안 된다고 믿는다. 교실에서 모든 경쟁을 사라지게 하는 극단성은 비생산적이고 비현실적인 것 같다. 교실은 점진적으로 아이들에게 경쟁하고 협동하는 두 경험 모두를 준비시켜야 한다. 경쟁이 학교에서 없어진다면, 학생들은 경쟁 속에서 기능하는 것을 배울 수가 없다. 만약 학생들이 초등학교와 중학교에 다니는 동안 준비되지 않는다면, 졸업 후의 삶은 충격이 될 것이다. 만약 우리가 경쟁을 가르치지 않는다면, 우리나라의 학습 수준은 아시아와 유럽보다 훨씬 뒤떨어질 것이다. 우리는 경쟁이 필요하다.

높은 성취자들은 경쟁을 먹고 살지라도, 교실에서의 개인적 경쟁은 최소화되어야 한다. 왜냐하면, 학습부진학생 그리고 보통 학생조차도 높은 경쟁적 환경에서는 희생자가 되기 때문이다. 학급에서 성적을 발표하는 것은 아이들에게 해가 될 수 있는 개인적 경쟁의 한 예이다. 그러나 작은 집단이나 팀 경쟁은 학생들이 경쟁의 패배자처럼 느낄 위험을 피하도록 하는 반면, 그것은 아이들에게 경쟁의 대처전략을 가르칠 것이다.

또한 다른 학급과의 대항전을 하도록 하는 것은 학급학생들에게 그룹 단위로 승리하고 패배하는 경험을 하도록 돕는다. 팀 경쟁은 그룹의 단결을 키우고 모든 학생들에게 공헌하고 싶어 하는 이유를 제공한다. 그룹 경쟁은 교사에 의해 주의 깊게 방향이 잡혀야 하며, 모든 학생들이 포함되도록 구성되어야 한다. 그것은 교사들에게 훌륭한 스포츠맨십을 가르칠 우수한 기회를 제공한다.

학생들에게 자신의 과거 수행과 경쟁하도록 하는 것('개인적 최선' 경쟁)은 학습부진학생들에게 실패에 덜 위협을 느끼게 하고, 자신들의 개선을 보게 함으로써 용기를 준다. 자신의 진보를 기록하는 것은 자신을 유능하다고 여기도록 도와준다.

개인적 최선 경쟁은 하나의 우수한 전략이며 어린아이들일지라도 잘 작동한다. 그것은 학생들이 자신감을 형성하도록 돕는 데 매우 효과적일 수 있다. 예를 들면 학생들이 수학 연산을 배울 때 하는 시간제 테스트는 개인적 최선 경쟁 접근법에 적합하다. 교사는 매일 그들의 이전 기록을 깨는 아이들을 인식할 수 있을 것이다. 이 접근은 사기가 꺾인 아이들의 수를 더 줄이고 모든 아이들에게 곱셈이나 나눗셈 기능의 속도를 고양시킨다. 매우 빠른 속도를 유지하지만, 그 이상을 넘지 못하는 아이들을 위한 특별 범주화는 그 전문가들을 뜻하지 않게 벌하는 문제를 제거할 것이다. 교사는 5분 이내에 테스트를 수행하거나 지난 번보다 더 잘한 아이들 모두에게 거수를 요청할 수 있다. 이와 같이 노력하는 모든 자에게 승리는 가능하게 된다.

지배적 순응형 학습부진학생들은 흔히 특별한 재능을 가지고 있으며 그들이 승리자인 영역에서는 잘 기능하지만, 패배가 우려되는 활동에서는 시도하길 계속 회피한다. 교실은 기본적으로 경쟁적이기 때문에, 아이들에게 경쟁과 관련된 감정을 확인하고 이해하도록 돕는 것은 그만큼 강하지 않은 다른 영역에서 기능하는 방법을 보여주는 좋은 발걸음이 된다. 그들에게 자신의 재능을 공유할 수 있고, '1등'이 아닐 수도 있는 활동으로 안내하는 것은 찬사를 보내는 청중 없이도 기능하는 좋은 경험을 제공한다. 만일 아이들이 이렇게 도전적인 환경에 익숙해지면, 그들이 좀 더 보호적인 고등학교 환경에서 벗어날 때 큰 충격을 받지는 않을 것이다. 그들은 성인기의 진정한 경쟁 세계에 더 현실적인 준비가 될 것이다.

어떤 특별한 재능을 가진 아이들이 똑같이 재능을 가진 학생들을 만날 수 있는 아주 많은 심화과정의 미술, 학업 그리고 육상환경이 있다. 간단할지라도 그러한 경험은 지배적 순응형의 학습부진학생들에게 도움이 될 수 있다. 학교에 다니는 동안, 해당 지역에 따라서 고급 과정의 시립 청소년 오케스트라, 밴드, 합창단, 수학 경시, 토론회 그리고 많고 많은 스포츠 기회들이 있을 수 있다. 보통 전공 교사들은 그들 분야의 기회들 가령, 유망한 작가, 사진가, 미술가, 배우, 가수, 학문적 재능이 있는 아이들을 위한 단체나 캠프와 같은 것에 대하여 알고 있다. 만약 교사들이 학생들에게 이런 강력한 환경에서 만나게 될 우수성에 대하여 알려준다면 도움이 될 것이다. 어떤 지배적 순응형 학생들에게는 처음으로 경쟁에 직면하는 것이 비록 여름 캠프라 하더라도, 적응하기 어려운 실망스런 경험일 수 있다.

또한 교사와 코치들은 젊은이들에게 학업과 같은 다른 영역에서 경쟁을 잘 다루도록 가르치기 위해 전공 영역 내에서의 경쟁을 사용할 수 있다. 여기에 농구팀의 주장이며 학습부진을 겪고 있는 한 학생과 상담자 간의 대화의 한 예를 제시한다.

상담자 : 너의 팀에 대하여 조금 이야기하자. 너의 팀의 한 재능 있는 단원이 연습에 늦고, 연습에 빠지고, 최선을 다하여 경기하지 않을 때 너는 어떻게 느끼겠니?

학생 : 그것은 저를 화나게 만들 거예요. 만약 그가 재능의 반만이라도 사용한다면, 그것은 우리가 승리하는 데 도움을 줄 수 있다고 알기 때문이에요.

상담자 : 너는 긍정적이고 열심히 연습하는 보통 아이들이나 정말 재능 있는 경기자에 대하여 어떻게 느끼니?

학생 : 저의 팀에 그들이 있는 것을 기쁘게 생각해요. 저는 그들을 믿을 수 있어요. 만약 그들이 망쳤더라도, 전 그들이 최선을 다했음을 알고 있어요.

상담자 : 그런 너의 감정과 네가 하고 있는 극소량의 공부에 대한 선생님의 태도를 비교해봐. 어떤 생각이 드니?

학생 : (불빛이 온 것처럼 잠시 멈추더니) 아하, 알겠어요!

학생들에게 경쟁력 있는 강점 영역에 대하여 물어보는 것은 그들에게 자기들의 좋아하는 활동으로부터 교실로 일반화하는 것을 돕고 학교에 대한 그들의 태도를 증진시키는 어떤 중요한 통찰을 제공할 것이다.

지배적 거부형 학습부진학생들은 그들이 승리할 것이라고 상상하지 않는다면, 경쟁에 들어가는 것에 대하여 가장 저항적이다. 그럴 때 그들을 강점 영역의 시합에 참여하게 함으로써 경쟁하는 것을 가르치려는 유혹이 있을 수 있다. 불행히도, 이것은 가장 실패를 두려워하는 영역이기 때문에 효과적이지 않다. 그들이 시도한 적은 없지만 작은 승리들로 용기를 줄 수 있는 새로운 영역으로 안내하는 것이 더 좋다. 토론, 드라마, 음악, 마음의 오디세이 그리고 미래의 문제해결은 그들에게 개인과 그룹 경쟁을 소개할 수 있는 우수한 출구이다. 만약 그들이 음악으로부터 철수하였다면, 비록 그들이 재능이 있다고 할지라도 당신은 연극이나 토론을 북돋아줄 수 있고, 그들은 여기서 압력을 덜 느낄 것이다. 그러나 "어쨌든 너는 항상 논쟁을 하고 있어."와 같이 농담조로 말함으로써 토론을 북돋우지는 말자. 그것은 확실히 당신의 학생이 모험을 하는 것을 방해할 것이다.

당신의 학생에게 압력을 내포하는 어떠한 기대도 그들을 방해할 것이다. 이런 상처받기 쉬운 아이들에게는 이렇게 말하는 것이 더 좋다. "나는 네가 대단한 토론가가 될 거라고 장담해." 대신에, "너는 토론에 꽤 능숙해질 거야."라고 말이다. 아이들은 경쟁에 절대적으로 마비가 되지만, 자신과 타인 모두에게 이것을 부인한다. 만약 그들이 새로운 영역에서 자신감을 회복할 수 있다면, 그들은 이전의 전문 영역에도 되돌아와 경쟁할 수 있을 것이다.

교실에서 교사들은 '협동적'으로 기술되는 어떤 활동들을 구성하는 것이 이상적이다. 즉, 학생들은 모두의 선을 위해 서로 돕도록 격려된다. 하지만 아이들이 경쟁적 과정을 다루는 것을 배우기 위해서, 승리와 패배 둘 다를 경험하는 기회들이 있

그림 7.2 경쟁에 대처하기(경쟁에 관한 교실 토론)

1단계 : 아이들이 경쟁을 느끼는 상황의 긴 리스트를 만들어봄으로써 시작하자(예 : 스포츠, 보드게임, 학교공부, 형제, 자매, 사촌들과 함께하기, 음악, 미술, 의상, 인기).

2단계 : 자, 이 모든 영역에서 우리가 경쟁할 때, 가능한 갖가지 결과에 대하여 생각해보자(예 : 1위, 2위, 3위가 되는 것, 중간이 되는 것, 꼴찌가 되는 것, 지는 것, 질까 봐 참가하지 않는 것, 활동 중간에 그만 두는 것).

3단계 : 만약 사람들이 이기거나, 동점이거나, 지거나 멈춘다면, 그들은 어떤 감정을 가지게 되는가(예 : 흥분, 행복, 슬픔, 우울, 분노, 명석함, 침묵, 거부, 누군가에 대한 혐오)?

4단계 : 이런 감정을 가질 때, 아이들은 무엇을 하는가(예 : 소리치기, 박수, 점프, 방망이 던지기, 저주, 화내기, 타인 비난, 울기, 중도포기, 도망가기, 다시는 경기하지 않기, 승자에 대하여 욕하기, 싸움걸기, 다음을 위해 더 연습하기)?

어야 한다. 그러므로 교실에서의 경쟁은 모든 학생들에게 두 경험 모두를 어느 정도 제공하도록 구성되어야 한다. 계속적인 승리나 패배는 비교육적이다. 그것은 승리자에게는 재미있지만, 지속적인 패배자에게는 재앙이 된다. 만약 교사들이 승리와 패배에 관한 공개토론을 촉진하려면, 아이들의 패배에 대한 반응을 이해하고 다루는 데, 다음 그림이 도움을 줄 수 있다. 〈그림 7.2〉는 경쟁에 대한 교사 주도형의 토론 예이다.

정서적 요구에 맞추어 가르치기

교육과정을 학생의 능력과 학습양식에 맞추는 것이 교사들의 중요한 과제이지만, 그것이 유일한 과제는 아니다. 너무도 자주 학습부진의 시작이 학생과 부모들에 의해 교사들의 탓으로 돌려진다. 그리고 이 비난은 학습부진의 시발에 중요한 심리적 역할을 한다. 어떤 특정한 학생에 의해 비난받는 교사들이 같은 교실의 다른 아이들에게는 호감 있는 교사일 수 있다. 교실에서 자기효능감을 잃은 학생과 동맹을 형성을 할 수 있는 교사는 진정으로 재능 있고 통찰력이 있는 자이다(Emerick, 1992; Kanevsky & Keighley, 2003).

상담 작업에서 학습부진하는 학생들에게 나는 이렇게 지적한다. 교사들은 배우고 싶어 하는 사람들을 가르치는 것을 즐거워하기 때문에, 숙제를 제출하지 않거나, 학습에 관심 없거나, 수업에 주의를 기울이지 않는 학생들에게 논리상 매력이 끌리지 않는 법이다. 그들의 관심 부족이 실제로 그들로부터 교사들의 신경을 끊도록 한다는 것은 자주 학생들을 놀라게 한다. 우수한 교사들에게 있어서 참여하지 않는 바로 그 학생에게 관심의 불을 붙이는 것은 교사들의 영향권 내에 있는 것이기 때문에, 이런 무관심은 아마 도전장을 내미는 것일 수 있다. 정반대로 우수한 교사들이라도 무관심하고 무례한 아이들에 의해 쇠잔함을 느낄 수도 있다.

학습부진학생 역전을 위하여 아이들과 동맹하는 방법을 위한 전략들이 삼중초점모델의 단계에서 상세화될 것이다. 〈그림 7.3〉은 교사들을 위한 선행 조직자로서 동맹의 단계를 요약한 첫 글자 조합어인 동맹(ALLIANCE)을 보여준다. 동맹(ALLIANCE)의 개념은 학습부진학생의 역전에 중차대한 것이다. 학생들은 그들이 성취하려고 노력하는 데 있어, 교사들이 그들과 연합되어 있다는 것을 느껴야 한

그림 7.3 학습부진학생 역전을 위한 동맹(ALLIANCE)

Ally : 흥미와 관심사에 대하여 학생과 은밀하게 동맹한다.
Listen : 학생이 말하는 것을 경청한다.
Learn : 학생이 생각하고 있는 것을 배운다.
Initiate : 학생의 강점 인식의 기회를 제공한다.
Add : 매력적인 교육과정과 과외 활동에 대한 실험적 아이디어를 더한다.
Nurture : 적절한 성인 및 또래 역할모델과의 관계를 맺어준다.
Consequence : 학생이 책임을 완수하지 않는다면, 적절하면서도 확고하게 결과를 묻는다.
Emphasize : 노력, 독립성, 현실적 기대 그리고 문제에 대처하기 위하여 강점을 어떻게 사용할 지 강조하고, 참을성 있게 가능성을 넓혀준다.

다. 종종 학습부진하는 학생들은 성취하는 것은 교사와의 전쟁에서 지는 것이며, 교사들이 자신들에게 원하는 것을 회피하는 것이 이기는 것이라고 느낀다. 학생들이 성취하였을 때, 패배자가 아니라 승리자로 느끼는 것이 중요하다.

성취학생들과 학습부진학생들은 다 같이 관심의 불을 붙이고 학습을 위한 동기를 촉발시킨 교사들을 회상한다. 학생들을 믿는 교사들은 그들의 동기를 촉발시키는 불꽃을 제공한다. 심리학은 항상 긍정적이고 확고한 가르침의 중요성을 인식해 왔다. 학생들을 벌하는 것은 결코 성공적으로 그들을 동기화하지 못하였다. 이 책의 뒤에 오는 전략들은 유용한 도구들이다. 그러나 그것들은 교사들이 그들을 보살피고 있으며, 잘할 수 있는 그들의 능력을 믿는다는 것이 학생들에게 인식될 때 가장 효과적이다. 학습부진의 원인이 교사들의 탓으로 돌려지는 것과 같이, 학습부진의 역전 역시 흔히 교사들의 책임으로 돌려진다.

여기 교사들에게 동맹(ALLIANCE)이란 첫 글자 조합어의 'A'가 얼마나 중요한지를 상기시키는 한 이야기가 있다.

> 남편과 나는 하버드대 공중건강학과 통계학의 저명한 명예 교수인 한 노신사 손님과 함께 식사를 하고 있었다. 남편은 뛰어난 사람들의 어린 시절에 대한 나의 관심을 설명하였고, 그에게 어린 시절에 대하여 약간 공유할 것을 요청하였다. 나는 남편의 아주 사적인 요청에 대하여 좀 당황했지만, 실제로 그 교수의 이야기를 정말 듣고 싶었다.
>
> 그는 시작했다. "음, 저는 학교에서 아주 좋은 출발을 하진 못했어요. 그들은 나를 유

치원에 또 다시 다니게 만들었어요. 저의 부모님은 사이가 아주 좋지 않았고, 저는 아버지를 크게 좋아하지 않았어요. 나의 어머니 역시 그랬어요. 그들은 결국 이혼했어요. 저는 학교에서 아주 잘하지 못하고 있었고, 어머니는 빈번하게 선생님들을 방문하기 위해 오셨어요. 그녀는 저에게 선생님들에 관한 불평을 하셨고, 저는 선생님들이 어머니를 아주 기뻐하지 않았다고 생각해요."

나는 들으면서 실망스럽게도 모든 친숙한 학습부진 고위험요인을 체크하였다. 그 교수는 계속했다. "당신은 제가 초등학교 5학년 때까지 학습부진학생이었다고 말할 수 있겠죠. 5학년 때, 저는 선생님과 사랑에 빠졌어요."

그리고 멀리 바라보면서, 그는 덧붙였다. "당신은 여전히 제가 그녀를 사랑하고 있다고 말할 수도 있겠죠. 그녀는 단지 1년 동안 저를 가르쳤고 그다음 결혼하기 위해 교직을 떠났어요. 그리고 저는 그녀에게 무슨 일이 일어났는지 몰라요. 그러나 그녀를 무척 사랑했기 때문에, 저는 정말로 열심히 공부하기 시작했어요. 저는 그것을 즐겼고, 그 후 아무것도 아무도 저를 멈출 수 없었어요."

당신이 알다시피, 희망적으로 나는 당신에게 학습부진학생의 역전을 위한 많은 도구와 단서를 제공하고 있지만, 당신이 가진 가장 중요한 도구가 이미 당신 안에 거주하고 있다(당신이 진심으로 그들에게 관심을 가지고 있다는 것을 그들이 믿도록 그리고 당신에게 그들 자신을 증명해보이기 위하여 최대의 노력을 쏟고 싶어지도록 학생들과 동맹으로 연합하는 능력). 그 노력을 쏟는 과정에서 그들은 빈번하게 배움에 대한 사랑을 발견한다.

동맹(ALLIANCE)이란 첫 글자 조합어의 두 'L'은 학생들이 생각하고 있는 것이 무엇인지 그들에게 귀를 귀울이고 배우라는 것을 우리에게 상기시킨다. 교사들은 글자 그대로 들어야 할 뿐만 아니라, 학습부진학생들은 깨지기 쉬운 자아개념을 보호하기 위하여 방어기제를 사용하기 때문에, 그들이 느끼고 있는 것이 무엇인지를 배우기 위해 '속뜻'도 들어야 한다. 흔히 학생들은 자신과 타인에게 전적으로 정직하지는 않으며, 몇 번이고 그들은 자신의 진정한 문제를 통찰하지 못한다. 당신은 아이들이 학교문제를 기술할 때, 그들이 의미하는 것에 민감해지고 싶을 것이다. 더욱이, 청소년기의 압력이 시작될 때, 그들은 교사와 부모들을 당혹하게 하는 비밀을 꺼내려 하지 않을 수 있다. 그러나 그들이 친구의 문제를 당신과 나눌 때, 그 문제들은 진정으로 그들 자신의 걱정거리임을 의미할 수 있다.

자주 나는 가족성취클리닉에서 아이들이 느끼고 있는 것과 그들을 안내할 방법을 결정하기 위하여 아이들이 말하고 있지 않는 것을 들어야 한다. 만약 교사들이 주의 깊게 듣는다면, 그들은 학생들의 언어가 그들에게 말하고 있지 않는 것을 청취할 수 있다. 다음의 예들은, 아이들이 말하고 있는 것과 직접 말하고 있지 않지만 느끼고 있을 수 있는 것들을 당신이 이해하도록 도와주게 될 것이다. 이 예들은 나의 연구와 상담소 작업에서 나온 것들이다(Rimm, 2007b).

경쟁

뉴스 앵커 Donna Draves는 댄스 레슨이 지루했기 때문에 그것을 그만두고 싶다고 어머니에게 말한 것을 기억한다. 그러나 그녀는 이전에 어느 누구와도 공유하지 않은 것을 연구 면접자에게 밝혔다. 그녀의 중도포기의 실제적 이유는 학급에서 더 이상 최고가 아니었다는 것이었다(Rimm, Rimm-Kaufman & Rimm, 1999). 그녀가 변명으로 제시한 지루함보다는 경쟁의 대처가 중도포기의 중심에 있었다(지루함, 그것이 친숙하게 들리지 않는가?).

남자친구 걱정

초등학교 6학년인 Ana Maria는 최근에 그녀의 매일 하던 과제를 중단했다. 그녀는 부모에게 할아버지가 돌아가신 이후 집중할 수 없다고 말했다. 그녀의 공부습관은 그때쯤부터 악화되었다. 상담에서 Ana Maria는 공부하지 않는 것을 할아버지의 죽음으로 돌렸고, 자신의 감정을 기술하면서 그녀의 눈에 순수한 눈물을 글썽거렸다. 그러나 그녀는 또한 그녀의 첫 남자친구와 그리고 그가 아직 여자친구를 사귈 준비가 되어 있지 않다는 것을 언급하는 그가 보낸 이메일에 대하여 반복적으로 말을 했다. 그녀는 남자친구와 관련된 이야기가 더 이상 그녀를 괴롭히지 않는다고 주장했지만, 더 이상 거부당했다고 느끼지 않는다는 그녀의 주장 빈도는 그녀의 갑작스런 학습부진의 진정한 이야기를 말해주었다. 소년들의 인기에 대한 그녀의 관심과 거절됨의 감정은 의심할 바 없이 할아버지에 대한 진정한 슬픔보다 더 크게 그녀의 성취를 억제하였다.

힘과 또래 문제

초등학교 5학년인 Brandon과 중학교 1학년인 Darius는 가족성취클리닉에 같은 날 방문했다. 관련성은 없지만, 그들은 많은 공통점을 가지고 있었다. 두 소년은 학습부진영재아였다. 둘은 끊임없이 교사들과 논쟁했다. 둘은 또래 관계로 힘들어했다. 둘은 교사들을 좋아했고 적절한 도전심을 느꼈다. 둘의 부모는 이혼했으나 그들의 아들을 돕기 위해 함께 왔다. Brandon의 부모는 이름 있는 사립학교에서 그의 장학금을 잃을 위기에 있다고 들어왔으며, Darius는 행동 개선을 조건으로 했던 공립학교 영재 프로그램에서 탈락되게 되었다.

나와의 면접에서 Brandon은 그의 끊임없는 논쟁이 '해충'이라는 또래 라벨을 얻게 했다는 것을 깨달았지만, 왜 그가 논쟁하고 말하는 것을 멈출 수가 없었는지는 몰랐다고 선언했다. 대화 후반에 나는 Brandon에게 어머니나 아버지 중 누구를 더 닮았는지, 아무도 안 닮았는지 또는 둘 다를 닮았는지를 물었을 때, "저는 아버지와 비슷해요. 그는 모든 것에 반대하는 데 저도 그래요."라고 자발적으로 반응하였다. Brandon의 아버지는 자신이 학습부진영재였다고 나에게 기술했지만, 그는 아들이 학교에서 반대행동을 극적으로 개선을 위해 자신의 반대 이미지를 바꿀 필요가 있었다. Brandon의 경우, 수용되기 위한 또래 압력이 도움이 되었다.

Darius의 일화는 약간 달랐다. 그는 교사와의 논쟁을 좋아했고 항상 논쟁에서 승리하였다고 말했다. 교사가 그에게 화를 낼 때, 그는 또래들의 환호를 느꼈고 그들에게 멋있고 똑똑하게 보일 거라고 믿었다. Darius 역시 왜 그가 논쟁을 멈출 수 없었는지를 몰랐다고 말했지만, 그가 어릴 때 그에게 도전을 주지 못한 학교에서 시작되었을 거라고 가정을 했다. 그는 어머니에게 지루함을 보고했다고 기억했으며, 그와 그녀 모두는 교사와 논쟁을 하곤 했다. 논쟁하기는 그의 교육을 개선시키지 못했으며, 그 경험이 그에게 논쟁 즐기기를 시작하게 하였을 거라고 생각했다.

Darius는 영재 교실에서의 시간 낭비를 싫어했고, 그것을 만회하기로 결심했다. 나는 교사에게 그의 나쁜 행동에 대한 결과를 물으라고 권하지 않아도 되었지만, 그 권고는 간단한 치료와 함께 효과적이었다. 한 학기 후, Darius는 영재 프로그램에 다시 돌아왔다. 고의적인 논쟁은 사라졌으며 성취는 개선되었다. Brandon과 Darius 둘 모두에게, 논쟁하기는 하나의 증상이었으나, 기저에는 가족과 친구의 문제가 깔려 있었다. 교사를 위한 반논쟁 동맹(제13장의 그림 13.14에서 볼 수 있음)을 발견했다면 교사에게 도움이 되었을 것이다.

동맹(ALLIACE) 첫 글자 조합어 마치기

학생들은 계속 자신을 가족, 학교, 이웃에 있는 다른 아이들과 비교한다. 그들은 또한 성취에 대한 현재의 감정과 과거 경험을 비교한다. 비교에서 그들은 더 또는 적어도 동등하게 성공적이라고 느낄 때, 자기 자신에 대하여 좋게 느끼고 성취할 가능성이 있다. 만일 그들이 별로 성공적이지 못한 것에 두려움을 느낀다면, 그들은 그 우려를 보고하거나 그렇지 않을 수 있다. 대신에, 그들은 자신의 손상되기 쉬운 자아개념을 보호하기 위하여 방어기제를 사용할 수 있고 진실을 왜곡할 수 있다. 학생들이 성취하는 성인세계를 이끌어가기 위해 요구되는 회복력을 형성하기 위하여, 그들은 학교공부 그리고 관계에서의 성공적이지 못한 경험에 대처하는 것을 배워야 한다.

아이들이 단서를 주면서도 부인하는 것뿐만 아니라, 그들이 말하는 것에 귀를 귀울이는 교사들은, 아이들이 자신감과 회복력을 발달시킴에 따라, 그들을 더 잘 안내하고 지지할 수 있을 것이다.

동맹(ALLIACE) 첫 글자 조합어에서 '강점 인식의 기회를 제공하기' 위한 'I'는 교사들의 강점 인식의 중요성을 상기시키고, 각 학생의 강점 영역에서 배움의 기회를 제공하는 것이 중요함을 일깨워준다. 각 학생들은 좀 특별하게 느끼고 싶어 하며, 강점을 인식하는 아이들은 교실에서 더 많이 성취할 것이다.

'아이디어의 추가'를 위한 'A'는 학습부진학생의 변화의 필요뿐만 아니라, 창의적이어야 할 교사의 책임을 말한다. 항상 사용되었던 대부분의 동일한 접근법은 오직 학습부진을 더욱 키우게 될 것이다. 강점의 인식은 중요하지만, 학생들의 강점을 표현하는 활동을 추가하는 것은 자기수련, 노동 윤리 그리고 자기효능의 전체적인 개선으로 일반화할 수 있다.

'관계 맺어주기'를 위한 'N'은 교사들을 늘 관찰하고 있는 학생들에게 역할모델로서의 교사의 중요성을 상기시켜준다. 역할모델과 멘토에 관한 것은 제10장에서 더 많이 설명될 것이다.

'결과 묻기'를 위한 'C'는 학생들에게 벌을 주어 동기화하는 것으로 해석되지 말아야 한다. 그것은 단지 학생들이 좋고 나쁜 일의 합당한 결과를 분명하게 이해해야 하며, 교육가들은 '미온적'이거나 과도한 벌이 아닌 그런 결과에 근거하여 수행해야 한다는 것을 의미한다.

'강조하라'를 위한 마지막 글자 'E'는 성취의 압력을 예방하고, 대신 아이들의 노동윤리의 발달을 돕는 노력과 독립성을 북돋아주는 일의 중요성을 포함한다. 희망적으로, 그것은 교육가들에게 학습부진의 역전은 인내를 필요로 하는 하나의 노력이라는 것을 상기시켜준다.

제 8 장

삼중초점모델을 사용한 학습부진 증후군 역전법

이전의 장들에서 제시한 것처럼, 학습부진 증후군은 단순히 '그의 행동을 깨끗이 비우게' 하거나 '그의 양말을 벗게 하는' 단순한 문제가 아니다. 우리의 가족성취클리닉에서, 우리는 세 갈래 접근법을 사용하여 대략 다섯 명 중 네 명꼴로 아이들의 학습부진을 역전시킬 수 있다. 우리는 아이, 부모 그리고 학교에 초점을 맞추기 때문에 이것을 '삼중초점모델'이라고 부른다.

부모와 교사들은 심리학자 없이 학습부진의 많은 문제를 예방하고 역전시킬 수 있다. 삼중초점모델에 대하여 논의한 나의 강연회에 출석한 많은 부모들은 나의 제안을 따름으로써 아이의 문제를 수정하였고, 더 이상의 상담을 요청하지 않고도 자녀의 성취를 개선하였다. 또한 교사들도 그 모델에 관한 나의 워크숍 발표가 그들 학생의 학업부진을 역전하도록 돕는 데 실질적이었고 효과적이었다고 지적했다. 교사나 부모가 홀로 이 일이 가능할 수 있지만, 이 전략은 그들이 서로 협력할 때 가장 효과적이다.

또한 많은 학교가 삼중초점모델을 아주 성공적으로 사용해오고 있다. 그것은 정규 학교 프로그램, 학습부진 학교 프로그램(underperformig school), 특수 교육 및 영재 프로그램 그리고 유치원부터 고등학교 3학년까지의 아이들을 위해서 효과적으로 활용되어왔다. 상담자는 이것을 보통 청소년의 학습부진을 역전시키는 데 사용하지만, 이것은 또한 대학생들에게도 사용되었다.

학습부진 증후군의 행동 특성은 학습된 것이다. 그러므로 새로운 행동, 습관, 태도들 또한 학습될 수 있다. 학습부진의 역전은 아이들을 위한 그리고 부모와 교사인 당신을 위한 새로운 학습을 포함한다.

삼중초점모델은 모두 6단계를 포함한다. 그중 처음 5단계는 모든 학습부진학생에게 적용된다. 제6단계에서, 학업부진아이들은 세 가지 유형으로 나누어지는데, 당신의 학습부진아이들에게 가장 잘 적용될 수 있는 장을 선택하게 된다. 성공을 위해서 인내와 끈기를 계획하라. 임상장면에서, 학습부진의 평균 역전 시간은 6개월이다. 이 시간은 문제의 강도, 아이의 나이 그리고 가장 중요한, 부모와 교사의 일관성과 끈기에 따라 다양하다. 매우 어린 아이들은 단지 2~3개월이 걸린다. 고등학교 학생들은 적어도 1년이 꼬박 필요하다. 흔히 그들은 친구의 압력 때문에 뒤돌아서기가 어렵다.

〈그림 8.1〉은 삼중초점모델을 보여주고 있다. 1단계, 측정은 이 장에서 기술될 것이다. 2단계, 소통은 제9장에서, 다음 세 단계들은 제10장에서 설명될 것이다. 마지막 단계, 가정과 학교에서의 교정은 제11장, 제12장 그리고 제13장에서 논의될 것이다.

그림 8.1 학습부진 증후군의 역전을 위한 삼중초점모델

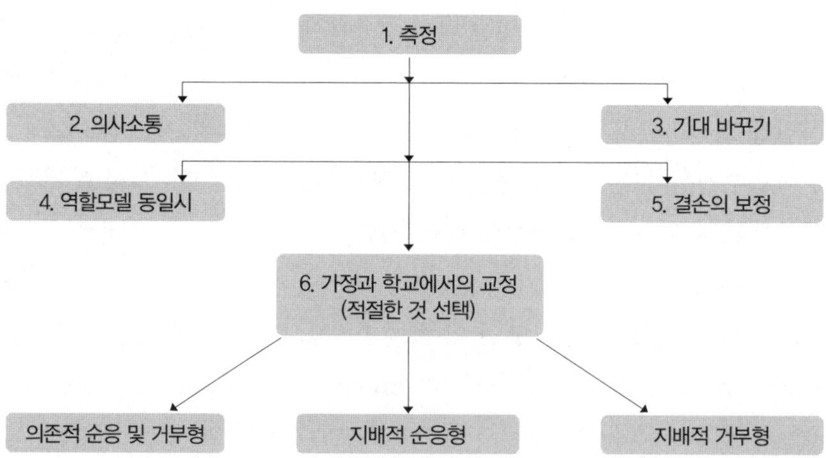

불이익 학생을 위한 삼중초점 조정

이상적으로 삼중초점모델이 부모 개입을 포함해야 함에도, 종종 부모들은 개입을 거부하거나 그들의 개입을 방해하는 어려운 생활사를 겪고 있다. 부모가 학습부진의 역전을 위한 모델에 참여할 수 없는 학생들은 학습부진을 역전시키려는 대상에서 불이익을 당하는 학생으로 정의된다. 그들은 삼중초점모델의 조정이 필요할 것이다. Colorado의 한 학교에서 삼중초점모델의 '이중초점 버전'이라는 우스꽝스러운 용어를 붙였다. 교사들은 아이들을 위한 진보에 대하여 부모와 계속 소통해야 하지만, 전체 모델은 부모의 참여 없이 학교에 의해 수행될 수 있다. 이 모델의 대부분 단계는 원래의 삼중초점모델과 비슷하지만, '아동 옹호가'로 불리는 한 사람이 부모 강화 역할을 대신하고 진전을 점검하기 위하여 매주 그 아이와 만난다. 이 역할은 상담가나 특수 교육 교사, 교감 또는 다른 반 교사에 의해 채워질 수 있다. 또한 보통 부모가 관리하는 숙제 관련 일상사의 대신으로 교사의 감독하에 그들의 모든 숙제를 완성하는 방과 후 학습클럽이 제도화될 수 있다. 이 두 변형은 적극적인 부모 참여의 부족에도 불구하고, 이 모델이 불이익을 당하는 아이들을 위해 매우 효과적이도록 해준다.

측정

첫 단계의 주 의도는 아이의 학습부진의 정도와 방향성을 결정하는 것이다. 공식적 · 비공식적 측정 방법들이 있다. 공식적 접근에는 창의성 및 학습부진 검사뿐 아니라 집단 및 개인지능검사와 성취도검사가 있다. 비공식적 평가는 부모나 교사에 의한 아이에 관한 질문이나 관찰을 포함한다. 먼저 이 공식적 측정 접근이 논의될 것이다. 학습부진은 아이의 능력과 그들의 학교수행 사이의 모순으로 정의될 수 있기 때문에, 검사는 그 아이의 문제에 대한 몇몇 중요한 통찰을 제공할 수 있다.

많은 부모들은 IQ검사에 대하여 혼란을 겪는다. 첫 글자 조합인 IQ는 지능 지수라는 뜻이다. 그 용어는 최초에 아이들이 학교수업의 혜택을 받을 만큼 충분한 지능이 있는지의 여부를 결정할 목적에서 Alfred Binet에 의해 1905년에 만들어졌다. Binet은 실제 연령과 비교한 정신 연령을 계산하기 위하여 모든 연령의 아동발달을

그림 8.2 학습부진 증후군 역전 학생의 성취도검사점수의 예

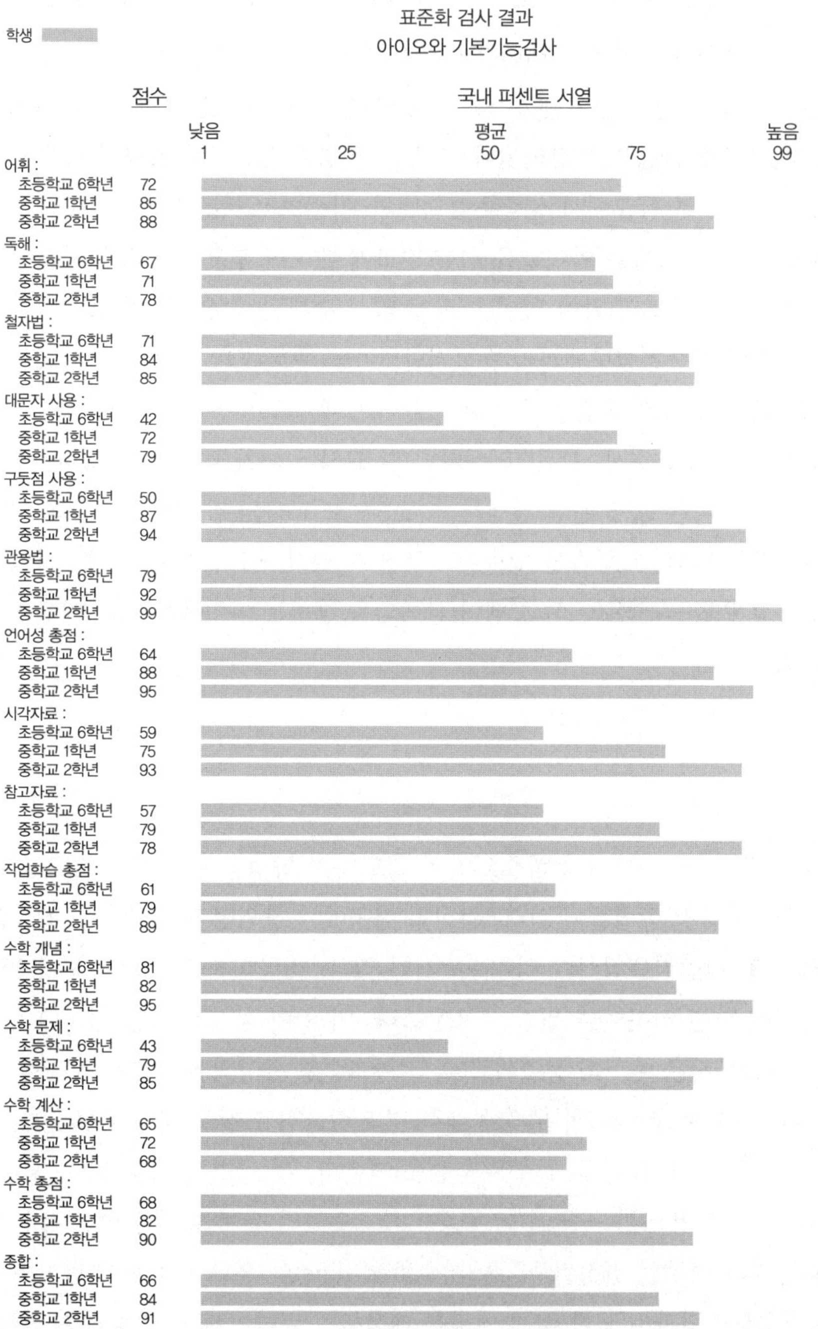

그림 8.3 학습부진 증후군 역전 학생의 IQ검사점수의 예

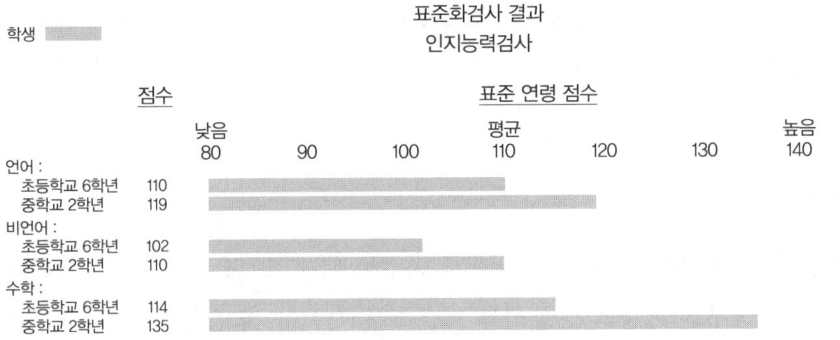

위한 일련의 검사를 만들었다. 그는 최종 점수에 100을 곱하여 '지능지수'라고 불렀다. IQ점수 100은 평균 지능으로 간주하였으며, 100보다 낮은 점수를 가진 아이들은 평균 미만이며, 100보다 큰 아이들은 평균을 넘는다고 간주하였다. 점수의 범주들이 확립되어 '천치'부터 '천재'까지 다양하게 이름이 붙여졌고, 점수들은 아이들의 학습능력에 관한 예언을 하기 위하여 사용되었다.

IQ검사는 Binet의 첫 검사 이래로 여러 번 바뀌고 수정되어왔으며, 교육가들은 그것을 더 정교하게 사용하게 되었다. 흔히 이 검사를 지능검사라고 일컫지만, 지금의 교육가들은 그것이 지능의 몇 가지만을 측정하며 그것이 개인의 선천적인 지능 이외에, 문화적 환경과 학습에 의해 영향을 받는다고 인식한다.

연구는 IQ의 평균치가 평생에 걸쳐 매우 일정하게 유지되는 경향이 있다는 것을 보여주지만, 초등 및 중등 학생들과 함께한 나의 임상적 경험은 그와 다르다는 것을 알려주었다. 여러 해 동안 학교에서 학습부진을 겪는 아이들은 흔히 IQ 검사에서 크게 떨어지는 경향을 보여준다. 새로운 검사는 이전 검사보다 10~20점이 낮게 나올 수 있다. 그러나 학습부진을 역전시킨 아이들은, 흔히 IQ 검사와 성취도검사 점수 모두 증가하였다.

〈그림 8.2〉와 〈그림 8.3〉은 학습부진이 역전된 한 아동의 집단 성취도검사와 IQ 검사점수가 증가되었음을 보여준다. 그 아동의 개인적 IQ점수는 초등학교 6학년에서 중학교 2학년까지 110에서부터 125로 증가하였다. 이 젊은이에 대한 이후 상황

을 조사하였는데, 그는 고등학교에서 우등생 수업들을 잘 통과하였고, 예비 의학을 공부하는 매우 경쟁력 있는 대학에서 평점 3.6의 성적을 얻었다. 그는 의학과에 출석하고 의심할 여지없이 지금은 외과의사로 있다. 만일 110의 지능검사점수가 그의 능력의 한계로 수용되었더라면 그리고 그가 학습부진을 역전시키지 않았더라면, 평생의 진로는 매우 달랐을 것이다.

공식적 측정

학습부진에 대한 공식적 측정은 두 가지 범주로 나눌 수 있다. 문제의 정도를 측정하는 것과 학습부진 행동의 방향성을 기술하는 것이다. 학습부진의 정도는 지금까지의 모든 IQ와 성취도검사를 점검함으로써 그리고 최근의 검사가 없다면 심리학자나 교사가 일련의 검사를 새롭게 시행함으로써 평가될 수 있다.

일단 그 자료가 얻어진다면, 가능한 모든 검사점수와 성적을 사용하여 〈그림 8.4〉의 차트를 완성한다. 당신의 아이나 학생의 학습부진의 정도를 결정하기 위하여 다음 질문을 스스로 던져본다.

1. 개인 또는 집단검사에서 아이의 IQ나 성취도검사점수가 교육 기간 동안 10점 이상 하향하였는가?
2. IQ나 성취검사 사이에 두 개 구간 이상의 범주로 차이가 나는가?
3. 개인 및 집단 지능검사 사이에 두 개 구간 이상의 범주로 개인 검사가 더 높게 차이가 나는가?
4. 지능검사와 학교 성적 사이에 두 개 구간 이상의 범주로 차이가 나는가?
5. 성취도검사와 학교 성적 사이에 두 개 구간 이상의 범주로 차이가 나는가?

만일 이 질문 중 어느 것에 대한 답이 '예'라고 한다면, 그 아이는 아마도 학습부진을 겪고 있는 것이다. 만일 IQ와 성취도검사점수에서 10점 이상 차이가 난다면 또는 변인들 간에 두 개 구간 이상의 범주로 차이가 난다면, 학습부진의 정도가 더 큰 것이다. 당신은 이런 식으로 한 과목 또는 모든 과목에서 학습부진을 볼 수 있다. 당신이 보는 학습부진의 영역이 많으면 많을수록 또한 어느 한 영역에서 학습부진의 정도가 크면 클수록, 당신이 직면하고 있는 문제는 그만큼 더 크다.

학습부진의 정도와 방향성 모두를 확인하고 기술하는 데 도움을 제공하는 다른

그림 8.4 학습부진 영역과 정도의 결정을 위한 검사와 성적 자료 분석을 위한 차트

학습부진 영역과 정도의 결정을 위한 검사와 성적 자료 분석을 위한 차트						
학년		개인 IQ검사 점수	개인 성취도 검사점수	집단 IQ검사 점수	집단 성취도 검사점수	성적 평점
유치원						
초등학교	1					
	2					
	3					
	4					
	5					
	6					
중학교	1					
	2					
	3					
고등학교	1					
	2					
	3					

검사점수와 성적을 기술하기 위하여 다음의 언어적 범주를 사용한다.

언어적 범주	IQ	성취 백분위	검사 구간척도 (9개 구간)	성적 평점
매우 낮음	80 이하	0~15	1 또는 2	F
평균 이하	80~89	16~29	3	D
낮은 평균	90~94	30~44	4	C^-
평균	95~104	45~54	5	C
높은 평균	105~109	55~69	6	C^+
평균 이상	110~119	70~79	7	B
우수	120~129	80~89	8	B^+, A^-
매우 우수	130+	90~99+	9	A

공식적 측정은 부모 평가, 교사 관찰 척도, 아동 자기평가를 포함한다. 이것들은 가정이나 교실에서 완성될 수 있다. 이것들은 학습부진 문제를 양화하고 부모와 교사 사이의 소통을 향상하는 데 도움이 된다.

성취 확인 측정(AIM)

이것은 전형적 아이 행동에 대한 부모 보고서이다. 이것은 정보 수집을 표준화 · 객관화 · 단순화하는 데 기여한다. 이것은 '전혀 아님', '평균 이하', '평균', '평균 이

그림 8.5 성취 확인 측정(AIM)

차원	설명
경쟁 :	높은 점수의 사람은 이기건 지건 경쟁을 즐긴다. 그들은 스포츠를 잘하고 승리를 우아하게 다룬다. 그들은 쉽게 포기하지 않는다. 낮은 점수의 사람은 그들이 어떤 것을 잘못하였을 때 우울하고, 소리치고, 불평하고, 자제력을 잃거나 한다. 그들은 승자가 되었을 때, 떠벌리는 경향이 있다. 그들은 책임자가 되고 싶어하거나 경쟁하는 것을 선호하지 않기 때문에 또래 관계의 기술이 부족하다.
책임 :	높은 점수의 사람은 학업에 있어 독립적이고 책임감이 있다. 그들은 조직적이고 활동을 끝까지 한다. 낮은 점수의 사람은 도움과 주목받기 위해 성인을 의지하고 그들의 학업책임에 대하여 계획하거나 조직하지 않는다. 그들은 또한 주목 끌기의 방식으로 비행을 저지를 수 있다.
통제 :	높은 점수의 사람은 학교나 가정환경에서 부모, 교사, 또래들을 지배하거나 조종할 필요 없이 편안하게 느낀다. 낮은 점수의 사람은 유치원 때 한쪽 또는 양쪽 부모로부터 너무 많은 힘을 받아온 지배적 또는 통제적인 아이들이다. 그들은 주목 끌기의 중심이 되고 또래, 교실, 가정을 통제하는 입장이 될 것을 기대한다. 그들은 합리적인 훈육을 받을 때조차도 화나고 자제력을 잃는다.
성취소통 :	높은 점수의 사람들은 부모로부터 학습과 좋은 성적의 중요성에 대하여 분명하고 일관적인 메시지를 받고 있다. 그들의 부모는 그들 자신의 학업경험에 대하여 긍정적인 감정을 전달해왔고, 어머니와 아버지 사이의 메시지에 있어서 일관성이 있다. 낮은 점수의 사람들은 행동하거나 말할 때, 성취에 대하여 모순되거나 부정적인 메시지를 주는 부모를 가지고 있다.
존중 :	높은 점수의 사람은 부모와 다른 어른에 대하여 존중감을 갖고 있다. 낮은 점수의 사람은 부모의 요청과 요구에 대하여 반항적이거나 불순종하고 무시한다. 흔히 부모의 훈육 철학에 있어서 비일관성이 있다.

출처 : Rimm, S. B. (1986). *Achievement identification measure. Watertown*, WI: Educational Assessment Service.

그림 8.6 AIM의 표본 문항

- 나는 나의 아이가 숙제하는 것을 돕는다.
- 나의 아이는 유치원 때 건강의 문제가 있었다.
- 나의 아이는 보스기질이 있다고 생각된다.
- 나의 아이는 합당한 속도로 학교공부를 한다.
- 나의 아이는 경쟁적인 팀 스포츠를 즐긴다.
- 나의 아이는 타인을 비난하거나 그가 어떤 것에서 질 때 변명을 찾는다.
- 나의 아이는 친구들과 비슷해지려고 애쓴다.
- 나의 아이는 숙제하는 것을 잊는다.
- 나의 아이는 높은 성취를 보이는 학생인 손위 누이/언니가 있다.
- 나의 아이는 학교에서 자제력을 잃는다.
- 나의 아이는 보통 아버지에게 순종한다.
- 나의 아이는 어머니를 매우 좋아한다.
- 나의 아이는 완벽주의자이다.
- 아버지(함께 거주)는 학교를 좋아한다.
- 나의 아이는 한쪽 부모가 "아니야."라고 말한 후에 다른 부모가 "그래."라고 말하게 할 수 있다.
- 아버지(함께 거주)가 어머니보다 더 엄격한 훈육자이다.

출처: Rimm, S. B. (1986). Achievement identification measure. Watertown, WI: Educational Assessment Service.

상', '절대적임'의 어느 것을 사용하여 응답할 수 있도록 한 78문항을 포함한다. 부모는 그 문항들에 응답하고 검사는 컴퓨터로 점수화된다.

AIM은 아이들의 성취동기의 특성에 대한 부모와 소통에 아주 도움이 된다. 그것이 생산하는 정보는 학습부진 증후군의 정도와 그 주요 증상들을 확인하기 때문에, 교사-부모 회의를 위해 이상적이다. 이 증후군을 특징짓는 주요 문제와 밀접한 다섯 가지 차원의 점수들이 있다. 이것들은 '경쟁', '책임', '통제', '성취소통', '존중'이다. 아이들은 각 차원에서 백분위점수를 받는다. 각 차원에 대한 기술과 AIM의 예시 질문들이 〈그림 8.5〉와 〈그림 8.6〉에 포함되어 있다.

집단 성취 확인 측정(GAIM)

학생 자기보고서는 사춘기 직전 단계나 십 대(초등학교 5학년부터 고등학교 3학년)에게 적절하다. 그것은 학생들이 자신의 행동과 태도를 기술하도록 해준다. 대부분의 학교는 시행하기 전 부모의 허락을 요구한다. 모든 자기보고서처럼, 그 결과는 단지 학생이 정직한 만큼만 유효하다.

범주와 차원에 있어서 AIM과 비슷한, GAIM은 학생들의 자기지각을 수량화하고 그것을 국가 학생표준치와 비교한 것이기 때문에 우수한 상담 도구이다. 만약 학생들이 그들이 문제를 갖고 있다는 것을 부인한다면, 그 결과는 부모와 교사들이 관찰한 것보다 더 양호하게 보이도록 할 것이다. 이것은 어른들에게 그들의 아이들이 성취의 문제에 직면조차 해본 일이 없다는 것을 알려준다. 그러나 종종 학생들은 관심사와 걱정거리에 대한 글쓰기를 할 때, 그들은 누구와도 논의해본 적이 없는 것들을 공유할 것이다. 여기 한 사례가 있다.

> Anne는 중학교 2학년인데 GAIM의 '경쟁'에서 매우 낮은 점수를 얻었다. 그녀의 어머니에 의해 완성된 AIM 측정점수는 매우 높았다. Anne의 어머니는 Anne의 검사에 뭔가 잘못이 있다고 상상했다. 그래서 그 차이에 대하여 딸에게 물었다. Anne는 그녀가 얼마나 지는 것이 싫었으며, 어떠한 경쟁도 싫었다고 엄마에게 설명하며 눈물을 펑펑 쏟았다. 그녀는 자신의 완벽성을 부모와 교사들 모두에게 잘 감추어 왔었다.

GAIM의 차원들은 AIM의 것과 비슷하면서도 약간 다르다. AIM과 GAIM 차원들 사이의 관계에 대한 설명과 GAIM 차원과 표본 문항들은『학습부진 증후군 : 원인과 치료 안내서(Guidebook-Underachievement Syndrome: Cause and Cures)』(Rimm, Cornale, Manos & Behrend, 1990)와 www.sylviarimm.com에서 찾을 수 있다.

성취 확인 측정 : 교사 관찰(AIM-TO)

이것은 교사 관찰(Rimm, 1988) 도구이다. 부모는 아이의 교사들에게 이 도구를 기꺼이 완성해달라고 요청할 수 있다. 또는 교사들이 그들 자신의 평가 목적을 위해 이 도구의 사용을 희망할 수 있다. AIM-TO는 학년 초부터 학년 말까지 두 시기에 동일한 교사가 이 양식을 완성한다면, 이것은 또한 아이들의 진보를 측정하는 데 우수하다. 이것은 교사팀이 한 아이의 관찰을 공유하고 싶을 때, 아주 유용하다. 학생들은 다른 교실에서 아주 다르게 반응할 수 있으므로, AIM-TO점수들은 교사회의에서 입증할 수 있다. 또한 이것은 부모나 학생과 소통하는 데 도움이 된다.

비공식적 측정

아이들의 학습부진을 측정하기 위한 비공식적 접근은 분명한 것일 수 있다. 부모로서 당신은 교사들로부터 아이들이 자신의 능력만큼 일하지 않고 있다는 말을 수년 동안 들어왔다면, 당신은 안전하게 그 문제가 사실이라고 상상할 수 있다. 수업 중 거의 집중하지 않고, 숙제나 과제를 완성하지 않으며, 거의 또는 전혀 공부하지 않는 학생들을 교사들이 본다면, 교사들은 그 학생들이 학습부진을 겪고 있는 것으로 확신할 수 있다. 만일 이 아이들이, 교사들이 자기를 좋아하지 않고, 많은 공부가 지루하거나 무관하고, 성적이 중요하지 않다고 불평한다면, 그들의 말은 아마도 학습부진을 은폐하거나 방어하는 것이다.

만일 아이들이 학업을 배제할 정도로 사교적 생활, 운동, 드라마, 음악에 선점되어 있다면, 흔히 학문에 있어서는 학습부진이 발생하고 있는 것이다. 만일 그들이 자신에게 기대되고 있는 공부나 숙제를 거의 하지 않는다면, 그들은 학습부진을 겪고 있는 것이다. 이렇게 당신의 아이나 학생이 학습부진을 겪고 있다고 쉽게 결정할 수 있을지라도, 성격 유형이나 학습부진의 방향성을 확인하는 일은 좀 더 어렵다. 학교나 가정에서의 주의 깊은 관찰이나, AIM, GAIM, AIM-TO의 사용은 추가적 정보를 밝혀줄 것이다.

학습부진학생에 관한 제1장의 설명은 이미 아이들의 학습부진 유형을 결정하는 것에 도움을 주었다. 추가적으로 제1장의 〈그림 1.2〉 또한 당신이 그들의 유형이 의존형이냐 또는 지배형이냐를 결정하는 것에 도움을 줄 것이다. 당신은 다음 설명을 읽으면서 그 표를 돌아보고 싶을 것이다.

그 표의 사분면에서 의존형에 속하는 아이들은 보통 이상의 도움이나 격려를 요구하는 방식으로 주변 사람들을 은밀히 조종한다. 그들의 말과 몸의 언어는 그들이 꼭 필요한 것 이상으로 도움의 손길을 뻗는다.

사분면에서 지배형에 속하는 아이들은 좀 더 공개적으로 공격적인 방식으로 그들의 환경 안에 있는 어른들과 관련된다. 그들은 자신이 어떤 상황을 지배할 때만 편안하게 기능하기 때문에, 자신의 환경을 장악하고 있지 않을 때 무력감을 느낀다. 그들은 논쟁하고 논박한다. 그들은 성인들을 비합리성의 함정에 빠뜨릴 것이고, 그다음 이런 어른들의 행동을 순응하지 않기 위한 변명으로서 사용할 것이다. 더욱이, 그들은 다른 사람에게 불평을 늘어놓을 것이고, 자주 여타 어른들이 앞의 어른들에 대항하여 그들의 편을 들게 성공적으로 설득할 것이다.

지속적으로 도발적인 아이들은 보통 지배형인 반면, 대체로 '전 불쌍해요'의 특징을 보이는 아이들은 의존형으로 분류될 수 있다. 그러나 이런 범주들은 항상 분명한 것은 아니며, 한 아이 안에 혼재되어 있을 수 있다. 청소년 시절 대부분의 사람들은 의존형과 지배형의 특징 모두를 보여준다(Cornale, 1988).

순응형과 거부형의 사이의 구분을 확인하는 것이 그들이 의존형인지 또는 지배형인지를 결정하는 것보다는 덜 중요하지만, 초기의 이런 확인은 이후의 더 극단적인 문제를 예방하는 데 도움을 줄 수 있다. 그러므로 그것은 무시되지 말아야 한다. 순응형 학습부진학생들은 거부형 학습부진학생들보다 눈에 잘 띄지 않는다. 그들은 자신의 문제를 가리는 경향이 있고 이것은 덜 극단적이다. 부모와 교사들은 자주 그들의 이런 말썽적인 행동이 나이가 들면서 없어질 것으로 예상한다. 그러나 그것은 그들이 거부형의 상태로 이동할 큰 위기에 처해 있는 것이기 때문에, 순응형 학습부진학생들의 특징을 알아차리는 것이 중요하다. 거부형인 아이들은 학습부진 증후군의 더욱 강한 상태에 놓여 있다. 그들의 문제들은 아주 뚜렷하며 그것들은 또한 바꾸기가 더욱 어렵다.

당신은 가정에서 그리고 학교에서 아이들을 관찰할 때, 그들이 어떻게 어떤 행동으로 어른과 또래의 관심을 끄는지에 주목하는 것이 가장 중요하다. 학습부진학생들은 주목 끌기 중독자들이다. 그들에게 성인의 관심을 끌어 모으는 방식에 대한 지식은 당신이 의존형과 지배형의 학습부진학생의 사이를 구별하는 데 도움을 줄 것이다. 예를 들면, 만일 그들이 지속적으로 도움을 청하거나, 아주 수동적으로 슬픈 표정으로 수줍어하며 행동하거나, 천천히 일(공부)하고, 과제를 완성하지 않는다면, 그들은 의존적 행동을 보이고 있는 것이다. 만일 그들이 심하게 자랑하고, 자제력을 잃고, 논쟁하고, 공격적으로 조종함으로써 관심을 끌려 한다면, 그들은 좀 더 지배형일 가능성이 있다. 의존형 아이들의 일상적 속도는 느리고 조심스러워하는 반면, 지배형의 아이들은 빠르고 충동적일 가능성이 더 크다.

당신의 진단을 확증하는 것을 돕기 위하여, 나는 여기서 〈그림 1.2〉의 각 사분면의 특징을 개괄할 것이다. 그러나 각 아이들은 고유하며 이 정보는 주요 특징에 초점을 두기 위해서만 사용되어야 한다는 것을 명심해야 한다.

의존적 순응형

이 학생들은 조용하고 쾌활하고 은밀한 방식으로 성인을 조종한다. 그들은 자신의 일을 함에 있어 도움을 끌어들이려 한다. 왜냐하면, 그것은 자신이 익숙해 있는 것보다 더 많은 노력이 필요하기 때문이다. 그들은 지도자는 아니지만, 타인과 잘 어울리는 경향이 있다.

부모와 교사들은 이런 아이들을 특히 민감하다고 기술한다. 그들은 쉽게 울고 좌절한다. 그들은 징징거리고 불평하며, 두통, 복통, 눈에 보이지 않는 상처를 보고한다. 그들은 별로 에너지를 보이지 않으며, 가정에서 사소한 통증, 슬픔, 도움 요청으로 주목을 끌어들인다. 학교에서는 도움을 기다리거나 질문을 하고 지침을 따르는 데 어려움을 갖는다. 그들은 백일몽을 꾸고, 창밖을 응시한다. 과제를 완성하지 않는 경향도 있다. 그러나 과제의 질은 초등학교에서는 매우 좋을 수 있지만 중 · 고등학교에서는 그렇게 좋지는 않을 것이다. 그들은 쉬운 과제를 선호하고 어떠한 압력이나 긴장도 피하기 위하여 그들 환경 내의 어른들을 조종한다.

의존적 순응형은 저학년에서는 학습부진학생으로서 눈에 띄지 않을 수 있지만, 그들의 조종술은 그때 시작된다. 교사들은 그들에게 압력을 가하는 것을 피하기 위하여 더 낮은 독서와 수학 그룹으로 옮겨주는 경향이 있다. 그들은 흔히 글쓰는 것을 싫어하는데, 그것을 어려워하기 때문이다. 그들은 교사들에게 실제보다 덜 영리하게 보일 수 있다. 그들은 가정에서 보통 그들에게 너무 많은 것을 해주고, 그들을 과잉보호하고, 피난처로서 대하는 한 부모가 있다. 만일 한 부모가 보호자로서 그리고 다른 부모는 괴물로서 행동한다면, 의존적 패턴은 더 강해질 것인데, 아이들은 은밀하게 다른 부모에 대항하여 한 부모를 조종하기 때문이다. 이것은 이 아이들에게 좀 더 의존적인 힘을 부여한다. 그들은 보통 피난처를 제공하는 부모를 동일시한다.

의존적 거부형

거부형들은 더 큰 규모의 의존성을 띤다는 점에서 순응형과 다르다. 그래서 그들은 더 쉽게 확인할 수 있다. 그들은 눈에 더 잘 띄기 때문에 더 많은 주목을 끌어들인다. 흔히 그들은 눈에 띄게 슬퍼하며 외로워한다. 그들의 질병과 심신 질환의 호소는 더 잦아지고 학교에 더 결석하게 한다. 소아과 의사들은 자주 그들을 압력을 받는 아이들로 진단한다. 그들은 다른 아이들에게 놀림을 받고 어른과 또래의 위로를 끌어들이기 위하여 자신을 박해받는 자로 이용할 수 있다.

이 아이들의 문제는 슬픔이 실제적이고, 피해자로서의 역할이 그들의 통제 범위 내에 있을 가능성이 적기 때문에 더욱 어렵다. 〈그림 1.2〉에 우울한 Donna로 예시한 중학교 3학년 학생은 그것을 "제가 정말로 슬프고 화날 때가 아니라면, 아무도 저에게 잘 대해주지 않아요. 그다음 보통 저는 도움과 지지를 받기 위해 친구들을 의지할 수 있어요."라고 설명했다. 그녀는 자신의 슬픔이 비상시 일시적으로 친구들을 끌어들이는 데는 효과적이지만, 그녀가 계속 자신의 우울을 잘못 사용한다면 친구들이 주변에 있으려 하지 않을 것이라는 것을 이해할 정도로 성숙했고 성찰적이었다. 그러나 그녀의 슬픈 감정은 정말 진정한 것이라고 확언을 하였다.

의존형의 조종술

의존형의 아이들은 은밀하게 조종을 하고 보통 의식적으로 그들의 조종술을 알아차리지 못한다. 이 조종술의 표적은 아이들의 요청을 거절하기 어려워하는 배려적이고 세심한 사람들이다. 왜냐하면 거절은 그들에게 죄책감이나 불친절하다는 느낌을 느끼게 하곤 하기 때문이다. 친절한 부모와 세심하게 배려하는 교사들은 조종술이라고 지적될 때조차도, 그들이 직관적으로 옳다고 느끼는 방식으로 반응하지 않는 것이 극히 어렵다는 것을 발견한다. 사랑이 많은 성인들에게 그들의 아이들이 고군분투하도록 허용해야 한다는 것을 설득하기란 어렵다. 부모와 교사들은 이 아이들에 대한 더 높은 기대는 비열한 것이며 그들에게 너무 큰 압력을 가하는 것으로 보일 수 있다. 만일 이것이 당신의 관심사라면, 이런 아이들은 노력과 끈기를 통해서만 자신감과 능력감이 형성될 것이라고 나는 다시 한 번 더 당신을 확신시켜야 할 것 같다. 그리고 아이들에게 어느 정도의 스트레스를 경험하도록 하는 것이 진정으로 진정한 친절이라는 것을 말이다.

Rimm의 법칙 #7 — 결핍과 과잉은 종종 같은 증상을 보여준다 — 은 여기에 적용된다. 의존형 아이들이 스트레스의 징표를 보일 때, 사실 아이들은 스트레스에 아주 적은 경험을 가지고 있기 때문에 거의 어떠한 것이라도 그들에게 압력을 느끼게 하는데, 이때 어른들은 그들에게 너무 큰 압력을 가한 것으로 취급된다. 한 가지 중요한 경고는, 물론 그들이 진정성이 있을 땐, 당신은 아이들의 도움 요청을 무시하지 말아야 한다는 것이다. 모든 아이들은 종종 도움이 필요하다. 단지 그들이 무력하게 행동하고 느끼기 시작하는 것은 너무 많은 도움을 받은 때이다. 다음은 몇 가지 경계해야 할 공통적인 의존형의 조종술이다.

도와주세요 끊임없이 도움을 요청하는 아이들은, 가정이나 학교에서 그것이 잡일과 관계되든 아니든, 아마도 적절한 양 이상의 도움을 얻고 있을 것이다. 그들에게 진정으로 필요한가를 결정하기 위하여 당신은 비슷한 나이, 지능 그리고 발달단계의 아이들과 비교할 수 있다. 아동발달 도서는 아이들이 의당히 스스로 옷을 입고, 목욕을 하며, 자전거를 타고, 잡일 돕는 것을 하고 있어야 하는지를 결정하는 데 도움을 줄 수 있다. 개인의 지능과 성취도검사는 아이가 지시문을 읽고 과제를 완성하고 수학 문제를 해석할 수 있는지를 당신에게 말해줄 것이다. 아이들이 훌륭하게 할 수 있는 만큼 하게 하자.

가정에서 아이들의 도움 요청은 부모, 나이 든 형제자매 또는 다른 친척들에게로 향한다. 학교에서 그것은 교사, 상담가 그리고 또래에게로 향한다. 종종 그것들은 언어적 요청이나 손을 드는 형태이다. 그러나 시간과 함께, 의존형 아이들은 "도와주세요."란 몸짓 언어의 전문가가 된다. 약간의 눈물, 스트레스의 얼굴표정, 손톱 물기, 창밖 응시, 연필 떨어뜨리기나 가지고 놀기, 힘없이 종이조각 쉮기 또는 매우 느리게 일하기는 더욱 미묘한 도움의 요청이 된다. 민감한 부모와 교사들은 아이들의 요구를 인식하는 것을 바로 자랑으로 여기지만, 당신은 조심스럽게 그들의 요구가 진솔한 것인지 또는 무력함의 형태로 당신의 주목을 끌기 위한 신호인지 자문해보아야 한다. 민감성과 과잉보호 사이를 구분하는 미세한 하나의 선이 있다. 그 선을 인식하고 존중하는 것은 당신이 그 "도와주세요." 조종자를 부추기는 일을 피하도록 도와줄 것이다.

잔소리 해주세요 의존형 아이들은 천천히 움직인다. 만일 그들이 효율적으로 일하지 않는다면, 그들은 배려하는 부모와 교사들의 상기시킴에 의지할 수 있다. 만일 지금 당신이 그것을 상기시키기로 부른다면, 당신은 결국 그들이 잔소리하기라고 부르는 것에 의지할 수 있다. 그들은 잔소리의 책임을 그들의 삶 속의 어른들의 탓, 특히 그들의 어머니나 아버지의 책임으로 돌릴 것이다. 수고를 아끼자. 그들의 덫에 걸려들지 말자. 처음에 아이들은 당신의 계속적인 독촉을 마음에 두지 않는 것처럼 보이고 당신은 진정으로 그들이 더 빨리 가도록 돕고 있다고 믿을지라도, 그들은 실제로 느려질 것이다. 당신은 잔소리를 하여 더 능률적으로 된 사람을 알고 있는가? 잔소리를 즐기지 말자. 결국 그것은 아이들에게 친절이 아니다.

잔소리하는 것을 의존의 강화로 인식하라. 만일 당신이 그들의 활동과 책임을 관통하며 보살피려 한다면, 아이들이 자신의 시간을 조직하는 학습을 막게 될 것이다. 부모들은 아이들이 잔소리를 필요로 하고, 그렇지 않으면 그것을 하려하지 않는다고 믿는 경향이 있다. 그래서 그들을 깨우기 위해 잔소리하고, 그들을 먹게 하려고 잔소리하고, 옷 입고 학교 갈 준비를 하라고 잔소리하고, 숙제하라고 잔소리하고, 잠자라고 잔소리한다. 이런 학생들은 학교에서도 마찬가지로 공부하라는 잔소리를 기대하게 된다는 것은 놀라운 일이 아니다.

보호해주세요 의존형 아이들은 새로운 경험을 피하기 위해 이 조종술을 사용한다. 새로운 친구를 만나거나 새로운 장소에 가는 것 또는 새로운 학문적 도전을 시도하는 것들을 두렵다고 부모에게 말하는 아이들에 의해 회피될 수 있다. 청소년들은 종종 이런 두려움을 당황이라고 이름을 붙인다. 징징거림, 매달림, 울음, 울화행동은 두려움을 분명히 보여주는 것이며, 그것들을 무시하기 어렵게 한다. 당신이 보호를 제공할 때, 당신은 다시 회피행동을 보상하고 있는 것이다. 비합리적인 두려움으로부터 피하도록 아이들에게 은신처를 제공하는 것은 아이들에게 두려워할 좋은 이유가 있다는 것을 말해주는 또 하나의 방식이다. 그렇지 않고서야 왜 현명한 어른들이 그들을 보호하려는 걸까? 작은 공포 유발 경험에 성공적으로 대처하는 것은 그들의 용기를 형성해준다.

측은히 여겨주세요 진정한 문제를 가지고 있는 아이들(예 : 재정적으로 어려운 환경, 이혼, 부모의 병, 신체 및 정신적 학대 또는 개인의 건강 또는 신체적 불구 상황)은 쉽게 이런 의존 형태로 이동한다. 그들은 자주 주변의 어른들이 그들의 문제에 많은 관심을 집중하고 있다는 것을 발견한다. 그들은 아주 많은 보살핌을 받는 것을 즐기게 된다.

이런 유형은 다른 유형보다 성인들이 다루기가 더 어렵다. 왜냐하면 이런 것들은 전적으로 상상화된 병이 아니기 때문이다. 아이들은 진정한 고통을 느끼고 있으며 진정한 아픔을 겪었다. 어디가 병의 끝이고 조종술의 시작인지 결정하는 것이 진정으로 어렵다. 당신의 아이는 복통 때문에 학교에 가지 않고 집에 있기를 원하는 것인가 아니면 미완성된 숙제에 대한 직면을 피하고 있는 것인가? 그의 천식이 진정한 것인가 또는 수학 숙제 전의 스트레스 때문인가? 아이들이 불안을 만들고 있는 책임을 헤쳐 나가야만 한다고 주장해야 하는가? 또는 당신은 그들의 짐을 덜어주고 과제를 면제해주어야 하는가?

"측은하게 여겨주세요." 조종술은 탐지하기 어렵고 교정하기도 또한 힘겹다. 신체적 문제와 고통은 뜻하지 않게도 합당한 가정과 학교 스트레스를 다루는 것으로부터 도피하는 데 일조할 수도 있다. 부모, 교사, 소아과의사들은 진정한 의료적 위기인지를 식별하기 위해 긴밀히 함께 일해야 하며, 건강이 가능한 만큼 많은 독립성을 조장해주어야 한다.

사랑해주세요

"안아주세요, 뽀뽀해주세요, 포옹해주세요, 당신의 사랑을 재확인해주세요." 이것들은 애정 어린 부모와 교사들의 심금을 울리며 처음엔 해가 없는 순수한 애정을 요구하는 것으로 보이는 조종술이다. 그러나 이것들이 어려운 과제나 불쾌하지만 필요한 경험의 회피와 묶인다면, 그것들은 전혀 해가 없는 것이 아니다. 초등학교 1학년인 Carlos는 교사가 책상에 앉아 그의 서술과제를 완성해야 한다고 주장했기 때문에 교실에서 도망쳤다. 그때 어머니는 충실하게 그를 학교로 되돌려 보내기 전, 푹 안아주었고 그녀의 사랑을 그에게 상기시켜주었다. 또한 그가 힘들어하는 날, 엄마는 그가 스트레스 다루는 것을 돕기 위해 특별히 품에 안아주었다. 품에 안거나 포옹 그리고 확약은 그에게 두려워할 이유가 있었다는 것을 확인시켜주었다. 그것은 그의 행동을 바꾸려는 책임감을 아울러 없애버리게끔 하였다. 쉬운 과제일 때 안락함이 있지만, 좀 더 어려운 과제일 땐 결과조차도 불확실한데, 특별히 그때 왜 쉬운 것으로부터 어려운 것으로 바꾸겠는가?

최근 잘못을 저지른 아이들에게서 받는 하나의 흔한 질문은 "엄마, 여전히 절 사랑해요?"이다. 물론, 엄마는 자신의 아이에게 그녀가 사랑한다고 안심시킨다. 그녀는 잘못된 행위와 아이를 분리하려고 노력할 것이다. 그런데 왜 괴로울까? 아이는 단지 무책임한 행동을 보지 못하도록 관심을 분산시키기 위하여 사랑의 확증을 이용하여 조종한다. 그래서 무책임은 계속된다. 엄마는 아이의 불안을 보고 걱정한다. 그렇지만 겉으로 보이는 불안은 단지 바로 확신시키는 조종술이다. 어떤 경우에는, 사랑하느냐는 질문에 덧붙여 성실하게 들리는 사과의 어조가 추가되며, "죄송해요, 용서해주세요."는 또 하나의 조종술의 형태가 된다.

부모들이 사랑, 애정, 용서를 표현하는 기회가 많이 있다. 그러나 이것들은 책임을 회피하는 아이의 통상의 형태에 반응하는 것이 아니어야 한다. 사랑 요청의 빈도 그리고 노력 회피에의 근접 정도는 그 요청들이 진솔한 것인지 또는 그것들이 단지 일련의 효과적인 조종술의 일부인지 결정하는 데 당신을 안내할 것이다.

부모 포인터

만일 당신의 아이들이 그들을 사랑하지 않는다거나 형제자매를 그들보다 더 사랑한다고 말한다면, 당신은 재미있게 접근을 시도할 수 있다. 즉, 한 눈으로 윙크하면서 "네가 절대적으로 옳구나!"와 같이 말이다. 이것은 "사랑해주세요."라는 조종술은 더 이상 효과가 없을 거라는 것을 분명하게 해준다.

입양된 아이들은 특별히 이런 조종술에 능란한 것처럼 보인다. 벌로부터 자신을 보호하려는 빠른 반응은 "엄마(아빠), 저를 사랑하지 않는 이유는 제가 입양되었기 때문이에요."이다. 이것은 자주 부모가 그들의 사랑을 확약하도록 하여 사전에 벌을 막아준다.

피난처를 주세요

제3장에서 논의된 괴물 의식은 한 부모를 보호자의 역할을 취하도록 하게 한다. '괴물' 부모가 요청하는 것이 무엇이든, 아이는 보호하는

부모에서 피난처를 발견할 수 있다. 만일 아버지는 그가 집에 돌아오기 전에 잔디가 깎여 있어야 한다고 명령을 하였는데 아들이 그것을 따르지 않았다면, 어머니는 아빠의 성급함으로부터 그녀의 소년을 보호하기 위해 먼저 상기시키고, 그다음 잔소리하고, 마침내 도우려고 나설 수 있다. 만일 딸이 방과 후에, 엄마가 주장한대로 그녀의 숙제를 완성하지 않았다면, 그때 아빠는 어려운 수학 과제를 도우며, 성난 어머니로부터 그녀를 보호하며, 그녀 옆에서 저녁 시간을 보낼 수 있다.

이런 아이들은 심지어 한 부모의 합당한 요구에 응하는 스트레스에 대처할 때조차 의존적인 힘의 형태를 배운다. 공부를 회피하는 것이 다른 부모의 보호와 애정의 경험을 제공한다면, 아이는 진정으로 일할 이유가 없다. 의존형의 학습부진학생들은 거의 항상 보호하는 한 부모에 의해 그들의 의존을 강화받는다.

지배적 순응형

이 학생들은 흔히 문제의 정도로 보면 학습부진학생으로 인식되지 않는다. 그들은 적어도 한 분야에서는 매우 명백하게 경쟁력이 있으며, 그들이 극도로 못하는 영역에서는 노력하거나 인내심을 발휘하려고 하지 않는다. 그들이 우수하거나 지위를 갖고 있는 것 이외의 모든 관심사나 기술을 비난한다. 그들은 지도자가 될 수 있지만, 그 지도력은 학문적인 방향이 아닐 가능성이 있다. 그들은 자신의 재능을 인정하지 않는 교사들을 얕보고, 또래에게 강력한 영향력을 가질 수 있다.

이 아이들은 자신에 대하여 비합리적으로 높은 목표를 세우는 경향이 있다. 그들은 전문 축구 선수, 올림픽 경기자, 피아노 협주가, 브로드웨이 스타, 백만장자 그리고 회장을 계획한다. 그들은 승자인 한에서 그들이 선택한 분야에서 거대한 훈련을 보여주지만, 그들의 지위가 떨어지면 노력도 저하된다. 그들은 단념한다.

이런 아이들은 매우 영리하기 때문에, 성적은 큰 노력 없이도 평균이나 그 이상이다. 그래서 그들이 그럭저럭 넘어가는 경향이 있어도, 그들의 학습부진은 눈길을 끌지 못할 수 있다. 만일 그들의 재능이 진정으로 비상하다면, 그들의 학문적 학습부진은 미래의 문제를 야기하지 않을 수 있다. 그러나 그들이 매우 경쟁적인 분야를 선택했을 수 있기 때문에, 많은 이들이 고등학교 이후 큰 실망에 직면할 수 있다. 그들의 학문적 학습부진은 그들이 뒤로 넘어질 때 완충해주거나 또는 그들이 노력할 방향을 재설정할 대비책을 남겨놓지 않는다. 이런 많은 학생들은 고등학교 졸업 후까지는 확인되지 않는다. 그들은 교사나 친구들이 점쳤던 성공을 성취하지 못한 고등학교 과외 교육과정과 사교적 엘리트의 구성원들이다.

지배적 순응형의 조종술

지배적 순응형의 조종술은 아동기 초기에 배워질 수 있지만, 그것은 그 당시에는 두드러지지 않는다. 더욱이 이런 조종술은 실제로 지능과 재능의 발달을 돕는다. 그것들이 문제가 되는 것은 단지 정도에 있어서이며, 질에 있어서는 그렇지 않다. 만일 아이들이 계속 칭찬과 주목을 요구하거나 너무 많은 주목을 기대하는 데 익숙하다면, 그것이 긍정적일지라도 그것은 심각한 문제를 야기할 것이다.

정확하게 얼마나 많은 칭찬을 해주어야 하는가를 결정하는 것은 어려운 일이지만 중차대하다. 지배적 순응형의 아이들은 너무 많은 것을 기대하도록 배웠다. 그들은 우수함과 경탄의 끊임없는 감탄사에 의지한다. 그들의 예찬자는 처음엔 몇 명 되지 않는다. 초기 환경의 어른들이다. 이것은 빠르게 확장하여 친척, 또래, 또래의 부모, 이웃과 지역 그리고 쇼핑몰의 사람들을 포함하게 된다. 학교경험들은 이런 아이들의 재능과 탁월함의 전시와 함께, 그들이 긍정적으로 그리고 무의식적으로 조종하는 군중에 교사와 더 많은 또래들을 추가한다. 팬들은 재능에 따라 다소 다르지만, 늘 한 무리의 관중이 있다.

지배적 순응형 아이들의 주요한 조종술은 의존형 아이들보다 훨씬 더 수가 적고 긍정적이다. 부모와 교사들은 그것에 경각심을 가져야 하지만, 지나칠 정도로는 반응하지 말아야 한다. 주목 끌기를 위한 아이들의 노력을 무시하는 것은 해로울 수 있지만, 칭찬을 다소간 줄이는 것과 학습경험과의 균형을 맞추기 위하여 더 생산적인 대체 행동을 긍정적으로 강화하는 것이 그들을 도울 것이다.

당신은 개인적으로 이런 아이들의 성공에 대하여 연관과 흥분을 느낄 수 있기 때문에, 열정적 칭찬의 균형 맞추기는 기대보다 더 어렵다. 더욱이 부모, 코치, 교사들은 재능 있는 아이들이 정말로 국가적이고 세계적 수준에서 경쟁할 정도로 충분히 성공할 것인지는 결코 장담할 수 없다. 당신의 시간과 에너지를 재능 있는 아이에게 투자하는 것에는 잘못된 것이 없다. 그것은 아마 적절하고 필요한 것이다. 그러나 당신은 고등학교 이후의 성공은 항상 보장되는 것이 아니라는 것을 아이들이 이해하도록 도와줄 책임을 갖고 있다.

찬사, 칭찬, 박수를 보내주세요

지배적 순응형의 아이들은 항상 무대 위에 있다. 그들은 자신에게 찬사를 보내고 박수를 쳐줄 구경꾼들을 확인하는 데 맞추어져 있다. 그들은 청중 앞에서 가장 잘 수행하며 아동 초기 그들의 미소는 당신이 쳐다보고 있음을 안다고 당신에게 말하는 것이다. 만일 당신이 그렇게 하지 않는다면, 그들은 당신을 재빠르게 끌어당길 것이다. 과시의 유쾌함이라는 말이 아마도 그들이 실제로 하는 것에 라벨을 붙이는 가장 좋은 방식일 것이다. 그러나 이것은 2살배기 아이가 둘러앉은 가족의 갈채를 받으며 춤을 추면서 당신을 매료시키는 방식과 3살배기 아이가 선택적으로 4음절 단어들을 말하는 예리한 방식을 기술하기엔 너무 매정한 용어처럼 들린다.

관중은 '영특한', '탁월한', '우아한', '음악적 소질이 있는', '재능이 있는', '피카소나 알버트 아인슈타인 같은', '천재인', '매혹적인', '아주 멋진', '천부적 운동가' 그리고 특출한 자질을 나타내는 긴 나열로 격찬을 늘어놓는다. 아이들은 계속 그들의 수행을 개선하고 칭찬을 성취동기로서 내면화한다. 긍정적 기대는 좋은 것이지만, 이런 것들은 너무 극단적일 수 있다.

비난하지 마세요

"나는 훌륭해요. 그리고 당신이 날 훌륭하다고 말하지 않는다면, 나는 상처받을 거예요. 나는 울 거예요. 난 화낼 거예요. 난 토라질 거예요. 그렇지 않으면 그만둘 거예요." 이 아이들은 오직 긍정적 칭찬을 받는 데 익숙해져 있기 때문에, 칭찬이 없는 것조차도 부정적인 평가로 받아들인다. 다른 아이들의 성취를 좋게 말하는 것은 고통스런 개인의 비난으로 보일 수 있고, 수정 또는 변화나 개선의 제안은 저주의 최악의 형태이다. 그리고 지배적 순응형 학습부진학생들은 수행과 자신을 동등하게 보며, 만일 당신이 그들의 수행을 검열해야 한다면, 그들은 그것을 개인적 공격으로 취급한다. 칭찬과 찬사 이외의 어느 것도 "왜 당신은 항상 나를 비난하느냐?"와 같은 방어적 반응을 불러온다.

"나를 비난하지 마세요." 조종술은 다음과 같이 두 집단의 관객으로 분류된다고 주장한다. 즉, "내 친구는 나의 수행을 항상 좋아하는 사람이다. 나의 적은 내가 잘 못한다고 나에게 말하는 사람이다." 지배적 순응형은 어떠한 비난도 피하기 위해서, 그것이 건설적이든 아니든 그들의 환경 내의 어른들을 조종한다. 그런데 놀랍게도 이 아이들은 실제로 그들이 존경하고, 예찬하고, 신용하며 배워왔던 그들 전문분야의 소수 전문가들의 건설적인 권고를 수용하는 것을 배운다. 그들은 이 엘리트 그룹을 조종하려는 시도는 하지 않는다. 왜냐하면 그들은 이런 멘토의 지위와 전문성을 인정하기 때문이며, 그들과는 경쟁심을 느끼지 않고, 대신 그들을 모방할 모델로서 보기 때문이다. 다른 모든 사람들은 주의해야 한다. "비난하지 마세요." 조종술은 강력하다는 것을 말이다.

지배적 거부형

이들은 가장 뚜렷한 학습부진 그룹이다. 그리고 역전시키기 가장 어렵다. 그들은 도움을 거의 요청하지 않고 문제에 대하여 그들의 환경(가족, 학교, 사회)을 비난한다. 그들은 적극적으로 성인의 목표에 반기를 들고 그들을 사랑하는 사람들에 대한 고려는 거의 또는 전혀 없이 자신의 방식대로 살기로 결심한다.

이 아이들은 반대하는 것으로써 그들의 정체성을 확립한다. 그들은 제한을 밀치고 "안 돼."를 받아들이길 거부한다. 그들은 교사들이 자신들을 좋아하지 않는다고 주장한다. 그렇지만 그들이 진정으로 의미하는 것은 오직 그들에게 특별한 특권을 주는 교사들만 좋아한다는 것이다. 그들이 더 반항적일수록, 그들을 지지하기 위해 결집시킬 수 있는 교사의 수는 더 적어질 것이다. 그들은 환경의 다른 사람들을 지배할 수 없다면 통제 불능과 우울을 느낀다. 그들은 화내고, 부정적이고, 때로는 폭력적이다. 청소년 시기에, 전문적 지원 없이 그들을 돕기란 어렵다. 그러므로 극한으로 행동하는 것을 막기 위해서, 이런 아이들을 일찍 확인하는 것이 도움이 된다. 그들은 수년 동안 반항할 수도 있지만, 그들이 감정에 대한 통찰력을 얻은 후에는 많은 수가 효과적인 리더나 성취자가 된다.

지배적 거부형의 조종술

지배적 거부형의 조종술에 있어, 처음에 이 아이들은 그들이 의도적이라는 것을 부인할 테지만, 부모와 교사들에겐 분명하다. 청소년기가 되어, 그들은 친구와 절친한 사이에서는 그들의 전략을 인정할 가능성이 더 크며, 심지어 그들의 성공에 대하여 떠벌릴 수 있다. 어른들이 이 아이들의 행위를 인지할 수 있는 사실에도 불구하고, 흔히 이 아이들은 아주 설득적이고 끈기 있기 때문에 단순히 부모들은 시달려서 꺾이게 된다. 대부분 그들 부모의 사적 논의는 이 힘든 아이들을 다루는 방법에 관한 것이 중심이 된다.

지배형의 조종자들은 부모의 기분과 허약한 순간 그리고 동맹을 감지하는 데 전문가이다. 그리고 반복적인 성공은 그들의 교묘한 술책을 쓰는 데 사기를 북돋아준다. 그러나 자신감은 위태롭게도 강력한 통제를 기반으로 형성된다. 그리고 기분의 변동(눈물, 울화통, 우울 포함)은 부모를 설득하여 정확하게 그들이 원하는 것을 제공하게 하거나 불쾌한 결과에 직면하도록 한다. 당신은 그런 아이들을 전략적으로 이길 필요가 있을 것이다. 여기 그들의 조종술이 있다. 창의적이고 인내할 준비를 하라.

찬사, 칭찬, 박수를 보내주세요

이 조종술은 순응형과 거부형 모두에 공통적이다. 이 두 그룹 간의 주요한 차이는 순응형의 학생들은 더 감지하기 힘들고 더 성공적이라는 것이다. 거부형의 젊은이들은 발달상 좀 더 어린 시절에는 그것들이 효과적이었는데 이제는 이런 조종술이 성공적이지 않다는 것을 발견한다. 다른 말로 하면, 이전에 그들을 관심의 중심이 되게 해주었던 활동들은 더 이상 효과적이지 않고, 더 어린 시기 어른들의 찬사에 기반을 둔 안정감으로의 계속적인 탐색은 더욱 극단적인 조종술을 조장한다(Rimm, 1990).

이 형태의 토대는 너무 많은 관심을 제공하는 어른들에 의해 놓여진다. 새로운 환경들(예 : 가족 내의 새로운 형제자매, 성장, 적은 노력, 불충분한 재능)이 아이들을 익숙한 극찬이나 갈채를 얻지 못하는 위치에 놓여지면, 그들은 실망하고 좌절한다. 매우 말 잘하고 영리한 아이들은 어린 형제자매가 인상적인 어휘를 사용하기 시작한다면, 그들의 지능만큼 주목을 받지 못할 수도 있다. 더 어린 여동생이 끼어들 때, 삼대에 걸쳐 첫 여아였던 귀여운 소녀는 주목을 덜 받게 된다. 그녀는 느껴왔던 만큼 영리하고, 예쁘고, 특별하다고 느끼지 못한다. 그래서 그녀에게 관심의 초점을 맞추는 방법을 찾는다. 이와 같은 방법은 때로는 조종적이고, 때로는 창의적이며, 때로는 반항적, 부정적, 불유쾌한 것들이다. 찬사를 받고 칭찬을 받을 때, 아이들은 잘 반응한다. 즉, 그들의 반항은 수그러든다. 무시당할 때 반항은 증가한다. 그들은 너무 많은 것을 원한다. 너무 적은 것과 싸우는 것을 배워왔다.

비난하지 마세요

이 두 번째 조종술 역시 지배적 순응형의 것과 똑같다. 그러나 다시 말하지만, 이것은 더 극단적이다. 그와 같은 조종에 대하여 타인들이 반응하지 않을 때 삐쭉거림이나 울화통, 눈물뿐 아니라 보복적인 행동이 뒤따르게 될 것이다. 만일 어른들이 비난한다면, 아이들은 보복할 방법을 찾는다. 더 공격적인 청소년들에 있어서, 이것은 싸움이나 폭력배 간 싸움을 포함할 수도 있다. 덜 물리적인 아이들은 말대꾸, 논박, 자신의 고통에 대한 보복으로 비판자를 해치려는 다른 전략을 사용함으로써 비난에 대하여 보복할 것이다. 아이들은 비난을 받아왔다면, 그들은 학대와 불신을 받는다고 느낄 것이다.

동의하지 마세요

이 아이들의 주요한 조종술은 힘겨루기이다. 그들은 지배하고 이기고 싶어 하며 패배자들을 만듦으로써, 타인으로부터 지배권을 증명하려고 결심하고 있다. 그들은 이길 수 있다고 자신하는 영역에서만, 어른들과 싸우기 위해 도전하고, 여기에서 그들은 개인적인 힘과 자신감을 형성한다. 비난은 그것에 민감하고 과잉반응하는 그들을 괴롭힌다. 왜냐하면 그들은 그것을 약함에 대한 고발로 보기 때문이다. 그들은 자신의 강점 영역에서 토론과 논쟁의 연습이 되어 있다. 그러나 만일 그들이 질 것으로 느낀다면, 비난받을 때 다른 아이들이 사용하는 방어술로 물러선다. 부모와 교사들은 아이들이 자주 보여주는 극단성에 당황한다. 먼저 그들은 노련한 전사들처럼 행동하다가 그다음에 갑자기 도리깨질하는 울음으로 감소된다. 흔히 이 아이들은 논쟁을 시작하는 공격적 기술에 대하여 충분한 자신감을 가지고 있다. 긴장이 그들 주변 분위기에 감돈다. 그들의 지속적인 논쟁에 대한 준비는 부모와 교사들을 똑같이 어리둥절하게 만든다. 그들은 속담에 나오는 '불만의 씨'를 가지고 다닌다.

저에게 주세요 "저에게 주세요!"는 이런 아이들의 친숙한 요청이다. 또한 "저는 소망해요.", "저는 원해요.", "저는 더욱더 많이 필요해요."도 있다. 물질적인 소유 그리고 활동에 대한 그들의 소망엔 끝이 보이지 않는 것 같다. 모든 것이 즉시 이루어져야 한다. 즉, 모든 것을 바로 가져야 한다. 요청에 대하여 "아니."라고 하는 것은 격분이나 아이들이 설명하게 될 정당화된 분노와 마주치게 된다. 종종 그들은 "감사합니다."를 말하지만, 감사의 말이나 인정에 대한 한 마디 말조차도 없을 때가 더 잦다. 그것은 자기들이 받은 모든 것은 인정하지만, 결코 만족의 수준에는 도달하지 못했다는 것과 같다. 사주고, 선택하고, 구매하고, 축적하는 과정은 결코 끝이 아니며 그들의 지배와 통제를 표현하는 또 하나의 수단이다. 이런 조종술은 부모가 물질적 소유물을 아주 적게 가졌고, 그래서 아이들에게 많은 것을 제공함으로써 보상하고 싶어 하는 가정에서 특히 뚜렷하다.

내 것이게 해 주세요 "나는 무척 누군가와 완전하게 가까워지고 싶고, 그들을 완전하게 믿고 싶고, 그들을 아주 특별한 친구로 삼고 싶어요." 이런 말들은 청소년 또는 아이들에게 바람직한 관계의 적절한 표현인 것처럼 보인다. 그러나 이런 말들은 오히려 감정을 축소한 표현이다. 이런 아이들은 강렬하고, 완전한 관계를 원하고, 그들의 친구가 동성이든 이성이든 타인과 공유하기를 거부한다. 그들은 관계 속에서 아주 큰 힘을 원하기 때문에, 의견의 차이는 배반으로, 활동의 기호 차이도 배반으로, 다른 우정은 지조 없는 것으로, 개성은 반대하는 것으로 보인다. 이 아이들은 신뢰를 강렬하고 단정적인 방식으로 정의하기 때문에, 불신의 많은 이유를 발견한다. 그들은 자신을 크게 다른 사람에게 투자하지만, 그들은 통제의 욕구가 아주 커서 친구들은 저항한다. 그러면서 실망과 우울감은 강화된다. 이들은 극단의 아이들이며 그들은 말 그대로 친구를 소유하고 싶어한다.

다름을 봐주세요

칭찬과 박수의 초기 조종술은 당연히 다르게 보이고 싶은 지배적 거부형 아이들의 원망에서 온다. 그들은 당신이 자신을 다른 집단의 소속으로 또는 어떤 집단에도 속하지 않는 자로 보기를 원한다. 그 분류가 고유성을 내포하는 한 그들은 자신을 시인, 미술가 또는 음악가로 분류할 수도 있다.

그들은 자신들을 다른 존재로 지각하기 때문에, 그들의 고유한 특성을 바탕으로 예외로서 인정받고 싶어 한다. "저의 이야기는 아주 창의적이니까 마감기한을 연장해주실 수 있지요?", "저는 작문을 매우 잘하니까 더 긴 이야기를 써도 되지요?", "저는 저 자신만의 실험을 했으니까 학기 말 리포트를 면제해주실 수 있지요?" 그들의 요청은 비이성적이지 않을 수도 있다. 그러나 그들의 특유함에 주목을 끌게 함으로써 다름을 확립하려는 필사적인 의미가 있다. "저의 다름을 봐주세요."는 모든 지배형 아이들의 특징은 아니다(단지 자신을 크게 창의적이라고 보는 아이들).

얼마나 밀어낼 수 있을까?

이것은 지배형의 가장 대표적인 조종술이다. 이런 아이들에게 제한을 밀어내는 것은 지배와 통제 양자를 모두 확립시켜준다. 그들은 협상도 없이 "안 돼."를 수용하지 않는 것을 일찍부터 배웠다. 일부 아이들에게, 이것은 유연성이 있는 엄마나 아빠가 그때로서는 사정 상 적절하였다고 본, 아이들의 상냥한 일종의 설득에서부터 시작되었다. 다른 아이들에게는, 그것이 처음부터 더욱 공격적이고 성내는 것이었다. 어떤 경우든 그것은 효과적이었고 아이들은 원하는 대부분의 것을 얻기 위해 눌러야 할 적절한 '인간 단추'를 학습했다. 한 부모의 "안 돼."는 그들에게 다른 길을 시도하도록 자극할 뿐이다(종종 다른 쪽 부모나 한 조부모). 흔한 듣는 말이 있다. "다른 부모들은 자식들에게 다 하게 해주시는데…" 그들은 부모가 죄책감을 느끼도록 하는 방법을 알고 있다.

밀어내기는 하나의 습관, 즉 아이들이 무엇이든 할 수 있다고 느끼도록 해주는, 사람들의 마음을 바꾸게 하는 하나의 방법이 되었다. 그것은 자신감과 통제력을 묶는다. 그래서 사람들이 통제자의 요구나 주장에 반응하지 않을 때, 무력증, 우울증 그리고 화가 있다. 이런 아이들은 부모와 교사가 만든 한계, 심지어 사회의 경계까지 계속 밀어붙인다. 그들에게 "안 돼."란 결코 없다. 전혀 경계가 없다. 단지 "얼마나 밀어낼 수 있을까?" 뿐이다.

〈그림 8.7〉은 의존형과 지배형의 조종술을 요약한다. 모든 정상적인 아이들도 이런 행동을 가끔 보인다. 그러나 학습부진학생들은 이런 조종술을 자주 그리고 방어기제로서 사용한다. 그래서 그들은 최고나 완벽이 아닐 위기에 대처할 필요가 없게 된다. 조종술들은 보통 의식적이거나 야비하거나 고의적이지 않다. 그러나 그것들은 습관적이고, 역기능적이고, 학습부진 패턴을 강화한다.

부모와 교사들은 이런 방어기제에 직관적으로 반응한다. 즉, 의존적인 아이들을 너무 많이 도와주며, 지배적인 아이들과 너무 자주 논쟁하고 그들에게 벌을 준다. 삼중촛점모델은 부모와 교사들이 이런 아이들에게 역직관적으로 반응하도록 함으로써, 즉 의존형 아이들에겐 독립성에 관하여 부드럽지만 확고하게 주장함으로써 그리고 지배형의 학습부진학생들에겐 확고한 경계를 세우는 한편 동맹을 형성함으로써 힘을 북돋아준다.

그림 8.7 의존형과 지배형의 조종술

의존형	지배형
• 도와주세요. • 잔소리해주세요. • 보호해주세요. • 측은히 여겨주세요. • 사랑해주세요. • 피난처를 주세요.	• 찬사, 칭찬, 박수를 보내주세요. • 비난하지 마세요. • 동의하지 마세요. • 저에게 주세요. • 내 것이게 해주세요. • 다름을 봐주세요. • 얼마나 밀어낼 수 있을까?

다음 단계의 결정

아이들의 공식적 · 비공식적 측정을 검토하면서, 당신은 부모와 교사가 함께 학습부진 증후군을 역전시킬 수 있는지 또는 당신이 전문적인 도움을 필요로 하는지 결정할 필요가 있다. 나이가 더 어린 아이들 그리고 정도가 덜 심한 학습부진은 비교적 역전하기가 쉽다. 또한 의존적 순응형 학습부진 유형의 아이들은 지배적 거부형의 아이들보다 부모와 교사들에 의해 다루기가 더 쉽다. 당신이 후자 집단의 아이에게 적절한 변화를 주기 위해서는 심리학자나 상담가의 도움이 필요할 것이다.

아이들에게 또래, 알코올, 마약 그리고 성은 부모와 학교의 성취보다 더 강력한 동기인자일 수 있다. 많은 학습부진학생들은 덜 극단적인 의존적 순응형의 4분면 내에 집중되어 있기 때문에, 전문적인 도움 없이도 학습부진이 역전될 아이들이 많이 있다. 전문가 도움을 받는 아이들일지라도, 이 책은 그 문제와 맞서는데 더 효과적이도록 당신을 도와줄 것이다.

제 9 장

2단계 : 교사, 부모 그리고 학생 사이의 의사소통

부모, 교사 그리고 학생이 함께 일할 때, 당신은 학습부진 증후군을 가장 효과적으로 역전시킬 수 있다. 이 노력의 주도자가 교사든 부모든 또는 학생이든 누구나 될 수 있지만, 그 결과적인 효과는 그들 사이의 분명한 의사소통에 달려 있다. 만일 부모가 학습부진 패턴을 역전시키고자 하는 노력을 시작하려면, 교사들의 지지가 필요함은 자명하다. 아이들에게 변화를 촉진시키려는 교사들은 부모들과 소통해야 함은 분명하고 또한 중요하다. 교사들이 부모의 협조 없이 학생들을 돕는 것이 가능하지만, 부모들과 밀접하게 함께 일하는 것이 훨씬 더 쉽고 역전 과정이 더 빠르게 일어날 것이다.

교사가 시작하는 의사소통

당신이 전형적인 교사라면, 이미 꽉 찬 교수 일정과 많은 부가적인 책임으로 짐이 버거울 것이다. 당신이 교실에서 학생의 학습부진 증후군을 역전하기로 결정할 때, 특별히 처음에 당신이 목표로 하는 학습부진학생의 수와 유형에 있어서 실현 가능하도록 해야 한다.

또한, 당신의 학습부진학생에 대하여 협조하려는 부모가 있다면, 당신의 성공 가능성은 더 크다. 아마도 당신은 한 학년도에 2명 내지 5명 아이들의 학습부진을 역전시킬 수 있기 때문에, 당신은 가장 성공할 가능성이 있는 아이들부터 시작하라. 도와주는 부모들이 있다면 그 가능성은 증가된다. 이미 당신이 부모들과 소통하고 그들이 그 문제에 관하여 관심을 표명해왔다면, 그것은 특별히 좋은 시작이다.

만일 당신이 부모이면서 교사라면, 당신은 그들의 아이들과 관련된 부모의 감정을 공감할 수 있다. 그들은 자녀들의 낮은 성취에 실망해 있다. 그 문제를 이해하려고 노력하는 과정에서, 그들은 좌절과 죄책감을 느끼고 있을 것이다. 그들은 학교 상황을 바꾸는 것에 대하여 무력감을 느끼고 집에서 무엇을 할지 또는 무엇을 바꾸어야 할지 알지 못한다.

만일 당신이 교사이고 하루 종일 똑같은 아이들을 가르치고 있다면, 사실 대부분의 아이들이 학습을 하고 있다. 그러나 명백하게 배우기를 거부하는 영리한 아이들을 다루는 방법을 알기란 어렵다. 교사들은 그 문제의 원인을 타인의 탓으로 돌리도록 유혹되며, 단순히 그와 같은 어려운 문제를 다루는 것을 회피한다. 그들은 부모나 이전에 그 아이들을 가르친 귀중한 교사들을 나무랄 수도 있다. 종종 그들은 아이들이 게으르다고 단순히 결론을 내린다. **교사가 부모와 또는 반대로, 대화를 가지려고 계획할 때, 두 환경 모두가 학습부진 패턴을 강화하고 있고, 그래서 부모와 교사 양쪽 모두가 이런 아이들에 대한 접근법을 바꾸어야 한다는 것을 기억하는 것이 도움이 된다.** 교사 팁 부모 포인터

만약 교사가 부모를 비난한다면, 아이들은 집중포화 속에 걸려든다. 그들은 학습부진을 계속하는 경향이 생긴다. 만일 부모와 교사가 학생을 지지하는 데 서로 동맹할 수 있다면, 아이들은 빠져나갈 어떤 구멍도 찾을 수 없을 것이고 전진할 가능성이 더 클 것이다. 교사-부모 회의는 그 중요한 동맹을 위한 자리를 마련하는 것이다.

회의를 위한 준비는 부모보다는 교사를 위해서 달라야 한다. 교사들은 전문적인 방식으로 그 문제에 대한 서류를 공식화하길 원할 것이다. 사람들은 교사-부모 회의는 두려움 없이 접근될 수 있다고 생각하곤 한다. 그러나 많은 교사와 부모들이 아는 것처럼, 문제를 가진 아이들에 관한 회의는 긴장으로 가득하다. **만일 당신이 교사라면 당신이 마치 아이의 부모인 양, 즉 학교에서 당신을 편안하게 느끼도록, 보살피는 방식으로 아이의 부모에게 이야기를 해야 한다.** 교사 팁 학습부진은 당황스럽고 복잡한 문제라는 것을 인정함은 물론, 그 아이를 위한 관심의 확약에서부터 시작하

그림 9.1 성공적인 교사-부모 의사소통을 위한 동맹

Ally : 부모의 관심사에 대하여 그들과 은밀하게 동맹을 맺는다.
Listen : 부모가 아이에 관하여 관찰한 것을 경청한다.
Learn : 아이를 위해 무엇이 가장 좋은지 부모의 생각을 배운다.
Initiate : 아이의 강점에서부터 대화를 시작한다.
Add : 매력적이고 흥미 있는 교육과정과 과외 활동을 위한 실험적 아이디어를 추가한다.
Negotiate : 적절한 성인 및 또래 역할모델을 찾기 위해 협상한다.
Consider : 실험적 기회들이 효과가 없다면, 대안들을 모색한다.
Extend : 참을성 있게 가능성을 넓혀간다.

그림 9.2 교사-부모 회의 의제 예시

1. 강점과 능력
학생의 강점에 대한 철저한 기술은 부모와의 동맹을 촉진할 것이다.

2. 약점과 문제
이 회의에서는 오직 우선적인 문제만 제시되어야 한다. 부모는 너무 광범위한 문제 나열로 벅차게 될 수 있고 또한 나무란다는 느낌을 받을 수 있다.

3. 교실 수행성적 수준, 검사점수 검토 그리고 교육과정 제안
교육용어에 익숙하지 않은 부모를 고려하여 천천히 그리고 주의 깊게 이것을 살펴본다. 교육과정 또는 과외과정에 대한 부모의 제안을 경청하고, 실험적 적용을 모색한다.

4. 또래 관계
이것은 학생 성취에 크게 영향을 미치므로, 또래 관계에 대한 부모의 관점에 귀를 기울인다.

고 당신이 아이의 성취동기를 신장시키기 위하여 그들과 함께 일하고 싶다는 것을 부모에게 말한다.

우수한 회의로 안내할 수 있는 원리들을 강조하기 위하여 동맹(ALLIANCE) 첫 글자 조합어가 〈그림 9.1〉에 제시되어 있다. 만일 당신이 제7장에 있는 '학습부진 학생 역전을 위한 동맹(ALLIANCE)'을 회상한다면, 첫 글자 조합어인 교사-부모 동맹(ALLIANCE)은 부모와 동맹하고 대립을 피하며, 그들의 생각을 듣고 배우며, 그다음에 함께 실험적으로 아이들이 노력에 참여하도록 프로그램을 고치는 동일하고 중요한 심리적 원리들에 기초한 것이라는 것을 이해하게 될 것이다.

〈그림 9.2〉는 부모와 의논할 가능한 의제들을 제공한다. 당신은 다른 의제나 정보의 추가를 희망할 수 있다.

제8장에서 논의된 공식적인 측정을 부모에게 분명하게 제시하라. 부모는 검사점수의 이점은 물론, 그것의 한계를 이해하여야 한다. 학습부진 검사점수의 차원들(AIM, GAIM, AIM-TO)은 말로 설명되어야 하고, 해석에 대한 기술이 점수와 함께 부모에게 제시되어야 한다.

당신은 검사점수들이 자기 보고, 부모 보고, 교사 보고라는 것을 설명함으로써 그것들을 좀 더 해석할 필요가 있을 것이다. 가령, 그것들은 아이들이 자신을 보는 방식이나 부모나 교사들이 다른 피검자 그룹(다른 아이, 부모, 교사들)과 비교하여 그들의 아이를 보는 방식을 의미한다. 이것들은 큰 집단을 위해서는 크게 믿을 만한 도구이지만, 어떤 개인 한 사람에 대해서는 부정확할 수 있다. 예를 들면, 그들의 아이에 대한 묘사에서 극도로 낙관적이거나 염세적인 부모는 AIM 검사에서 점수를 부풀리거나 축소할 수 있다. 당신이 그 점수를 부모에게 설명할 때, 당신은 그들의 관찰이 현실적인지 또는 아닌지를 결정할 수 있을 것이다.

지능지수와 성취검사점수는 아이의 학습부진 정도에 대한 의사소통 수단이다. AIM, GAIM, AIM-TO점수는 학습부진 유형을 간략하게 설명하는 데 도움이 된다. 부모가 AIM 검사지의 완성에 실제로 참여하였다면, 이 특별한 점수들은 그 아이의 의존성이나 지배성을 강조하는 특별히 효과적인 수단이다. 또한 AIM 검사에서 확인된 문제들이 학교에서 어떻게 나타나는지를 보여주기 위해, 학생의 교실 행동 중 몇 가지 특별한 비공식적 예들을 준비하는 것이 좋다.

당신이 학교에서의 문제에 대한 당신의 인상을 기술한 후, 부모들에게 가정에서는 그들이 어떤 문제를 관찰하고 있는지 물어보는 것이 적절하다. 만일 그들이 관심사를 기술할 수 없다면(거의 발생하지 않음), 또는 그들이 문제를 부인한다면(발생할 수 있음), 당신은 이 책에서 기술된 몇 가지 전형적인 가정생활의 예를 그들에게 제시할 수 있다. 부모가 의존적이거나 지배적인 모습을 인정하자마자, 당신은 그들의 아이들을 돕기 위한 발걸음을 내디딘 것이다.

그다음에 당신은 학교에서 당신이 일으키려는 변화를 설명해야 하고, 가정에서 부모가 할 수 있는 교정을 위한 제안들을 논의해야 한다. 현실적이라고 여겨지는 행동들과 성적 목표를 결정하고 즉각적인 결과보다는 과정과 노력의 중요성을 강조한다. 성적 목표는 비현실적으로 높지 않아야 하며, 처음에는 단지 아이들이 최근에 수행하고 있는 것보다 약간만 높아야 한다. 강조점은 시간에 맞추어 완성하는 것, 공부 그리고 노력에 맞추어져야 한다. 일단 동기화되면 아이들은 스스로 더 높은 목표를 선택하고, 그들 스스로 목표를 세우는 것에 대하여 만족을 경험할 것이다. 변화는 즉각적으로 일어날 가능성은 없으며, 아이들이 그들의 개인적인 노력과 결과 사이의 관계를 인식하는 것을 배우기 전에는 흔들릴 것이라는 것을 부모에게 확실히 지적하자.

당신은 의존적인 아이들에게 어느 정도의 진보는 보통 즉시적이라고 설명할 수 있다. 그러나 그 진전은 거의 지속적이지 않다. 그들은 자신감을 형성하는 동안 오르락내리락하는 경향이 있다. 매우 강력한 지배형의 아이들은 처음에 진전을 보여주지 않으며, 오직 반항만을 보여줄지도 모른다. 특히 청소년기 아이들은 어떠한 책임이라도 회피하기 위해, 모든 사람을 교묘하게 조종할 수 있다는 것을 미리 부모에게 주지시켜야 한다. 그러나 만일 어른들이 확고하고 긍정적인 입장을 취한다면, 아이들은 마지못해 그들의 일을 시작할 것이다. 일단 그들이 자기효능을 발견하면, 저항은 줄어들 것이다. 만약 부모가 이런 반응에 대비한다면 그들은 진전의 부침에 대하여 당신과, 다른 교사들 또는 상담자들을 비난할 가능성은 적어진다.

가정 – 학교 소통을 계속할 수 있는 방안을 구체화한다. 나는 매일 또는 주별 보고나 이메일을 제안한다(이 장 후반의 '학생의 진도 추적'을 보라). 글을 써서 하는 의사소통은 간략해야 한다. 당신 자신의 시간은 제약되어 있고 분명한 메시지가 중요한데, 여기에는 간결함이 긴요하다. 모든 의사소통에서 긍정적 이득을 강조하는 것은 중요하다. 부정적 반응들은 한동안 지속될 것이다. 그렇다고, 만약 교사와 부모들이 그 이득을 거절한다면, 아이는 사기가 떨어질 것이고 이득은 사라질 것이다.

교사들은 학생과 가족의 개인적 삶에 너무 관여되지 않도록 조심하여야 한다. 만일 부모가 학습부진 증후군 이외의 문제들에 대한 도움을 요구한다면, 학교 심리학자나 적절한 지역사회나 사설상담서비스를 추천하라. 심리학적 상담은 교사들의 적절한 역할도 의무도 아니다.

당신과 부모가 동의한 것이 일어날 것이며 상호적 목표들이 아이를 위한 것임을 요약하고, 회의를 결론짓는다. 후속 지원을 위해 사용할 수 있는 도서와 자료를 제시하고, 부모와 함께 일하는 관계를 맺은 것에 대하여 당신의 기쁨을 표현하는 것이 좋다.

부모가 시작하는 의사소통

아이들의 진보를 조사하고 부모와 소통하는 것은 학교의 책무로 보인다. 분명, 그런 의사소통은 부분적으로 학교의 과제이다. 그러나 당신의 아이들이 공립학교든 사립학교에 소속되어 있든, 학교는 가정보다 아주 높은 성인-아동 비율을 갖는다. 그러므로 좋은 의도를 가지고 있음에도 불구하고, 학교가 당신에게 학습부진 패턴에 대한 주의를 환기시키지 않을 위험성은 높다. 부모들이 학교와의 의사소통에 적극적이면서도 질서정연한 접근을 취하지 않을 때, 아이들에게 학습부진 패턴은 쉽게 발생할 수 있다. 산발적인 과잉반응은 의사소통처럼 보일 수 있지만 그것은 아주 비효과적이다. 나는 여기서 질서정연이란 말을 강조한다. 부모는 빈번히 교사들에 의해 위협을 느끼고, 반대의 경우도 있곤 하여, 양측 모두는 기다리다 비상사태가 되어서야 대화를 시작하는 경향이 있다. 틀림없이 비상소통은 종종 필요하지만, 교사와 접촉을 유지하려는 부모의 꾸준하고 참을성 있는 노력이 훨씬 더 도움이 된다. (부모 포인터) **부모-교사 회의는 목적을 가지는 것이므로, 가능하면 부모 모두가 참석하여야 한다.** 그러나 만일 당신이 사소한 학교 문제일 것으로 의심될지라도, 1회 또는 2회의 회의로는 충분하지 않다.

(부모 포인터) **만약 예를 들어 당신의 아이들이 과제를 완성하지 않는 이력이 있거나 다른 학습부진 증후군을 보여준다면, 그 학년도에 들어온 지 4~6주쯤이 교사를 찾을 적절한 시기이다.** 이때쯤, 새 학년의 신선한 출발이 약해지게 되고, 당신 아이들의 몇 가지 안 좋은 습관들이 다시 시작될 수 있다. 만일 아이들이 문제가 있다면 너무 뒤처져 따라갈 수 없기 때문에, 이 시기가 또한 이상적이다. 만일 학교생활에 대한 아이들의 언급이 문제가 있다는 의심을 준다면, 일찍 교사를 방문하는 것이 또한 적절하다. 당신의 자녀들이 그들의 능력만큼 일하고 있지 않아 걱정이라는 것을 교사들에게 설명한다. 그리고 교사들이 어떤 문제를 알아차렸는지 물어보자. 만일 대답이 없더라도 여전히 문제가 존재한다는 확신이 들면, 그때 당신은 이전의 문제 영역이나 당신의 아이들이 언급하였을지도 모를 구체적인 어려움을 상세하게 밝힐 수 있

을 것이다.

만약 일이 잘 진행되고 있다면 당신은 단지 그 교사에게 감사하고, 만약 문제가 나타난다면 당신에게 알려달라고 부탁하라. 만일 교사들이 관심을 표시한다면, 교사의 편리에 맞추어 만날 것을 제안하라. 대부분의 교사들은 당신의 관심에 감사할 것이며, 그것은 좋은 부모－교사 관계의 시작이 될 수 있다(학습부진 증후군을 예방하거나 치료하는 데 중요한 것).

당신의 첫 정규 회의는 당신의 아이들이 그들의 능력에 맞게 일하고 있는지를 확실히 하기 위하여 몇 가지 구체적 질문들을 포함해야 한다. 만일 당신의 아이들이 한동안 학습부진을 해왔다면, 교사가 그들의 능력을 측정하는 것은 불가능할 것이다. 더욱이 당신의 아이들이 조용하고 자신감이 부족한 경향이 있다면, 교사는 능력만큼을 기대할 가능성은 적다. 실제로 당신이 그들의 교사들보다 당신 아이의 능력에 대하여 더 나은 판단자일 것이다. 당신은 분명히 훨씬 더 오랜 시간 당신의 아이들에 대하여 알아왔다.

독서 그룹들이 있다면 당신의 아이들이, 어떤 독서 그룹에 속하는지 구체적으로 그 교사에게 물어보고, 그들이 읽고 있는 학년 수준을 물어보아라. 많은 독서 시리즈는 아주 명확하게 등급 수준에 매이지 않는 다양한 수준을 가지고 있지만, 그 교사는 그에 대한 정보를 당신에게 아주 상세하게 해석해줄 수 있다. 마찬가지로 당신은 당신의 아이가 수학을 하고 있는 등급 수준을 물어보아야 한다. 일부 교사들은 아이들이 정복한 특정 기능들에 대하여 당신에게 더 열망을 갖고 말하고 싶어 한다. 그러나 그런 기준을 사용하여 당신의 아이들이 학습부진을 하고 있는지 아닌지를 측정하는 것은 더욱 어렵다. 또한 수행의 등급 수준은 해당 학년 검사점수와 똑같지 않다. 후자는 아주 오도할 가능성이 있다. 학교에서의 아이의 성공을 판단하기 위해서는, 당신은 검사점수보다는 그들 교과서의 등급 수준인 전자에 대하여 알 필요가 있다.

당신이 특별한 성취정보에 대하여 물을 때, 교사들은 흔히 당신이 아이를 억압하고 있다고 상상한다. 당신은 이것이 그 경우가 아님을 안심시킬 수 있다. 그런데 그렇게 안심시키는 것이 실제로 통하지 않을 가능성이 크다. 그러나 용기를 내야 한다. 많은 교사들은 부모이거나 부모였기에, 대부분 당신의 합리적인 걱정에 공감할 것이다.

그림 9.3 성공적인 부모-교사 의사소통을 위한 동맹

Ally : 당신의 관심사에 대하여 교사와 은밀하게 동맹을 맺으라.
Listen : 아이에 관하여 교사가 관찰한 것을 경청하라.
Learn : 아이를 위해 무엇이 가장 좋은지 교사의 생각을 배워라.
Initiate : 아이의 강점과 문제로부터 대화를 시작하라.
Ask : 매력적이고 흥미 있는 교육과정과 과외 활동을 위한 실험적 아이디어에 관하여 물어보아라.
Negotiate : 적절한 성인 및 또래 역할모델을 찾기 위해 협상하라.
Consent : 실험적 기회들이 효과가 없다면 대안들에 동의하라.
Extend : 참을성 있게 가능성을 넓혀가라.

부모가 회의를 주도할 때, 부모는 교사들보다 훨씬 더 약한 위치에 있다. 부모로서 당신은 다른 아이들에게 할당한 것 이상의 개인 시간과 노력을 달라고 부탁하고 있는 것이다. 또한 당신은 그들과 같은 교육전문가도 아니다. 그러나 변화의 촉진를 주도하고 있는 사람은 바로 당신이다. 교사들은 이런 역할의 반전에 대하여 당연히 방어적이거나 불편을 느낄 수 있다. 교사들과 좋은 회의가 되도록 안내하는 중요한 원리인 동맹(ALLIANCE)이 또 하나 있다. 이 첫 글자 조합어는 〈그림 9.3〉에 나와 있다. 학생의 학습부진 역전을 위해 사용된 것과 유사한 첫 글자 조합어는 그와 동일한 심리학적 원리에 따른 것으로 부모-교사 의사소통에 적용될 수 있다.

당신은 아이를 보살피는 것에 대해 교사에게 감사를 표현함으로써 대화를 시작할 수 있다. 그다음, 아이가 그의 능력 수준으로 일하고 있다고 생각하는지를 교사에게 물어볼 수 있다. 이 질문은 어떤 의미에서 교사와 돌봄에 대한 동맹을 설정해 준다. 만일 교사가 아이가 학습부진일 수도 있다는 당신의 의심을 재확인한다면(아마 그럴 것이다), 당신은 아이의 검사점수와 학교 수행 사이의 차이를 조사할 수 있을 것이다. 만일 최근의 IQ와 성취도 검사점수가 이전의 것보다 낮으면, 당신은 학습부진의 표시로서 그 하향에 대하여 논의할 수 있을 것이다. 교사와 함께 당신은 아이에 대하여 합당한 성적 기대치가 얼마이며, 그러한 성적을 성취하기 위하여 보통 이루어지는 노력과 시간의 투입량을 결정할 수 있을 것이다.

대화 중 이 시점에서, 당신은 학습부진 증후군에 관하여 어느 정도의 독서를 해오고 있다는 사실을 교사와 공유할 수 있으며, 당신은 당신의 아이가 학습부진의 한 특정 부류에 해당된다고 믿게 될 것이다. 독서의 결과로서 당신(또는 당신 부부)은 가정에서 모종의 변화를 계획하고 있다는 것을 설명할 수 있을 것이다. 그리고 학교에서 이러한 변화에 대한 교사의 지지에 대하여 감사할 것이다. 교사는 아마도 협력하는 것을 기뻐하겠지만, 당신은 교사가 검토할 약간의 독서 자료를 제시하는 것이 아주 중요하다. 당신은 아이의 해당 유형과 치료 부분에 형광펜을 칠하여 당신이 보는 이 책을 그녀에게 빌려주고 싶을 것이다. 또한 아이의 AIM이나 GAIM점수, 이들 검사의 해석 매뉴얼 또는 이 책의 참고자료 웹사이트 인터넷에서 출력한 정보를 공유할 수 있다. 대부분의 교사들은 당신을 돕는 데 매우 개방적일 것이다.

그러나 만일 아이가 의존형의 아이라면 준비해야 한다. 아주 세심하게 배려하는 교사들은 당신이 너무 크게 기대하고 있으며, 그래서 아이에게 당신이 과도한 압력을 주고 있다고 믿을 가능성이 있다. 그들에게 의존형 아이들을 측정하고 돕는 방법을 기술한 이 책의 제11장을 참조시켜준다. 만일 당신의 아이가 지배형이라면, 엄격하거나 지친 교사들은 그 아이가 노력할 의지를 보여줄 때까지 그들을 지지할 가능성이 없을 것이다. 교사들은 자신들의 교수양식의 변화에 저항할 것이며, 계속 그 아이가 따라올 것을 기대할 것이다. 그럼에도 불구하고 교사들과 지배형의 아이들에 대하여 기술한 제12장과 제13장을 공유하는 것은 그들에게 용기를 주게 될 것이다. 교사들이 그들의 기본 교수접근법을 바꾸는 것 또한 어렵다는 것도 명심하라. 왜냐하면 그들은 지금까지 그것들이 더 많은 학생들에게 가장 효과적이라는 것을 발견하였기 때문이다.

일부 교사들이 당신의 계획을 수용하지 않을지라도, 당신이 특히 그들에게 글로 된 정보를 주고 그 주제에 대하여 읽을 시간을 좀 준다면, 많은 이들이 받아들일 것이다. 교사들에게 준 정보를 그들이 읽기까지는 그들이 당신에게 확답을 줄 거라고 기대를 거는 것은 합당치 않다. 교사의 편의에 맞추어 두 번째 약속이 신중히 고려될 것이다. 그때 교사들은 그들이 학교 시간에 다룰 수 있는 계획을 짤 수 있다. 그 다음에 당신은 당신의 가정 계획과 학교 전략을 통합시킬 수 있을 것이다.

만약 당신 아이의 교사가 협조적이지 않더라도, 낙담하지 말아라. 만일 당신이 가정에서 패턴을 바꾸고 학교에서 몇 가지 변화가 일어난다면, 당신 아이에게 극적이고 즉시적인 변화가 일어날 가능성이 있다. 단지 가정에서 육아 접근법을 바꿈으로써 아이에게 일어난 놀라운 차이를 흔히 부모와 교사들은 보고한다. 아이에게 가장 흔한 즉시적 변화는 자기효능감의 증진이다. 성취자들은 부모나 교사들이 교육적 모험을 적절하게 안내할 때, 자신감의 증가를 보인다. 당신은 아이에게 당신의 자신감을 보여주고, 당신이 그들의 학교 성취를 개선하는 데 분명한 아이디어를 가지고 있다는 것을 그들에게 알게 하는 것이 중요하다. 그들은 더 이상 조종술과 제한 밀어붙이기로 발버둥질할 필요가 없을 것이다. 그것이 그들의 학습부진 역전에서 가장 중요한 단계이다.

학생의 진도 추적

성취학생과 학습부진학생을 구분하는 핵심적 특징은 내적 통제소이다. 즉, 노력을 통해서 자기 자신의 학문적 결과를 효과적으로 바꿀 수 있다는 아이들의 지각을 의미한다. 아이들이 노력과 결과 사이의 이러한 관계를 이해하도록 돕는 한 가지 수단은 교사에 의해 완성되는 학생 평가서이다. 우리 상담소와 많은 학교에서 사용되는 세 가지 서식의 예시가 〈그림 9.4〉, 〈그림 9.5〉 그리고 〈그림 9.6〉에 나타나 있다. 이것들은 특별한 관심사나 행동들을 다루기 위해 수정될 수 있다. 그러나 교사들이 그것을 완성하는 데 걸리는 시간으로 버거워하지 않도록 복잡하지 않고 일반적이어야 한다. 대부분의 교사와 많은 부모들은 인터넷에 접속하기 때문에, 간단한 이메일 의사소통을 통해 동일한 목적을 달성할 수 있다.

이들 서식이나 교사 이메일은 정규적인 성취점검 회의에서 아이들과 부모들에 의해 공유되고 논의될 수 있다. 만일 부모들이 적극적으로 관여한다면, 아이들은 그들의 진보에 대한 측정 보고서를 두 번 받게 된다. 한 번은 그 메시지를 보낸 교사들로부터, 그다음은 또 다시 의사소통을 받은 부모로부터이다. 만일 교사들이 부모 참여 없이 학습부진 역전 과정을 맡아서 하고 있다면('이중초점 모델'), 돌봄 교사 또는 상담자는 진보에 관한 의사소통의 정규적 수령자가 될 수 있다. 아이들과 함께 그들의 진보를 검토하는 사람을 '아동 옹호자'란 용어를 붙일 수 있다.

부모나 옹호자들은 매일 또는 주별로 성취회의를 계획해야 한다. 초등학교 아이들에게는 매일 간단한 성취의 검토와 강화가 적절하다. 아이들의 성취와 행동이 증진되면서, 부모와 옹호자 회의는 정규 주별 시간으로 세워져야 한다. 초등 상급학

그림 9.4 일별 평가 서식

학생 이름 ____________ 교사 이름 ____________ 날짜 ____________

과제 완성 : ❑ 모두 ❑ 대부분 ❑ 절반 ❑ 반미만

교실 노력 : ❑ 우수 ❑ 만족 ❑ 보통 ❑ 불만족

행동 : ❑ 우수 ❑ 만족 ❑ 보통 ❑ 불만족

조언 · 빠진 과제

____

____

____

____

____

도와주셔서 대단히 감사합니다.

그림 9.5 주별 평가 서식(예 1)

학생 이름 ____________ 교사 이름 ____________ 날짜 ____________

과제 완성 : ❑ 모두 ❑ 대부분 ❑ 절반 ❑ 반미만

교실 노력 : ❑ 우수 ❑ 만족 ❑ 보통 ❑ 불만족

행동 : ❑ 우수 ❑ 만족 ❑ 보통 ❑ 불만족

조언 · 빠진 과제

____

____

____

____

____

도와주셔서 대단히 감사합니다.

그림 9.6 주별 평가 서식(예 2)

이름 ______________ 학년 ______________ 날짜 ______________

주 ______________

과목	행동	노력	금주 성적 (선택사항)	최초 성적 (선택사항)	교사 사인
1					
2					
3					
4					
5					
6					
7					
8					
9					

교사조언 :

빠진 과제 :

행동, 노력, 성취(성적)에 대하여 동일 척도를 사용해주십시오.
A = 우수, B = 평균초과, C = 평균, D = 평균미만, F = 낙제

년이나 중등학생들은 처음에 주별 회의를 가져야 한다. 그들이 꽤 일관적인 노력을 보일 때, 회의는 격주나 월별 간격으로 이동할 수 있다.

학생과 함께하는 옹호자나 부모 만남의 음조는 긍정적이고 교훈적으로 유지하는 것이 중요하다. 만남들은 아이들에게 그들의 개선된 것들을 검토하고, 격려를 수령하고, 새로운 노력의 긍정적 · 부정적인 결과를 다루는 기회를 제공한다. 그것들은 노력을 측정하고 강화하며, 목표를 설정하고, 결과를 명료화하는 수단이 된다.

많은 학교가 학생들이 양식 한 장을 갖고 교사마다 돌아다니도록 하는 것을 선호한다. 그들의 이치는 만일 학생들이 그 정보를 원한다면, 그들이 양식을 갖고 돌아다니는 임무를 띠게 해야 한다는 것이다. 그러나 학생들은 부정적인 피드백을 원하

지 않는다. 더욱이 학습부진학생들은, 특히 학교와 숙제에 관하여, 거의 항상 진실을 왜곡한다. 그래서 학생들에게 그 양식들을 들고 돌아다니는 것이 맡겨진다면 그렇게 효과적이지 않을 것이다. 그들은 좋은 것들만 집으로 가져가는 경향이 있고, 나쁜 소식이 있는 것들은 잊거나 심지어 바꾼다. 그다음 의사소통은 깨지게 된다. 학생이 교사들을 비난하고, 부모가 교사들을 비난하며, 교사들도 물론 학생과 부모 모두를 비난하게 된다. 그러므로 진보 추적의 안전한 방식이 있어야 한다는 것은 대단히 중요하다 — 그 아이에게 맡겨지지 말 것.

부모들은 양식에 학생 이름, 교사 이름 그리고 과목을 쓰고 교사들이 더 신속하게 기재할 수 있는 양식을 만들어 소통을 촉진할 수 있다. 그것들은 아이의 이름이 쓰인 하나의 폴더에 여러 장을 포함할 수 있다. 그다음 교사는 간단하게 체크 표를 하고 간단한 조언을 쓸 수 있다. 만일 여러 명의 교사들이 있다면, 그 양식들은 상담자나 팀 리더의 우편함에 가도록 할 수 있다. 부모들은 그것들을 가지러 학교에 들르고 싶을 것이며 또는 어떤 학생들은 가정에서 부모의 검토를 위해 봉인된 봉투를 가져오도록 맡겨질 수 있다. 정규적인 이메일을 사용한다면, 그 과정은 더 용이하게 이루어질 수 있다. 만약 아이의 옹호자가 학교의 간부라면, 전체적인 소통과정은 단순화된다.

한 교사로부터 아이들과 그들의 부모나 옹호자에게 전달되는 진보 보고서는 아이들의 내적 통제감과 자신감을 개발하는 데 중요한 요소이다. 이러한 의사소통은 아이들에게 책임감을 형성하며, 이것은 학습부진의 역전을 위한 유익한 진일보이다.

제 10 장

다음 세 가지 단계 : 기대, 역할모델, 결손 보정

학습부진을 역전하기 위한 계획 중 이 세 가지 단계는 아이들에 대한 측정과 교사와 부모 사이의 의사소통에서 발견한 것들로부터 직접 출발한다. 이것들은 거의 동시에 발생한다. 이 세 가지 단계가 본 장에서 기술될 것이다.

기대 바꾸기

학습부진하는 아이들의 습관은 부모, 형제자매, 교사 그리고 또래들에게 낮은 수행 수준과, 또한 싸움이나 잔소리가 계속될 것이라는 기대를 갖도록 해왔다. 심지어 아이들은 자신조차도 그들이 학교수행에서 잠재적으로 할 수 있는 수준을 기대하지 않는다. 당사자들 모두는 새로운 성취 수준에 맞추어 그들의 기대를 바꾸어야 한다.

개인의 기대

아이들이 성취를 바꾸기 위해서는, 아이와 가까운 사람들이 개선 가능성을 포착한 다음, 다른 성취 수준이 적절하다고 아이와 소통하는 것이 중요하다. 학습부진을 하는 아이들은 어떤 수준에 고착되어왔고, 그래서 주변 사람들은 아주 당연하게 현상의 지속을 기대하기 때문에, 이러한 의사소통은 매우 중요하다. 무력함의 타성은 학습부진학생들이 그들의 처지에서 빠져나오지 못하도록 영향을 끼친다. 그러므로 어른들은 아이들에게 갑작스런 도약이 아닌 점진적 개선을 기대하고 있음을 알게 할 필요가 있다. 학습부진학생들의 가정과 학교에 있는 중요한 타인들은 아주 작은 노력조차도 인식하려고 해야 할 것이다. 다만 튀지 않게 하는 것이 더 좋다. 만일 가족 구성원, 교사, 또래들이 그 변화들을 인정하고 수용하지 않는다면, 그 아이들의 성취 가능성은 그들에게 가망이 없는 것으로 보일 것이다. 초기에 몇 번을 시도해본 후, 그들은 절망하여 포기할 것이다.

기이하게 개선에 대하여 지나치게 칭찬하지 않는 것이 더 좋다. Rimm의 법칙 #4는 이렇게 설명한다. 아이들의 성공과 실패에 대한 부모와 교사들의 과잉반응은 성공에 대한 강한 압력이나, 실패를 다루는 데 절망과 낙담을 느끼도록 한다. 만일 아이들이 첫 A학점에 대하여 의기양양함이나 너무 큰 흥분을 하였다면, 그것은 그들에게 의외의 많은 영향을 미친다. 그들은 즉시 일하는 것을 멈추고, 성적은 급격히 떨어질 것으로 보인다. 그런 경험 후에 아이들과의 인터뷰는 왜 이런 일이 일어났는지에 대한 통찰을 제공한다. 한 학생은 그의 어머니의 축하가 그에게 "지금부터는 그녀가 전체 A를 나에게 기대하는 것처럼 느끼게 하였다."고 지적하였다. 또 한 학생은 그의 좋은 성적에 대한 교사들의 흥분은 그로 하여금 그들이 놀랐으며, 그가 그런 능력이 있다는 것을 그들이 정말로 믿지 않는 것 같다고 설명했다. 극단적인 열광은 내적 통제소와 자신감이 여전히 위태롭게 균형 잡혀 있는 아이들에게 악영향을 주는 것 같다.

학습부진학생이 가장 먼저 바꾸어야 할 것은 자기기대이다. 아이들은 성취란 전적으로 운이나 관대한 교사와 관련이 있다고 믿는다. 그들 중 많은 이들은 비현실적으로 높은 목표를 가지고 있다. 그들은 자신의 운이 갑자기 바뀔 것이며 그들이 꿈꾸는 A^+ 학생이 될 것을 희망한다. 그들의 노력이 영향을 줄 거라고 믿지 않고, 그들은 노력 없이 좋은 성적을 받았던 행운의 시간들을 언급하는 데 빠르다. 학습부진의 정도와 유형에 따라 그들은 마술적 해결을 기대하거나 그들이 노력할지라도 아무 것도 달라지는 것이 없을 거라고 믿는다. 종종 그들은 주변의 어른들에게 그들을 위한 기대를 설정하는 데 사용된 지능검사는 너무 쉬워서 그들이 그렇게 어려운 일을 할 수 있는 능력을 가지고 있다는 단서로 사용되지 말아야 한다고 주장한다.

만일 아이들이 성취자가 되고 싶다고 결심한다면, 그들은 무슨 일이 일어날지 분명한 로드 맵을 제공받아야 한다. 그들은 합당한 성적 목표와 그런 목표를 달성하기 위한 시간계획을 확립하는 데 도움을 받아야 한다. 부모와 교사들은 아이들이 목표를 성취할 수 있다는 신념을 표현해야 한다. 학생들은 새로운 시도를 하는 동안, 그들의 환경 내에 있는 어른들이 참을성이 있을 거라는 것을 알아야 한다. 일을 하는 동안, 그들은 때때로 스트레스, 참기 어려움, 자신에 대한 실망을 느끼겠지만, 이 모든 감정들은 동기부여의 표시이고 그들이 올바른 길 위에 있다는 진정한 지표들임을 어른들은 깨달아야 한다.

때때로 아이들은 그들 자신에 대한 신뢰감이 거의 없기 때문에 그들과 실제 검사점수를 공유하는 것이 적절하다. 그들이 성취할 수 있는 능력을 가지고 있다는 것을 부인하지 못하도록 증명하기 위해서 말이다. 아이들에게 실제 IQ점수를 노출하는 것은 부적절하지만 그들 능력의 범주를 기술하는 것은 합당하다. 그들의 검사점수는 평균 이상이나 우수한 능력을 지시한다고 설명하는 것은 그들에게 자신감을 부여하기에 충분할 것이다. 또한 당신은 백분위점수를 사용할 수 있을 것이다. 그러나 너무 높은 백분위점수는 아이들을 압박하는 의도하지 않는 영향을 줄 수 있다. 그들은 부모가 높은 백분위 점수를 근거로 자신이 할 수 있다고 느끼는 것보다 더 높은 성적 달성을 기대한다고 상상할 수 있다. 아이들이 더 높은 수준의 성취를 할 수 있다는 당신의 흔들리지 않는 믿음을 그들에게 보여주는 것과 노력에 대한 건설적인 주장을 함께 짝짓는 것은 그들의 성취에 엄청나게 중요하다.

성취하고 있는 어른들은 그들의 아동기 환경들 속에서 자신을 믿은 성인들을 지적할 수 있다. 또한 그렇지 않았던 사람들의 이름도 댈 수 있다. 그러나 전자의 믿는 자 그룹이 없었더라면, 그들은 성공하지 못하였을 것이다. 그들을 믿는 사람들은 때로는 부모, 때로는 교사들과 친구들이었다. 당신의 아이들에게 긍정적인 기대를 소통하는 절차는 그들 자신에 대한 지각의 개선을 위해 매우 높은 우선순위이다.

그러나 긍정적인 기대를 갖는다는 것은 지나치게 높은 기대를 갖는 것과 동일한 말은 아니다. 뛰어난 사람들의 자서전을 읽고 아이에 대한 부모의 믿음의 중요성을 발견한 부모들은 흔히 그들의 '명석함'을 지적함으로써 그들의 아이들을 동기화하려고 할 것이다. "너의 미술은 피카소의 것만큼 훌륭해.", "네가 발견된다면, 너의

그림 10.1 소그룹 회기에서의 학생들을 위한 논의 주제

- 경쟁 : 게임하기 – 감정에 대한 논의
- 경쟁 : 스포츠에 비교하기
- 또래 관계 : 인기 대 우정 – 독서와 토론 : 『**똑똑한 것은 바로 멍청한 짓**(It's Dumb to Be Smart)』
- 경쟁과 형제자매 – 독서와 토론 : 『**형제와 자매들**(Brothers and Sisters)』
- 압력 : 대처하는 법 그리고 얼마만큼이 지나치게 큰지.
- 리더십 대 '보스십' : 다름의 이해
- 부모 이해하기
- 책임과 체계화
- 완벽주의
- 창의적인 문제해결

시는 출판될 거야.", "너는 하버드에 갈 거야."는 종종 부모에 의해 학습부진학생들에게 제공되는 비현실적인 자신감의 기술들이다. 이런 학생들은 곧 자신에 대한 실망으로 마비된다. 아이들이 갑자기 비범한 존재로 인정받게 될 거라는 비현실적인 믿음은 그들에게 희망을 주지 못할 것이며, 단지 그들 자신의 낮은 수행에 대한 실망감만 부풀게 한다.

학생의 자기기대 바꾸기는 또한 학교와 상담 센터에서도 달성될 수 있다. 이들 기대는 부모에게 권고되는 것과 동일한, 유연한 지침을 사용하는 아이들의 교사나 상담자들에 의해 수정될 수 있다. 학급 그룹이나 소단위 그룹들이 또한 자기기대를 바꾸기 위해 사용될 수 있다. 〈그림 10.1〉은 자기기대를 바꾸기를 위하여 일부 학교 교실 집단은 물론, 가족성취클리닉의 그룹 치료에서 사용되는 주제들을 담고 있다. 학교 상담자들은 또한 이런 집단 접근법을 사용하여 또래 기대를 수정하는 기회를 가질 수 있다.

부모 기대

당신은 아이를 위한 적정한 기대를 어떻게 결정하는가? IQ점수는 전적으로 신뢰할 수 있는 것은 아니지만, 가장 유용한 지침으로 유지되고 있다. 아이들의 능력을 측정하는 아주 우수한 방도는 없다. 아래에 IQ점수를 기초로 아이들에 대한 기대를 세울 때, 당신이 고려해야 할 몇 가지 요인들이 있다.

- 100~110의 IQ점수는 평균 학구에서 평균 학년 수준의 기대를 나타낸다. 적절한 동기를 가지고, B와 C학점이 기대될 수 있으며, 읽기와 수학은 학년 수준에 있어야 한다.
- 110과 120(평균 이상) 사이의 IQ점수는 학년 수준 학업에서 B학점을 예언하지만, 좋은 학습습관을 가지고 있는 이 범위의 초등 학년 아이들은 그들의 특수한 능력의 분포에 따라 아마도 A학점을 또한 성취할 수 있다.
- 120 이상(우수)의 IQ점수는 A와 B학점을 예언한다. 이 범위에 있는 아이들의 학점을 결정하는 데 IQ는 학습습관보다 덜 중요하다.
- 130 이상(매우 우수)의 IQ점수는 학년 수준 이상의 학업에서 A와 B학점을 암시하지만, 이것은 특수 능력의 강약에 따라 다양하다. 일부 아이들은 동작성 점수보다 언어성 점수가 더 높을 수 있는 반면, 다른 아이들은 동작성 점수가 더 높을 수 있다. 그래서 읽기와 사회가 수학과 과학보다 강하거나 반대일 수 있다. 부모는 지적 영재 아이들에게 '평균 학점을 얻는 것'으로 해석할 수 있는 '보통'이라는 메시지를 주지 않는 것이 중요하다. 확실히 아이들은 그들의 능력을 배우고 좋은 학점을 얻는 데 사용하기 위하여 일찍이 격려되어야 한다. 그들은 일반 교육과정을 넘어 월반과 심화가 필요할 수 있다.
- 당신의 아이들을 위한 기대를 설정할 때, (1) 일반적인 학교 인구의 대략 평균 IQ점수, (2) 특정 교사들은 물론 학교의 학업 평정 시스템을 기초로 기대를 수정하는 것이 중요하다. 예를 들면 어느 교외학구의 평균 IQ점수는 대략 120일 수 있고, 어느 특정 교사가 주는 평균 학점은 B일 수 있다. 이와 같이 125의 IQ인 한 아이가 B학점을 달성할 때, 그 학교 표준과 교사의 평정 습관을 고려해볼 때, 잘 성취하고 있는 것일 수 있다. 대부분의 학구는 당신에게 그 학교의 평균 IQ점수에 대하여 말하는 것을 좋아할 것이다. 교사들은 그들 학급의 평균점수에 대하여 당신에게 말하는 것을 편하게 느낄 가능성은 적다. 기대를 설정할 때 학생과 교사의 환경을 고려해야 한다.

IQ점수는 어느 아이들을 위해서도 그들의 천장으로서 간주되지 말아야 하며, 이 지침들은 학습부진학생만을 위해 사용되어야 한다. 수행을 잘하는 아이들에게 실제적 수행은 그들의 잠재능력을 예언하는 데 있어, IQ점수보다 훨씬 더 중요한 지표가 된다. 만일 아이들의 실제적 수행이 IQ점수가 예언하는 것보다 더 좋다면, 그들을 '과잉성취자'로 생각하지 말아야 한다. 예측에 있어, IQ점수의 부적합성을 고려하고, 만일 아이들이 잘 수행하고 있다면, 그들을 능력이 있는 것으로 간주한다. 상담 작업에서 우리는 흔히 평균 IQ검사점수를 가진 높은 성취자들이, 나중에 IQ검사점수가 올라간다는 것을 발견한다.

당신이 IQ점수에 지나치게 많은 신뢰성을 부여하기 전, 연구물이 IQ점수는 집단적으로 일정하게 유지된다고 밝히더라도, 부모와 교사들은 개인적으로 학습부진학생의 IQ점수는 흔히 시간이 가며 하향한다는 것을 이해하는 것이 중요하다. IQ점수에서 어휘, 상식, 수학과 같은 IQ 하위검사들은 크게 학교학습과 독서에 의존된다. 만일 아이들이 책을 잘 읽지 않는 독자이거나 독서를 즐기지 않거나 또는 학교에 신경을 꺼버린다며, 이들 하위검사점수는 학습의 부족을 나타낼 수 있다.

청소년들은 그들의 IQ검사점수가 감소하여왔다는 것을 들음으로써 혜택을 얻을 수 있다. 정확한 수치는 아마도 공유하기에 부적절하지만, 그들의 노력의 부족은 능력을 줄어들게 할 것이라는 개념은 아이들에게 충격적일 것이며, 실제로 동기인자로서의 역할을 할 수 있다. 가족성취상담소에서 우리는 그들에게 이렇게 상기시킨다. **그들이 그것을 사용하지 않으면, 그들은 그것을 잃게 되지만, 그렇지 않고 학업을 더 열심히 하면 할수록 그들은 더 명석해진다. 반대로, 그들이 일을 덜하면 덜할수록 더 멍청하다는 느낌을 느낄 것이다. 그리고 실제로 그럴 수 있을 것이다.** 이런 말들은 노동 윤리와 성장사고방식을 북돋우기 위해 의도된 것은 아니다(Dweck, 2006).

당신의 학습부진학생들을 위해 두 가지 기대를 설정하는 것이 합리적이다. 하나는 단기 그리고 다른 하나는 장기이다. 단기 기대는 그 아이들의 현재 성적보다 약간만 높은 지점으로 보수적으로 설정되어야 하지만, 장기 기대는 좀 더 높게 낙관적으로 설정될 수 있다. 너무 높거나 낮게 설정된 목표들은 학습부진학생들에게 똑같이 문제가 되며 또한 학습부진학생의 부모들에게도 문제를 야기한다. 부모는 가능한 한 현실적이어야 한다. 만일 당신이 노력, 모든 일을 시간에 맞추어 완성하는 것, 시험을 대비해 공부하는 적정한 시간량의 소모를 강조한다면, 학생들은 압력을 느끼지 않을 것이고, 성적은 자동적으로 개선될 것이다.

부모가 아이들을 위해 합당한 기대를 설정했을 때, 아이들이 그 기대를 자기 자신의 변화에 통합할 수 있도록 부모는 그것을 아이들과 공유해야 한다. 부모는 그들의 기대를 위한 근거를 제공해야 하고, 그것을 아이들이 공정한 것으로 볼지의 여부를 결정하기 위해 그들에게 투입을 요청해야 한다. 성적 기대치에 관한 논의는 부모의 지식과 아이들의 관심사를 기초로 합의하에 도달되어야 한다. 아이들이 당신보다 그들의 성적 목표를 더 높게 세우더라도 놀랄 필요는 없다. 그들이 그들의 장기 목표를 위해 이런 성적 기대를 고려할 수 있지만, 처음에는 아니라고 설명한다. 너무 높은 목표는 포기를 위한 변명을 제공할 수 있다. 끝으로 부모 사이의 합치는 부모의 새로운 기대와 아이들의 변화된 지각을 결합하는 데 있어, 매우 중요하다.

형제자매 기대

부모와 학습부진하는 아이들이 기대에 대한 합의에 도달하였다면, 다음 단계는 바뀐 기대에 대하여 형제자매들에게 알리는 것이다. 이것은 기대하는 지위의 변화로 인해 각 형제자매는 도움을 받게 될 것이며 형제자매의 어떠한 뒤처짐도 모두에게 해로울 것이라는 부모의 분명한 메시지가 주어지도록 은밀하게 이루어져야 한다. 만일 이 의사소통이 성취하고 있는 아이들에게 은밀하게 주어진다면, 그 메시지는 진지하게 받아들여질 가능성이 크다. 부모는 그들의 성취하고 있는 아이들이 좀 불편하거나 질투심을 가질 수 있을 테지만, 장기적으로 보면 '전체적으로 영리한 가족'은 모두에게 혜택이 될 것임을 이해하게 될 거라고 설명해야 한다. 경쟁보다는 가족사업에 대한 협력의 강조가 열쇠이다. 성취하고 있는 아이들이 지지하도록 격려한다. 그리고 그들의 부모인 당신은 지지하는 그들을 살펴보며 극찬할 것이라고 말한다. 그들은 형제자매의 성취를 자신의 개인적인 성취가 감소하는 느낌 없이 공유할 수 있는 것으로 보아야 한다.

형제자매들에게 서로의 수행에 대하여 칭찬하는 것을 가르치는 일은 아이들의 힘든 형제자매 경쟁의식을 다루는 하나의 귀중한 균형 잡는 기술이다. 만일 형제자매들이 새로운 기대의 계획에 한 부분으로 포함되지 않는다면, 당신은 '시소' 효과가 일어나고 있는 것을 발견할 것이다. 학습부진을 하고 있는 아이가 성취하기 시작하면서, 그 균형의 변화가 성취하고 있는 아이의 수행을 위축시킬지도 모른다. 이것은 반드시 일어나는 것은 아니지만, 당신의 학습부진학생의 기대를 바꾸는 계획에서 다른 형제자매를 무시한다면 위험한 일이다. 높은 성취학생은 분명 변화하는 동안 중요하게 수반되는 밀려남의 감정을 표현한다.

> 학습부진을 하는 중학교 3학년 남동생을 돕는 데 진정한 기쁨을 느끼는 것처럼 보였지만, 높은 성취를 하는 고등학교 2학년 영재인 Rachel은 가정과 학교에서 말썽을 일으키고 있다. 그녀가 남동생을 사랑하기 때문에 이렇게 하고 있다고 믿지만, 동생의 오래된 학습부진 문제의 역전은 가족 내 '좋은 아이'로서의 자신의 입지를 위협하는 것으로 본 것이 분명했다.

아이들이 '더 영리한' 형제나 자매만큼 결코 잘하지 못할 거라고 주장할 때, 당신은 학습부진하는 아동에게 가족 안에서는 경쟁이 없는 것이고, 그(녀)는 다른 가족의 가장 똑똑한 아이들보다 아주 더 똑똑해질 수 있다고 안심시키고 싶을 것이다. 당신은 학습부진 아이에게 그들은 열심히 일함으로써 잘할 수 있는 능력을 가지는 것이며 당신은 열심히 일하는 것을 기대한다고 확언하라. 그러나 만일 가족 내에서 아이들이 첫째, 둘째, 셋째가 있다면 이것은 '똑똑한 온가족' 내에서 있는 것이기 때문에 당신에게 전혀 문제가 되지 않는다.

교사 기대

교사의 기대는 학습부진학생의 수행을 바꾸는 데 엄청나게 중요하다. 교사들은 검사점수에 주의를 덜 기울이고 아이들의 과거 수행에 더욱 맞춘다. 왜냐하면, 보통 과거 수행은 미래의 효율성에 대한 가장 좋은 예견자이기 때문이다. 그러나 부모, 교사, 아이들은 지금 '변화' 상태에 있기 때문에, 교사들은 사적으로 향상을 기대하는 데 투자하는 것이 특별히 중요하다. 그들은 IQ점수를 안내자로 사용할 수 있으나 그것을 아이들의 수행 능력의 한계로 사용하지 않는 것이 중요하다. 만일 점수가 규칙적으로 감소하거나 일관적이지 않으면, 이 점수를 사용하는 교사들은 아이들을 위해 너무 낮은 목표를 설정할 수 있다.

교사들은 학습부진아에 의한 더 나은 수행을 기대할 뿐만 아니라, 아이들에게 그들의 상향된 기대를 알려주어야 한다. 부모 기대에서와 같이, 아이들이 성공을 보여줄 때 과잉반응하지 않고, 오히려 합당한 수행을 성취한 것으로 평상적인 기쁨을 보여주는 것이 중요하다. 더 강한 노력에 주목하고 아이가 더 열심히 일하는 것을 가치 있게 여기는 것이 가장 중요하다. 뇌를 근육으로 간주하도록 학생들의 사고방식을 바꾸는 것은 아이들이 학습 '운동'의 중요성을 가치 있게 여기도록 도와줄 것이다(Dweck, 2006). 일관적인 성취 패턴을 형성하는 도중 가끔의 후퇴에 과잉반응하지 않는 것이 마찬가지로 중요하다. 왜냐하면 이것 역시 예상해야 하기 때문이다. 기대되는 미래의 성공에 대한 자신감과 장담을 쓴 쪽지는 흔히 효과적이다. 종이 위에 쓴 충고는 격려의 중요한 의사소통이 된다. 은밀한 메시지는 학급 앞에서 구두로 주어지는 것보다 훨씬 더 개인적이고 사려 깊다는 느낌이 들며, 공개적인 메시지는, 특히 청소년들에게 당혹스러운 느낌을 줄 수 있다.

중요한 한 가지 유의점이 있다. 아이들이 노력하지 않을 거라고 주장하는 교사들은 정확하게 그들이 기대하는 것을 발견할 것이다. 부정적인 교사의 기대는 해가 되는 반면, 긍정적인 기대는 아이를 되돌릴 수 있다. 여기 하나의 실화가 있다.

> 그것은 새로운 해, 첫 교사 회의였다. 교사들이 아직 학생들의 모든 부모를 알지 못할 때였다. 여교사이며 4학년 담임인 Dunn은 그녀의 학급에 두 명의 'Brianna'란 이름을 가지고 있었다. 한 명은 아주 우수한 학생이었고 긍정적이고 잘 적응하는 학생이었지만, 다른 한 명은 여러 가지 문제를 가지고 있고 아주 부정적이었다.
>
> 두 번째 Brianna의 부모가 회의를 위해 왔을 때, 여교사 Dunn은 그들을 첫 번째 Brianna의 부모로 오인했다. 그녀는 그들의 딸의 긍정적인 태도에 대하여 열정적 설명으로 그들을 환영하였고, 오직 충격적 표정을 띤 인사를 받게 되었다. 그녀는 즉시 자신의 잘못을 깨달았으나 부모를 당혹시키기보다는, Brianna가 개선을 요하는 몇 가지 영역에 대하여 논의를 계속했다.
>
> 부모는 딸에 대하여 어느 때보다 더 긍정적으로 느끼면서 회의장을 떠났고 이 흥분을 Brianna에게 전달했다. 그다음 날, 놀랍게도 Brianna는 큰 미소와 새로운 긍정적인 태도를 갖고 학교에 들어왔다. 그녀의 자신감과 그녀의 학교 노력들이 완전히 변형되었다. 그녀는 초기의 성적표에 흔했던 D학점들 대신에, B학점들로 그 학년도를 마쳤다. 일개의 행운의 실수가 그녀의 급격한 변화를 이끌었다(Davis & Rimm, 2004).
>
> 네, 이것은 정말 실화입니다!

또래 기대

친구의 기대가 성취에 미치는 효과는 중 · 고등학교보다 초등학교에서 매우 다르다. 그러나 모든 수준에서, 또래들은 학습부진 증후군의 역전에 분명한 영향력을 갖는다.

초등학교 수준에서 학급의 '멍청이' 또는 '말썽꾸러기'는 인기 없는 위치에 있다. 교사들은 누가 '멍청이'고 '말썽꾸러기'인지를 학급에 해석해주는 사람이 된다. 많은 부분은 교사들이 부정적인 조언은 어떻게든 비밀로 하고 긍정적인 조언은 공개되게 할 수 있다면, 피할 수 있다. 그렇지만 교사들은 항상 이런 방식의 통제로 관리하도록 기대될 수 없다. 그러나 그들은 일반적으로 각 아이에 대한 그들의 조언에 의해 학생성취에 대한 친구의 기대를 설정하게 될 것이다. 교사들은 부정적인 친구의 기대에 강력하게 영향을 미치는 위치에 있기 때문에, 친구의 기대의 긍정적 변화에도 마찬가지로 강한 영향을 미치는 위치에 있는 것이다.

교사들은 점진적으로 긍정적인 표현을 해야 하고 변형의 기적이 일어나고 있는 것처럼 하지 않도록 주의해야 한다. 이전에 언급한 대로, 학습부진학생의 이른 성공에 대한 과잉반응은 그가 일관되게 성공적이지 않다면, 그 아이로 하여금 포기를 야기할 수 있다. 점진적으로 학습부진학생들의 성취에 대한 인정이 증가되고 부정적 피드백이 감소된다면, 또래들은 새로운 성공 이미지를 수용할 것이다.

교사가 행동 문제를 가진 한 학생을 돕고 싶을 때, 어떤 교사는 흔히 친절함에 호소하여 학급이 문제를 가진 아이를 돕기 위해 협동하자고 제안하려는 유혹을 받게 된다. 불행하게도 정확히 반대의 결과가 나올 것이다. 아이의 문제에 대한 교사-학급 엿듣는 말이 많을수록, 그 아이는 그것에 관하여 자신이 할 수 있다고 하는 것을 점점 덜 느끼게 될 것이다. 많은 고집스런 문제들이 교사-학급 엿듣는 논의의 추방에 의해 제거되어왔다. 여기 고전적인 예가 있다.

> Alish는 선택적 함묵증이었다. 그녀는 유치원생 때부터 1학년 말까지 단 한 번도 말을 한 적이 없었다. 많은 행동 수정 전략이 시도되었으나 성공하지 못했다. 집에서 Alish는 편안하게 말했고 전혀 수줍어하지 않았다. Alish의 부모는 학교문제에 대하여 모든 엿듣는 논의를 중단하라고 요청을 받았다. 그녀의 교사는 Alisha를 돕는 계획에 학급의 참여를 중단시키고, 그녀가 우연히 말하더라도 주목조차 하지 않도록 요청을 받았다. 이들 행동 수정 전략은 은밀하게 되어졌고, Alish는 그녀가 말하든 안하든 어느 누구도 크게 관심을 갖지 않는다는 것을 알게 되었다. 학교에서 말을 할지 말지에 관한 것은 전적으로 그녀의 선택이었다.
>
> 대략 6주 후, 기대가 진압된 후, Alish는 정상적으로 말하기 시작했다. 그 문제는 사라졌고, 그 교사는 언어의 홍수를 멈추라고 Alisha를 경박하게 책망하는 자신을 발견했다. 가정과 학급의 엿듣는 대화의 추방은 Alisha의 기대를 그녀 스스로 바꾸었다.

학급에서 교사들이 아이들에 대한 언급을 바꾸고 부정적 기대를 감소시키기 위해 사용할 수 있는 몇 가지 중요한 말들이 있다. 그 예들이 〈그림 10.2〉에 포함되어 있다.

한편, 중 · 고등학교에서 친구의 기대를 바꾸는 것은 매우 다른 문제이다. 여기서 교사들은 또래에게 영향을 주는 데 훨씬 덜 효과적이다. 인기가 있는 교사라면 또래 수용에 긍정적인 영향을 계속 줄 수 있지만 말이다. 만일 학습부진학생들이 친학교 태도를 가진 또래 그룹의 부분이라면, 그들의 향상된 성취는 그들의 친구들에 의해 기대된 바로서 간주될 것이다. 그래서 그들은 친구들로부터 격려를 발견한다. 그러나 만일 학습부진학생들이 반학교 또래 그룹의 부분이라면, 향상된 성적은 그들을 친구들에게 수용될 수 없도록 만들 수 있다. 부모들은 실제로 우정 그룹을 바꾸는 것에 대하여 그들의 아이들에게 말하고 싶을 것이다. 그러나 아이들을 다른 또래 집단으로 옮기는 것은 그들의 평판과 학교수행을 고려할 때, 불가능한 것으로 보인다.

부모가 아이들에게 또래 그룹을 바꾸라고 요구할 때, 아이들은 동의하지 않을 수 있다. 어른들조차도 또래 압력에 영향을 입는다고 강조하는 것은 이런 요청으로 성인들이 그들을 폄하하고 있는 것이 아님을 이해시키는 데 도움이 될 것이다. 물론 아이들은 현재의 또래를 즐기며, 그들에게 포함되어 있음을 느끼기 때문에 부모들은 준비된 수용을 기대할 수는 없다. 아이들에게 두 그룹 이상에 들어가도록 격려

그림 10.2 학급의 부정적 기대 감소하기

부정적	긍정적
• Scott는 이상한 아이디어를 가지고 있어. • Sherice, 그렇게 휘두르지 마. • Quinton, 느림보, 드디어 다 했구나. • 우리 반은 Colin이 그의 자료를 정리하도록 기다리고 있어.	• Scott는 창의적인 통찰을 가지고 있어. • Sherice, 너는 훌륭한 리더야. • Quinton, 너는 우수한 작품을 하고 있구나, 난 네가 그것을 서둘러 해치우지 않아 기쁘단다. • 거의 모든 애들이 정리되었어. 난 모든 애들이 준비될 수 있도록 15초를 초시계로 맞출 거야.

하는 것이 도움을 줄 것이다. 아이들은 흔히 자신들이 다른 무리와 연결될 수 있다고 여기기를 좋아한다.

어떤 경우, 즉 또래들이 극히 부정적일 때, 학교를 바꾸는 것이 합당한 대안이다. 그렇지만 많은 아이들은 단순히 새로운 학교에서도 부정적 또래에게 끌릴 수 있기 때문에, 변화가 급하게 이루어지지 않아야 한다. 그러나 공립에서 사립학교로 또는 반대로 움직이는 것이 새로운 성취노력과 짝지어질 때, 새로운 또래 집단에 의한 그 아이의 수용을 용이하게 할 것이다.

연구는 또래 그룹이 청소년 성취에 중재적 영향을 준다고 시사한다. 한 연구는 부모의 보살핌을 잘 받은 청소년들의 성취는 그들의 또래들이 성취자가 아니라면 감소했다. 그리고 그 반대 또한 사실이었다. 부모양육이 부적절한 가정 출신인 청소년이라도 긍정적 또래 집단에 참여하는 것은 그들의 성취를 향상시켰다(Steinberg, Dornbusch & Brown, 1992).

또한 너무 많은 책을 가지고 다니거나 너무 학구적으로 보이는 청소년들에 대한 문화적 그리고 성별에 따른 또래 압력이 있을 수 있다. 8,000명의 고등학교 학생들의 연구에서, 높은 성취학생들의 단 10%만이 '두뇌'무리와의 교제를 인정하는 것으로 밝혀졌다. 그 백분율은 여자에 있어서는 약간 더 낮았고, 아시아계 미국인 학생들은 다소 더 높았다. 아프리카계 미국인 중에서는 아무도 '두뇌(Brown & Steunberg, 1990)'에 연계되고 싶은 학생이 없었다. 높은 성취를 하는 아프리카계 미국 학생들은 그들의 또래들에 의해 '백인처럼 굴기'로 불릴 수 있고, 열심히 공부하는 아메리칸 인디언들은 '사과(겉은 빨간데 속은 하얀)'로 비난받을 수 있다. 또한 소녀들은 그들의 지능이 위협적이라고 발견한 일부 소년들에 의해 너무 똑똑하다고 간주되는 모험을 한다. 청소년 또래 압력을 무시하는 것은 학습부진에 관한 논의에서 중요한 문제를 놓치는 것이 된다. 여기에 예를 들면,

> 아프리카계 미국인이며 초등학교 6학년인 Andre는 그의 학습부진의 역전을 통하여 배운 것을 다른 아이들과 공유할 수 있는지 질문을 받았다. 그는 두 가지 제안을 했다. 그들은 그 학년의 시작을 잘해야 하고, 그들은 좋은 성적을 얻길 원하는 아이들과 친하게 지내야 한다.

학생을 특수교육 학급에 배치하는 것은 언제나 아주 신중하게 이루어져야 한다.

'정서장애', '정신박약' 또는 '행동장애'로 딱지가 붙여진 아이들은 흔히 또래 기대를 다루는 데 큰 어려움을 갖는다. 어른들은 아마 또래들이 설정할 부정적 기대에 대비해 아이들이 특수 교실에서 받는 교육적 · 정서적 지지의 가치를 따져보아야 한다. 그것은 항상 부모나 교육가들이 하는 어려운 결정이다. 대부분의 학구에서 모든 아이들은 일반 학급에의 포함을 시도할 권리가 있다. 그것이 가능하다면, 일반 학급에 들어가는 것은 아이들에게 최선이다. 왜냐하면 부정적 딱지는 그들에게 자신감을 잃게 하고 또래 집단에서 거부되게 하기 때문이다.

이렇게 특수 교육이 학습부진 패턴을 강화하는 데 의도하지 않은 영향을 줄 수 있다. 예를 들면, 의존형의 학습부진학생들은 그들의 행동이 지진아 또는 학습장애 아이들의 행동과 닮았기 때문에, 빈번히 그리고 실수로 학습 불능아 또는 교육가능급 정신박약아를 위한 학급에 배치된다. 학습장애 학급은 흔히 일대일 또는 소그룹의 도움을 제공한다. 이것은 일대일을 바탕으로 해서만 학습할 수 있다는 아이들과 교사들의 지각을 강화한다. 지배형의 학생들은 더 빈번하게 정서적 · 행동적 장애 학생들을 위한 학급에 배치된다. 교실을 통제하려는 학생들의 투지는 외부의 심리학적 도움 없이는 보통 교실에서 쉽게 해결할 수 없는 행동 문제들을 가지고 있는 것으로 보이게 한다.

특수 배치는 이런 아이들이 타인과 다르다는 감각을 강화한다. 특수 도움을 받고 있지 않는 또래들은 이런 아이들에게 '이상한' 또는 더욱 나쁜이라는 딱지를 붙인다. 중등 수준에서 특수 교육 학생들은 자주 비슷한 학급들의 아이들 중에서만 친구를 찾도록 기대를 받는다. 이렇게 돕기 위한 부모나 교육가들에 의해 의도된 많은 교육적 노력들은 아주 부정적이고 쉽게 예측할 수 없는 부작용을 낳는다. 부정적인 친구의 기대는 다년간 개인의 자신감에 악영향을 주고 학습부진 패턴의 역전을 방해할 수도 있다.

장애로 진단된 아이들이 그렇게 딱지가 붙여져야 하는지 아닌지에 관해서는 논란의 여지가 있다. 그 딱지는 교사, 가족, 또래들의 기대를 제한하기 때문에, 학습부진하는 아이들을 학습장애, 정신결함 또는 정서장애로 오진하는 것은 더욱 심각한 문제이다. 이런 부적절한 분류는 글자 그대로 학습부진 증후군의 효과적인 역전을 막는다. 학교는 이 문제들에 대하여 잘 알아오고 있다. 그러나 여전히 진단은 어렵다. 제11장의 〈그림 11.5〉는 학습장애 아이들과 의존형의 학습부진학생들 사이의 차이를 나열하고 있다. 일부 학교는 특수 교육이 필요한 것으로 보이는 아이들을 위해 삼중초점모델을 효과적으로 사용하여 의존형 아이들이 특수 학급에 배치되지 않도록 예방하여 왔다(Berg, 1993).

역할모델 동일시

아이들은 모방할 효과적인 모델이 있을 때, 적절한 행동을 더 쉽게 배울 것이다(Rimm의 법칙 #2). 제3장에서 회상할 수 있는 것처럼, 아이들이 가족 모델을 선정하고 무의식적으로 복사하는 과정을 **동일시**라 부른다. 학습부진학생들이 자발적으로 학습부진 패턴을 역전시킬 때, 그들은 빈번하게 그들의 방향 전환에서 축이 되었던 중요한 사람들을 댄다. 이들 어른들은 그들이 동일시했고 그들로부터 적응 패턴, 학업 습관, 공부 연습 그리고 일반적인 인생철학과 직업 목표를 채택하였던 모델들이었다. 여러 사람이 한 사람을 위한 모델로서 도움을 줄 수 있다. 그러나 개인의 직접적인 환경 내에 있는 어른들이 특별히 중요하다. 아이들과 청소년들은 빈번하게 그들이 자라서 되고 싶은 사람으로 주변의 어른들을 거론한다.

모델의 모방은 학습부진의 역전에 매우 중요하기 때문에, 우리는 적절한 모델의 동일시를 촉진할 수 있는 과정은 물론, 모델 자원에 초점을 맞추어야 한다. 종종 선정된 모델들은 성취동기를 위해 적절하지 않을 수 있다(Rimm, 2005). 아이들은 기적과 마술적 성공의 전설들이 엮인 록 스타, 스포츠 영웅, 백만장자를 선택할 수 있다. 그들은 이런 비현실적인 모델의 의상, 언어 그리고 음악 형식을 모방한다. 그에 비해, '현실적인 인물'의 모델들은 무대와 스포츠 우상들만큼 명망이 있지 않기 때문에 부적절하게 보인다.

학습부진학생들은 이 사람들이 그렇게 높은 고지에 도착하게 된 과정에 대하여는 어떠한 생각도 없이 그리고 경쟁으로 중도에서 낙오한 수천 명의 많은 사람들에 대하여는 어떤 관념도 없이, 이런 우상들을 복사할 모델로 선정한다. 그들은 현실적인 목표를 위한 기능을 쌓게 해줄 좀 더 실제적인 노력에 투자하기보다는 자신의 숨겨진 재능에 대한 기적적인 발견에 대하여 열광적인 기대를 갖고 공상한다. 영웅 공상은 그 자체로는 해롭지 않지만, 노력의 대체물과 더 현실적인 모델의 본뜨기를 대체하는 것이 될 때, 그것은 성취로 이끌고 가는 데 필요한 기능들의 학습을 가로막을 수 있다. 공상은 책임을 피하기 위한 하나의 변명이 된다.

모델 자원

많은 아이들에게 가족 구성원은 동일시 모델의 가장 좋은 자원이다. 만일 아버지와 어머니들이 긍정적이고 성취지향적이라면, 그들이 이상적이다. 그러나 그들의 성취지향은 아이들의 눈에 보여야 하는 것이 중요하다. 아이들은 오직 본 것을 복사할 수 있기 때문이다. 따라서 부모들이 긍정적 사고로 '일하는 자기 모습'을 직장에 따로 떼어 두고, 오직 그들의 불평 많은 부정적인 자기 모습만이 가정에서 보여 진다면, 이로운 본뜸의 기회는 거의 없어진다.

당신이 이것에 대하여 생각할 때 그건 너무도 명백한 일처럼 보이지만, 사실 많은 부모들은 아이들에게 제시되는 자신들의 모습에 대해서는 둔감하다. 그들로부터 아이들이 모방하였으면 하는 성취지향은 빈번하게 눈에 뜨이지 않는다. 대부분의 아이들이 직장에서의 부모들을 본다는 것은 불가능하기 때문에, 어머니와 아버지들은 그들의 직업에 대하여 아이들에게 해석하고 설명해야 한다. 이 해석이 적합한 노동 메시지를 전달하려면 열정, 도전, 노력 그리고 만족을 포함해야 한다.

당신의 아이들에게 낙심, 좌절 그리고 실패 경험들을 말하는 것이 확실히 현실적이고 정직하지만, 만일 당신이 항상 당신의 직업을 부정적으로 기술한다면, 그들이 노력에 대하여 고무될 이유가 없을 것이다. 그들은 오직 부정적인 성취모델만 볼 것이며, 이것을 부모를 모델로서 거부하거나 부모의 부정적인 태도를 채택하는 근거로서 사용할 것이다. 그들은 노동을 반대하는 아이들이 된다. 그들은 열심히 일하는 것을 원치 않는다고 자신을 설득할 것이다. 왜냐하면 그들은 부모의 가치체계보다 훨씬 좋은 가치체계를 선호하기 때문이다. 따분함을 피하고 낙천적인 생활방식에 기반을 둔 '재미'의 윤리말이다.

부모를 적절한 역할모델로 선정하는 것이 성취동기를 가르치는 가장 실질적인 방법이다. 이것을 성공적으로 하기 위해, 부모들은 그들의 직업에 대하여 적절하게 재미있고 만족스럽다는 것을 전달해야 한다.

우리 사회의 많은 부모들은 자신의 직업에 대해 행복해하지 않고, 그렇다고 생계를 꾸릴 어떠한 대안적 기회들을 아는 것도 아니다. 정말 그들은 자신들이 '장래성이 없는' 직업에 처한 느낌을 가질 수 있지만, 더 흥미 있는 일에 대한 바람에도 불구하고, 가계를 꾸려나가는 책임을 받아들인다. 그들은 성취에서 오는 만족에 대하여 좋은 새 소식을 정직하게 공유할 수는 없을지라도, 아이들에게 그들이 공헌하는 생산품이나 용역에 대하여 말하거나, 적어도 자신들이 책임을 다하고 있다는 자부심을 그들과 공유할 수는 있을 것이다. 만일 그들이 시간에 맞추어 출근을 하고 끊임없는 불평을 하지 않으면서 그 직업을 헌신적으로 잘 수행한다면, 그들 또한 책임감을 위한 좋은 모델들이 된다. 그들의 아이들과 이야기할 때, 또한 부모들이 자신들의 교육을 계속했더라면 그들은 더 많은 직업의 선택권을 가졌을 것이라고 덧붙이고 싶을 것이다. 이 메시지가 아이들에게 그들 자신의 기회를 넓히기 위해서 학교에서 열심히 공부하도록 용기를 북돋아 줄 것이라고 희망할 수 있다.

하나, 셋, 네 부모 가족의 증가는 학습부진을 하고 있는 아이들이 부모의 직업을 좋게 보도록 돕는 것을 어렵게 한다. 확실히, 계부모는 적절한 모델이 될 수 있다. 그러나 만일 아이들의 친부모가 계부모를 비난하고 비하한다면, 이것은 어렵게 된다. 만일 어른들이 서로 존경을 보여준다면 아이들은 부모와 계부모 모두를 역할모델로 볼 수 있다.

확실히 조부모, 삼촌, 아주머니 그리고 사촌을 포함하는 다른 친척들은 또한 좋은 본뜨기 모델이다. 이런 모델들은 자주 보여질 필요는 없다. 왜냐하면 그들의 활동에 대한 설명으로 실제 보는 것을 부분적으로 대신할 수 있기 때문이다. 이상하게도 작고한 부모와 조부모들 또한 아이들의 좋은 역할모델이 될 수 있다. 한 조부모의 성취, 인내, 모험에 대한 이야기가 아이들의 특수한 욕구와 딱 맞을 수 있으며, 그 실제의 조부는 현재 있지 않기에 어떠한 모순도 보여주지 않을 것임은 물론이다.

손위 형제자매 또한 역할모델로서 중요할 수 있다. 더 어린 아이들은 보통 그들의 손위 형제자매를 감탄하며 바라본다. 그리고 동일시를 형성하기 위하여 감탄을 넘어 오직 작은 걸음을 내딛는다. 그러나 부모가 의도적으로 비교할 때, 그들은 곧바로 "언제나 저를 누이나 형과 비교하지 마세요."라는 말을 듣게 된다. 게다가 만일 손위 형제자매가 아직 제대로 자신의 삶의 초점을 맞추지 못하였다면, 그들에 대한 동일시는 문제를 부를 수 있다. 이러면 부모는 더 어린 형제자매가 한 반항적인 청소년의 뒤를 따르지 않을까 우려할 좋은 이유를 갖게 된다. 그 손위 형제자매는 나이 어린 동생들에겐 매우 강력하게 보인다.

교사들은 특별히 모델로서의 가치가 있다. 아이들은 흔히 그들이 한 특정 교사에 대하여 그들이 느끼는 특별한 존경을 보고한다. 그들은 자발적으로 한 명을 모델로서 선택할 수 있고, 그 특정한 교사들은 그들처럼 되고 싶어 하는 수십 명의 학생을 가질 수 있다. 그러나 학생의 존경을 얻기 위해서는 매우 특별한 교사들이 있어야 하며, 단지 예외적인 교사들만이 그들을 동일시 인물로서 보는 젊은이들을 안내하기 위해 시간과 노력을 기꺼이 투자한다. 교사들은 그들의 일상과 책임이 그들이 주고 있는 영향을 감지하지 못하게 할지라도, 그들의 교직경력을 통해 글자 그대로 수백 명의 학습부진학생들에게 긍정적인 영향을 줄 수 있다. 아이들은 그들이 이루고 있는 차이에 대하여 교사들에게 거의 감사하는 일은 없다. 왜냐하면 수년이 지난 후에야 교사들이 그들의 삶에 끼친 영향을 이해할 수 있기 때문이다.

적절한 역할모델이 없는 아이들에게, 교사들은 중요한 공백을 채운다. 결혼 구조가 매우 위태로운 사회에서는 긍정적이고 보살피는 교사 모델은 아이들에게 더욱 더 중대해진다. 여기 그의 선생님에 대한 한 학생의 편지가 있다.

> 6학년을 마친 후, 저는 중학교 생활을 시작했어요. 중학교는 초등학교와 매우 달랐어요. 저는 초등학교 때보다 훨씬 많은 숙제를 받았지만, 훨씬 더 많은 특권도 받았어요.
>
> 중학교 2학년, 여태까지 저는 아주 잘 해왔어요. 중학교에 들어온 이후 성적은 떨어졌지만, 여기 온 이후 많은 것을 배웠어요. 제가 말씀드리고 있는 것은 물리적인 것이 아니고 정신적인 거예요. 저는 매우 중요한 한 사람에게서 나 자신과 타인에 대하여 많은 것을 배웠어요. 믿기실지 몰라도, 그 분은 선생님이에요. 그의 이름은 Talbert 선생님이에요. 그는 평범한 선생님이 아니에요. 그는 아버지와 같은 분이에요.
>
> 우리 학급은 약 24명인데, 그는 우리 모두를 감동시켰다고 저는 느끼고 있어요. 제 생각엔 이 세상 다른 사람은 어느 누구도 할 수 없는 방식으로 말이에요. 저는 그가 누구보다 좋아하는 선생님이시고, 그는 다른 몇 명의 열광적인 팬이 더 있다고 확신해요. 우리는 여러 면에서 비슷하다고 생각하기 때문에, 저는 그를 아주 즐거워해요. 그의 수업에서 우리는 삶과 우정의 가치에 대하여 배우고 있어요. 그는 저에게 사회 수업 이상의 것을 가르쳐주셨어요. 그는 어떤 삶이 최고인지를 가르쳐주셨어요.

성공한 여성의 어린 시절에 대한 나의 연구에서 보면, 그 여성들은 자신에게 되풀이하여 성공의 영감을 불어넣어 준 그들의 교사들에게 감사해 하였다. ABC 방송의 〈20/20〉 프로그램 리포터인 Deborah Roberts는 그녀에게 높은 기대를 유지하도록 했던 중학교 2학년 영어 교사에게 감사하였으며, 우주비행사인 Cady Coleman은 그녀에게 과학에 대한 영감을 불어넣어 준 영재 프로그램의 교사에게 공을 돌렸다(Rimm, 2003a; Rimm & Rimm-Kaufman, 2001; Rimm, Rimm-Kaufman & Rimm, 1999). 그들의 교사나 상담가의 감화에 감사하는 이들의 리스트는 무한히 계속될 수 있다. 성공한 남자들과 여자들은 보통 성공의 일부를 자신을 격려해준 교사들에게 돌린다.

일반적으로 아이들이 교육가를 본뜰 만한 가치 있는 사람으로 볼 수 있도록, 사회는 교육가의 역할에 크나큰 가치를 두어야 한다. 또한 교사들이 교육가로서의 자신의 역할을 소중하게 여긴다는 것은 마찬가지로 중요하다. 불공정한 행정가나 학교 이사회의 행태를 아이들에게 한탄하기 위하여, 그들의 교실에서의 힘을 사용하는 불만을 품은 교사들의 불행한 사례가 일부 있다. 다른 예로서, 학생들에게 자신의 진로에 대한 선택을 마음 아프게 말하면서, 부지불식간에 무기력을 공유하고 비교육적인 메시지를 전달하는 경우도 있다. 가르치는 직업은 흔히 충분히 명예롭거나 보상을 받지 못한다. 그렇더라도, 학생들은 교사의 불평을 듣기에 적절한 청중이 아니다. 환멸을 느끼는 교사들은 아이들에게 좋은 역할모델이 아니며, 학습부진을 하는 반항적인 젊은이들에게 부정적인 영향을 줄 수 있다.

지역사회 지도자들 역시 모델이 될 수 있다. 자기의 시간을 스카우트, 4-H, 젊은이를 위한 종교 단체 그리고 육상지도에 투자하는 어른들이 동일시의 중요성을 이해한다면, 아이들에게 더 가치 있게 헌신할 수 있다. 어른들이 젊은이들에게 특별한 관심을 가질 때, 그들은 또한 효과적인 모델이 될 수 있다. 지역사회는 빈번하게 젊은이를 지도할 자원자들이 드물다는 것을 발견하지만, 이 자원자의 책임을 수용하는 이들은 숭배할 어른들을 찾고 있는 많은 젊은이들을 위해 크게 이바지할 수 있다. 만약 당신이 젊은이의 지도자로서 의미 있는 역할에 기여하려면, 학문적 성취의 가치에 대하여 아이들과 소통하는 것이 중요하다.

삼중초점모델을 시행하는 학교는 지역사회란 요소를 포함하고 싶을 것이다. 지역의 자원자들이 교실에 초청되어 그들의 성취이야기를 공유할 수 있으니 말이다. 소그룹 모임은 의문과 논의를 촉진할 수 있다. 학생들이 지역사회의 어른들과 실제로 함께 일을 하는 기회를 가질 수 있는 멘토 관계는 역할모델을 채택할 훌륭한 기회를 제공한다. 지역의 산업체는 경영 간부와 감독관들이 그들의 이야기를 공유할 수 있도록 격려할 수 있으며, 각 직급의 성공한 근로자들은 자신의 성취와 업적에 대하여 이야기할 수 있다. 녹화 비디오 시간은 적절한 역할모델이 있는 특별히 흥미진진한 이야기를 미래의 학생들과 공유할 기회를 제공하기도 한다. 아이들은 또한 그들의 영웅들의 사진과 사인을 중요하게 생각하며, 어른들은 흔히 베풀기를 기뻐한다.

또래 모델은 아직 성인 모델을 선정하지 않은 젊은이들에게 자연스럽게 영향을 끼친다. 또래 모방은 또래 그룹이 학교와 부모에 반대할 때 크게 문제가 된다. 얄궂게도 폭력배 같은 부정적인 또래 그룹이 가끔 일부 젊은 사람들에게 좋은 역할모델을 제공할 수도 있다. 여기 한 사례를 소개한다.

> Reverend Frost는 아프리카계 미국인 지역의 한 지도자였으며 그가 도우려고 하는 아이들에게 적절한 역할모델이었다. 그는 폭력배의 권위자였고 어린 시절부터 폭력배의 일원이었다. 그는 자신의 어린 시절의 역할모델에 대하여 논의하면서, 이렇게 설명하였다. 그는 항상 경쟁심을 느꼈던 한 친구가 폭력배를 떠나 대학에 가는 것을 바라보았다. 이전의 그 친구가 대학 1학년을 성공적으로 완성했다는 것을 알았을 때, 그는 스스로 대학에 대한 시도에 고무되었다. 이와 같이 처음에 부정적이었던 이 또래는 폭력배를 떠나 아주 다른 생활양식과 교육의 기회를 선택하도록 그에게 영감을 불어넣은 첫 모델이었다. 그 이후 그는 교육의 길을 가면서 많은 다른 중요한 역할모델이 있었다고 인정했다.

물론 긍정적인 또래 그룹은 친학문적 메시지를 제공하고 연구와 학습에 대한 열정을 북돋아 준다. 경쟁이나 분개를 일으키지 않으면서, 다른 젊은이를 모방하도록 지정하기란 어려운 일이긴 하지만, 또래 역시 적절한 사회적 행동의 모델로서 기여한다. 그러나 좀 더 어린 아이들은 학교에서 과제에 집중하기, 적절하고 열정적인 손들기, 눈 맞추기, 즐겁거나 다정한 신체 언어, 좋은 예법 그리고 일반적인 사회적 기술들에 대한 의식을 증진시키기 위하여 좋은 모델을 선정하도록 성공적으로 안내받을 수 있다.

부모와 교사들이 아이들에게 타인을 복사하라고 제안할 때, 그 모방은 그들에게 도움을 줄 오직 특정 기능에 한하여야 한다는 것을 상기시키는 것이 중요하다. 실제로 아이들에게 다른 아이의 일반적인 행동들을 복사하도록 요청하는 것은 묵시적인 비교이며 그들의 자신감을 하락시킬 가능성이 있다. 그러나 모방을 위해 두세 가지 행동에 주목하도록 하는 것은 해를 끼칠 가능성이 없으며 긍정적 사회 학습과정이 더 용이하도록 해준다. 좋은 행동들을 지적해주는 것은 만약 당신이 모델로서 제안하는 아이들이 권고하는 아이들에게 이미 호감을 얻고 칭송을 받고 있다면 훨씬 더 효과적이다. 만약 당신이 본뜨라고 제안하는 아이를 그들이 좋아하지 않거나 존중하지 않는다면, 그것은 작동하지 않을 것이다.

소설, 역사, 영화 그리고 전기는 젊은이들에게 인내, 교육, 영웅적 행위를 불어넣는 묘사적 자료가 풍부하며 많은 아이들에게 효과적인 모델을 제공한다. 그들 자신의 삶과 그들의 영웅들의 삶 간의 유사점을 확인시켜주는 것과, 이들 성취자들이 어떻게 실패를 만나고 그것을 극복하였는지를 강조하는 일은 젊은 사람들에게 성공과 분투가 한 짝임을 소개하는 것이다.

학습부진학생들에게 그들의 영웅들이 일과 연습에 투자한 많은 시간을 알아보는 것은 그들이 진지한 목표를 달성하는 데 필요한 노력의 양을 이해하도록 도움을 줄 것이다. 그러한 영웅들의 동일시는 젊은이들이 현실적으로 그들 자신의 노력과 재능을 평가하도록 도움을 주어야 하며 성공에 대한 긍정적인 모델을 제공해주어야 한다. 불행하게도 사회는 생활양식에 있어서 부정적인 메시지를 주는 많은 무대와 스포츠 영웅들이 있다. 아이들은 그들의 매력, 힘 그리고 부 때문에 모델을 따르도록 쉽게 영감을 받는다. 젊은이들에게 성취의 모델로서 영웅들을 채택하는 안내를 함에 있어, 부모들은 아이들이 희망을 갖고 선택하고 따를 자질 기준을 제공해주어야 한다.

동일시를 격려하는 과정

"나도 너 나이였을 적에, 그와 아주 똑같은 감정들이 있었어."라는 말은 한 아이와 어른을 동일시 관계로 묶어주는 사실에 근거한 진실한 말일 것이다. 한 아이에게, 이것은 성인을 매우 인간적이고 가까이 할 수 있게 해준다. 그것은 또한 아이들이 자신과 그 어른 사이에 유사점을 볼 수 있도록 고무시킨다.

한 아이와 당신의 유사점을 설정할 때 따라야 할 사전대책은 당신이 학습부진의 모델이 되기를 원하지 않는 것이다. 예를 들면 만약 당신이 "나는 학습부진학생이었고 성장하면서 그 문제가 사라졌다."고 말한다면, 당신의 아이는 자신 또한 나이가 들면서 그의 문제가 자동적으로 없어질 거라고 추정할 수도 있다. 성인 모델의 무의식적 복사를 이끄는 세 변인 중 두 가지는 애정 어린 양육과 둘 사이의 유사성이다. 개인적 관심과 유사성을 짝짓는 언급을 함으로써, 어른은 한 아이가 개인의 방향을 발견하도록 영향을 주는 데 크게 진일보하게 될 것이다. 동일시를 증진시키는 세 번째 변인은 힘이지만, 모방 학습이 일어나기 위해서 세 변인 모두가 있을 필요는 없다. 역할모델 동일시를 위하여 의도적으로 모델을 선정할 때, 어른과 아이 사이의 유사점들이 도움이 된다. 그러나 긍정적인 유사점을 찾는 것이 확실히 더 지혜롭다.

불행히도 아이들이 학습부진을 하고 있고, 낮은 자아개념을 갖고 있거나 반항적일 때, 그들은 똑같은 재능이나 경험 그리고 학습부진하는 태도를 공유하는 부적절한 모델에 끌릴 가능성이 높다. 그러므로 아직 자신의 정체감을 확립하지 못했거나 자신의 방향에 대하여 혼란을 겪는 어린 성인들은 학습부진하는 십 대들이 쉽게 이용하는 부정적 모델이 될 수 있다. 그들이 더 나이가 있고, 더 경험이 있고, 힘이 세고, 흥미진진한 것처럼 보이기 때문에, 자신의 좌절이 눈부시게 보이는 어린 성인의 것과 비슷하다고 보는 청소년들은 이미 먹이가 된다. 어린 성인들은 그들이 역동일시할 수도 있는 이런 청소년들을 도울 수 있고, 그 돕는 과정이 그들에게 개인적 자존감을 가져다준다고 생각할지도 모른다. 그러나 진정으로 현실적인 방향감각이 없기 때문에, 그들은 함께 낙제하고 실패할 수 있다. 고등학생을 록 연주 그룹, 유랑 연극 공연단, 예술 공동체, 광신적 종교 집단으로 끌어들이는 어린 성인들은 이런 청소년에게 모델과 영감을 제공한다. 그들은 일시적인 안정, 안식 그리고 젊은이들의 부모에 대한 반항의 지지를 제공한다. 이런 것들은 영원하지 않으며, 긍정적이지 않고, 그 과정에서 교육 기회의 문이 닫힐 수 있다. 종종 이런 청소년들은 학교를 중퇴하거나 대학 장학금을 포기하기도 한다. 때때로 그들은 가족과 회복할 수 없을 정도로 멀어지기도 한다.

어떻게 당신은 이런 부정적 동일시를 피할 수 있을까? 잠재적으로 적절한 모델들이 당신의 청소년들에게서 더 이상 긍정적인 것을 볼 수 없을 때 일어날 공백상태에서 당신의 아이를 보호해야 한다. 부모와 교사들이 계속 아이들을 비난할 때, 아이들은 이런 비평가들을 모델로 선정할 리 없다. 반항적인 청소년들에 의해 아주 자주 발생하는 이런 부정적 사이클을 피한다. 아이들에게서 긍정적인 면들을 찾는다. 그러면 그들은 긍정적 역할모델들로 둘러싸일 수 있는 환경을 선택함에 있어서 당신의 안내를 따를 가능성이 더 높을 것이다.

음악, 미술, 언어, 과학, 컴퓨터 및 연극 여름 캠프, 청년 여행, 캠핑 그룹, 특별 학교는 청소년의 모델 선택의 통로를 여는 데 효과적일 것이다. 도시 외곽의 가족 구성원을 방문하는 것과 직업 관련 일을 해보는 것은 아이들에게 긍정적인 모델을 만나도록 허용할 수 있다. 물리적 환경을 바꾸는 것은 아이들이 '최소 저항의 길'을 따라가는 것을 예방하는 효과를 줄 수 있으며, 그들이 긍정적인 성장 경험을 가진 사람들에게 노출됨으로써 영감을 받는 효과를 줄 수 있다. 청소년들이 그들과 관심을 공유하는 다른 동기화된 젊은이들과 그들에게 영감을 불어넣는 헌신적인 교사들에 의해 둘러싸인 모종의 환경은 학습부진하는 아이들에게 목적을 제공하는 중심축이 될 수 있다. 그런 기회를 수적으로 증가시키는 것은 수개월의 여름 방학 동안 캠프나 대학이나 사립학교들을 통해 가능해질 것이다. 영감을 불어넣는 한 여름은 차이를 낼 수 있으며, 특히 참가자들이 한 학년도에 걸쳐 소통을 유지한다면 더욱 그렇다.

일대일 부모-아동 모험은 한 부모모델의 동일시를 부추기는 탁월한 방법이다. 부정적인 부자관계나 계부 상황은 둘이서 일주일간의 캠핑이나 보트 경험을 공유한 후, 칭송의 짝으로 바뀔 수 있다. 한 부모나 형제자매의 경쟁의식 또는 직장이나 학교의 압력에 의해 정신이 분산되지 않는 두 가족 구성원의 일대일 자동차 여행 모험은 이전에 대립적이었던 두 개인에게 서로 칭송하고 존경하도록 해주는 유대감을 제공할 수 있다. 아이들은 처음으로 부모의 특질을 칭송하고 복사할 이유를 볼 수 있을 것이다. 멋진 한 주는 긍정적인 동일시와 경쟁의 튼튼한 기초를 제공할 수 있다. 그것은 대립 감정을 녹이고 부모가 그들의 아이에게 영향을 주고 안내를 하는 확고한 기초를 제공한다. 집에 머무르는 한 부모는 경험에서 배제되었다고 느낄 수 있기에, 다정하고 친절하고 선의의 어머니 또는 아버지이면서도 무의식적으로 이전에 부족했던 일대일 결속을 방해할 수 있다. 부자, 모녀, 모자, 부녀 사이의 여행은 상처를 치료하고 새로운 친밀관계를 형성하기 위하여 극히 효과적이다.

결손의 보정

학습부진 역전의 다음 단계는 가장 어려움이 적지만, 소홀히 여겨져서는 안 될 부분인데, 만일 그러면 전체 계획이 실패할 수도 있다. 학교에서 아주 잘하지 못하는

그림 10.3 개인교사들을 위한 조언

- 의존 키우기를 피하라. 개념을 설명하고, 그다음 그들이 이해한 것을 설명하도록 하라. 독립적인 문제 해결과 과제의 이행을 강조하라. 아이들이 모든 과제를 다 완성하는 동안, 누구도 그들 옆에 앉아 있는 사람이 없어야 한다.
- 학생들을 위해 일정표와 도달 도표를 포함하는 목표 지향적인 틀을 제공하라. 개인지도는 목표의식을 뚜렷이 느껴야만 한다. 상급 독서 및 수학 반으로 올라가기 위해 시험해볼 수 있을까? 학교 신문을 위한 작문을 배울 수 있을까? 그들이 목표를 달성할 때, 개인지도를 끊는 선택을 할 수 있을까?
- 그들이 그 기능들을 다룰 수 있는 한 최대한 빠르게 자료를 통과하도록 하라. 이들은 개별화된 교수를 받고 있는 영리한 아이들이다. 빠른 진도의 감각은 성취에 대한 자신감을 높여줄 것이며 그들의 교실로 일반화될 것이다.
- 잘못된 개인지도는 학습부진을 하는 패턴을 강화시킬 수 있다. 좋은 개인지도는 학교에서 더 나은 성취로 가는 도약판이다. 학습부진을 하고 있는 아이들은 그들의 개인교사들을 쉽게 그들의 조종술의 함정에 빠뜨릴 수 있다. 그러므로 개인교사들은 그런 함정을 피하고 그들에게 가능한 한 빨리 결손을 보정하기 위해 아이들의 유형을 이해해야 한다.

출처 : Rimm, S. B. (2005). *How to Raise a Happy, Achieving Child, 15*(3). Watertown, WI: Educational Assessment Service.

학습부진학생들은 미래의 성공을 위해 필요한 교육의 기본 기능들을 배우지 않았을 수 있다. 영재성이 있는 아이들의 기능 차이는 작을 수 있지만, 대부분의 아이들은 문제를 가지고 있던 시기의 길이와 그들의 능력에 따라, 그들의 기능에 주요한 결핍이 있을 수 있다. 교과 영역은 네 개 기본 범주로 나뉜다. 읽기, 쓰기, 수학, 언어이다.

개인지도 시스템은 기능의 차이를 효과적으로 일소하는 데 가장 유리하다. 그러나 일대일 교수에는 많은 위험이 있다. 〈그림 10.3〉에 학습부진 증후군의 강화를 피하기 위한 개인교사들이 따라야 할 몇 가지 제안이 있다.

불안과 특수 기능의 결손

여러 가지 권고들이 다음 장에 포함되겠지만 읽기 불안, 연필 불안, 수학 불안, 청취 불안에 대한 특별한 조언들이 〈그림 10.4〉, 〈그림 10.5〉, 〈그림 10.6〉, 〈그림 10.7〉에 기술되어 있다.

암소시(暗所視) 민감성

암소시 민감성으로 알려진 읽기장애가 있는 아이들이 있는데, 이것은 색안경으로 교정될 수 있다. 이런 아이들의 일부는 여러 가지 색이 있는 비닐 덮개를 사용하여 읽기가 개선될 수 있다. 흔히 암소시 민감성이 있는 아이들은 또한 읽기장애가 있는 가족 구성원에게서 그 문제를 유전받은 것이다. 읽기 불안(그림 10.4)을 감소하기 위한 권고사항 역시 이 아이들에게 적용할 수 있으며, 그들은 급격한 독서 이해력의 증진을 보여줄 수 있다(Irlen, 1991).

그림 10.4 읽기 불안을 낮추기 위한 조언

읽기는 교실에서 편안한 학습을 위한 최우선 순위의 과목이다. 읽기를 좋아하지 않거나 읽기를 힘겨워하는 아이들은 교육의 과정이 더 어려울 것이다. 읽기 문제가 있는 아이들을 위한 특별한 권고들은 부모와 교사들이 자신감과 독립성을 키우기 위해 아이들을 안내하는 데 도움을 줄 것이다. 아이들에게 읽기 문제가 있을지라도 말이다.

- 아이들은 가정에서 부모 앞에서 큰 소리로 읽도록 강요되지 말아야 한다. 왜냐하면 아이의 독서에 대한 부모의 불안이 그 아이에게로 옮겨질 수 있기 때문이다. 대부분의 부모는 서투른 독자들이 그들 앞에서 큰 소리로 읽을 때 긴장을 느낀다. 아이들이 소리 내어 읽기를 선택했다면 물론 그럴 수 있을 것이다. 또한, 성인 독자들이라면 입으로 읽는 것이 중요하다는 것을 발견하지 못할 것이다.
- 부모들은 아이들이 즐기는 한, 소리 내어 읽어주어야 한다(중학교 2학년이라도 너무 나이 많은 것이 아님).
- 아이들이 밤에 잠자리에서 스스로 책을 읽고 있다면, 반시간 후에 잠드는 정도는 허용되어야 한다(아이들은 보통 자고 싶어 하지 않는다. 자고 싶어 하는 사람은 어른이다).
- 아이들에게 자기 전, 반 시간 동안 좋아하는 것이면 무엇이든 읽도록 격려하라. 여러 번 읽는 웃기는 이야기, 만화, 스포츠 잡지, 쉬운 자료, 책은 읽기의 즐거움을 주기에 모두 좋다. 만약 그들이 읽기를 좋아한다면, 읽기가 개선되면서 관심거리가 확장될 것이다.
- 아이들에게 이야기 녹음자료를 들으면서 이야기를 읽도록 격려하라. 그들이 실제로 읽고 있는지를 확인하기 위해 넘겨다보지 말아라. 그들은 결국 읽을 것이다.
- 아이들이 당신도 즐기고 있는 것을 볼 수 있도록, 책 하나를 주변에 둠으로써 독서의 모델이 돼라. 신문과 잡지 또한 효과적으로 쓰일 수 있다.
- 그들의 나이 어린 동생들이 그들보다 더 숙달된 독자가 아니라면, 그들에게 읽어주도록 아이들을 격려하라. 부모가 보는 앞에서 이것을 하지 말고 동생과 함께 홀로 하도록 해야 한다.
- 당신이 여행이나 쇼핑을 할 때, 서점과 도서관을 방문하여 둘러보아라.

출처 : Rimm, S. B. (2001). *Sylvia Rimm On Raising Kids Newsletter, 12(2)*. Watertown, WI: Educational Assessment Service.

그림 10.5 '연필 불안'을 낮추기 위한 조언(처리 속도)

만약 당신의 아이들이 느리게 글씨를 써서 글씨 쓰기를 싫어한다면, 그들은 이 문제를 극복할 수 있다. 많은 초등학교 연령의 아이들이 고른 발달을 하지 않고 있다. 인쇄체나 필기체로 글을 쓸 때 필요한 소근육 협응이 다른 사고와 학습 능력보다 더 늦게 발달하는 것 같다. 이것은 소녀들 보다 소년들에게 더 빈번한 문제인 것 같다(놀랍게도 이것은 드라이버, 레고, 컴퓨터 게임에는 영향을 주지 않는다). 필기 속도 장애가 있는 일부 아이들은 단순하게 다른 아이들보다 더 천천히 문제를 풀게 될 것이고, 부모와 교사들은 이 아이들의 정신 처리 속도가 요인인지를 결정하기 위해, 공식적 검사를 받고 싶을 것이다.

과제가 시간이 정해져 있든 아니든, 과제를 완성할 때 급우들보다 처질 수 있기 때문에, 이 아이들은 흔히 필기 작업과 관련된 불안을 발전시킨다. 그들은 빠르다는 것과 '똑똑하다'는 것을 동등하게 보고, '우둔하다'는 느낌을 피하기 위한 방법을 찾는다. 그들은 시간 내에 작업을 끝내지 못하거나 또는 빨리하여 부주의한 작업을 수행하고, 쓰는 작업은 지루하다고 변명한다. 이런 것들은 나쁜 습관이 되어, 글쓰기를 싫어하는 것이 학습되고, 쓰는 과제에 대한 불안이 생기도록 한다.

여기 연필 불안이 있는 아이들을 도울 수 있는 몇 가지 일반적인 제안이 있다.

- 흔히 직업 치료는 특히 어린아이들에게 도움이 된다.
- 이야기나 보고서를 쓸 때 모든 초안을 컴퓨터를 사용하도록 격려하라.
- 실제로 쓰기 전, 아이들에게 마이크에 대고 그들의 이야기를 말로 하도록 요청하라. 이것은 그들의 아이디어가 밖으로 나오도록 해준다.
- 과제를 위해 가는 매직펜이나 넘버2 연필을 사용하도록 허용하라. 어느 것이든 더 잘 작용할 것이다.
- 아이들에게 '속도'연습을 훈련하도록 하라. 이것은 개별적인 자기경쟁 모델이다. 그들은 초시계와 따라 쓰기를 위한 여러 장의 동일한 쓰기 자료가 필요하다. 그들은 먼저 그 자료를 복사하고 달력 위에 기록할 시간의 기초선을 설정한다. 그다음 날, 그들은 똑같은 자료를 쓰고 시간을 표시한다. 목표는 자신의 시간기록을 깨는 것이다. 똑같은 자료를 매일 쓰는 것은 지루할 수도 있지만, 그들은 곧 훨씬 더 빠르게 쓸 수 있다는 것을 발견할 것이다. 만약 시간을 정하는 것이 일상 습관이 되고 개선된 모습을 볼 수 있다면, 그들은 시간이 있는 시험에 대해 훨씬 더 이완될 것이다. 쓰기를 위해 그들이 선택한 자료들은 나이에 따라 짧거나 길 수 있고, 매주 또는 격주로 바뀔 수 있다. 이 똑같은 접근법은 수학 연산 속도를 위해서도 사용될 수 있다.
- 느리게 쓰는 아이들은 시간이 정해진 시험에서 그들의 능력만큼 점수를 올리지 못할 것이다. 제한 시간이 늘려져야 할 것이다.
- 지능과 속도는 똑같은 것이 아니라는 것을 강조하는 특별한 코멘트를 함으로써 기대를 바꾼다. 당신이 말로 할 수 있는 몇 가지 예는 다음과 같다.
  - 일부 총명한 아이들은 빨리 작업을 끝내지만, 다른 매우 총명한 아이들은 느린 일꾼들이다.
  - 질이 양보다 더 중요하다.
  - 작가들은 항상 만족하기까지 많은 초고를 쓴다.
  - 일부 과제는 빠른 필기를 요구하지만, 다른 것은 천천히 최상으로 완성된다.

출처 : Rimm, S. B. (2008). *Sylvia Rimm On Raising Kids Newsletter, 18*(3). Watertown, WI: Educational Assessment Service.

그림 10.6 수학 또는 공간장애가 있는 아이들을 돕기 위한 조언

교사들은 수학을 배우는데 특별히 어려움이 있는 학생들을 개인지도하는 것에 대하여 흔히 이렇게 그들의 감정을 기술한다.

> **학생들에게 수학 개념을 설명할 때, 그들은 그 설명을 이해한 것 같다. 그러나 2시간 후, 그들은 더 이상 그것을 이해하는 것 같지 않다. 거의 내가 그것을 전혀 가르치지 않은 것처럼 말이다.**

우리는 이 학생들이 수학에 계속 문제를 가질 것인지 또한 이 문제가 단지 기억과 관련되는 것인지를 예언할 수 없다. 기초 수학 연산을 배울 수 없는 것과 관련한 심각한 우려는 아이들이 모든 수학에 대하여 그들이 할 수 있다는 자신감을 잃는 것이다. 그것은 문제의 진정한 뿌리를 확인하는 장점이 된다. 만일 기억이 문제라면, 토큰이나 계산기 및 컴퓨터의 사용과 같은 구체적 계산 기술을 강조하는 것은 수학 수업에서 그들이 잘 기능할 수 있도록 허용한다. 만약 수학 개념을 아이들이 이해하기 어려워한다면, 실생활의 물건사기나 일하기 문제는 그들에게 추상적인 개념을 구체화하도록 해줄 것이다.

종종 아이들의 초기의 수학 문제들은 공간장애와 관련된다. 퍼즐 맞추기, 시간 말하기, 돈 계산하기, 지도 · 지형 · 방향 이해하기, 수학 이야기 문제 해결하기, 기하학 이해하기, 컴퓨터 작업의 장애는 공간 관련 문제의 증상들이다. 학교 심리학자는 공간장애에 대하여 학생들을 검사할 수 있다.

수학장애의 원인과 관계없이, 특히 돈과 연관된 보드게임을 포함하는 많은 게임들은 더 나은 수 능력에 이바지하는 수 개념과 공간 기능을 개발하는 데 우수하다. 이런 기본 기능을 형성하는 데 도움을 줄 수 있는 게임들은 모노폴리, 다이아몬드게임, 도미노, 워 앤 고우 피시(War and Go Fish)같은 카드게임, 서양장기, 체스, 퍼즐, 비디오 게임, 탱그램, 컨센트레이션(Concentration), 레고, 블록을 포함한다.

만약 당신의 아이들이 수학을 힘겨워한다면, 그들은 수년 동안의 개인지도가 필요할 수 있다. 이런 장애는 그들에게 일부 자신감을 잃게 한다. 그 문제는 적어도 부분적으로 유전적인 것처럼 보이기 때문에, 당신은 완전히 그것을 바꿀 거라고 기대할 수는 없으며, 단지 연습으로 또는 필요할 때 창의적인 조정으로 어느 정도 그것을 개선하리라 기대할 수 있다. 수학 기능의 부족은 직업의 선택 가능성을 감소시킬 것이지만, 언어적 젊은이들을 위해 가능한한 많은 기회들이 남아있다.

출처 : Rimm, S. B. (2001). *Sylvia Rimm On Raising Kids Newsletter, 12*(2). Watertown, WI: Educational Assessment Service.

그림 10.7 청취 기능의 증진을 위한 조언

대중매체가 이끄는 우리의 사회는 아이들에게 거의 출생 시부터 텔레비전, 영화, 컴퓨터 스크린을 통해서 정보와 오락에 접근하는 기회를 제공하여 왔다. 아마, 시각 자극이 어디에나 있기 때문에, 많은 아이들은 낮은 청각 처리 기능을 가지게 되는 것 같다. 우리의 임상 경험은 오직 청각 자극만을 사용하는 연습이 청취 기능을 향상시킬 수 있다는 것을 발견했다.

여기 당신의 아이들이 청각 언어 자극을 더 잘 처리하도록 도와줄 수 있는 몇 가지 청취에 관한 제안이 있다.

- 테이프로 듣는 책
- 라디오로 듣는 이야기
- 스포츠 라디오 방송
- 직접 해주는 이야기
- 시 낭송회
- 쌍방 대화의 참여
- 설명을 할 때, 눈 맞추기

마지막 단계

학습부진 증후군 치료 계획의 최종 단계인 교정은 세 부분으로 나누어지게 되며 제11장, 제12장, 제13장에서 논의될 것이다. 나는 당신이 당신 아이나 학생의 진단과 상관없이 세 장 모두 읽을 것을 권한다. 그다음 가정과 학교에서 당신의 아이나 학생에게 가장 적합한 교정법을 선정하기를 바란다.

제 11 장

의존적인 아이들을 위해 당신이 할 수 있는 것

의존형의 아이들을 위하여 추천할 만한 환경적 변화들은 순응형과 거부형 둘 모두 동일하다. 당신은 전자의 집단은 나이가 들면서 작은 문제들이 사라질 거라고 상상하는 유혹을 받을 수 있다. 이런 자연적 성장은 집과 학교에서 반응이 바뀌지 않는다면 일어나지 않을 것 같다. 기꺼이 새로운 역직관적인 방식으로 그 문제들을 해석하고 아이들에게 반응하는 부모와 교사들은 학습부진 증후군을 부양해온 습관들을 바꿀 것이다.

부모들을 위한 제안들이 먼저 제공될 것이며, 교사들을 위한 아이디어가 이어질 것이다. 두 그룹에 대한 제안을 모두 읽는 것이 부모와 교사들에게 도움이 될 것이다. 왜냐하면 그것들은 종종 겹쳐지기 때문이다. 당신은 아이들에게 훨씬 더 많은 노력을 기대해야 하지만, 그들이 점진적으로 용기와 자신감을 얻는 동안, 당신은 친절하고 세심한 방법에 의해 그들과 소통을 계속할 수 있다.

부모로서 할 수 있는 것

아이의 학습부진 패턴의 원인과 특징을 이해하는 것이 변화의 첫 번째 중요한 요소이다. 그러나 친절하고 동정 어린 부모인 당신은 아이들에게 우연히 그리고 직관적으로 제공해왔던 많은 강화인자들을 대체할 용기를 찾기가 어려울 수 있다. 반응들이 수정되면서, 당신은 충분히 동정적이지 않다거나 충분히 지지적이지 않다고 우려할 수 있다. 당신은 양육을 하고 있는 방식에 대하여 죄책감을 느낄 수 있으며, 자신이 불친절하고 부적절하다는 생각까지 들 수도 있다. 당신은 이런 차이들이 당신의 아이들을 더 힘겹게 하거나 실패하도록 할 것이라고 걱정할 수 있다. 당신은 그들의 실패에 대한 두려움에 대하여 큰 내적 압력을 느껴, 마치 이런 두려움이 곧 당신 자신의 개인적인 실패인 양 불안을 경험할 수 있다. 이들 중 어느 것 또는 모든 것이 당신에게 일어날 가능성이 있기 때문에 당신이 교정을 시작하기 전 여러 번 다음 격려의 말을 읽어야 한다.

- 만일 당신이 지금 아이들을 독립적으로 일하도록 허용하지 않는다면, 그들은 나중에 분명히 실패할 것이고 그 책임을 당신에게 돌릴 것이다.
- 만일 당신이 과잉보호하고 아이를 위해 너무 많은 것을 해준다면, 그들은 자신의 독립성을 훔쳤다고 당신을 미워할 것이다.
- 당신의 아이들이 독립적일 수 있다고 당신이 믿지 않으면, 아이들은 독립적으로 배울 수 없을 것이다.
- 당신 아이들의 의존성은 당신이 모르는 사이에 그들의 자신감을 소멸하도록 할 것이다.
- 만일 당신의 아이들이 눈물, 징징거림, 불평, 신체적인 질병 또는 거식을 조종술로서 사용할 때, 당신이 정말로 그들이 고통받고 있는 것처럼 그들에게 반응한다면 당신은 결코 친절한 것이 아니다.

이러한 예방책은 앞으로 어려운 날이 올 때마다 당신을 도와주게 될 것이다. 만일 당신이 이런 변화를 일으킬 용기를 가지고 있다면, 부모로서 더 자신감을 느낄 것이라고 자신한다. 그리고 아이들과의 첫 씨름이 완성된 후, 당신은 그들의 능력과 자신감의 빠른 성장을 기뻐하며 즐길 것이다.

자신감의 표

아이들이 할 수 있고 스스로 해야 할 것들은 해주지 말아야 한다. 아동 발달 도서라면 어떤 책이든 당신 아이의 나이와 단계에서 표준 아이들이 하고 있어야 할 것들을 가르쳐줄 것이다. 옷 입기, 씻기, 일상의 잡일 그리고 가장 중요한 숙제하기는 어떤 경우라도 당신에게 도움을 요구하지 말아야 한다. 만일 당신의 아이들이 상기시키기, 잔소리하기, 동정받기 그리고 도움받기에 익숙해 있다면, 그들은 당신의 관심을 그들의 의존성에 집중시키는 것을 이미 배웠다.

당신은 그 귀중한 주목을 완성된 과제로 바꾸는 것을 배워야 한다. 주목을 끄는 의존적 장면에서 당신을 물리적으로 제거한다. 그렇지만 필요시 만날 수 있게 하고 그 일이 완성될 때, 조용히 칭찬한다. 어떻게 이것을 할 수 있을지 당신에게 한 예를 제시하니, 〈그림 11.1〉에서 의존적 그리고 독립적 아침 일상사의 두 예를 비교해보아라. 만일 아이들이 의존적이라면 그들은 아마도 첫 예와 꼭 맞을 것이다. 잔소리 없이 그들의 아침 독립성을 강화하려면 두 번째의 예 안에 있는 지침을 시도한다. 그것을 게임화하기 위하여 타이머를 추가한다.

부모의 자신감 표의 구성요소는 (1) 아이의 독립성을 격려하고 강조하는 것, (2) 당신의 잔소리 관심을 의존성에서 철퇴하기, (3) 당신의 긍정적 관심과 강화를 독립적 과제의 완성으로 이전하는 것이다. 아이들이 과제를 완성하지 않을 경우, 발생하는 부정적 결과를 확인시켜준다. 예를 들면, 알람 소리에 깨지 않고 일어나지 않는 것은 조반시간을 짧게 가질 수 있다. 부정적 결과는 거의 사용되지 않아야 하지만, 절대적으로 필요하다면 시행되어야 한다. 긍정적인 것이 강조되어야 한다. 비록 당신이 아이에게 그것을 느끼지 못할지라도 자신감을 말로 드러내도록 해보아라.

다음의 단계는 어떠한 의존형을 역전시킬 때라도 적용할 수 있다. 이것들은 잠자는 시간 같은 일상적인 일, 잡다한 일, 새로운 경험의 시도, 식사시간 그리고 물론 나중에 특별히 주목을 받게 될 숙제에 잘 맞는다.

- 당신의 아이에게 할 일을 간단히 설명하고, 그들이 어떻게 독립적으로 그것을 완성할지 계획에 그것들을 포함시킨다.
- 당신의 관심을 미완성 과업으로부터 완성된 과업으로 옮긴다.
- 아이들의 과제 완성에 대하여 유쾌한 결과로 보상한다.
- 잠재적인 부정적 결과가 아닌, 긍정적인 성취를 강조한다.

그림 11.1 아침의 일상사

아침의 일상사 #1(의존형)

엄마 : 미카엘, 일어났니?

미카엘 : (무응답)

엄마 : 미카엘, 일어날 시간이야!

미카엘 : 음... 몹시 피곤해... 2, 3분만 더.

엄마 : 미카엘, 일어나는 게 좋겠어. 야, 버스 놓치겠어! (더 소리가 커지면 3~10회 반복됨)

이것은 단지 시작에 불과하다. 세수하라, 양치질하라, 아침 먹어라, 서둘러라, 다른 옷을 입어라, 점심값, 교과서, 공책을 기억하라는 훈계 그리고 마침내 곧 도착하는 스쿨버스나 카풀에 대한 경고가 이 소음에 추가된다. 화장실 사용, 옷 바꿔 입기 그리고 조반 선택에 관한 형제간 말다툼은 그날의 괴로운 시작을 강조한다. 만일 두 부모가 일어났다면, 잔소리의 강도에 대한 부부 간의 말다툼은 새로운 아침마다 볶아치는 출발을 강화한다.

아침의 일상사 #2(독립형)

1단계 : 아이의 새로운 출발을 위하여, 한 번에 한 가지 지침을 발표한다. 이날부터, 그들은 스스로 학교 갈 채비를 하는 책임을 지게 될 것이다. 당신의 할 일은 즐거운 아침 담소를 위해 조반 식탁에서 그들을 기다리는 것이 될 것이다.

2단계 : 전날 밤의 준비는 그들의 옷을 꺼내어놓는 것 그리고 책가방에 책을 챙기는 것을 포함한다. 저녁 점검표는 그들이 당신의 도움 없이 준비하도록 해줄 것이다. 그들은 아침시간을 많이 허용하도록 충분히 일찍 알람을 맞추어야 한다. 그들은 오전 7시에도 6시 30분과 마찬가지로 똑같이 피곤함을 느낄 것이다. 그러나 더 이른 출발은 일상의 허둥거림을 방지해 줄 것이다.

3단계 : 아이들은 (절대로 타인의 부름 없이) 스스로 일어나고, 씻고, 옷 입고, 그들의 방을 정리한다. 아침 점검표는 모든 과제를 기억하도록 도울 수 있다. 조반은 그들이 학교 갈 준비가 되었을 때만 온다. 절대 잔소리 없음!

4단계 : 한 부모(또는 부모 모두)는 조반 식탁에서 기다리며 식사 전 그들 주변 어느 곳에도 함께 있지 않는다.

5단계 : (선택사항) 만일 아이들이 일찍 준비가 되어 아침 텔레비전 프로그램을 즐긴다면, 그들은 떠날 시간까지 시청할 수 있다.

아침의 일상사 #2(독립형) Q & A

질문 : 아이들이 조반 시간까지 옷을 입지 않는다면 어떻게 하나요?

응답 : 조반이 없습니다.(이것은 단 2, 3번 일어날 뿐이죠!)

질문 : 만일 아이들이 조반을 먹기 싫어하면 어떻게 하나요?

응답 : 그들이 학교 갈 준비가 되었을 때, 조반 후 TV 15분을 제공하는 것은, 아마도 효과적일 것입니다.

질문 : 그들이 일어나지 않는다면 어떻게 하나요?

응답 : 그들은 학교를 빠지고 하루 종일 그들의 방에 머물거나(이것은 한 번 이상 일어나지 않을 것이다), 당신이 그들을 학교까지 태워다주고 그들이 용돈에서 당신에게 택시비를 지불하거나, 자전거를 타고 가거나 걸어갑니다. 그들이 지각에 대한 학교의 결과에 대처합니다. 그들에게 변명하는 쪽지를 써주지 마세요.

질문 : 그들에게 충분한 시간이 없다면 어떻게 하나요?

응답 : 그들의 독립적인 아침을 위한, 필요한 적당량의 시간을 찾을 때까지, 30분 더 빨리 잠자리로 가고 30분 더 일찍 알람을 맞춥니다.

질문 : 이런 일상사가 정말 효과가 있을까요?

응답 : 초등학교 나이의 아이들에겐, 절대적이죠. 그들은 학교에 빠지는 것을 싫어합니다. 종종 고등학교 학생들도 그렇습니다.

출처 : Rimm, S.B.(1996). *Learning leads Q-cards: Parent pointers*. Watertown, WI: Apple.

안식처

부모에 의해 신체적 또는 성적 학대를 받고 있는 아이들에게 보호는 확실히 적절하다. 종종 언어적 학대로부터의 보호도 필요하다. 그러나 부모들이 책임에 대한 거친 소리나 합리적 요구들로부터 그들의 아이들을 보호한다면, 그들은 아이들을 돕고 있는 것이 아니다.

특별히 어머니들은 아이에 대한 남편의 가끔 있는 꾸지람에 움츠러드는 경향이 있으며, 이것이 그들에게 영구한 손상을 입힐까 봐 두려워하는 것 같다. 그들은 그것을 언어적 학대로까지 간주하기도 한다. 흔히, 어머니들은 그 아이들에 대한 자신의 꾸지람이 줄 부정적 영향에 대하여는 어떠한 우려도 하지 않으면서, 꾸짖고 욱하고 화를 낸다. 이런 어머니들은 분명 자신의 목소리가 남편의 것보다 더 조용하고 부드럽다고 생각한다.

아이들은 사랑하는 한 부모의 화내는 목소리를 처리할 정도로 회복력이 있고, 다른 부모로부터의 완충은 필요하지 않다. 그러나 만일 부모들이 자제력을 자주 잃는다면, 이것은 그들의 아이들에 대한 통제력이 부족하다는 표시이다. 그들의 아이들은 귀 기울이지 않고 있거나, 존경하지 않고 있거나, 따르지 않고 있는 것이다. 꾸지람을 받고 있는 아이를 위해 안식처나 보호소를 제공하는 부모는 그렇게 함으로써, 아이가 더 불순종하도록 부추기고 있으며, 아이에게 존경하지 않는 것을 허용하고 있는 것이다. 만일 꾸짖는 부모가 합당한 노력과 규율을 요구하고 있다면, 보호하는 부모는 노력의 감소와 책임의 회피를 강화하고 있다. 그런데도 어머니와 아버지들은 흔히 서로 이렇게 한다. 서로의 요청과 요구를 약화시킴으로써 그들은 아이들의 자신감을 훔친다. 보호하는 부모는 아이들이 능력과 자신감을 개발하도록 돕는 대신, 회피 조종술을 가르친다. 보호를 받는 아이들은 과제가 어렵거나 불편하거나 모험이 높을 때, 스트레스가 있는 도전에 대처하기보다는 피하고 보호를 찾는 것이 적절하다고 배운다. 또한 아이들은 그들이 리더십을 찾아야 할 사랑하는 한쪽 권위인물에 도전하는 것을 배우고 있다.

만일 당신과 당신의 배우자가 아이 양육과 훈육에 대하여 다른 견해를 가지고 있다면, 어느 정도 타협해야 한다. 양쪽 부모가 합의한 한 가지 이외에는 훈육할 개별적 교정 방법은 없다. 아이들에게 책임을 회피하기 위하여 부모를 조종하도록 가르치기보다는 지나치게 엄격하거나 관대한 것이 더 낫다. 보호하는 부모는 그가 안식처를 제공할 당시에는 좋은 부모이며, 더 사랑하는 것처럼 느낄 수 있다. 그러나 아이들이 더 분별력이 생기면서, 그들은 부모에게 유약하다는 레벨을 붙일 가능성이 있다. 보호하는 것을 친절로 보는 부모는 나중에 아이들의 존경 부족을 해석하는 데 어려움이 있을 것이며, 그것은 마치 저지르지도 않은 거부와 처벌처럼 느껴질 것이다. 부모는 회피하고, 변명하며, 포기하고, 불평하는 데 대한 아이들의 전문성을 지켜보면서, 아이들에게 혐오감이 생길 것이다.

물론 안식처를 위한 장소가 있다. 만일 한 부모가 학대를 한다면, 다른 부모는 아이를 보호하기 위해 단호한 입장을 취해야 한다. 이것은 다른 형태의 보호이며 의존적 문제와 무관하다.

소년들을 위한 동성동일시 격려

모델 삼기의 중요성은 이전에 논의되었지만, 그것은 특히 소년을 위해 재차 강조되어야 한다. 남성동일시 인물을 갖는 것은 소년들의 자신감과 성취에 매우 중요하다. 어머니에게 의존적이며 어머니를 동일시하고 있는 소년들은 자주 학습 문제를 갖는다. 이것에는 두 가지 이유가 있다. 첫째로 그들은 어머니와 너무 가까운, 일대일 관계로 많은 주의 끌기에 익숙해져 있기 때문에, 그들은 일반적인 수준 이상의 주목 끌기와 도움을 받을 때만 성취하는 경향이 있다. 둘째, 그들은 남성 고정관념에 맞지 않는 것으로 보이는 소년들을 향한 사회의 계속적인 적대감에 기초한 사회적 문제를 갖는 경향이 있다.

언어적으로 영리하고 명랑한 아들과 친밀한 일대일 관계를 갖고 있는 어머니(그를 흠모하고 그에게 자신을 엄청나게 투자해온 어머니)에게, 남성 역할모델의 요구는 불가능하고 불공정한 것으로 보일 수 있다. 더욱이, 아버지들에게 하는 것과 비슷한 요구를 할 필요가 없기 때문에, 이 제안은 여성 평등주의 단체에게 '군대 소집령을 내리는' 것으로 비춰질 수 있다. 내가 메워줄 수 있는 유일한 길은 어머니와 아들 사이의 일대일 가까운 관계가 의심할 바 없이 아이에게 높은 언어능력과 지능의 향상을 제공할지라도, 아이는 의존에서 독립으로 성장해야 한다는 것을 상기시키는 것이다. 우리 사회에서 적어도 이 시기에 소년을 위한 성장은 한 남성 역할모델의 동일시 없이는 더욱 어렵게 보인다.

이것은 그들의 아들과의 관계를 끊기 위하여 어머니들에게 하는 권고사항이 아니다. 어머니 – 아들 관계는, 아들의 다른 여성과의 관계 그리고 궁극적으로 그가 한 여성과 결혼하기로 결정한다면 그의 아내와의 관계에 중요한 바탕이 된다. 그러나 어머니는 성장과 자유를 허용하기 위해, 그 묶음을 느슨하게 해야 한다.

아버지나 양아버지에 대한 남성동일시를 격려하는 가장 쉬운 방법은 아버지나 양아버지와 아들이 때때로 함께하도록 허용하는 것이다. 여기에는 일과 양쪽이 좋아하는 활동 놀이를 포함한다. 하이킹, 조용한 냇가에서의 낚시 또는 미술전시회 가기나 스포츠 행사는 힘들게 보이지 않는 관계형성자이다. 아버지들은 그의 친구들을 데려오지 않아야 한다. 그 친구들은 아버지 – 아들 결속을 방해한다.

시간 제한은 주요한 문제이다. 아버지는 긴 휴가를 가족과 함께 시간을 보내는 것이나 다른 사람과 어울리는 것에 우선순위를 둘 수 있다. 어머니는 남는 가족과 함께 혼자 있거나 남편들과의 가치 있는 시간을 포기하고 싶지 않을 수 있다. 아버지 – 아들 일대일의 특별한 시간은 희생과 연관되고 단기간일 수 있다. 그럼에도 불구하고, 질적 관계 형성의 가능성은 매우 높기 때문에, 이것을 이루기 위해 합당한 희생이 이루어져야 한다. 이것은 젊은 남성들에게 독립을 자극하는 근거리 동일시의 토대를 제공할 수 있다.

어머니들은 이런 남성 결속 경험을 조직하는 데 관여되지 말아야 한다. 이 관계는 편안한 남성 의사소통 용어를 바탕으로 확립되어야 한다. 너무도 많은 소년들이 오직 어머니의 해석을 통해서만 아버지를 알며, 그들과 관계를 잘 형성하지 않는다. 이것은 많은 젊은 남성들에게 큰 공허감을 야기한다.

만일 당신이 다행스럽게도 남편을 사랑하고 존경하는 여성이 되고 당신의 아들에게 그것을 알게 하였다면, 당신은 물러서서 그들에게 친밀의 공간을 줄 수 있을 것이다. 필요한 동일시는 자발적으로 따라올 것이며, 당신은 변화와 함께 오는 아들의 자신감을 즐길 것이다.

아버지가 없거나 아버지가 적절한 모델이 아닌 상황인 가정을 위한 대체 활동들이 있다. 소년들을 모아 강인한 생활 또는 일하는 동맹관계를 맺도록 하는 황무지 여행, 일 경험, 빅 브라더스, 보이 스카우트와 같은 상황들은 소년들에게 독립의 도전과 적절한 남성 역할모델과 행동들의 발견을 접하도록 고무시켜준다.

가정에 아버지가 없이 양육된 많은 성공적인 행복한 젊은 남성들이 있지만, 여성이 이끄는 편모 가정에서 양육되는 소년들 중에는 학습부진의 더욱 큰 위험이 존재한다. 성공적인 소년들과 젊은 남성들은 보통 그들에게 영향을 준 한 명 또는 여러 명의 남성 역할모델을 지적한다. 코치, 밴드 지휘자, 지도자, 교사, 목사, 대학 교수와 가정 의사들이 그들이 흔히 꼽는 모델이다.

감정 표현

아이들이 그들의 감정과 접촉하여 그들의 슬픔, 분노 또는 좌절을 이해하고 소통하는 것이 아이들을 위하여 좋다는 것에 모든 사람들이 동의하곤 한다. 확실히 그것들을 표현하지 않고 생각을 계속 품고만 있는 것은 그다음에 감정이 대개 과장되기 때문에 아이들에게 좋지 않다. 감정들이 쌓인 후에는 사람은 비합리적으로 화가 날 수 있으며 더 이상 그 분노의 원인을 확인할 수 없게 된다. 아이들에게 상황을 생산적으로 말하며 해소하도록 가르치는 것이 좋다.

그러나 Polly 같이 나약한 아이들, Pearl 같은 완벽주의 아이들, Terry 같이 놀림받는 아이들 그리고 Donna 같이 우울한 아이들은 슬픈 감정에 대하여 말하는 것이 무의식적으로 어른을 통제하기 위한 수동적이며 의존적인 방식일 수 있다는 것을 발견할 수 있다. 과민성과 자신에 대하여 연민하는 감정 그리고 그것에 대한 말하기는 더 생산적인 문제해결 기술들을 회피하는 방식이 될 수 있다. 친절한 부모들의 관심 주기는 무심결에 비난이나 또래 놀림에 과잉으로 반응하도록 가르치고, 스스로 연민을 느끼도록 하는 결과를 낳을 수 있다. 또한 자기연민의 표현은 한 부모가 다른 부모에 대항하도록 하는 전략으로 사용될 수 있다 — 괴물 의례에서 본 것처럼. 여기서 아이들은 한 부모에게 다른 부모가 얼마나 그들을 비참하게 느끼도록 하고 있는지를 토로한다.

보살피는 부모들이 하는 아이들과의 대화가 생산적인지 또는 그것이 주로 조종적 연민의 시간인지를 어떻게 결정하는가? "저에게 연민을 느껴주세요." 의례와 적절한 공감하기를 구분하는 정밀한 선은 항상 분명하지는 않으며, 모종의 조종 패턴을 바꾸는 것은 보통 부모들과 아이들에게 일시적으로 고통스럽다. 그것은 부모에

그림 11.2 얼마만큼의 연민이면 지나친 것인가

- 연민 시간의 빈도가 조종의 중요한 단서이다. 슬픔을 계속 표현해야 하는 아이들은 과잉반응을 하고 있거나 과잉표현을 하고 있다. 시간을 짧게 하고 아이들을 더 생산적인 행동으로 방향을 잡아 준다. 만일 그 시간들이 당신의 주목을 가두어 두는 방법으로 보인다면, 당신의 주목을 더 긍정적이고 독립적인 활동에 맞추도록 한다.
- 사실을 조사한다. 만일 아이들이 연민 시간을 그들의 또래들에 의한 거절을 극화하는 방식으로 사용한다면, 교사들, 코치, 심지어 소년단 지도자들과 함께 그 정보를 점검한다. 이런 아이들은 이미 잘 수용되었지만, 더 큰 인기나 힘을 선호하곤 했다. 아마도 그들은 당신의 과민성을 발견했을 것이다.
- 더 좋은 문제해결 기법을 장려한다. 아이들은 다른 사람들이 그들을 좋아하는지 아닌지에 기초하여 스스로를 평가하지 말라는 당신의 충고를 아마 받아들여야 할 것이다. 당신의 독립성에 대한 장려는 인기가 지나치게 숭상되는 시기인 청소년기 내내 그들을 도와줄 것이다.
- 아이의 감정 표현에 주목하는 것은 당연하지만, 그들의 슬픔을 되씹는 것은 비생산적으로 그것을 부추길 뿐이다. 연민의 시간을 간단히 유지하여 아이들에게 계속 도움이 되어야 한다.
- '악당들'에 대한 경계를 유지한다. 만일 당신의 아이들의 지속적인 불평의 초점이 당신의 배우자, 형제자매 또는 교사라면, 그때 그들은 한 공동의 적을 갖는 것을 기초로 하여 당신과 가까워지는 양식을 배우고 있다. 이것은 특히 적대적 결혼생활이나 이혼 전 상황에서 문제가 된다. 한 배우자가 책임감이 있는 행동을 위한 합당한 요구를 할 때, 너무나 많은 아이들이 그들의 부모들을 꼬여 부당한 연민의 함정에 빠뜨린다. 당신의 아이를 보호하고 배우자를 소원하게 하는 이런 연민은 결혼생활을 위해서도 좋지 않지만 아이를 위해서는 더욱 나쁘다. 그것은 아이들에게 그 사랑의 경쟁을 '짓밟음'으로써 사랑하는 사람들을 통제하는 양식을 가르친다. 미묘한 형제자매 간 경쟁의 한 예는 "제 남동생이 저의 친구들에게 깍듯이 대하지 않는데, 그것은 너무 나쁘지 않나요?"이다. 이렇게 말함으로써, 아이는 동생을 나쁘게 보이도록 하는 것이다. 만일 의존적 아이들이 조종적인 연민 시간을 사용하고 있다면, 매 시간마다 그들은 자신의 문제를 타인의 탓으로 돌리는 방향으로 갈 것이다. 당신의 귀띔은 그 시간들이 항상 사람이 중심이 된다는 것이다. 그 시간들은 다른 사람에 대항하는 동맹을 기초로 하여 당신의 연민을 얻는 시간이다.

게는 죄책감을 아이들에게는 좌절을 만든다. 그러므로 이 둘을 위해 대비해야 한다. 몇 가지 도움이 되는 지침들이 〈그림 11.2〉에 있다.

의존적 아이들을 위해 부모가 근원적으로 배려해야 할 것은 아이들이 그들의 관심사에 관하여 부모에게 말할 수 있도록 그들에게 말할 기회를 제공하여야 한다는 것이지만, 이런 대화는 도전의 회피를 강화하기보다는 건설적인 행동을 유도해야 한다. 단지 실패만이 아니라 성장도 친밀을 조장한다는 것을 배울 수 있도록, 또한 아이들의 성공은 다정한 대화 시간들과 함께 격려되어야 한다.

체계화 기술

의존적인 학습부진학생들은 종종 체계화 기술이 부족하다. 그들이 부족한 구체적인 체계화 기술들을 분명히 하기 위해서는 체계화의 요소들을 조사하고 당신의 아이에게 적용할 것들을 확인하고, 아이들이 그것들을 수정하는 것을 도우려고 시도하는 것이 최선이다. 교정을 위한 몇 가지 요소와 제안에 대한 설명은 다음과 같다(이 요소들은 제6장의 그림 6.1에 열거되어 있다)(Rimm, 2003b).

비슷한 물건 함께 모으기

이 개념은 체계화의 기본이다. 아이들이 양말 짝을 맞추는 것을 배우든, 도서관 책을 선반의 특별한 장소에 모아놓는 것을 배우든, 미완성된 숙제를 완성된 숙제와 구분하여 조직하는 것을 배우든 또는 좋아하는 CD들을 배열하는 것을 배우든, 그들은 조직화의 제일의 핵심을 배우고 있는 것이다. 이 기술은 아주 기초적이어서 유치원 아이들도 비슷한 물건을 함께 놓는 배움을 시작할 수 있다.

시간 예상

아이들을 목욕하고, 옷을 입고, 이를 닦고, 버스정류장까지 가는 데 걸리는 시간에 예민하게 만들라. 그것은 아이들이 학교나 활동을 시간에 맞추어 준비하는 데 도움을 줄 것이다. 시험을 위해 공부하거나 수학 과제를 완성하는 데 걸리는 시간을 알아차리는 것은 그들이 계획을 하는 데 도움을 줄 것이다. 그들에게 시간 의식을 갖도록 하는 것은 그들이 충분한 준비 시간을 할당하도록 해주고 아이들이 늦을 때, 항상 일부 부모와 아이들이 경험하는 일상적 광란을 예방해준다. 타이머와 초시계는 필수 측정 도구이며 시간이 기록될 수 있다. 일단 아이들이 준비에 필요한 시간에 대해 더 현실적이 되면, 그들은 허락된 시간 양을 배우고 모든 것을 준비할 가능성이 더 클 것이다.

일정 짜기

아이들은 일상 활동과 공부에 걸리는 시간을 계산한 후, 그들이 주간 활동을 시각적으로 이해하고 소통하도록 주간 계획표를 준비할 수 있다. 아이들은 자신의 계획표를 소지하고 냉장고나 게시판에 붙일 수 있는 가족 계획표에 그들의 개인 활동을 추가할 수 있다. 이런 방법으로 부모와 아이들은 카풀, 택시 타기 그리고 활동의 중복을 더 잘 관리할 수 있다. 여러 아이들의 체조, 축구, 음악레슨에 대처하는 것들은 부모들에게 저글링 같은 상당히 분주한 활동을 요구한다. 현실적인 일정이 도움을 준다.

기억하기

아이들을 위한 숙제장과 십 대들을 위한 전자수첩은 아이들이 그것의 사용을 잊지 않는 한, 숙제를 기억하도록 하는 데 아주 좋다. 아이들은 그들이 적지 않고도 숙제나 활동을 기억할 것으로 믿고 싶어 하지만, 이것은 흔히 할 일이나 있을 곳을 잊기 위한 변명일 뿐이다. 그들은 자기에게 중요한 것을 기억하는 데는 놀라운 능력을 가지고 있지만, 그들의 책임이 최우선순위가 아닐 때는 머뭇거린다. 자신의 기억을 위해 목록을 만드는 부모는 책임 따르기를 배워야 하는 아이들을 위한 좋은 역할모델이다. 아이들은 자신의 특별한 기억 시스템을 발명할 수 있으나, 그들이 그것을 계속 사용할 거라면 그들은 그것이 효과적이라는 것을 증명할 필요가 있다.

우선순위 정하기

아이들의 생활이 더 바빠지면서, 그들의 가장 중요한 책임들을 순서화하는 활동은 아주 중요해졌다. 순서화에 관하여 논의하는 것은 아이들이 그들의 활동들을 평가하고, 그들이 절대적으로 해야 하는 것들 또는 시간이 허용할 때만 성취할 수 있는 것들을 결정하는 걸 배우도록 해준다. 순서화하는 것은 가족들이 일과 놀이의 균형을 맞추는 걸 돕는다. 텔레비전을 보거나 친구와 온라인 채팅을 하기 전, 숙제를 하는 것은 아이들이 선호하는 선택은 아닐 것이다. 그러나 그들은 그것이 더 효과적이라는 것을 발견할 것이다.

제거하기

순서화하는 과정에서, 부모와 아이들은 함께 하나의 스포츠나 활동을 단순히 빼야 한다고 결정할 수도 있다. 무엇이 제거되어야 하는지를 토론함으로써, 아이들은 활동에 대한 부모의 시각을 이해하고 또한 그들 자신의 가치들을 명료화한다. 종종 당신은 아이들이 하나의 활동을 빼야 할 것이라고 강조해야 하지만, 이것을 공동의 결정으로 하면서 어느 활동을 빼고 싶은지의 근거가 되는 생각을 요청하는 것이 더 좋다. 당신이 동의하지 않는 때가 있을 수 있다. 아이들의 관점을 경청하라. 그러나 만일 당신이 그들의 선택이 해롭다고 생각한다면, 거리낌 없이 말하는 것을 주저하지 말아라.

검토하기

검토하는 과정은 그들의 결정이 영구한 것이 아니며 훗날 수정될 수 있다는 것을 깨닫게 해준다. 순서화하기와 제거하기는, 일정이 또 다시 너무 빡빡해진다면, 수개월마다 되풀이할 필요가 있다. 아이들은 일상생활과 관심사를 정규적으로 평가하는 것을 배우게 되면서, 그들이 뺐던 활동을 추가하거나 그들이 추가했던 활동을 뺄 수도 있다. 숙제나 시험을 완성한 후, 검토하는 것은 또한 조직하고 수정하고 아이들이 더 신중하면서도 사려 깊도록 하는 데 도움을 줄 수 있다.

좋은 습관 세우기

공부, 잡일 그리고 체계화는 아이들이 좋은 습관을 개발한다면, 더욱 자동화되고 별로 좌절감을 주지 않게 된다. 놀기 전에 학습과 집안일을 하는 것은 미루기를 방지하는 좋은 습관이다. 과제를 재점검하는 것은 부주의를 억제하기 위한 좋은 실습이다. 나쁜 습관 역시 자동화될 수 있기 때문에, 그것을 피하는 것 또한 중요하다. 아침 거르기, 일상적 언쟁, 늦잠자기 또는 숙제 무시하기는 아이들에게 큰 문제를 야기한다.

유연성 유지하기

내가 공유하기를 즐기는 인용구절이 있다. "습관은 가장 좋은 하인이며 가장 나쁜 주인이다." 좋은 습관은 능률을 키울 수 있다는 것은 진실이지만, 유연성이 없는 습관에 예속되는 아이들은 창의성, 자발성 그리고 재미의 기회를 잃는다는 것도 마찬가지로 진실이다. 의도적으로 그들의 일정에 예외를 두도록 가르치는 것은 그들이 변화에 적응하는 준비를 시킬 수 있고, 체계화와 능률성을 파괴하지 않으면서 그들의 삶을 향상시킬 수 있다.

경쟁 가르치기

의존적인 아이들은 경쟁을 피한다. 그들은 패배하는 것을 원치 않기 때문에, 스포츠를 좋아하지 않는다. 그들은 반드시 화를 내거나 방망이를 내던지는 것은 아니며, 그 활동을 좋아하지 않거나 참여하고 싶어 하지 않는다. 참여하고 싶지 않다는 표명은 그다음에 부모의 주목과 설득을 끌어당긴다.

가족 게임은 경쟁에 대하여 배우는 하나의 좋은 훈련이다. 유머 또한 아이들이 패배를 다루는 데 도움을 준다. 가엾은 패배자에게 눈길을 많이 주지 말아라. 그것은 나쁜 스포츠맨 정신이라고 꼬리표를 붙이고, 패배자에게 주의를 기울이지 말고, 게임에 재미를 갖고 계속하라. 당신은 놀면서 당신의 웃음소리를 아이들이 듣게 하라. 만일 물러섬으로써 재미를 놓치게 되는 것처럼 들린다면, 그들은 곧 당신과 재결합할 것이다. 그들에게 많은 주목이나 설명을 하지 말고 이것을 하도록 허용하라. 그러면 그들은 곧 슬픔을 잊게 될 것이다. 절대로 그들을 설득하는 것을 화제로 삼지 말아라. 그것은 단지 아이들이 체면을 잃지 않고 재결합하게 하는 것을 어렵게 만든다.

놀이하기는 항상 공정한 게임으로서 설계되어야 한다. 이것은 당신이 아이들에게 핸디캡(우세한 편에 주는 불리한 조건)을 줄 필요가 있다는 것을 의미할 수 있지만, 항상 모든 게임을 이기게 하지는 말아야 한다. 모든 게임을 이기게 하는 것은 그들의 통제감을 줄이고 즐거움을 위해 승리에 의존하도록 가르친다. 승리와 패배의 균형을 배우는 것은 핵심 요소이다. 언제나 게임을 하기 전에 승리가 확고할 때는 경쟁을 가르치는 목적이 무효화된다.

의존적인 아이들에게 자기 자신과 경쟁하도록 하는 것은 그들이 그 과정을 즐기도록 배우는 것을 촉진한다. 농구공 넣기, 셈하기의 속도 및 정확도, 읽은 책의 수량에 대한 기록을 따라가며 파악하는 것은 개인적 경쟁의 재미에 관한 아이디어에 시동을 걸게 할 것이다. 기네스북 기록장(guinness book of records; Glenday, 2008)이 가정이나 학교에서 이러한 개념을 추진하고 불어넣기 위해 사용될 수도 있다.

미래문제해결 경연대회(future problem solving; Rimm & Olenchak, 1991), 학

생창의력 경연대회(odyssey of the mind), 토론, 그룹 음악 및 드라마 모임들 같은 그룹 또는 팀 경쟁은 모두 지지가 있는 경쟁에의 참여를 장려하기 위한 접근법들이다. 아이들이 개인적 경쟁을 위한 준비를 할 때, 트랙이나 수영팀과 같은 학교 운동팀뿐만 아니라, 4-H, 토론, 개인 음악 경연대회들은 전부 승리와 패배 모두가 정상이며 건강한 것이라는 기저의 개념을 가르치는 방식들이다.

너무 많은 경쟁은 가정에서 아이들에게 문제를 야기하는 것 같다. 가족 내에서 특히 '승자'와 '패자'의 역할이 고정될 때에 그렇다. 승자는 수석을 유지하도록 강요된다고 느끼고 패자는 그 결과를 바꿀 가망성을 보지 못한다면, 형제자매는 압력을 경험한다. 결과를 장담할 수 없는 놀이를 구성하는 것은 아이들이 형제자매간 경쟁의식을 수용할 수 있고, 재미있는 방식으로 표현하도록 도와주고, 경쟁에 대한 부정적 감정을 해소하는 데 도움을 준다. 놀이에 수반되는 우스움과 웃음은 모두에게 긴장을 이완하고 이기기 위해 최선을 다하도록 하는 용기를 주고, 의존적 아이들에게 경쟁하는 모험의 선택을 시작하는 틈을 제공한다. 그러나 만일 그 놀이가 너무 치열해진다면, 그것은 단지 현재의 경쟁적 압력을 조장할 뿐이며 패배가 확실하다고 느끼는 아이들을 단념시킬 것이다.

의존적인 아이들은 실패의 두려움으로 인해 경쟁을 회피하는 것을 학습했기 때문에, 당신은 그들에게 모험을 해보도록 격려할 수 있고, 그들에게 자신감을 형성하도록 도움을 줄 수 있다. 즉, 그들이 자기경쟁에 의해 가족 구성원과 경쟁할 수 있는 안전한 환경을 제공하고, 팀 경쟁을 장려하며, 점진적으로 소규모 형태의 개인적 경쟁을 소개할 수 있다. 의존적 아이들에 대하여 절대적으로 피해야 할 행동들이 〈그림 11.3〉에 열거되어 있다.

그림 11.3 경쟁을 회피하는 의존적 아이들에게 하지 말아야 할 것

- 그들에게 승리만 강요하지 않는다.
- 그들이 패배했을 때 안됐다고 느끼거나 과잉반응하지 않는다.
- 그들의 시도에 대한 두려움에 많은 주의를 기울이지 않는다.
- 그들의 경쟁의 회피가 나머지 가족에게 재미를 가로막지 않는다.

사회적 기술 가르치기

효과적인 사회적 기술을 가르치는 것은 성취에 도움이 된다. 의존적인 어린 소녀들은 거의 사회적 기술의 문제를 가지고 있다. 반면 그들을 지배하는 것을 즐거워하는 다른 많은 어린 소녀들이 있다. 그들은 가끔 놀림을 받을 수 있지만, 만일 그들이 타인에 의한 통제에 반대하지 않는다면, 이런 의존적인 어린아이들은 자주 많은 친구들을 자랑한다. 그러나 그들이 청소년기 이전 또는 청소년기에 접근하면서 그들은 의존적인 역할에 대하여 아주 불편하게 느끼고, 어머니나 교사들에게 불평의 목소리를 낸다. 소녀들에게 적절한 주장을 가르치는 것은 더 지배적인 친구들의 노리개라고 느끼는 것을 방지해줄 것이다. 그들이 친구들에게 사용할 수 있는 변명을 당신이 제공할 것이라는 것을 학습하기보다, 그들이 어떤 곳에 가고 싶지 않다고 말하는 것을 학습하게 하는 것이 더 낫다(Rimm, 2003a; Rimm, Rimm-Kaufman & Rimm, 1999). 후자가 처음엔 더 어렵겠지만, 그들을 위한다는 당신의 변명은 그들을 단지 거짓말하고 회피하도록 훈련하는 것이다.

만일 당신의 의존적인 딸이나 아들들이 "난 집에 있고 싶고 파티에 가고 싶지 않아." 또는 "나는 가족과 함께 가고 싶어."라는 말을 하기 어려워하는 것을 발견한다면, 친구에게 그들의 주장을 시도하기 전, 그들에게 약간의 역할놀이의 경험을 제공한다.

스포츠 이야기는 소년들의 사회적 기술을 위해 매우 중요하다. 만일 당신이 경청한다면, 당신은 대부분의 성인 남성 대화가 마지막 게임의 점수로 시작된다는 것을 알아차릴 것이다. 라디오를 듣거나 TV를 시청하지 않는 소년들은 사회적 교류에서 어느 정도의 진정한 격차를 경험한다. 물론, 당신은 계속 아들들에게 당신과 그들이 중요하지 않다고 여기는 것을 무시하도록 고무시킬 수 있다. 그러나 당신과 당신의 아들이 TV 스포츠 뉴스를 시청하거나 신문이나 인터넷의 스포츠 부문을 함께 정독하는 데 몇 분간의 시간을 보내는 것은 당신의 시간표에 대한 작은 조정일 뿐이며, 당신의 일상에서 이 작은 수정은 가벼운 대화에 참여하는 아들의 능력에 큰 차이를 이끌어낼 것이다. 소년들의 사회적 거리를 연결할 용어를 제공하는 것은 단지 몇 가지의 핵심적 관찰만을 필요로 한다. 그들이 스포츠 뉴스에 물들 필요는 없다. 그들이 경기를 해야 할 필요도 없다. 단지 스포츠 언어를 아는 것만으로도 남자의 사회적 자신감은 증가한다.

만약 당신의 아이들이 친구가 적다면, 그들의 외로움에 대하여 고민하지 않는 게 더 낫다. 그들의 관심사를 빠르게 촉진시키는 것은 그들에게 비슷한 관심사를 공유하는 다른 아이들과 함께 이야기를 나눌 거리를 제공해준다. 컴퓨터, 체스, 독서, 애완동물, 승마, 음악 그리고 모형 차나 동전이나 우표를 수집하는 것은 아이들에게 교우관계의 압력을 느끼게 하지 않으면서 사교적인 나눔을 제공하는 취미 영역이다.

내적 흥미를 주는 활동 장려하기

내적으로 흥미를 주는 활동을 모방하는 것은 의존적인 아이들의 동기를 촉진한다. 그들은 흔히 경쟁을 두려워하기 때문에, 아이들은 독서, 텔레비전 시청, 인터넷 검색, 컴퓨터게임과 같은 비경쟁적이고 수동적인 활동으로 도피하는 것을 학습했다. 현실 도피주의 활동을 제한하는 데 주저하지 말아라. 특히 텔레비전, 인터넷, 비디오게임 말이다. 아이들은 그것을 통해서 많은 것을 배울 수 있지만 이런 유형의 활동들은 자신에 대한 개인적 투자를 촉진하지 않는다. 그 대신, 만족을 주고 활동적인 관심사나 취미를 공유하고 개발시켜줘야 한다. 그것이 걷기든 자전거 타기든 미술이든 건축이든, 이런 활동은 자신감을 형성한다. 경쟁적인 목표는 없지만, 적극적인 추구활동을 모방하는 것은 아이들의 자아개념과 독립성을 증진시키는 첫 단계를 제공한다.

분명히 경쟁 없이 개인적인 만족을 제공하는 내적인 흥미는 평생을 통해서 적절하다. 그러나 의존적 아이들에게 내적인 흥미는 특별한 역할을 해준다. 패배의 위험은 거의 없다. 잠재적 이점은 또래나 성인들과 관심사를 공유하는 기회는 물론, 증가된 활동, 계획하기, 목표지향을 포함한다. '외로운' 아이들에게 그것은 교우관계의 진전을 위한 기초를 제공한다. 병약한 Sam은 병을 앓는 대신 생산적인 활동에 관심의 초점을 맞출 가능성이 있다. 완벽주의자인 Pearl은 우수성의 압력 없이 일하는 기회를 가질 것이고, 수동적인 Paul과 우울한 Donna는 그러한 활동들이 자신감과 개인적 통제력을 촉발시켜준다는 것을 발견할 것이다. 식물, 동물, 과학, 우표, 인형, 동전 수집은 단지 비경쟁적인 긴 활동 리스트의 몇 가지에 불과하지만 아이들의 관심사를 넓혀주게 될 것이다.

당신은 작은 선물과 함께 아이의 흥미를 촉발시킬 수 있고, 한 활동의 몰입은 두

세 가지의 다른 관심사로 아이들을 끌고 갈 것이다. 더해진 자신감으로 아이들은 빠르게 그들의 호기심을 넓히고 당신이 기대했던 것보다 더 많은 곳에 참여할 수 있다. 만일 당신이 아이들에게 시작하도록 하는 데 문제가 있다면, 그들을 당신 자신의 활동에 포함시킨다. 그리고 비경쟁적 참여에서 생기는 흥분과 열정을 시연한다.

아이들이 어떤 것에 흥미를 얻도록 한다는 것은 그들이 그것에 대하여 열정적이어야 한다는 것을 의미하는 것은 아니다. 아이들이 활동에 열정적이어야 한다는 부모의 생각은 흔히 그들이 활동을 최고로 잘 수행하지 않는다면 그 활동을 포기하도록 한다. 참여에 대한 열정을 갖게 되는 것은 시간이 필요하며, 이것은 보통 아이들이 그 활동에 대하여 더 기능을 갖게 되고 지식을 갖게 되면서 나타난다. 종종 그것은 그들이 성인이 될 때까지 그리고 그들의 일에 빠지게 될 때까지 생기지 않는다. 처음에는 약간의 창의력과 즐거움이 참여를 촉진하는 데 충분한 양이 되는 것이다.

완벽주의 완화하기

전문 영역에서 완벽과의 싸움은 건강한 재능개발이나 건강한 우수성을 의미할 수 있다. 그러나 완벽주의가 널리 퍼져서 강박적으로 될 때, 그것은 우수성을 앞지르게 된다. 그것은 실수에 대한 여지를 남기지 않는다. 그 결과가 행위자에게 결코 좋게 느껴지지 않기 때문에, 그것은 거의 만족을 주지 않으며 많은 자기비난을 제공한다. 완벽함이란 비현실적으로 높은 기준을 너무 많은 활동에 지나치게 자주 적용하는 아이들에게는 불가능한 일이다(Goldberg & Adderhold-Elliot, 1999).

완벽주의 아이들은 그들이 '최고'가 아니라면 자신에 대해 충분히 좋게 여기지 않으며, 그 결과가 완전하지 않을 거라고 두려워질 때 모험하기를 회피한다. 그들은 높은 기준을 맞출 수 없다고 믿을 때 연기하거나 걱정하고 두려워한다. 그들은 실수를 하거나 그들의 완전한 기대보다 더 나쁘게 수행할 거라고 걱정될 때 위통, 두통, 우울을 경험할 수 있다. 종종, 그들은 가장 기본적인 일을 완수하는 것을 회피하고, 그들의 문제에 대하여 변명하거나 타인을 비난한다. 그들은 실패의 감정을 감추기 위하여 심지어 도전적이고 반항적으로 될 수 있다.

일부 아이들은 단지 특수하거나 부분적으로 완벽주의적일 수가 있다. 예를 들면 일부는 그들의 옷이나 외모에 대하여, 일부는 육상경기 기량이나 음악이나 미술의 재능에 대하여 그리고 다른 일부는 그들의 방 정리나 깔끔함에 대하여 완벽주의일 수 있다. 일부 아이들은 어떤 분야에서 분명히 압력이나 성가시게 하는 일이 전혀 없지만, 두세 가지 분야에서 완벽주의자이다. 완벽주의가 성적과 학업으로 향한 아이들은 학교에서 학습부진학생이 될 가장 큰 위험을 갖고 있다.

완벽하기 위해 아이들이 느끼는 압력은 그들의 환경 내에 있는 성인들로부터 듣는 극단적인 칭찬에 기인할 수 있다. 그 압력은 부모가 완벽한 특징을 본뜨는 것을 관찰함으로써 오거나, 단순히 계속적인 그들 자신의 성공 경험과 그에 부응해야 한다는 느낌에서 올 수도 있다. 영재 학생들을 위한 쉬운 교육과정은 흔히 실수나 노력을 위한 기회를 제공하지 않아서 완벽주의를 영속화한다고 비난을 받기도 한다 (Neumeister, 2005).

천 명 이상의 성공한 여성의 어린 시절에 관한 연구인 『제인이 승리하는 걸 보라(See Jane Win)』(Rimm, Rimm-Kaufman & Rimm, 1999)에서 작가들은 그 여성의 30%가 고등학교 때 자신을 완벽주의라고 보았다. 대부분 그들의 완벽주의를 긍정적으로 생각했으나 일부 예외가 있었다. 예를 들면, 텔레비전 앵커인 Donna Draves는 어린 시절의 많은 활동을 시작하지만, 그 직후 바로 중단하곤 하였다. 그녀는 부모에게 그 활동들은 지루하다고 말하곤 하였다. 이 말은 교육자들에게 익숙하게 들릴 수 있다. Donna는 그 활동에서 제1인자가 아니라면 중단하곤 하였다는 것을 인정했다. 그녀는 스포츠나 수학과 같은 활동을 결코 시도하려 하지 않았다. 왜냐하면 그녀의 남자 형제가 그쪽에서는 제1인자라고 생각했기 때문이다. 다행히도 그녀는 연설에서 제1인자였고 그녀는 연설의 우수성을 그녀의 직업으로 옮겨갔다.

Donna의 완벽주의는 심지어 그녀의 식습관에도 영향을 주었다. 그녀의 사이즈는 3이었지만, 계속적으로 그녀보다 더 마른 같은 반의 다른 두 명의 소녀와 비교하였다. 그녀는 가장 마르지 않다면, 매력적이지 않다고 느꼈다. Donna는 지금 성공하였지만, 완벽주의의 함정에 가까이 간 것은 쉽게 그녀를 탈선시켰을 수 있었으며, 그녀가 그렇게도 소망하던 성공을 막았을 수도 있었다.

완벽주의는 탐지하기 어려울 수 있다. 그것은 분명히 건강한 완벽주의 경향을 가진 아이들이 더 도전적인 교육과정이나 더 큰 경쟁에 직면할 때, 건강하지 못한 완벽주의로 퇴행할 위험에 처하기 때문이다. 다음 Rebecca의 이야기를 읽어보자.

Rebecca의 학력은 그녀가 초등학교 내내 완벽한 A학점의 학생이라는 것을 보여준다. 중학교에서 그녀는 몇 개의 B를 받지만, 고등학교에서 평점 3.7로 1학년을 끝냈다. 2학년 때 그녀는 공부를 덜 했고 가끔씩 과제를 제출하지 못했다. 그녀의 성적 평점은 급격하게 하강하였다. 3학년 2학기 무렵, 그녀의 성적 평점은 0.3으로 곤두박질쳤다. Rebecca의 또래 그룹은 대학에 모두 지망하는 학생들의 그룹에서 결코 지망하지 않을 지도 모를 사람들의 그룹으로 바뀌었다.

Rebecca의 완벽주의는 집에서 여러 해 동안 문제를 일으켰다. 제1의 아이, 제1의 손녀, 제1의 조카인 그녀는 처음에 지명된 '여왕'이었다. Rebecca는 세 명의 남자 형제가 태어난 것을 기뻐하지 않았고 그녀는 그들을 마구 부려먹었다. Rebecca가 그들에게 원하는 대로 일이 되지 않으면 울화통은 보통이었고 이 소동은 그녀에게 효과적으로 가족을 통제하도록 해주었다. 그녀는 아버지를 조종하여 어머니와 맞서게 하였으며 어머니와 겨루었다. 아버지는 어머니에게 너무 통제적이라고 비난했으며 한편 어머니는 완전히 무력함을 느꼈다.

Rebecca가 가족성취상담소를 방문했을 때, 그녀는 화를 냈고 반항적이었다. 그녀는 2학년에서 A학점을 받지 못하였을 때, 학업을 단념했다고 인정했다. 그녀는 치료자에게 그녀의 유일한 목표는 좋은 사람이 되는 것이라고 말했다. 그녀는 부모와 형제들, 심지어 교사들에게 화를 냈다. 치료자가 마법요정(fairy godmother)이고 그녀에게 세 가지 소원을 들어준다면 무엇을 소망하느냐고 질문을 받았을 때, 그녀의 첫째 소원은 모든 사람을 통제할 수 있는 것이고, 둘째는 백만장자이고, 셋째는 보장되는 성공적 직업이라고 하였다.

면접을 통해서 볼 때 Rebecca의 완벽주의와의 싸움은 분명한 것이었지만, 그녀는 또한 대학입학허가를 받기 위하여 성적을 올리는데도 동기화되어 있었다. 이전의 더 긍정적인 또래 그룹으로의 귀환은 도움이 되었고, 부모와의 연합 또한 영향을 주었다. Rebecca가 초등학교에 다닐 땐, 어떤 교사도 그녀의 완벽주의 문제를 예언할 수가 없었다. Rebecca는 지금 대학에 다닌다. 단지 시간만이 그녀가 완벽성을 다루게 될 수 있을지 없을지를 말해줄 것이다.

여기에 부모와 교사들이 완벽주의자들을 도울 수 있는 방법으로서 몇 가지 제안이 있다.

- 아이들이 최선을 다했을 때 만족함을 느낄 수 있다는 것을 이해하도록 도와주어라. 반드시 최고일 필요는 없다. 더 평범한 칭찬의 말이 아이들에게 성취할 수 있다는 가치를 전달한다. 예를 들면, '우수해'가 '완벽해'보다 더 좋고, "너는 생각을 잘하는구나."가 "너는 뛰어나구나."보다 더 좋다. 또한 비교하는

칭찬은 피한다. 즉, "너는 최고야."는 아이들에게 최고가 되어야 한다는 생각을 하게 한다.

- 아이들에게 모든 학업에서 완벽하다면 배우지 않을 수도 있다는 것을 설명해 주어라. 실수는 도전의 한 부분임을 이해하도록 도와준다.
- 적절한 자기평가를 가르치고, 성인들과 다른 학생들의 비평을 수용하도록 아이들을 격려해서 타인으로부터 배울 수 있도록 도와주어라.
- 전기문을 함께 읽는다. 이것은 성공한 사람들이 어떻게 실패를 경험하고 그것으로부터 배웠는지를 보여준다. 그들의 성공 외에, 실패와 거부당한 경험을 강조하라. 이것은 아이들에게 그런 뛰어난 사람의 감정을 동일시하도록 도와준다. 그들이 거절을 경험하였을 때, 틀림없이 느꼈을 그것을 말이다. 『어떻게 제인이 승리하였나(How Jane Won)』(Rimm, Rimm-Kaufman, 2001)의 이야기는 토론에 도움이 된다.
- 당신이 실수로부터 배운 교훈을 공유하라.
- 유머러스한 말과 부드러운 골리기는 완벽주의자를 도와준다. 그들을 과보호하지 말고, 아이들에게 그들의 실수를 보고 웃도록 도와주어라.
- 아이들에게 공감을 가르치고 자만하는 말이 어떻게 타인에게 영향을 주는지를 가르쳐라. 그들에게 자신을 타인의 입장에 세워보도록 도와주어라. "상상해봐. 너는 피아노 연주회를 망쳤고, 승리자인 그녀가 와서 자기는 여태껏 가장 좋은 연주를 하였다고 너에게 말했다면, 너는 어떻게 느끼겠니?"라고 말이다.
- 타인의 성공을 축하하는 방법을 보여주어라. 그들은 타인을 축하할 때, 더 잘 대처하고 있다고 느낄 것이다.
- 아이들에게 판에 박힌 일상, 습관, 체계화를 가르쳐라. 그러나 습관이 바꿀 수 없을 정도로 그렇게 강하지는 않게 말이다. 의도적으로 판에 박힌 일을 깨뜨려 그것에 노예가 되지 않도록 하라. 예를 들면, 만일 매일 그들이 잠자리를 준비한다면, 당신이 바쁜 한 날에 판에 박힌 일을 건너뛰도록 허용한다. 만일 밤에 당신이 그들에게 책을 읽어주는 데 시간이 늦었다면, 책읽기를 하지 말고 잘 것을 주장하라.
- 매사에 가장 잘 해내는 올바른 방법은 한 가지 이상이 있다는 것을 아이에게 설명해주어라.

- 당신의 아이들이 높은 성취자이지만 A⁺학점을 받지 못할까 두려워서 지나치게 공부한다면, 그들에게 점진적으로 조금씩 덜 공부하도록 도와주고 지나친 공부는 단지 그들의 성적에 조금밖에 영향을 주지 못한다는 것을 보여준다. 그들이 적정한 공부로 우수한 성적에 만족을 느끼도록 도와주고, 그래서 일과 재미의 균형을 맞출 수 있게 하라.
- 건강한 우수성의 역할모델이 되어라. 일의 질에 긍지를 가지되, 당신의 실수를 숨기거나 지속적으로 자기를 비난하지 말아라. 당신이 일을 잘 했을 때, 스스로 축하하고 당신의 성취가 당신에게 만족을 준다는 것을 아이가 알도록 한다. 지나치게 일하지 말고, 당신도 어느 정도의 재미와 이완이 필요하다.
- 만일 당신의 아이들의 완벽주의가 성취를 막고 있거나 또는 완벽주의와 관련된 위통, 두통, 섭식장애와 같은 불안 증상들이 나타난다면, 아이들과 가족을 위해 전문적인 심리적 도움을 받도록 한다.

부모와 교사들의 딜레마는 아이들에게 성공하도록 돕는다는 것과 또한 아이들에게 최고가 되어야 한다는 너무 큰 압력의 부작용으로 부담을 야기하지 않으면서 적절하게 돕는 것과의 균형을 잡는 일이다. 우리는 아이들이 성장하여 열심히 일하고 그들의 일에 긍지를 느끼기를 원한다. 그러나 그들도 자신이 얻은 만족을 느껴야만 한다.

판단의 보류 가르치기

의존적인 아이들은 흔히 창의적인 아이디어를 제안하길 두려워한다. 그들은 자신에 대하여 아주 비판적이다. 그들은 완전하거나 정확한 아이디어를 생산해야 한다고 걱정한다. 그래서 그들은 아이디어에 대해 너무 자주 평가하기 때문에, 어떠한 것에 관해서도 생각을 해내지 못할 수도 있다. 그들의 제안의 질이 극히 창의적일지라도 극히 일부는 의견을 말하기도 하지만, 대부분의 의존적 아이들에게 얕고 간단한 대답 외의 어떤 것도 자진하여 의견을 말하도록 격려하기란 어려운 일이다. 그들의 아이디어 생산은 그들의 계속적인 부정적 자기평가에 의해 방해를 받는다 (Davis, 1992; Davis & Rimm, 2004; Feldhusen, 1993).

창의적인 생각을 개발하는 구체적인 전략들이 많이 있다. 이 모든 전략의 밑바닥에는 아이디어의 평가를 보류한다는 기본 개념이 깔려 있다. 개인이나 그룹이 상상력을 뻗히고 확장된 사고의 리스트를 축적할 기회를 가질 때까지 말이다. 매우 창의적인 사람들은 유창하고 많은 아이디어를 표현한다. 이들 아이디어의 단지 작은 일부만이 독창적이거나 실용적일 수 있지만 말이다. 고품질에 대한 압력을 제거하는 것은 아이들에게 많은 아이디어를 생산할 수 있도록 할 것이다. 아이디어의 생산을 위한 충분한 시간을 제공하며, 창의적인 생각은 빠르게 또는 느리게 나올 수 있다는 것을 알도록 하는 것은 또한 긴장을 줄여줄 수 있다. 그들은 '좋지 않거나', '멍청한' 아이디어라도 수용될 수 있는 안전한 환경을 제공받아야 한다. 판단 보류의 개념은 아이디어 생산으로 할당된 시간에는 어느 누구도 심지어 아이들 자신도 생산된 아이디어를 비평하는 것이 (긍정적으로든 부정적으로든) 허용되지 않을 것이라는 걸 의미한다.

아이디어 생산이란 전략은 개인이나 그룹 차원에서 시행될 수 있다. 브레인스토밍은 창의적 아이디어 생산을 위한 그룹 과정에 붙여진 용어이다. 〈그림 11.4〉에는 이 과정을 안내하는 네 가지의 간단한 규칙이 들어 있다.

브레인스토밍은 아이들 그룹에게 평가의 압력하에서는 생각날 가능성이 없는 아이디어를 창출하도록 격려하는 극히 효과적인 방법이다. 아이들은 개별적으로 하나의 비슷한 모델을 사용하여 문제를 위한 아이디어를 발견하도록 학습될 수 있다. 예를 들면, 당신의 아이가 과학전람회 프로젝트를 위해 아이디어를 내야 한다고 상상해보아라. 의존적인 아이들은 흔히 그들이 좋은 프로젝트를 추진할 능력에 대한

그림 11.4 브레인스토밍의 기본 규칙

1. 비평이 배제된다. 이것은 판단의 보류이며 자유로운 상상력을 위해 아주 필수적인 창의적 분위기에 기여한다.
2. 빠진 바퀴(자유분방)가 환영을 받는다. 아이디어는 넓을수록 좋다. 언뜻 보기에 엉뚱한 아이디어들이 종종 창의적이고 실효가 있는 해결책을 이끈다.
3. 양을 원한다. 이 원리는 과정의 목적을 나타낸다. 즉, 긴 아이디어의 목록을 만드는 것은 문제의 좋은 해결책을 찾을 가능성을 증가시킨다.
4. 조합과 개선을 찾는다. 이것은 아이디어의 리스트를 길게 해준다. 사실 이 과정 동안에 학생들은 하나의 아이디어가 그다음의 것에 영감을 불어넣으며 자발적으로 서로 다른 사람의 아이디어를 타고 가게 될 것이다.

출처 : Adapted from Osborn, A. F.(1993). *Applied imagination*. Buffalo, NY: CEF Press.

자신감이 거의 없기 때문에 제안을 받으러 그들의 부모한테 간다. 부모는 보통 아이들에게 자신의 아이디어를 생각하라고 제안하면서 첫 반응을 한다. 그러나 의존적 조종의 몇 분(일, 주) 후, 의존의 덫을 인식하지 못하는 부모들은 아이들과 함께 앉아 가능한 프로젝트를 위한 제안을 한다. 그들은 함께 책이나 이전에 얻은 아이

그림 11.5 과학 프로젝트 아이디어 발견을 위한 대화

엄마 : Aemilio, 네 선생님께서 집으로 쪽지를 보내셨어. 과학전람회 프로젝트 아이디어는 다음 주 금요일까지라고 쓰여 있어. 그건 단지 며칠 뒤거든. 네 프로젝트는 이제 다 됐니?

Aemilio : 아녜요. 엄마. 저는 금년에 들어가지 못할 것 같아요. 저는 정말 어떤 좋은 아이디어도 생각할 수 없어요. 엄마가 어떠한 제안을 갖고 있지 않다면 말이에요.

엄마 : Aemilio, 나는 아이디어를 생각하는 좋은 방법을 배웠어. 그리고 내가 너에게 어떻게 하는지 보여준 다음에, 너는 너 자신의 프로젝트 계획을 개발할 수 있을 거야.

Aemilio : 전 그렇게 생각하지 않아요. 저는 과학 아이디어에 능숙하지 않거든요.

엄마 : 이 계획에 능숙해야 할 필요는 없어. 누구라도 그것을 할 수 있으니까(Aemilio와 같이 앉는다. 그리고 함께 그들은 그 계획을 위해 단계를 적는다).

1. 학교의 과학책과 집에 있는 과학책을 모아서 네 방 책상 위에 갖다놔.
2. 연필과 종이를 준비해.
3. 책장을 쭉 넘겨봐. 그리고 네가 보는 아이디어에 대하여 살짝 공상을 해.
4. 어떤 것이든 가능한 프로젝트 아이디어를 적어봐. 그것들이 어리석을 수 있어. 그것들이 어려울 수 있어. 그것들이 불가능할 수 있어. 그것들이 멍청해 보일 수도 있어.
5. 네 아이디어의 어떠한 것도 비평하지 마. 단지 계속 적기만 해.
6. 너는 그 아이디어를 조합할 수도 있어.
7. 너는 아이디어를 책에서, 그림에서 다른 아이들한테서 빌려올 수도 있어.
8. 꼭 기억해. 어느 아이디어라도 비평하지 마.
9. 책에서 나오는 아이디어가 다 됐다면, 방을 둘러봐. 너는 좀 더 볼 수 있을 거야. 더 많은 아이디어를 발견하기 위해 창밖을 봐. 어느 것이라도 너의 리스트에 오를 수 있어.
10. 네가 멈추기 전에 적어도 서른 가지의 아이디어를 적도록 시도해봐.
11. 이제는 되돌아가서 너의 리스트를 훑어봐.
12. 너의 흥미를 끌지 않거나 진정으로 불가능하게 보이는 것들을 가위표를 해.
13. 매우 좋아 보이는 네다섯 개의 아이디어를 남겨.
14. 네다섯 개의 아이디어에 대한 너의 계획을 충분히 생각해봐.
15. 아빠와 나에게 너의 계획을 가지고 와봐. 그리고 우리 모두가 작은 회의를 가질 수 있어. 우리는 너의 계획에 대한 모든 것을 들을 수 있고, 아주 작은 도움이 필요하다면 도울 수도 있어. 너는 이런 방식으로 아이디어를 발견할 수 있을 거야. 나도 그것을 시도해봤어. 그건 정말 효과적이었어.

디어를 재검토할 것이고, 마침내 부모가 아이에게 통하는 어떤 것을 추천한다. 아이는 어느 것도 시도하기를 거부할 것이고, 이와 같이 도우려는 부모의 의지를 아이에게 설득하느라 부모는 더 많은 시간을 소모하게 한다.

아이와 부모는 그들 사이의 협동이 좋은 것이라고 느끼지만, 전체적인 프로젝트는 그 아이의 의존을 강화하였고 모험하기에 대한 두려움과 아이디어 생산의 결핍을 유지하는 '전혀 자신감 없음의 표'를 부모로부터 아이에게 제공하였다. 그 대신, 판단을 보류하는 접근이 사용되어야 한다. 그것은 아이디어의 생산과 독립을 촉진한다. 〈그림 11.5〉는 아이디어 생산을 장려하는 대화를 제공하고 있다. 당신은 부모로서 그 배역을 단 몇 번이라도 연습할 필요가 있다. 부모로서 편안하게 느끼고 아이의 독립을 촉진하기 위해서 말이다.

아이디어 생산을 위한 테크닉이 학습된 아이들은 이 접근을 그들의 전반적 사고로 통합하여, 수동성과 완벽주의를 소멸하는 자신감을 개발하기 시작한다. 이러한 테크닉을 장려하라. 그것들을 가르치고 당신 자신의 문제해결 접근법에 통합함으로써 시범을 보이면서 말이다.

독립적 숙제하기

의존적인 아이들은 보통 혼자서 숙제하는 것을 회피하는 방법을 확립한다. 종종 그들은 부모를 조종하여 부엌이나 식당에 그들과 함께 앉도록 한다. 때로는 같은 방에 한 부모를 있도록 하여 그들에게 잔소리나 그들의 문제에 답을 하도록 하는 것에 만족해한다. 일부 아이들은 단지 드물게 도움을 요청하지만, 다른 아이들은 교대로 문제에 답할 것을 기대한다("당신이 이것을 하면, 저는 다음 것을 할게요."). 일부 아주 의존적인 아이들은 그들의 부모를 설득하여 그 일의 대부분을 하도록 한다("만일 당신이 오늘밤에 이 일을 다 하도록 저를 도와주지 않으면, 저는 낙제할 것 같아요."). 부모들은 흔히 아이들이 부모가 옆에 앉아 있지 않으면 공부를 하지 않으려 한다고 말한다.

이 '저 좀 도와주세요' 유형은 흔히 학교에서 아이가 일반적인 도움 이상을 요구하는 것처럼 보이기 때문에, 교사의 충고부터 시작된다. 실패의 위협과 걱정은 아이들을 그 습관에 가두며 독립적으로 일하는 데서 오는 자신감을 형성하지 못하도록 한다. 이들은 주의 끌기 중독이기 때문에, 당신의 주의의 초점을 숙제를 하는 동안의 그 아이의 의존성에서 숙제의 성공적인 완성으로 이동하는 것이 중요하다.

이런 유형을 바꾸길 원하는 부모들은(당신의 아이를 성취자로 변화시키길 희망한다면 해야 한다) 초기의 고투를 위한 준비를 계획해야 한다. 숙제의 도움을 받는데 익숙한 아이들은 왜 당신 없이 일할 수 없는지의 수십 가지 이유를 창의적으로 발견할 것이다. 그렇지 않으면 그들은 당신이 그들의 신음소리와 불평을 들을 수 있도록 크게 아파할 것이다. 종종 그들은 백일몽을 꿀 것이고 그들의 취지를 증명하고, 그들의 과제를 혼자서 한다는 것은 불가능한 업적이라는 것을 당신에게 확립하기 위해 아무것도 해놓지 않을 것이다.

새로운 책상과 심하게 너저분한 작업대의 정리는 새로운 독립을 위한 무대를 세운다. 책상이나 테이블은 가족이 많이 지나다니는 곳과 멀리 분리된 방에 놓아야 한다. 어떠한 부모나 형제들도 숙제하는 흐름을 방해하지 말아야 한다. 그리고 라디오, 오디오, TV는 독립성을 확립하는 초기 단계에는 절대적인 금기사항이다. 음악 없이는 일을 할 수 없다고 주장하는 십 대들에 대하여, 음악과 함께하는 것이 매우 효과적인 작업이 아니라는 것은 이미 확립되었음을 지적할 수 있다. 당신은 또한 교실에서 시험을 볼 때, 교사들이 수행효과를 올린다고 음악을 틀지 않을 것이고, 또한 시험을 보는 동안 대학교수들이 음악을 틀지 않을 것임을 상기시키고 싶을 것이다. 교사들이 숙제와 공부가 개선되었다고 당신에게 전해줄 때, 당신은 실험적 차원에서 그들의 공부시간에 조용한 음악을 부가하여 그들에게 확인을 시켜줄 수 있다. 확고하지만 긍정적이어야 한다. 그들은 초기에는 소리가 없는 곳에서 더 잘 집중할 수 있을 것이다. 좋은 학습자로 확립된 아이들이 일부 이런 공부환경을 선택하여 효과를 얻었을지는 몰라도, 의존적인 아이들은 아직 자신을 증명해본 적이 없다.

독립성을 촉진하기 위하여 당신은 절대적으로 확고해야 한다. 즐겁게 하기 위해서 그리고 관심의 초점을 혼자서 과제를 완성하는 곳으로 모으기 위하여, 초기에는 당신의 주목하기로써 강화하는 것이 필요할 것이다. 보통 모든 의존적인 아이들에게 가장 좋은 보상은 개인적인, 일대일의 주목해주기이다. 체스나 체커게임 또는 언젠가 후에 모형 항공기를 함께 만드는 일을 시도하라. 특별한 스낵(바나나 칩, 아이스크림소다, 팝콘)을 나누는 것 또한 아주 좋다(체중 조절을 걱정하는 가족을 위해서는 낮은 칼로리인 것으로 수정되어야 한다).

당신은 초기에 공부를 위한 특별한 시간 조직을 세워야 한다. 어느 날의 스카우트 모임, 운동, 음악 레슨의 예외가 있지만 말이다. 정규적인 공부 시간과 장소를 구성하는 일은 좋은 공부습관의 토대를 제공하고 그 책임을 부모에게서 아이들에게로 이동시켜준다.

매일의 공부시간에 대한 일반적인 안내는 다음과 같다.

초등학교 1~2학년 ………………… 15분
초등학교 3~4학년 ………………… 30분
초등학교 5~6학년 ………………… 45분
중학교 1~3학년 ………………… 1시간~1시간 30분
고등학교 1~3학년 ………………… 1시간 30분~3시간

이것들은 최소한의 시간이며 당신은 아이들을 위해서 조정할 수 있다. 그것들은 학교의 요구조건이나 아이들의 능력에 따라 좀 달리할 수 있다. 당신은 과제가 완성되지 않는다면 시간을 증가해야 하며, 아이들의 성취가 매우 좋으면 줄일 수도 있다. 일단 학습부진 증후군이 반전되면, 아이들이 자신의 시간 요건을 정할 수 있다. 당신은 이 독립성을 그들에게 줄 것을 고대하고 있다고 설명한다.

숙제시간을 저녁 식사시간 이전으로 잡는 것이 많은 가족에게 잘 맞고, 가족 오락이나 텔레비전 시청을 위해 그 저녁이 자유로울 수 있다. 그러나 많은 가족에게 이 시간은 점검될 수가 없다. 부모들이 직장에 다니기에 말이다. 이런 경우는 식사 직후로 계획하는 것이 합리적이다.

취침 직전으로 공부를 계획하는 것은 가능하면 피한다. 아이들은 거의 잠자기를 좋아하지 않는다. 그래서 그들은 주의를 기울이지 않고 숙제하는 긴 시간을 취침 시각 규칙을 무시하는 수단으로서 사용할 것이다. 숙제를 마친 후 고대할만한 어떤 것을 주는 것이 매우 도움이 될 것이다. 아이들이 잔소리에 의존하는 것으로부터 멀어지도록 안내하기 위하여, 공부를 솔선하여 하는 데 대한 추가 보너스를 주는 것과 공부를 시작하는 신호를 주는 냄비 타이머 설치를 시도한다. 물론 부모들은 상기시키는 것들을 억제하고, 최대의 자기수련을 사용해야 할 것이다. 당신은 계약서를 작성함으로써 바로 처음부터 아이 쪽에서의 솔선을 확립할 수 있다. 나는 이 장의 후반에서 계약서에 관한 설명을 할 것이다.

아이들의 작업의 질에 관하여 걱정이 된다면 당신은 어떻게 해야 하나? 당신은 처음에 각 과목의 숙제를 훑어보아야 할 것이다. 매일 밤 아이들의 작업이 끝난 후 그것을 검토할 때, 간단한 검사로 아이들이 적절한 노력을 쏟았는지를 알아야 한다. 만일 그 작업이 부주의하게 이루어졌다면 아이들을 그들의 책상으로 다시 되돌려 보내어 그 과제를 주의 깊게 다시 하도록 한다. 그것을 통과시키거나 각 사례를 수정하지 않는다. 화를 내거나 야단치지 않는다. 몇 가지 직접적인 문장과 작업의 질에 대한 한 마디 주장으로 당신이 좋은 질을 기대한다고 알리기에 충분해야 할 것이다. 예를 들면, "이 작업은 네가 할 수 있는 만큼 잘되지 않았어. 우리 가족은 우리의 일에 긍지를 느낀단다. 돌아가서 다시 그것을 해보렴. 난 네가 끝나자마자 너와 함께 모범답안과 맞추어보기 위해 기다릴게."이다.

만일 아이들이 그 작업을 이해할 수 없다고 말하고, 당신도 그것이 정직한 이해의 부족인지 또는 조정인지가 확실하지 않다면, 어떻게 해야 하는가? 도움을 청하러 오기 전에, 적어도 세 번 그 일을 이해하기 위해 노력하라고 말한다. 만일 그들이 그 후에도 학습을 할 수 없다면, 그들은 설명을 구하러 당신에게 올 수 있다. 그 개념을 천천히 설명하고 당신 앞에서 한두 가지 예시나 문제를 해보도록 허락하라. 그다음에 그들이 공부하던 곳으로 되돌아가서 나머지를 끝내라고 주장한다. 당신의 아이들이 들을 수 있는 범위 내에서 배우자에게 하는 아이들의 새로운 독립성에 대한 칭찬 한 마디는 그들의 독립성을 자랑스럽게 여긴다는 것을 그들에게 전달해 줄 것이다.

누가 숙제의 첫째 조사자가 되어야 하는가? 소녀들에게 어머니나 아버지가 될 수 있지만, 소년에게는 가능하면 아버지가 되어야 한다. 어머니와 여교사들은 흔히 교육적 과제의 주요 전달자이다. 소년의 관점에서 학습은 '여자의 일'인 것처럼 보일 수도 있다. 성실한 어머니들은 흔히 그들 아이들에게 학습에 관한 중요한 교훈을 해주는 책임을 배우자에게 넘기는 것을 꺼린다. 특히 아버지나 의붓아버지들이 관심을 보여주는 것 같지 않다면 말이다. 그러나 반복하지만 관심 있고, 끈기 있고, 긍정적인 아버지들은 의존적인 소년들에게 진지한 학교공부의 교훈을 전달하는 데 극히 효과가 있다. 아버지들은 흔히 실제적인 학교공부의 질에 대하여 덜 까다로울지라도, 소년들은 숙제에 대한 교훈이 남자로부터 온다면, 독립적으로 숙제를 다루려는 책임과 도전을 더 기꺼이 수용하는 것으로 보인다. 매일 밤 아버지가 집에 없는 가정에서는 어

그림 11.6 독립적 숙제를 장려하는 공부계획

아빠 : Vincent, 난 네 선생님과 대화를 나누었어. 그는 네가 매우 좋은 능력을 가지고 있다고 장담하셨어. 난 그것을 알기 때문에, 네가 학교공부를 스스로 하는 습관을 얻었으면 해.

Vincent : 아빠, 저는 엄마의 도움이 필요해요. 엄마는 저에게 조금밖에 도움을 줄 수 없어요? (한두 방울의 눈물) 저는 정말 엄마 없이는 그것을 할 수 없어요.

아빠 : 안 돼. 엄마도 나도 널 도울 수 없어. 우리는 정말로 네가 그것을 할 수 있다는 것을 스스로 증명하기를 원하기 때문이야.

Vincent : (슬픈 얼굴이지만 듣고 있음)

아빠 : 우리는 네 자신의 학습공간을 가질 수 있게 네 방으로 할아버지의 헌 책상을 옮김으로써 시작할 거야.

Vincent : (살짝 관심 있는 미소)

아빠 : 우리는 공부 시간표를 짤 거야. 네 선생님께서는 초등학교 6학년이면 대략 하루에 한 시간이 좋다고 하셨어. 그래서 우리는 그것부터 시작할 거야. 물론 그것은 단 5일 동안이야. 너는 이틀은 숙제에서 자유야. 그날은 금요일과 토요일 또는 토요일과 일요일 어느 것이든 괜찮아. 만일 네 작업이 아주 좋고 그만큼의 시간이 필요하지 않다면, 우리는 그것을 줄일 수 있어. 물론 네가 네 작업을 한 시간 안에 끝내지 않는다면 너는 그것보다 더 길게 공부를 해야 할 거야. 네 새 책상에서, TV를 보거나 비디오게임 그리고 라디오나 스테레오를 켜지 않고 말이야.

Vincent : 아빠, 그것은 분명히 효과가 없을 거예요. 저는 방과 후 집에 오면, 몸도 풀고 긴장도 풀기 위해서 만화를 봐야 해요.

아빠 : 아들아, 만화 시청은 늦추어야 해. 나 역시 몸을 풀기 위해 TV를 보고 싶어. 그러나 텔레비전 앞에 앉을 때, 어떠한 일도 다시 돌아와 하기가 정말 어렵거든. 그래서 난 내 일을 마칠 때까지 TV 보는 것을 늦춘단다. 너도 똑같이 해야 할 거야. 네가 간식을 먹거나 둘러앉는 것 또는 잠시 밖에 나가는 것은 개의치 않는다. 그러나 4시 15분까지 나는 네가 너의 방에서 공부하기를 기대한다. 그리고 네가 모든 걸 다 하고 검사를 받을 때까지 절대로 TV는 안 돼.* 이런 방식으로 네 공부시간에 모든 게 다 되게 될 거야. 그러면 우리는 저녁식사 후, 농구공 넣기를 할 수 있고 어두워지면 TV를 볼 수 있게 될 거야.

Vincent : 그건 효과가 없을 거예요. 저는 숙제하기 전, 30분 TV를 봐야 할 것 같아요.

아빠 : Vincent, 이 새로운 계획의 부분으로 너는 스스로 숙제하는 것에 대하여 몇 가지 재미있는 물건들을 얻게 될 거야. 그것은 네 엄마와 내가 숙제한 대가로 지불하는 것이 아니라 네가 스스로 숙제하는 것에서 성공하도록 도울 거라고 생각했어. 지금 네가 저축해서 사고 싶은 것을 생각해보렴.

Vincent : (만면의 미소) 아빠, 그거 참 멋진 거 같아요. 저축해서 무엇을 살 수 있을까? 어떻게 그 상을 받을 수 있을까?

* plug lock과 온라인 구입 정보를 위한 방문 사이트 : www.familysafemedia.com/powerstop_power_plug_lock.html.

머니들이 감독을 해야만 할 것이다. 그들은 동성모델이 아니라는 불이익이 있지만, 그들 또한 이 장의 안내를 따른다면 효과적일 수 있다.

공부계획은 당신 아이들의 공부습관을 바꾸는 데 가장 중요하다. 〈그림 11.6〉은 아이와 공부계획을 시작하기 위하여 갖는 대화가 될 수 있다.

부모와 아이들은 함께 그들의 공부계획과 강화계획을 결정하였을 때, 모두가 동의한 합의서나 계약서를 쓰는 것이 최상이다. 아이들과 부모들은 그리고 교사들까지 그 계약서에 사인을 해야 한다. 그리고 아이들과 부모들이 그들의 책임의식을 상기하도록 적절하게 잘 보이는 위치에 그것을 붙여 놓아야 한다. 원본이 사라질 때를 대비해 부본을 다른 장소에 보관한다. 그와 같은 계약서의 예시가 〈그림 11.7〉에 있다.

완성된 숙제에 대하여 당신은 어떤 종류의 보상을 제공해야 하는가? 어린아이들은 매일 또는 주말 활동 또는 강화인자로서 작은 상품이 맞을 것이다. 청소년들은 보통 돈이나 더 큰 선물을 선호한다. 당신의 보상 시스템에 그대로 또는 수정하여 사용할 수 있는 활동예시표가 〈그림 11.8〉에 있다. 이런 아이들이 보상을 요구하는 이유는 그들이 아직 일관적인 좋은 성적을 받을 자신감이나 좋은 습관을 갖고 있지

그림 11.7 공부계획 계약서 예시

Vincent, 엄마, 아빠, 선생님(Norbert)은 Vincent가 일주일에 5일, 매일 적어도 한 시간 동안 그의 방 책상에서 독립적으로 공부하고 숙제하는 것에 합의한다. 그는 TV를 보기 전에 이 일을 할 것이며 공부시간 중 그의 방에 있는 라디오, 스테레오, TV를 켜지 않을 것이다. 숙제가 끝난 후에 아버지는 그의 자료를 검토할 것이다. 그 주의 마지막 날에 교실 과제가 모두 완성되고, 숙제가 제시간에 넘겨진다면, Vincent는 10포인트를 받을 것이며 이것은 산악자전거를 위해 저축될 것이다. 각 포인트는 그 자전거를 위해 1달러의 가치가 있다. Vincent는 또한 특별 프로젝트를 하는 데 대하여 추가 포인트를 받을 수 있다. Vincent의 어머니와 아버지는 그에게 공부하라고 상기시키지 않을 것이며 그는 독립적으로 솔선해서 할 것이다. 만일 Vincent가 그의 숙제를 완성하지 않았다면, 그는 금요일에 그의 모든 책을 집에 가지고 올 것이며, 그는 모든 빠진 작업을 완성할 때까지 어떠한 주말 활동도 허락되지 않을 것이다.

Vincent
아빠
엄마
선생님(Norbert)

않기 때문이다. 만일 그들이 가진다면, 성적이 그들의 보상이 될 것이다.

보상의 메뉴를 선정할 때, 당신은 당신 자신의 예산, 물질적 소유물의 양, 당신의 아이가 익숙한 특권을 고려하고 싶을 것이다. 너무 많이 주지 말아라. 그렇지 않으면 당신의 아이를 동기화할 것이 거의 남아 있지 않을 것이다. 이미 너무 많은 물질적 소유물과 경험을 가지고 있는 아이라면, 종종 강화인자를 찾기가 어렵게 된다.

그림 11.8 활동 예시표

활동	요일							주간
	일	월	화	수	목	금	토	총점
수학 숙제	4	2	4	4	2			16
과학 숙제	2	4			4			10
사회(읽기)	5		6					11
받아쓰기(공부)		2			2			4
독서(추가 점수)			5	10			10	25
추가 창의 글쓰기					8			8
개밥 주기	1	1	1	1	1	1	1	7
잠자리 펴기	1	1	1	1	1	1	1	7
							총점	88

그림 11.9 어린아이들의 포인트 시스템(초등학교 1~4학년 아이들을 위한 15~30분 공부)

완성 숙제	포인트 수
이야기 읽기	1
학생용 교재 한 페이지 읽기	1
플래시 카드 연습(10장 묶음 3번)	1
수학 한 장 또는 작문 한 페이지	1
학교에서 모든 학교공부 완성	3
하루 스티커나 농구 카드는 최소 3포인트이어야 함. 남은 3포인트가 있다면 추가로 스티커나 카드로 교환됨. 남는 포인트는 다음날 총계에 합산될 수 있음	

그림 11.10 전형적인 숙제 계획의 포인트 시스템(초등학교 5학년~고등학교 3학년 아이들을 위한 1시간 공부)

완성 숙제	포인트 수
독서 한 페이지 당	1
쓰기 한 페이지 당(연습 교재, 사회, 과학 문제, 복사본)	2
수학 한 페이지 당	5
창의적인 글쓰기 한 페이지 당	5
공부 한 페이지 당(읽고 요약하기)	5
모든 숙제의 마감기간 제출 시 주간 보너스	25

그림 11.11 포인트 시스템 보상 제안

매일 최소 포인트

최소 20포인트를 얻는 날이 계산될 것이다. 최소 요구조건을 성공적으로 완성하면서 30~50일에 이르는 아이들은 가족 여행권, 아빠와의 야간 농구게임, 낚시 여행, 피자 파티를 얻을 수 있다. 어린아이들은 이것이 너무 긴 기간일 수 있다. 그래서 주간 목표가 세워져야 한다. 예를 들면, 매일 20포인트를 얻는 날이 주 5일일 경우 엄마와 볼링, 특별 외식, 친구와 밤샘하기를 얻을 수 있다. 매일 최소 계획 작업은 느린 일꾼들에게 특별히 잘 맞다.

누적 포인트

포인트는 단기 또는 장기 목표를 위해 누적될 수 있다. 처음에 아주 긴 목표는 거의 효과가 없다. 그러나 포인트를 누적하면서, 그들은 흔히 탄력을 얻는다. 누적된 포인트는 대략 초등학교 4학년 수준의 아이들에게 잘 맞는다. 그리고 장난감, 카메라, 영화대여, 자전거, 컴퓨터게임을 위해 누적될 수 있다. 포인트는 돈과 같다(포인트당 10에서 20센트가 효과적일 것 같다). 획득 기록은 도표화되고 보상 물건을 위해 현금화할 정도로 충분히 증가될 때까지 유지된다. 일부 청소년들은 용돈을 얻기 위해 포인트 시스템의 이용을 즐긴다. 그리고 부모가 숙제를 위해 아이들에게 '현금 지불'을 반대하지 않는다면 효과적이다. 특히 아이들이 돈을 얻기 위한 다른 원천이 없다면 말이다. 누적 시스템은 추가로 공부를 하도록 동기화하는 데 주효하다.

한 가지 안내 규칙은 보상은 가능한 한 적은 것으로 사용해야 하지만, 효과를 낼 정도는 충분히 되어야 한다. 아이들은 보상이 일할 만한 가치가 있다고 보아야 하며, 당신은 그것을 당신의 예산과 가치체계에 맞는 합당한 약속으로 보아야 한다. 당신이 원하지 않는 것이라면, 어떤 것이라도 아이가 갖도록 하지 말아라. 보상 시스템의 예가 〈그림 11.9〉와 〈그림 11.10〉, 〈그림 11.11〉에 기술되어 있다.

미완성의 학교과제나 숙제

학습부진의 첫 사인은 보통 학교과제의 미완성이나 기한 내 필수 과제의 미제출이다. 의존적인 아이들은 그들의 집으로 가져가는 것이 더 간단하기 때문에 흔히 학교에서 그들의 일을 마치지 않는다. 거기서 그들은 부모로부터 도움과 관심을 받을 거라는 것을 안다. 교사가 부모에게 주는 적절한 보고서는(제9장 그림 9.4 참조) 초등학교 아이들이 학교에서 그들의 작업을 완성하도록 격려하는 데 도움을 줄 것이다. 특히 집에서 이것이 나날의 보상 활동으로 강화된다면 말이다. 작업이 완성되는 날에 당신은 특별한 주목하기나 대접을 제공하고 싶기도 할 것이다.

매일 보고서는 초등학교 5, 6학년이 넘으면 대부분 아이들에게는 적절하지 않다. 그 학년 수준이 되면 미완성의 과제는 교실 작업에서 숙제로 이동하였고, 문제는 부과된 숙제를 제출하지 않는 학생들이다. 많은 과목과 교사들이 있을 때는 주간 형태(제9장 그림 9.5와 그림 9.6 참조)의 소통이 적절하다. 아이들이 그 양식을 위해 돌아다니도록 요청되지 말아야 한다. 그 양식은 부모와의 의사소통을 위해 생활지도 상담가나 아동옹호자에게 보내질 수 있다. 청소년들은 보통 그 양식들을 전달하기 싫어하며 상당한 또래 압력과 그것을 수집하지 않으려는 내적 압력을 경험한다. 만일 교사들이 협조적이고 지원적이라면 그것은 학생들에게 그들의 숙제에 대한 책임을 갖도록 촉진해 준다. 주간 양식은 미완성된 작업을 기록하고 그들이 포기한 작업에서 뒤처지기 전에 따라갈 수 있도록 도와준다. 부모에게 하는 이메일 메시지는 양식들보다 훨씬 더 효과적이다.

미완성된 숙제와 부적절한 공부가 학습부진학생의 낮은 성적의 주 원인이기 때문에 정규적인 학교-가정 소통은 학습부진의 반전을 위한 가장 중요한 열쇠의 하나이다. 이것은 이 계획에 협력하기 위한 교사에게 끈기와 노력을 요구하며, 교사들에게 도움을 요청하는 부모는 확실히 이 추가적인 노력이 얼마만큼 감사한지를

그림 11.12 성취계획표

	월	화	수	목	금	토	일
8~9							
9~10							
10~11	수 : 25분 영 : 10분		수 : 20분 영 : 20분		수 : 30분		
11~12							
12~1							
1~2							
2~3							
3~4							
5~6	사 : 45분	수 : 30분 스 : 20분	수 : 30분 사 : 15분	수 : 40분			
6~7				과 : 50분			수 : 10분 사 : 30분
7~8							
9~10							
수 = 수학, 사 = 사회, 과 = 과학, 영 = 영어, 스 = 스페인어							

교사들에게 전달해야 한다.

중 · 고등학교 아이들은 성취계획표(그림 11.12)에 그들의 숙제를 완성한 날의 시각과 시간 양을 적어 넣는 것이 혜택이 된다. 종종 이런 학생들은 컴퓨터에 그들 자신의 성취계획표를 만든다. 부모들은 교사들로부터 온 주간 보고서와 공부와 숙제에 투자한 시간을 비교할 수 있다. 노력과 결과의 관계가 이와 같이 하여 매우 분명하게 보일 것이다.

학교 - 가정 소통은 학생들이 일관적으로 공부하고 있고 한 번의 실패가 종착역이 아니라는 것을 경험을 통해 배울 때까지 계속돼야 한다. 그들은 회복될 수 있고 좋은 성적을 유지하기 위하여 계속 노력할 수 있다. 매일 또는 주 단위의 소통을 끝내기 전에 확실히 학생들이 현실적으로 정직하게 그들의 발전을 평가할 수 있어야 한다. 아이들의 자기보고와 교사가 당신에게 말해주는 것이 일치된다는 자신감을 느낄 때, 당신은 서면 소통에의 의존을 학생 개인의 보고로 움직일 수 있다. 조심스럽게 이것을 하라. 왜냐하면 의존적인 아이들은 새로운 습관이 아직 자신 있게 확립되지 않았다면 방어적 거짓말과 옛 습관으로 퇴행하는 형태로 되돌아가는 것이 보통이기 때문이다. 만일 그들이 옛 형태로 후퇴한다면, 당신은 빠르게 보고서 형태로 돌아갈 수 있을 것이다. 일부 아이들은 이런 보고서에 싫증을 내지만, 오직 그들 자신의 동기는 이런 것의 중단을 암시할 수 있다. 반대로 일부 의존형 학생들은 이런 보고서의 중단을 두려워한다. 이런 아이들에겐 양식의 사용을 점진적으로 중단하는 것이 중요하다.

부모들이 알아야 할 몇 가지 함정이 있다. 첫째, 단순히 어떤 교사들은 매일 또는 주간 리포트에 동의하지 않으려 할 것이다. 다행히도 그들은 소수이지만 말이다. 만일 당신의 아이들이 그들의 학급에 있다면, 그들은 바로 당신의 노력을 방해할 것이다. 그러나 그들에게 좋아하는 소통의 형태를 물어보아라. 그들은 노력할 만한 대안적 제안을 줄 것이다. 즉, 흔히 이메일이 가장 유효하고 노동 강도가 적다.

둘째, 초등연령의 아이들은 기록장을 집으로 가져오는 것을 회피할 가능성이 있다. 그들은 시작할 수는 있지만 보통은 계속하려 하지 않을 것이다. 당신은 보고서를 집으로 가져오는 것에 대한 보상과 그것을 집으로 가져오지 않는 데 대한 불이익을 모두 부과할 필요가 있을 것이다. 그 결과는 크지 않게 해야 한다. 그것들은 아이들의 가치체계와 협력에 따라서 다양할 수 있다. 양식을 가져오는 것과 일을 완성하는 것을 포함하여, 바람직한 행동에 대한 가장 효과적인 보상은 매일 밤 15분의 부모-아이 시간이다. 부정적인 결과는 단지 아이들이 보고서를 집으로 가져오지 않을 경우에만 사용되어야 한다. TV 특권이나 하루 동안의 옥외 놀이시간의 상실은 아마도 소통이 계속 가동하도록 해줄 것이다.

소통 시스템에서 가장 중요한 것은 교사와 부모의 일관성이다. 이것은 방과 후에 아무리 바쁘더라도, 부모는 교사의 리포트를 충실하게 검토해야 한다. 그리고 긍정적으로 진보를 격려해야 한다. 만일 학생들이 금요일마다 보고서를 집으로 가져오지 않는다면, 숙제를 마칠 때까지 주말 사교적 생활은 연기될 수 있다. 의존적인 아이들에게 처벌은 사용하지 말아라. 심한 벌은 그들을 쉽게 우울로 데려갈 수 있기 때문이다. 절대적으로 확고하고 희망적이고 일관적이도록 하라. 당신의 아이들이 진지하게 책임감을 띠도록 기대한다면 말이다.

〈그림 11.13〉은 주간 리포트로 사용될 수 있는 성적에 대한 보상 체계를 기술한

그림 11.13 성적에 대한 보상시스템 제안 예시

성적표의 성적에 대한 보상은 의존형 아이들에게 효과적인 동기인자는 아니다. 왜냐하면 그것은 너무 장기간이기 때문이다. 아이들은 보통 4분의 1기를 열정적으로 시작하지만, 낮은 성적으로 포기할 것이다. 특별한 것을 사기 위한 저축에 적합한 금전적 보상 시스템은 주간 성적 리포트를 기초로 한다면 매우 효과적일 수 있다. 노력과 주간 성적 둘 다(누가 성적이 아님) 계산되어야 한다. 그와 같은 시스템의 한 예가 다음에 있지만, 아이의 합리적인 성적 목표와 주간 점수의 개수를 기초로 다양화해야 한다.

A = 주당 1달러
B = 주당 50센트
C = 주당 25센트
D = 50센트 삭감
F = 1달러 삭감

학기 말이 다가오면서 향상과 시험과 성적표에 대한 보너스가 제공될 수 있지만, 그것은 그 결과가 분명하게 능력범주 안에 있는 것으로 보일 때만 단지 효과가 있다.

보상시스템을 정기적으로 점검하고 아이들에게 지불하거나 동의한 대로 양을 기록한다. 관계없는 활동에 대한 처벌로서 얻은 것을 빼앗거나 동의한 약속을 바꾸지 않는다.

다. 대부분의 아이들에게는 앞에서 기술한 과정 보상시스템부터 시작하는 것이 더 좋다. 점수보다는 실제적으로 완성된 학업에 대하여 보상하는 것 말이다. 그러나 일부 나이 든 아이들이나 첫 시스템으로 초기의 좋은 진보를 보여준 학생들에게는 점수에 대한 주간 보상시스템으로 이동하는 것이 변화와 성장의 느낌을 크게 해줄 것이다. 당신이 실제적 점수에 대하여 보상하는 것과 똑같은 방식으로 노력에 대하여 보상하는 것은 중요하다. 그리고 일부 아이들에게는 점수보다는 노력에 대하여 보상하기를 원할 수도 있다. 당신은, 아이들이 노력하고 적절한 능력을 가지고 있다면 수용할 수 있는 결과가 시간과 함께 따라올 것이라는 것을 아이들이 배우기를 원하고 있다. 기억하라. 만일 아이들이 학습과정과 그 결과 사이의 관계를 평소에 본다면, 그들은 계속해서 성취할 것이다(Rimm의 법칙 #12).

일단 당신이 긍정적이고 부정적인 결과를 수립하였다면 과잉반응을 피하라(Rimm의 법칙 #4). 즉, 그들의 노력이 단지 약간 향상되었을 때, 그들이 굉장한 일을 하고 있다고 아이들에게 말하지 말아라. 가장 중요한 것, 초기의 성공 후 실패가 올 때, 포기하지 말고, 화내지 말아라. 또한 제어력을 잃어서는 안 된다. 당신은 아이가 실패에 건설적으로 대응하도록 돕고 있는 것이다. 그들은 자신의 실패를 목표 도달에 필요한 노력의 범위를 결정하는 학습경험으로 보아야 한다. 만일 당신이 과잉반응을 하면, 당신은 정말 그들의 검사가 지시하는 만큼 성공적으로 할 수 없을 거라는 그들의 의구심을 확증한다. 만일 당신의 의존적인 아이들이 이미 고등학교에 다닌다면 그리고 대학교육의 문이 닫히는 것을 예방하는 데 몇 년밖에 남지 않았다면, 당신의 긴장감은 매우 극단적이어서 그들이 실패할 때마다 당신은 폭발할 것처럼 느낄 수 있다. 조용히 상상하자. 만일 당신이 긍정적이고 부정적인 결과에 지구력이 있다면, 당신의 아이들이 배워야 할 가장 중요한 특성을 보여주고 있는 것이다. 어려운 과제에 대한 참을성과 끈기를 말이다.

집중 가르치기

의존형의 아이들은 종종 태만형의 주의력결핍장애로 진단된다. 그들은 과잉행동이나 충동성을 보이지 않지만 공상에 잘 잠기고 교사가 말하고 있을 때나 교실에서 과제를 하고 있을 때, 단지 집중하는 데 어려움이 있다. 이런 아이들을 위해 약을 고려하기 전, 의존성 감소를 위해 이 책의 제안들을 복습한다. 만일 아이들이 이미 약 처방을 받고 있다하더라도, 역시 이 제안들은 도움을 줄 것이다.

〈그림 11.14〉는 교사들에게 아이들의 눈 맞춤을 촉진하는 방법을 설명한다.

만일 당신의 의존적 아이들이 수업에 참여하지 않는다면, 당신은 그들에게 적어도 하루에 한 번은 대담하게 소신을 말하거나 자원하기를 원한다고 설명하라. 그들

그림 11.14 교실에서의 눈 맞춤 촉진

- 아이에게 교사들은 배우기를 좋아하는 학생들을 가르치는 것을 즐긴다는 것을 설명하라. 그래서 만일 그들이 교사가 말하고 있을 때 교사의 눈을 쳐다볼 수 있다면(눈 맞춤), 교사들은 그들이 배우기를 좋아한다고 상상한다. 아이들이 집중하든 그렇지 않든, 교사는 그렇다고 생각할 것이다(사실 아이들이 교사를 쳐다보고 있다면 그들은 아마도 더 잘 집중할 것이다).
- 당신은 그들의 눈 맞춤이 어떻게 발전하고 있는지를 매일 그들에게 물어볼 거라고 당신의 아이들에게 말하라.
- 아빠가 아들에게 이런 제안을 하는 것은 엄마가 하는 것보다 훨씬 더 효과적이다.
- 아이들은 이것을 교사들에게 쓰는 재미있는 게임으로 간주할 것이다. 누구나 승리한다.

에게 매일 밤 자기 전에 그들이 그날 학교에서 무슨 기여를 했는지를 물어보아라. 단지 한 번에 한 행동을 목표로 삼는 것이 용기를 형성한다. 일단 그들이 시작한다면, 그들은 곧 대담하게 소신을 말하는 것에 대하여 훨씬 더 편안하게 느낄 것이다. 아주 어린 아이들이라면 당신은 그들이 구술로 의견을 말한 날에 달력에 별을 붙여주길 희망할 수 있다.

의존형의 아이들은 숙제하는 동안 집중하는 데 곤란을 겪을 수 있다. 서성거리는 부모는 단지 주의를 집중하는 데 무능력을 유지해줄 뿐이다. 아이들이 각 과목을 완성한 후, 일어나 그들의 작업한 것을 당신이나 배우자에게 보여줄 것을 제안하라. 결국 그들은 당신이 작업을 검토하도록 숙제 시간이 끝날 때까지 기다릴 수 있을 것이다.

또한 초시계는 아이들이 그들의 주의를 모으는 데 도움을 줄 수 있다. 매 10분이나 15분 후에, 그들은 자신의 배운 것의 핵심을 적거나 오디오 녹음기에 말로 기록할 수 있을 것이다. 과업에 대한 그들의 집중력이 증가하면서, 초시계는 더 긴 간격으로 맞춰질 수 있다. 적는 것과 녹음하는 것은 복습으로서의 구실을 하며 그들의 초시계는 그들에게 과제에 집중을 유지하고 숙제 활동을 게임으로 만들도록 도와준다.

추가 학점 작업

아이의 기능 결손에 따라 추가 학점을 인정하는 독서, 작문, 수학이 그들의 공부시간에 추가되어야 한다. 추가 작업은 아이들이 성취한 독서량이나 그들이 완성한 수학 연습 페이지 수를 자랑스러워하도록 장려되어야 한다. 추가 이수 작업을 목표지향적으로 고수하게 하거나 아이들이 학교에서 추가 학점을 얻을 수 있는 방식을 결정하는 것은 그들이 성공감과 학문적 수행에 대한 자신감을 얻도록 도와준다. 당신은 공부시간에 추가 독서를 장려할 수 있다. 단, 그 아이가 아직 강한 독자가 아닐 경우라면 말이다. 독서를 좋아하는 아이들은 독서를 숙제의 도피로 사용할 수 있다.

많은 의존형 아이들은 천천히 글씨를 쓴다. 이런 경우에 닭-달걀 관계를 결정하는 것은 불가능하다(천천히 글씨를 쓰는 것이 의존에 대한 부모의 관심을 촉진한 것인지 또는 의존적 아이가 자신감이 부족하기 때문에 더 천천히 글씨를 쓰게 된 것인지). 그럼에도 불구하고 글씨를 쓰는 속도를 향상시키는 것은 추구할 가치가 있는 목표이다. 아이들에게 제10장의 〈그림 10.5〉에 기술된 시간을 정해서 하는 연습을 하도록 장려하라.

아이들이 기대보다 더 많이 하는 습관을 얻고 그 아이들이 하도록 배운 추가 작업을 자랑스러워하게 되면서, 통과하는 것에만 급급하던 습관은 항상 기대되는 것보다 조금 더 많이 성취하는 습관으로 변화할 것이다. 추가 작업을 하는 것은 성취하는 사람들의 특징이다. 그리고 당신의 아이가 하는 추가적인 노력을 인정해주는 것은 그들에게 부정적 자아상을 바꾸어주는 데 도움을 줄 것이다. 만일 교사들이 기대된 것보다 덜 하는 것 대신에 더 많이 하는 학생의 새로운 이미지를 강화한다면 도움이 될 것이다. 그러나 만일 교사들이 추가 작업에 학점을 주기를 좋아하지 않는다면 부모가 창의적인 이야기, 추가적 독서, 책 리포트, 과학 실험, 사회 프로젝트, 외국어 연습에 대한 보너스 시스템을 개발할 수 있다. 아이들은 그들 자신의 요구에 따라, 보너스를 즐길 것이고 그들의 성취는 자신감을 형성시켜줄 것이다.

목표 지향적 개인교수

의존형의 아이들은 종종 뒤처지고 그들의 능력에 적절한 학문적 그룹에 배치되지 않는다. 그들이 점점 속도를 내도록 보살피고 진급의 이득을 얻도록 도와주기 위해서 일시적인 개인지도는 그들에게 용기를 북돋운다. 개인지도 교사와 학생은 그의 목표에 도달하기 위해 달성 계획을 고안할 수 있다. 진도의 시각적 기록을 유지하는 것은 학생들에게 자기효능감을 주는 데 도움이 되며 진보를 촉진한다. 개인지도 교사는 반드시 학생이 목표를 달성하는 동안 학생의 독립성을 키워줄 필요가 있다.

주류에 머물게 하기

의존형의 아이들에 관한 교직원 회의는 이런 아이들이 흔히 일대일로는 잘 하지만 더 큰 학급에서는 아니라고 결론을 내린다. 이런 가정은 아이가 학습장애를 갖는 것으로 라벨을 붙이는 데 사용되어서는 안 된다. 의존적인 학습부진학생들은 흔히 학습장애아동의 특징을 많이 보여주지만, 의존이 이런 아이들을 주류와 분리하는 충분한 이유는 아니다.

부모들은 흔히 아이들이 학습장애(LD)로 배치됨으로써 부가적인 이익을 얻을 것

그림 11.15 의존과 장애를 구분하는 방법

의존	장애
1. 아이가 주제의 차이와 상관없이 자주 설명을 요청한다.	1. 아이가 어렵고 특별한 주제에 대하여 설명을 요청한다.
2. 아이가 청각이든 시각이든 교수 양식과 상관없이 지시에 대한 설명을 요청한다.	2. 청각이나 시각 중, 한 가지 교수양식으로 주어질 때만 설명을 요청한다.
3. 아이의 질문이 자료에 대하여 구체성이 없고 주로 어른의 관심을 얻기 위한 것으로 보인다.	3. 아이의 질문이 자료에 대하여 구체적이고 일단 설명이 이루어지면, 아이는 효율적으로 공부한다.
4. 아이가 과제를 할 때 비체계적이거나 느리지만 의미가 있는 보상이 동기로서 제시될 때 더 능률적이다.	4. 아이의 비체계성이나 느린 속도가 동기화하는 보상에도 불구하고 지속된다.
5. 아이는 학교와(또는) 집에서 성인이 바로 가까이 있을 때만 공부한다.	5. 아이는 일단 과정이 명확하게 설명되면 독립적으로 공부한다.
6. 개별 능력검사는 자료를 배울 수 있다는 것을 보여준다. 개인 검사에서는 검사자의 격려와 지지로 향상된다. 집단 측정에서는 좋은 능력이나 기능이 나타나지 않을 수 있다.	6. 개인, 집단 측정 모두 특별한 능력이나 기술의 부족을 보여준다. 검사자의 격려는 점수에 의미 있는 영향을 주지 않는다.
7. 아이는 새로운 일이 제시될 때, '저 불쌍해요'라는 몸짓언어(눈물, 쩔쩔맴, 토라짐, 베끼기)를 자주 보여 준다	7. 아이는 '저 불쌍해요'라는 몸짓언어를 단지 특별한 장애 영역의 설명이나 과제에만 나타낸다.
8. 부모가 집에서의 징징거리기, 불평하기, 주의 끌기, 울화통, 좋지 않은 스포츠맨십을 보고한다.	8. 집에서 부모는 비슷한 증상들을 발견할 수 있지만, 그것들은 규칙적이기보다는 좀 더 산발적이다.
9. 아이의 '저 불쌍해요'라는 행동은 단지 한 부모에게만 그리고 일부 교사에게만 나타난다. 다른 교사나 다른 쪽 부모와는 아주 잘 독립적으로 기능한다.	9. '저 불쌍해요'라는 행동은 단지 한 부모나 세심하게 배려하는 교사에게만 나타날 수 있지만, 수행은 행동이 수용적일 때조차 적절하지 않다.
10. 아이는 일대일 수업이 주어질 때는 배우지만, 집단적으로는 교수양식이 다양할지라도 배우려 하지 않는다.	10. 아이는 일대일 환경에서 더 빨리 배울 수 있지만, 또한 집단적 환경이라도 아이의 장애가 배려된다면, 효율적으로 배울 것이다.

장애가 있는 일부 아이들은 역시 의존적이다. 장애와 의존을 구분하는 열쇠는 어른의 도움에 대한 아이들의 반응이다. 만일 새로운 자료가 제시될 때, 아이가 어른의 도움이 있을 때만 수행한다면, 그들은 장애가 있든 없든 역시 너무 의존적이다.

출처 : Rimm, S .B.(2001). *Sylvia Rimm On Raising Kids Newsletter, 12*(2). Watertown, WI: Educational Assessment Service.

이라고 믿는다. 아이들이 진정한 장애를 갖고 있지 않다면, 당신은 그들에게 라벨을 붙여서 그들과 교사들이 진정한 과제를 직접 다루지 못하도록 도피처를 제공하지 않는 것이 더 좋을 것이다. 아이들은 학습장애 라벨을 과제에 대한 책임을 전적으로 떠맡지 않고 교사나 어른들로부터 진정으로 필요한 것 이상의 도움을 얻는 편리한 구실로 잘못 사용한다. 학습장애나 다른 특수교육 학급으로의 배치는 아이들이 능력이 부족하다는 것을 아이들과 교사들과 학부모들에게 믿게 하는 제도화된 방법이다. 그 아이의 기능부족이 실제로 먼저 의존적 성취양식에서 올 수 있는 경우인데도 말이다. 학습장애아이들을 위해 배정되는 기금은 아주 진정한 필요를 가진 자들을 위해 보전되어야 한다. 〈그림 11.15〉는 아이들에 대하여 장애와 의존 사이의 차이점을 분간하는 데 도움을 줄 것이다.

유급

유치원 입학 전 1년 동안을 유예하는 것과 어떤 학년에서 아이들의 유급을 고려하는 것은 그들이 아주 많은 도움을 필요로 하기 때문에, 의존적인 아이에 대처하는 흔한 접근이다. 그러나 연구는 대체로 어느 것도 효과적이지 않다는 것을 보여준다(Graue & Diperna, 2000; Laidig, 1991; Shepard & Smith, 1989). 유급이 아이들의 자아개념에 끼치는 악영향은 더 나은 기능 달성의 기회를 취소시키는 일인 것 같다. 그럼에도 불구하고 일부 특수한 상황하에서는 유급이 고려될 수 있다.

기능이 아주 멀리 뒤처진 일부 학습부진학생들에게 개인교습으로 실질적인 노력을 할지라도, 이것은 학급에서 따라가기에 충분하지 않을 것이다. 만일 한 아이가 학급에서 나이가 어리고 키가 작다면, 유급에의 적응이 더 쉽다. 초등학교 1학년은 초기의 기본 기능의 숙달이 그 이후의 발전에 중대하기 때문에, 유급을 위해 추천되는 학년이다. 유치원은 그 아이가 첫해의 반일 유치원에서 아주 학문적인 종일 프로그램으로 이동하지 않는다면, 유급을 위해 추천되는 학년이 아니다.

아이들이 나이가 차면서, 유급은 심리학적으로 더 위험하고 기본 기능의 치료교육에 덜 유용하다. 새로운 도시나 학교로의 전학은 또래들이 학년의 반복을 의식하지 못하기 때문에 나이 든 아이들이 유급을 더 쉽게 다루도록 해준다.

유급은 학습부진아를 위해 충분한 치료가 아니다. 그 문제의 상담이 제공되지 않는다면, 유급만으론 그 문제가 치료되지 못할 것이다. 유급 후 2년차의 서투름은 학교실패의 위험을 증가시킨다. 문제의 원인을 확인하려는 계획 없이 그리고 그 학생이 학습부진 패턴을 바꾸도록 돕기 위해서라면, 아이를 유급시키지 말아야 한다.

교사로서 할 수 있는 것

만일 당신이 교사라면, 학교에서 학습부진학생을 위해 할 수 있는 많은 변화들은 부모들이 집에서 일으켜야 하는 변화들과 유사하다. 왜냐하면 아이들은 두 환경에서 비슷한 양식으로 성인과 상호작용할 것이기 때문이다. 이 동일한 과정의 적용을 알아보기 위하여, 이 책의 부모 권고사항을 꼭 읽어라. 학교에서의 변화는 가정에서의 변화를 직접 보완한다. 만일 부모가 참여하지 않으려 한다면, 아마 좀 더 어려워지겠지만 그래도 학교에서 학습부진을 반전시키는 것이 가능하다. 몇 가지 가정에서의 전략들을 학교환경에 적용하기 위하여 상담사나 학교 심리학자, 특수교육교사, 한 명의 학급교사에게 협조요청을 받아라. 이렇게 하면, 부모와 교사 간의 동맹처럼, 상담사가 그 아이의 독립적 달성에 대한 간단한 일대일 주목해주기, 강화, 지지를 제공하면서 상담사와 교사의 동맹이 이루어질 것이다.

자신감의 표

대부분의 아이들과 부모들은 친절하고 세심하게 배려하는 교사, 부드럽게 아이들을 돌보는 민감한 사람을 좋아한다. 그러나 효율적인 교사는 부적절한 동정을 피할 수 있어야 한다. 압력의 사인(예 : 손톱 물어뜯기, 잦은 눈물, 슬픈 몸짓언어, 수줍음)은 부모들이 그들에게 너무 많은 것을 기대하고 있다고 말하고 있는 것일 수 있다. 그러나 그것은 그들이 과잉보호를 받고, 열심히 일하는 데 익숙하지 않으며, 부모가 그들에게 충분히 기대하고 있지 않다는 것을 알려주는 것과 같다고 할 수 있다.

만일 아이들의 지능 그리고 다른 진단적 검사가 평균 이상이나 우수한 능력을 나타내고, 교사로서의 당신이 그들에게 오직 학년 수준의 수행을 기대하고 있다면, 이런 압력의 지표는 부모들이 그들의 아이들에게 충분한 기대를 하고 있지 않다는 것을 의미한다. 교사들은 흔히 그들이 이런 학생들에게 너무 큰 압력을 행사하고 있는 게 아니냐고 우려한다. 만일 당신이 너무 큰 압력에 대한 우려를 부모에게 전달한다면, 그들은 그 문제를 더 악화시킨다. 당신이 자신에게 친절하고 강하고 확고하라고 말해야 할 때가 바로 이 시점이다. 압력을 받는 아이들에게 주는 메시지는 그들이 열심히 일하는 일꾼이어야 하고, 그래서 요구된 과제를 완성할 수 있다는 것이어야 한다. 열심히 일하는 일꾼들은 포기하지 않고 일단 그들이 열심히 일하는 것에 익숙해지면, 그것이 더 쉬워진다는 것을 그들에게 확실하게 말해야 한다. 만일 당신이 그런 작은 눈물을 못 본 척하고 부드럽게 아이들의 끈기와 문제해결 기능에 대하여 조언을 한다면, 그 눈물은 점점 사라지고 자신감으로 대체될 것이다.

민감성은 아이들에게 개발해야 할 좋은 자질이다. 그러나 과도한 민감성은 자신감을 허물 수 있기에 격려되지 말아야 한다. 그것을 무시하는 것은 이런 아이들의 극소한 노력만을 일어나게 하는 것으로 보이는 무기력의 증상들을 소멸하는 가장 좋은 방법이다. 만일 아이들의 눈물을 무시하는 것이 당신에게 죄책감을 느끼게 한다면, 그때마다 당신은 무기력의 사인에 주목하지 않음으로써, 그들에게 진정한 친절을 베풀고 있으며, 그들에게 더 나은 자아개념을 개발시켜주고 있다고 스스로 말하라. 이런 권고는 당신에게 큰 스트레스를 야기할 수 있지만, 당신은 곧 이런 아이들에게서 좋은 결과를 볼 것이고, 당신의 개인적 불안은 가라앉을 것이다. 당신은 Rimm의 법칙 #6을 복습하고 싶을 것이다. 즉, 아이들은 분투를 통해서 자신감과 회복력을 개발한다는 것 말이다. 만일 당신이 아이들의 분투를 탈취하면 당신은 그들의 자신감을 훔치는 것이다. 안전한 환경에서 작은 불안의 경험들은 아이들에게 미래에 닥칠 더 큰 스트레스에 대처할 준비를 시켜준다.

설명의 다양한 방법

아이들은 학습양식과 능력에서 매우 다양성을 보여주기 때문에 만일 당신이 과제의 지시와 숙제의 상기를 여러 가지 형태로 한다면, 그것이 가장 안전하다. 숙제 과제는 구두와 판서로 또는 유인물로 주어져야 한다. 과제의 지시는 학급에 구두로 하고 동시에 오디오 녹음장치에 녹음할 수 있다. 의존적인 아이들과 지시를 기억하지 못하는 아이들은 녹음된 지시를 듣고, 반복이 필요한 다른 아이들에게 넘길 수 있다. 학교는 학생들이 정확한 숙제를 확실하게 갖도록 숙제 과제를 인터넷 사이트에 올릴 수 있다. 이것은 그들이 개인적으로 당신을 덜 의지하도록 도와줄 것이고, 또한 부모는 아이들에게 당연한 숙제 과제를 확인할 수 있을 것이다.

종종 학생들은 지시의 개념을 이해할 수 없을 때가 있다. 그들은 진정으로 당신

그림 11.16 온갖 감각을 통한 가르치기

우리는 학생들이 가장 잘 배우는 방식에 있어서 다양성을 보여준다는 것을 알고 있다. 일부 학생들은 시각적일 때 더 효율적으로 배운다. 다른 학생들은 좀 더 효과적인 청취자이며 청각적 학습을 선호한다. 조용한 다른 이들은 촉각적 감각으로 또는 손 활동을 통해서 가장 잘 배운다.

네 가지 양식 모두를 사용하는 것은 많은 아이들에게 미칠 수 있게 하고, 학습과정에서 그들의 강점을 이용하도록 격려시켜줄 수 있다. 만일 아이들이 시각적 학습자라면, 쓰기, 복사하기, 그리기 또는 사진 모으기가 정보의 기억을 강화시킬 것이다. 만일 그들이 청각적 학습자라면, 녹음 듣기, 녹음하기 그리고 구두로 반복하기가 그들의 기억 증진을 도와줄 것이다. 만일 그들이 운동 감각적 학습자라면, 그들은 계측기, 표시물, 플래시카드를 조작함으로써 더 잘 배울 것이다. 이야기 만들기, 리듬 또는 기억술은 그들의 느낌과 감정을 연관시켜 기억 증진을 도와줄 것이다. 어떠한 개념을 가르칠 때도 가능한 한 많은 감각적 접근(예 : 칠판에 쓰기, 사진이나 모델 돌려보기, 이야기나 우수갯소리)을 사용하는 것은, 모두 함께 사용된다면 학급의 대부분 학생들에게 이르게 될 것이다.

출처 : Rimm. S .B.(2002). *Sylvia Rimm On Raising Kids Newsletter, 13*(1). Watertown, WI: Educational Assessment Service.

의 도움이 필요할지도 모른다. 이런 경우, 당신은 설명하고 돕기 위해 시간을 내야 하고, 그 아이들이 단지 의존적이라고만 상상하지 말아야 한다. 〈그림 11.16〉은 당신이 아이들의 감각기관을 통하여 가르치는 것을 도와줄 것이다.

교실과제와 숙제의 완성

부모를 위한 권고에서 언급한 것처럼, 대부분의 의존형 아이들은 학교에서 교실과제를 완성하지 않거나 집에서 숙제를 끝내지 않는다. 몇 명은 과제를 하고서 당신에게 그것을 제출하지 않을 것이라는 것을 발견하는 것은 한층 더 좌절감을 준다. 부모들을 위해 이 장의 앞부분에서 기술한 의사소통과 가정에서의 강화는 이런 나쁜 습관을 제거하기 위하여 이상적으로 작동할 것이다. 만일 교사인 당신이 효과적인 부모 협력을 조성할 수 있다면, 당신은 아마 학생들의 패턴을 바꾸는 데 성공할 것이다. 변화를 위해 기대되는 시간의 길이는 패턴의 강도와 아이의 나이 그리고 부모 – 교사 짝의 수행에 따라 다양할 것이다. 만일 당신이 아이의 동성 부모가 협력하도록 설득할 수 있다면, 그것은 당신의 성공 가능성을 증가시켜줄 것이다.

제9장에서 제공된 소통의 양식이 효과적이지만 당신은 아이가 보여주는 특별한

문제에 방향을 맞추기 위하여 당신의 설계를 원할 수도 있다. 중요한 것은 너무 많은 행동을 그 양식에 넣지 않도록 하는 것이다. 한 번에 한두 가지에 집중하라. 당신은 처음 것이 개선된 이후에 다른 것을 추가할 수 있다. 간단한 이메일이 또한 효과적이다.

부모가 효과적으로 협력하지 않으려 하거나 그렇게 할 수 없는 경우의 학습부진 아이들이 많이 있다. 이것은 학급담임인 당신이 그 패턴을 역전시킬 수 없도록 방해하지 못할 것이다. 다만 좀 더 긴 시간이 걸릴 것이고 개인의 시간과 헌신을 더 많이 필요로 할 것이다. 주목하기는 바람직한 행동에 대한 가장 유력한 강화인자이기 때문에, 당신은 매일 또는 주1회 피드백을 직접 학생에게 제공할 수 있다. 한 아이와 함께 개인적으로 보내는 당신의 시간은 엄청난 차이를 줄 수 있다. 시간은 부족한 일용품이다. 그러나 당신을 도와줄 다른 학교자원인사들이 있다. 생활지도 상담사와 학교 심리학자, 언어치료사, 학습장애 교사, 영재학급 교사 그리고 교과목 교사들이 기쁘게 도와줄 것이다. 한 초등학교에서, 어느 학급담임과 학습장애 교사가 아주 의존적인 3학년 아동에게 과제 완성과 독립성 그리고 긍정적인 행동을 조장하기 위하여 가장 성공적인 팀을 만들었다. 그들은 집에서 변화를 시도하기 전인데도 학교에서 효과적으로 학습부진 패턴을 반전시켰다.

당신이 사용할 수 있는 다른 가능한 강화인자들은 친구와 지내는 시간이나 컴퓨터 시간, 어른과의 게임 시간, 몇 분의 추가 휴식 시간 또는 도서관 추가 이용권을 들 수 있다. 스티커와 별 그리고 웃는 얼굴 표는 어린아이들에게 잘 작동한다.

부모들이 마무리를 할 수 없는 아이들에게는 방과 후 스터디 클럽이 효과적이다. 이들은 그들이 자발적이라는 점에서 나머지 공부와는 다르다. 아이들은 사교적 쉬는 시간과 간식 시간을 학습 및 숙제 도움과 연합할 수 있기 때문에, 스터디 클럽에 머물도록 격려할 수 있다. 지역기관이나 공장들은 종종 스터디 클럽을 위해 간식 자금을 내려할 것이다. 부가적으로 만일 아이들이 스터디 클럽에서 숙제를 완성한다면 물론 그들은 어떤 책도 집으로 가져갈 필요가 없게 된다.

당신이 이런 아이들의 성취패턴을 바꾸기 위한 접근을 설계하는 데 기초가 되는 역직관적 원리는 당신의 주목하기를 의존과 부적합성에서 노력과 달성으로 방향전환을 해야 한다는 것이다. 노력과 인내를 강조하는 피드백 시스템과 함께 당신의 아이에 대한 개인적 관심과 당신의 자신감의 전달은 중대한 변화를 제공할 것이다.

성장 사고방식 가르치기

상담 중에 나는 아이들에게 그들의 뇌는 빠르게 자라는 중이며 그들이 크게 노력한다면, 그들 뇌의 배선에 변화를 줄 수 있을 것이라고 설명한다. 이것은 특별히 중·고등학교 소년들에게 효과적이다. 왜냐하면 그것은 그들의 근력을 형성하기 위하여 그들에게 운동을 하라고 격려하는 것과 같기 때문이다. 전청소년기와 청소년기 아이들은 그들의 신체적 성장기를 이해하기 때문에, 뇌 성장에 대한 이해도 쉽게 한다. 만일 그들에게 신체적 급성장기가 있다면, 또한 그들에게 정신적 급성장기도 있을 거라고 상상할 수 있으며, 신체적으로 정신적으로 모두 성취하는 것을 성장과 관련지을 수 있다. 나는 이렇게 설명을 요약한다. "너는 더 열심히 일할수록 더 똑똑해질 것이고, 네가 더 똑똑할수록 더 열심히 일할 것이다." 나의 목표는 그들에게 지능은 반드시 빠르고 쉬운 것이 아니며, 연습의 도전을 필요로 한다는 것을 믿도록 하는 것이다. 성장 사고방식(Dweck, 2006)은 의존적인 아이들에게 끈기를 갖도록 용기를 북돋아준다.

전기를 통한 회복력 형성

성공한 사람들의 전기를 통해 공부하는 것은 학생들에게 이 사람들이 성공하기 전에 어떻게 반복되는 좌절과 실패에 대처해야 했는지를 인식하는 데 도움을 줄 것이다(Goertzel, Goertzel, Goertzel & Hansen, 2004). 이것은 아이들에게 그들 자신의 실패가 부적절성의 징표가 아니며 단지 도전의 기회를 수용했다는 표시일 뿐이라는 것을 잘 이해하는 데 도움을 줄 것이다. 성공한 여성의 어린 시절에 관한 우리의 연구에서(Rimm & Rimm-Kaufman, 2001; Rimm, Rimm-Kaufman & Rimm, 1999), 우리는 많은 여성들이 성공한 사람들의 전기를 읽음으로써 성공의 자극을 받았다는 것을 발견했다(Siegle & McCoach, 2005).

주의집중하기

의존형의 아이들은 백일몽에 젖는 자들이며, 따라서 주의를 기울이지 않는 유형의 주의력결핍장애가 있는 것으로 흔히 진단된다. 분명 주의력을 모으고 집중하는 능력의 부족은 교실에서 정보를 거의 흡수하지 못하도록 하며, 학습기능부족의 원인이 된다. 그들이 창을 응시하고, 허공에 눈을 돌리며, 손과 발을 불안하게 움직이는 것은 부모와 교사들 모두에게 골칫거리이다. 그러나 만일 그들이 어떤 활동에 몰두한다면 그들은 완전한 집중을 보여주는 것이며, 이것이 드물게라도 일어난다면, 의문의 여지가 없이 그것은 그들이 주의를 기울일 수 있다는 증거를 제공하는 것이다.

그들의 동기와 목표 지향이 증가하면서 아이들의 주의집중 시간은 커질 수 있다. 내적 보상 활동에 전념하는 것 역시 그들의 집중력을 향상시켜준다. 그러나 교사와 부모들은 아이들의 주의력 통제를 돕기 위하여 몇 가지 특별한 신호를 창안하길 원할 수도 있다.

이 장의 앞에서 제시한 대로, 소통을 위한 눈 맞추기의 중요성을 설명하는 것은 당신의 언어적 설명과 수업에 대한 아이들의 집중력을 북돋우는 하나의 효과적인 수단이다(그림 11.14 참조). 당신이 말하는 동안, 아이들이 당신을 직접 바라보도록 도와줄 비밀 신호를 계획할 수 있다. 예를 들면, 집중력을 증진하려고 시도하고 있는 의지가 있는 아이들에게 주는 신호로서 당신의 눈이나 안경을 만지거나 자로 책상을 두드릴 수도 있다. 이것은 그 신호가 교사와 아이 사이의 비밀로 간주될 경우에만 단지 효과가 있다. 그렇지 않으면 이것은 아이들에게 교사가 항상 그들을 관찰하고 있는 것처럼 느끼게 할 것이다.

학교와 집에서 스스로 집중하는 것을 배우려고 시도하고 있는 청소년들은 그들이 적극적으로 과제에 주파를 맞춘 시간의 퍼센트를 측정하기 위하여 15분 간격으로 초시계를 맞추어 자신의 집중한 주의력을 조사해야만 한다. 그래프 종이에 과제 활동에 들인 생각의 시간을 막대그래프로 도식화함으로써, 그들은 점점 이것들의 퍼센트를 증가하는 것을 배울 수 있고 그들의 생산적인 공부에 대한 통제감을 얻을 수 있다. 당신은 그들의 진보에 대하여 논의해야만 하고 그들에게 피드백과 용기를 주어야 한다. 이런 훈련은 의지가 있는 학습자를 필요로 한다. 최초의 동기가 이런 주의력 조사 연습보다 선행되어야 한다.

가정에서 아이들이 집중하는 것을 도와주는 다른 방법들은 적극적 암송이나 자료 쓰기, 배운 자료를 구술이나 쓰기로 요약하기, 특별한 기억법 사용하기, 의미의 기계적 암기를 포함한다. 청소년들은 교사들의 설명에 주의를 기울이도록 스스로 자신의 발명품을 개발할 수 있다. 그렇게 하도록 그들을 격려하라.

아이들이 학교에서 집중하지 않을 때, 그들이 무엇을 생각하고 있는지를 아는 것이 도움이 된다. 내가 대화한 대부분 아이들의 방황하는 생각들은 평범한 것이었다. 예를 들면, 어제 있었던 야구경기나 한 친구가 다른 친구에게 말한 내용 같은 것들이다. 소수의 아이들은 창의적인 생각에 몰두할 수 있고 몇몇은 학교나 집의 걱정거리로 힘들어할 수 있다. 후자의 그룹에게 그들의 중대사에 대하여 어느 정도의 토론 시간을 마련하는 것이 적절할 것이다. 상상력이 풍부한 학생들에게 그들의 창의적인 생각을 위한 몇몇 적절한 출구가 아주 도움을 줄 것이다. 이런 창의적인 사색가는 아이디어를 메모장에 적어내고 싶을 것이다. 그러나 교실에서 허공을 보는 대부분의 아이들에게 흥미 부족, 몰이해, 평범한 백일몽은 그들의 학습을 방해하는 시간 낭비자들이다.

목표 설정 가르치기

의존형의 아이들은 스스로 현실적인 목표를 세우지 않는다. 그날그날 꾸려가는 수업에서 그들은 어떠한 목표도 세우지 않는다. 그들의 먼 미래의 목표는 현존하지 않거나 낭만적으로 묘사되거나 터무니없는 것이다. 콜로라도 산맥에서 자급자족하고 독립해서 살아가는 것, 농구 아나운서나 선수가 되는 것이 이런 아이들의 전형적인 미래 계획이지만, 그들의 미래 계획이 무엇인지에 대한 질문을 받을 때, 이런 아이들의 좀 더 잦은 대답은 "몰라요."일 것이다. 그들이 어느 정도의 내적인 통제감과 어떤 것을 달성할 수 있다는 어느 정도의 자신감을 경험할 수 있도록, 현실적인 단기 목표를 세울 때, 그들은 교사의 도움이 필요할 것이다.

흔히 당신이 목표를 제안할 때, 아이들은 처음엔 무관심을 보인다. 이런 무관심은 대부분 그들이 아주 조금 밖에 성공을 경험하지 못하여 또 다른 실패를 할까 봐 두려워하기 때문이거나, 그렇지 않으면 그 목표는 그들이 받고 싶은 인정을 보상해 줄 정도로 충분히 높다고 보지 않기 때문이다. 당신은 아이들에게 그들은 이 목표를 달성할 수 있고, 일단 그들이 목표를 성취한다면 성공에 대한 기쁨을 느끼게 될 거라고 설득을 해야 한다. 그들은 목표를 달성하기 위해 따라야 할 과정에 대한 단계적 설명, 그들이 사용해야 할 전략 그리고 그들의 성공을 측정할 수 있는 이정표에 관하여 설명이 필요하다. 목표 설정에 대한 아이들과의 어떠한 대화도 은밀하고 개인적인 것이어야 한다. 당신은 아이와의 첫 만남 후에 부모를 포함할 수 있다.

영리한 학습부진학생들을 위한 적절한 목표는 상급 독서나 수학 그룹으로의 진급, 심화 및 영재 프로그램의 등록, 특별 학급 및 공연 그룹 가입, 전공 심화경험의 참여, 스포츠 프로그램의 참가, 특수 교육 학급의 탈피이며, 또한 일부 영재 학습부진아를 위해서는 전체 교과목이나 한 학년의 속진을 의미할 수 있다. 상급 독서 및 수학 그룹으로 진급하는 것은 흔히 많은 초등학생을 위해 적절한 목표이며, 특별 심화 학급이나 가까운 대학 또는 기술학교에서의 수강반은 중 · 고등학교 학생들에게 매력적인 기회이다.

의존형 아이들은 자신감이 아주 부족하기 때문에 그들은 상급 그룹에서 성공하지 못할까 봐 두려워할 수 있다. 그들이 변화하는 동안 도움을 받을 것이라고 확신을 주는 설명은 아주 도움이 될 것이다. 〈그림 11.17〉과 〈그림 11.18〉은 교사와 학생 간의 목표 설정 대화의 예이며 설득 과정에서 교사를 안내하기 위한 것이다.

성취 가능성이 있는 학습부진 아이들을 위해 진급을 목표로 정할 때, 학교 정책이 아이들이 적절한 진보를 보여준다면 진급을 허락할 것인지를 확인하라. 학교 정책 입안자들은 아이들이 기능이 더 나은 반으로 수직 이동을 하도록 합리적으로 유연성이 있는 지침을 세우는 것이 중요하다. 마지막으로 아이들은 상급 지위를 위해 분투하는 개인적 헌신이 중차대하다. 이것이 의존형 아이들에겐 어렵다. 왜냐하면 그들은 자신감이 매우 부족하기 때문이다.

학생들은 그들의 최초의 목표에 도달하는 것에 성공할 때, 그것은 많은 자신감을 더해주고, 그들의 동기에 즉각적인 변화를 주게 된다. 그들은 통제감과 성취감을 느끼고, 그것은 다른 학업에까지 뻗힐 것이다. 그러나 그들은 제2차 목표를 세울 때, 실패의 위험을 증가하면서 너무 높게 목표를 세우는 패턴으로 쉽게 후퇴할 수도 있다. 당신은 그들에게 인내하라고 상기시킬 필요가 있다. A학점은 그 학생의 능력범위 내에는 있지만, 우등생 그룹으로 막 이동한 상태에서 처음에는 B나 아마도 C학점이 더 적정하다. 좀 더 평범한 목표들이 결국 우수한 성취의 흥분으로 이끌어갈 자신감을 형성하는 데 도움을 줄 것이다. 그러나 흔히 그들은 즉시 더 성공적이지 않을 때, 자신에게 매우 실망한다. 당신이 그들에게 현실적 기대를 특별하게 허락해주지 않는다면, 그들은 쉽게 포기할 수 있다.

아이들에게 '가장 영리한 학생'보다는 영리한 학생 중의 한 명이 되는 것에 만족할 수 있도록 도와주어라. 그들은 더욱더 그들의 성취목표를 달성하면서, 개인의 성장 기회의 문이 열릴 것이라고 상기되어야만 한다. 그들의 학습부진 기간 동안,

그림 11.17 초등학교 상급 독서반 진급을 돕기 위한 대화

Mr. Reed : Marcus, 너도 알다시피, 학교 심리학자가 너를 검사하였고 네가 너의 독서 워크북을 더 많이 완성하였기 때문에, 나는 네가 상급 독서반으로 올라갈 능력을 가지고 있다고 생각해. 너는 정말 매우 우수한 독자이며 나는 네가 도전하는 것을 보고 싶어.

Marcus : (웃으며) Reed 선생님, 『Blue Birds』는 읽을 수 있을 거 같은데, 그건 할 게 너무 많아요. 그리고 그것을 모두 마칠 수 없을 것 같아요.

Mr. Reed : 자, 나에게 그 검사는 네가 약간 연습을 하고 조금만 따라가면 할 수 있다는 걸 말해주고 있어. 너는 네가 생각하는 것보다 아주 더 영리해. 알지. 그리고 너는 정말로 열심히 할 수 있어. 네가 집에서 하는 모든 독서는 큰 도움이 되어 왔어.

Marcus : (여전히 웃으며) 선생님께서는 제가 당장 다른 반과 함께 독서를 할 수 있다는 거군요.

Mr. Reed : 아, 정확히는 아니야. 네가 해야 할 것을 보여 줄게(주 교재와 워크북을 보여준다). 여기가 너의 반이 하고 있는 곳이야. 네가 읽었으면 하는 20편의 이야기가 있어. 네가 있는 곳과 다음 반 사이에 40페이지의 워크북이 있지만, 난 가장 중요한 것 중에서 20페이지를 골랐어. 난 이 도표에 네가 해야 할 이야기의 이름과 각 워크북 페이지를 적어 놓았어. 만일 네가 매일 방과 후 15분 동안 나를 만나러 온다면, 나는 몇 가지 새로운 단어를 가르쳐줄 것이고 네가 워크북의 지시를 이해하도록 할 수 있어. 그다음 네가 할 모든 것은 집에서 하루에 한 가지 이야기를 읽고 한 페이지의 워크북을 하는 거야. 너는 그 이야기에 대하여 엄마와 아빠에게 말하고 워크북 페이지를 나에게 가져오고, 그 표에 네가 한 것을 표시할 수 있어. 만일 네가 20일 동안 하루에 한 이야기를 읽고 워크북 한 페이지를 한다면, 너는 독서 시험을 치를 준비가 된 거야. 나는 네가 그것을 통과할 수 있다고 확신해. 그다음에 나는 네가 상급반에 도전할 준비를 할 거라고 생각해.

Marcus : (머뭇거리며) 정말로 제가 그 모든 것을 할 수 있다고 생각하세요?

Mr. Reed : 물론. 네가 한 번에 조금씩만 하는 것이라서 그렇게 어렵게 보이지 않아.

Marcus : 시도해볼 생각이 들어요. 전 올라가서 제 친구 Alan과 함께하고 싶어요.

Mr. Reed : 그래, 그 반이 네가 있을 반이야. 그러니 간단히 계약서를 작성하자. 나는 너의 엄마와 아빠도 너를 자랑스러워할 거라고 장담해.

출처 : Rimm, S. B.(2006). *Sylvia Rimm On Raising Kids Newsletter, 17*(2). Watertown, WI: Educational Assessment Service.

그들은 계속 문을 닫고 있었으며 그들의 미래를 제한하고 있었다. 모든 것에서 항상 성공할 것이라고 기대하지 않도록 그들에게 상기시킨다.

성공과 실패의 균형이 이동할 때, 아이들에게 그들의 긍정적 성취를 확인하도록 도와주어라. 매주 한 번 그들의 성공을 검토하고 그들의 개인적 목표 설정을 격려하기 위해 그들과의 15분 만남을 계획한다. 그 15분은 그들이 좀 더 성공적으로 되면서 5분으로 감소하게 될 것이다. 그러나 그들의 진보를 강화하기 위한 주 일회의

그림 11.18 고등학교 생물 우등생 과정 자격을 돕기 위한 대화

Mrs. Lopez : Scott, 네가 잡아야 할 직업의 방향에 대하여 좋은 생각이 있니? 넌 주도적으로 하기 때문에, 네가 몇 가지 진정한 재능을 가지고 있다는 것을 알 수 있을 거야.

Scott : Lopez 선생님, 선생님들은 제가 어릴 때부터 영리하고 제 능력만큼 일하지 않는다고 말씀하셨어요. 저는 그분들이 틀렸다고 생각해요. 심리학자들이 하는 테스트는 아주 쉽지만, 학교수업은 정말 저에게 어려워요. 전 숙제를 해오고 있지만, 저는 B나 C학점을 받고 있어요. 그런데 뭐가 영리한가요? 전 노력할 가치도 없는 거 같아요.

Mrs. Lopez : Scott, 그 검사는 정말 잘못된 것이 아니야. 너는 정말로 아주 능력이 있기 때문에 너에게 쉽게 보이는 거야. 실제로 너의 점수는 네 나이 학생들의 상위 1% 안에 들어 있어. 네가 숙제를 하고 있지만, 정말로 너는 막 시작한 것뿐이야. 그리고 너의 성적이 네가 속하는 A나 B학점까지 올라가는 데는 좀 시간이 걸릴 거야.

Scott : 제가 계속 동기를 유지하기가 어려워요. 그 일은 아주 지루하고 따분한 것 같아요. 제가 좋아하는 과목인 과학도 단지 재미없는 것 같아요.

Mrs. Lopez : Scott, 우리 실험을 하나 해보는 게 어떠니? 있지. 너는 정말 과학 우등생 반에 들어갈 능력이 있고, 너는 아마 그것이 더 자극을 준다는 것을 발견할 거야. 너는 한 학년의 1/4만을 남겨놓고 있어. 너의 전체 성적을 평균으로 올리기에는 충분한 시간은 아니지만, 네가 정말로 과학에의 도전을 수용할 수 있다는 것을 보여주기에는 충분해. 만일 나를 위해 딱 세 가지만 할 수 있다면, 네가 속진 프로그램을 해낼 수 있다는 것을 스스로 그리고 과학 선생님에게 증명할 수 있다고 믿어.

Scott : 그러나 저는 모두 그렇게 영리한 아이들과 함께하고 싶지 않아요. 그들은 오직 공부만 해요.

Mrs. Lopez : 자, 나하고 단지 실험을 해보지 않겠니? 그리고 만일 네가 올라가길 원치 않는다면 그럴 필요는 없어. 그것은 네가 정말 약간의 추가 노력만으로도 달성할 수 있는 것을 보게 하는 방식일 뿐이야. 난 네가 그 기분을 좋아할 거라고 생각해.

Scott : 글쎄요. 제가 무엇을 했으면 좋겠어요?

Mrs. Lopez : Scott, 첫째 너는 숙제를 끝낸 후, 과학 공부에 하루 15분을 추가하였으면 해. 그 15분을 어떻게 사용할지 보여주기 위해 난 너를 두 번 만날 거야. 둘째, 네가 유명한 과학자의 전기를 2~3권 읽었으면 해. 그래서 네가 그들이 느끼는 흥분과 도전을 이해할 수 있었으면 해. 그리고 마지막으로, 지금부터 학년 말까지 네가 독립적으로 선택 과학 프로젝트를 하는 거야. 난 네가 그것을 계획하는 일을 기쁘게 도와줄 거야. 만일 네가 그 모든 것을 하면(단지 네가 원하기만 한다면) 난 네가 과학 우등생 반의 준비가 될 거라고 확신해. Scott, 나는 정말 네가 능력을 가지고 있고, 우리나라는 좋은 과학자들이 필요하다고 생각해. 과학 분야에 직업을 구하는 데는 많은 일을 요구하지만, 그것은 정말로 만족을 줄 수 있을 거야. 너는 적어도 네가 달성할 수 있는 것을 찾아내야 해.

Scott : 저는 그 일이 이루어질 것 같지 않지만, 과학은 좋아해요. 그래서 저는 그것을 시도할 생각이 들어요. 어떻게 시작하지요?

Mrs. Lopez : 자, 우리 계약서를 먼저 작성하자. 그다음 우리는 너에게 세부사항을 도울 수 있도록 네가 큰 학습 방에 있는 동안 매주 회의를 갖게 될 거야. 이것은 너에게 큰 결정이야. Scott, 그러나 나는 너에게 큰 자신감을 갖고 있고, 너는 나를 실망시키지 않을 거라고 믿고 있어.

출처 : Rimm, S. B.(1990). *Learning Leads Q-cards: Teacher tip*. Watertown, WI: Apple.

기회를 놓치지 말아라. 그들에게 강화인자를 바꾸기 전, 당신은 그들의 부족함과 의존성에 주의를 기울이는 데 아주 많은 시간을 소모하고 있었다. 지금 그들은 당신의 관심을 좀 더 긍정적으로 끌어들이는 것을 배웠지만, 그들의 수행과 자신감은 오랜 시간 동안 보장되지는 않을 것이다. 따라서 당신의 긍정적 주목하기에 대한 투자는 그들에게 오랫동안 중대한 것으로 남게 되는 것이다.

교사로서 당신은 스스로에게 자주 보상하고 싶을 것이다. 당신은 이런 학습부진 학생들에게 진정으로 중요하다고 스스로 상기시켜라. 만일 당신이 그들의 삶에 중심적인 사람(그들의 성취방향을 바꾸는 사람)이 된다면, 그들은 성인 생활 내내 당신을 영향을 준 사람으로 기억할 것이다. 이 학습부진학생을 바꾼다고 하는 것은 큰 노력과 상당한 인내를 요구한다. 그러므로 당신은 숭고한 가르침을 가지고 있음을 당당히 인정하라. 당신은 그만한 가치가 있다.

체계화 전략 가르치기

의존형의 학생들은 때로는 완벽주의자 Pearl처럼 아주 체계화되어 있으며, 때로는 수동적인 Paul처럼 완전히 체계적이지 못하다. 그들은 극과 극을 선택하는 경향이 있으며 그들의 체계화의 실패는 시간과 자료와 관련되고 또 정보와 관련될 수 있다. 부족한 체계성을 다루는 것보다 엄격한 체계성을 막기가 더 쉽다. 엄격한 구조에 의지하는 아이들은 그들의 확산적 사고를 늘리는 것을 배우기 위하여 창의적 문제해결 연습에 호감을 갖고 반응해야 한다.

체계화 전략을 가르치는 것은 좋은 본보기를 따라함으로써 그리고 학교에서 아이들이 자료를 모으고, 서류를 철하고, 책상과 사물함을 청소하고 과제장에 숙제를 적는 데 시간을 허용함으로써 촉진될 수 있다(그림 11.19 참조). 개인의 체계화 접근법을 보여주고 학생들이 그들의 급우들과 모범적이고 창의적인 체계화 전략을 공유하도록 격려하는 것은 그들에게 학교생활에서 질서의 가치를 존중하도록 도와준다. 〈그림 11.20〉은 한 학생의 예를 나타낸다.

창의성과 무질서를 동일한 것으로 보는 실수가 있다. 많은 창의적인 사람들이 무질서한 환경에서 사는 것처럼 보이는 것이 사실이지만, 이것은 환상이다. 창의적인 개인들은 엄격성에 의존하지 않고 모호함을 잘 참아내지만 그들은 무질서를 조직하는 진정한 기술을 가지고 있고, 매우 세부적인 것을 중시한다. 그들의 일터는 어

그림 11.19 과제장

학습부진학생들은 흔히 과제장을 잘 잃어버린다. 가끔 성취하는 아이들도 그렇기는 하다. 여기 몇 가지 과제의 상기를 도와주는 효과적인 대안들이 있다. 가능하면 아이들에게 그들이 좋아하는 접근법을 선택할 기회를 준다.

- 과제장은 큰 사이즈의 용수철 공책이면 좋다. 매일 과제는 새로운 페이지에 써야 한다. 이 페이지는 과제가 모두 완성될 때 떼어내게 된다. 이것의 장점은 이렇다. (1) 그 공책은 크기 때문에 잃어버릴 가능성이 적다. (2) 아이들은 완성된 페이지를 뜯어 내어 그것을 부모나 교사에게 보여주는 데서 만족을 얻는다. (3) 새로운 과제는 항상 페이지 가장 위쪽에 쓴다. 한 가지 단점은 재활용이 장려되고 있지만, 종이가 좀 낭비된다.
- 아이들은 각 과목별로 과제장이 있는 게 좋다. 모든 과목의 공책은 매일 집으로 가져가야 한다.
- 교사는 낱장 분리 공책에 들어갈 특별한 과제양식을 준비할 수 있다. 종례 시간을 할당하여 아이들이 과제들을 적당한 공책에 적고, 필요한 책들을 수집하도록 할 수 있다.
- 교사는 아이들이 바인더에 넣을 주간 과제장을 아이들에게 내준다. 아이들은 숙제가 완성될 때 그것을 체크한다.
- 학교는 부모와 학생들이 이용할 수 있는 웹사이트에 숙제 과제를 제공할 수 있다.
- 아이들은 자신의 숙제 상기 전략을 창안할 수 있도록 허용된다. 어떤 아이들은 매우 독창적이고, 일단 그들이 자신의 고안품에 투자하였다면, 그들은 책임감을 갖는다.

출처 : Rimm, S. B.(2002). *Sylvia Rimm On Raising Kids Newsletter, 13*(1). Watertown, WI: Educational Assessment Service.

그림 11.20 한 학생의 과제 기억술

과제를 기억하기 위해, 아침에 나는 모든 책을 나의 사물함의 윗칸에 정리하여 놓는다. 그날이 지나가면서, 나는 숙제가 없는 책은 아랫칸에 놓고 숙제가 있는 책은 제일 윗칸에 놓는다. 그날이 마칠 때, 나는 아랫칸에 있는 책들은 남겨놓고 제일 윗칸에 있는 책들은 집으로 가져온다. 그런 방식으로 나는 나의 숙제 책들을 잊지 않는다.

출처 : Rimm, S. B.(1990). *How to Stop Underachievement.*, *1*(2). Watertown, WI: Educational Assessment Service.

지러운 것처럼 보일 수 있지만, 그들은 전형적으로 원할 때 원하는 것을 정확하게 찾을 수 있다. 당신은 학생들에게 이 개념을 설명하고 싶을 것이다. 의존적인 학습부진학생들은 시간과 자료들을 정돈하려는 책임감을 띠지 않는다. 체계화 전략을 보고 따라하는 것과 체계화 과제를 위한 특별한 시간을 허락하는 것이 도움이 될 것이다.

공부를 위해 정보를 체계화하는 것은 매우 중대하기 때문에 성취학생이나 학습부진학생이나 마찬가지로 이런 체계화 기능을 연습해야 한다. 너무 많은 젊은 사람들이 학습과정의 이해 없이 고교 이후의 교육에 이른다. 내용 영역의 적절한 학습기술은 모든 교실에서 가르쳐야 하고 연습해야 한다. 물론 많은 교사들은 아이들에게 특정 과목에 대하여 공부하라고는 가르치지만, 학습기술에 대한 학습은 특정 과정에 위임하기를 좋아한다. 아주 많은 아이들은 학습방법을 모르고 있다는 걸 인정하기 꺼려하기 때문에, 확실히 많은 교사들은 다른 누군가가 그것을 가르칠 거라고 상상하고 있는 게 틀림없다.

당신의 학습부진학생들이 효과적인 학습기술을 배우지 않았을 경우에는 그것을 가르치고, 당신이 가르치는 특정 교과의 내용 중심의 학습기술들을 연습하도록 허용하라. 내용 중심의 학습기술들을 배우는 데 있어서 반복은 모든 아이들에게 도움이 될 것이다. 또한 당신은 그들이 시도해보지 않은 몇 가지 창의적 학습 아이디어를 공유할 수도 있을 것이며, 아이들은 자신만의 제안을 다른 아이들과 공유할 수도 있을 것이다.

장기 과제

의존적 학습부진학생은 과제를 매일 잘 완성할 때조차도 장기 과제에 대해서는 흔히 벅차다고 느낀다. 그들은 연기하고 미룬다. 대부분의 학생들이 그들의 것을 완성하고 있을 때, 그들은 일을 시작한다. 그들은 과제 마감일 바로 전날 밤새워 일을 할 수도 있고, 덜 완벽한 산출물에 대한 변명을 지어낼 수도 있다.

당신은 이런 학생들에게 제시간에 과제를 완성하는 기획 기술을 제공하기 위하여 장기 과제를 발표한 후 바로 다음날 그들과 만남으로 그들을 도와줄 수 있다. 또한 〈그림 11.21〉에서 보는 것처럼 장기 과제의 조직화를 위한 계획을 전 학급과 함께 복습하기를 희망할 수 있다.

검사 불안

일관적으로 시험에서 기대보다 더 나쁘게 수행하는 의존적인 아이들은 흔히 시험불안을 개발한다. 이런 불안은 더 나아가서 저절로 계속되는 사이클을 일으키며 그

그림 11.21 장기 과제 계획과 미루기 대처 방법

- 오늘부터 과제 마감일까지 며칠의 학습날짜가 남아 있는지를 결정한다(예 : 15일).
- 과제를 가능한 날짜 수에 맞추어 부분으로 나눈다(예 : 15개 부분). 학생들은 과제를 나누는 데 도움이 필요할 것이다. 여기 보고서를 쓰기 위한 15일의 할당법을 예시한다.

  5일간 : 도서 탐색 및 노트카드
  1일간 : 노트카드 조직하기
  2일간 : 개요 만들기, 세 부분으로 개괄하기
  3일간 : 하루에 한 부분 쓰기
  2일간 : 수정 및 변경
  1일간 : 마지막 원고쓰기
  1일간 : 필요할 경우의 여유 날

- 그다음 학생들은 그날에 완성되어야 할 각 과제 부분을 매일 과제장에 기술해야 한다.
- 과제의 어느 부분이 기대보다 더 시간이 걸릴 것을 대비하여, 하루나 이틀의 여유 날을 남겨 두어야 한다.

출처: Rimm, S. B.(2004). *Sylvia Rimm On Raising Kids Newsletter, 15*(1). Watertown, WI: Educational Assessment Service.

들의 수행을 방해한다. 공부는 아이들에게 점점 희망이 없는 것으로 느끼게 해서 학습에 사용하는 시간을 줄어들게 한다.

불안은 실제로 기억을 방해할 수 있다. 아이들은 시험 전까지는 자료에 대하여 잘 알고 있다고 느낄 것이다. 시험이 끝나고 교실을 나선 후에, 그들은 시험을 위해 공부했으나, 시험 중에는 잊었던 정보가 다시 기억난다.

질문 문항들에 대하여 비상한 방식으로 해석하는 경향이 있는 아주 창의적인 학생들은 또한 시험 불안을 개발할 수 있다. 계속적인 해석의 실수는 그들에게 시험을 보는 기술과 흔히 자신의 지능에 대하여도 자신감을 잃게 한다.

당신은 그들이 자신을 위해서든 다른 학생들을 위해서든 자신의 연습 시험지를 구성하고 그것으로 시험을 쳐볼 수 있다면, 덜 불안하다는 것을 발견할 것이다. 다양한 방식으로 시험지를 구성하고 질문에 답하는 연습은 많은 신비를 없애고 불안을 해소시킨다.

사회적 보상

또래에 의한 사회적 수용은 어떠한 나이의 학생에게도 중요하다. 어떤 학생들에게 수용은 다른 학생들보다 더욱 중요하다고 느끼며, 그것은 중학교 시절에 최대의 절박성을 띤다(Rimm, 2005). 의존적인 아이들은 자주 성인들에 의해 호감을 받으며 일부는 또래에 의해서도 수용된다. 그러나 만일 그들의 의존성이 교사로부터 상당한 양의 부정적 주목을 받는다면, 그들은 '멍청이', '바보' 또는 급우로부터 배척되는 해로운 많은 다른 라벨로 또래에게 알려질 수 있다. 종종 의존적인 소년들은 동성애자라고 놀림을 받고, 이런 놀림은 전사춘기 단계의 소년들에게 매우 혼란을 줄 수 있다.

의존적인 아이들의 자아상과 또래의 지각을 바꿀 때, 어떻게 의존적인 행동이 그들을 친구 집단으로부터 소원하게 하였는지에 대한 자각을 강조하는 것이 중요하다. 아이들에게 인기를 끄는 것이 최우선이라는 인상을 주지 말고, 몇몇 또래의 존중을 끌어내는 것이 하나의 가치 있는 목표라는 것을 알게 해야 한다. 물론 또래 그룹이 학습부진을 묵과하는 학교에서는 아이들이 또래의 존중을 얻도록 돕는 것이 그들의 학습부진을 줄이기 위한 효과적인 기술이 아니다. 그러나 그들의 무력감과 무책임으로 주목을 끄는 아이들은 보통 어떠한 또래 그룹에 의해서도 수용을 받지 못한다. 교사들이 적절한 학습수행이야말로 실제로 그들이 적합한 다른 학생들에 의해 수용되는 것을 도울 것이라고 지적하는 것은 도움을 줄 것이다. 당신의 학습부진학생들은 쉽게 확신하지 못할 테지만, 당신이 몇 학생의 예를 지적할 수 있다면 그것이 도움을 줄 것이다. 또래의 존중을 첫째의 목표로 제시하지 말고 학과 수행이 개선되면서, 학습부진학생들은 급우들 사이에서 존중을 얻게 되는 경향이 있고, 놀림과 농담의 희생물이 될 가능성이 적어진다. 그들은 자신감을 개발하면서, 또한 그들이 상처를 덜 받게 된다. 교사들은 아이에게 변화가 눈에 보인다고 은밀하게 말하는 것이 가치가 있다. 왜냐하면 변화는 아이가 자각하지 못하게 점차적으로 일어날 수 있기 때문이다.

교사로서 당신은 의존형 아이들을 위한 사회적 수용을 촉진시킬 수 있다. 예를 들면, 당신은 프로젝트를 위한 동업자를 지명할 수 있다. 의존형의 아이가 급우들에게 수용되는 다른 학생과 짝이 되는 것은 그 짝이 매우 지배적이어서 의존적 아이가 제압될 정도가 아니라면, 또래 지지를 증가시킬 것이다. 의존적인 아이들은 책임을 쉽게 수용하지 못하기 때문에 팀 구성원들은 각자 전체 프로젝트의 부분으로 개인의 과제를 나열할 필요가 있다. 3인의 과제 그룹은 의존적인 아동의 포함을 보장하기에는 2인 짝만큼 효과적이지는 못하다. 4인부터 8인까지의 큰 그룹은 책임의 구분이 명확하게 설계되고 점검될 수 있을 때만 도움이 될 것이다. 그러나 만일 각 아동이 한 프로젝트의 꼭 필요한 부분으로 느끼도록 짤 수 있다면, 그룹 짓기는 의존형 아이의 협동, 자신감, 그룹 수용을 촉진하는 데 효과적일 것이다.

그 그룹과 다른 학급이나 다른 학교의 그룹과 경쟁을 하게 하는 것은 단결과 의존적인 아이들의 포함을 촉진한다. 의존형 학습부진학생들은 어떻게 효과적인 그룹 구성원이 되는지에 관한 몇 가지 암시로 혜택을 받을 수 있다. 그들의 자기존중감은 또래 그룹의 구성원들이 말로써 그들을 지지하고 또한 그들이 또래의 노력을 격려하는 것을 배우면서 성장할 것이다. 어떻게 좋은 팀 구성원이 될 수 있는가 하는 것은 흔히 학급에서 토론할 가치가 있다. 또한 팀워크의 본보기가 되는 소수의 학생들에게 책임을 맡겨주는 것은, 특별히 당신이 의존형의 학습부진아이들과 사회적으로 수용되는 초성취아를 묶어준다면, 또래 이미지를 바꾸는 효과적인 전략이 된다. 대부분 학생들에게 호감을 받는 교사들은 또래 수용에 영향을 주는 데 효과적일 수 있다.

다른 아이들 가르치기

많은 교사들은 아이들에게 다른 사람을 개인지도하거나 도울 것을 요청한다. 의존형 학습부진아동은 아주 적은 리더십을 보여주기 때문에 이런 기회를 갖도록 선택되지 않는다. 그러나 이것은 정확히 그들의 리더십의 부족이며 타인을 가르쳐 자신감을 형성하는 경험이 더 필요하다는 것을 말해준다. 그들은 자신의 수업에서 타 아동을 가르칠 수도 있으나, 만일 그들이 개인지도를 해보고, 책을 읽어주고, 더 어린 아이들에게 조언을 하는 방식으로 기회를 얻는다면 자신감을 얻게 될 것이다. 타 아동의 지도는 강점이나 약점의 영역에서 일어날 수 있다. 비록 그것이 약점 영역이라 할지라도, 그들은 어느 정도 안내해보는 것이 필요하다.

모든 교사들은 아이들이 새롭고 도전적인 영역에서 가르치도록 요구될 때 얼마나 많은 지식과 자신감을 얻을 수 있는지 인식하고 있다. 어려운 교육과정 자료는 그들이 더 어린 아이들에게 그것을 설명해주면서 완전히 분명하게 될 수 있다. 의존적인 아이들은 타인을 안내할 때 독립성을 상승시키게 된다.

벌

교사들은 몇 가지 흔한 벌을 의존적 아이들에게 사용하기 전에, 그것들에 대하여 다시 조사해보아야 한다. 학교과제를 완성하기 위해 아이들이 휴식 시간을 갖지 못하게 묶어놓는 것은 보통 이런 아이들에게 효과적이지 않다. 그들은 휴식시간 동안 또래 그룹의 집단보다는 교사와 함께 홀로 있는 것을 더 좋아한다. 그들은 또래 그룹이 실제로 아주 불편하다. 이와 같이 쉬는 시간의 상실 위협은 적절한 목적에 도움이 되지 않거나 심지어 과제 완성의 실패를 강화할 수 있다.

미완성 작업에 대하여 칠판에 이름을 적는 것은 똑같이 부적절하다. 그것은 의존적인 아이들의 무능력을 학급에 확연하게 하여 표준 학생의 수행 수준에 미치지 못한다는 아이들의 의구심을 확인시켜 줄 뿐이다. 이름이 가끔 나타나는 대부분의 아이들에게 그것은 해가 되지 않고 과제에 집착하는 상기자로 기여할 수 있다. 의존형의 학습부진학생들은 매일 그들의 이름을 칠판에서 볼 것이다. 어떻게 그들이 그들의 딜레마에서 벗어나기를 희망할 수 있을까?

미완성의 작업에 바탕을 둔 특권의 철회는 드물게 하여야 할 것이다. 그것을 자주 사용하는 것은 흔히 의존적인 아이들이 중요하고 보상받을 만한 활동에 단지 참여하지 못하게 할 뿐이다. 이런 아이들은 아주 쉽게 포기하기 때문에 당신은 그들을 동기화하기 위해 사용하고 싶은 대부분의 특권을 곧 잃게 된다는 것을 발견하게 될 것이다. 예를 들면, 팀 스포츠 활동을 철회하는 것은 의존형 학습부진학생에게 역효과를 낸다.

교사로서 당신은 이들 의존형 아이들의 부모가 경험하는 것과 같은 딜레마에 빠져 있다는 것을 스스로 발견할 것이다. 벌은 그들을 동기화하는 데 효과적이지 않다. 아이들은 자신감을 잃고 우울해지게 되고, 당신은 곧바로 그들에게서 빼앗을게 다 떨어지게 될 것이다. 당신의 벌 사용은 보통 그들의 수행을 증진시키는 데 영향을 주지 못한다. 당신은 곧 그들의 부모처럼 벌은 의존적인 아이들을 위해 이로운 동기인자가 되지 못한다고 결론을 얻을 것이다.

왜 그리도 많은 교사들이 별로 효과도 없는데도 의존적인 아이들에게 벌을 사용할까? 교사들 또한 내적 통제소를 느낄 필요가 있다. 교사인 당신이 학생들과 함께 어떤 일을 완성하고 있다고 느끼는 것이 중요하다. 전형적인 교수 방법이 효과적이지 않을 때, 특권의 철회가 대안적 접근으로서 논리적인 것으로 보일 수 있다. 그러나 그것이 합리적이고 논리적으로 보일지라도, 이것은 아이들이 개인적으로 그들이 결과를 변화시킬 수 있다고 느낄 때 효과적이다. 불행히도 의존형 아이들은 쉽게 실패 운명을 느끼고, 우울해지고, 무력감을 느끼기 시작한다. 당신은 그들이 무기력에서 일어나도록 흔들기를 희망한다. 그러나 아무리 꾸짖고, 설교하고, 이치를 따지고, 설명하고, 위협하고, 벌을 준다 하더라도, 그들이 할 수 있다고 당신은 알지만 그들은 에너지를 적용하려는 표시를 보여주지 않는다.

당신을 좌절에서 구출하라. 단지 개인적인 관심주기, 영감주기, 개인적 흥미, 설득, 창의성 그리고 단기적 활동 강화만이 효과적일 것이다. 교사인 당신은 큰 인내심이 필요할 것이다. 아이들은 당신의 지지와 격려에 의존할 것이다. 그러나 그들은 내적 흥미, 성취, 좋은 성적, 긍정적 관심주기에 의해 동기화되는 것을 배우면서 오직 서서히 의존성의 젖을 뗄 것이다.

창의적 문제해결

판단의 유보와 브레인스토밍은 이 장의 부모 편에서 논의되었다. 창의적 문제해결 접근법은 모든 교실에서 모든 아이들을 위한 교육과정으로 설정되어야 한다. 그것들은 '3R'만큼 학교수업의 기초이다. 이것들은 모든 아이들에게 필수적인 것이지만, 창의적 사고가 의존적 아이들의 특별한 필요에 기여하는 몇 가지 특별한 방식들이 있다. 아이디어의 창출에 아주 능숙하지 못하다고 생각하는 경향이 있는 수동적인 아이들은 그들이 창의 교실에 공헌할 몇몇 특별한 전략을 의지할 수 있다는 것을 발견할 것이다.

맞거나 틀린 정답 구조를 선호하는 완벽주의자들은 창의적 과정이 불편하다고 느낄 수 있고, 그들의 선호하는 학습방식이 아닐 것이다. 그러나 연습과 격려로 그들은 참신한 아이디어에 내재하는 불확정성에 훨씬 더 기꺼이 모험하려고 할 것이며, 교육적 모험을 확장해갈 것이다. 그들의 초기의 불편함은 정답을 맞히는 만족으로부터 창의적 과정에서 오는 만족으로 확장되면서, 아이디어 생산의 즐거움으로 바뀔 것이다. 일부 성적을 부여하지 않는 과제들은 아이들에게 도움이 될 것이다.

창의적 사고전략을 배우는 것은 수동적인 Paul과 완벽주의자 Pearl과 같은 학생

그림 11.22 창의성 연습 : 특성 열거

학생들은 문제의 주요 특징이나 특성들을 열거한 다음, 각기 변화되거나 수정될 수 있는 다양한 방법을 적어본다. 과학 프로젝트를 설계하기 위한 특성 나열법의 사용 예시는 다음의 기본 특성들을 포함하곤 한다.

문제의 기술
자료와 장비
방법
결론
적용

실험 각 단계의 수정은 학생들에게 다음 단계에 미치는 영향을 창의적으로 조사하도록 한다. 또한 당신은 어떤 이야기의 구성에 대한 아이디어를 발견하는 데 어려움을 겪는 아이들을 위하여 창의 글쓰기에서 특성 나열법을 사용할 수 있다. 아이들은 또 하나의 다른 이야기로 시작할 수 있지만, 나열된 특성의 일부 또는 모두를 수정할 수도 있다.

제목
인물
발단
절정 결말

아이들은 이야기의 구조에 대하여 많이 배울 뿐만 아니라, 자신들의 수정이 전적으로 그들이 이전엔 스스로 쓸 수 없다고 생각한 새롭고 창의적인 이야기를 만들었다는 것을 발견할 것이다.

출처 : Davis, G. A., & Rimm, S. B. (2004). *Education of the gifted and talented*(5th ed.). Boston: Pearson Education; Crawford, R. P. (1978). The techniques of creative thinking. In G. A. Davis & J. A. Scott (Eds.), *Training creative thinking* (pp. 52 – 57). Huntington, NY: Krieger.

들을 위해서는 우선순위의 상위에 두어야 한다. 이 전략들은 의존형 아이들에게 친구 관계나 다른 사적인 딜레마를 다루는 것을 도와줌은 물론, 그들의 프로젝트나 이야기 구성 그리고 리포트를 결정하는 데 도움을 줄 것이다. 교실에 쉽게 맞는 소수의 전략들이 〈그림 11.22〉에 기술되어 있다. 다른 것들은『영재 및 재능아 교육(Education of the Gifted and Talented)』이란 책에서 찾을 수 있다(Davis & Rimm, 2004).

초등학교 5학년 교사가 아이들의 사고를 확장하고 판단의 유보를 북돋는 재미있는 활동을 위해, 매일 아침 딱 5~10분의 창의적 사고 시간을 계획했다. 그녀는 진정으로 모든 학교학습으로 확장한 창의적 분위기를 조성하였다. 이 활동은 성취아나 학습부진학생들, 영재 및 평균성적과 평균 이하의 아이들에게 적합하였다. 창의적 사고는 기초 기능이며, 아이들에게 평가를 보류하도록 가르치는 것은 그들이 자유롭게 개인의 아이디어를 생산하는 것에 대한 자신감을 형성하도록 한다. 그들의 아이디어의 질은 양이 증가하면서 증진된다. 양을 촉진하는 것은 항상 고품질의 창의적 아이디어를 생산해야만 한다고 믿는 학생들이 받는 압력을 줄여준다. 유머와 재미있는 분위기는 창의적 사고를 촉진하는 반가운 손님이다.

제 12 장

지배적 순응형 아이들을 위해 당신이 할 수 있는 것

지배적 순응형 학습부진학생들은 학습부진의 범위가 아주 극단으로 갈 경향성이 적기 때문에 확인하기 어렵다. 그들은 간신히 통과할 정도만 학습하면서 거의 학과에서 실패하지 않는다. 그들의 학습부진 패턴은 흔히 그들의 가족들에 의해 전혀 인식되지 않는다. 초 · 중등학교에 다니는 동안 그들은 학교문제를 갖는 것으로 비춰지지 않을 수 있다. 사실 이 아이들은 흔히 부모가 좋아하는 방식으로 정확하게 기능한다. 그들은 다른 학습부진아이들보다는 더 성취자처럼 행동하며, 고교 졸업 후에야 비로소 이전의 학습부진이 분명해진다.

만일 그들의 전문 영역에서 경쟁이 너무 치열하고 더 이상 그들의 분야에서 지배하지 못한다면, 지배적 순응형 아이들은 지배적이든 의존적이든 거부형의 패턴으로 이동할 것이다. 고등학교에서 일어날 가능성은 적지만, 이것이 일어날 때 아이들은 조종적, 반항적, 거식증이나 또는 우울증이 될 수 있다. 그것은 그들의 풍성한 재능이 벽에 부딪히며 상대적으로 더 낮은 성공 수준에 적응해야 할 때인 대학이나 직업세계에서 드러날 가능성이 더 크다.

지배적 순응형의 아이들은 흔히 다양한 재능을 가지고 있다. 그들의 훌륭한 지적 능력은 사회적 리더십, 드라마나 음악적 재능, 우월한 신체적 조화 그리고 매력적인 외모와 같은 부가적인 자질과 짝을 이루어 그들에게 성공의 원자재를 잘 제공한다. 그들의 가정환경은 긍정적이고, 동기를 자극하는 방식으로 성공을 조장한다.

이런 아이들은 그들의 전문 영역에서의 우월한 기능들 때문에 많은 관심을 받는다. 그들은 스포츠, 음악, 연극, 학교공부 또는 사교생활에서의 경쟁에도 불구하고, 출발부터 우수하며 그들의 우수성을 유지할 수 있다. 그들은 열심히 공부하고 그들이 선택한 지배 영역에서 우수한 끈기를 보여주기 때문에, 훌륭한 경쟁자처럼 보인다. 그러나 그들은 아예 관여하지 않거나, 1등 또는 특출하지 않는 영역에서는 정말 대충 지나감으로써 실패에 대처하는 배움을 피해 다닌다.

부모들은 아이들에게서 이런 것들을 관찰할 수 있지만 아이들이 행복해하고 성공적인 것처럼 보이기 때문에, 부모들은 A점수들이어야 하는데 B점수들을 받은 것에, B점수들이어야 하는데 C점수들을 받은 것에 그리고 수영팀이 좋아서 농구팀에 관심을 잃은 것에 과잉반응하지 않은 것이 최선이라고 결정한다. 이전에 학급회장이었던 아들이 더 이상 학생자치회에 흥미를 갖지 않거나 딸이 학교 연극단에서 단지 작은 역할을 받았기 때문에 연극단을 그만두기로 결정할 때, 부모들은 이런 증상들이 성장과정 또는 청소년기 의사결정의 정상적인 한 부분이라고 생각한다. 그 부모들이 옳을 수 있다. 청소년들은 확실히 관심을 바꿀 권리를 가져야 하고 시간과 에너지를 투자하고 싶은 곳을 스스로 결정해야 한다. 그러나 우수성을 인정받을 수 있을 때만 활동을 선택하는 패턴은 후에 더 심각한 문제가 일어난다는 전조이다.

이런 아이들은 경쟁을 피하기 위해 가정 그리고 학교환경을 조종한다. 그것은 결국 극적인 학습부진 그리고 잦은 관련된 정서적 문제를 야기한다. 부모와 교사들이 이 문제들에 대해 경각심을 가지고 있다면 막을 수 있다. 그러나 부모들은 자주 아이들의 성공을 강하게 역동일시하고 있기 때문에, 잠재적인 문제에 눈이 멀게 된다. 학교와 가정에 요구되는 변화는 복잡하지 않지만, 변화를 위해 부모와 교사들을 납득시키기란 어렵다. 이것은 필요한 변화들이 기술되면서 분명해질 것이다.

아이들이 갖고 있는 지배적 순응형의 패턴의 뿌리는 우수성으로 인해 너무 많은 관심을 받은 것으로부터 나온다. 그 관심이 그들의 재능을 고양시켰지만, 아이들은 끊임없는 관심을 받아야 한다는 압력을 내면화시켜왔다. 그들은 이 관심에 중독되게 되었고 관심을 불러일으키는 영역에서만 기꺼이 높은 수행을 유지하려 할 것이다. 그들은 청중 그리고 성공에 대한 확신이 없다면, 잘 기능하려 하지 않을 것이다.

부모로서 할 수 있는 것

어떠한 문제를 보지는 못하고 언젠가 그럴 가능성이 있다고만 들었을 때, 당신의 양육방식을 바꾸는 것은 비합리적인 조치로 비칠 수 있다. 왜 아이가 만족하고 성공적으로 보이는데 다른 어떤 것을 해야 하는가? 물론 당신이 학습부진 증후군의 어떤 증상들을 보지 못한다면, 변경을 할 필요는 없다. 그러나 그러한 징후가 나타나면, 그것들은 빙산의 일각이다. 그러므로 표면 아래 있는 문제들을 다루는 것이 이치에 맞다. 일단 당신이 변화에 편안하게 되면, 그것들은 논리적인 것이며 전혀 급격하게 보이지 않을 것이다. 작은 변화를 하는 것은 아이들에게 진정으로 원대한 친절이 될 수 있다.

역동일시 조사하기

흔히 재능이 있는 학습부진학생의 부모 중 한 명 또는 모두는 아이들과 비슷한 관심 또는 재능을 공유한다. 연구는 부모의 관심, 열정 그리고 공유하는 능력들은 성취아의 성취를 고양시키는 데 중대한 역할을 한다는 것을 확실히 지지한다(Bloom, 1985). 그러나 이 강렬한 관심이 문제를 야기할 수 있다. 만일 당신이 경쟁을 좋아하고 성취지향적인 어른이라면, 당신은 아이가 성공적일 때 극도의 흥분을 그리고 실패할 때는 강한 실망을 느낄 것이다. 그것은 마치 아이의 경험이 당신의 개인적인 승리와 패배인 것과 같다. 아이는 당신의 연장인 것처럼 보인다. 아이의 전문성과 경험이 당신의 어린 시절의 것과 더 비슷할수록, 아이의 승리와 패배가 당신에게 더 강렬하고 개인적인 것으로 느껴질 것이다.

당신을 크게 투자한 아이에게서 당신을 분리하기란 어렵다. 만일 당신이 미술가라면, 아이의 미적 재능은 당신 자신의 꿈의 성취를 의미할 수 있다. 당신을 흥분시켰고 보상을 준 예술적 성취가 당신의 아이에게도 비슷한 흥분을 제공할 것이라고 확신하고, 그들이 교사들에게 받는 칭찬의 스릴을 당신은 직접 공유한다. 만일 당신이 사회적으로 아주 호감을 받고 인기가 있다면 (또는 반대로 당신이 수용되지 못했다고 느낀다면) 당신은 딸의 첫 데이트나 아들에게 소녀들이 거는 나이 이른 전화의 경외감을 확인할 수 있을 것이다. 당신이 육상선수였고 고등부 우승컵의 영광과 또래의 추앙을 받았다면 또는 당신이 상을 받을 자격이 없었다면, 아들의 축구 성공에 대하여 관중이 환호하고 경이로워할 때, 그가 어떻게 느낄지 당신은 상상할 수 있다. 여기 학습면에서의 한 사례연구의 예가 있다.

> 대학 신입생인 Juan은 낙제하였거나 2학기 등록 신청을 철회했다. Juan이 합리적인 목표를 세우도록 돕기 위한 노력으로 상담자는 그의 적성검사점수를 검토하고, 대학이 고등학교보다 더 어려울 것이며, 능력이 우수하지만 그가 평균 B^{+}학점을 성취하기 위해서는 더 근면하게 공부할 필요가 있다고 설명하였다. 회의의 일원이었던 그의 어머니는 낙담하여, 회의 후 상담자를 한쪽으로 데리고 가서, 왜 상담자가 Juan의 높은 지능을 재확인시켜주지 않았으며 대학은 당연히 그에게 쉬운 것이라고 말하지 않았느냐고 물었다. 그녀에게 대학은 어렵지 않았기 때문에, 아들에게도 당연히 쉬워야 할 거라고 그녀는 말했다. 그녀는 Juan을 강하게 역동일시했기 때문에 그녀는 그의 기능, 능력 또는 동기가 그녀보다 부족할 수 있다는 것을 상상할 수 없었다.

왜 당신을 아이들과 분리해야 하고, 압도되지 않으면서 열정적이거나 우울하지 않으면서 실망하는 것이 중요한가? 그것은 당신 감정의 강렬함이 아이들에게 아주 강한 정서적 메시지를 전달하여, 거기서 승리의 절박감과 실제 사건의 충격을 훨씬 넘어서는 패배의 번민을 개발하기 때문이다. 물론 당신의 아이들이 승리의 스릴을 즐겨야 하고 패배의 실망을 다루는 것을 배워야 하지만, 부모가 과잉반응할 때 승리가 매우 중요하게 되어 아이들은 실패의 위험이 있는 활동에 참여하지 않는다.

아이들이 계속 승리할 것으로 기대하는 것은 비합리적이기 때문에, 당신은 그것을 정말로 기대하지 말아야 한다. 그러나 당신 감정의 강렬함은 그들에게 이런 불가능한 메시지를 전달한다. 당신은 아이가 가장 인기 있는 사람, 가장 훌륭한 운동선수, 경기의 스타 또는 졸업생 대표가 되는 것이 그들에게 정말 중요한 것인지 아니면 이것들이 무심코 그들에게 전가되고 있는 당신 감정의 압력 때문인지 스스로 질문해보아야 한다. 확실히 당신은 아이들이 최선을 다해 경쟁하고 노력하기를 원하지만, 당신이 느끼는 압력은 다른 메시지를 전달한다. 아이들의 우수한 수행을 축하하고, 그들의 분투를 강조하라. 하지만 당신의 사적인 압력으로 그들에게 짐을 지우지 말고 그들에게 자신의 경험을 느끼도록 허용해야 한다.

스탠포드대학교의 생물신경학 교수이며 『왜 얼룩말은 궤양에 걸리지 않는가(Why Zebras Don't Get Ulcers)』의 저자인 Robert Sapolsky 박사는(Sapolsky, 2004) 어떻게 힘든 경험들이 실패자로 느끼는 사람들에게 회복력을 증강시켜주면서, '예방접종이 되게' 하는지를 논의하였다. 이렇게 아이들이 대처하는 것을 배우게 하는 작은 스트레스들은 삶이 배달해줄 수 있는 더 큰 스트레스에 더 잘 대처하도록 그들에게 '예방접종을 해줄 것이다'. 만일 부모들이 너무 크게 아이들을 역동일시하고, 그래서 실패를 경험하지 못하도록 과잉보호한다면, 아이들이 성인생활에 필요한 회복력을 갖도록 해주는 예방접종을 철회하고 있는 것일 수도 있다.

경쟁

경쟁은 학습부진아이들의 교정에 대하여 기술하는 모든 장에서 논의되고 있는 것을 당신은 발견할 것이다. 그것은 학습부진 유형과 상관없이 모든 학습부진 문제의 기초이다. 가정에서 경쟁을 가르치기 위하여 제11장에서 하였던 권고사항을 반복하지 않을 것이다. 당신이 만일 그 장을 건너뛰었다면 그것들을 참조할 수 있다. 그러나 지배적 유형의 아이들에 관하여 추가적으로 언급해야 할 몇 가지 경쟁의 문제들이 있다.

지배적 유형의 아이들은 보통 매우 경쟁적인 가정에서 살고 있다. 지배적 순응형 아이들은 그들이 승자가 될 수 있는 활동 영역을 찾아왔다. 그들은 오직 승리가 눈에 보여야 한다. 그들은 자신의 우수성만이 오직 가치 있다고 느끼지 않을 때만이 우수성의 진가를 평가할 수 있다. 만일 당신이 승리하는 아이, 가장 명석한 아이 그리고 남보다 뛰어난 아이들을 좋아한다는 메시지를 보내왔다면, 그것들을 이렇게 바꾸라. "우리는 시도하고, 책임감 있고, 긍정적으로 성실히 노력하는 아이를 원한다." 만일 아이들이 부모의 사랑과 관심을 얻기 위해 최고로 수행해야 한다고 느낀다면, 그들은 우수할 수 있다고 확신하는 참여 영역만을 선정할 것이다.

부모로서 당신은 항상 승리만을 하도록 하지 않는 몇 개의 영역에 연관을 맺고 있어야 한다. 당신의 경쟁자에게 주는 찬사를 아이가 들을 수 있도록, 그 경쟁자의 재능과 기능에 대한 존경을 말로 표현하고 싶을 것이다. 그러나 찬사가 당신의 아이에게 그런 위대한 고지에 도달하라는 희망이나 기대를 의미하지는 말아야 한다. 예를 들면, 당신과 아들이 테니스를 치고 당신이 윔블던 테니스 대회를 보고 있다면, 그에게 선수들을 관찰하고 그들의 기술을 배우는 방법을 설명해주라. 아주 많은 부모들이 하는 것처럼 그가 정기적으로 연습한다면 그가 언젠가 윔블던에서 테니스를 칠 수 있을 것이라고 제안해서는 안 된다. 당신은 아마 꿈이 아니라 비합리적인 경쟁심을 형성하고 있는 것이다. 만일 그가 특별한 재능을 보인다면, 후에 그와 같은 숭고한 목표를 위한 충분한 시간이 있을 것이다. 이렇게 어린 시기에는 친구와의 경쟁이 흥미와 영광 모두를 위하여 세워져야 할 합리적인 기준이 된다.

부모들은 아이들에게 그들이 기꺼이 충분하게 열심히 일한다면, 어떤 것이든 할 수 있다고 흔히 말한다. 노력이 기술을 고양시키는 것은 충분히 진리이지만, 당신의 아이는 온갖 노력을 할지라도 올림픽 스포츠팀, 메트로폴리탄 오페라, 하버드 의과 대학, 브로드웨이 무대, 국제 발레, 클리블랜드 인디언즈 또는 그린 베이 패커즈에 들어가지 못할 수도 있다.

이러한 기대들은 보통 농담으로 전달되지만, 아이들은 흔히 그것들을 심각하게 받아들인다. 지배적 순응형 아이들은 즉각 그들의 노력을 시작할 수도 있고, 그들이 초등학교 6학년 농구팀의 스타라면 그들이 전문 농구로 가는 도중에 있다고 상상할 수도 있다. 그들은 농구를 열심히 연습하지만 학교공부에서는 비슷한 책임감을 띠고 싶어 하지 않는다. 그들이 스타가 아닌 무대에서도 일하는 것을 배우는 것은 경쟁사회에서 효과적으로 기능하는 학습의 한 핵심 요소이다.

내재적 동기

경쟁하는 환경에서 기능하는 학습에 더하여, 경쟁적인 아이들은 내적으로 즐거운 관심사를 개발하고 경쟁적이지 않으면서 외부인에 의해서도 보상받지 않는 활동에 참여해야 한다. 그들은 자신의 전문영역에 아주 강하게 투자하기 때문에 흔히 이것을 하지 않는다. 승리하려는 절박감이 너무 강하여 비경쟁적인 활동에 시간을 보내는 것은 상상할 수가 없다. 재능 있는 청소년들은 그들의 전문영역 외에 다른 관심사를 매우 적게 개발해왔다는 갑작스런 깨달음에 관하여 나에게 자주 말해왔다. 대회가 아니라면 또는 성공에 대한 인정이 없다면 참가할 의도가 없는 것처럼 보인다. 이것은 그들의 세계를 탐색하여야 할 젊은이들에게 경험의 폭을 좁힌다.

내가 이미 제안한 대로, 내적 보상이 있는 활동에 아이들을 참여시키는 것은 그들의 흥미를 확장시키는 하나의 중요한 방법이다. 즉, 당신의 아이와 비경쟁적인 활동을 공유하는 것은 그들의 열정을 넓히고 참여를 촉진할 것이다. 흥미 중심의 또래 그룹 회원권이나 전문성이 있는 여름 캠프 경험에의 참여는 아이들로 하여금 그들의 참여 폭을 넓히도록 자극할 것이다. 몇 가지 예를 들자면 과학, 언어, 컴퓨터, 연극, 음악, 농구 그리고 미술 캠프가 있다. 만일 아이들의 특별한 재능이 연극이고 이미 스타가 되었다면, 언어 캠프는 그들을 새로운 관심분야로 소개해주는 반면, 연극 캠프는 경쟁하는 경험만 증가시킬 뿐이다. 스포츠가 그들의 분야이지만 그들을 비경쟁적인 활동으로 확장하려 한다면, 연극 캠프는 그들을 무대의 흥분과 재미로 유혹할 것이다. 전문 프로그램들은 아이들에게 다양한 가치를 제공한다. 그것들은 경쟁과 도전을 가르치고 촉진하는 데 사용될 수 있지만, 그것들은 또한 아이들의 전형적인 재능 영역들 외의 새로운 경험을 활짝 열어줄 수 있다.

비경쟁적 관심사를 즐기도록 배우는 것은 모든 아이들에게 중요하지만, 오직 승리에만 초점을 두는 지배적 순응형 아이들에게 특히 중요한 것으로 보인다.

부모 메시지

말로 하는 설명이나 행동의 방식으로 하는 부모의 의사전달은 지배적 순응형의 아이들을 안내하는 데 놀라운 효과가 있다. 초등학교 연령의 아이들에게 주는 메시지는 그것이 십 대에 주어지는 것보다 훨씬 더 중요하다. 십 대에 치열하게 경쟁적인 아이들은 이미 그들의 강점을 발견했고, 경쟁적 압력을 이미 내면화하였기 때문이다.

학교성취에 대한 가장 중요한 메시지는 교과학습이 중심인 반면, 다른 모든 학교 관련 활동은 덜 중요하다는 것이다. 밴드, 합창, 스포츠 그리고 연극과 같은 것들은 어른도 마찬가지지만 아이들에게도 가득하고 심화된 삶을 제공해주기 때문에 중요하다. 확실히 이러한 영역에서 관심사를 개발하고 경쟁 활동에도 참여하는 것은 적절하고 장려되어야 하지만, 학업과 공부가 최우선순위가 되어야 한다. 아이들이 더 어릴 때 당신이 이 메시지를 분명히 언급한다면, 고등학생이 되어 연극 연습이 9시 30분까지 지속될지라도 그들은 기하학숙제를 완성해야 한다는 것을 알 것이며, 농구 강화훈련 일정이 있어도 그들은 단지 숙제를 하지 않았다고 수업을 빼먹는 변명은 없을 것이다. 그러나 무심코 정반대의 메시지를 주는 부모가 많이 있다. 예를 들면 부모 중 한 명이 매우 영리한 딸에게 학교에서 가장 중요한 부분이 과외 활동이라고 말을 했다. 이 부인은 아이에게 학업이 두 번째로 중요하다는 분명한 메시지를 주었다.

만일 당신이 쇼핑, 여행 그리고 스포츠 이벤트를 위해 아이를 학교에서 데리고 나온다면, 당신은 학업은 중요하지 않다는 메시지를 전하고 있는 것이다. 아이가 학교의 허락을 받을 때, 허가를 위한 명백한 교육적 또는 의료적 이유가 있어야 한다. 독특한 경험을 제공하는 현장학습 또는 가족여행은 분명 자격이 된다. 만일 다른 가족행사로 아이를 학교에 빠지게 할 일이 생긴다면, 당신은 아이에게 모든 학교숙제를 모으고 완성할 것을 요구해야 한다. 이것은 당신이 학업책임을 중요하게 여긴다는 것을 분명히 해주는 반면, 가족에게는 합리적인 융통성을 제공해줄 것이다.

지배적 순응형 아이들에게 중심 대 주변 메시지는 특별히 중요하다. 왜냐하면 그들의 전문분야 또는 쇼맨십은 재미없는 교실 활동보다 훨씬 더 매력적이기 때문이다. 만일 아이들이 어떤 재능 분야에 특별한 능력을 보여준다면, 부모와 학교는 확실히 그들의 특별한 훈련과 연습의 필요성을 감안해야 한다. 아마도 그렇게 재능이 있는 아이들이라면 가벼운 양의 학습요건들을 가져야 한다. 그러나 그들이 그들의 높은 경쟁력이 있는 제일의 재능 분야에서 자격을 부여받지 못할 경우, 대체적 직업선택권을 갖도록 허용해줄 최소 학점을 유지하도록 그들은 주의를 받아야 한다. 그들은 또한 그러한 대체적 진로에 중요할 수 있는 교과들의 자격 기준을 충족하도록 기대되어야 한다. 예를 들어, 향상심에 불타는 연극 여배우는 결국 연극과 영어를 절충하여 훈련해야 할 것이다. 〈회전목마(Carousel)〉 또는 〈지붕 위의 바이올린(Fiddler on the Roof)〉의 고등학교 제작 스타에게 불가능하게 보일지라도, 그녀는 확실히 대학 학위를 얻기 위해 수학, 과학을 배워야만 한다.

초등학교 1학년부터 대학까지의 많은 아이들은 부모와 또래에게 그들의 미래와 관련이 없다고 확신하는 과목에서 공부와 숙제를 하지 않기 위한 합리화를 선언한다. 종종 나는 이런 확신이 든다. 부모들은 아이들에게 교육가들은 교육에 대하여 아무것도 알지 못한다고 말하고 있다고 말이다. 교육받은 시민이 어른이 될 때까지 숙달해야 할 진실로 기본적인 핵심 기능이 있다. 당신은 아이에게 그들이 읽기, 쓰기 그리고 수학을 배우도록 기대되어 있다는 것을 — 비록 그들이 이들 과목의 어떤 것 또는 전부를 싫어하더라도 — 전해야만 한다.

나는 학과공부를 강조함에 있어 당신이 음악, 미술, 연극 또는 운동을 지원하지 않겠다고 제안해야 한다는 것을 의미하지 않는다. 반대로 이 모든 형태의 창의적인 가득함은 극히 중요하다. 그러나 그것들은 대부분의 아이들에게 훌륭한 교과학습과 사고의 핵심을 보완하는 것으로 비추어져야 한다. 시간과 경험은 특별히 재능 있는 아이들에게 후에 더 분명한 결정을 할 수 있도록 허용해줄 것이다.

민감성

지배적 순응형 아이들은 특별히 학구적 유형이 아니라면, 보통 또래들에 의해 호감을 받는다. 그들의 초등 그리고 중학교 시절은 전형적으로 생산적이고 활동적이다. 그들은 오직 그들이 성공하는 활동만을 선정해온 사실 덕분에 자신들을 승리자로 보게 된다.

그들은 보통 유쾌하며 또래 지향적인 아이들이기 때문에, 덜 성공적인 타인의 감정에 대한 민감성을 개발할 시간과 소망을 거의 갖지 못한다. 뮤지컬 〈Annie〉의 Daddy Warbucks의 가사 한 줄 "당신이 다시 밑으로 내려가지 않을 거라면, 위로 가는 도중 만나는 사람에게 깍듯이 대할 필요가 없어요."는 인기가 있는 고등학교의 스포츠, 연극 그리고 음악 스타를 휘감은 자신감 넘치는 성공의 분위기를 간략하게 요약한다. 이런 아이들은 십 대의 절정 뒤에 종종 따르는 현실에 대한 준비가 되어 있지 않다. 그들은 정말로 다시 밑으로 돌아갈 수도 있고, 그들이 내려갈 때 덜 성공적인 또래들이 자신을 능가하는 것을 보는 결과는 자신들이 무대 중앙에 있고 월등한 자라고 생각하는 데 익숙한 이들 젊은이들에겐 우울의 원인이 된다.

한때 자신감이 넘쳤던 아이들은 젊은 성인으로서 대학이나 직업세계에서 때로는 가족 구성원의 지지조차 전혀 없는 최초의 패배와 실패 경험에 직면할 가능성이 있다. 부모로서 당신은 온갖 실망의 가능성을 가진 실제 세계에 대비하여, 당신의 아이들을 어떻게 준비시키겠는가? 자주 성취에 대하여 열정적으로 자랑하고 승리에 대하여 허세부리며 자랑하는 아이들은 빈번히 실패를 만나는 대부분의 사람들의 감정에 일찍부터 민감해져야 한다. 만일 당신이 그들에게 타인에 대한 공감과 지지를 가르칠 수 있다면, 그들이 모든 성인의 삶의 부분인 실패와 성공의 균형에 적응하는 것을 도와줄 대처 전략을 대리적으로 배울 수 있다.

당신은 타인의 감정에 그들의 관심을 기울이게 하는 질문과 조언을 함으로써 공감을 촉진할 수 있다. 그러나 아이는 그들의 수행을 당신의 갈채에 의존할 것이기 때문에, 패자에 대한 민감성의 제안은 아이의 성공에서 공을 빼앗지 않는 방식으로 이루어져야 한다. 만일 그들이 승자보다 패자에 더 관심을 주고 있다고 느낀다면, 그들은 당신의 지지 부족에 대하여 합리적으로 불평할 수 있다. 당신에게 도움이 될 수 있는 몇 가지 설명과 질문의 표본이 〈그림 12.1〉에 제시되어 있다.

각 설명에서, 타인에게 어떠한 지지가 필요할까에 관한 배려를 부모가 제시하기 전, 아이들이 수행한 성공에 관하여 먼저 언급하는 것에 주목하라. 만일 부모가 그렇게 하지 않는다면, 그것은 매우 '약자를 위한 응원'이라는 메시지가 되어 승리한 아이들이 자신의 노력에 대한 평가를 올바로 받지 못하여 기가 꺾이게 된다. 아이들이 이와 같은 제안을 항상 따르지는 않을 것이다. 그러나 그와 같은 승리의 순간에조차 이런 제안으로 그들에게 관심을 갖게 하는 것은 그들이 공감의 습관을 형성하는 데 도움을 줄 것이다. 언젠가 모든 사람에게 올 수밖에 없는 패배의 경험들을 친구들과 나누어보면서, 그들은 대리로 패배에 대처하는 전략을 배울 수 있다.

이전에 언급한 것처럼, 칭찬을 가르치는 것은 고등학교를 지나 실제 세계에서 고등학교 스타를 도와줄 수 있는 감수성을 개발하는 또 하나의 수단이다. 아이들이 승리를 하고 있는 동안에도, 그들은 다른 선수에게 주목하고 존경하고 감탄의 전달을 배울 수 있다. 그들은 경쟁이 습관화되어 있기 때문에, 어떤 누가 자신보다 더 잘 수행할 때마다 부적합성을 느끼는 경향이 있다. 실제로 시합이 있을 때, 그것이 상대 팀에서 걸어왔을 때조차도 품위 있는 훌륭한 선수라면 상대의 재능을 혹평하

그림 12.1 공감을 촉진하는 진술의 예

- "Josh, 그건 정말 훌륭한 게임이었어! 너는 정말 스포츠 영웅이었고, 너의 아버지와 나는 인상 깊었어. 그러나 너의 친구 Troy는 정말 게임을 잘 못한 것 같아. 나는 그가 그렇게 형편없이 게임하는 것을 결코 보지 못했어. 그 애는 너의 격려가 좀 필요할 거라고 생각하지 않니?"
- "Trayvon, 너의 동생은 정말 기분이 안 좋아. 그는 육상경기대회를 망쳤어. 항상 너는 패배를 잘 다루었잖아. 혹시 너 그 애가 앞으로 또 다시 시도하도록 그를 기분 좋게 할 수 있는 방법 없니?"
- 파티가 열리는 동안, 엄마는 Madeline을 부엌으로 불러서 은밀하게 이런 대화를 한다. "너의 친구 LaKeish는 계속해서 나에게 말을 걸어오고 있어. 나는 그녀가 여기 오는 것을 개의치 않지만, 그녀가 따돌림을 받는 것 같아. 너는 아주 인기가 있어. 혹시 그녀가 함께 속해 있다고 느끼도록 도울 수 있는 방법 없니?"
- "기립박수를 친 두 사람! 나는 그렇게 열정적인 청중을 본 적이 없어. 너는 정말로 스타야. 지난밤 출연진이 그 갈채를 공유하기 위해 뒷좌석의 사람을 불러내 인사하도록 하는 방안을 생각했더라면 멋지지 않았을까?"

기보다는 존중을 표하는 기술을 개발해야 한다. 이것은 사실 치열하게 경쟁적인 아이들이 개발하기 어려운 기술이지만, 그들이 결코 고려해본 일이 없는 제2인자가 되는 것을 다루는 정신적으로 건강한 길을 제공한다. 승리하는 데 익숙한 지배적 순응형 아이들에게 더 기술이 있는 선수들을 축하하는 것은 이후 성인의 경쟁세계에서 자기 자신의 기능들에 대한 현실적인 평가를 하도록 스스로 준비시켜줄 용기 있는 행동이다.

승자에게 자신의 열정을 꺾지 않고 다른 사람의 감정에 민감하도록 가르치는 것은 보기보다 좀 어렵다. 그들은 경쟁자의 기술과 노력을 높게 평가하는 것보다는 승리의 맛을 보는 것이 더 안락하기 때문이다. 아이들에게 전문 분야에서 다른 사람을 가르치고 지도하도록 시도하라. 이것은 그들에게 어떻게 다른 사람이 승리와 패배에 대처하는가를 알도록 허용해준다. 그들은 자신의 또래보다 더 어린 아이들을 위로하는 것이 더 쉽다는 것을 발견할 것이고 당연히 더 어린 아이들에게 품위 있게 이기는 방법을 가르치는 첫 사람이 될 것이다.

또한 학문적으로 재능이 있는 아이들은 고등학교 밖의 세상에 대처하는 기술을 개발해야 하며, 거기서 그들은 더 큰 지적인 경쟁에 직면하게 될 것이다. 그들은 또한 허풍을 피하도록 상기되어야 한다. 그들의 성공에 대한 날아갈 듯한 기쁨이 상대적으로 패배자인 타인을 실망시키는 데 영향을 준다는 것을 그들은 깨닫지 못할 수도 있다. 민감해지는 것, 다른 학자를 칭찬하는 것 그리고 미래를 인식하는 것을 배우는 것은 그들이 건강하게 경쟁하고 대학과 직업세계에서 만나게 될 더 도전적인 지적 환경에 대비하는 데 도움을 줄 것이다.

비평의 수용

지배적인 아이들은 어떤 일을 자신의 뜻대로 하는 것을 선호한다. 그들은 오직 그들이 자신의 활동을 완전히 통제할 때만 자신에 대하여 좋게 여긴다. 그들의 수행에 대한 비평은 그들로 하여금 통제감을 느끼지 못하도록 한다. 비평에 대한 그들의 방어적 반응은 문제의 한 증상이다. 분명 그들이 주어진 어떤 기능에 완벽하다고 믿는 것은 비합리적이지만, 그들은 칭찬받지 못할 수 있는 수행들을 회피하는 데 상당한 노력을 투자한다. 예를 들어, 음악적 재능이 있는 아이들은 부끄러움이 많은 체하면서, 당신이 그들을 설득하여 수행하도록 조종한다. 그들의 말없는 수행에 대한 당신의 반응은 오직 박수갈채뿐임을 알기 때문에, 그들은 그와 같이 하여 비평에 대한 어떠한 위험도 피하고 있다. 당신은 그것이 그 아이의 이미 위태로워진 자신감을 해칠 것이라고 상상하기 때문에 확실히 어떠한 부정적 언급도 철회할 것이다. 그들을 설득하느라 애쓰지 말아라. 그들의 조종술을 무시하라. 당신이 그것을 힘의 대결로 바꾸지 않는다면, 그들은 그것을 수행하기를 좋아하여 곧 자원할 것이다.

또 다른 예로서 당신의 아이들은 자신들의 교사가 감탄할 것으로 확실히 느끼는 우수하고 긍정적인 교과 보고서나 이야기를 준비할 수 있다. 그러나 그들은 점수가 매겨질 때가 되서야 그것을 당신에게 보여주고자 할 것이다. 결국 당신이 문법이나 이야기를 당연히 개선해줄 약간의 수정을 권고하면, 그 이야기는 온전히 그들의 것이 아니기 때문에, 그들은 그와 같은 어떠한 비난도 참지 못할 것이다. 그들은 한 문장도 바꾸기를 원치 않는다. 그것은 그들의 통제권을 박탈하는 것이기 때문이다. 그들은 A점수를 받은 후, 그것을 당신에게 보여주기를 기뻐할 테지만, 어떤 비난도 "네? 저 A 받았어요. 그럼 잘 한 거죠."라는 말과 조우하게 될 것이다. A점수 밑으로 산출된 것은 어떠한 것도 검토를 위해 당신이 요청하지 않는다면, 당신의 손에 들어오지 않게 할 것이다.

만일 아이들이 진정으로 자신의 잠재적 재능을 개발하고 학습부진학생이 되지 않으려면, 그들은 비평에 대처하는 것을 배워야 한다. 그들에게서 당신이 물러서도록 조종하는 것을 허락하지 말아라. 그들을 분석적이도록 가르치되, 특별히 그들이 잘하는 영역에 대하여 분석하도록 가르친다. 만일 그들이 건설적인 비평에 익숙해진다면, 긍정적이든 부정적이든 모두를 당연한 것으로 받아들일 것이다. 단지 칭찬만 받은 아이들은 부정적인 비평을 잘 참아내지 못한다.

글로써 간단히 평가하라. 그것은 아이들이 방어적으로 되지 않으면서 비평을 수용하는 것을 돕는다. 그들에게 쓴 당신의 메모가 처음에는 너무 신랄하게 보일 수도 있지만, 두 번째로 그것을 볼 때는 당신의 제안에 대하여 생각할 준비가 더 되어 있음을 느낄 것이다. 강점과 단점에 대한 분석을 하게 하고, 그들로 하여금 당신의 제안에 따라 행동할지 안할지를 결정하도록 허용한다. 그런 방식으로 그들은 평가에 익숙하게 되고, 그들은 이기거나 지는 것만이 존재하는 힘겨루기 속에 있다고 느끼지 않게 될 것이다. 당장 일어날 가능성은 없을지라도, 결국 그들은 당신의 제안에 대하여 감사하게 될 것이다.

만일 아이들이 이미 비평에 대하여 방어적으로 되었다면, 새로운 학습 영역에서 이 과정을 시작한다. 그들이 자신을 전문가로 지각하지 않는 영역에서는 평판에 크게 보호할 필요가 없을 것이다. 또한 긍정적인 방식으로 다른 사람의 수행을 함께 분석하는 것은 지배적 순응형 아이가 비평을 건설적이고 매우 소중한 활동으로 인식하는 데 도움을 줄 것이다. 약간의 눈물은 최초의 평가 단계에서는 무시되어야 한다. 그것은 도전을 수용하는 방향으로 가지 못하게 하는 과도한 민감성을 의미한다. 당신은 처음에 신중을 기하고 싶을 테지만, 인내하라. 아이들이 비평을 건설적으로 다루도록 가르치는 것은 생애를 통해서 그들에게 도움이 될 것이다.

평가를 미루고 또한 피해야 할 때가 있다. 승리나 패배 뒤의 감정적 시기는 평가하기에 좋은 시기는 아니다. 아이들은 그런 시기에는 객관적일 수 없고 확실히 과민반응을 할 가능성이 큰데, 실패한 경우에는 특히 그렇다. 또한 시간 압력을 받는 상황에서는 비평을 수용하지 않는다. 아이들은 버스를 잡기 직전, 아침에 그들의 작문의 타이핑을 완성하고 있을 때, 평가를 환영하지 않을 것이다. 물론 그들이 의도적으로 평가를 피하기 위해 시간 압력 상황을 설정하였을 수 있다. 그래도 당신의 목적을 확실히 이루지 못할 위기를 촉발하는 것보다는 아무 말도 하지 않는 것이 더 낫다.

최초의 아이디어 생산 시기는 또한 평가를 위한 좋은 때가 아니다. 아이들이 아이디어를 가지고 놀 충분한 시간을 가지질 때까지 판단을 미루는 것이 창의력을 고무시킨다. 당신이 명백하게 초기 단계에서 평가하지 않을 거라는 표시로서 판단을 보류하는 규칙을 의식적으로 말해야 한다. 마지막으로 모든 것을 비평하거나 평가하는 습관에 빠지지 말아라. 아이들은 최소한의 또는 평가가 없는 자유의 영역을 가져야 한다. 만일 부모가 실제로 모든 것을 비평한다면, 아이들은 정당한 항의를 할 것이다.

교사로서 할 수 있는 것

학교에서의 교정은 가정에서 부모를 위해 권유되는 변화들과 다시 연결될 것이다. 그러나 일부 교사들은 지배적 순응형 아이들에게 극적으로 효과를 주는 강력한 위치에 있다. 코치, 음악교사, 연극 조언자 그리고 그 아이들의 재능 영역의 전문가들은 모델로 간주된다. 그들은 부모보다 훨씬 더 영향력이 있는데 특히 청소년기에 더 그럴 수 있다. 당신은 이런 아이들이 미래의 계획을 세울 때, 경쟁적 관점에서 그들의 재능 영역을 바라보는 방법을 보여주어야 한다. 그들은 자신이 우수한 분야에 참여하여야 하지만, 그들은 또한 결국 좀 더 현실적일 수 있는 진로와 생활방식으로 가는 문이 닫히는 것을 피하기 위하여, 적절한 교육을 추구해야 한다고 말하라.

학업 중심의 유지

농구 코치 또는 음악이나 연극 교사들은 그들과 함께 일하는 가장 재능 있는 아이들에 대하여 아주 정열적일 수 있다. 그들은 부모만큼이나 아이들을 역동일시할 것이다. 그들은 아이들에게 그들이 청소년 때 느꼈던 재능, 야망, 소망 그리고 실망을 볼 수 있을 것이다. 그들은 자신이 이루지 못한 소망들에 영향을 받아, 무심코 젊은 이들에게 자신의 전공 영역을 향하여 너무나 크게 집중하도록 지시할 수 있다. 그 분야에 대한 그들의 열정과 책임감은 비범한 재능을 찾아냈다는 믿음과 혼합되어 그들에게 다른 학습을 희생하면서 재능 영역을 강조하게 할 수 있다. 아이들은 그들의 코치나 멘토와 우수한 라포를 형성하는 경향이 있기 때문에, 그들은 성경 구절처럼 모든 의사를 다 받아들일 수 있다.

코치들은 재능이 있는 아이들에게 실제 생활의 경쟁과 넓은 학문적 준비의 중심적 중요성에 대하여 일깨울 수 있는 막강한 위치에 있다. 전공 교사들은 아마도 연극만큼 수학에 흥미가 있거나 테니스하는 것만큼 작문에 능하지 못하다. 그럼에도 불구하고 아이들이 아주 많은 시간과 에너지를 전공에 투자하고 화려함을 크게 주지 않는 노력들에는 소홀히 하는 것을 막기 위하여, 코치들은 그들이 교육하고 있는 아이의 총체적 모습에 정통해야 한다.

아이들의 흥미부족과 학습부진을 관찰하는 다른 교사진은 전공 코치들과 교사들에게 아이들과 적절한 협의를 하도록 요청하여야 한다. 즉, 아이들이 전공 활동에 참여하고 재능을 개발하도록 허용하지만, 모든 과목에서 성취를 유지하도록 허락하는 것 말이다. 확실히 양쪽 다 가능하며, 연극이나 축구 코치는 중심과 주변 활동에 대하여 아이들에게 메시지를 주는 월등한 위치에 있다. 우수한 학문적 준비가 중심이지만, 분명히 이 아이들에게 충분히 되고 있지 않다. 과외 활동을 과외로 유지하는 것은 그들에게 재능에 대한 특별한 도전을 즐기도록 하면서도, 그들이 우수하지 않은 영역인 학과공부에도 계속 참여할 수 있도록 허용할 것이다.

속진과 월반

한 분야에 크게 재능이 있는 아이들은 그들의 지적 능력과 기능들이 매우 앞서 있기 때문에, 교육과정이 조정된 때라도 또래와 함께하면서는 도전을 경험하지 못할 것이다. 유치원 조기 입학, 밀도 있는 교육과정, 월반, 심화과정 배치 그리고 대학 조기 입학을 포함한 모든 형태의 속진에 대한 많은 연구가 있다(Davis, 2006; Davis & Rimm, 2004). 만일 학생의 지능과 성취검사점수로 볼 때, 그가 도전의 느낌을 받고 있지 않다고 암시되면, 교과목이나 학년 속진을 고려하는 것이 적절하다.

아마도 정서적 성숙과 좋은 또래 관계는 상급 학년에서 건강한 적응을 예언하지만, 고려해야 할 주요한 요인은 아니다. 한 아이를 월반시킬 때, 긍정적이고 부정적인 결과에 기여하는 실제적인 몇 가지 요인들이 있다. 한 학년 월반의 적절성을 결정할 때 사용하는 우수한 자원에는 Iowa 속진척도가 있다(Assouline, Colangelo, Lupkowski-Shoplik, Lipscomb & Forstadt, 2003). 이 도구는 교사, 행정가 그리고 부모들에게 한 특정한 아이의 월반이 바람직한가의 여부를 객관적으로 측정하도록 해준다.

일반적으로 한 번에 한 학년의 속진이 더 나은 적응을 촉진하는 것 같다. 그러나 극단적인 재능이나 기능들을 가진 학생들은 예외적이어야 한다. 극단적 속진에 대한 연구들은 학문적 · 사회적 시각 둘 다의 측면에서의 우수한 성공을 필요로 한다(Brody & Benbow, 1987). 교육과정의 수정이 더 필요한지를 확증하기 위해, 지속적인 조사가 중요하다.

속진에 대한 결정을 할 때, 아이를 받는 교사의 태도는 하나의 고려되어야 할 문제이다. 왜냐하면 교사가 속진이 적절하지 않다고 믿는다면, 월반된 아동은 상당한 압력을 느낄 수 있기 때문이다. 월반의 성공을 지시하는 결정적인 연구에도 불구하고, 많은 행정가와 교사들은 그 개념에 반대의 입장을 취하는 경향이 있다. 속진의 반대는 두 가지 원천에서 오는 것 같다.

- 극히 재능을 가진 아이들은 다른 재능 있는 아이들이나 보통 아이들보다 청소년기에 더 많은 사회적인 문제를 갖는 경향이 있다.
- 청소년들은 그들이 월반이 되었든 안 되었든, 어느 정도의 사회적 문제를 가지는 경향이 있다.

학생들이 월반되었을 때, 청소년 또는 매우 재능 있는 아이들에게 일어나는 흔한 문제들이 월반의 탓으로 돌려진다. 그러나 그들이 월반되지 않았을 때, 그 문제들은 청소년기나 그들의 영재성의 탓으로 돌려진다.

만일 아이가 완벽주의자이고 올 A학점을 얻고 있다면, 어떤 것이건 속진이 아마도 적절할 것이다. 당신은 속진을 향한 적극적인 입장을 취해야 한다. 과목이나 학년의 속진을 결정하는 데 아이가 문제행동을 보이거나, 학습부진을 하거나, 따분하다고 불평할 때까지 기다리지 말아라. 일단 속진이 이루어지면, 학문적으로나 정서적으로 양쪽 모두 이동이 성공적일 수 있도록 반드시 충분하게 상담을 받도록 한다. 적절한 월반은 학생, 부모, 교사들의 관점에서 아주 빈번하게 성공적으로 여겨진다.

비평의 수용

학습부진학생들은 다른 교실 교사나 부모들보다 그 전공 분야의 좋아하는 코치나 교사들의 비평을 더 기꺼이 수용할 것이다. 만일 영어나 수학 교사들이 농구 스타나 록 가수들을 비난한다면, 그들의 반응은 대개 이럴 것이다. "그 선생님은 정말 날 좋아하지 않아." 또는 "난 수학을 안 할 거야." 지배형의 아이들은 '쇼맨'이며, 칭찬의 부족을 그들은 비난으로 본다. 어른들이 그들에게 충분한 확증을 주는 것은 어렵지만, 여기 몇 가지 제안들이 있다.

이런 아이들을 친구들 앞에서 비난하지 말아라. 그들은 쉽게 체면을 깎였다고 느끼며, 만일 당신이 그들을 당황하게 한다면 영원한 적이 될 수도 있다는 것을 명심해야 한다. 냉소주의 그리고 유머 역시 불공정하며 부당하고 모욕적이라고 여겨질 가능성이 있다. 그들은 자신을 쉽게 비웃지 않는다. 유머와 가벼운 냉소는 그들이 당신을 친구로 수용할 때까지 자제한다. 그다음에 유머가 섞인 냉소주의를 다루도록 하는 것이 그들을 위한 좋은 훈련이 될 것이다.

첫째, 당신은 거의 매번 칭찬과 함께 비평을 시작하고 싶을 것이다. 예를 들면, "난 정말로 네가 그 개념을 이해하고 있다고 생각해. 하지만 너의 문단은 좀 너무 많은 주제가 포함되어 있는 것 같아." 이 접근은 좀 어색하고 직접적이지 않은 것으로 들리지만, 적어도 교사들은 그 시간의 어느 시점에서 노력에 대한 정직한 관찰과 비평을 짝 지워야 한다. 열쇠는 당신을 동맹자로 보도록 하는 것이다. 그들은 사람들을 친구 아니면 적 둘로 나누어 보는 경향이 있다. 교사들이 지지적인 방법으로 평가하는 데는 특별한 노력이 들지만, 이것은 아이들의 비평에 대한 수용을 촉진할 것이다. 그들이 당신을 지지적인 사람으로 확인했을 때, 당신은 좀 더 직접적으로 대할 수 있다는 것을 발견할 것이다. 그러나 평가 과정으로부터 전적으로 물러나게 하려는 조종에는 말려들지 말아야 한다. 학생들은 그들의 학습에서 비평이 주는 건설적인 역할을 인식하는 데 익숙해질 때, 덜 방어적이고 더 편안하게 된다.

지배적 유형의 아이들은 종종 교사들과 힘겨루기를 하며 그들의 우월한 힘을 확고히 하기 위해 예측불허의 수업 시간을 선택할 수 있다. 지적으로 그리고 사회적으로 지배적인 아이들은 특별히 그들의 교사가 잘못되었다는 것을 증명함으로써, 그들이 얼마나 영리하고 힘이 있는가를 친구들에게 보여주려는 시도에 능란하다. 더욱이 말썽부리는 학생이 되려 하지 않는 성향의 지배적 순응형은 빈번하게 친구들과 부모 안에서 동맹자를 찾을 것이며, 그래서 당신 생각에 한 아이의 작업이나 행동에 대한 그럴만한 간단한 비평이 무서운 적과 싸우는 주요한 사회적 쟁점이 되는 것을 발견할 수도 있다. 이런 아이들은 의례적인 논쟁자들이라서, 그들은 이기기를 좋아한다. 만일 당신이 그들과 시합을 붙겠다면, 그들이 공정하리라는 기대를 하지 말아라. 그들이 다른 학생, 교사 또는 부모들에게는 말하였지만, 당신은 간접적으로도 확인조차 할 수 없었던 당신에 관한 일을 듣게 될 가능성이 있다. 그들은 이기기 위해서 책략을 쓸 것이며, 그들의 우수성을 기반으로 한 강한 명성을 가지고 있기 때문에 청중은 그들을 믿는다.

Rimm의 법칙 #10을 기억하라. 어른들은 합리적으로 결과를 통제할 수 있다는 확신이 들지 않으면, 아이들과의 대결을 피해야 한다. 만일 당신이 그들을 동맹자로 유지한다면 당신은 그들을 도울 수 있고 그들을 비평까지도 할 수 있다. 만일 그들이 당신을 적으로 취한다면 당신은 좌절과 무력함을 느낄 것이고 그들의 변화를 조력할 수 없을 것이다. 종종 당신은 문제의 기원을 회상조차 할 수 없는데도, 이런 아이들과 대결하는 당신을 발견할 것이다.

이런 일이 일어났음을 당신이 감지했을 때, 최상의 성공 가능성은 그들과 사적인 회의를 갖는 일일 것이다. 아이와 그 상황에 대하여 토론할 때, 당신의 입장은 (너무 엄격하지도 너무 연약하지도 않은) 강하고 공정한 것이어야 한다. 그 회의는 승자냐 패자냐가 아닌, 문제에 초점이 맞추어져야 한다. 당신이 처벌적이라면, 대결은 계속될 것이다. 만일 당신이 무력하게 보이면, 그 아이는 사과는 하지만 당신을 계속 비방하고 친구들의 면전에서 당신을 지배하려 할 수도 있다. 당신은 자신의 힘으로써 그리고 아이의 힘을 인정함으로써 명예를 유지해야 한다. 지배적인 아이들은 그들이 약하게 보는 사람들이나 경쟁자로 정하는 사람들에게 똑같이 불친절할 수 있다.

내적 동기

관중이 없이 활동에 참가하는 것은 지배형 아이들에게는 따분한 것처럼 보인다. 그들은 계속적인 칭찬, 피드백 그리고 찬사를 기대한다. 그들은 내적으로 동기를 부여하는 활동에는 관여하지 않으려는 경향이 있다. 왜냐하면 그들에게 흥미를 끄는 것은 과정이 아니라 결과이기 때문이다.

교사들은 이런 피드백 의존성을 비경쟁적이고 외적 보상이 없는 새로운 관심 영역으로 이런 아이들을 소개하는 다리로 사용할 수 있다. 학생들은 개인적 성장과 만족이 동기인자가 되는 관심사와 활동들을 개발해야 한다. 내적 만족을 위해 공부하도록 아이들을 자극하는 교실 과제의 몇 가지 예가 〈그림 12.2〉에 나타나 있다. 이것들은 다양하게 보통 더 성적등급이 매겨지는 수업들 사이에 그리고 아이들에게 외적 보상 없이 일하는 것을 가르쳐주기 위해 배치될 수 있다.

이 그림의 마지막 항, 추가 학점을 주는 프로젝트는 외적 동기부여 과제로 보일 수 있다. 확실히, 그것은 아이에게 독립적인 노력을 시작하도록 동기를 부여하는 실제적인 학점인정이다. 그러나 그들이 일단 다소 간 학점을 보장하는 활동과 연관되면, 아이들은 우리가 내적 강화로 부르는 은밀한 성취감을 개발할 것이다. 추가 학점 프로젝트는 지배형의 아이들을 자기주도적인 관심사 탐구의 세계로 유도하는 가장 우수한 방법이다.

많은 교사들은 평소 과제를 잘하지 않는 학생들에게 공부하는 데 시간을 투자하라

그림 12.2 내적 흥미를 촉진하는 학습과제

- 합격/불합격으로 등급을 매기는 프로젝트
- 자기가 등급을 매기는 과제
- 개인 선정 프로젝트
- 특별 관심 여행과 발표자
- 개인 관심사나 취미에 관한 토의 시간
- 소그룹 프로젝트
- 전체 학급협동 프로젝트. 예를 들면, 벽화 또는 연극(이런 것은 관중이 있지만 학급의 스타가 없는 협동적인 모험이다)
- 지역사회 구성원 인터뷰
- 여론조사와 질문지 분석
- 과학 실험
- 추가 학점 프로젝트

출처: Rimm. S.B.(1990). *Learning leads Q-cards: Teacher tips*. Watertown, WI: Apple.

고 말하면서, 대신에 추가 학점을 얻을 수 있는 기회를 그들로부터 철회한다. 교사의 규칙을 따를 때 좋은 점수를 기대하지 않고 자기주도적으로 공부하기를 선호하는 지배형 학습부진학생들에게, 개인이 선택한 몇 가지 학습경험에 그들이 열중하도록 당신이 그들에게 추가 점수를 가지고 격려한다면, 아주 기꺼이 생산적인 일을 하려고 할 것이다. 물론 당신은 그들이 개인 프로젝트에서 적절한 자료를 배우도록 보장하기 위해, 그들을 진정으로 도전적이고 가치가 있는 활동으로 안내해야 한다.

전기의 학습

전기를 읽는 것은 모든 학생들에게 영감을 불어넣을 수 있다. 그러나 지배적 순응형 학생들은 이미 많은 성공을 경험하였고 계속적인 성공과 연관되어 자신감을 개발해왔다. 그들은 흔히 그들의 전문 영역에 자신들이 극히 재능이 있다고 생각한다. 그들은 고등학교를 지나 대학이든 직업전선이든 경쟁을 위한 대비가 필요할 것이다. 전기는 성공적인 사람들이 여러 번 실패를 하며 성공을 향해 끈기 있게 나아가거나 창의적으로 방향을 바꾸어 그들 재능의 다른 배출구를 찾는 개념을 가르칠 수 있다.

한 연구에 의하면 초등학생들은 어떻게 성공적인 사람들이 그들의 기능들을 발달시켰는가에 관한 자서전에 노출되었을 때, 더 큰 노력을 하도록 고무되었다. 반대로 아이들이 유명한 사람들의 천부적인 재능을 우선적으로 강조하는 자서전에 노출되었을 때, 그것은 학생의 학습을 약화시켰다(Dweck, 1999).

자서전 읽기는 성공한 사람들의 어린 시절에서 빈번한 활동이었다. 많은 이들이 그들의 자서전 읽기의 동기유발 효과에 대하여 기술해왔다. 예를 들면, 아프리카계 미국인인 신경외과의사 Alexa Canady는 일주일에 10~12권의 작은 푸른 자서전을 읽은 것을 회상하였으며, Kay Bailey Hutchison 상원의원은 그녀의 도서관에 있는 모든 자서전을 읽었다고 기억했다(Rimm & Rimm-Kaufman, 2001; Rimm, Rimm-Kaufman & Rimm, 1999).

자서전은 학급에 큰 소리로 읽어주고 이어서 토론을 하기에 적합하며, 또한 독후감을 위한 개인 독서에도 적합하다. 노력을 강조하기 위해서 학생들의 관심을 끈기와 실패경험에 대처하는 것으로 향하게 하는 질문들은 그들의 끈기와 회복력을 증진시킬 가능성을 더해준다.

대학 준비

지배적 순응형 학생들은 아마도 대학을 위한 준비가 가장 필요한 학습부진학생들이다. 대부분 적당히 높은 순위로 고등학교를 졸업한다. 그들은 자신감이 있고, 기능이 있으며, 세상에 발을 들여놓을 준비가 되어 있다. 그들은 자신의 전문 영역에서 열심히 일했고, 그 영역에서 경쟁에 잘 대처해왔다. 대학은 그들을 수용했을 뿐만 아니라 스포츠, 음악, 연극 그리고 학업 장학금과 함께 그들을 환영했다. 학업에서 '최소한의 형태로 학습하기'가 부모와 교사들에게 수용되었고, 부모와 교사들은 대학이 그들의 성숙을 촉진할 것이라고 상상했다. 어느 누구도 정말로 걱정하지 않았다.

이런 학생들은 대학에서 높은 벽을 만날 수 있다. Joe는 부상으로 축구를 할 수가 없다. Khana의 첫 전공 시험은 C학점을 받았다. 연극과에서는 Emma가 무대 뒤에서 일하기를 기대한다. Alex는 최고의 악대나 오케스트라의 자격이 되지 않는다. 속으로 이 학생들은 계속 능력이 있다고 느끼지만, 그 능력으로는 다른 사람에게 인상을 줄 수 없는 것 같다. 그들은 IQ를 재검한다. 그들은 공학이나 음악은 잘못된 전공이라고 결정하고, 가능한 한 무대에서 멀리 떨어져 있겠다고 결정한다.

이런 학생들의 다수는 성숙해지고, 조정하고, 다시 집단을 구성한다. 그들은 다른 진로를 선택할 수도 있다. 그들은 경쟁에서 기능하는 것을 배울 수도 있다. 그들은 그들의 분야에서 지배하지 못할 거라는 것을 인정하게 될 수도 있다. 아주 소수의 학생들은 실제로 그들의 재능 분야를 지배하기 위하여 계속 진행하여 올림픽 육상선수, 전문 스포츠 스타, 성공한 미술가나 음악가, 암 연구 과학자 그리고 사업의 거물이 된다. 물론 경쟁에서 밀리는 것에 대처하는 것을 배워야 한다.

다른 많은 학생들은 그 벽을 불가능한 장벽으로 본다. 그들은 우울하게 되거나 불안하게 된다. 그들의 성적은 떨어진다. 그들은 중퇴한다. 그들은 일생의 목표를 포기하고, 수년 동안 실패자로 느낀다. 여기 재능 있는 바이올린 연주가의 한 사례 연구가 있다.

> Lacey는 바이올린 연주가가 되고자 결심했다. 그녀의 재능은 온갖 수준의 경연대회에서 그녀를 승리로 이끌었다. 그녀는 또한 학문적으로도 매우 잘했다. 그녀는 유수의 음악과가 있는 우수한 대학에 들어갔다. 그러나 2학년이 되어 Lacey는 음악을 포기했고, 그녀는 대부분의 과목에서 실패를 했다. 암울해져서 학교를 중퇴했다. 그녀는 그 후 수년 동안 끔찍한 실망에 휩싸여 음악을 듣는 것조차 할 수 없었다.
>
> Lacey는 그 후에 다시 그룹을 만들었고 새로운 경력을 쌓기로 결심했다. 확실히 그녀는 성공할 것이다. 그러나 이 높은 지능과 재능이 있는 젊은 여인은 그녀의 기록을 지울 수 없었고, 대학에 재입학하려 할 때마다 그 문제를 설명해야만 했다. 그녀의 자신감은 지금 매우 위태로우며 진로 목표에 도달할 수 있기까지 여러 해를 더 투자해야 할 것이다.

다음은 〈Today〉 쇼에서 학습부진 영재 학생에 관한 이야기를 한 후, 내가 받은 두 통의 편지에서 발췌한 것이다.

> Rimm 박사님께
>
> 저는 27살입니다. 어린아이일 때, 영재아라고 이름이 붙여졌고 일주일에 이틀은 특수 학교에 보내졌습니다. 나는 항상 교사들로부터 많은 주목을 받았고 학교에서 공부를 잘해야 한다는 많은 압력을 느꼈어요. 가족 중에 누구도 대학에 다닌 사람은 없어요. 사실 어머니도 고등학교 1학년에서 중퇴를 했고 저의 아버지는 초등학교 6학년 교육을 마쳤어요.
>
> 저는 고향을 떠나 이름이 있는 대학에 가는 꿈을 꾸었어요. 저는 고등학교에서 거의 A

학점만을 받는 학생이었고, 학력검사(SAT)에서도 아주 좋은 점수를 받았어요. 결국 저는 집을 떠나서 학업 장학금을 받고, 스미스대학에 다녔어요. 저는 집을 멀리 떠나 사는 스트레스와 이 나라에서 가장 우수한 일부 학생들과 경쟁하는 학업환경에 던져진 압력에 잘 준비되지 않았어요. 2학년이 되어 저는 강한 불안의 엄습으로 고통을 받고 있었고, 그래서 제가 할 수 있는 모든 것이란 교실을 떠나지 않고, 그 시간 내내 앉아 있기만 하는 것이었어요. 저는 제때에 대학을 졸업하였고, 성적은 전혀 최악은 아니었지만 진정한 학문적 능력을 반영하지 않았어요.

저는 어린 소녀일 때부터 의사가 되려는 꿈을 꾸었어요. 그러나 저는 크게 실패를 했어요. 4년 후 저는 다시 그 꿈을 추구할 시간이라고 결심을 했어요. 오늘 저는 2년제 의학대학으로부터 거절당했고, 한 때 제가 했던 좋은 성적표를 보기까지 오랜 시간이 걸릴 거라고 느껴요. 의과대학들은 저의 높은 지능이나 저의 고등학교 성적에 대해서는 신경도 쓰지 않더군요. 그들은 제 생애의 그 기간 동안 기대에 맞추어 살지 못한 이유는 무시하고, 저의 대학 수행을 봅니다. 그래서 당신도 아시다시피, 저는 길 잃은 영재아의 좋은 사례입니다(능력은 아주 많았지만, 적기에 안내를 받지 못함).

Rimm 박사님께
대학에서 저의 학문적 성공의 부족은 실제로 끊임없는 실망과 좌절, 우울, 심한 편두통 그리고 불면증을 가져왔습니다. 저의 꿈은 항상 어린 소녀일 때부터 변호사가 되는 것이었습니다. 저는 이 꿈이 빗나가고 있는 것을 봅니다.

저는 성적(GPA)이 3.5로 저의 고등학교에서 상위 10% 안에 들어가는 성적으로 졸업한 외동딸입니다. 저는 중학교와 고등학교 내내 모든 심화와 대학 준비 과목을 들었습니다.

저의 학문적 능력에 대한 자신감을 느끼며, 저는 Chapel Hill에 있는 노스캐롤라이나 대학교에 입학하였고, 거기서 2.2의 성적(GPA)으로 졸업을 하였습니다. 저는 이것에 아주 압도되어 두 달 동안 거의 매일 밤 울면서 잠을 잤습니다.

제가 가지고 졸업한 그 성적(GPA)은 어떤 면에서도 저의 진정한 능력을 반영하고 있지 않습니다. 그러나 법률학교는 두 가지를 봅니다[성적(GPA)과 LAST(미 법학대입학시험)].

〈그림 12.3〉은 이런 학생들이 혜택을 받을 수도 있었던 그리고 당신이 대학에 입학할 학생들과 공유하고 싶을 수도 있는 몇 가지 제안을 포함하고 있다. 이것들은 부모가 대학을 다닌 적이 없는 젊은이들에게 그리고 어떠한 산에도 오를 수 있다고 자신하는 지배적 순응형 학생들을 위해 가장 중요하다.

그림 12.3 신입 대학생을 위한 성공 지침

- 아무리 따분하거나 무관한 것으로 믿어져도 수업을 결코 빠지지 말아라. 당신은 이 교육을 위해 돈을 지불했다. 그래서 당신은 돈의 가치를 얻는 편이 나을 것이다. 당신이 놓친 강의나 설명은 배운 것을 기억하지 못하는 시험문제일 수 있다.
- 각 수업시간에 대하여 적어도 두 시간의 공부를 계획하라. 대학들은 이 지침을 권고한다. 정말로 그들의 충고를 받아들여라.
- 계획표나 달력에 미리, 적어도 일주일 동안의 공부시간을 짜넣어라. 공부를 위해 할당된 시간을 시각화하는 것은 당신이 느끼는 압력을 줄여줄 것이다.
- 만일 당신이 학과 내용에 대하여 힘들어하고 있다면, 실패하기 전에 도움을 구하라. 작문교실, 개인강사, 스터디 그룹 그리고 상담이 대학캠퍼스에 풍부하다. 어느 누구도 당신을 돕기 위해 당신의 손을 잡고 가지 않을 것이다. 당신이 그런 탐색을 주도해야 할 것이다. 그러나 이용할 수 있는 진심에서 우러난 무료 도움이 풍부하다. 성적이 A인 학생조차도 도움을 받는다.

제 13 장

지배적 거부형 아이들을 위해 당신이 할 수 있는 것

지배적 거부형 아이들의 학습부진을 역전시키기란 어려운 도전이다. 이 아이들은 변화에 가장 많이 저항한다. 그들의 행동들은 함께 살면서 그들을 불쾌하게 만든다. 그들은 자주 공격적이고, 반항적이며, 자만심에 차 있으며, 적대적이다. 그러나 그들의 보호적 방패 안을 보면, 이들은 흔히 영리하고 예민하며 쉽게 상처받는 아이들이다. 이들은 오직 (주변을) 장악하고 있을 때만 자신감을 느낀다. 지배적 순응형 아이들과는 달리 그들은 잘 수행하고 관심을 받는 인정받을 수 있는 전공 영역이 없다고 느낀다. 그들은 자신의 어린 시절이 더 만족스러운 시간이었다고 기억하는 왕위에서 물러난 젊은이들이다(그때 추앙을 받았든, '완벽'하였든, 올 A학점을 받았든, 아니면 아빠의 귀여운 딸이었든)(Rimm, 1990). 그들은 무대의 중심이었던 위치를 빼앗긴 젊은이들이며, 조종적이고 반항적인 행동들은 그들이 찬사를 받았을 때인 영화로운 삶의 시기로 되돌아가려는 노력이다. 그들은 자주 부정적이고, 화를 내고, 폭력적이기까지 하다. 술과 약물남용은 일시적으로 힘을 회복하는 접근법이 된다. 그 효과가 떨어지면 무력감은 그들이 다시 힘의 감각을 회복하려고 알코올이나 약물을 더 사용할 때까지 다시 돌아온다.

이런 아이들은 몸부림치며 문제를 자신의 것으로 인정하기를 거부한다. 당신은 그들을 제자리에 앉히며, 그들을 흔들고, 엉덩이를 치며, 어떻게든 당신이 성인임을 확신시키고 싶어 한다. 그들은 당신을 무력하고 덫에 걸린 느낌을 갖도록 한다.

당신은 거듭하여 그들에게 냉정을 잃는다. 당신은 왜 통제력을 잃고 무엇이 그 야단법석을 촉발시켰는지 의문이다. 그들은 계속 당신을 밀어내지만, 당신의 되밀기는 작용하지 못한다. 당신의 직관적인 반응은 거의 항상 효과가 없다. 어느 곳에도 Rimm의 법칙 #10이 적용되는 곳은 없다. 어른들은 합리적으로 결과를 통제할 수 있다는 확신이 들지 않으면, 아이들과의 대결을 피해야 한다.

지배적 거부형의 학생들이 습관적으로 따르는 패턴을 고려하라. 그들이 장악하고 있다고 느끼지 못할 때, 그들은 논쟁한다. 당신은 부모 또는 교사로서 밀린다는 느낌을 받을 것이며, 의심할 바 없이 그들이 하는 거의 모든 요청마다 거절한다. 이것은 그들을 멈추게 하지 못한다. 그들은 더 논쟁한다. 당신은 이성적으로 맞서야 한다는 의무감에 빠진다. 그러나 그들은 이기려고 계획하고 있다. 당신이 완전히 비이성적인 모습을 발견할 때까지, 그들은 무자비하게 논쟁을 추구한다. 당신은 자제력을 잃게 된다. 이제 그들은 당신의 불합리성을 당신의 요청을 거절하고 화내는 근거로 사용한다. 더욱이 당신이 매우 비이성적으로 해왔기 때문에, 보통 그들은 당신에게 대항하도록 자신의 편을 들 누군가를 찾는다. 이런 순환과 그들의 힘은 거의 모든 사람들과 논쟁할 때까지 계속된다. 그다음에 그들은 아무도 자신을 이해하지 못하며, 실제로 옳다고 주장한다. 아무도 그리고 조금도 그들에 대하여 이해하지 못한다고 말이다.

역직관적인 것처럼 보일지 모르지만, 이런 학생들에게 더 효과적인 반응이 있다. 첫 단계는 그들이 느끼는 (예 : 영리하거나 창의적이거나, 예술적이거나 또는 인기 있어야 한다는) 강한 압력을 이해하는 것을 기반으로 한, 아이들과의 긍정적이고 확고한 동맹관계이다. 그들의 요청에 반응하기 전, 그들에게 말할 수 있는 많은 시간을 준다. 그들이 말하고 있는 동안, 스스로 똑똑하다고 느끼고 당신과 동맹관계에 있다고 느낀다. 당신은 그들에게 자신이 있고 권위가 있으며 당신이 진정으로 듣고 있다는 것을 보여주어야 한다. 그들이 설명을 마친 후, 당신은 과잉반응이나 덫에 걸리는 것을 피할 수 있도록 당신의 반응에 대하여 생각할 시간을 가진다. 당신이 답을 줄 때, 그것은 절대적으로 확고해야 하고 뒤집지 말아야 한다. 또한 당신은 추론과정의 모델이 되기 때문에 몇 가지 이유를 포함해야 한다. 만일 당신의 아이나 학생들이 계속 밀고나가려고 한다면, 당신은 단순히 멈추거나 자리를 뜨거나, 휴식 시간을 가질 필요가 있다.

협상을 재개하지 않는다. 대신에 긍정적이지만 절대적으로 확고함을 유지한다. 그들은 당신의 이유를 좋아하지 않을 수도 있다. 그들은 기뻐하지 않을 수도 있다. 그러나 시간과 함께 그들은 당신을 존경하게 될 것이다. 미온적인 어른들은 지배적 거부형의 아이들에 의해 짓밟히게 된다. 지배적 아이들은 미온적 어른들을 약하고 벙어리이며, 천 년 전에 태어난 것으로 보게 된다. 만일 당신이 여전히 미소를 짓고 통제하고 있다면, 만일 그들이 계속 당신과 동맹관계에 있다고 느낀다면, 만일 그들이 당신의 공정성을 존경할 수 있다면, 그때 그들은 당신이 세운 한계선을 더 존중할 것이다.

어떤 지배적 거부형의 아이들은 심리적인 도움이 필요할 것이다. 어린아이일 때, 그들은 (과잉행동과 충동성이 있는) 주의력결핍 과잉행동장애로 진단받을 수 있으며, 그 후에 그들이 실행하는 행동에 의지하여 반항적이거나 우울하다고 진단받을 수 있다. 아이일 때 그들의 목표는 불가능할 정도로 높게 설정되었다. 그들은 화려한 어떤 것을 하고 싶었거나 스타의 대열에 도달하고 싶었다. 청소년과 성인 초기일 때, 그들은 친구들이 성취업적에서 자신을 능가하는 것을 지각하면서 실패자처럼 느낀다. 그들의 높은 에너지가 생산의 방향으로 향하는 데 필요한 인내와 끈기가 거의 없이, 지배의 정점에서 우울의 저점으로 떨어진다.

당신은 이런 아이들에게 변화를 가져오는 도전적인 과제를 가지게 될 것이다. 만일 아이들이 취학 이전의 나이라면, 그 일은 비교적 쉽다. 초등학교나 중학교라면 조금 더 어렵다. 고등학교 나이는 가장 어렵다. 그러나 고등학교 졸업 후 그들이 독립적이 되면, 그들은 변화에 대한 동기를 부여받을 수 있고 실제로 그들이 더 어렸을 때 가졌던 것보다 학습부진을 역전시킬 가능성이 훨씬 더 커진다. 인내를 위한 준비를 한다. 그리고 많은 실패를 기대하라. 그러나 만일 당신이 이런 아이들의 문제를 공격하는 데 지구력을 갖는다면, 당신은 그들이 성공적인 어른이 될 것으로 기대할 수 있다. 성취성향, 경쟁력 그리고 동기는 모두 그들 속에 살고 있다. 그들은 가면을 잘 쓰고 있을 뿐이다.

부모로서 할 수 있는 것

당신은 지배적 거부형 아이들을 위해서 변화가 생겨야 하는 것을 의심하지 않을 것이다. 또한 당신은 또 무력하고 통제력을 상실하였다고 느낄 것이다. 그들의 생활 중에 언제 또는 어떻게 개입할지 확신이 서지 않는다. 만일 당신이 누구든 두 사람에게 충고를 부탁한다면, 당신은 두 가지의 서로 다른 대답들을 얻게 된다. 당신은 혼돈되고, 절망하고 있으며, 죄책감을 갖고, 양육하는 것으로 가장되어 있고, 어디서 돌아서야 할지 전혀 확신이 서지 않는 것을 느낄 것이다. 아이들이 당신을 통제하는 것 같다는 사실에도 불구하고, 그들은 전혀 안정감을 느끼지 못하고 있음을 깨닫는 것이 중요하다. 반대로 그들의 삶이 타인을 지배하려는 힘겨루기인 이상, 그들은 고통스러워하고 자신의 개인적 방향을 잡지 못해 안정감을 느끼지 못하고 있는 것으로 확신을 해도 된다.

이런 아이들의 강화인자를 가정에서 바꾸어주기 위해서는 그들의 시각에서 세계를 바라보는 것이 중요하다. 그러나 그들이 원하는 것에 대한 즉시적인 만족을 주는 방식으로 행동할 필요는 없다. 당신은 부모로서 긴 안목으로 바라보아야 한다. 아이일 때 그들은 그럴 수 없다. 그들의 욕구에 따라서 그들을 안내하는 것이 당신의 역할이다. 그러나 반드시 그들의 지금 소망을 따를 필요는 없다. 아이들이 함께 살기 힘들어하고 행복하지 않다면, 당신이 최선을 다했다고 확신할지라도, 그 이상의 무엇이 행해져야 한다. 다음의 권고들은 쉽지는 않지만 효과적인 것으로 증명되었다. 그것들은 우리의 치료소에 찾아오는 아이들에게 사용하는 실제적 방법들이다. 만일 당신이 이 방법을 해도 되지 않는다면, 이런 아이들은 학습부진아 중에서도 극단적인 부분에 속해 있음을 명심하라. 전문적인 도움이 필요할 수 있으며 긍정적인 결과가 바로 나타나지 않을 수도 있다.

아동 초기 지배성 역전시키기

어떤 아이들은 태어나면서부터 지배력을 추구하는 것 같다. 마치 그것이 그들 성격의 일부로 내장된 것처럼 말이다. 본능적으로 부모가 그들을 통제하지 못할 것이라는 것을 감지하며, 그들이 먹고 보살핌을 받고 사랑을 받는데도 불구하고 만족하지 않는다. 어떤 부모들은 3살쯤인 아이들에게 통제당하고 있으며, 그래서 그들은 고함치고, 비명을 지르며 그리고 결코 부모역할로서 상상하지 못했던 비합리적인 방식으로 행동하는 자신을 발견한다고 나에게 말한다. 부모들은 이렇게 말한다. “내가 그에게 구석에 앉으라고 요청하면, 그렇게 하지 않아요.”, “내가 그녀를 방에 들여보내면, 그 애는 밖으로 나와요." 그리고 "나는 그에게 야채를 먹어야 한다고 말해요. 그러면 그는 야채를 먹고 식탁에 바로 뱉어놓아요." 이런 부모들은 그들이 이렇게 행실이 나쁜 괴물을 낳았다는 것을 믿기 힘들어한다. 아이들은 부모인 그들이 보호자의 책임을 지고 있다는 것을 발견하였다. 아이들은 일찍이 매우 심각한 거부적인 지배성향을 발전시켰다. 그러나 이런 상황이 일찍이 발견되었을 땐 큰 희망이 있다. 당신은 그들의 힘의 방향을 재설정할 수 있다. 당신은 관리할 수 있다. 그리고 당신은 해야 한다.

취학 전 아이들에게 거의 효력이 있는 통제력 재탈환의 요술 지팡이가 있다. 그것은 8살 이상의 많은 아이들에게도 효과가 있다. 그 이상의 나이가 되면, 어떤 아이들에게는 작용하지만 다른 아이들에게는 잘 작용하지 않는다. 그 방법은 '타임아웃'이다. 그리고 그것은 〈그림 13.1〉에 기술되어 있다. 많은 부모들은 타임아웃을 사용한다. 그러나 그렇게 효과적으로 사용하지 않는다.

그림 13.1 성공적 타임아웃의 묘안(정확하게 따르라)

- 나쁜 행동에 대한 결과는 문을 닫은 채로 자기 방에 (타이머의 시간으로) 10분 동안 조용하게 있는 것이라고 한 어른이 간단히 말해야 한다. 나쁜 행동들이 구체화되어야 한다. 모든 것을 다 선정하지 말아라. 가장 나쁜 것을 선정한다(예 : 때리기, 울화통).
- 아이가 닫힌 문을 열 가능성이 있을 때, 그 문을 밖에서 잠근다(어떤 부모는 끈의 한쪽 끝을 아이 방문의 손잡이에 고리로 묶고, 다른 끝은 인접한 방문의 손잡이에 고리로 묶는다). 힘이 센 아이를 위해서는 처음부터 자물쇠가 필요할 것이다. 물론 부모는 안전을 위해서 근처에 있어야 한다.
- 아이가 언급된 대로 나쁜 행동을 할 때마다 부모는 자제력을 잃지 말고, 단 한 문장의 설명과 함께 아이를 방으로 호송해야 한다.
- 아이가 문을 세차게 차거나, 자제력을 잃거나, 벽을 치거나, 장난감을 던지거나, 비명을 지르거나, 소리를 치거나, 말을 걸더라도 절대 어떠한 반응도 하지 말아야 한다. 처음 몇 번은 끔찍할 것으로 예상하고, 아이가 조용할 때만 타이머를 맞춘다.
- 10분 후, 아이가 방을 떠나도록 문을 열어준다. 더 이상의 설명, 사과, 경고나 사랑의 논의가 없어야 한다. 특별한 일이 없었던 것처럼 행동한다. **포옹하지 않는다**. 필요한 대로 반복한다.
- 일주일 후, 바람직하지 못한 행동을 예방하기 위한 닫힌 문의 경고만이 필요하게 될 것이다. 단 한 마디의 경고만 하라. 항상 철저하게 따르라.

출처: Rimm, S.B.(1996). *Learning leads Q-cards: Parent pointers*. Watertown, WI: Apple.

당신이 이 방법을 정확하게 따른다면, 이것은 작용할 것이다. 아이들은 훨씬 더 차분하게 될 것이고, 실제로 대부분 당신의 요구에 따를 것이다. 당신은 아이를 통제하게 될 것이고 훨씬 더 자신 있는 부모가 될 것이다. 당신이 통제를 유지하는 한 그리고 비명과 불가능한 위협의 무기력한 계략으로 회귀하지 않는 한, 아이들은 계속적으로 제한을 무시하는 일상생활로 돌아가지 않을 것이다. 그 변화는 보통 극적이다.

이 책을 읽을 때 나는 당신이 이 절차의 효과성에 대하여 믿지 않을 것이라는 것을 안다. 나의 사무실에 오는 부모들도 나를 믿지 않는다. 그러나 그들은 다음 방문 때는 웃으면서 확신을 갖고 다음 지침을 준비하며 온다. 당신이 타임아웃을 사용할 때, 극적인 역전은 당신의 역할을 추종자에서 리더로 바꾸었기 때문에 일어날 것이다. 타임아웃 이전에는 아이들이 명령을 하는 위치에 있었고, 당신은 그 강력한 힘에 대처하는 방법을 알지 못했다. 당신은 아이들에게 긍정적인 지침을 주고 있고, 훨씬 더 안정감을 느끼게 될 것이다. 당신은 더 커지고 책임을 띠게 되며, 당신의 안전한 인도를 따라가는 것에 만족하게 될 것이다. 그들은 처음에 힘을 잃는 것에 맹렬하게 화를 낼 수 있지만, 자신의 아이다움에 대한 새로운 자신감을 느낄 정도로 충분히 어리다.

타임아웃 절차가 아이들에게 영향을 주지 못하는 잔인하고 이상한 처벌이라고 느끼는 사람이 있을 것이다. 당신은 그 후에 당신이 그들을 얼마나 사랑하는지 설명함으로써 그것을 수정하고 싶을 것이다. 그러나 당신이 그렇게 한다면, 그들에게 이중 메시지를 줌으로써 타임아웃의 효과를 취소하게 될 것이다. 타임아웃은 관심끌기를 완전히 철회하는 것이기 때문에 효과가 있다. 만일 그것이 사랑의 말로 펑크가 난다면, 아이들은 당신을 계속 통제하게 될 것이다. 만일 당신이 이 책을 읽고 있다면, 아이들은 당신이 자신을 사랑한다는 것을 안다. 확실히 그들에게 당신의 사랑을 상기시키는 것은 적절하다. 그러나 그들이 나쁘게 행동할 때는 아니며, 타임아웃을 즉시 따를 때도 아니다.

지배형의 아이들은 '쇼맨'이다. 그들은 관중과 함께 기능하기를 좋아한다. 관중을 철수시키는 것은 그들의 행동이 효과가 없으며, 더 적절한 쇼맨십을 선정해야 하는 것을 말해준다. 당신이 그들의 관중을 완전히 제거함으로써 아이들의 수용할 수 없는 행동을 일관적으로 다루는 한, 그들은 더 칭찬받을 만한 행동들을 찾을 것이다.

그러나 이것은 당신이 바꾸고 있는 강한 습관이므로, 그들은 마지막 장면에서 당신을 패배시키기 위해 갖가지 노력을 다할 것임을 예상해야 한다.

문을 잠그는 타임아웃 절차는 모든 아이들에게 적용되는 것은 아니며 단지 너무 강력하고 그렇게 하지 않으면 타임아웃 방에 있으려 하지 않는 아이들만을 위해 계획되어야 한다. 문 잠그기를 단 몇 번만 사용한 후에는 지배형의 아이들조차 당신이 문을 잠글 필요가 없이 머물려고 할 것이다.

아이들이 타임아웃 치료에 반응하지 않는 경우가 있다. 〈그림 13.2〉는 매우 강력한 아이들에게 타임아웃을 할 때, 쉽게 범할 수 있는 몇 가지 실수를 나열한다. 기억하자. 당신의 목표는 힘겨루기의 가속화를 피하는 것이다. 만약 당신이 아이의 소유물을 그들의 방에서 빼앗거나 모든 장난감을 회수하거나 너무 거친 접근을 사용한다면, 당신은 단지 싸움을 가속화할 뿐이다. 아이들은 완강하게 버틸 것이고, 그들과의 동맹관계를 잃을 것이다. 그들은 도전하려 할 것이고 타임아웃은 그들에게 작용하지 않을 거라고 언어나 행동으로 말할 것이다. 만일 그들이 그렇게 말하고 있다면, 그들이 그것을 증오하고 있음을 알고, 더 이상의 벌을 추가하지 말아야 한다.

그림 13.2 타임아웃 사용 시의 실수

- 아이들이 타임아웃될 때, 그들은 자주 문을 찬다. 부모들은 문을 차지 말라고 말함으로써 반응한다. 아이들은 이렇게 그들의 부모를 장악하고 있다고 인식하고서, 계속 문을 찬다.
- 종종 아이들이 시간이 얼마나 남았는지 물을 때, 부모들은 말을 걸거나 그들과 말싸움을 하는 실수를 범한다. 대화는 철회된 관심끌기의 효과를 취소하는 것이다.
- 어떤 부모들은 문 잠그는 것에 대하여 망설이고, 닫은 채로 잡고 있거나 심지어 전혀 닫지 않은 채로 두려고 한다. 만일 부모가 문을 잡고 있다면, 아이들은 부모가 그것을 잡고 있음을 알면서 힘겨루기는 계속된다. 만일 그것이 전혀 닫혀 있지 않다면, 그들은 부모의 통제하에 있지 않음을 증명하며 단지 드나들게 될 것이다.
- 종종 아이들이 방에 있는 물건을 던진 후에, 부모들은 그들이 던진 물건을 줍기 위해 방으로 다시 들어가봐야 한다고 주장한다. 또 다른 힘겨루기가 벌어진다. 이런 경우에 아이들은 논쟁함으로써 다시 부모를 관리하려 한다.
- 종종 부모들은 야단치고 괴성을 지르고 자제력을 잃은 후에만 타임아웃을 사용한다. 그것은 너무 늦다. 그것은 부모가 주도권이 있다는 것을 보여주면서 적당하게 조용히 시행되어야 한다.

출처 : Rimm, S.B.(1996). *Learning leads Q-cards: Parent pointers*. Watertown, WI: Apple.

그들이 진정하면 당신은 그들에게 분노에 대처하는 것을 돕고 있는 것이며, 분노를 빼는 방법으로서 베개를 때리거나 괴성을 지르는 것은 환영한다고 설명한다. 그들은 또한 자신을 진정시키기 위하여 놀거나, 색칠을 하거나 책을 읽을 수 있다. 그러나 단, 그들이 차분해졌음을 느낄 때만 문이 열리게 되는 것이다. 그들과 당신이 그 후에 더 좋은 느낌을 갖게 될 것임을 그들에게 상기시킨다. 타임아웃을 하는 것조차도, 당신은 긍정적인 동맹관계와 확고부동함을 추구하는 것이지 벌을 추구하는 것은 아니다.

아이들은 의사결정에서 선택하고 참여할 기회가 주어져야 한다. 아동 초기에도 그래야 한다. 그러나 그들을 위한 선택은 항상 정의되어야 한다. 그들로 하여금 설정된 활동, 행동 그리고 물질적인 소유물의 범위 내에서 선택하게 한다. 그들이 나이가 들면서, 당신은 그들에게 가능 범위를 넓혀 줄 수 있지만, 아동기와 청소년기를 거칠 때 당신이 이런 제한을 설정해야 한다. 만일 그들이 책임 있는 선택을 하게 되면서 당신이 점진적으로 그들의 자유를 넓힌다면, 그들은 독립적이고 자신감을 얻고 자신들의 삶을 적절히 통제하고 있음을 느낄 것이다.

아이러니하게도 아이들에게 너무 일찍 많은 자유가 주어진다면, 그들은 통제감을 느끼지 못하고, 통제감을 추구하게 된다. 그들은 어른들에게서 자유를 빼앗고, 계속적인 감시를 요구함으로써 성인의 권리를 짓밟는다. 먼저 그들에게 틀을 제공한 다음, 그 구조 내에서 융통성을 제공함으로써 아이들과 어른들은 함께 편안하게 살 수 있다.

바람, 원함, 일, 기다림

자신의 아동기가 험난했지만 성공적인 부모는 아이들에게 그들이 박탈당했던 물질적 소유물과 즐거운 경험으로 보상하기를 열망한다. 아이일 때 무제한적인 물질적 소유물을 가진 부모들은 자신의 아이들에게 값비싼 장난감과 옷과 활동을 퍼부으려는 유혹을 받는다. 온갖 요청과 요구가 응답된 아이들은 즉시 그것에 익숙해져서 계속 그것을 기대한다. 동시에 아주 많이, 쉽게 준 부모들은 '바라고 원하는 것'이 '일과 기다림'의 다음에 따라올 때 생기는 효능감과 자신감을 그들의 아이에게서 빼앗고 있는 것이다. 다른 누군가에 의한 즉각적인 전달의 감각은 아이들에게 끊임없이 물질적 소유물, 선물 그리고 활동을 요구하는 힘과 뻔뻔함을 주게 된다.

아이들이 즉시적 만족을 기대하도록 배울 때, 그들은 자신이 교육과 학교생활에 대한 준비가 되어 있지 않다는 것을 발견한다. 그들은 바라고 원하는 것만 배웠고 일하거나 기다리는 것은 배우지 않았다. 그들은 즉시 명석해지고, 단기간에 성공하고, 책임을 쉽게 마치고 싶어 한다. 그들은 마술지팡이를 흔들며 명석해지고 재능과 창의성이 생기라고 선포하고 싶어 한다. 지능이 즉각적인 결과를 제공하기를 기대한다. 그들은 다른 훌륭한 학생들이 금방 배우고, 벼락치기로 좋은 성적을 얻는 것으로 상상한다. 그래서 그들은 스스로 노력과 함께 오는 만족을 거부한다.

아이들에게 일하고 기다리는 것을 가르쳐야 한다. 그들이 가진 소유물과 경험이 어떠하든, 그들은 노력과 인내의 과정을 배워야만 할 것이다. 그들은 계획하고, 일하고, 의미 있는 행사를 위해 당신에게 돈을 저축하는 일로부터 그 과정을 배울 수 있다. 물질적 소유물을 위한 저축을 계획하는 예금통장이나 차트는 그들에게 눈으로 저축이 되고 있음을 보여준다. 당신은 그들이 이 개념을 교육에 적용하도록 도와줄 수 있다(계획하고 노력하고 인내하는 것은 그들에게 상응하는 성공을 보상으로 줄 것이라고). 당신이 원했지만 거부되었던 모든 소유물과 경험이 얼마든 그것들을 노력 없이 아이들에게 주지 말아야 한다. 그들의 일과 기다림을 훔치지 말아라.

주의력결핍 과잉행동장애

주의력결핍 과잉행동장애(ADHD)는 생물학적, 환경적 또는 둘 모두의 원인으로 야기될 수 있다. 과학자들이 생물학적인 검사를 개발하려는 시도는 하고 있지만, 이 장애를 진단하는 검사는 아직 없다. 『정신 질환의 진단 및 통계 편람, 제4판(Diagnostic and Statistical Manual of Mental Disorder; American Psychiatric Association, 2000)』 속에 기술된 설명을 바탕으로 한 평가 척도는 모든 진단을 위한 기초가 된다. 〈그림 13.3〉은 ADHD의 주요한 특징 몇 가지를 포함한다. 이 중에서 여섯 가지 특징이 7살 이전에 나타났다면, 아이들이 각 진단에 해당한다고 볼 수 있다. 이런 특징들은 두 환경, 예를 들면 가정과 학교에서 존재해야 한다.

양육의 문제들이 ADHD와 함께 일어나지만, 이것이 ADHD가 잘못된 양육에 의해 야기되는 것을 의미하지는 않는다. 그러나 높은 에너지를 가진 아이들은 키우기에 특히 어려운 아이들이다.

ADHD에 대한 생물학적인 개입법은 Ritalin과 Adderall 같은 자극제를 포함한

그림 13.3 주의력결핍 과잉행동장애의 특징

314.00 주의력결핍 과잉행동장애,
부주의가 지배적인 유형*

A. 자주 세부사항에 주의를 기울이지 못하거나 학업, 일 또는 다른 활동에서 부주의에 의한 실수를 한다.
B. 자주 과제나 놀이 활동에서 주의를 유지하는 것을 어려워한다.
C. 자주 직접 말을 할 때 듣는 것처럼 보이지 않는다.
D. 자주 지시를 따르지 못하며 학업, 잡일 또는 직장에서의 의무를 끝내지 못한다(반항적인 행동이나 지시를 이해하지 못하는 것 때문이 아님).
E. 자주 과제나 활동을 조직하는 것을 어려워한다.
F. 자주 지속적으로 정신적 노력을 기울일 필요가 있는 과제를 피하거나, 싫어하거나 참여하기를 꺼린다(예 : 학업 또는 숙제).
G. 자주 과제나 활동을 위해 필요한 물건들을 잊는다(예 : 장난감, 학교 과제, 연필, 책 또는 도구).
H. 자주 외부 자극에 쉽게 산만해진다.
I. 자주 일상 활동에서 잊어버린다.

314.01 주의력결핍 과잉행동장애,
과잉행동과 충동이 지배적인 유형

과잉행동

A. 자주 손 또는 발을 꼼지락거리거나 자리에서 꿈틀댄다.
B. 자주 교실에서 또는 앉아 있어야 하는 상황에서 자리를 뜬다.
C. 자주 적절하지 않은 상황에서 지나치게 뛰어다니거나 기어 올라간다(청소년 또는 성인기에는 주관적인 불안정의 감정에 제한될 수 있음).
D. 자주 '정신없이 바쁘거나', 자주 '모터에 의해 추진'되는 것처럼 행동한다.
E. 자주 지나치게 말을 많이 한다.

충동성

F. 자주 질문이 완결되기 전에 답을 터뜨린다.
G. 자주 차례를 기다리는 것을 어려워한다.
H. 자주 다른 사람의 말을 가로채거나 방해한다(예 : 대화나 게임에 불쑥 끼어든다).

---

* 7살 전에 적어도 여섯 가지 특징을 보여주어야 한다.

출처 : American Psychiatric Association. (2000). *Diagnostic and statistical manual of mental disorders*(4th ed., text revision). Washington, DC: Author.

다. 이 두 가지 약은 모두 약효가 오래가기 때문에 학교에 있을 동안엔 복용할 필요가 없을 것이다. 또한 이용 가능한 비자극제가 있지만, 당신의 가족 의사나 아동심리치료자가 약에 대한 가장 좋은 정보원이다. 요즈음 ADHD는 과잉진단되고 약이 지나치게 처방되고 있다. 당신의 의사에게 약 처방 요청을 서두르지 말자. 먼저 행동 변화를 시도한다. 약은 부작용을 갖기에 의사의 주의 깊은 감독하에서만 사용되어야 한다.

〈그림 13.4〉는 Ritalin의 몇 가지 부작용을 나열한다. 이런 부작용들은 사용하는 아이들의 50% 미만으로 발생하지만(어떤 아이들에게는 부작용이 없다.) Ritalin과 다른 약은 주의 깊은 고려 없이는 복용되지 말아야 한다. 그러나 어떤 아이들은 이 약이 매우 도움이 된다. 그들을 차분하게 만들고 주의를 기울이는 능력을 높여준다.

ADHD 증상을 가진 아이들의 단 몇 %만이 실제로 약이 필요하다. 많은 아이들은 행동(수정)으로 도움을 받을 수 있다. 검맹법이 아이들이 약을 필요로 하는지를 결정하기에 가장 좋다. '맹(盲, blind)'이란 부모나 교사가 눈을 감아야 한다는 것을 의미하는 것이 아니다. 아이들의 행동을 검토할 때, 단지 그 아이가 진약 또는 위약

그림 13.4 Ritalin의 부작용

흔한 부작용

- 식욕부진
- 복통
- 장기 치료 기간 중 체중 감소
- 취침 또는 숙면 곤란
- 비정상적으로 빠른 심장박동

드문 부작용

- 가슴 두근거림
- 가슴 통증
- 경련
- 급한 심장박동
- 두드러기
- 두통
- 뚜렛 증후군(심하고 많은 실룩거림)
- 메스꺼움
- 몸 비틀기
- 붉거나 자주 빛 피부 반점
- 비정상 근육 움직임
- 비정상 심장박동
- 심장박동 변화
- 어지러움
- 열
- 졸음
- 피부 발진
- 피부염
- 혈압 변화

(placebo, 진약처럼 보이는 비활성 약)을 복용했는지를 몰라야 한다는 것이다. 그 약이 만병통치를 제공한다고 믿는 사람들의 편을 들어주는 즉, 약이 학교에서 아이들의 성적을 개선한다는 것을 지시하는 장기 연구는 절대로 없다. 또한 약이 단지 문제를 더 야기한다고 생각하는 사람들의 편을 들어주는 즉, 그 약은 아이들이 불법약물을 더 사용할 가능성을 증가시킨다는 지시도 없다. 반대로 ADHD 아동들은 약 처방을 받든 안 받든, ADHD가 없는 아동들보다 약물 남용에 연루될 가능성이 두 배 이상 높다(17.4% vs. 7.8%; Mocoy, 2007). 불행히도 그들의 처방약을 타인이 오용하도록 판매하는 십 대와 관련한 문제들이 있었다. 요약하자면, 약은 ADHD를 가진 것으로 정확하게 진단된 아이들에게 도움이 되나, 부모에게 유의를 요한다.

아이들에게 도움을 줄 수 있는 행동학적 접근은 이 장에서 제공한 모든 제안을 포함한다. 더불어 의존형 아이들에 관한 제11장의 주의력과 체계화를 위한 제안을 본다. 타임아웃, 연합된 양육 그리고 확고한 일관성이 중요하다. 아이들의 에너지를 건설적인 활동 방향으로 재설정하는 것이 우선순위이다. 그러나 과도한 계획은 그들에게 문제를 야기할 수 있다. 그들은 구조와 일관적인 기대가 필요하다. 속도를 너무 서두르면 그들과 부모에게 스트레스를 야기할 것이고 과잉반응이나 충동성을 유발할 것이다.

ADHD 아이들은 부모와 함께 어떤 일대일 시간의 육체적인 일과 잡일을 하면서 성장한다. 텔레비전 시청은 최소로 유지돼야 하며, 취침 한 시간 전부터는 시청하지 말아야 한다. 폭력성이 있는 만화를 포함하여 폭력적인 텔레비전 프로그램은 멀리해야 한다. 대부분의 아이들에게 해롭지는 않을지라도 부모나 형제들과 레슬링 또는 신체적 접촉을 조장하는 활동은 피해야 한다. ADHD 아이들은 이런 신체적인 적극적 애정 표시를 친구로 확장하며 쉽게 곤궁에 빠진다. 특히 학교에서 그렇다. 그들의 에너지를 스포츠나 일하는 프로젝트로 안내하라.

ADHD 아이들의 부모는 지지를 필요로 한다. 그들은 자주 부모 지원 그룹에 가입하고 정규적인 상담 지원에 출석함으로써 혜택을 받을 수 있다. 어떤 청소년과 성인들은 ADHD 증상을 계속 갖고 있다. 다른 사람들은 나이가 들면서 문제들이 사라진다. 가정과 학교환경은 ADHD를 가진 아이들에게 중요한 영향력을 갖고 있다.

반드시 직접이든 엿듣는 데서든 당신의 아이들을 'ADHD 아이들'이라고 부르지 말아라. 그것은 적절한 행동에 대한 책임이 그들에게 없고, 그들의 행동들은 그들의 통제 밖에 있는 것처럼 느끼게 한다. 아이들을 다루기가 불가능하다고 말하는 부모에 대한 엿듣는 말은 그들에게 악영향을 준다. 보통의 직접적인 칭찬과 엿듣기로 하는 긍정적인 말은 모든 지배적 거부형 아이들에게 용기를 준다. 특히 ADHD 아이들에게 그렇다.

대결 피하기

지배적 거부형의 아이들은 힘겨루기에서 승리를 바탕으로 자신감을 형성해왔다. 이것은 허약한 자존감의 기반이기 때문에, 그들은 오직 승리와 적중에서만 나오는 힘의 감각을 강화하기 위하여 그들의 환경 내에 있는 사람들을 끊임없이 조종해야 한다. 그들은 자신에 대해 좋게 느끼기 위하여, 다른 사람들은 나쁘게 느껴야 한다. 그들은 거의 모든 사람과 대항하여 경쟁을 한다. 특히 부모에게 그렇게 한다. 비교와 경쟁이 관계의 부분이 아닐 때, 그들은 비교하는 방법을 생각해낸다. 물론 한 가지 방식은 지나치게 자랑하는 것 또는 다른 사람을 헐뜯는 것이다. 그들은 어른들이 아이인 양 그리고 그들이 어른인 양 성인들에게 말한다. 한 가지 똑같은 공통적인 습관은 그들이 승리하리라 기대하는 논쟁이나 대결을 유발시키는 것이다.

사람들과 모든 것에 대하여 논쟁하는 습관은 가정과 학교생활을 아주 불쾌하게 만들 수 있다. 영리한 아이들은 그들이 합당하다고 주장할 것이고, 부모가 합리적이기보다는 독재적이라고 교묘하게 꾸짖을 것이다. 그들은 분명히 논박의 과정을 즐긴다. 그러나 당신이 주의 깊게 관찰한다면, 당신은 그들이 합리적인 해결책을 내놓지 못한다는 것을 알아차릴 것이다. 그들은 계속 논쟁하여 마침내 그들이 승리하거나 부모가 자기통제력을 잃을 때까지 밀어댄다. 부모나 교사가 화를 냈을 때, 아이들은 자동적으로 자신들이 옳거나 승리자라고 간주한다. 왜냐하면 그들은 적이 자제심을 잃게 된 것을 약하거나 실패로 보기 때문이다.

지배형의 아이들은 부모나 또래를 누르는 승리감을 즐긴다. 왜냐하면 그것은 그들에게 성공적이고 강력하다는 느낌을 주기 때문이다. 또한 그것은 그들의 반대자들이 부적절한 것으로 지각되기 때문에, 그들에게 논쟁을 더하고자 하는 연료를 제공한다. 그들은 성공이 확실시되는 싸움을 시작함으로써 그들의 힘을 증명하기 위한 방법들을 찾는다. 이런 습관은 부모들이 아이들에게 요구하는 모든 것에 대하여 이유를 설명해주어야 한다고 느낄 때 시작된다. 그런 다음, 부모들은 이런 요구를 완화시키려는 아이들의 반대추론에 의해 설득당한다. 아이들은 더 빈번하게 자신들이 승리하고 있다는 것을 알게 되면서, 그들의 의례적인 논박은 강화된다. 이 습관적인 힘을 위한 싸움은 실제로 이치나 논리와는 거의 상관없고 통제를 위한 경쟁에 근거를 둔다. 어떤 아이들은 매우 일찍 부모로부터 권한을 빼앗는다. 청소년 시기, 힘겨루기의 관례에 익숙한 아이들은 승리하지 않으면 우울과 화를 느낀다. 그들은 어른들이 전적으로 불공정하고 독재적이라고 간주한다.

당신은 부모로서 이런 방식의 교환을 피하기 위하여 아이와의 상호작용을 재구성해야 한다. 아이들과의 토론과 논쟁에서, 부모들은 아이디어를 합리적으로 평가하고 있고 단지 힘을 얻기 위해서 논쟁하고 있는 것이 아니라는 것을 확실히 해야 한다. Rimm의 법칙 #10은 아이와의 관계를 안내할 수 있다. 어른들은 합리적으로 결과를 통제할 수 있다는 확신이 들지 않으면, 아이들과의 대결을 피해야 한다. 다른 더 친숙한 말로 당신의 싸움을 뽑아버리자.

당신의 역할은 아이들을 지속적으로 독재적이지 않으면서 안내하는 것이다. 확실히 나이와 성숙이 증가하면서 아이들은 자유와 의사결정의 기회를 더 많이 얻어야 한다. 그러나 당신은 그들의 안내자이고 지도자이기에, 만약 그들이 자신의 방향을 찾을 정도로 성숙하기 전에 당신의 힘을 포기한다면, 그들은 누군가의 안내를 찾으며 목적 없이 방황한다. 하나의 진공상태가 존재한다. 그곳은 부모의 지침이 있어야 하고, 아이들이 현명하게 자신들을 판단할 가치체계를 개발하기까지 영향력 있는 또래와 다양한 어른들이 그 빈 공간을 채우기 위해 들어갈 자리이다.

아이들과의 대결에서 승리하기 위하여, 당신은 끝까지 마무리하고 그들이 당신의 요청을 따르도록 보증하는 힘을 가져야 한다. 타임아웃 또한 이렇게 하여 어린 아이들을 그들의 방으로 보내는 것이 발효된다. 그것은 당신의 힘을 주장하는 것이며 강제적인 것이다. 반항적인 십 대를 그들의 방으로 보내는 것은 보통 효과적이지 않다. 그들은 창밖으로 넘어가거나 도망치거나 당신을 조롱하는 다른 방법을 교묘하게 꾸밈으로써 당신이 무력하다는 것을 증명하는 걸 즐길 것이다. 그것을 시도하지 말아라. 그것은 단지 그들이 당신보다 전략적으로 우세하다는 것을 확인시킬 뿐이다.

거부적이고 강력한 아이들의 부모와 교사들이 그들보다 잘 수행하고 생각이 앞선다는 것은 위대한 도전이다. 아이들이 성장하면서 부모가 사용할 수 있는 통제수단은 더 적어진다. 고등학교 무렵 (종종) 돈, 운전면허증, 차 몰게 하기, 무선전화기, 컴퓨터 또는 아마도 당신이 조절할 수 있는 몇 가지 특별한 물질적 소유물이 있다. 종종 이런 것들은 영향력이 있다. 그들이 자신의 모든 에너지를 당신에게 반대하는 데 쓰게 하는 것보다 아이들을 동맹자로 유지하려고 노력하는 것이 더 좋다.

다시 언급하지만, **만일 당신이 그 결과를 통제할 수 없다면 대결하지 말아야 한다.** 설득하고, 의욕을 불어넣어 주고, 자극과 영향을 주고, 본보기로 모델을 보여주어라. 그러나 논쟁은 말아라. 당신이 지는 모든 힘겨루기는 아이들의 지배적 습성을 강화하고 당신을 점점 더 약한 위치로 밀어 넣는다. 당신이 아이들을 동기화하기 위해 더 크게 소리친다면, 그들은 당신을 덜 존경할 것이다. 증가된 성량은 감소된 통제력을 나타낸다. 당신이 힘을 잃어가면서, 그들은 더 모든 통제력을 소유하는 데 탐닉하게 될 것이다.

가족은 서로 적대적 관계로 작정되어 있지 않다. 당신은 조용한 통제로 존경을 형성하기 바란다. 천천히 하자. 아이의 미끼를 덥석 물지 말고, 요구나 벌에 대하여 생각할 시간이 필요하다고 그들에게 말하라. 그들은 안달할 수도 있지만, 인내를 배우게 될 것이다. 너무 빠르게 반응하는 것은 당신을 싸움의 덫에 걸리게 한다. 당신은 현명하고 인내심 있는 부모라고 마음속에 그려 넣어라. 전쟁의 분위기를 만들지 않도록 조심스럽게 대결거리를 선택하라. 만일 가족시간의 90%가 의견 차이와 통제를 위해 논박하거나 논쟁하는 데 보내고 있다면, 긍정적 성장을 위한 분위기를 개발하기 위해 남아 있는 시간은 거의 없게 된다.

만일 당신이 먼저 가족 구성원의 민주적 참여를 조장하기 위하여, 문제에 대해 논의하고 그들의 의견을 표현하도록 아이들을 초대한다면 당신은 터무니없는 짓을 하였다는 것을 알게 될 것이다. 가족은 민주정체로 작정되어 있지 않다. 아이들은 동등한 힘을 가질 경험이 없는 것이다. 지금 당신은 여전히 통제할 힘을 갖고 있다는 권위를 보여주어야 하고, 아울러 여타 모든 힘겨루기는 덜 대결적인 접근법으로 대치해야 한다(예 : 영감, 설득, 제안, 시범, 재미있는 활동들). 이 접근법은 당신이 규제할 수 있는 한계 내에서 아이에게 선택권을 준다. 그래도 그것들은 여전히 가정 분위기를 충분히 긍정적으로 유지시켜 주기 때문에 그들은 당신을 괴롭히는 것 대신 당신을 기쁘게 하기를 원할 것이다. 권위는 있지만 권위적이지는 않도록 노력하라.

조심하자. 지배적 거부형 아이들은 습관적인 투사들이다. 그들은 자동적으로 대결과 승리를 위해 조종술을 쓴다. 덜 대결적 분위기로 조절하는 것이 역직관적인 것으로 보일 것이다. 그러나 동맹이 상호성장과 신뢰를 위한 더 많은 시간과 공간을 남겨준다.

다음은 당신이 지배적 거부형과의 동맹을 유지하는 데 도움을 줄 수 있는 반논쟁 지침들이다(Rimm, 1994). 그리고 이어지는 〈그림 13.5〉의 동맹(ALLIANCE)은 첫 글자 조합어로 이들 지침을 요약한 것이다.

1. 논쟁자들이 당신에게 올 때(그들은 본능적으로 당신이 그때 취약하다는 것을 알기 때문에 항상 불편한 시간을 선택한다), 즉시 예 또는 아니오 대답을 주지 않도록 상기하라. 대신 그들이 요청한 뒤에, 그들의 이유를 묻는다. 당신이 그들의 이유를 물었다면, 그들은 듣지 않았다고 비난할 수 없을 것이다.
2. 당신이 그들의 이유를 들은 후에, "그것에 대해 생각해보자. 몇 분 후에 너에게 갈게(작은 요구는 몇 분, 큰 것은 더 길게)"라고 말한다. 이 논쟁 과정의 2단계에는 세 가지 경이로운 혜택이 있다. 첫째, 그것은 당신을 계속 합리적이도록 허용해준다(그것은 우연히 당신의 논쟁자를 훈련할 때, 바로 당신이 원했던 것이다). 둘째, 그것은 아이들에게 인내하도록 가르쳐준다. 셋째, 논쟁자들은 흔히 영리한 조종적인 아이들이고, 당신이 아직 예 또는 아니오 반응을 하지 않았기 때문에, 그들은 자신의 좋은 행동이 당신의 '예' 반응의 가능성을 증가시킨다는 것을 안다. 그러므로 당신이 합리적이기 위해 시간을 갖고 있는 동안 그리고 그들이 인내를 배우고 있는 동안, 사랑스럽고 지배적인 아이들은 최선의 행동에 집착할 것이다. 얼마나 멋진가!
3. 그들의 요청과 이유에 대하여 생각한다. 그들의 밀어붙임으로 부정적인 편견을 갖지 말자. 만일 당신의 답이 '예'이면, 웃음을 보이고 긍정하고 열의를 보여라. 논쟁자들은 어른들이 웃는 것을 거의 보지 못한다.
4. 만일 당신의 답이 '아니오'라면(당신이 종종 아니오라고 응답할 권리와 의무가 있다면) 그때 확고하게 '아니오'라고 말한다. 거절의 부분으로서 몇 가지 이유를 포함한다. 당신의 결정을 결코 절대로 바꿔서는 안 된다. 그리고 더 이상 토

론에 들어가지 않는다. 그들로 하여금 당신이 죄책감을 느끼도록 허용하지 말자. 아이들이 사랑받는 환경에서 아니오를 수용하도록 배우는 것은 건강한 것이다.

5. 만일 그들이 다시 논쟁을 시작한다면, 당신이 그들의 요청을 들었고, 그들의 이유에 귀를 기울였고, 그들에 대하여 생각할 시간을 가졌고, 그들에게 응답과 이유를 주었고, 그래서 토론은 끝났다는 것을 차분하게 그들과 검토한다. 처음의 요구에 대한 토론으로 들어가 다시 덫에 걸리지 않도록 하라.
6. 만일 그들이 계속 논쟁을 하고 10살 이전이며 너무 크지 않다면, 타임아웃을 위해 그들을 방으로 데리고 간다. 만일 타임아웃을 하기에 그들이 너무 성장했다면, 태연하고 단호하게 당신의 방으로 가서 문을 닫고 잠근다. 만일 그들이 당신의 문을 두드린다면, 무시하고, 좋은 책으로 이완하라. 마침내 그들은 부모가 아니오라고 응답할 권한을 얻었다는 것을 배울 것이다. 그들은 또한 계속 아이로 남아 있는 기회를 가질 수 있다는 것을 배우게 되는 셈이다. 그들은 당시에는 후자를 감사하게 생각하지 않을 수 있다. 그러나 당신의 가정은 살기에 더 유쾌하고 긍정적인 장소가 될 것이다. 그리고 아이들은 당신이 긍정적이고, 공정하고, 합리적이지만 약골이 아니라는 것을 발견할 것이다. 그리고 당신을 존경할 것이다.

그림 13.5 부모의 반-논쟁 동맹

Ally : 관심사에 대하여 긍정적인 말로 동맹을 맺는다.
Listen : 아이가 말하는 것을 경청한다.
Learn : 아이가 생각하고 있는 것을 배운다.
Inquire : 결정을 위해 지나쳐 버린 다른 것들이 있는지 물어본다.
Answer : 요청에 대하여 생각할 시간을 가진 다음에만 현명하게 응답한다.
Name : 두세 가지 이유를 댄다.
Consequence : 아이가 논쟁을 다시 시작한다면 결론에 도달한 과정을 다시 일러준다.
End : 절대적으로 논쟁에 다시 들어가지 않는다.

감정의 기복

경쟁에의 승리, 타인의 통제 그리고 힘이 있다는 느낌은 지배적 거부형 아이들에게 정서적 고조를 제공한다. 그들이 승리에 접근하고 승리에의 자신감을 느끼면서, 열광한다. 그러나 목표의 부재나 힘의 상실은 이런 아이들에게 실망과 우울을 느끼게 한다. 물론 아이들이 분명한 상실로 인한 반응으로 실망하거나 우울해하고 있을 때, 그것을 발견한 부모는 그들이 그 문제의 원인을 인식할 수 있기 때문에 놀라지 말아야 한다. 만일 아이가 테니스 경기에서 저조하게 수행을 하거나 남자친구와 결별한다면, 슬픔에 대한 의당한 이유가 있다. 그러나 다른 경우, 우울에 대한 다른 이유들을 찾아내기란 더 어렵다. 극단적인 기분의 기복이 아주 흔하게 나타나고, 부모들을 걱정하게 한다. 아이들에게 좀 더 효과적인 문제해결방식을 안내하기 위해 그들이 우울한 원인을 확인하는 것이 중요하다.

지배적 거부형 아이들은 그들이 아주 원하는 것에 대하여 어른들이 아니오라고 응답할 때 우울해진다. 만일 당신이 부모로서 당신의 아이들이 여자친구를 만나거나 어떤 활동에 참가하거나 또는 그들이 선택한 새 옷을 사는 것에 대하여 허락을 거절한다면, 그때 그들은 당신의 결정을 바꾸기 위해 우울의 조종술을 사용할 것이다. 이런 아이들은 가족과의 소통을 끊고, 그들의 방에 들어가 문을 닫아버리고, 식사하러 오지 않고, 당신이 그들의 기분에 대하여 걱정하는 질문들을 무시한다. 그들이 얼마나 단호하냐(전에 얼마나 성공했느냐)에 따라, 그들은 결국 당신을 설득하여 본래의 요청에 수락하도록 하거나 힘의 경쟁에서 이겼다는 느낌을 주게 될 대체물로서 그들이 좋아하는 것을 하게끔 할 것이다. 그다음 그들의 우울은 완전히 소멸되고 다시 고조된 기분으로 날아간다. 당신은 그들의 기분 변화에 놀라게 될 것이다. 만일 당신이 그들의 소망에 항복한다면 — 그러지 않기로 결심한 사실에도 불구하고 — 당신은 무력하고, 통제력을 잃고, 어떻게 이 지점까지 도달하게 되었는지를 확신하지 못하는 느낌에 빠질 것이다. 당신이 이 문제를 어떻게 다룰 것인지는 이 문제가 얼마나 극에 달해 있는지에 따라 달라질 것이다.

만일 당신에게 일들이 그들의 방식대로 되지 않을 때 슬픔이나 눈물 또는 우울을 보여주는 어린아이들이 있다면, 그 슬픔과 눈물을 무시하거나 단순하게 반응하는 것을 일찍 시작하라. 예를 들면, 당신은 딸에게 "난 네가 친구의 파티에 갈 수 없어서 실망하고 있다는 걸 알아. 그러나 너는 할머니 생일 만찬을 위해 할머니 집에 가야 해. 그것에 대하여 우는 것은 어떤 의미도 없어." 머리를 한 번 쓰다듬거나 위로하기 위해 포옹은 하지만, 슬픔에 과잉반응은 하지 않아야 한다. 그리고 친구가 할머니보다 더 중요하다고 설득하는 것을 허용하지 말아야 한다. 만일 그녀가 계속 할머니의 생일에서 토라진다면, 다른 가족 구성원에게 그녀의 슬픈 얼굴을 무시하도록 요청하고, 그녀를 한쪽으로 데려가 은밀하게 그녀의 행동에 대한 당신의 실망의 소리를 내라. 그다음에 파티에 다시 합류한다. 만일 그녀가 극단적인 사례가 아니라면, 그녀는 30분 내로 가족의 즐거움에 다시 들어올 것이다. 만일 그녀가 이미 전문적인 기분 조종가라면, 그녀는 온 주말을 실의에 빠진 채로 행동할 수 있다. 당신은 그녀의 우울의 원인을 알기 때문에 그리고 더 이상 조종술을 허용하고 싶지 않기 때문에, 무반응을 지속하라. 당신은 어떤 것도 성취하고 있는 것으로 느껴지지 않을 수 있다. 그러나 더 나이가 들면 통제할 수 없을 아주 어려운 행동 습관을 당신은 적극적으로 깨고 있는 것이다.

이런 어린아이들에게 가르쳐야 할 가장 중요한 기술은 "아니오."를 상냥하게 수용하는 습관이다. 그들에게 조금은 고통을 겪도록 허용하라. 이런 사소한 실망에 그들에게 너무 안쓰럽게 느껴서, 매번 슬픔이 비애에서 지나치게 안락한 해방, 보상적 친절 또는 물질적 소유물로 충족되게 하지 말아라. 앞으로의 큰 난관을 참아낼 준비로서 작은 실망은 뚫고 나가도록 허용해야 한다.

만일 우울로써 당신을 습관적으로 조종하는 청소년기 아이들이 있고, 당신이 응답한 "아니오."가 분명하게 우울의 이유로 확인됐다면, 그들은 이미 위태로울 정도로 강력한 지점에 있는 것이다. 당신이 일으켜야 할 가장 중대한 변화는 그들에게 반응하기 전, 그들의 요구에 대한 당신의 반응에 대하여 깊이 있게 생각하는 것이다. 그 입장을 옹호하고 고수할 가능성과 의지가 절대적으로 확실하지 않다면, 아니오 반응을 피한다. 항상 원하는 것을 모두 얻을 것이라고 기대를 거는 습관을 깨는 데 도움을 주는 아니오 반응에 대한 대안은 바로 이미 기술한 '바람, 원함, 일 그리고 기다림'이다. 이것은 책임을 당신에게서 그들에게로 옮기고, 그들의 관심을 당신을 조종하는 것에서 개인적 노력으로 초점을 맞추도록 한다. 여기 한 예가 있다.

> 13살인 Sierra는 유리 안경 대신 콘택트렌즈를 얻겠다고 결심한다. 안경은 그녀에게 더 이상 유행에 맞지 않는 것으로 보이기 때문이다. 당신은 그녀의 유리 안경이 단 1년 밖에 안 되었기 때문에 아니오 반응에 끌린다. 콘택트렌즈가 비싸지는 않지만, Sierra가 책임

있게 그것을 다룰 거라는 확신이 들지 않는다. 만일 당신이 아니오라고 말한다면, 마침내 그녀가 당신의 생각을 바꾸게 할 때까지 우울과 조종술에 대비해야 한다. 당신이 이길 수 없다면, 대결하지 말아라. 그러나 그녀의 조종적 우울은 이미 확산되어 있기 때문에 이번 일은 이길 수 없다. 그렇지만 다음과 같은 대화가 그럴듯하다.

"Sierra, 난 왜 네가 콘택트렌즈를 원하는지 이해할 수 있어. 그리고 나는 네가 부가적 위험과 따라야 할 책임을 이해하는 한, 그것을 갖는 게 좋은 아이디어라고 생각해. 나는 네가 대금을 지불하는 것이 공평하다고 생각해. 왜냐하면 최근에 유리 안경을 사주었기 때문이야. 만일 네가 콘택트렌즈 비용을 위해 아기 돌보는 일로 돈을 모은다면, 우리는 그것을 시도하도록 할게. 그리고 네가 책임을 질 수 있다는 것을 보여줘."

이 반응은 힘겨루기를 피하며 당신을 딸의 편에 서도록 한다. 그것은 즉시 그것을 기대하는 것 대신에 그녀에게 일하고 기다리도록 허용한다. 더욱이 그것은 그녀에게 힘겨루기가 아닌 적절한 길을 허용한다. 만일 그녀가 콘택트렌즈는 돈을 모을 만한 가치가 없다고 결정한다면, 그녀는 단순히 전체의 일을 잊어버리거나 자금을 그녀가 원하는 다른 것으로 바꾸기로 결정했다고 알려줄 것이다. 이것은 보다 흔히 일어나는 "안 돼, 우리는 그것을 살 여유가 없어." 또는 "안 돼, 너는 네가 원하는 것마다 모든 것을 가질 수는 없어."라고 하는 것보다 훨씬 더 좋다. 이런 반응에는 아마도 며칠 또는 몇 주간의 우울 조종술이 따라 오게 되고, 부모에 의해 콘택트렌즈를 구매하는 마지막 결정이 이어지게 될 것이다.

분명 모든 요청이 아주 쉽게 대체적 반응으로 충족될 수는 없다. 그러나 만일 지배적 거부형 아이들이 당신을 우울로 조종하는 데 익숙하다면, 당신은 그것에 대하여 보상을 하지 않음으로써, 그 습관을 바꾸는 데 온갖 노력을 해야 한다. 이런 조종술을 막기 위한 두 가지 중요한 길이 있다.

1. 그들의 불합리한 슬픔과 우울에 반응할 때만은, 그들이 원하는 것을 제공하지 않는다.
2. 그들의 요청에 대하여, 그들이 특권을 얻을 수 있고, 그래서 조종술보다는 노력 기반의 개인적 통제에서 오는 자신감을 얻을 수 있는 기회로 유도한다.

부모 포인터

교사 팁

자살의 위협은 지배적 거부형 청소년들이 사용할 수 있는 가장 강력한 조종술이다. **자살의 위협은 그것이 조종술이라고 확실히 느껴질지라도, 항상 심각하게 다루어져야 한다.** 자살할 거라고 위협하는 젊은 사람들은 그들이 필요하다고 생각하든 안하든, 전문가의 도움을 받아야 한다. 자살 시도는 조종술로서 위협보다 훨씬 더 강력하며, 전문가들은 보통 아이들의 실제적인 시도를 예방하기 위하여 도움을 줄 수 있다. 분명 자살행위는 최종적이다. 그것은 보통 무력감으로부터 온다. 크나큰 양의 통제에 익숙해온 아이들은 삶의 많은 요인을 통제할 수 없을 때, 무력감을 느낀다. 물론 청소년 자살이 모두 우울한 좌절을 강화하는 역사에서 나오는 것은 아니다. 몇 가지 심각한 우울증은 본래 생화학적일 가능성이 있다.

순응형이든 거부형이든, 지배적 아이들의 의기소침과 우울이 항상 조종술의 도구는 아니다. 자주 나타나며 불필요하게 부모들을 걱정하게 하는 덜 심각한 형태의 문제가 있다. 바로 따분함에서 오는 우울이다. 이런 우울은 부모들로 하여금 아마도 답하는 길을 알지 못하는 젊은이들의 의문을 가진 청소년들에게 캐묻도록 한다. 그것은 부모들에게 문제의 원인을 결정하기 위하여 관찰을 요구하며, 보통은 청소년들 스스로 그 문제를 해결하도록 허용하는 인내를 요구한다.

지배적 아이들은 보통 사회적으로 활발하다. 그들은 친구와의 관계 속에서 자신감을 얻기 때문에, 많은 어른들이 이완으로 간주하곤 하는 활동의 어떤 소강상태도 그들에겐 지루하다. 그것은 방향감의 부족, 바로 권태감이다. 그렇지 않으면 그들은 "할 일이 아무것도 없어요."라고 말하곤 한다. 그것은 특별히 강하거나 매우 성공적인 목표 지향적인 활동을 한 직후에 강하다. 사교적인 여름, 테니스 챔피언 시즌 또는 성공적인 뮤지컬 그리고 임박한 목표나 사회적 생활이 없는 비활동적인 시기 사이의 대조에 의해서 따분함을 느낀다. 지배적인 아이들은 그들이 아주 이해하지 못하는 공허와 노곤함을 경험한다.

만일 청소년들이 지배적 순응형이라면 열광적인 축구 시즌 후에 오는 대조적인 의기소침은 어떠한 새로운 사회적 또는 과외 활동으로 소멸되게 될 것이며, 부모들은 아무것도 하지 말고 추이를 관찰하고 이해할 필요만 있다. 그러나 지배적 거부형 아이들의 경우에는 따분함과 우울이 예견할 수 없는 힘의 표출이나 깊은 우울로 분출할 가능성이 더 높다. 그것은 마치 다른 목표의 부족이 그들에게 싸움과 힘겨루기를 고안해내도록 하는 것과 거의 마찬가지이다. 여기 한 사례가 있다.

Dell의 부모는 그의 학습부진과 집에서 그리고 친구에 대한 전반적인 무책임에 대한 반응으로, 그의 소망과는 반대로 사립군사학교에 그를 보냈다. 지배적 거부형 아이 Dell은 힘겨루기에서 승리하기로 결심하였고, 그의 아버지에게 주 방향을 맞추었다. 그는 수강

과목에서 낙제를 하였다. 군사학교의 통제하려는 모든 노력을 무시하고 학과에서 낙제하였다. 그는 학교와 그의 부모에 대한 이야기를 꾸며냈고, 마침내 모호한 자살 위협을 내포하는 편지를 써서 집으로 보냈다. Dell의 부모는 승리할 수 없는 대결에 크게 연관하게 되었고, Dell이 집으로 돌아와 지역사회의 학교를 계속 다니는 것을 허락하기로 하였다.

그의 부모에 대항하여 얻은 영광스런 승리의 힘을 가지고, Dell은 집에 돌아와 학기가 시작하기 전까지 조용한 여름을 보냈다. 그의 부모는 여름 동안은 안전하고 자신감을 느꼈다. 그들은 호수에 인접한 시골집에서 살았다. Dell도 그의 친구도 아직 운전을 하지는 않았다. 그러나 낚시, 수영 그리고 보트를 타는 것으로 소년은 계속 바쁘게 활동하였다. 부모는 여름이 긴장되긴 하였지만, 적어도 혼란스럽지는 않다고 느꼈다.

그 여름 초반 Dell은 슬프고 소통하지 않는 것으로 보였다. 호수로 친구를 초대하거나 또는 선별된 또래를 방문할 기회가 주어졌을 때도, 그는 관심이 없었다. 가족활동도 충분히 호소력이 없었다. Dell은 낚시나 텔레비전을 보았고 가족이나 친구들과 긍정적인 대화는 거의 없었다. Dell은 마치 계속 그의 아버지가 적이라는 것을 가족에게 알리려 하듯, 가끔 아버지와 간단한 논쟁은 있었다.

Dell이 집으로 돌아온 지 약 6주 후, 그의 부모가 저녁을 먹으로 밖에 나간 사이, 그는 집에서 혼자 술을 마셨다. 그다음에 술에 취한 상태로 가족 승용차를 몰고 마을로 갔고, 두세 명의 친구와 이야기하러 잠시 멈추었다가, 더 드라이브를 하러 갔다. 그러는 동안 그는 차량을 도랑에 처박게 되었다. 그는 자신과 다른 사람에게 상해를 입히지 않고 살아남았다. 차는 천 불 가까운 수리비가 들었다.

갑작스런 알코올 만취, 불법과 무책임한 운전에 대한 이유를 물었을 때, Dell은 그저 따분했고, 충동적인 행동을 왜 했는지 모른다고 말할 뿐이었다. 그러나 그가 사전 계획은 없었다고 주장했지만, 그는 지루한 밤에 소비하기 위하여 수일 동안 냉장고에서 한 병씩 맥주를 꺼내어 모았다.

만일 좌절에 대한 분명한 원인이 없다면, 지배적 거부형의 조용한 우울은 목적감각의 부족이란 신호를 보내는 것이다. 이들은 거의 무활동이나 이완을 즐기지 않는 에너지가 넘치는 젊은이들이다. 그들에게 바쁘지 않다면 생은 지루하다. 그들의 억눌린 에너지가 우울로 바뀌기 전, 창조적인 출구를 찾아야 한다. 그렇지 않으면 그것은 무의미한 파괴적 행동을 초래할 것이며, 이 행위의 유일한 목적은 흥분과 갈등을 제공하는 것이다. Dell은 따분하고 부모가 군사학교에 보낸 것에 화가 났다는 것을 말로 할 수 있지만, 그의 분노에 대한 이유가 더 이상 존재하지 않았다. 그는 그 전쟁에서 승리하였고 흥분과 승리의 힘을 느꼈다. 그러나 그 후 그의 에너지가 방향을 맞출 데가 없었기 때문에, 술과 운전이 그를 새로운 부자결투에서 힘을 발휘하도록 허용한 것이다.

지배적 거부형의 행동들을 예방하는 것이 나중에 벌을 주는 것보다 더 좋다. 그래서 증상들을 찾고 창의적으로 그 반항을 협조적 모험으로 쏠리게 하라. '바람, 원함, 일과 기다림'의 식이요법은 Dell을 위한 주의전환에 어느 정도 기여할 수 있었을 것이다. 물론 적절한 조화를 찾는 것이 항상 쉬운 것은 아니다. 그러나 Dell이 집에 도착한 지 1주일 이내에 그의 부모는 그가 원하는 것을 목표로 돈을 얻을 수 있는 정규적인 근로 프로젝트를 시작할 수도 있었을 것이다. 그 아이의 일에서 그가 지향하는 중요한 목표(예 : 여름 동안, 기타나 자전거를 사기 위해 저축을 하게 하는 것)가 있어야 하기 때문에, 어떤 직업 그 자체만으로는 충분하지 않을 수도 있다. 여름 후반에 아버지와 함께 모험 여행을 계획하는 것은 상처를 치유하는 것을 도왔을 것이며, 더 긍정적인 관계를 굳히는 데 도움을 주었을 것이다. 침실을 다시 꾸미거나 보트 보관실을 리모델링하여 파티를 위한 모임장소로 만들어주는 것은 그의 귀향과 사회생활에 통합성을 제공하였을 것이다. 그것은 또한 그에게 친구 관계를 다시 시작하는 용기를 주었을 것이다.

지배적 거부형 아이들을 위하여 당신은 그들에게 긍정적인 명분을 절묘하게 불어넣어야 한다. 또는 오직 가족전투만을 유지하는 부정적이고 거부적인 활동으로 관심이 전환되는 것을 피하기 위하여, 그들의 창의적인 프로젝트를 지원해야 할 것이다. 그러나 차를 운전하는 일은 거부적 방향임을 명심하라. 그들에게 호소력이 있는 활동은 비범하고 색다른 것일 필요가 있다. 예를 들면 새로운 장소로 부모 중 한 사람과 하는 여행, 창고를 사교적인 곳으로 리모델링하는 일, 가을에 입을 색다른 옷을 만드는 일, 또래들에 의해 연출될 드라마 한 편을 쓰는 일 또는 예술 전람회나 그 외의 특별한 경연대회를 준비하는 것들이다. 이런 아이들은 자주 색달라야 한다는 내적 압력에 휩싸여 있다. 그러므로 그들의 차별성이 긍정적이고 생산적일 수 있도록 도움을 시도한다.

이런 아이들의 우울을 강화하지 않으면서 그들의 우울에 반응하기란 어려운 일이다. 그들의 성공에 반응하는 것이 훨씬 더 쉽고 재미있다. 그리고 이 점은 보기보다 더욱 중요하다. 당신의 아이들이 긍정적인 일을 할 때, 그것을 축하하고 노력을 칭찬하라(과잉칭찬은 하지 않는다). 그들의 끈기와 승리를 강조하라. 물론, 당신은 패자의 감정에도 민감해야 한다. 그러나 당신이 함께 즐기는 성취의 기쁨을 빼앗을 정도로는 하지 말아야 한다.

어떤 부모는 이런 아이들은 기분의 급변을 보여주기 때문에 승리를 하였을 때 진정시켜야 한다고 느낀다. 그러나 그들이 지나치게 즐거워하고 있다고 암시하거나 그들의 수행을 비난함으로써 축하의 기운을 빼지는 말자. 이것은 그들에게 그들이 아주 잘하지는 말았어야 한다고 소망하는 것이고, 당신이 그들의 성공을 못마땅하게 여기는 것으로 느끼게 할 뿐이다. 그것은 또한 바로 표면 아래 있는 반항적인 감정을 부추기게 될 것이다. 그들의 기쁨을 열정적이고, 자발적으로 그리고 과잉반응 없이 나누는 것은 그들에게 좋은 느낌을 주고, 당신이 그들을 지지한다는 확신을 시켜준다. 필요하다면, 나중에 감정적인 고조가 끝났을 때, 당신은 심하게 자랑하였거나 상대에 대한 민감성이 필요했다고 조언할 수 있다.

그러나 그렇게 상기시키는 것이 적절할지라도, 꼭 성공에 대한 기쁨으로 대화를 시작하자. 그들에 대한 당신의 지지가 되새겨지지 않는다면, 그들은 비난받고 있는 것처럼 느낄 반항적인 아이들이다. 그들에게 동맹관계의 심리적 안전감을 제공함으로써 방어적 반응을 예방한다.

홀로 있는 시간의 장려

자신을 계속 바쁘게 할 방법을 고안하는 것을 배우는 혼자 있는 시간을 주는 것은 청소년 시기에 성과를 올릴 수 있다. 만일 아이들이 일찍이 스스로 자신의 활동을 시작하는 것을 배웠고, 반항 없는 참여로 만족 얻는 것을 배웠다면, 그들은 따분함으로 야기되는 우울로 고통을 겪지 않을 것이다. 그러므로 만일 당신의 아이들이 초등학교 나이 또는 그 이하라면, 그들을 위해 계속적인 일련의 활동을 제공해야 한다고 느끼는 대신에, 스스로 자신의 활동을 하도록 당신이 퇴장함으로써 '나는 무엇을 해야 할지 몰라'에 반응하는 것이 현명하다.

역설적이지만 어린아이들의 따분함, 우울을 예방하는 방법은 활동을 창안하는 잠재능력을 발견하기 위하여 그들 자신의 시간을 사용해야 한다고 주장하는 것이다. 아동 초기의 개인적 놀이는 지배적인 아이들이 추구하는 것으로 보이는 경쟁과 관심 끌기의 승리에 속박되지 않게, 아이들에게 내적 동기를 가르쳐준다. 지배적 거부형 청소년들에게 이런 접근은 너무 늦다. 그들은 내적 통제를 학습하지 못했고, 단지 조종과 반항만을 배웠다. 당신은 그들에게 내적으로 흥미를 갖게 할 수 있는 건설적인 활동을 향하도록 고무시키는 조치를 취해야 할 것이다. 불행히도 이런 아이들로부터 반항을 부르지 않고 고무시키는 것은 어렵다.

긍정성 유지하기

지배적 거부형 아이들이 부모와 교사를 부정적으로 밀어붙이고자 결심할 때, 어떻게 당신은 긍정적일 수 있나? 어떻게 당신은 심한 벌 형태의 과잉반응을 피할 수 있을까? 당신이 그것들을 철저하게 생각해본 뒤에, 당신이 너무 극단적이라고 결정되면 어떻게 수정해야 할까? 지배적 거부형 아이들은 당신의 모든 기분을 탐지하는 안테나를 개발했다. 그들은 당신의 약한 순간과 눌러야 할 적절한 버튼을 알고 있다. 그들은 조종 연습이 되어 있고 사전 변호 연습이 되어 있다. 그들은 확고하고 인내심이 있는 설득자이다. 그들이 더 영리할수록, 그들은 당신에게 자신의 관점을 더 잘 납득시키는 전문가가 될 것이다. 만일 그들이 아이일 때 힘을 확립했다면, 그들은 그것을 양도하려 하지 않을 것이다. 만일 그들이 6살일 때 당신이 그들에게 어른처럼 말을 걸었다면, 그들이 12살 때에 아이처럼 다루지 말자. 그와 같은 처우는 멸시처럼 느낄 것이고, 그것은 그들을 화나게 한다. 왜냐하면 그것은 아주 비이성적인 것처럼 보이기 때문이다. 일단 아이들에게 자유를 준 다음에 당신이 그것을 비틀어 빼앗아 간다면, 그들은 통제되고, 벌을 받고, 억울한 느낌을 가질 것이라고 기대할 수 있다. 그들은 반항적으로 될 것이고, 당신은 계속적인 힘겨루기에 빠져 있음을 발견할 것이며, 아이들은 피하는 것에 무력감을 느낄 것이다.

끝없는 벌과 비방의 부정적 사이클을 벗어나기 위해서, 아이들과 협상을 해야 할 것이다. 당신의 첫 단계는 협상 목록을 만드는 것이다. 당신의 재고조사목록 속에는 강점, 약점, 통제 그리고 보상이란 네 가지 요소를 포함한다. 첫째, **강점**은 아이들이 보유하고 있는 재능 영역과 긍정적 자질을 포함한다. 둘째, **약점**은 당신이 싫어하지만 아이들이 보여주는 모든 성격 특성을 포함한다. 셋째, **통제**는 당신이 양도하지 않은 성인 권한의 영역들을 포함한다. 마지막, **보상**은 당신의 아이를 계속 동기화할 유형 및 무형의 유인체제를 포함한다. 한 사춘기 소녀의 재고조사목록의 예로서 〈그림 13.6〉을 보아라. 당신과 배우자가 매일 밤마다 아이의 관점에서 검토하고, 추가할 수 있도록 편안한 곳에 이 조사목록을 붙여놓는다. 이 목록은 당신에게

그림 13.6 한 사춘기 소녀를 위한 협상 목록의 예시

강점	약점	통제	보상
• 창의성 • 타인에 대한 민감성 • 친절 • 지능 • 매력 • 창의적 글쓰기 • 요리 능력 • 의상의 취미 • 음악적 재능	• 부모와 교사에 대한 무시 • 논쟁 • 과식 • 학교공부 미루기 • 저조한 공부습관	• 용돈 지불 • 의류 비용 • 운전면허증 • 특별한 사교행사 • 주말의 일반 사회 활동 • 음악회, 발레, 연극 상연	• 옷, 휘발유 또는 특별 행사를 위한 추가 용돈 • 자동차 사용 • 특별 여행 • 가족행사에 친구 초대 • 음악회, 발레, 연극 상연 입장권

협상의 선택거리를 제공해준다.

적어도 하루에 한 번은 아이의 강점 중 하나에 대하여 알아차리고 언급하도록 노력하며, 약점에 대하여는 반응하지 않음으로써 가능한 한 많이 소멸하도록 시도한다. 분명히 당신이 아주 더 확고한 입장을 취해야 할 문제 영역이 몇 가지 있을 것이다. 우선순위의 가장 상위에 있는 한두 가지 문제를 고른다. 그리고 당신의 통제와 가능한 보상 중에서 협상 도구를 선정한다. 당신의 가장 압력적인 문제를 통제하는 데 효과적일 거라고 믿는 최소의 통제와 가장 작은 보상을 선정한다. 긍정적이고 설득적인 방법으로 아이에게 이 대안을 제시하라. 〈그림 13.7〉의 예시를 보아라.

이것이 효과적인 한 이 기술을 유지한다. 만일 그것이 비효과적이라면 당신은 더 유력한 통제나 더 강력한 강화인자를 선택하고 싶을 것이다. 그러나 당신의 통제나 보상을 조기에 다 써버리지 않도록 명심하라. 바꾸어야 할 부정적 행동의 긴 리스트를 보게 되면, 당신이 갖고 있는 모든 힘을 계속 보유해야 한다는 생각이 들 것이다.

리스트에 없는 벌은 사용하지 않도록 명심하라. 왜냐하면 당신은 그것에 대하여 충분히 생각하지 않았으며 뒷감당을 못할 수도 있기 때문이다. 당신은 아이들과 동맹관계를 유지할 수 있다면, 보상 없이도 어떤 행동들을 수정할 수 있다. 당신에게 강요하려는 아이들의 노력에 굴복하여, 무심결에 부정적인 행동을 따라가며 보상을 주지 않도록 절대 명심하라. 아이들의 강점에 대하여 은밀하게 알아차리고 언급

그림 13.7 협상 계획을 사용한 청소년과의 협상 대화 예

부모 : Jane, 우리는 네가 학교과제를 미루는 습관에서 벗어나도록 정말 도와주고 싶어. 너는 영리하고 창의적이야. 그러나 네가 숙제와 공부하는 것을 미루기 때문에, 성적에는 어느 것도 반영되지 않고 있어. 선생님들께서 네가 노력할 때 네가 할 수 있는 것을 평가하셨으면 좋겠어.

Jane : 학교공부는 창의적이지도 않고, 도전적이지도 않아요. 그리고 저는 왜 공부를 해야 하는지 몰라요. 선생님들은 점점 바쁘게만 할 뿐 쓸모없는 과제를 내주세요.

부모 : 어떤 과제들은 확실히 그래. 그러나 나는 모든 공부가 그런 과제라고 믿지는 않아. 그리고 모든 과제는 너의 학습을 위한 계획의 한 부분이라고 알고 있어. 너의 공부를 시간에 맞추어 끝내는 실험을 해보지 않겠니?

Jane : (눈을 굴리더니) 아, 좋아요.

부모 : 아빠와 나는 네가 꼭 해야 한다고 합의했어. 그러나 네가 기꺼이 긍정적으로 그것을 할 것으로 희망하고 있어 그리고 우리는 이 실험의 한 부분으로서 너의 노력에 대해 돈을 지불하려고 해.

Jane : 돈을 준다고요? 와, 재밌다. 저는 용돈을 다 썼는데. 학교에 입고 갈 새 옷을 몇 벌 사고 싶었어요.

부모 : 아, 목표를 위해 모으는 것은 멋진 것이야. 이게 우리 계획이야. 매주 금요일, 너의 상담선생님께서는 선생님들께 받은 주간 보고서를 우리에게 주겠다고 약속하셨어. 이게 보고서 양식이야(제9장의 양식 참조). 빠진 과제를 위한 공란이 있어. 빠진 과제가 없는 주에는 5달러를 받을 거야. B 이상의 점수마다 추가로 1달러를 더 받게 될 거야. 네가 너의 일을 하기만 하면 10달러를 받게 돼.

Jane : 좋아요. 제가 원하는 청바지를 사는 데 아주 오래 걸리지 않을 것 같아요.

부모 : 자, 이젠 네가 좋아하지 않을 건데. 금요일에 빠진 과제가 있다면, 네 책을 집에 가지고 와야 하고 금요일 밤 밖에 나가기 전까지 숙제를 완성해야 해.

Jane : 하! 그렇다면 전 하지 않을 거예요. 전 제 보고서를 가져오지 않을 거예요. 그러면, 엄마(아빠)가 어떻게 알아요?

부모 : 우리는 네가 과제를 하지 않았다고 생각하게 될 거야. 그래서 너는 금요일 밤에 축구경기를 보지 못할 거야. 그렇지만 Jane, 네가 그렇게 하지 않길 소망해. 우리는 정말 너에게 벌주기를 원치 않아. 그리고 네가 숙제를 그때그때하고 미루지 않는다면, 우리는 너에게 벌줄 필요도 없고 너는 추가 용돈을 벌 수 있어. 그리고 Jane, 진정한 보너스는 네가 매우 좋은 학생이 될 수 있다는 것을 뜻밖에도 발견하게 되는 거야. 한 번 해보지 않겠니?

Jane : 어쩔 수 없네요. 좋아요, 한 번 해볼게요.

해주는 데 온갖 노력을 다하라. 물론 엿듣는 말로 당신의 배우자와 친척들에게도 하여야 한다. 항상은 아니지만 종종 긍정적인 행동을 따라가며 선정한 보상을 주는 데 주저하지 말아라. 보상은 간헐적 또는 가끔 주는 것이 지속적인 것보다 더 강력하다.

당신의 규칙에 융통성은 있어야 하나 결과를 산출하는 데는 엄격하도록 자신을 가르쳐라. 예를 들면, 아이들은 장기 과제를 할 날짜를 정할 수 있고 학습방식을 선택할 수 있다. 당신은 그들이 강한 노력을 보여준다면, 마감시기를 약간 옮기는 것도 할 수 있다. 그러나 그들이 장기 과제를 완성하지 않고, 거의 다 마칠 정도도 하지 않았다면, 온갖 설득에 상관없이 합의한 대로 그들은 주말 파티를 빠져야 한다. 그들은 벌을 다음 주에 받을 것이며, 이번은 그들의 가장 친한 친구의 파티라고 당신을 설득하려고 노력할 것이다. 그러나 당신은 절대적으로 엄격하여야 하며, 당신의 위협을 그들이 진지하게 수용할 것으로 기대될지라도 굴하지 말아야 한다. 최초의 협상에서, 그들에게 선택과 통제의 여유를 남겨주라. 그러나 일단 결과들이 분명히 정해졌다면, 결과들을 바꾸지 않아야 한다. 다시 강조하지만 결정이 이루어진 후 처음에 차분하고 절대적으로 확고부동하게 융통성과 동맹의 틀을 제공하라.

과잉반응을 하여 벌을 배가하지 말아라. 또한 부정적 결과를 확대하지 말아라. 그러면 아이들은 단순히 앙갚음만 하려고 애쓸 것이기 때문이다. 그들이 상관없다고 말할지라도, 그들은 바로 상관을 한다. 비합리적인 위협과 진정으로 통제할 수 없는 벌을 주어 그들의 억울함을 증가시키지 말아라. 안내자로서 당신의 목록을 사용하는 것은 당신이 주의 깊고 공정하게 계획 세우는 것을 도울 것이며, 지배적 거부형 아이들에게 전형적인, 한 사건을 일련의 부정적 행동과 반응으로 확대하는 일을 예방할 것이다. 〈그림 13.7〉의 대화에서 부모가 Jane에게 그녀의 강점과 그녀와의 동맹관계를 되새기기 위해 몇 번의 기회를 사용하였는지 살펴보아라. 그러면서도 부모는 과잉반응하지 않고 확고했다. 사회적 권한의 철회는 단지 부모가 자신이 있고, 확고하며, 계속 긍정적인 것을 강조할 때만 효과적이다.

연합한 부모역할

지배적 거부형의 아이들을 위해 팀 부모역할은 가장 위대한 도전이다. 당신은 잦은 고집스런 반항으로 인한 절망에서부터 그들의 성공에 따르는 기분의 고조와 자부심까지 온갖 극단적인 감정을 느낀다. 아이들이 겨루어오는 것을 목격할 때 그리고 그들이 한 부모를 다른 부모에 대항하도록 하거나 두 부모 모두가 학교에 대항하도록 조종할 때, 연합하여 부모역할을 하는 것은 어렵다. 당신은 반복적으로 그들의 조종에 사로잡히지 않기로 결심한다. 그러곤 갑자기 어찌된 일인지 당신은 오해받

그림 13.8 반항을 막는 예방조치

- **배우자의 행동이 달갑지 않더라도, 아이와의 일대일 대화에서 당신의 배우자에 대한 부정적인 것은 어떤 것이라도 말하지 않도록 꼭 유의한다.** 지배적 거부형 아이들은 서로 대항하도록 부모를 조종한다. 왜냐하면 그들은 한 어른과 동맹을 맺고 다른 어른에게 대항하는데서 안전감과 성숙함을 느끼기 때문이다. 이것은 공통의 적이 있는 국가 간의 동맹과 다르지 않다. 아이들은 아주 강력한 관계를 찾고 심지어 그것을 위해 경쟁하며, 또한 지위를 바꾸고 당신의 배우자와 동업자관계를 형성하려고 시도할 때, 당신을 조종하고 잘못 인용할 것이다. 만일 당신이 배우자의 접근법에 동의하지 않는다면, 당신은 그것에 대하여 은밀하게 설명하고 타협해야 한다. 이것은 어려울 수 있다(만일 당신이 이혼상태에 있다면 거의 불가능할 수 있지만), 이것이 조종술을 피하는 유일한 길이다.
- **만일 아이가 배우자나 타인에게 당신을 잘못 인용하고 있다면, 여러 대안 중 하나를 사용한다.** 당신은 계약서를 쓰고 거기에 서명한다. 아이와의 토론에 양친을 포함한다. 그리고 반드시 아이들은 계약사항의 모든 것에 대하여 그들이 이해한 것을 당신이 있는데서 당신에게 설명하도록 한다.
- **당신 배우자의 우수한 특성을 알려주기 위해서 당신 아이들과의 대화를 사용한다(당신이 이혼상태에 있더라도).** 당신이 큰 존경의 분명한 메시지를 그들에게 제공할 때만 그들은 부모를 존경할 것이다. 만일 당신이 한 부모에 반대하도록 아이들에게 가르친다면, 그들은 또한 당신을 포함하여 다른 어른들에 반대하는 것을 배우고 있는 것이다. 그들은 반항이 아닌 업적을 기반으로 하여 자신감을 형성해야 한다.
- **부모의 아이들에 대한 잦은 상호적 지지로써, 반항적인 아이들을 안심시킨다.** 그러나 그들이 부모 중 어느 쪽도 조종하는 것을 허용하지 않도록 긍정적이면서 확고히 한다. 그들은 타인들 사이의 관계를 그들에 대한 책임의 배반으로 보는 습관이 있기 때문에, 당신은 그들에게 배우자들은 양측 모두 아이들을 사랑하는 동시에 서로 존중할 수 있다는 것을 자주 확신시켜주어야 한다. 이것은 이러한 젊은이들이 대처하기 어려운 현실이며, 부모가 자주 함께 안심시키지 않는다면, 그들은 정서적으로 고립감을 느낄 수 있다.

다른 쪽 부모가 절대적으로 중재자의 역할을 거절할 경우, 한쪽 부모('좋은' 부모)는 이 아이들에 의해 상대방을 설득하기 위한 중재자의 위치에 놓이게 될 것이다. 그것은 그 아이를 더 잘 지지할 수 있다는 희망 속에서 그 중재자의 위치를 이용하고 싶은 유혹이 될 수 있지만, 현실적으로 이 중재자 역할은 성공하지 못한다. 그것은 경쟁자인 다른 쪽 부모보다 더 강력하다는 것을 느끼기 위하여 한 어른과 동맹을 맺으려는 그 아이의 노력이다. 만일 당신이 다른 부모에 대항하는 아이의 입장을 취한다면, 당신은 '좋은' 부모처럼 느낄 수 있지만, 당신은 당신의 배우자를 '나쁜' 또는 '바보'같은 부모의 위치로 강등시키고 있는 것이다. 이것은 당신의 아이를 위한 어떠한 대안도 남기지 못하고 반항심과(또는) 학습부진을 남기게 된다. 계속 함께 하고, 당신 둘 다 지지하고 있다고 아이를 안심시킨다. 당신은 아이로부터 힘을 빼앗고 있기 때문에, 아이에 대한 아주 확고한 제한들과 병행하여, 그(녀)는 당신의 상호 지지에 대한 지속적 확신이 필요할 것이다.

고, 잘못 인용되고 잘못된 소통의 혼란한 와중에 들어와 있는 것을 발견한다. 아이들은 또한 부모가 의붓부모를 대항하도록 조종하는 데에도 강력하다. 몇 번이고 당신은 아이들을 양육하는 전적인 늪에서 빠져나오려고 노력할 테지만, 결국 당신의 죄책감과 사랑이 당신이 도피하는 것을 허락하지 않았다는 것을 발견할 뿐이다. 그리고 당신은 마지막 노력을 다하기로 결심할 것이다.

당신과 배우자는 감당하기 어려운 문제에서 꽁무니를 빼려고 온갖 노력을 하지만, 계속 아이들이 당신의 대화와 관심의 중심이라는 것을 발견하게 될 것이다. 그러나 이런 대화들은 단순히 토론이 아니라 계속적인 논쟁, 불일치 그리고 이런 어려운 아이들을 다루는 최선의 방법에 대한 언쟁일 뿐이다. 연합한 부모역할이 매우 어렵다는 것은 놀라운 것이 아니다. 그것은 당신의 결혼생활의 가장 어려운 시험대일 수 있다. 반항적인 청소년들을 다룰 때, 당신이 상대보다 더 나은 부모라고 느껴질 때는 언제나 당신은 아마도 상대방에게 방해공작을 펼쳐왔다는 것을 기억하라. 그리고 불행하게도 당신은 그 결과에 대한 고통을 겪을 것이다.

〈그림 13.8〉은 자신의 자아개념을 반대에 대한 성공에 의존하고 있는 아이들을 외톨이로 만들지 않으면서 한 팀으로서 부모역할을 하도록 돕는 예방책을 포함한다. Rimm의 법칙 #9는 이들 예방책을 요약하고 있다. 만약 한 어른이 한 부모나 교사에 대항하여 아이들과 동맹하면, 그들은 어른보다 더 강력하게 되면서 반항적이 된다.

만일 아이들이 지배적 거부형이라면, 당신은 이미 부모역할이 얼마나 어려운지 알고 있을 것이다. 당신은 조종술의 덫에 걸린 자신을 이미 자주 발견하였고, 어떻게 이 모든 잘못된 의사소통이 일어날 수 있는지 의아해하였다. 만일 당신이 여기에 기술된 변화를 시도하려면, 당신은 처음에 더 큰 분노, 배반, 우울의 반응을 맞이하게 될 것이다. 그러나 만일 당신이 연합하여 부모역할을 하고 계속 이런 아이들 속의 긍정적인 면을 키워준다면, 부모 둘 다 그들을 분명히 사랑할 뿐만 아니라, 적절하게 그들을 훈육을 하는 가족 안에서 결국 더 안전감을 느낄 것이다.

성취에 대한 소통

지배적 거부형에 속하는 내적으로 압력을 받는 아이들은 보통 그들이 느끼는 압력에 대하여 타인을 비난하는데, 보통은 그들의 부모나 교사들이다. 당신이 그들에게 모두 A점수 받기를 기대한다고 제안조차 하지 않았더라도, 그들이 우수한 성취자가 아니라면 그들은 당신이 그들에게 불가능한 목표를 향하여 밀고 있다고 말할 것이다. 그들은 또한 타인에게 이런 메시지를 전달할 것이다. 예를 들면, 그들의 상담자, 교사, 중재 부모 그리고 종종 편리한 조부모, 친척 아주머니 또는 아저씨들에게 말이다.

타 어른들은 이것이 하나의 방어적 조종술이라고 깨닫는 것 대신, 아이들의 골치아픈 행동이 당신이 행사하고 있는 성취압력에 의해 야기된다고 쉽게 믿고 속아 넘어갈 수 있다. 그것은 부모인 당신을 가장 어려운 위치에 놓이게 한다. 만일 당신이 아이에게 덜 기대한다면, 그들의 조종술은 성공을 하게 되는 셈이고, 그들은 책임있는 성취를 피하며 당신을 비난할 수 있다. 만일 당신이 그들의 현재의 수행을 넘는 현실적인 성취기대를 세우고 합당한 노력을 하라고 요구한다면, 당신은 곧 친척 아주머니, 조부모, 교사들로부터 당신이 얼마나 아이들에게 크게 압력을 가하고 있는지에 대한 말을 듣게 될 것이다. 당신의 아이들은 이미 문제를 가지고 있기 때문에, 선의를 가진 어른들은 당신의 죄책감을 강화할 것이고, 당신은 당신의 기대를 낮추도록 유혹을 받게 될 것이다. 그것은 정말 승산이 없는 상황처럼 느껴진다.

이런 아이들에게 줄 수 있는 적절하고 여전히 안전한 몇 가지 메시지가 있다. 당신은 그들에게 노력을 기대한다고 말할 수 있고, 공부에 사용한 적정한 시간으로 그 노력을 수량화할 수 있다. 당신은 아마도 그들의 교사들에게 적정하다고 간주되는 시간의 양을 확인해야만 한다. 당신은 또한 학습이 부진한 아이들을 위해 그들의 능력에 맞는 그리고 그들의 강한, 약한 과목들을 반영하는 타당한 성적 목표들을 세울 수 있다. 미량의 개선은 항상 적정한 목표이다. 그들이 최근에 성취하고 있는 수준보다 한 단계 위의 목표는 노력하지 않았던 아이들에게 지나치게 큰 압력이 될 리는 없다.

그들을 위해 충분하게 높은 목표를 설정하지 않는 것에 대하여 걱정하지 말아라. 만일 당신이 주고 있는 압력에 대하여 그들이 당신이나 타인에게 불평하고 있다면, 그때 당신은 그들이 당신의 탓으로 돌려왔던 목표 점수들을 진정으로 성취하고 싶어 한다고 상상할 수 있다. 그들은 이미 압력을 느낀다. 그들의 현재 수준보다 초과하지만 그들이 하고 싶은 것보다 미만으로 기대를 설정함으로써, 성공을 위한 적정한 승산이 있다.

만일 당신이 하나의 개선된 노력을 알아차리고 계속 그들의 한 일을 격려한다면, 아이들의 성적은 점점 개선될 것이다. 그러나 그들이 낮은 성적을 받을 때, 매번 넌더리를 내며 과잉반응할 때, 그들은 자신에게 주는 당신의 압력의 증거를 쌓는다. 대신에 개선을 기다리며 인내하고 그들이 공부를 얼마나 더 잘하고 있는지에 대하여 언급한다. 그들은 아마도 공부의 경험도 거의 없고 학습기능도 별로 없을 것이다. 그들이 그 과정을 배우는 데에는 시간을 필요로 한다. 결국 긍정적인 결과들이 아주 일관적일 때, 당신은 그들의 성공에 대한 가끔의 격려를 제외하곤 배경으로 이동할 수 있다. 그들은 성취하고 싶어 하기에, 일단 자신이 할 수 있다는 것을 발견하면 익숙한 방어기제들은 더 이상 필요하지 않을 것이다.

지배적 거부형들의 학습부진을 역전시키기 위하여, 그들이 초등학교 나이라면 그들과 매일 만나도록 계획해야 한다. 초등학교 5학년부터 고등학교 3학년 학생들이라면 보통 특정한 주 단위의 만남이면 충분하다. 그 만남은 각 과목에서 아이의 매일 또는 주간의 진보에 대한 검토, 행동 문제와 개선된 점들에 대한 토론, 당신이 계약서(계약에 대한 정보를 위해선 제11장을 보라)에 넣은 어떠한 상 또는 벌에 관한 것을 포함해야 한다. 그 만남은 특정한 시간에 맞추어져야 하고 비상시에만 변경해야 한다. 이상적으로는 주 단위의 약속이 동성의 부모 또는 두 부모와 있어야 한다. 부모의 어느 쪽이든 아이들이 힘차게 노력해야 한다는 그들의 책임으로부터 회피하도록 내버려두지는 말아야 할 것임을 아주 분명히 해야 한다.

매일 또는 주 1회의 만남은 가능한 한 긍정적인 목소리로 유지되어야 한다. 만일 반항적인 아이가 힘겨루기를 위해 만남을 사용하려 한다면, 확고히 하고 논쟁에 당신이 사로잡히지 않게 하라. 계약된 합의는 글로 쓴다. 그래야 계약서를 참조함으로써 규칙의 왜곡을 피할 수 있다. 당신의 아이들이 합당한 요구를 할 땐, 엄격하지 말아라. 그러나 주의하라. 그들의 엄격성에 대한 외침은 단지 그들의 책임을 회피하기 위한 음모일 수 있다.

학교와의 의사소통

당신의 아이들이 지배적 거부형 학습부진학생이라면 학교의 행정가, 교사 그리고 그 외의 다른 사람들이 당신과 소통을 시작할 거라고 확신할 수 있다. 이런 아이들은 교사들에게 충분한 스트레스를 야기한다. 당신은 이미 이것에 익숙해 있고 이것은 교사와 만나는 날을 두렵게 할 것이다. 당신이 아이들의 문제에 대하여 교사들을 비난하는 자신을 발견하는 것처럼, 교사들도 당신을 비난할 수 있다. 당신의 누구도 이 과정에 의해 혜택을 입지 못할 것이며, 당신들 모두 의심할 바 없이 무력함을 느끼고 있을 것이다. 아이들을 지원하는 데 있어서, 교사와 부모의 동맹관계가 목표임을 기억한다.

부모와 교사의 불일치는 흔히 아이들의 반항적인 패턴의 한 원인일 수 있다. 만일 부모가 교사를 상대로 아이의 편에 선다면, 아이에게 그들의 반항적 행동을 강화해주는 것이다. 그래서 아이들은 교사의 권위를 존중하지 않을 것이다. Rimm의 법칙 #9를 기억하라. 만약 한 어른이 한 부모나 교사에 대항하여 아이들과 동맹하면, 그들은 어른보다 더 강력하게 되면서 반항적이 된다.

확실히 모든 교사와 학교가 아이들을 가르치는 접근에 있어서 옳은 것은 아니며, 또한 모든 부모가 옳은 것도 아니다. 많은 아이들은 반항적 지위를 학습부진이나 비행으로 이용할 것이기 때문에, 교사와 부모의 소통이 은밀하게 유지되는 것이 최선이다. 종종 부모는 학교 교사진과의 언쟁에 아이를 관련시키지 않으려 할 때조차, 부모는 아이들이 듣는 데서 그 갈등에 관하여 배우자에게 말하거나 친구에게 전화하는 실수를 저지른다. 이 엿듣는 말은 교사들에 대항하여 아이들을 부모와 동맹시켜준다. 그래서 그들은 자신의 부모를 지지하는 데서 희열을 느끼지만, 그들이 이겨야 한다고 느끼는 교사들과의 전쟁에 즉시 관여하게 된다. 부모와 교사와의 논쟁에 대한 인식은 그들의 방식이 현명하든 그렇지 않든 '내 방식대로 한다'는 지위를 지지해준다. 교사들의 비협조에 대하여 아이들과 공유하지 않았다고 부모들이 나에게 설명할 때조차도, 아이들은 거의 항상 그들의 부모들이 교사가 나쁘다는 자기들의 말에 동의하였다고 보고한다.

물론 부모가 적절한 교육을 위한 옹호자가 되어야 하는 것은 필수적이다. 이 옹호는 교사와의 의견 차이 그리고 시스템 변화에 대한 권고를 포함할 수도 있다. 당신은 가능한 한 긍정적이고 존중에 찬 역할을 유지하도록 각별한 노력을 해야 하며, 부모로서 이기기에는 무력한 문제를 가지고 학교와의 대결하는 것은 피하도록 노력을 다해야 한다. 다음은 성공적으로 해결된 부모와 학교 간의 갈등 사례이다.

Evan은 IQ점수 145를 초과하는 재능 있는 초등학교 3학년 아이로서 영재아를 위한 특수 학교의 지원자였다. 그의 능력과 성취는 적격자의 최상위에 위치하지만, 학교는 자격이 되는 지원자의 범주를 기초로 하여 추첨 선정 방식을 채택했다. Evan은 자격에 있어서는 논쟁할 필요도 없이 높은 순위가 됨에도 불구하고, 선정되지 않았다. 선정 집단에 들어올 수 있는 자격 기준이 매우 낮았기 때문에, 선정된 많은 학생들은 Evan만큼 상당히 구별된 교육과정이 필요한 것은 아니었다.

처음에 Evan의 부모는 학교 행정부서를 방문했다. 이후 공식적인 호소 절차가 이어졌다. 어떠한 시도도 성공적이지 않았다. Evan의 부모는 합법적인 과정으로 향했다. 그들은 그들의 지위를 위한 전문적인 지원을 얻기 위해 한 심리학자와 상담을 하였다. 심리학자는 그들의 합법적인 지위에 동의하였으나 그들의 노력은 Evan을 위한 최선의 교육적 배려라고 생각하지 않았다. 학교와의 전쟁 개시 후 6개월쯤, Evan은 급속히 학습부진이 되기 시작하였다. 만일 Evan의 부모가 소송을 계속한다면, 연루된 기간인 그 학년도엔 영재학교에 입학하는 것이 허용되지 않을 것이며 그리고 아마 다음 학년도조차도 안 될 수 있다. 더욱이, 이 사건이 그들에게 유리하게 결정될지라도, 그 제도가 바뀔 가능성이 아주 크기 때문에 그것이 미래의 선정 절차에 영향을 줄지도 미지수이다.

그 심리학자는 Evan을 아마 영재학교만큼 우수하지는 않지만 그에게 도전할 만하다고 입증해주고 그가 최근에 연루된 반항적 지위에서 그를 구출해줄 정도로 교육의 질이 높은, 인근 사립학교에 등록시키는 것에 대해 생각해보라고 부모에게 권유하였다. 그다음 그들은 그를 법정 사건으로부터 분리할 수 있었고, 그들은 합법적인 시비곡직에 따라 사건을 추진할 수 있었다. Evan이 그의 부모를 지지하며 그 제도에 대항하며 보내는 1, 2년은 이후 그가 다시 역전하기 어려울 정도로 충분히 그를 학습부진의 하향 사이클로 추락시키고도 남을 것이라는 두려움이 존재해 있었다.

만일 영재학교에 신속하게 포함될 합리적인 가능성이 있었더라면 또는 법원 판결이 다른 영재아를 위한 적절한 교육 기회를 보장하는 데 영향을 줄 수 있었다면, 반항적인 지위에 가치가 있었을 것이다. 그러나 Evan에게 긍정적으로 영향을 줄 가능성은 적었고, 교육에 대한 그의 태도와 노력에 미치는 악영향은 매우 급격했다. 처음에 그는 지배적 거부형의 아이는 아니었으나, 구별된 학교를 위한 옹호자로서의 새로운 지위 속에서 그는 엄청난 양의 에너지를 교사에게 그가 어떻게 배워야 하는지를 지시하고, 그 교사가 부과하는 요구조건에 순응하기를 거부하는 데 맞추고 있었다.

사건 옹호자가 되는 것보다 아동 옹호자가 되는 것이 더 중요한 것처럼 보였다. 위험 요인이 너무 높았다. Evan은 더 긍정적인 태도와 갱신된 노력으로 한 사립학교로 전학했다.

부모와 학교의 소통이 무엇이든 그것이 지배적 거부형 아이들에 의해 재해석되거나 잘못 해석될 위험이 매우 높다. 왜냐하면 그들은 선언된 동맹자와 적이 있는 반항적 상황에서 더 안전감을 느끼기 때문이다. 또한 그들은 편을 바꾸어 선택하여, 부모와 교사를 똑같이 혼동시킬 수 있다. 그래서 당신은 교사들이 아이를 잘못되게 하였다고 미리 결론내리지 않는 것이 중요하다. 의구심이 생길 때마다 명확하게 의사소통을 하도록 노력하라.

교사와 보고 체계를 세울 때, 당신은 교사에게 피드백을 약속하는 것이 매우 중요하다. 즉, 교사들이 아이의 매일 또는 주간 진보에 대하여 알리려고 보고서를 쓰고 있는데, 이런 양식들이 당신에게 도달하지 않는다면 교사들은 그 문제에 대하여 들어야 할 것이다.

실제로 지배적 거부형 아이들과의 작업은 어려우며 관련된 온갖 것을 얻으려고 노력해야 하기 때문에, 당신과 교사는 서로 줄 수 있는 모든 지원을 원할 것이다. 당신은 아이들이 지성 있는 성인들을 어떻게 그렇게도 무력하게 만들 수 있는지 이상할 것이다.

또래 환경 바꾸기

초등학교 상급학년이 되면서 또래는 아이들의 교육환경에 중대한 역할을 하기 시작한다. 만일 지배적 거부형 아이들에게 또래 관계가 나쁘다면, 인기를 얻는 것이 중 · 고등학교까지 그들에게는 극히 중요한 목표가 된다. 그들은 인기를 지배적 역할로 보기 때문에, 어느 때보다 친구 사이에서 리더의 지위를 원할 것이다. 리더가 되기 위하여 그들은 성인에게 반항심을 표출하는 것과 같은 청소년의 또래 가치에 순응해야 한다. 이것은 그들에게 어려운 것이 아니다. 실제로 그것은 비슷한 적을 공유하는 동맹자를 선택하는 그들의 발달 역사와 잘 들어맞는다. 동맹자는 그들의 또래이고, 적은 모든 부모와 교사들이다. 반항적 청소년 모델은 그들의 조종적 기술과 잘 맞는다. 만일 그들이 성인세계에 최대의 분노를 표시할 수 있다면, 그들의 자신감과 또래 인기는 올라간다. 갱(비행청소년그룹)은 그들의 몸에 꼭 맞는 옷이다.

물론 이 몸에 딱 맞는 옷이란 반항적인 청소년 또래 그룹의 발견에 의존할 것이다. 갱들은 많은 중등학교에 존재한다. 그들은 학교와 부모 그리고 성취에 반항하는 집단 정체감을 확립한다. 지배적 거부형 학생들은 그런 집단에 중력처럼 끌리게 되고, 반항적 친구들 속에서 가장 수용되는 것을 느낀다. 이 집단은 또한 옳다고 느껴지는 학습부진 패턴을 강화한다. 학습부진은 수용과 인기를 얻는 티켓이다.

학교의 성취에 반대하고 '할 수 있는 한 최소로 하라'는 현수막을 들고 있는 고등학교의 또래 집단은 청소년 학습부진의 패턴을 강화하고, 그것의 역전을 극히 어렵게 한다. 이런 또래 집단의 구성원들은 부모들에 의해 종종 '패배자'로 불린다. 그러나 불행하게도 패배자처럼 느끼는 사람은 바로 부모들이다.

만일 당신이 어린아이들의 부모라면, 당신 아이의 친구 관계에 제한을 두기 위하여 당신의 바른 면을 고수하라. 확실히 그들은 자신의 친구를 선택할 필요가 있으나, 당신이 아이의 친구 관계에 기준을 부과하는 것은 잘못이거나 통제하는 것이 아니다. 기준은 각 가정마다 다를 수 있다. 그러나 당신은 그것을 아이들에게 분명히 해야 한다. 당신은 그들이 고등학교에 입학할 때까지는 아닐지라도 그들이 초등학교에 재학하는 동안은 친구 관계를 통제할 수 있다. 부모 모두가 동일한 기준에 합의해야 한다. 그렇지 않으면 그들과 싸우게 될 것이다. 더욱이 한쪽 부모가 기준 세우기를 원하고 다른 쪽 부모는 아이들이 모든 선택을 해야만 한다고 생각한다면, 앞의 부모가 뒤의 부모로 인해 무력하게 된다. 당신의 아이를 위해서 부부연합을 유지하라. 만일 아이들이 일찍이 당신의 가치를 내면화한다면, 그들은 나중에 친구를 선정할 때, 아마 자동적으로 그것을 고려할 것이다. 만일 당신 아이가 성취하기를 원한다면, 이들 가치 중의 하나로서 꼭 성취를 위한 노력을 강조한다.

친구들이 아이에게 악영향을 주고 있다는 것을 깨닫게 되었을지라도, 청소년들의 친구 관계는 통제할 수 없는 상황이 많이 생긴다. 또래 집단을 바꾸는 것은 보통 비싼 값을 치러야 하며, 아주 일반적인 대안은 아니다. 사립학교가 더 긍정적인 또래 구성원으로 되어 있다고 자신한다면, 아이들을 사립학교로 옮기는 것은 효과적인 접근이다. 종종 그 역(사립에서 공립학교로 옮기는 것)도 마찬가지로 좋은 선택이다. 다른 지역으로 이사하는 것이 효과적일 수 있으나 나는 오직 또래 집단만을 바꾸기 위해서라면 이사하는 것을 추천하지 않는다. 게다가 당신의 아이가 옆의 학구에서 반항적 또래 집단을 찾을 수도 있는데, 그런 경우에 효과도 없이 당신의 가족에게 불편만 주게 된다. 아이들과 관심사를 공유하는 동기가 매우 높은 학생들을 위한 특별 여름 프로그램은 친학습태도를 증진시키는 데 아주 좋고 그들의 반성취태도에 대하여 다시 생각하도록 돕는다. 여름 여행 또는 황야 체험은 또한 개인의 자기 수련, 자신감 그리고 성취지향성을 높이는 데 우수하다.

또래들이 함께 뭉칠 수 있다면, 부모들도 그렇게 할 수 있다. 아이들 친구들 부모들과 접촉하기를 주저하지 말아라. 만일 그들이 당신과 관심사를 공유한다면, 당신은 지침과 긍정적인 또래 사회의 경험을 제공하는 데 있어서 피차간 지원을 할 수 있다. 교외의 규모가 큰 한 도시 고등학교에서, 마약과 알코올이 없는 파티를 제공하기로 약속한 부모들이 그들의 명단을 공개했다. 그것은 확실히 그 문제를 완전히 없애지는 못했지만, 많은 학생들에게 파괴적 사회 규범을 수정했다.

지배적 거부형 아이들에게 주는 또래의 영향은 극적이기도 하고, 극히 변화를 어렵게 하기도 한다. 당신은 아이가 긍정적인 또래 집단과 어울리는 것을 발견할 때, 반드시 환대하라. 또래들이 실제로 긍정적이냐 아니냐의 검증은 그들이 아이에게 주는 영향일 것이다. 종종 겉으로만 바람직하게 보이는 또래들은 당신이 후에 후회할 영향을 준다.

전문적 도움 받기

모든 집단 중에서 지배적 거부형 아이들은 전문적인 도움이 가장 필요할 듯한데 그것을 가장 하려 하지 않을 공산이 크다. 적절한 전문가를 발견하는 것이 문제일 수 있다. 아이들에게 성인 치료 모형을 사용하지 않을 치료자를 찾는 것이 중요하다. 청소년들은 부모와 긴밀한 소통을 유지하지 않는 치료자들에 의해 쉽게 더 힘을 받게 될 수 있다. 청소년들이 부모와 동등한 힘이 주어진다면, 가족치료가 역효과를 줄 수 있다.

아이들이나 청소년들 그리고 부모를 위한 분리된 시간을 제공하는 치료 모델이 최선이다. 십 대들은 비밀보장에 대하여 우려할 수 있기 때문에, 치료팀이 함께(즉, 한 치료자는 부모를, 다른 치료자는 십 대를) 맡는다면, 치료가 더 잘 작동할 수 있다. 십 대와 주 1회 그리고 부모와 월 1회의 분리된 상담은 일을 잘 풀리게 할 수 있다. 초등학교나 중학교의 아이들에게 상담 회기는 부모와 만나는 때, 아이들과 만나는 때 그리고 결론을 맺는 함께하는 때로 구분될 수 있다.

아이들과 청소년들은 완벽한 비밀보장을 기대하지는 말아야 한다. 물론 어느 환자에게나 법적 비밀보장에는 한계가 있다. 자신이나 타인에게 해가 될 거라는 기대가 있을 때는 항상 비밀보장을 깨는 것은 합법적 이유가 된다. 어떤 주에서는 다른 예외를 가질 수 있다. 부모들은 적어도 아이를 이해하기 위한 틀을 요구한다. 그리고 치료자가 치료 회기에 아이와 있었던 상세한 사항을 반복할 필요는 없지만, 부모가 치료 과정에서 방관자처럼 느끼게 하지는 말아야 한다.

지배적 거부형 아이들은 거의 항상 치료에 저항한다. 그들은 치료가 시간과 돈의 낭비라고 부모를 설득함으로써 그들의 평상시의 조종술을 치료자에게까지 확대한다. 그들은 또한 하고 싶지 않은 것을 치료자가 하도록 기대한다면, 그들은 치료자를 싫어한다고 서슴없이 말한다. 이러한 저항적인 반항아들에게 치료는 매우 위태롭다. 왜냐하면, 그들과 동맹관계를 유지하는 것과 그들에게 신뢰와 책임을 지향하도록 하는 일은 결합되기 어렵기 때문이다. 그럼에도 불구하고 극단적인 경우에서 부모들은 아이들이나 청소년들이 자신의 학업부진을 역전시키고 관계를 향상시키도록 돕기 위하여, 조력자로서 치료자에 대한 강한 지지자가 될 필요가 있다.

교사로서 할 수 있는 것

부모에게도 그러하듯이 지배적 거부형 아이들은 교사가 변화시키기에 가장 어려운 집단이다. 만일 아이들이 반항을 일찍 시작했다면, 그들은 학교에서 행동 문제를 갖는 경향이 있다. 중 · 고등학교에 이르면서, 그들의 거부와 반항은 학습부진과 교실 비행을 훨씬 넘은 곳까지 확장되게 된다. 어떤 경우엔 그 문제들이 극에 달하여 그들의 사회환경에까지 미친다. 또한 어떤 아이들은 법에 저촉되는 문제를 가질 수도 있고, 교사의 통제력을 벗어날 수도 있다. 이런 경우에 교사가 줄 수 있는 가장 큰 도움은 이런 아이들이 밖의 도움을 받도록 의뢰하고, 그런 전문적 노력을 지원하는 것이다.

교실에서의 수정을 위한 다음 권고사항들은 보통 좀 더 어린 아이들과 중 · 고등학교에서 덜 극단적인 많은 사례에 효력을 발휘할 것이다. 이런 아이들에게, 문제들을 피하게 하고, 좋은 학교 경험들을 많이 제공하도록 돕기 위하여 교사들이 할 수 있는 것이 많다.

교사-학생 동맹 형성

이런 아이들을 돕는 첫 단계는 그들과 동맹관계를 형성하는 것이다. 당신은 학생 학습부진을 줄이기 위하여 제7장의 〈그림 7.3〉에 첫 글자 조합어인 동맹(ALLIANCE)을 복습하고 싶을 것이다. 반항적인 아이들은 누군가 그들의 방어벽을 뚫고 들어와 그들의 내부에 있는 값진 것을 중요하게 여긴다고 전달하면, 그들은 존경할 정도로 충분히 강하다고 인지되는 사람들과 동맹관계를 형성할 것이다. 이런 아이들은 초기 환경에서 다량의 칭찬과 감탄으로 양육되었기 때문에 그리고 더 이상 그런 칭찬을 쉽게 얻지 못하기 때문에, 만일 당신이 그들 속에서 좋은 내적 특성을 들여다볼 정도의 통찰력이 있다면, 그들은 당신과의 관계를 가치 있게 여길 것이다. 그러나 당신이 말하는 것은 정확하고 성실해야 한다. 이런 젊은이들에게 당신에 대한 신뢰는 당신이 그들의 지능, 창의력, 매력, 친절, 개방성 또는 길거리에서 배운 지혜에 대하여 지각하고 있는가에 달려 있다. 만일 당신이 정직하게 그들의 가치 있는 장점을 확인한다면, 당신의 동맹에서 첫 단계를 달성한 것이다.

두 번째 단계는 당신의 힘과 연관을 짓는 것이다. 지배적 거부형들은 제한을 밀어버리는 것에 익숙하다. 일단 그들이 사람들을 제압하면 그들은 더 이상 그들을 존중하지 않는다. 만일 당신이 그들의 통제 안에 있는 것으로 지각되면 그들은 당신을 존중하지 않을 것이다. 그들은 자신의 일을 하지 않음으로써 그리고 진지하게 책임을 지지 않음으로써 당신의 약점을 이용할 것이다. 만일 그들이 당신의 통제 안에 있다면, 그들은 당신을 존중하거나 증오할 것이다. 만일 당신의 통제가 당신이 진정으로 그들을 좋아한다는 지각과 결합된다면, 그들은 당신을 존경할 것이고 당신을 위해 최선으로 수행할 것이다. 만일 당신의 통제가 그런 특별한 긍정적 관계성이 부족하다면, 당신은 적으로 비춰질 것이다. 그들은 책임을 다하는 것과 당신의 기대에 부응하는 것을 회피하기 위하여 직면들을 조종할 것이고, 그들의 힘이 미치는 모든 것을 할 것이다(그리고 그들의 힘은 거대하다). 당신은 이런 아이들에게 사용할 통제력을 아주 조금밖에는 갖고 있지 않다. 낙제, 방과 후 남아 있기, 비난 그리고 벌, 이런 것들은 그들을 노력하도록 동기화하는 데 완전히 효력이 없어 보인다. 가능한 한 사태를 긍정적으로 유지하는 것이 훨씬 더 안전하다. 당신은 분노와 적대시보다는 격려, 설득 그리고 보상을 사용하는 것이 훨씬 더 효과적이다.

간단한 개인적 은밀한 만남은 아이들에게 당신이 보살피고 있다고 믿게 하는 가장 효과적인 방법이다. 그들과 단기에 달성 가능한 목표를 세우기 위해 함께 작업하는 것과 긍정적이고 부정적인 결과에 관하여 명료하게 합의하는 것은 친밀함과 존경을 결합시킨다. 상호합의된 계약 사항은 양쪽 모두 의무와 결과를 이해하고 있다는 것을 보장하기 위해서 반드시 적어둔다. 그들은 아마도 그들의 것을 잃어버릴

그림 13.9 계약서 쓰는 방법과 시기

- 지배형의 모든 아이들과 나이가 있는 의존형 아이들에게 계약서를 사용한다. 나이 어린 의존형 아이들에게는 선택사양이다.
- 행동의 문제, 과제완성의 문제 또는 특별한 프로젝트나 행사주선에 계약서를 사용한다. 단기간의 틀(예 : 두세 달)을 사용한다.
- 교사, 아이, 부모 그리고(또는) 아동 옹호자가 그것에 사인을 하도록 주선한다. 사인이 많을수록 더 좋다.
- 계약서가 사인되기 전, 명료성을 위해 재검한다. 반드시 아이가 책임과 상 그리고 가능한 부정적 결과를 이해하여야 한다.
- 각 사람을 위해서 계약서 사본을 만든다.
- 절대적으로 필요할 때만 재협상한다.
- 아이에게 계약서를 항상 명심하고 약속을 지키도록 한다. 보상이나 벌을 추가하지 않는다.

것이기 때문에, 항상 계약서 사본을 보관해둬야 한다. 그 계약서는 오해와 '편리한 대로 하는 기억'을 방지할 것이다. 〈그림 13.9〉는 당신이 어떻게 그리고 언제 계약서를 써야 하는지를 결정하는 데 도움을 줄 것이다. 계약서의 한 예가 제11장에 제시되어 있다(그림 11.7 참조).

당신은 그러한 개인적 관심을 주기 위하여 어떻게 시간을 낼 수 있는가? 그것은 확실히 직업으로서 요구되는 것 이상이다. 당신은 모든 아이들에게 그것을 할 수 없으나, 분명 일 년에 두세 명의 놀라운 회생은 가능하며 흥분되는 성취가 될 것이다. 이런 아이들과의 친밀하고 긍정적이고 존경하는 관계는 그들에게 당신의 교실에서 수행하도록 격려해줄 것이고, 당신은 즐겁게도 숨겨진 재능의 증거에 놀라게 될 것이다.

행동 문제 그리고 주의력결핍 과잉행동장애

주의력결핍 과잉행동장애의 더 나은 이해를 위해서 이 장의 앞부분을 참조하라. 이 장애를 갖고 있는 아동은 항상 학교에서 문제를 일으킬 것이다. 그러나 교사들은 이런 아이들에게 약물치료를 받게 서둘러 의뢰하지 않도록 유의해야 한다. 아이들에게 약물치료를 고려하기 전, 교실에서 해볼 수 있는 효과적인 행동적 접근법이 있다. 만일 당신이 ADHD를 의심한다면, 행동적 개입을 시작하기 전에 학교 심리학자에게서 구할 수 있는 행동측정 검사 도구를 완성해보아라. 수개월 후, 그 체크리스트를 다시 완성해보아라. 만일 그 행동이 개선되고 있다면, 의뢰를 피하라. 만일 그것이 계속되고 있거나 악화되고 있다면 당신의 학교심리학자가 당신을 도울 수 있을 것이다. 또한 그렇지 않으면 당신은 부모에게 더 도움을 찾아보라는 요청을 희망할 수 있다.

그들의 지배적 거부형의 성향이 일찍 시작된 아이들은 자주 초등학교에서 심각한 행동 문제가 된다. 그들은 관심끌기를 필요로 한다. 그들은 제한을 밀어내고 규칙을 따르지 않을 거라고 주장한다. 소년들은 신체적으로 공격적인 반면, 소녀들은 언어적으로 공격적일 가능성이 더 있다. 그들은 가장 관대한 교사들을 좌절시키고, 아마도 당신은 자주 그들의 나쁜 행동을 통제하기 위하여 그들을 꾸짖고 벌을 생각해내고 있는 자신을 발견할 것이다. 당신은 반복하여 자제력을 잃지 않을 거라고 결심을 하지만, 아마도 그들은 당신을 그렇게 하도록 만들 것이다.

아이들의 주요한 기저의 목표는 학급지배로 보인다. 그들은 교사와 학생들에게 주목받기를 원한다. 그들은 운동장에서 책임을 맡고 싶어 하며, 그들이 즐기는 과제만을 하고 싶어 하고, 그들은 이런 것을 모두(더 많이) 즉시 하기를 원한다. 그들은 충동적이고 참을성이 없다. 그들은 '기다림과 일'이란 효과적인 학습법과 질적 수행을 배운 적이 없다. 당신의 꾸짖음과 칠판에 그들의 이름이 적히는 것 또는 당신의 인내심의 부족을 보여주는 것은 그들에게 학급 주의 끌기의 보상을 주는 것이며, 그들은 '학급 말썽꾸러기'로서의 명성을 얻게 된다. 그들은 선택의 여지가 거의 없는 것처럼 이 명성을 성취하며, 대안이 없다고 자주 느낀다. 학교에서 말썽꾸러기의 관념은 그들보다 앞서가기에, 교사들과 또래들은 똑같이 그 골칫거리를 예견한다. 부모들은 그들과 같이 어울리지 말라고 아이들에게 말한다. 그리고 실상 아이들은 그들과 비슷하게 꼬리표가 붙게 되는 것을 두려하기 때문에, 그들을 피한다. 친구가 없거나 행동 문제가 있는 다른 아이들과 어울리지 못하면, 그들은 공격적으로 친구 사귀는 방법들을 찾는다. 그들은 말썽피움과 그들의 친구 문제 사이의 관계를 보지 못한다.

당신은 어떤 종류건 주의를 끄는 질책을 사용해서는 이런 아이들에게 효과를 거두지 못할 것이다. 꾸짖음도 이 아이들의 이름을 칠판에 적는 것도 그들의 행동을 개선하지 못할 것이다. 그들을 교사의 책상 가까이나 구석에, 벽을 맞대고, 교실 뒤

그림 13.10 교실에서의 타임아웃

적절한 장소 :

- 교사는 들여다 보고 체크할 수 있지만 아이들은 내다볼 수 없게 높은 창문이 있는 분리된 방. 그곳은 적어도 책상과 걸상 한 조가 있어야 한다. 서고는 흔히 그렇다. 당신은 아이들이 책을 찢거나 훼손할까 걱정될지 몰라도, 그들은 그렇게 하지 않을 것이다.
- 사용하지 않는 사무실. 사용 중이 아니라면 상담실이나 교장실도 좋다. 사무원들이나 교장은 타임아웃 중에는 아이들과 대화하지 말아야 한다.
- 교실에 책상과 의자 한 조를 놓은 게시판 칸막이나 접는 커튼. 그것은 '창의성 또는 집중력 코너'라고 이름지을 수 있고 대안적 용도로 사용할 수 있다. 아이들은 밖을 보거나 밖에서 보이지 않아야 한다.

적절한 시간 :

- 타임아웃은 항상 간단해야 한다. 10분이면 되고 또는 아이들이 준비가 되었다고 느낄 때 조용히 학급으로 돌아오도록 선택할 수 있다.

적절한 신호 :

- 아이와 동맹을 맺으며, 그가 학급에서 분리될 약간의 시간이 필요하다는 것을 알도록 하기 위해서 교사는 은밀한 신호를 사용해야 한다(예 : 한 손을 어깨에 얹음). 타임아웃은 당황이나 질책 없이 또는 그들이 문제가 있다는 것으로서 학급에 인지되지 않으면서 자신을 통제하는 방법이라고 아이들에게 설명되어야 한다.

편에, 복도에 앉히는 것도 그들의 부정적 관심 끌기를 제거하는 데 도움이 되지 못할 것이고, 그들에게 말썽꾸러기라는 라벨을 붙이게 될 것이다. 조용한 꾸짖음, 개인적 신호 그리고 간단한 타임아웃(그림 13.10 참조)은 행동을 수정하는 데 더 효과적일 것이다. 작으면서도 매일의 보상과 특권이 또한 효과적일 수 있다.

특권의 철회는 효과적인 부적 결과로서 역할을 한다. 그러나 초등학생 아이들에게 긍정적 결과든 부적 결과든 단기적이어야 한다. 왜냐하면 매일 아이들에게 그들이 좋아질 수 있다는 것을 확립할 새로운 기회를 가지도록 해야 하기 때문이다. 힘과 주목 끌기는 불행히도 이런 아이들에게 가장 효과적인 보상이다. 결국 주목 끌기의 철회는 가장 효과적인 부적 결과이다. 〈그림 13.11〉은 과제집중력을 격려하기 위해 효과적으로 사용될 수 있는 토큰 시스템을 제시한다. 그리고 〈그림 13.12〉는 초등

그림 13.11 어린 지배적 거부형 아이들의 심각한 행동문제를 위한 토큰 시스템

- 시작 단계의 다루기는 단 하나의 주요한 행동 문제만을 선정한다. 예를 들면 공격적 행동이 대표적으로 선정된 첫 번째 행동이며, 이어서 착석행동, 과제활동 그리고 마지막으로 교사에 잘 주목하기가 이어질 것이다.
- 아이와의 사적인 만남을 계획한다. 첫 번째 만남을 위한 의제는 다음을 포함해야 한다.
  - 바뀌어야 할 행동
  - 그 아이가 얻고 싶어 하는 활동 목록(예 : 컴퓨터 시간, 친구와 놀기, 교사나 부모와의 특별한 시간)
  - 정적 결과 : 어떤 부정적 행동이 나타나지 않는 매시간 마다 토큰 하나
  - 부적 결과 : 10분 동안 조용히 주의를 끌지 않는 닫힌 장소에서 또는 아이가 준비되었다고 느낄 때 자발적으로 돌아오도록 하는 신호에 의한 타임아웃
  - 목록의 각 항목에 따른 토큰의 가격 결정
- 모든 사항은 개인적 만남에서 함께 결정되어야 한다. 교사는 아이의 행동을 개선하기 위하여 그리고 급우들에게 인정받도록 돕기 위하여 노력하고 있는 것임을 알려주어야 한다. 모든 토큰과 신호는 사전에 약속되어야 하고 비밀이다.
- 개선을 알려주고, 지지를 보여주고 지속적인 개선을 격려하기 위하여, 아이와 매일의 만남이 이루어져야 한다.
- 만일 부모들이 협조를 하고 있다면, 매일 또는 주간 통신이 집에 전달되어야 한다.

출처 : Rimm, S.B.(1990). *Learning leads Q-cards: Teacher tips*. Watertown, WI: Apple.

학교 나이의 어린아이들을 위해 만들어진 행동 변화 계획의 구체적인 예이다.

가정에서 강화해야 할 행동을 기술한 매일의 쪽지(알림장)는 교사와 부모가 협동한다면, 행동을 개선하는 데 효과적이다. 〈그림 9.4〉(제9장)에 있는 것과 비슷한 양식이 행동 문제를 위해 사용될 수 있다. 잘한 날은 특별한 개인적 놀이나 엄마나 아빠와 모형 비행기 시간으로 보상될 수 있다. 음식 대접(아이스크림이나 사탕)은 효과적인 우선적 강화인자이지만, 아이의 가족에 체중문제가 있다면 사용되지 말아야 한다. 좀 나이가 있는 아이들을 위해선, 잘한 날들은 부모와 함께하는 주 1회의 활동을 위해 합산될 수 있다(예 : 볼링, 영화 또는 피자 접대).

불행하게도 보상만 가지고는 충분히 효과를 내지 못할 수도 있다. 만족하지 못한 날들은 일관적으로 부적 결과가 따라야 한다(예 : 텔레비전, 비디오게임 또는 자전거 타기의 생략이나 일찍 자기 또는 아이 방에서의 타임아웃이 있다). 부모-교사 일관성이 열쇠이다. 계속적인 행동 문제가 있는 아이들에게 융통성을 위한 여지는

그림 13.12 행동 변화 계획의 예 : 착석 행동을 위한 4성의 날

1. 교사는 책상 앞에 앉는 것이 얼마나 중요한지를 설명하기 위해 아이 그리고 부모와 함께 사적 회합을 갖는다. 엉덩이에 풀을 바르는 시늉을 하는 예는 지시를 생생하게 해준다. 교사의 착석에 대한 정의는 의자에 어느 정도 붙어 있는 것을 의미한다(예 : 의자에 한 다리가 붙어 있어도 착석으로 간주되어야 한다).
2. 교사는 하루를 4부분으로 나눈다(아침부터 쉬는 시간, 쉬는 시간부터 점심 시간, 점심 시간부터 쉬는 시간, 쉬는 시간부터 종료까지). 교사는 아이가 자리에 앉아 있는 매 부분마다 카드에 붙일 별을 얻게 된다고 아이에게 설명한다. 목표는 별 4개이다. 첫 주에는 별 3개가 잠정적인 목표가 될 수 있다. 별은 앉아 있을 때만 얻게 된다는 것을 강조한다.
3. 아이는 매일 그날을 마칠 때, 카드를 가정의 부모(또는 학교의 아동 옹호자)에게 가지고 간다. 만일 아이가 별 4개를 받는다면, 그는 가정의 상, 게임, 주목받기 또는 선물이나 주말 활동을 위한 포인트를 얻는다.
4. 부모는 사적으로 격려되고 너무 쉽게 실망하지 않도록 주의가 환기된다. 첫 4성의 날은 성취하는 데 시간이 걸릴 수 있지만, 아이가 착석에 집중하는 동안 다른 많은 것이 분명히 이해될 것이다.

출처 : Rimm, S .B.(2007). *Sylvia Rimm On Raising Kids Newsletter, 17*(4). Watertown, WI: Educational Assessment Service.

거의 없다. 적절한 그리고 부적절한 행동에 대한 일관적인 정적 그리고 부적 결과들은 각기 오직 적절한 행동만이 수용될 거라는 것을 명료하게 해줄 것이다. 이런 아이들의 행동관리를 위한 다섯 가지 가장 중요한 규칙들이 있다.

1. 긍정적인 행동에 주로 관심의 초점을 맞춘다. 그리고 부정적 행동에 대해서는 관심을 완전히 제거한다.
2. 일관적이고, 확고하며, 과잉반응은 하지 않는다.
3. 단기간의 결과를 사용한다. 그렇지 않으면 당신에게 사용 가능한 몇 가지 통제수단을 다 써버리게 될 것이다.
4. 아이들이 보여주는 긍정적인 특성들을 계속 알아차리되, 그런 특징에 또한 과잉반응도 하지 않는다.
5. 그들을 위한 참여활동을 찾음으로써 아이들의 높은 에너지를 건설적으로 집중시킨다.

이들은 보통 다루기 힘들고 강한 아이들이다. 그러나 당신의 인내와 지구력은 당

신이 그들의 강렬함을 학습으로 전환할 수 있을 때, 보상받게 될 것이다.

역논쟁 지침

〈그림 13.13〉에서 기술된 일상 규칙은 학급에서 지속적인 논쟁을 피하기 위한 효

그림 13.13 교사를 위한 역논쟁 지침

1. 토론 기술에 자신만만한 지배적 학생들은 그들이 학급 앞에서 언쟁한다면 당신이 더 취약하다는 것을 알고 있다. 만일 그들이 또래 앞에서 패배한다면 그들은 또래의 동정심을 불러일으키고, 그들이 이긴다면 또래의 감탄을 불러일으키게 된다. 만일 당신이 학급 앞에서 패배한다면, 당신은 또한 다른 학생들로 부터의 존경을 잃게 되고 만일 당신이 이기면, 그들은 그 가엾은 학생의 편이 된다. 그러므로 논쟁자가 "이 수학문제를 해결할 더 좋은 방법이 있다."고 말하기 위해 그의 손을 든다면, 즉시 "나는 너의 아이디어를 듣는 데 매우 관심을 기울이고 싶어. 이 시간 직후에 만나자."라고 동맹관계를 세우는 긍정적인 반응을 함으로써 교실 장면에서 논쟁을 즉시 제거한다.
2. 수업 후 그 학생에게 "그래." 또는 "아니야."라고 말하지 않는다. 대신에 "제발 너의 아이디어를 설명해줘." 또는 "네가 생각하는 것을 나에게 말해줄 수 있겠니?"라고 말한다.
3. 만일 당신이 어떻게 반응할지 확실하지 않다면, "그것에 대하여 생각 좀 해볼게. 내가 너에게 다시 갈게."라고 말한다.
4. 만일 그 아이디어가 좋게 들려도 더 상위의 과제에 도움이 안 된다면, "나는 너의 아이디어를 좋아해. 실험을 해보자. 어느 정도는 나의 방법으로 그리고 어느 정도는 너의 방법으로 실험적으로 해보자. 만일 너의 방법이 잘되게 해준다면, 너는 계속 그것을 반절로 나누어 할 수 있어. 만일 안되면, 너는 모든 문제를 내가 제안한 방식으로 풀겠다고 약속해야 해(학생은 웃는다). 자, 그러면 내가 너에게 약속한 특별한 특권을 잊지 않도록 지금 이 약속을 적어 두자." (항상 계약서 사본을 보관한다.)
5. 만일 그 학생이 분명히 풀이를 피하려 하고 있고 그 과정을 설명할 수 없다면, 당신은 "아니다."라고 말해야 할 것이다. 그 학생에게 당신이 그것에 대하여 생각한 것을 설명한다. 그러나 그는 이번에 그 개념을 사용할 수 없다. 당신은 그의 우수한 생각을 좋아하며, 다른 어떠한 아이디어에도 관심을 가질 것이라고 덧붙인다.
6. 만일 계속 논쟁하려 한다면, 당신은 그에게 아이디어를 주의 깊게 경청했으며, 그것에 대하여 생각할 시간을 가졌고, 철저하게 생각하고 이유와 함께 "아니야."라고 한 것을 회상시킨다. 토론은 지금 끝났다. 만일 학생이 계속 논쟁을 하면, 미안하다고 하고 잠시 쉬기 위해 교무실로 간다.
7. 매번 논쟁하려는 시도를 이런 방식으로 대한다. 학생들은 그들의 창의적인 생각에 대한 당신의 격려를 소중히 여길 것이다. 그리고 당신이 위약한 교사가 아니라고 인식하게 될 것이다. 당신의 교실 리더십은 위협을 받지 않을 것이다.

출처 : Rimm, S .B.(2006). *Sylvia Rimm On Raising Kids Newsletter, 17*(1). Watertown, WI: Educational Assessment Service.

그림 13.14 교사의 역논쟁 동맹 맺기

Ally : 학생에게 사적으로 말을 건네는 것에 긍정적 관심을 갖고 동맹한다.
Listen : 학생이 말하는 것을 경청한다.
Learn : 학생이 생각하고 있는 것을 배운다.
Initiate : 가능하면 실험적 협상을 주도한다.
Add : 서면 계약서에 사본 2장을 추가한다.
Nurture : 역할모델로서 당신과의 관계를 키운다.
Consequence : 만일 아이가 서면 계약서를 따르지 않는다면, 합당하게 결과에 대한 책임을 지운다.
End : 앞으로 새로운 아이디어를 주도하도록, 학생을 긍정적으로 격려함으로써 토론을 마무리한다.

과적인 지침을 제공한다. 지배적 거부형 아이들은 다른 방식으로 수학문제를 풀고 싶어 할 것이며, 학급을 운영하는 방법을 당신에게 말할 것이고, 당신이 소년들보다 소녀들에게 더 잘 대우한다고 불평할 것이다. 그들이 관심과 또래의 힘을 끌어 모으려고 당신에게 손을 흔들 때, "저를 쳐다보세요. 저를 보세요. 저는 영리하단 말이에요. 저에게 주목해주세요."라고 당신에게 외치고 있다고 생각하라. 그들의 코를 납작하게 해주는 당신의 직관적인 반응으로는 그들을 도울 수 없을 것이다. 그들은 무시당했다고 느낄 것이고 그것에 되갚음을 하고 싶을 것이다.

역직관적인 접근에서 당신은 아이들에게 비밀과 동맹관계를 제공한다. 당신이 그들과 협상한 후에, 계약서를 써라. 사본을 보관하고 그들에게 절대적으로 확고하게 그 문구를 고수하게 하라. 당신이 그들을 얼마만큼 좋아하고 신뢰하는지를 상기시키고 그들에게 많이 웃어 주어야 한다. 자신에게 화내는 교사보다 그들이 좋아하는 교사들에게 되갚음 할 가능성은 훨씬 적다. 역논쟁 지침을 요약하는 첫 글자 조합어 동맹(ALLIANCE)이 〈그림 13.14〉에 나타나 있다.

힘과 관중의 부여

자신의 행동에 대하여 어느 정도 통찰을 갖고 있는 지배적 거부형 청소년들은 마치 그들이 무대 위에 있는 것처럼 자신의 동작을 본다고 당신에게 인정할 것이다. 그들은 다른 사람들이 어떻게 반응할 것인지에 대한 관심을 가지고 그들의 행동을 계획한다. 그것은 정말로 그들이 자동적으로 그리고 자발적으로 거의 의식 없이 그들

주변의 사람들을 조종하는 것 같다. 특별히 민감하고 영리한 아이들은 그들이 다른 사람들을 조종하고 있다는 것을 인정하며, 그런 습관이 불편하다고 느끼지만, 그들은 어떻게 바꿀지 알지 못한다. 그들은 아이일 때 쇼맨십에 훈련이 되었고, 타인에 대한 그들의 영향력으로 자기가치를 측량한다.

그들의 에너지를 그들에게 내적 성취감을 부여하는 관심사로 바꾸어주는 것은 이런 아이들에게 내적 자신감을 형성하고 조종의 트랙에서 벗어나도록 돕는 가장 효과적인 방법이다. 관객 의존성은 그들의 약한 영역을 개발시켜줄 수 있는 강한 영역을 선정하는 데 긍정적으로 사용될 수 있다. 이것은 2단계의 과정이다. 제1단계는 그들이 유능하며 관중을 제공해주는 활동을 찾는 것을 포함한다. 제2단계는 그 활동을 넓히고 동일한 관중과 함께 학생의 약한 영역을 개발하는 것이다. 제1단계에서 그들은 에너지를 긍정적으로 집중하고 있다. 이 단계는 제2단계로 이동하기 위한 수단이며, 제2단계에서 그들의 참여에 대하여 그들에게 내적 보상을 주는 경험을 함으로써 스스로 도전할 수 있을 것이다. 〈그림 12.2〉(제12장)는 내적 흥미를 격려하는 몇 가지 추가적인 학습 과제를 제시하고 있다. 〈그림 13.15〉는 몇 가지 관중 활성화 프로젝트를 위한 제안을 포함한다.

이 방법은 지배적 거부형들에게 그들이 거의 경험하지 못했던 자신감의 수준을 개발하기 위하여 관중 의존성을 사용하도록 허용한다. 그들은 자신의 성취에 대하여 좋게 느낄 것이며, 그것이 조종에서 오는 공허한 보상이 아니라는 것을 깨닫게 될 것이다. 한 영역에서 이 새로운 자신감을 형성하면서, 다른 과목과 다른 행동들의 수행도 개선될 것이다. 그들이 할 수 있다는 것과 능력이 단지 치장에 불과했다는 것을 마침내 깨달았을 때, 압력과 긴장감은 사라질 것이다. 그것은 마치 그들이 쇼를 위해 썼던 얼굴보다 더 효율적이며 만족스러운 그 안의 진정한 자신을 찾기 위하여 마스크를 벗고 있는 것과 같다.

약점을 개선하고 자신감을 형성하기 위하여 관중과 강점을 사용하는 이 접근은 조종적이고, 반항적이며, 창의적인 아이들의 학습부진을 역전시키기는 데 가장 효과적이다. 그것은 더 공격적인 비행 청소년에게는 그렇게 효과적이지 않다. 그들은 보통 교실 교사인 당신이 제공할 수 있는 도움 이상을 요구한다.

그림 13.15 약점 개선을 위한 강점 사용을 돕는 프로젝트

강점	약점	1단계 강점 활동	2단계 약점 활동
읽기	글쓰기	낮은 학년 아이들에게 책 읽어주기	아이들을 위한 이야기 쓰기
언어 능력, 컴퓨터	쓰기	녹음기에 말해보기	컴퓨터를 사용하여 이야기 쓰기
음악적 재능	지구성의 부족, 우울	학교 뮤지컬 준비	도전감을 주는 보컬 레슨 받기
창의적 글쓰기	시간 조직화	창의적 글쓰기의 독립적 학습과정	학교 시간 및 숙제의 성공적 체계화 여부에 따른 파트타임 일
창의적 미술 디자인	가정의 반항적 행동	또래 사교활동을 위한 집 옆 헛간 및 지하의 오락실 단장	부모를 존경하는 행동 여부에 따른 친구들과의 파티 체계화
컴퓨터	수학 연산	수학 연산을 가르치는 비디오게임의 사용	수학연산게임에의 개인 및 그 후에 또래선정 경연대회에의 참여
전반적 학업 우수성	행동 문제 또는 자신감의 부족	강점 영역에서의 부분적 상승	행동의 개선 또는 약한 영역의 개선된 기술들을 기초한 전반적 상승

그림 13.16 아이들이 진정으로 의미하는 것은?

어린아이들의 인지 발달은 그들의 도덕적 발달에 영향을 준다. Kohlberg는 어린 시절에 아이들은 보상을 받는 것 또는 벌을 받는 것에 의해 옳음을 정의한다고 우리에게 말한다.* 후에 옳음은 그들의 삶의 중요한 '타인'을 기쁘게 하는 것 그리고 불쾌하게 하는 것이 된다. 그들은 들어온 것과 배워온 것들을 반복한다. 그들은 성인의 아이디어를 결합하고 재조직하며 그것들을 다시 정정한다. 우리는 우리 또는 다른 누군가가 그들에게 가르쳤던 언어들을 들을 때, 우리는 그 아이디어가 최초로 그들의 것인 양 그들에게 반응한다.

당신이 그들의 감정 표현에 반응하기 전, 학생들에 대하여 당신이 가지고 있는 정보를 조사한다. 그들이 말하는 것의 진정한 의미에 대하여 많은 가능성이 있다. 그 말을 경청하고 당신의 성인 지혜로 그것들을 해석한다. 아이들이 그들의 가정생활에 대하여 당신에게 의사 전달을 할 때, 그들이 의미하는 몇 가지 가능한 해석들이 여기 있다.

(계속)

아이들이 말하는 것	아이들이 의미할 수 있는 것
1. 저의 부모님은 저보다 누이/형을 더 사랑해요.	• 그것은 사실일 수도 있고 또는...... • 그 아이는 전폭적 관심에 익숙해 있을 수도 있으며 지금은 박탈감을 느낀다. • 그 아이는 최근 벌을 받아왔을 수도 있다.
2. 저의 부모님은 내내 일을 시켜요.	• 그 아이는 잡일이 너무 많거나 또는...... • 그 아이는 하루에 한 가지의 잡일을 하도록 요구받고 있으며 그것에 대하여 논박하는 것이다. • 그 아이는 전에 잡일을 한일이 없을 수도 있으며, 처음으로 어떤 것을 하도록 요구받고 있다.
3. 저의 부모님은 저에게 물건을 사준 일이 없어요.	• 부모가 경제적으로 불리한 위치에 있어서 아이의 기본 욕구를 공급하지 못할 수 있으며 또는...... • 부모는 그 아이에게 많은 것을 사주었을 수 있으나 최근엔 일언반구도 없다. • 부모는 그 아이에게 물질적인 것들을 너무 많이 사주는 것에 대하여 걱정할 수 있으며 의도적으로 아주 물질적이지 않도록 교육을 시키고 있는 중일 수 있다.
4. 저의 부모님은 이혼할 거예요.	• 부모가 이혼할 수 있다. 또는...... • 그 아이는 처음으로 부모가 다투는 것을 우연히 들었다. • 그 아이의 친구 부모가 이혼할 것이며, 그는 모든 부모가 이혼하는 것이라고 생각할 수 있다.
5. 저의 부모님은 숙제하는 것을 전혀 도와주지 않아요.	• 그 아이의 적절한 요구가 있을 때조차 부모가 도움을 주지 않을 수도 있다. 또는...... • 보통 부모가 도움을 주었을 수 있으며, 지금은 독립심을 키우려고 노력하고 있다. • 부모가 밖에 있어 지난밤에 도움을 줄 수 없었다.

* Kohlberg, L. (1976). Moral states and moralization: The cognitive developmental approach. In T. Lockona (Ed.), *Moral development and behavior*. New York: Holt, Rinehart, & Winston.

출처 : Rimm, S.B.(1990). *Learning leads Q-cards: Teacher tips*. Watertown, WI: Apple.

표 13.17 학생의 불평을 재구성하는 방법

1. 나는 너의 부모가 너를 사랑하는 것을 알아. 너는 멋진 사람이야. 이것은 그들이 얼마나 너를 크게 보살펴주는지를 반영하는 것이라고 확신해. 나는 또한 너의 누이(형제)가 그들과 몇 번 말썽이 있던 것을 기억해.
2. 그건 정말 좋은 거야. 그들은 너에게 진정한 책임을 가르쳐주시는 거야. 나는 네가 훌륭한 일꾼이라고 장담해.
3. 나는 너의 부모가 재정적 어려움에 처해 있다고 알고 있어. 그들은 항상 음식과 옷을 어떻게든 제공하고 계셔. 나도 항상 더 많은 것을 가졌더라면 하고 소망했던 때를 기억해.
4. 부모는 종종 사이가 안 좋은 것처럼 보이지만, 그들은 보통 그들의 문제를 해결하셔. 확실한 한 가지는 그들 모두 너를 사랑하신다는 거야.
5. 좋아. 그것은 네가 독립적으로 성장하고 있다는 뜻이야. 네가 도움을 요청하기 전, 항상 서너 번 시도를 해봐. 네가 시도를 해보았다면, 나는 돕는 것을 항상 기뻐할 거야.

학생의 조종 피하기

지배적 거부형의 아이들은 한 사람과 동맹을 맺고 다른 한 사람과 대항하는 것이 아주 편안하기 때문에, 그들은 쉽게 친절한 교사들과 상담자를 올무에 걸어 부모나 다른 교사들에 대항하도록 한다. 만일 당신이 반대 없이 경청하는 것처럼 보인다면, 그들은 당신이 동의한다고 추정한다. 당신은 그들의 논박에 대한 창의적인 재구성가가 되어야 할 것이다. 그렇지 않으면 당신은 곧 그들의 부모나 교사들에 대하여 부정적인 것을 말하였다고 인용될 것이다. 그들의 부모들은 당신이 거의 알지 못하는 것을 가지고 당신을 비난하기 위해 몰려들 것이다.

〈그림 13.16〉은 학생들이 당신에게 불평을 해올 때, 그들이 진정으로 의미하는 것이 무엇인지에 대한 통찰을 어느 정도 제공한다. 만일 당신이 진정한 문제가 있을 수 있다고 생각한다면, 당신은 확실히 듣고 그들의 불평을 더 조사할 수 있다. 〈그림 13.17〉은 〈그림 13.16〉에서 열거한 학생 불평에 대응하는 몇 가지 재구성의 예를 제공한다.

학습집단 바꾸기

지배적 거부형 아이들은 교실과 가족 안에서 관심 끌기의 원천을 찾기 때문에 독서나 수학 그룹의 진급은 그들의 강한 욕구를 긍정적인 성취로 향하게 하는 유력한 방법이다. 학습이 부진한 아이들은 보통 그들의 실제적 능력과 기능 이하의 성취집단에 배치되어 있다. 그럼에도 불구하고 그들이 그 기능을 배울 수 있으며 진급하도록 허용하는 능력검사를 통과할 수 있음을 스스로 증명하지 않는다면, 상급 집단으로 옮기는 것은 불공정하다. 반드시 합당한 수행의 질을 유지할 수 있을 경우에만 그들이 상급 집단에 남을 수 있다는 것을 그들에게 주지시켜야 한다. 학생들을 어떤 과목에서 상급 레벨로 옮기는 것에 관한 대화의 예시를 보려면, 제11장의 〈그림 11.17〉 그리고 〈그림 11.18〉을 참조하라.

상급 집단으로 옮기는 것은 아이들의 능력의 개선을 아주 잘 볼 수 있게 하는 표시가 되며, 지배를 위한 그들의 소망을 훨씬 더 건설적으로 바꾸도록 돕는다. 행동문제에도 불구하고, 일부 재능 있는 아이들을 위해 한 학년을 올리는 것은 적절할 수 있다. 주의 깊게 살펴보면, 그것은 아이들에게 초기에 목표로 세웠던 긍정적인 주목받기를 제공할 수 있다.

학년 그리고 과목 진급에 대한 연구는 두 선택 모두 아이의 성취동기를 형성하는 데 매우 효과적임을 일관되게 발견하였다(Rimm & Lovance, 1992). 그들의 개인적 생활에 많은 다른 변화가 발생할 때라도, 진급은 아이들에게 자신감의 도약을 제공한다. 나와 함께 일한 지 수년이 지난 어느 중학교 2학년생은 고등학교에서 대수학의 수강은 그의 전적인 행동 변화의 원인이라 믿는다고 편지를 썼다.

성역의 제공

일부 지배적 거부형의 아이들은 그들의 학습환경 내에 학습성역을 제공할 수 있다면 혜택을 누릴 수 있을 것이다. 이 특별하고 안전한 장소는 지금의 학교 내 또는 학교 밖이지만 지역사회 내 또는 다른 학교 내에 있을 수 있다. 성역으로부터 혜택을 받게 될 사람들은 그들의 지적인, 창의적인, 예술적인 또는 정치적인 거부를 기반으로 지배하고 싶어하는 아이들을 포함한다. 만일 그들의 환경이 지적 도전을 주는, 창의적이거나 예술적인 또는 정치적 자극을 주기 때문에 특별하다고 라벨이 붙는다면, 그것은 지배를 위하여 그들이 느끼는 압력을 감소시킨다. 그런 단체에의 배속은 그들의 지위에 대한 인정을 제공하여, 그들은 더 이상 우월하다는 것을 증명해야 한다고 느끼지 않는다. 그 집단 내에서 그들은 개인적 거부에 대한 또래 지지를 발견하게 되는 반면에, 색다르고자 하고 우월하려는 압력은 감소하게 된다.

그림 13.18 창의적인 학습부진학생을 돕는 방법

- 적어도 창의적 표현을 하는 한 영역에서 생산적일 수 있도록 창의적인 아이들을 항상 격려한다. 그리고 그들이 공연을 위한 관객을 찾도록 도와준다. 그들의 창의적 표현을 위한 선택이 미술이든, 드라마든, 음악이든 또는 시든 간에 창의적 출구는 다른 영역에서 거부형 아이가 되려는 내면화된 압력에서 그들을 어느 정도 해방시켜주고 그들이 자신에 대하여 좋게 느끼도록 허용한다.
- 그들의 창의력의 출구를 학문적 과제를 회피하는 수단으로 사용하지 않도록 유의한다. 힘든 음악 연습과 임박한 미술 전시회 마감일이 학문적 요구조건에 대한 융통성 부여의 이유는 되지만, 책임회피를 위한 변명은 되지 않는다.
- 학생들의 창의성 분야의 적절한 모델이나 멘토를 찾는다. 학생들은 특히나 청소년 시절, 쉽게 창의적인 학습부진학생인 부적절한 모델을 발견한다. 그들은 자신과 이런 모델들 사이의 유사점을 보기 때문에, 그들에게 끌린다. 적절한 모델은 그들의 창의적 재능 분야를 공유해야 하지만, 자기도야와 적절한 순응의 메시지를 주어야 한다. 적절한 모델은 성취해가는 창의적인 사람이어야 한다.
- 성취적이고 창의적인 다른 젊은이들에 의해 편하게 수용되었다고 느낄 수 있도록, 창의성과 성취를 결합하는 어떤 또래 환경을 제공한다. 재능 있는 자원인사 그리고 별도 프로그램들은 종종 창의적인 학습부진아이들에게 안식처를 제공하며, 그들은 자주 이런 안전한 환경에서 성취를 한다.
- 아이들이 드라마, 음악, 미술, 사진, 컴퓨터, 과학, 수학 또는 외국어를 위한 여름 기회에 참여하도록 격려한다. 그곳에는 창의력의 발산과 지지적인 또래 그룹이 있고 거기에서 그들은 학습부진학생이란 꼬리표를 느끼지 않는다.
- 경쟁을 가르치는 동시에, 또한 내적 동기를 북돋아야 한다. 개인적 연관의 기쁨과 만족을 위한 창의적 과정을 즐기는 것을 배워야 한다. 그들의 모든 업적이 경쟁으로 판단되어야 한다고 느끼지 말아야 한다. 그러나 또한 그들이 경쟁적인 영역을 전적으로 피하도록 허용하지는 말아야 한다. 그들이 경쟁하며 수행하는 것을 거부할 정도로 실패를 두려워할 수 있다. 승리가 자신감을 형성하지만, 패배를 감수하는 모험은 진정한 성취로 향하는 그들의 관문을 제공한다.
- 약점을 개선하기 위하여 창의적인 강점을 사용한다. 아이들은 모든 영역에서 똑같이 강할 필요는 없다. 그러나 그들은 스스로 교육의 문을 닫지 않도록, 적어도 학교에서 요구하는 과목에서 최소한의 성취는 해야만 한다. 수학을 싫어하는 미술가들 또는 암기작업을 싫어하는 창의적인 작가들은 그들의 창의적인 강점을 그들의 약점을 조절하는 수단으로 사용할 수 있다. 창의적인 작가에게 독특한 기억장치는 따분한 기억 과제를 더 흥미롭게 만들 것이다. 특별히 그(녀)가 또래와 미적 창조를 공유하도록 격려된다면, 미적 서류철이나 과제 공책은 비수학자들에게 과제하는 것을 기억하도록 도와줄 수 있다.
- 창의적인 청소년들이 창의적인 미래를 계획하도록 도와준다. 학생들은 대부분의 창의적인 진로가 성취자들에게만 열려 있다는 것을 이해해야 한다. 만일 그들이 합당한 요구조건에 타협하며 순응하려 하지 않는다면, 그들은 미래의 창의적 기회의 문을 닫을 수 있다. 반대로 그들이 창의적 진로의 준비란 순응, 자기도야 그리고 창의성의 조화를 요구한다는 것을 인정한다면, 그들은 창의적인 성취를 향한 가장 중요한 발걸음을 딛게 된 것이다.

예를 들면, 창의적인 Chris는 가장 창의적이라고 확인된 아이들의 집단 내에서 그 집단의 독특성에 안전감을 느낄 수 있고, 가장 창의적이어야 한다는 스트레스 없이 개인적으로 창의적 표현을 경험할 수 있다. 학문적인 Alice는 그룹의 모든 아이들이 매우 영리하여 그녀의 총명함을 증명할 필요가 없다고 자신에게 말함으로써 그녀의 개인적인 압력을 감소시킬 수 있다.

이 성역 그룹이 효과적이도록 하기 위하여, 비경쟁과 집단 내의 결속을 강조해야 한다. 그것은 보통의 또래 그룹과는 다른 것이라고 자기라벨이나 인식이 되어야 한다. 그리고 그것은 구성원 모두의 성취를 지지해야만 한다. 학교의 영재반, 특수 목적 종교그룹, 사립학교, 지역 미술 또는 연극 그룹, 정치적 청년 그룹은 창의적이고, 지적이고 그리고 정치적 영역에서 긍정적인 거부의 길을 제공할 수 있다. 그런 그룹에 참여하는 유일한 위험이란 리더십이 참가자들의 거부를 비생산적인 목적으로 선회하는 경우이다. 그룹 리더십은 참가자들이 배우고 성숙하도록 돕는 긍정적인 방향을 유지하는 것이 극히 중요하다.

독특성을 지지하는 성역들은 그들의 약점을 개선하기 위하여 아이들의 강점을 사용하는 좋은 길이다. 그들의 강점은 창의성이나 지적 또는 예술적 색다름에 있다. 그들의 약점은 사회의 생산성을 위해 중요한 기능들을 배우기 위하여 충분하게 오랫동안 순응할 능력이 없다는 것이다. 만일 그들이 긍정적인 방향을 제공할 성역 집단에 배속되지 않았다면, 그들은 비생산적인 성역 및 또래 집단과 갱에 유혹될 가능성이 크다. 당신이 이런 아이들을 교육하기를 희망한다면 그리고 그들이 자신의 거부를 인지하고 적법화한다면, 당신은 그들을 더 잘 안내할 수 있다. 당신은 그들의 열정이 생산적인 쪽을 향하도록 불을 당길 수 있다. 그들은 자신의 거부를 소중하게 여기는 성역에서 최선으로 반응할 것이다. 〈그림 13.18〉은 당신이 어떻게 이런 창의적인 학습부진아이들을 도울 수 있는지를 요약해준다.

균형 찾기 조력

지배적 거부형의 학생들은 거의 언제나 강렬하다. 그들은 사람들을 사랑하지 않으면, 증오한다. 그리고 그들은 굉장하게 기뻐하지 않으면 믿을 수 없을 정도로 슬퍼한다. 또한 그들은 굉장한 친구들을 너무 많이 갖지 않으면 고독하고 외로움을 느낀다. 그들은 A학점들 아니면 F학점들이다. 정반대의 강도를 가진 리스트는 길다.

아이들의 강렬함은 자신들을 흥분시키고 재미있도록 하지만, 함께 일하기 어려운 젊은이들이다. 그들에게 균형의 개념을 설명하는 일은 자신의 극단적인 것들을 조사하도록 마음을 끈다. 사람들이란 균형이 전적으로는 맞지는 않지만, 적절한 균형을 찾는 것은 타당한 목표라고 나는 설명하고 싶다. 보통 나는 그들과 성취와 친화(관계) 목표의 균형을 맞출 필요에 대하여 토론한다. 거기서 나는 그들이 (학습부진학생이라면 거의 해낼 수 없는) 성취에만 집중하는 것은 사회적 관계에만 집중하는 만큼이나 어리석은 것이라고 설명한다. 반대로 (그들이 흔히 하고 있는) 관계에만 집중하는 것은 인생에서 미래의 기회에 좋지 않다고 지적한다. 친교 그룹에만 집중하는 젊은 사람들은 곧 스스로 따분해지는 것을 발견하곤, 성취를 위한 도전을 찾기 위해 점진적으로 그들의 돈독했던 우정을 떠난다. 이것은 그들이 성취를 향하여 신중하게 나아가도록 영감을 불어주는 것으로 보인다.

이타심에 호소하기

자신의 정체성을 확립하는 것이 청소년과 성인 초기의 중요한 과제지만, 학습이 부진한 젊은 사람들은 그들이 반대하는 것에 붙잡히게 된다. 많은 이들이 그들은 다르다고 느끼고, 중학교와 고등학교에서 그들은 '사립고 출신', '운동 쟁이', '얼간이'를 겨냥하여 화내거나 멸시하며, 이들의 누구와도 어울리고 싶지 않다고 주장한다. 이런 태도는 이상주의 아니면 독특성이란 이름으로 그들로 하여금 오직 학교에 반대하는 아이들과만 묶이게 한다.

대학에서 주류의 밖에 있다고 느끼는 성인 초기의 학습부진학생들은 반체제이며 빈곤 소수 집단을 향하여 더 인간적이고 싶다는 이름으로 또한 그들이 너무 창의적이어서 대학과정의 구조에 맞지 않는다는 것을 나타냄으로써 성취를 회피한다. 보통 이런 반주류 학생들은 극히 이상적이며 사회를 개선한다는 이름으로 사회의 규범과 싸우는 그룹과 어울려 그들의 친화욕구를 키운다. 그들은 저항, 행진 그리고 성난 음악을 위한 시간을 찾는다. 보통 그들이 합법화되어야 한다고 믿는 마약은 다른 이상주의적, 반항적인 젊은 사람들과의 강한 관계를 결속시킨다. 아울러 그들은 반항적 활동이 매우 강력하여 공부하거나 학습과정을 완성할 시간을 거의 찾지 못한다.

그들은 정체감을 찾기 위한 첫 단계로 그들의 민감한 관심사 및 대립적 입장이

일치하는 젊은이들과 동맹관계를 확립하며, 보통 그들의 관심을 끈다고 믿는 것을 찾고 그것에 기여하기 위하여 그들의 강점들을 사용하겠다는 도전장을 발부한다. 나는 불공정한 것에 반대하는 것이 세상을 더 좋은 곳으로 바꾸는 유일한 첫 단계라고 지적한다. 우리의 사회를 개선하는 데 가장 효과적으로 기여할 수 있는 진로를 가기 위해 스스로 교육하는 것은 위대한 도전이다. 그들의 이타심에 호소하는 것은 '가장 좋은 마리화나 피우기'를 고대하는 것이 우리의 세상에 문제들을 개선하기 위해 거의 아무일도 하지 못한다는 것을 그들이 인식하도록 돕는 데 가장 효과적이다.

당장 궁핍한 사람들을 돕는 특수한 활동과 미래의 세상을 개선할 수 있는 진로를 위해 목표를 세우는 일은, 미덕에 지나치게 몰두하여 헤어나오기 힘든 학습부진학생들을 도와줄 수 있다. 그들은 비참한 세상을 한탄하지만, 별로 개선하지 못하는 친구들과 동맹을 맺어 그들의 에너지를 소비하는 것을 도덕적인 것으로 생각하는 역할에 몰두된다. 그들은 '자리를 박차고 나와서 사태를 진전시켜보라'고 요청하는 도전장이 발부될 때, 그들은 긍정적인 방향으로 변화하는 것에 대하여 아주 통쾌해 할 수 있다.

어떤 나이라도 (초 · 중 · 고등, 대학교) 학생들은 타인을 돕는 상황에 연관될 수 있다. 그들이 더 어린 아이들에게 책을 읽어주는 것이든, 개인 학습을 시켜주는 것이든, 허리케인 후에 청소를 하는 것이든, 노숙자를 위해 음식을 수거하는 것이든, 노인센터에서 컴퓨터 상담을 해주는 것이든, 학습이 부진한 지배적 학생들은 이타적 기여를 통해 겸손과 자기효능을 배울 수 있다.

알코올 마약 남용

지배적 거부형 아이들은 힘의 추구 속에서 술을 마시고 마약을 할 가능성이 가장 큰 집단이다.

> 14살의 Jerod는 상담자와 주말마다 만취할 정도로 술을 마시는 이유를 토론하였다. 그는 주중 내내 걱정스럽고 좌절을 느꼈다고 설명하였지만, 파티에서 그는 술을 마실 수 있고, 담배를 피울 수 있고, 마약을 할 수 있었으며, 다시 아주 기분이 좋아지곤 했다고 설명했다. 아무것도 그를 신경 쓰이게 하는 것이 없었고, 그래서 그는 정신을 잃을 정도로 마시곤 하였다. 그는 끔찍한 숙취를 가진다고 인정했지만, 그 멋진 기분의 고조는 그만

한 가치가 있었다.

십 대들이 알코올과 마약을 주중 또는 주말에 사용하든 안하든 그들의 행동과 동기의 갑작스런 악화는 문제를 부인할 가능성이 더 있는 부모보다는 교사인 당신에게 더 눈에 띌 수 있다. 만일 당신이 학교에서 알코올과 마약 사정 프로그램을 가지려면 담당 상담자에게 알린다. 성공적인 치료 프로그램은 그들의 학습부진 문제를 다루는 데 더 준비된 상태로 이들을 학교로 되돌려 보낼 수 있고, 그들을 훨씬 더 소통적이도록 도와줄 수 있다.

열린 문의 유지

지배적 거부형 청소년들의 부모와 교사들의 주요 관심사는 이 젊은이들이 현재의 반항으로 인해, 미래 교육과 진로 기회의 문이 닫히는 것을 피하도록 돕는 것이다. 그들이 결국 가장 행복해할 직업은 도전, 창의성, 리더십 그리고 흔히 고등학교 이상의 준비도를 필히 포함한다. 그들이 학교와 사회의 제한을 밀어낼 때마다, 그들은 잠재적으로 밝은 미래를 과감히 정지시키고 있는 것이다. 만약 당신이 교사로서 그러한 잠재적 방향의 문을 계속 열어가는 데 필수적인 장애물들을 뛰어넘는 데 도움을 줄 수 있다면, 당신은 그들의 삶에 진정한 차이를 줄 수 있다.

불행하게도 청소년들이 당신에게 너무 늦게 돌아와서는 결국 이전 메시지를 지금에 와서야 이해하게 되었고, 그들이 그것에 귀를 기울였더라면 좋았을텐데라고 인정하는 때가 많이 있을 것이다. 그들은 자신이 좋아하던 직업 기회들이 더 이상 유효하지 않음을 깨닫는다. 생활과 가족환경이 지금 그들의 능력보다 훨씬 낮은 분야에서 일하도록 그들을 강요하기 때문에, 오랫동안 그들의 창의성과 지능은 활용되지 못할 수 있다. 그들이 자신의 지배 욕구를 통제할 수 있었더라면 상황이 얼마나 크게 달라질 수 있었는지 인지하더라도, 그들의 길은 이미 평생 학습부진의 하나로 좁아졌다. 능력이 있는 학생들은 마침내 도전과 창의적인 출구를 제공할 진로를 위한 자기도야를 위해서, 흔히 그들은 즉시적인 독립의 표현을 포기해야 한다. 만일 당신이 그들에게 더 큰 그림을 보도록 도울 수 있다면, 당신의 영향은 그들의 평생에 걸쳐 느껴지게 될 것이다.

제 14 장

개괄

왜

학습부진 증후군은 유행한다. 기록된 통계로 볼 때, 학습부진 증후군의 증상을 보이는 아이들의 수는 증가해 왔다. 교사들 또한 그들 자신의 교실 관찰을 토대로 하여, 이 결론을 입증할 수 있다. 교사들이 어떤 아이들에겐 성공적으로 가르치고 있지만, 동일한 교실 내에서 좋은 능력을 가지고도 배우지 않고 있는 다른 수만 명의 아이들에 대해서는 확실히 간단하게 설명할 수 없다. 그러나 아이들의 학습부진에 대한 주요 심리적 원인과 최근 환경을 조사함으로써, 우리는 쉽게 이 두 요인의 상호작용이 학습부진하는 아이들의 수를 증가시키는 장본인이라고 인정하게 된다. 부모나 교사 어느 한쪽만으로는 사회의 전반적인 상황에 별로 영향을 줄 가능성이 없지만, 그들이 함께 또는 분리되어 사회의 문제를 벌충하기 위하여 가정과 학교환경을 조정한다면, 아이들의 성취를 키워줄 수 있다.

학습부진 증후군의 핵심적인 요소들

학습부진 증후군의 특징과 다섯 가지 핵심적인 원인이 이 책에 기술되어 있다. 학습부진 요인의 일부가 성취하고 있는 아동들에게서도 발견될 수는 있지만, 그들은 별로 심각하지 않다. 존재하는 요인의 수가 더 많고 심각할수록, 학습부진의 문제는 점점 더 커지게 될 것이다.

초기 상황

모두는 아니지만, 대부분 학습부진 위험요인들은 인생의 초기 몇 년 내에 발달한다. 이들의 동일한 행동 중 일부는 이후의 환경에 따라, 높은 성취로 이끌어 갈 수 있다. 지나치게 환영받거나, 영재이거나, 신체 결함이 있거나, 병이 있는 아이들에 의해 야기되는 주목 끌기 중독은 문제의 시작일 수 있다. 부모들이 그들의 아이들에게 모든 것을 해주거나 제공하기로 결심하거나, 아이를 그들 세계의 중심이며 존재의 유일한 목적으로 보는 부모들은 무심결에 딜레마를 만들어낼 것이다. 부적절하고 비일관적인 돌보는 사람들이나 특히 경쟁적인 형제자매의 조합은 이 증후군을 시발시키는 고위험요인이다. 이들 초기의 가정상황이 흔히 제 일의 장본인이지만, 실제적인 학습부진 패턴들은 초등학교 고학년, 중 · 고등학교 또는 심지어는 그 이후까지도 보일 수 있다.

어떤 환경에서는 실제로 그 패턴을 시작시키는 상황이 아동기 후기에 일어난다. 좋지 않은 교사관계는 학습부진 패턴을 시작시킬 수 있고, 연이은 두 해의 좋지 않은 학년도는 아이들의 학습부진 문제를 시작시킬 가능성을 높인다. 부모의 사망, 이혼 또는 환경의 극적인 변화와 같은 생애 환경은 또한 이전에 성취하고 있던 아이들에게 학습부진 패턴을 촉발시킬 수 있다. 학습부진의 특징들이 나중까지 분명히 잘 나타나지 않을 수도 있지만, 보통 증후군의 숨길 수 없는 증상들이 시작되고 있음을 확인할 수 있는 지점이 있다.

지나친 힘

아동기의 지나친 힘은 모든 학습부진학생들의 특징이다. 아이들은 너무 큰 힘을 가지고 있지만, 보통 그들은 너무 적게 가지고 있다고 느낀다. 그들의 힘은 실제적인 성취보다는 책임을 회피하기 위하여 타인을 조종하는 데 방향을 맞추고 있다. 물론 그들은 자신, 부모, 교사들을 슬프게 하기 위하여 의도적으로 타인을 통제하는 것은 아니다. 단지 그들은 생산적이지는 않지만 안락한 인간 공학의 양식을 학습한 것이다. 그들의 책략은 당장의 만족을 찾으려는 것이며, 다른 상호작용 방식이 결국에는 그들에게 더 많은 혜택을 줄 것이라는 것을 그들은 이해하지 못한다.

흔히 아이들은 주변 사람들과 무의식적으로 의존적 또는 지배적 방식으로 관계

한다. 앞의 유형은 지나친 동정심과 도움을 요구하는 말과 신체적 언어를 포함하는 은밀한 조종술과 연관이 된다. 뒤의 유형은 좀 더 확연하게 조종적이다. 즉, 아이들은 부모, 교사, 또래들에게 자신의 소망과 기호를 따르도록 압력을 가한다. 부모와 교사들은 이 아이들을 안내하지 않는다. 그들은 아이들의 지혜와 경험의 부족은 아랑곳하지 않고, 그들 멋대로의 길을 가도록 허용하면서 무력해진다. 힘을 위한 싸움이 빈번하고, 아이들은 끊임없이 그들의 부모와 교사들을 논쟁과 논박의 덫에 걸리게 한다. 아이들은 이런 논쟁을 지배나 분노나 반항으로 결론지으며, 어른들은 흥분하고 분노와 좌절을 느낀다. 의존형과 지배형 아이들 모두 부모와 교사들에 의해 세워진 지침 내에서 살기를 거부하고, 대신 수동적 공격이나 적극적 공격의 방식으로 계속 어른의 제한을 밀어붙인다.

아이들은 어른들에 의해 세워진 한계 내에서 독립적이도록 격려될 때 적절한 힘이 생기게 된다. 그들의 독립적인 활동의 범위는 성숙과 책임 있는 선택의 표현과 함께 커져야 한다.

비일관성과 대립

양육자와 부모들은 학습부진학생들의 생활 속에서 보통 비일관적이거나 대립적이다. 양육자들이 생부모, 조부모, 계부모, 양부모 또는 주간 보육 교사든 베이비시터든 어른들이 대립적인 요구 사항을 갖고 있을 때, 학습부진을 위한 무대는 일찍 꾸며진다. 비일관성은 한 어른이나 많은 어른들 사이에서 발생할 수 있다. 예를 들면, 한 여성으로서 그녀의 삶 속에 어려운 시기를 겪으며 살고 있는 어머니는 아이들을 훈육하고 그들에 대처하는 데 비일관적일 가능성이 있다. 만일 아이의 당장의 환경에 수많은 어른들이 있다면(조부모, 아줌마, 삼촌, 양육제공자들, 이들 모두가 아이 양육에 대하여 매우 다른 생각을 갖고 있다면) 일관성이 부족할 뿐만 아니라 아마도 대립이 존재한다.

대립은 온전한 전통적인 두 부모 가족, 편부모 가족 그리고 훨씬 빈번하게는 이혼 가족에서 발생한다. 부모(또는) 다른 돌봄 제공자들 간의 특징적인 이견은 '더 나은' 부모로 보이기 위해 무의식적으로 경쟁하는 어른들이 아이에게 얼마나 엄격해야 하는가 또는 얼마나 관대해야 하는가의 문제와 관련된다. 친절하거나 보호적인 부모와 인색하거나 엄격한 부모의 대립입장은 학습부진을 키우게 될 것이다. 아이들은 요구가 더 많은 부모와 겨루고 적대적이 될 것이다. 부모는 좌절과 분노 그리고 통제력의 부족을 느끼고 훨씬 더 억압적으로 된다. 보호적인 부모는 괴물 부모로부터 아이를 보호하려는 압력을 느낀다. 보호적인 부모는 아이들이 더 많은 노력을 기울였으면 하고 소망하지만, 그들은 아이들의 부적절감, 낮은 자아개념 그리고 괴물 부모에 의해 부과되는 힘든 기준을 결코 만족할 수 없다는 걱정의 감정을 공감한다. 이렇게 하여 아이들의 도피 행동은 실제로 무심결에 사랑이 있고 보호적인 부모에 의해 키워진다. 어른들의 어느 쪽도 전적으로 잘못한 것은 아닐지라도, 양측이 상반되는 메시지를 준다면 그들은 회피와 낮은 자아개념의 양태를 만들어낼 것이다.

대립하는 양육자들 또한 아이들의 지배성이나 의존성에 대한 책임을 질 수 있다. 성공은 실패에 의해 생기는 친밀하고 보호적인 관계를 만들어내지 못하기 때문에, 성취에서 아이들을 위한 보상은 거의 없다. 대립은 아이들에게서 그들이 동일시할 수 있는 성취지향의 모델을 박탈하는 것이며, 대신에 그들과 겨룰 수도 있는 적을 공급한다.

부적절한 교실 환경

학교와 교사들은 대단히 중요하다. 그들은 영향력을 갖고 있다. 학습부진을 암시하는 증상들을 인식하지 못하는 교사들은 의도적이지는 않더라도 이 아이들에게 의존적이거나 지배적인 조종술들을 먹여줄 가능성이 있다. 특별히 초등학년에서 이런 증상들은 쉽게 미성숙, 부모 압력, 학습장애, 주의력결핍장애 또는 정서장애로 오인될 수 있다. 직관적으로 교사들은 의존형 아이들에게는 수동성을 강화하는 방식으로 그리고 지배형의 젊은이들에겐 투쟁적 입장을 유지하는 방식으로 반응할 가능성이 있다. 성취하고 있는 아이들에게 흔히 사용하는 효과적인 교수 접근법이 학습부진학생에게는 작동하지 않을 수 있다. 성취학생들은 학습부진학생들보다 광범위한 교수방법에 훨씬 더 수용적이다. 심지어 가장 훌륭한 교사들조차도 학습부진 증후군을 가진 아이들이 놓는 비의도적인 덫에 걸릴 수 있다.

영재아들은 충분한 도전이 교실에서 없을 때, 특별한 학교문제를 야기할 수 있다. 특별한 양육의 문제가 없을 때조차도 자극이 없는 환경은 실제로 학습부진을 촉발하고 유지시킬 수 있다. 부모-학교 적대감도 똑같이 해로운 영향을 줄 수 있다. 이 상황에 놓인 아이들은 뜻하지 않게 부모로부터, 학교는 그들의 교육적 필요를 채워주지 않고 있기 때문에, 그들도 따분한 과제를 완성하도록 기대되지 않는다는 메시지를 받는다. 더욱이 교사들은 아이들에게 그들의 학교 수행이 아주 낮기 때문에 그들의 높은 능력은 상상이라고 알려준다. 이런 아이들은 쉽게 학습부진 증후군의 희생자가 된다.

문화적으로 박탈되고 학문적으로 불이익을 받는 배경 출신의 아이들은 그들의 능력에 대한 사전에 형성된 관념 때문에, 교사들이 충분한 도전을 제공하지 못할 수 있고, 무심코 그들에게 어리석다는 것을 가르칠 수 있다. 모든 아이들은 성취하기 위해 자기를 확장하는 것을 배울 필요가 있다.

모든 아이들이 그들이 배울 수 있는 것을 확장해야 하지만 분명 개인차는 있다. 모든 아이들에게 동일한 교육과정과 학습속도가 사용될 때, 일부 아이들은 도전이 되지 않는 반면, 다른 아이들은 그들의 이해 범위를 넘어서기 때문에 절망하여 포기할 것이다. 이 그룹의 어느 쪽도 노력과 결과 사이의 관계를 경험하지 못할 것이다.

마지막으로 우리의 교실에서 다수의 교사들은 효율적이지만, 일부 아이들은 소수의 비효율적인 강사들의 희생자가 된다. 좋지 않은 교수, 높은 교사 결시 또는 한 교사와 한 아동 사이의 노골적인 교사-학생 반목 관계로 인한 2~3년의 좋지 않은 학년도는 일부 아이들에게 학습부진 증후군의 한 요인이 될 수 있다. 그것이 문제의 유일한 원인일 가능성은 없지만, 그것은 틀림없이 악영향을 미칠 것이다.

아이들의 성취 모드를 유지하게 하는 교실의 가장 중요한 특질은 학습과정과 그 결과 사이의 적절한 관계의 현존이다. 만일 과제가 일관적으로 너무 쉽거나 어렵다면, 학습부진 증후군을 배양하는 조건이 현존하고 증후군은 악화될 것이다.

경쟁

경쟁에 대처하는 것을 가르치지 않는 환경은 학습부진을 키운다. 삶은 항상 경쟁이 있지만, 아이들이 시종일관 패자나 승자로 자기 자신을 발견하는 경쟁적 분위기가 있다면, 그들은 경쟁에 대한 건강한 태도를 배울 가능성이 적다. 항상 패배하는 학생들은 성공할 가능성이 없는 것처럼 보이기 때문에, 노력할 이유를 알지 못한다. 그들은 전적으로 경쟁으로부터 물러선다. 한편 실패에 대처해야 할 일이 전혀 없었던 승자들은 그들이 계속 승리하지 않을 때, 장애를 갖는다. 그들은 맨 위에 있지 않을 때, 자신감을 잃고 노력하는 것을 멈춘다. 그러나 이 승자의 역할은 영원한 학습부진으로 끝맺어질 가능성은 낮다. 아이들은 성취라는 보다 좋은 역사를 개발해왔기 때문이다. 그들은 과거 성취라는 토대를 기초로 하여 그들의 목표를 조정할 정도로 충분히 회복할 가능성이 더 크다. 지속적인 패자는 이전의 산발적인 시도가 실패로 끝났기 때문에, 노력에 대하여 동기화되기가 더욱 쉽지 않다. 그러한 아이들은 그들이 불가능하다고 지각하는 과제에 에너지를 투자할 위험보다 마술적인 구출에 대한 공상을 할 가능성이 더 크다.

아이들은 자동적으로 자신과 또래, 교사, 형제자매, 사촌, 부모들의 비교 때문에, 교실과 가족은 선천적으로 경쟁이 있다. 그들은 스스로 부족해지고 있다고 지각할 때, 그것이 자기의 부적합성 때문이든 경쟁자의 우월한 성취 때문이든, 그들의 동기의 상실을 이해하지 못할 수도 있다. 그들은 좀 더 현실적인 목표를 세우고 계속적으로 성취하거나, 자기의 부적합성 때문에 노력을 행사할 이유가 없어졌다고 결정할 수 있다. 후자의 결정은 학습부진 증후군을 낳게 된다. 경쟁의 원천과 정도는 확실히 증후군에 반영되지만, 경쟁에 대한 아이들의 평가와 반응이 훨씬 더 중요하다.

사회적 변화

이 나라의 사회적 변화는 학습부진 증후군을 야기하는 심리학적 요소들에 극적인 영향을 주었다. 이 책이 미국이나 세계의 사회적 또는 윤리적 방향에 관한 조약으로서 의도되지는 않았지만, 이 문제에 대하여 몇 가지 명백히 토대가 된 것들이 있다. 이러한 설명이 모든 것을 포괄하고 있지는 않지만, 학습부진 증후군을 유발한 주요 사회적 변화임에는 누가 봐도 분명하다.

가족

미국인 가족생활의 구조와 짜임은 아주 급격하게 변했기 때문에, 우리의 증조부모들은 망연자실할 것이다. 이 혼합체는 상근 직장의 어머니, 탁아소, 베이비시터, 아이 양육을 떠맡은 친척들, 남성과 여성 역할의 명료성 부족, 혼외 관계, 증가하는 이혼, 결혼 절차 없는 동거, 한 부모 양육, 갈피를 못 잡는 방문권과 양육권 분쟁들을 포함한다. 자기 자신의 가족들을 회고하며 자신들의 아이들을 안내하기 위한 준거로 그들을 사용하고 싶어 하는 젊은 부모들은 모델이 없다는 것을 스스로 발견할 가능성이 있다. 아이 양육을 최우선하여 책임지는 충실한 부모 세트를 가진 구식의 핵가족이 여전히 존재하지만, 그렇게 안전한 구조화된 환경에서 키워지는 실제적인 아이들의 수는 계속 감소한다.

교육

학교의 규모와 교육가들의 과제는 정기적으로 팽창된다. 기본적인 것과 친숙한 3B('beans : 콩', 'buses : 버스', 'basketball : 농구')를 넘어서 3B('breakfast : 조반', 'babysitting : 아기돌보기', 'bargaining : 단체교섭')가 더 추가되었다. 너무 많은 학교 교직원들의 시간이 따뜻한 점심 식사, 운송 그리고 스포츠 프로그램에 관한 논의에 바쳐진다고 느끼곤 했던 교육가들은 지금은 아침 식사, 사회복지 사업 그리고 일하는 부모의 아이들을 위한 방과 후 돌봄을 제공하라는 요청을 받고 있다. 그러나 이런 것은 단지 가르치는 일에 덧붙여진 한 부분의 추가적 역할만을 나타낼 뿐이다. 행정가와 교사들의 책임은 기하급수적으로 크게 증가하였다. 분명히 열성적으로 계속 아이들이 학습하도록 흥을 돋우는 많은 교사들이 있지만, 그들의 시간과 에너지가 아주 많은 과제와 아주 많은 아이들로 인해 분산되어야 하는 방식은 그들이 교육에 전적으로 열정을 다하지 못하도록 주의를 흩뜨려놓고 있다. 교사들은 좌절감을 느낀다.

도덕규범

일부 독자는 도덕규범이 해체되고 있는 것을 슬퍼할 것이며, 다른 독자들은 아무것도 변하지 않았다고 할 수도 있으며, 또 다른 독자들은 변화는 있었지만 새로운 행동규범을 더 좋아한다는 데 동의할 것이다. 이 책의 과제는 변해가는 도덕규범에 대한 해설을 제공하는 것이 아니라, 단지 확대되는 알코올 소비, 약물 남용, 조직폭력 그리고 허용적인 성 행동을 지지하는 환경이 청소년들에게 상당한 유혹을 제공한다는 것을 지적하려는 것이다. 청소년들은 무엇보다도 그들이 성인 성 생활의 권리를 가지며, 그들로부터 어른들은 이것을 훔치지 말라고 선언한다. 교육의 장에서 언제라도 일탈할 가능성은 학습에 열성적인 청소년들에게 어려움을 증가시킨다. 그런 것들에 비하면 학교란 정말 따분한 것으로 보일 수 있다.

경쟁의 압력

증가하는 인구, 더 확장된 교육을 요구하는 직업 요건, 작업 책임의 세분화, 좁아지는 진로 선택, 기업과 정부의 복잡성 그리고 축소되고 있는 도덕적 명령들은 우리 사회의 경쟁적 압력에 급격히 추가된 단 몇 가지의 변화일 뿐이다. 치열한 경쟁 세계에서 분투하며, 성인들은 아이들에게 도주경로는 물론, 생존 기술을 보여주는 모델이 되기 때문에, 아이들은 성인 경쟁 압력의 영향을 받는다. 그들의 아이들은 그들이 보거나 듣는 것들을 어떠한 것이든 그대로 복사할 수 있다. 부모들은 아이들에게 압력을 가할 의도 없이, 아이들에게 자신의 불안을 전달한다.

어른들은 자신의 직업 압력을 반성하면서, 성취하고 있지 않는 영리한 아이들에게 정당하고 불안한 우려를 느낀다. 만일 그들이 학교란 작은 땅에서조차 성공하지 못한다면, 어떻게 사회에서 성공을 할까? 아이들의 낮은 수행에 대한 긴장으로 인하여, 그들은 아이들이 당연히 배우고 있어야 할 문제해결 접근법과는 전혀 다른 압력을 전달하면서, 아이들의 승리와 패배에 대하여 과잉반응한다.

대중매체

텔레비전, 컴퓨터, 영화 그리고 비디오와 컴퓨터게임들은 가장 성공하는 사람들의 생활양식과 경제적 보상들을 보여주고 있다. 그리고 그것들은 바로 우리의 거실에서 그렇게 된다. 상업광고는 채울 수 없는 물질적 소유에 대한 갈증을 조장한다. 스포츠와 음악 영웅들은 그들의 힘든 일이나 재능보다는 환상적인 봉급으로 더 명성을 떨친다. 더욱이 그들의 성공 이야기는 거의 분투 없이 큰 행운으로 구성된 마술적 동화처럼 들린다. 영웅들의 가치 시스템은 윤리적 구조에서 면제되는 것처럼 보인다. 알코올, 마약, 성, 폭력 그리고 불법 활동들은 명성 및 성공과 연관이 된다. 이전 세대 미국 아이들의 모델이었던 '가난뱅이에서 부자가 된' 전통적 이미지, 즉 열심히 일하고, 총명하고, 창의적인 사람들이 가난에서 부로 가는 사다리를 올랐던 이 길은 아이라면 누구라도 따르고 싶어 하는 대중매체란 마술적 시스템으로 대치되었다. 찬란한 재능은 기적적으로 발견된다. 강력한 마법요정이 나타나 가난하고 인정받지 못하는 한 십 대를 즉시 스타의 반열로 변형시켜주거나 또는 그 아이가 복권에 당첨될 수도 있을 것이라는 것 말이다(노동 없는 마술에 더 기대한다).

학습부진 요인과 사회적 변화의 상호작용

〈그림 14.1〉은 학습부진 증후군을 일으키는 핵심 요인들에 영향을 준 사회적 변화를 나타낸다. 기술된 사회적 변화의 각 요소는 이 증후군을 야기하는 각 핵심 요인에 독립적으로 영향을 주기도 하지만, 함께 연결된다면 그들의 힘은 아주 거대해지기 때문에, 그 유행을 학교 혼자서 막으리라고 기대하는 것은 불합리하다. 학교개혁을 위해 납세자의 돈을 쏟아 부을 직접적인 방법도 없고, 당신이 뽑은 국회의원

그림 14.1 학습부진 증후군에 영향을 주는 사회적 변화의 영향

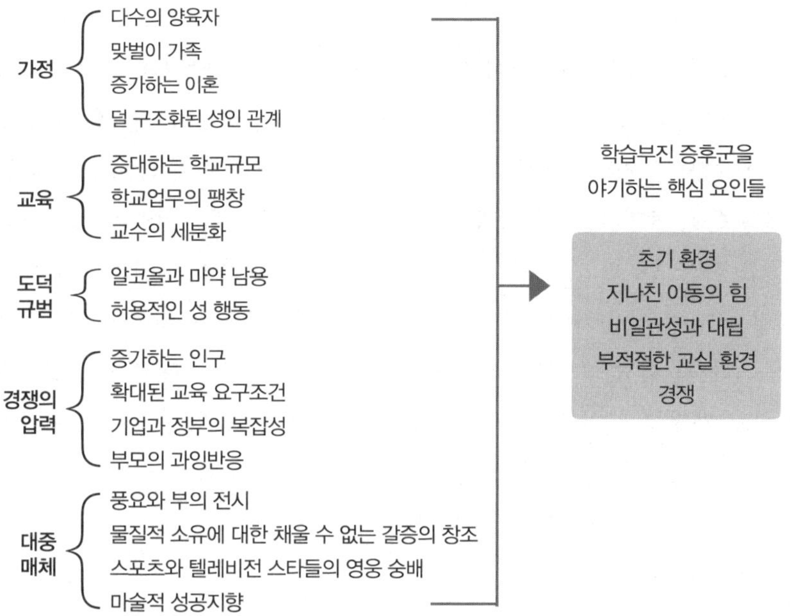

에게 줄 특별한 메시지도 없으며, 예방과 치료를 이끌어줄 법안이나 법도 없다. 이 문제는 너무 복잡하여 아주 단순한 방식으로는 치료할 수 없다.

학습부진학생들에게 극적인 영향을 주는 사회적 변화는 당신의 가정과 학교에서 완화될 수 있다. 당신은 우리 문화의 주요 변화에 의하여 무력감을 느낄 수 있지만, 자신의 보살핌으로 이 문화가 아이들이나 학생들에게 영향을 주는 방식을 모양 빚고 누그러뜨릴 수 있다. 예를 들면, 개인인 부모들은 합리적으로 안전한 가족구조를 유지하기 위해 많은 것을 할 수 있다. 우리는 학교나 교사들에게 지지를 해주고, 지역사회가 교육가에게 가하는 부적정한 요구를 줄이도록 도울 수 있다. 개인교사들은 학습부진학생에게 재능 발달을 위한 영감을 불어넣을 수 있다. 우리는 아이들과 학생들에게 타당한 도덕과 윤리적 원리를 가르칠 수 있고, 이것들의 모델이 될 수 있다. 그들에게 경쟁에 대처하는 방식을 보여줄 수 있고, 지나치게 큰 압력을 경감하는 잠정적인 유효한 방식들을 보여줄 수도 있다. 마지막으로 우리는 손상을 주는 대중매체에 대한 그들의 노출을 제한하고, '가난뱅이에서 부자가 된' 이야기를

마술로 탄생된 영웅으로 미화하지 않는 방식으로 해석을 내릴 수 있을 것이다. 이런 방식으로 우리는 아이들이 학습부진 증후군의 유행병에 희생될 위험을 줄일 수 있다.

학습부진 증후군을 야기하는 핵심 요인들에 대한 인식은 당신의 가족과 교실에서 문제를 예방하는 데 도움을 줄 것이다. 당신은 초기의 상황을 예방할 수도 또는 예방하지 못할 수도 있지만, 그에 대한 인식은 아이들에게 주는 해로운 영향을 감소시키는 데 도움을 줄 것이다. 부모인 당신은 가정에 있는 힘, 비일관성 그리고 대립의 변인들을 바꿈으로써 가장 큰 영향을 줄 수 있다. 교사인 당신의 통제력를 넘는 많은 교실 문제가 있을 수 있지만, 많은 학습부진학생들을 위하여 학교환경을 개선하는 도구가 될 수 있다. 부모와 교사로서, 당신은 가르침과 경쟁의 모델되기를 통해 당신의 가정과 교실에서 주요한 공헌을 할 수 있다. 당신은 전적으로 학습부진을 예방할 수 있는 것은 아니지만, 그 증후군의 원인들을 이해하는 일은 당신이 그것을 역전시키는 데 도움을 줄 것이다.

무엇을

학습부진의 역전은 가정의 아이들과 교실의 학생들에게 가능하다. 학습부진을 하는 모든 아이를 바꿀 수 있다는 것은 쉽지도 않고 가능하지 않을 수 있다. 이 책의 대부분이 가족성취상담소와 많은 학교를 통해서 효과적으로 시행되어온 방법들에 초점을 맞춘 것일지라도, 아이들에게 사용하기 위해 당신이 선정하거나 발명할 무수한 다른 대안들이 있다. 나는 삼중초점모델을 제공하였다. 왜냐하면 그것이 작동한다는 것을 알기 때문이다. 이 틀 안에서 당신의 기술혁신과 적응의 공간이 있다.

Rimm의 성취법칙

아이들이 성취를 향하도록 돕는 당신의 획기적인 접근법을 창안할 때, Rimm의 성취법칙은 그것의 효과 가능성을 예언하는 데 도움을 줄 것이다. 당신은 이 법칙들을 이미 이 책의 앞쪽에서 보았지만, 내가 그것들을 여기서 되풀이하는 이유는 이 법칙들이 앞에서 제시해온 주요 원리들을 요약하고 있기 때문이다.

Rimm의 법칙 #1

만약 부모가 함께 학업에 대한 노력과 기대에 관하여 동일하고 분명하게 긍정적인 메시지를 주기 위해 연합한다면, 아이들은 성취자가 될 가능성이 높다. 부모의 목표가 분명하고, 일관적이고, 적절한 노력에 의한 도달 범위 내에 있다면, 부모의 기대를 충족시키는 일은 발달적으로 정상이며, 대부분의 아이들에게 최우선순위의 하나가 된다. 한 부모가 다른 부모보다 아이에 대하여 더 많은 것을 기대할 때나, 뒤의 부모가 앞의 부모에게서 아이들을 보호해야겠다는 강요를 느낄 때, 학습부진과 반항이 확실히 뒤따른다. 관련 있는 모든 부모의 타협과 적절한 목표에 대한 분명하고 통일된 메시지는 학습부진을 하는 아이들을 다루고자 하는 모든 부모와 교사의 계획에 기저를 이루어야 한다. 아이들을 양육하고 가르치는 어른들이 서로 존중할 때, 아이들은 그들을 안내하는 어른들을 존중할 가능성이 높다.

Rimm의 법칙 #2

아이들은 모방할 효과적인 모델이 있을 때, 적절한 행동을 더 쉽게 배울 것이다. 부모는 아이들이 가장 빈번하게 사용할 수 있는 모델이다. 가령 부모는 아이들이 복사할 수도 있는 태도와 행동들의 본보기가 되는 것에 대한 잠재적인 효과성과 문제점을 모두 인지하고 있어야 한다. 또한 부모는 아이의 역할모델 동일시가 촉진되는 방식으로 아이들에게 동반자에 대하여 설명해야 한다. 양육, 힘 그리고 유사점은 동일시를 조장하는 세 가지 특질이다. 만일 부모가 모델로서 가능하지 않거나 부적절하다면, 학교, 지역사회 또는 다른 가족과의 유대를 통해서 부모는 아이들에게 적절한 모방을 지향하도록 영감을 불어넣을 수 있다. 동성모델을 찾는 것이 특히 남성들에게 중요하다 여성에게 동성모델은 그만큼 중요하지 않더라도, 필요한 동맹이 더 쉽게 발생되도록 돕는다.

Rimm의 법칙 #3

아이들이 들을 수 있는 반경 내에서, 어른들이 그들에 대하여 서로 주고받는 말은 극적으로 아이들의 행동과 자기지각에 영향을 준다. 부모와 교사들은 아이들의 가청 거리 내에서 다른 어른들과 나누는 말에 민감해야 한다. 만약 당신이 긍정적 업적에 대하여 이야기한다면, 당신은 그들에게 성취를 자랑하도록 고무시킬 것이지만, 아이들의 부적절한 행동에 대한 계속적인 좌절의 표현은 그들의 자신감을 훼손하게 될 것이다. 만약 당신이 아이들의 행동을 통제할 수 없다는 것에 대하여 의논한다면, 당신은 무례함과 투쟁성을 촉진할 것이다. 어른들 사이에 오가는 엿듣는 말은 아이들에게 자기충족적 기대를 설정한다.

Rimm의 법칙 #4
아이들의 성공과 실패에 대한 부모와 교사들의 과잉반응은 성공에 대한 강한 압력이나, 실패를 다루는 데 절망과 낙담을 느끼도록 한다. 그들의 실패에 대한 온건한 문제해결 접근법은 아이들이 패배를 다루는 데 도움을 주고, 실패를 정상적인 학습의 한 부분으로 보도록 해준다. 그것은 그들이 비평을 수용하고 끈기 있게 인내하는 것을 학습하도록 돕는다. 마찬가지로 황홀경이 아닌 당신의 기뻐함은 그들의 성공에 대한 적절한 하나의 반응이다. 전자는 진솔한 것으로 보이지 않을뿐더러, 불가능할지도 모르는 것을 계속 수행하라는 압력이 되어 그들에게 장애를 초래하게 된다. 그들이 성공에 대한 자신감이 더 생길 때, 당신은 그들이 압력에 휩싸일 거라는 두려움 없이 당신의 기쁨의 수위를 높일 수 있다.

Rimm의 법칙 #5
아이들은 일을 하고 있을 때보다 일에 대하여 걱정을 하고 있을 때, 더 긴장을 느낀다. 긴장의 증상을 보이는 아이들에게는 그들의 학업을 줄여주거나 간단하게 해줄 필요는 없다. 그들은 대부분 수업과 완성된 과제를 산출하기 위한 분명히 구조화된 계획을 완수할 수 있다는 당신의 장담이 필요할 뿐이다. 그들의 과제를 조직하고 그들의 업적에 대한 가시적인 강화를 제공하는 것은 그들이 성공적으로 과제를 완성하도록 도울 것이다. 긴장은 그들이 더 열심히 일할 때 감소될 것이며, 완수에 대한 자신감이 형성될 것이다. 작은 양들의 긴장에 대처하는 것을 점진적으로 학습함으로써, 아이들은 그들의 불안에 대해 어느 정도 예방접종의 효과를 얻을 수 있다.

Rimm의 법칙 #6
아이들은 분투를 통해서 자신감과 회복력을 개발한다. 부모와 교사들이 아이들의 고통을 조용하게 지켜보기란 어렵다. 그러나 그들에게 자신의 한계를 밀어내는 기회를 거부하는 것은 그들에게 완수에서 오는 효능감과 성장을 거부하는 것이다. 분명 성공을 이루어본 적 없이 진정으로 노력하는 아이들은 성취하도록 고무되지 않을 것이다. 그러나 인내가 적절한 빈도의 성공을 가져다줄 때, 아이들은 자신감과 도전과 실망에 대처하는 인격을 형성하게 된다.

Rimm의 법칙 #7

결핍과 과잉은 종종 같은 증상을 보여준다. Freud 학파의 유산은 우리에게 아이들의 심리학적인 증상을 일부 잘못된 방식으로 평가하도록 한다. 예를 들면, 관심 끌기 추구형의 아이들은 충분한 애정을 받지 않았고, 성난 젊은이들은 부모로부터 충분한 힘이나 자유를 받지 않았고, 긴장을 보여주는 아이들은 어른들로부터 너무 많은 압력을 받았다고 우리는 추정한다. 이 모든 것은 사실일 수 있지만, 만약 그들이 너무 많은 애정을 받는 데 익숙해 있다 하여도, 동일한 증상을 보여준다. 너무 많은 것 그리고 너무 적은 것은 똑같이 문제가 된다. 그러므로 우리는 적절한 도움을 제공하기 전, 어느 것이 범인인지 결정할 필요가 있다.

Rimm의 법칙 #8

아이들이 성숙과 책임감을 보임에 따라 힘이 점진적으로 조금씩 증가하도록 주어진다면, 그들은 자신감과 내적 통제력을 개발한다. 만약 아이들에게 충분한 독립성이 주어지지 않는다면, 그들은 좋은 자아개념을 개발하지 못한다. 그러나 만약 너무 일찍 힘이 주어지고 그다음에 그들이 청소년기에 이르렀을 때 감소되어야 한다면, 그들에 대한 제한이 또래의 것과 전혀 다르지 않은데도 그들은 통제됨과 분노를 느낀다. 어른들은 이 경험을 더 잘 인식한다. 만약 어른들에게 그들이 선택한 자유가 어떤 외부의 힘에 의해 제한된다면, 그들이 어떻게 느낄 것인가를 상상하면, 이 경험을 더 잘 인식할 수 있다. 청소년들의 성난 감정이 진정한 것일지라도, 그것은 너무 많은 틀을 부과함으로써라기보다는 더 일찍이 합당한 제한을 부과하지 못한 데 기인한다. 그들의 이전 힘에 견주어 그들은 상대적으로 무력함을 느끼는 것이다.

Rimm의 법칙 #9

만약 한 어른이 한 부모나 교사에 대항하여 아이들과 동맹하면, 그들은 어른보다 더 강력하게 되면서 반항적이 된다. 아이들이 강력한 다른 사람들을 지배하는 데서 얻는 통제감은 그들에게 흥미진진할 정도의 강력함과 깜짝 놀랄 정도의 불안을 느끼게 한다. 그것은 자신감의 척도로서 타인에 대한 통제력을 유지하려는 충동을 그들 내부에 만들어낸다. 타인에 대한 통제감이 사라질 때, 그들은 소름끼치는 부적절감이 되살아난다. 지혜 없이 힘을 공급하는 반항은 통제력에 따라 변하는 기분의 심한 굴곡으로 그들을 밀어 넣는다. 이런 아이들은 청소년기와 초기 성인기에 대처하기가 매우 어렵다. 적절한 독립심과 내적 통제소는 반항적인 동맹이 없을 때 육성될 수 있다. 그러나 이런 동맹은 아이들은 물론, 어른들까지도 강화시키고 있으니 주의해야 한다. 만약 부모들이 Rimm의 법칙 #8과 #9를 따른다면, 아이들은 반항적이고 성난 청소년기를 거칠 필요가 없게 된다.

Rimm의 법칙 #10

어른들은 합리적으로 결과를 통제할 수 있다는 확신이 들지 않으면, 아이들과의 대결을 피해야 한다. 결과에 대한 진정한 통제 없이 직면에 들어가는 것은 오직 더 능동적이거나 수동적인 반항을 일으킨다. 많은 아이들에게 어른들이 명령하거나 요구하는 것은 설득하고, 영감을 불어넣고, 모델이 되고, 노력을 공유하고, 협동하고, 격려하고, 긍정적인 동맹을 만들어내는 것보다 덜 효과적이다. 바로 지금 당신에게 옳다고 느껴지는 것에 따라 뛰어들기 전에, 무엇이 아이에게 효과적일지를 현실적으로 평가하라. 이 책의 곳곳에 아이의 반항과 아이와의 대립을 역전시키기는 데 있어, 부모와 교사들을 도와줄 첫 글자 조합으로 이루어진 여러 가지 동맹(ALLIANCE)이 소개되었다.

Rimm의 법칙 #11

아이들은 경쟁에 기능하는 것을 배울 때만 성취자가 될 것이다. 아이들은 승리와 패배가 일시적이라는 것을 일찍 배워야 한다. 그들은 자신이 실패하거나 패배할 때 기능하는 방법을 이해해야 한다. 그들은 실패와 성공 둘 모두의 경험이 있을 때, 잘 자라고 성공을 쌓기 위해 실패를 건설적으로 사용하는 것을 배울 수 있다. 가정, 학교, 사회는 모두 경쟁이 있다. 경쟁에서 계속 물러서면서 여전히 자신감을 유지한다는 것은 불가능하다. 부모와 교사들은 점진적으로 아이들에게 협동과 경쟁, 둘 모두를 하면서 기능하는 것을 배우도록 가르쳐야 한다. 어떤 환경에서는 협력의 기회를 증가시켜야 하는 반면, 다른 곳에서는 경쟁을 줄이도록 격려되어야 한다.

Rimm의 법칙 #12

만일 아이들이 학습과정과 그 결과 사이의 관계를 평소에 본다면, 그들은 계속해서 성취할 것이다. 아이들은 자신을 어떤 사업에 투자하고 잘 수행했다는 것을 발견함으로써, 내적 통제감을 얻는다. 이와 동일한 효능감은 노력의 부족은 덜 성공적인 결과를 가져온다는 것을 발견함으로써 강화된다. 대개 아이들은 능력, 교사의 지각, 학문적 결과에 영향을 줄 수 있는 과제와 시험 난이도에서 차이가 있다는 것을 안다. 그러나 별로 노력하지 않고 높은 성공의 결과가 따를 때, 성공 없이 공부에 대한 진지한 임무를 띨 때 또는 일과 성공 사이의 관계가 임의적인 것처럼 보일 때, 아이들은 내적 통제소에 대한 감각을 잃게 된다. 그들은 자신의 성적이 행운의 결과, 즉 행운의 부족으로 보기 시작한다. 그들은 자신의 실패에 대하여 교사를 비난하거나, 그들이 정말로 똑똑하지 않다고 주장한다. 빈번하게 그들은 더 열심히 공부해야 한다고 말을 하긴 하지만, 거의 따르지 않는다. 왜냐하면 그들은 공부하는 것이 자신의 성적과 학식에 영향을 줄 것이라고 진정으로 믿지 않기 때문이다.

자기효능감을 확립하기 위하여, 수행 성적을 얻기 위한 기초뿐만 아니라 그것을 설명하는 피드백과 결합한, 분명한 공부시간과 구조가 중요하다. 아이들이 규준과 교사들의 합당한 차이에 적응할 정도의 충분한 회복력이 있다 하여도, 불분명하거나 임의적인 성적 또는 너무 쉽거나 어려운 학업 자료들은 내적 통제감을 확립할 수 없다.

유행병의 역전?

이 책이 기적적 치료법을 갖고 있는 것은 아니다. 이것은 학습부진 증후군이 사회로부터 사라지도록 해주지는 않을 것이다. 그러나 이것은 순전한 이론이 아니다. 이것은 가정과 교실에서의 많은 실제 생활경험을 기초로 한 것이다. 당신이 부모든 교사든, 만약 당신이 학습부진학생을 이해하기 위해 시간을 낸다면, 이 삼중초점 모델의 단계를 참을성 있게 따르라. 그리고 Rimm의 성취법칙을 적용하라. 그러면 당신은 아이들의 학교수행에 긍정적인 영향을 주게 될 것이다. 그 증후군의 증상들은 감소될 것이고, 그들의 성취동기는 향상될 것이다. 이 일은 삼중초점모델을 사용하는 상담소와 학교에서 학습부진을 하는 아이들에게 매일 일어난다.

참고자료

Academy for Educational Development
National Literacy and Learning Disabilities
www.novel.nifl.gov

C.H.A.D.D.
(Children with Attention Deficit Disorder)
www.chad.org

Council for Exceptional Children
(Also provides information about learning disabilities)
www.cec.sped.org

The Davidson Institute for Talent Development
www.ditd.org

Educational Assessment Service, Inc.
www.sylviarimm.com

ERIC Digests (Former ERIC Clearinghouse System)
www.ericdigests.org

Family Achievement Clinic
www.familyachievement.com
www.sylviarimm.com

Gifted Child Society, Inc.
www.gifted.org

Hoagies Gifted Education Page
www.hoagiesgifted.org

Irlen Institute (information on scotopic sensitivity syndrome)
www.irlen.org

National Adult Literacy and Learning Disabilities Academy for Educational Development
www.nifl.gov/nalldtop.htm

National Association for Gifted Children (NAGC)
www.nagc.org

The National Research Center on the Gifted and Talented
www.nrcgt.org

Recording for the Blind & Dyslexic® (RFB&D®)
www.rfbd.org

Supporting Emotional Needs of Gifted (SENG)
www.sengifted.org

Sylvia Rimm
www.sylviarimm.com
www.seejanewin.com

Twice-Exceptional Newsletter
www.2enewsletter.com

참고문헌

American Psychiatric Association. (2000). *Diagnostic and statistical manual of mental disorders* (4th ed.). Washington, DC: Author.

Assouline, S., Colangelo, N., Lupkowski-Shoplik, A., Lipscomb, J., & Forstadt, L. (2003). *Iowa acceleration scale* (2nd ed.). Scottsdale, AZ: Great Potential Press.

Baum, S. (2004). The promise of talent development for two exceptional youngsters. *Gifted Education Communicator, 34*(4), 13.

Baker, J. A. (1996). Everyday stressors of academically gifted adolescents. *Journal of Secondary Gifted Education,* 7, 356-368.

Benbow, C. P., & Stanley, J. C. (1983). Sex differences in mathematical reasoning ability: More facts. *Science, 222,* 1029-1031.

Berg, A. (1993). *The application of the Trifocal model in the special education program.* Paper presented at Rimm Underachievement Institute, Milwaukee, WI.

Bloom, B. S. (Ed.). (1985). *Developing talent in young people.* New York: Ballantine.

Bloom, B. S., & Sosniak, L. A. (1981). Talent development vs. schooling. *Educational Leadership, 39,* 86-94.

Brody, L. E., & Benbow, C. P. (1987). Accelerative strategies: How effective are they for the gifted? *Gifted Child Quarterly, 31,* 105-110.

Brown, B., & Steinberg, L. (1990). Academic achievement and social acceptance: Skirting the "brain-nerd" connection. *Education Digest, 55*(7), 55-60.

Clasen, D. R., & Clasen, R. E. (1995). Underachievement of highly able students and the peer society. *Gifted and Talented International, 10*(2), 67-76.

Cornale, M. (1988). *Dependence and dominance in preadolescent academic underachievers.* Unpublished research paper, University of Wisconsin-Madison.

Covington, M. V., & Beery, R. G. (1976). *Self-worth and school learning.* New York: Holt.

Davis, G. A. (1992). *Creativity is forever* (3rd ed.). Dubuque, IA: Kendall/Hunt.

Davis, G. A. (2006). *Gifted children and gifted education.* Scottsdale, AZ: Great Potential Press.

Davis, G. A., & Rimm, S. B. (2004). *Education of the gifted and talented* (5th ed.). Boston: Pearson Education.

Dweck, C. S. (1999). *Self-theories: Their role in motivation, personality, and development.* Philadelphia: Psychology Press.

Dweck, C. S. (2006). *Mindset: The new psychology of success.* New York: Random House.

Emerick, L. (1992). Academic underachievement among the gifted: Students' perceptions of factors that reverse the pattern. *Gifted Child Quarterly, 36,* 140-146.

Feldhusen, J. (1993). *Creative thinking and problem solving in gifted education.* Dubuque, IA: Kendall/Hunt.

Glenday, C. (Ed.). (2008). *Guinness world book of records 2008*. New York: Bantam Books.

Goertzel, V., Goertzel, M. G., Goertzel, T. G., & Hansen, A. M. W. (2004). *Cradles of eminence: Childhoods of more than 700 famous men and women* (2nd ed.). Scottsdale, AZ: Great Potential Press.

Goldberg, J., & Adderhold-Elliot, M. (1999). *Perfectionism: What's bad about being good?* Minneapolis, MN: Free Spirit.

Goodkin, S. (2005, December 7). *Leave no gifted child behind*. Retrieved March 3, 2008, from www.nagc.org/CMS400Min/index.aspx?id=1132

Graue, M. E., & DiPerna, J. (2000, Summer). Redshirting and early retention: Who gets the "gift of time" and what are its outcomes? *American Educational Research Journal, 37*(2), 509-534.

Helson, R. (1971). Women mathematicians and the creative personality. *Journal of Consulting and Clinical Psychology, 36*, 210-211, 217-220.

Hetherington, E. M., & Frankie, G.. (1967). Effects of parental dominance, warmth, and conflict on imitation in children. *Journal of Personality and Social Psychology, 6*, 119-125.

Horn, L., & Berger, R. (2004). *College persistence on the rise? Changes in 5-year degree completion and postsecondary persistence rates between 1994 and 2000*. Retrieved January 17, 2008, from http://nces.ed.gov/das/epubs/2005156/persistence3.asp

Irlen, H. (1991). *Reading by the colors*. Garden City Park, NY: Avery.

Kanevsky, L., & Keighley, T. (2003, Fall). To produce or not to produce? Understanding boredom and the honor in the underachievement. *Roeper Review, 26*(1).

Karnes, F., & Bean, S. (2005). *Methods and materials for teaching the gifted* (2nd ed.). Waco, TX: Prufrock Press.

Kinney, D. A. (1993). From nerds to normals: The recovery of identity among adolescents from middle school to high school. *Sociology of Education, 66*, 21-40.

Kristensen, P., & Bjerkedal, T. (2007, June). *Explaining the relation between birth order and intelligence*. Retrieved March 4, 2008, from www.sciencemag.org/cgi/content/full/316/5832/1717

Kulik, J. A. (1992). *An analysis of the research on ability grouping: Historical and contemporary perspectives*. Storrs, CT: National Research Center on the Gifted and Talented, University of Connecticut.

Laidig, P. (1991). The summer birthday dilemma: Outcomes of delayed school entry. *The Wisconsin School Psychologist 1*, 3.

Linn, M. C. (2007). Women in science: Can evidence inform the debate? *Science Magazine, 317*, 199-200.

McCoy, K. (2007). Studies track treatment outcomes for kids with ADHD. *HealthDay News*.

Monastersky, R. (2005). Primed for numbers? *Chronicle of Higher Education, 51*(26), A1

Mussen, P. H., & Rutherford, E. (1963). Parent-child relations and parental personality in relation to young children's sex-role preferences. *Child Development, 34*, 589-607.

Neumeister, K. L. (2005, Summer). Perfectionism and gifted children. *Indiana Association for the Gifted, 18*(3).

Reis, S. M., & Purcell, J. H. (1993). An analysis of content elimination and strategies used by elementary classroom teachers in the curriculum compacting process. *Jour-*

nal for the Education of the Gifted, 16(2), 147-170.

Renzulli, S. (2005, Fall/Winter). The irony of "twice-exceptional." *California Association for the Gifted*, 5-6.

Rimm, S. B. (1984a). Characteristics approach: Identification and beyond. *Gifted Child Quarterly, 28*(4), 181-187.

Rimm, S. B. (1984b, January/February). If God had meant gifted children to run our homes, she would have created them bigger. *Gifted Child Today*, 26-29.

Rimm, S. B. (1985). *AIM: Achievement identification measure*. Watertown, WI: Educational Assessment Service.

Rimm, S. B. (1986a). *GAIM: Group achievement identification measure*. Watertown, WI: Educational Assessment Service.

Rimm, S. B. (1986b).*Underachievement Syndrome: Causes and cures* (1st ed.). Watertown, WI: Apple.

Rimm, S. B. (1988). *AIM-TO: Achievement identification measure—teacher observation*. Watertown, WI: Educational Assessment Service.

Rimm, S. B. (1990). A theory of relativity. *Gifted Child Today, 13*(3), 32-36.

Rimm, S. B. (1992). A bicycle ride: Why we need grouping. *How to Stop Underachievement Newsletter, 1*(3), 1-3.

Rimm, S. B. (1994). Talk, talk, talk: How to talk to your kids. *How to Stop Underachievement Newsletter, 4*(4), 3.

Rimm, S. B. (2003a). *See Jane Win® for girls: A smart girl's guide to success*. Minneapolis, MN: Free Spirit.

Rimm, S. B. (2003b). Marching to the beat of a different drummer. *Sylvia Rimm On Raising Kids Newsletter, 14*(2), 2-3.

Rimm, S. B. (2005). *Growing up too fast: The Rimm report on the secret world of America's middle schoolers*. Emmaus, PA: Rodale.

Rimm, S. B. (2007a). How children feel about their changing families. *Sylvia Rimm On Raising Kids Newsletter, 17*(4), 5.

Rimm, S. B. (2007b, Fall). Listening for what gifted children don't say. *Duke Gifted Letter*, 3.

Rimm, S. B. (2008). What's the hurry? *Sylvia Rimm On Raising Kids Newsletter, 18*(3), 7.

Rimm, S. B., Cornale, M., Manos, R., & Behrend, J. (Eds.). (1990). *Guidebook—Underachievement Syndrome: Causes and cures*. Watertown WI: Apple.

Rimm, S. B., & Lovance, K. J. (1992). The use of subject and grade skipping for the prevention and reversal of underachievement. *Gifted Child Quarterly, 36*, 100-105.

Rimm, S. B., & Lowe, B. (1988). Family environments of underachieving gifted students. *Gifted Child Quarterly, 32*(4), 353-359.

Rimm, S. B., & Olenchak, F. R. (1991). How FPS helps underachieving gifted students. *Gifted Child Today, 14*(2), 19-22.

Rimm, S. B., & Rimm-Kaufman, S. (2001). *How Jane won: 55 successful women share how they grew from ordinary girls to extraordinary women*. New York: Crown.

Rimm, S. B., Rimm-Kaufman, S., & Rimm I. (1999). *See Jane Win®: The Rimm report on how 1,000 girls became successful women*. New York: Crown.

Rimm-Kaufman, S. (1996). *Infant predictors of kindergarten behavior: The contribution of inhibited and uninhibited temperament types*. Unpublished doctoral dissertation, Harvard University.

Rosenthal, R. J., & Jacobsen, L. (1968). *Pygmalion in the classroom*. New York: Holt.

Sapolsky, R. (2004). *Why zebras don't get ulcers* (3rd ed.). New York: Henry Holt.

Schultz, R. (2000). Flirting with underachievement: Hidden for a reason. *Highly Gifted Children, 13*(2), 42-48.

Sheehy, G. (1982). *Pathfinders*. New York: Bantam.

Shepard, L. A., & Smith, M. L. (Eds.). (1989). *Flunking grades: Research and policies on retention*. London, New York, Philadelphia: The Falmer Press.

Shorrs, T. (2006). Differences between the sexes: The mismeasure of woman. *The Economist, 380*(8489), 70-72.

Siegle, D., & McCoach, D. B. (2005). Motivating gifted students. In F. A. Karnes & K. R. Stephens (Series Eds.), *Practical strategies in gifted education*. Waco, TX: Prufrock Press.

Smutney, J. (2004, Winter). Creative underachievers...are they creative too? *Gifted Education Communicator, 34*(4), 41.

Stanley, J. C. (1997, September) *Letter to the editor, Johns Hopkins Magazine*. Retrieved March 5, 2008, from www.jhu.edu/~jhumag/0997web/letters.html

Steinberg, L., Dornbusch, S. M., & Brown, B. B. (1992). Ethnic differences in adolescent achievement—an ecological perspective. *American Psychologist, 47*, 723-729.

Tomlinson, C. (2004). *The differentiated classroom: Responding to the needs of all learners*. Upper Saddle River, NJ: Prentice Hall.

Tomlinson, C., Kaplan, S., Renzulli, J., Purcell, J., Leppien, J., & Burns, D. (2002). *The parallel curriculum*. Washington, DC: National Association for Gifted Children

Van Tassel-Baska, J. (2003). *Content-based curriculum for high ability learners*. Waco, TX: Prufrock Press.

Webb, J. T., Amend, E. R., Webb, N. E., Goerss, J., & Olenchak, F. R. (2005). *Misdiagnosis and dual diagnoses of gifted children and adults: ADHD, Bipolar, OCD, Asperger's, depression, and other disorders*. Scottsdale, AZ: Great Potential Press.

Webb, J. T., Gore, J. L., Amend, E. R., & DeVries, A. R. (2007). *A parent's guide to gifted children*. Scottsdale, AZ: Great Potential Press.

Williams, S. T., Conger, K. J., & Blozis, S. A. (2007). The development of interpersonal aggression during adolescence: The importance of parents, siblings, and family economics. *Child Development, 78*(5), 1526-1542.

Winebrenner, S. (2001). *Strategies and techniques every teacher can use to meet the academic needs of the gifted and talented*. Minneapolis, MN: Free Spirit.

Whitney, C. S., & Hirsch, G. (2007). *A love for learning: Motivation and the gifted child*. Scottsdale, AZ: Great Potential Press.

찾아보기

ㄱ

ㅂ

ㅊ

ㅌ

ㅍ

ㅎ

기타

지은이

Sylvia Rimm

Sylvia Rimm 박사는 양육에 관한 많은 책을 쓴 베스트셀 러 작가 중 한 명이며, NBC 방송 〈Today〉 쇼에 정기적으로 출연하였다. 오하이오 주 클리블랜드에 있는 가족성취클리닉의 관리자이자 케이스웨스턴리저브대학교 의학부 임상 교수인 Rimm 박사는 학습과 성취를 고무시키는 환경에서 아이들을 양육하는 방법에 관한 최고의 전문가이다. 또한 그녀는 광고 연합을 통해 팔리는 양육 칼럼을 쓰며, 영재아 국가 협회(NAGC) 이사진으로 여러 해 동안 봉직했다. 위스콘신대학교 매디슨캠퍼스에서 교육심리학 석사와 박사학위를 취득했으며, 현재 그녀는 네 명의 자녀, 남편과 오하이오 주에서 살고 있다.

옮긴이

윤만석

청주고등학교 졸업(1976), 청주교육대학교 졸업(1978), 서원대학교 교육학전공 학사(1983), 한국교원대학교 교육심리전공 석사(1992), 한국교원대학교 교육심리전공 박사(2010.8.27), 경기도교육청 NTTP 교과연수년 6학년 교실혁신연구회 운영팀장, 현재 김포 양도초등학교 교사로 재직 중(ymstone@daum.net)

논문 :「저성취아의 성격유형에 관한 이론적 고찰」, 학회지, 공저(2008)
「초등학교 학습부진 아동의 정서적 특성 및 지능 프로파일 분석」, 박사학위(2010)